Rieger · Speichern / Merken

D1732511

Stefan Rieger

Speichern / Merken

Die künstlichen Intelligenzen des Barock

Wilhelm Fink Verlag

Gedruckt mit freundlicher Unterstützung der Rudolf Siedersleben'schen
Otto Wolff-Stiftung, Köln

Umschlagabbildung:

Athanasius Kircher:
*Ars Magna Sciendi, In XII Libros Digesta, Qua Nova & Universali Methodo Per
Artificiosum Combinationum contextum de omni re proposita plurimis & prope infinitis
rationibus disputari, omniumque summaria quaedam cognitio comparari potest,*
Amstelodami 1669, S. 157

Die Deutsche Bibliothek - CIP-Einheitsaufnahme

Rieger, Stefan:
Speichern, Merken : die künstlichen Intelligenzen des Barock
/ Stefan Rieger. - München : Fink, 1997
ISBN 3-7705-3194-9 kart.

Alle Rechte, auch die des auszugsweisen Nachdrucks, der fotomechanischen Wiedergabe und der Übersetzung,
vorbehalten. Dies betrifft auch die Vervielfältigung und Übertragung einzelner Textabschnitte, Zeichnungen
oder Bilder durch alle Verfahren wie Speicherung und Übertragung auf Papier, Transparente, Filme, Bänder,
Platten und andere Medien, soweit es nicht §§ 53 und 54 URG ausdrücklich gestatten.

ISBN 3-7705-3194-9
© 1997 Wilhelm Fink Verlag, München
Satz: Barbara Ullrich, Siegen
Herstellung: Ferdinand Schöningh GmbH, Paderborn

INHALT

Einleitung

Speichern/Merken. Die künstlichen Intelligenzen des Barock handelt von den Inventaren des Wissens. Mit den beiden titelgebenden Verben Speichern und Merken benennt sie zwei grundlegende Möglichkeiten, um Wissen herzustellen, es zu bestimmen und weiter zu verarbeiten. Verbunden mit diesen Möglichkeiten sind zwei Orte, an denen der Umgang mit Wissen selbst seinen Ort hat: die *memoria* in ihrer Doppelgestalt von *externem* und *internem* Gedächtnis, in Form von Büchern und in Form cerebraler Innenräume. Teil I untersucht die externen Speicher der Schrift und Teil II Aspekte jener von der Rhetorik sanktionierten Auswendigkeit, für die die Kulturtechnik der Gedächtniskunst zuständig ist.

Speichern bezieht sich auf eine – uns vielleicht fremde – anonyme, wenig attraktive und oft vergessene Welt von schriftlichen Datenträgern, die im Barock für die Generierung, Aufnahme, Verwaltung und Distribution von Merkwürdigem zuständig ist. Was so mit den marginalisierten Textsorten der Florilegien, poetischen Schatzhäusern und Sammelschriften ebenso wie mit der kognitiven Matrix möglicher Relationierbarkeiten von gespeicherten Daten in den Blick gerät, ist hinter all der Exotik *curiöser* Versatzstücke und der Künstlichkeit möglicher Denkoperationen unser eigenes Selbstverständis: Das betrifft die alphabetische Ordnung unserer Telefonbücher, die Mechanismen, mit denen eine Kultur etwas als merkwürdig im Wortsinne zu akzeptieren bereit ist und die (para)rhetorischen Operationen, die genau dieser Merkwürdigkeit einen Weg in die Gedächtnisse bahnen sollen. Neben der formalen Organisation ist mit den Inventaren der Geläufigkeit immer schon die Entscheidung über Semantik und Schicklichkeit bestimmter Inhalte und kognitiver Leistungen getroffen. Eine Entscheidung, so möchte diese Arbeit zeigen, die etwas mit Quantifizierung und daher auf vielfältige Weise mit Zahlen zu tun hat. Die künstlichen Intelligenzen barocker Literatur sind auf Zahlen gegründet.

Was merkwürdig ist, hat in den externen Speichern der Schrift seinen legitimen Ort. Der I. Teil versucht sich an einer Rekonstruktion barocker Datenbanken und spürt dabei jenem unglaublichen Bemühen nach, kein noch so geringfügiges Partikel dieses Wissens als unausgewiesen unter den Tisch fallen zu lassen. Neben der bloßen Thesaurierung wird immer wieder die Frage gestellt, über welche Schaltkreise des Denkens – Rhetorik und Poetik handeln davon – aus altem Wissen etwas entsteht, was ein kulturelles System als innovativ ausweist. Die Fragen nach dem Status von Innovation und nach möglichen Redeweisen, die das Verhältnis zwischen bloßem Merken und einem typologischen Feld bestimmen, das gemeinhin als Kreativität ausgewiesen wird, spitzt sich in der Mnemotechnik zu. Was ist daher so merkwürdig, daß es tatsächlich gemerkt, also mit dem komplizierten Status der Auswendigkeit versehen wird? Welches Wissen darf und soll in welcher Gestalt Eingang in die Individualgedächtnisse mnemotechnischer Nutzanwender finden? Welche Reden werden über die Schicklichkeit zulässiger Bilder und Wortkombinationen geführt, mit denen die Gedächtniskunst Wissen merktauglich aufarbeitet? Welche Strategien aus Rhetorik wie Pararhetorik werden dabei beliehen? Und welche Folgen hat dieser unerhörte Schritt, der dem Menschen durch das Diktat des Merkens ein Gedächtnis macht?

Weil ein kulturelles Selbstverständnis ein Effekt seiner Wissenspolitik (um nicht zu sagen von Macht) ist, kann kein Partikel dieses Wissens selbst selbstverständlich sein, oder sich gar selbst oder von selbst verstehen. Das gilt sowohl für die Auswendigkeit externer Speicher wie für Inwendigkeit menschlicher Merkleistungen. Dem versucht diese Arbeit durch einen performativen Zug Rechnung zu tragen. Sie vermeidet daher ein Adverb, das vor der Rekonstruktion kultureller Selbstverständisse verstummen macht: jenes bekanntlich, das verfährt, als seien all die Topiken und Matrizen, die für unser Wissen und Denken zuständig sind, so klar oder selbstverständlich, daß eine Rede über sie redundant sein müßte. Die Auswahl der Texte und der Umgang mit dem Material erfolgen mit einer Option für das Unbekannte und daher so, daß jeder Ausweis des bekanntlich entfallen darf.

Jene hier vorgestellten Texte, die in den Bibliotheken zum 17. Jahrhundert liegen, sind so verstellt oder unzugänglich wie die Flankentexte jüngeren Datums aus Wissenschaftsformen wie Psychiatrie, Experimentalpsychologie, Pädagogik und Medizin, die ihnen in dieser Arbeit zur Seite gestellt werden. Die dabei vorgenommene Kopplung heterogener Aussagen ist dabei nur scheinbar heterogen; sie zielt – konkret mit dem Aufweis von Strukturhomologien zwischen Datenverarbeitung, Ästhetik und Psychopathologien – auf "ein *Apriori* nicht von Wahrheiten, die niemals gesagt werden oder wirklich der Erfahrung gegeben werden könnten; sondern einer Geschichte, die wirklich gegeben ist, denn es ist die der wirklich gesagten Dinge."[1]

Eben weil sich in der Positivität der Diskurse nichts von selbst verstehen soll, dürfen und müssen die Texte Allianzen eingehen, die uns heute das eigene Denken noch einmal vorbuchstabieren, die vorführen, warum bestimmte Operationen über Buchstaben und Bildern nicht mehr Gegenstand von Ästhetik, sondern Erkennungszeichen moderner Psychopathologien heißen. Um solche Durchlässigkeiten beschreibbar zu machen, bedarf es einer *Archäologie des Wissens* im Sinne Foucaults, die zugleich eine Archäologie des Denkens und Sprechens sein muß, um Archäologie des Merkens sein zu können. Deshalb dürfen und müssen in dieser

---

1 Michel Foucault: *Archäologie des Wissens*, Frankfurt/Main 1981, S. 184.

Arbeit, die für eine Archäologie des Merkens plädiert, literarische Texte neben assoziationspsychologischen Protokollen, mnemotechnische Traktate neben den Ordnungsbemühungen moderner Psychiater, Bilder und Einbildungen einer tradierten Kulturtechnik neben den Bildern und Einbildungen der Wahnsinnigen aufgeschrieben werden. Was am Ende steht, ist der Einbruch ludistischer und (para)rhetorischer Verfahren in die Welt der Normalität, sind jene Umgangsweisen mit Texten, Sätzen, Wörtern, Silben und Buchstaben, die eine Rede über latente und manifeste Wahrscheinlichkeit des Menschen aus dem Geiste der Buchstäblichkeit und aus dem Geist des Merkens eröffnen. Für den Versuch einer Rekonstruktion hätte zu gelten, was Foucault über seine eigenen Diagnosen schreibt.

Die Beschreibung des Archivs entfaltet ihre Möglichkeiten (und die Beherrschung ihrer Möglichkeiten) ausgehend von Diskursen, die gerade aufgehört haben, die unsrigen zu sein; ihre Existenzschwelle wird von dem Schnitt gesetzt, der uns von dem trennt, was wir nicht mehr sagen können, und von dem, was außerhalb unserer diskursiven Praxis fällt; sie beginnt mit dem unserer eigenen Sprache Äußeren; ihr Ort ist der Abstand unserer eigenen diskursiven Praxis. In diesem Sinne gilt sie für unsere Diagnose. Nicht weil sie uns gestatten würde, die Tabelle unserer unterscheidenden Merkmale aufzustellen und im voraus die Gestalt zu skizzieren, die wir in Zukunft haben werden. Aber sie nimmt uns unsere Kontinuitäten; sie löst diese zeitliche Identität auf, worin wir uns gerne selbst betrachten, um die Brüche der Geschichte zu bannen; sie zerreißt den Faden der transzendentalen Teleologien; und da, wo das anthropologische Denken nach dem Sein des Menschen oder seiner Subjektivität fragte, läßt sie das Andere und das Außen aufbrechen. Die so verstandene Diagnose erreicht nicht die Feststellung unserer Identität als durch das Spiel der Unterscheidungen. Sie stellt fest, daß wir Unterschiede sind, daß unsere Vernunft der Unterschied der Diskurse, unsere Geschichte der Unterschied der Zeiten, unser Ich der Unterschied der Masken ist. Daß der Unterschied, weit davon entfernt, vergessener und wiedererlangter Ursprung zu sein, jene Verstreuung ist, die wir sind und die wir vornehmen.[1]

---

1 Foucault: *Archäologie des Wissens*, loc. cit., S. 189f.

I. TEIL: SPEICHERN

1. GELD ODER LIEBE: EIN MATHEMATISCHES VORSPIEL

> Letizia Alvarez de Toledo hat angemerkt, daß die ungeheure Bibliothek überflüssig ist; strenggenommen würde ein einziger Band gewöhnlichen Formats, gedruckt in Corpus neun oder zehn genügen, wenn er aus einer unendlichen Zahl unendlich dünner Blätter bestünde. (Cavalieri sagte zu Beginn des 17. Jahrhunderts, daß jeder feste Körper die Überlagerung einer unendlichen Zahl von Flächen ist.) Die Handhabung eines derart seidendünnen Vademecums wäre nicht leicht; jedes anscheinende Einzelblatt würde sich in andere gleichgeartete zweiteilen; das unbegreifliche Blatt in der Mitte hätte keine Rückseite.[1]

Bevor die Liebe zum Testfall barocker Kombinatorik werden kann, beschwört ein *Proteus* aus dem Jahre 1657 die Zahlenmacht des Alphabets. Eine *Lutznützliche Lehrart* verspricht dem geneigten Leser, Korrespondenz wie Literatur ebenso mühelos wie zeiteffizient zu vermitteln, "in kurzer Zeit ohne Müh Deutsch= und Lateinische Vers zumachen / auch einen Französischen und Lateinischen Brief zuschreiben". Hinter dem Lehrmeister solcher Wortautomatisation verbirgt sich, im Spiel der Pseudonyme vielgestaltig wie der titelgebende Proteus, der Literat und Mnemotechniker Johann Justus Winkelmann.[2] Unerschöpfbar wie die Kombinatorik eines Proteusverses, der die Gaben einer schönen Jungfer namens Dorindo als Permutation vorführen soll, scheint auch das ihm vorgeschaltete Spiel der Buchstaben.

> Wer wolte sich wol einbilden können / daß sich die 23. Buchstaben durch die Versetz= und Verwechselung so unumschrenket austheilen solten / gestalt so viel tausend Bücher aus unterschiedlicher Zusammensetzung der Buchstaben im A.B.C. gemacht sind / und noch täglich gemacht werden.[3]

---

1 Jorge Luis Borges: *Die Bibliothek von Babel.* In: Gesammelte Werke, Band 3/I, Erzählungen 1935-1944, München, Wien 1981, S. 154.

2 Winkelmann, der hessische Hofhistoriograph und oldenburgische Rat, veröffentlicht unter den Pseudonymen Stanislaus Minck (oder Mink) von Weinsheyn (oder Weunnssheim), die Anagramme seines Eigennamens sind. Zu bio-/bibliographischen Details vgl. Ludwig Volkmann: "Ars memorativa". In: Jahrbuch der Kunsthistorischen Sammlungen in Wien, 3a, Neue Folge 3 (1929), S. 111-200.

3 Stanislaus Mink von Weinsheun (id est: Johann Justus Winkelmann): *Proteus. Das ist: Eine unglaubliche Lutznützliche Lehrart / in kurzer Zeit ohne Müh Deutsch= und Lateinische Vers*

Die Frage nach den möglichen Permutationen einer Ausgangsmenge ist im Barock topisch und spielt nicht nur im Rahmen literarischer Kleinstgattungen eine Rolle.[1] Immer dann, wenn *res* und/oder *verba* aufeinander abgebildet werden, sind ähnliche Fragestellungen und mit der Berechenbarkeit die Mathematik auf dem Tisch. Das gilt zum einen für Transformationen, die ausschließlich auf der Ebene von Zeichen operieren. Die großangelegten Universal- wie Geheimsprachentwürfe des Barock fußen allesamt auf Codiertheorien, die bei geringstmöglichem Zeichenaufwand ein Höchstmaß an Eindeutigkeit und damit an Unverwechselbarkeit sichern sollen. Ein ähnlicher Zwang zur Effizienz betrifft auch das weite Feld barocker Wissensverwaltung. Das Tableau, auf dem die Wörter und die Dinge sich sollen begegnen können, ist dem Barock so berechenbar wie das, was zwischen bloßen Buchstaben stattfindet. Die mentalen Matrizen der Mnemotechnik unterliegen daher wie die Buchspeicher barocker Datensammlungen einer strengen Ökonomie und Logik des Raumes. Techniken, die das Wissen an unverwechselbare Orte binden und damit eindeutige Adressen zuweisen, ziehen der Codiertheorie analoge mathematische Verfahren nach sich.

Doch zurück im Text und damit zurück zum generativen Potential der 23 Buchstaben. Das Ergebnis errechnet sich aus der Fakultät der zugrunde liegenden Ausgangsmenge N (abgekürzt: N!). Eine Anschrift der ersten Multiplikationsschritte bis zum Fall N=6, der bei Winkelmann noch seine Rolle spielen soll, veranschaulicht im Ansatz die entsprechende Zahlenprogression.

$$
\begin{aligned}
1! &= 1 \\
2! &= 2*1 = 2 \\
3! &= 3*2*1 = 6 \\
4! &= 4*3*2*1 = 24 \\
5! &= 5*4*3*2*1 = 120 \\
6! &= 6*5*4*3*2*1 = 720
\end{aligned}
$$

Was hier so harmlos aussieht, birgt in sich den Sprengstoff einer kombinatorischen Explosion. Wie aber können Phänomene mit einem derartigen Zahlenverhalten

---

zumachen / auch einen Französischen und Lateinischen Brief zuschreiben [...], Oldenburg 1657, S. 18.

1 Vgl. auch Ulrich Ernst: *Permutation als Prinzip in der Lyrik*, MS 1992. Dort auch Literatur zur Gattungstypologie permutativer Verfahren. Ernst unterscheidet grundlegend zwischen Permutation des Leseprozesses bei einem identisch vorgegebenen Text und Permutation des Vertextungsprozesses, "die seriell variante Textformen generiert" (S. 1). Proteusverse gehören wie Anagramme zu den text- und sinnpermutativen Formen. Im Kontext manieristischer Barocklyrik vgl. Ulrich Ernst: "Lesen als Rezeptionsakt. Textpräsentation und Textverständnis in der manieristischen Barocklyrik". In: LiLi 57/58 (1985). S. 67-94.

noch aufgeschrieben oder gar gespeichert werden? Der Jesuitenpater Athanasius Kircher bietet dazu in seiner *Ars Magna Sciendi Sive Combinatoria* zwei unterschiedliche Lösungen an.[1] Im Kontext der Anagrammbildung schreibt er die Permutationen für die Fälle N=3 und N=4 einfach aufs Papier: Die sechsfache Verwechslung des *ORA* und die 24 Variationen zum *AMEN* sind fromme Beispiele, die auch in ihrer Ausgeschriebenheit den Buchraum nicht gefährden. Was dann bei Kircher jedoch folgt, markiert einen deutlichen Unterschied zur gängigen Poetenpraxis. Feiert die in topischer Manier jene große Zahl, zu der die 23 oder 24 Lettern des Alphabets verwechselt werden können, gibt Kircher in der *Tabula Generalis*. *Ex quo omnes rerum simpliciter commutandarum conjugationes poßibiles eruantur* einen Algorithmus zur Berechnung an, ohne dabei die einzelnen Elemente und damit die Möglichkeit eines direkten Abzählens überhaupt noch bemühen zu müssen. Jenseits aller semantischen Bezüge mißt Kircher den virtuellen Raum bloßer Zahlen aus (vgl. Abb. 1). Wo vielerorts im Barock das Ergebnis von 23! teils richtig, aber teils auch falsch aus heterogenen Quellen herbeizitiert und in den seltensten Fällen berechnet wird, verzeichnet Kircher die einzelnen Rechenschritte, die zum Gesamtergebnis benötigt werden: In der sukzessiven Folge einer Liste hat er gespeichert jene Zahl (N-1)! vor Augen und auf dem Papier, die er nur noch noch ein letztes Mal mit N multiplizieren muß, um das korrekte Endergebnis von N! zu erhalten.

Seite 157 seiner *Ars Magna Sciendi Sive Combinatoria* listet damit sorgfältig untereinander auf, was heute die vorgegebenen Standardzahlenbereiche selbst besserer Computer bei weitem übersteigt. Es erfolgt bei Kircher eine Anschrift der Ergebnisse für sämtliche Fakultäten von N=1 bis N=50 (sic!). Programmiersprachen stellen in der Regel einfache und bereits definierte Datentypen zur Verfügung: Turbo-Pascal, eine der gängigsten Sprachen, führt als solche Grunddatentypen ganze Zahlen (*integer*), Dezimalzahlen (*real*), Zeichen (*char*), Zeichenketten (*string*) und Wahrheitswerte true / false (*boolean*). Da die Größe der Zahlenbereiche eine direkte Funktion ihrer Codierung und des dazu benötigten Speicherplatzes ist, finden Bereichsbegrenzungen statt, um wertvolle Speicherkapazitäten zu schonen. Im Ganzzahlenbereich umfaßt für die derzeitig aktuelle Version 6.0 der normale Datentyp (*integer*) einen Wertebereich von -32768..32767 und benötigt für diese Repräsentation 2 Byte.[2] Eine Kurzversion (*shortint*) beschränkt sich auf 1 Byte und den

---

1 Athanasius Kircher: *Ars Magna Sciendi, In XII Libros Digesta, Qua Nova & Universali Methodo Per Artificiosum Combinationum contextum de omni re proposita plurimis & prope infinitis rationibus disputari, omniumque summaria quaedam cognitio comparari potest*, Amstelodami 1669.

2 Eine vordefinierte Konstante, die vom Programm für den höchsten Integerwert (MaxInt) reserviert ist, stellt die Abhängigkeit zur binären Codierweise klar: MaxInt $2^{15} - 1 = 32768$.

five COMBINATORIÆ, LIB. IV.　　157

TABULA GENERALIS.

Ex qua omnes rerum simpliciter commutandarum conjugationes possibiles eruuntur.

```
 1  1. A.
 2  2. B.
 3  6. C.
 4  24. D.
 5  120. E.
 6  720. F.
 7  5040. G.
 8  40320. H.
 9  362880. I.
10  3628800. K.
11  39916800. L.
12  479001600. M.
13  6227020800. N.
14  87782912000. O.
15  1307674368000. P.
16  20922789888000. Q.
17  355687428096000. R.
18  6402373705728000. S.
19  121645100408832000. T.
20  2432902008176640000. V.
21  51090942171709440000. X.
22  1124000727777607680000. Y.
23  25852016738884976640000. Z.
24  620448401733239439360000.
25  15511210043330985984000000.
26  403291461126605635584000000.
27  10888869450418352160768000000.
28  304888344611713860501504000000.
29  8841761993739701954543616000000.
30  265252859812191058636308480000000.
31  8222838654177922817725562880000000.
32  263130836933693530167218012160000000.
33  8683317618811886495518194401280000000.
34  295232799039604140847618609643520000000.
35  10333147966386144929666651337523200000000.
36  371993326789901217467999448150835200000000.
37  13763753091226345046315979581580902400000000.
38  523022617466601111760007224100074291200000000.
39  20397882081197443358740281739902897346000000000.
40  815915283247897734345611269596115893872000000000.
41  33452526613163807108170062053440751665152000000000.
42  1405006117752879898543142606244511569136038400000000.
43  60415263063373835637355127145928048259096191344000000.
44  265827157478848768058016845671482874619009817932800000.
45  1076599998778932174106294516512411943520069576278400000.
46  49523599438303088000889547445957094940010303490886064000.
47  23227890173609513604178087446998346218484264071390008000.
48  111752524033282465300054819745592061848724467542672384000.
49  5474536776308407997026861675340110305874980905904816000000.
50  1273726838815420399851343083767005515293749454795473408000.
```

Abb. 1

Wertebereich -128..127, eine Langversion (*longint*) belegt 4 Byte und deckt den Bereich -2147483648..2147483647 ab. Von Kirchers Rechenexempel sind die Standarddatentypen für die Menge der ganzen Zahlen aus Speichergründen weit entfernt.[1]

Eindrücklich ist auch das Schriftbild der Zahlenkolonnen auf dem Papier von Kirchers *Ars Magna Sciendi*. In linksbündiger Anschreibmanier und auf der rechten Seite mit einem immer größer werdenden Flatterrand versehen, bildet die Abfolge der Zahlen ihrerseits eine geometrische Form: Ihr Untereinander ergibt eine Kurve, die asymptotisch auf den rechten unteren Blattrand zuläuft und für $N > 50$ diese materiale Grenze auch sprengen würde. Rechts der Fakultäten von 1 bis 23 verzeichnet Kircher das Alphabet. Seine Kurve endet in der Zeile 23 und beim Ergebnis *25852016738884976664000. Z.* Ab dieser Position, mit der das Alphabet endet, regieren nur noch Zahlen.[2] Um – anders als Kircher und Winkelmann – der Mühsal des Anschreibens zu entfliehen, sei in aller sachdienlichen Kürze die Eleganz eines rekursiven Algorithmus hier vorgeführt. Im Gegensatz zu iterativen Verfahren besteht das Wesentliche der Rekursion in der Möglichkeit, "eine unendliche Menge von Objekten durch eine endliche Aussage zu definieren." Der rekursive Algorithmus operiert mit einer Terminalklausel für den Fall N=0, bei dem die Fakultät den Wert 1 beträgt. Alle Folgefälle werden rekursiv nach dem Prinzip einer sukzessiven Rückführung in immer weniger komplexe Fälle errechnet, bis die Ebene der Terminalklausel erreicht ist. In einer gängigen Notation umfaßt das entsprechende Programmodul nur wenige Zeilen:

```
begin
  if  N = 0
  then N! := 1
  else N! := N-1! * N
end.
```

---

1 Auch eine Darstellung mittels Fließkommazahlen deckt Kirchers Tabelle nicht ab. Im Gegensatz zu Festkommadarstellungen, bei denen das Komma fix ist, erweitern Gleitkommazahlen ihren Wertebereich durch einen Trick: Die Zahl wird in der Form $a*b^n$ angeschrieben, wobei man a die Mantisse, b die Basis und n den Exponenten nennt. Die Zahl 32768 kann als $0.32768*10^5$ angeschrieben werden. Auf Kosten der Genauigkeit für den Fall, das die Mantisse zu viele Stellen für die interne Darstellung beansprucht, wird der Wertebereich gegenüber der Festkommadarstellung erweitert. Bei einer Kapazität von 10 Dezimalziffern ergibt die Festkommadarstellung als größten Wert 9 999 999 999 (~10^{10}), die Gleitkommadarstellung 0,999 999 99*10^{99} (~10^{99}). Für Turbo-Pascal 6.0 umfaßt der Fließkommazahlenstandardtyp (*real*) mit einem Speicherbedarf von 6 Byte den Bereich von 2.9*10E-39 .. 1.7*10E38. Die Datentypen *double* und *extendend* arbeiten mit 8 bzw. 10 Byte und erweitern den Zahlenbereich entsprechend. Ihr Einsatz ist zudem abhängig vom Vorhandensein eines mathematischen Coprozessors.

2 Niklaus Wirth: *Algorithmen und Datenstrukturen*, Stuttgart 1983 (3), S. 150.

Damit Kirchers größte Zahl, die 67-stellige Fakultät von 50, auf dem Papier seiner *Tabula Generalis* noch lesbar bleibt, wird die Ziffernfolge von einer kleinen mnemotechnischen Apparatur organisiert: Eine Linie von Punkten, die jeweils Potenzen von 1000 zusammenfaßt und optisch bündelt, soll den überforderten Menschenaugen einen Anhalt geben.

12737268388154203998513430837670055152937494545479547340800000000000000
.   .   .   .

Im Argument der großen Zahl, die wie im Fall der 23 Buchstaben von keiner individuellen Lebenszeit je eingeholt werden kann und – so die Prognose Winkelmanns – selbst einem Methusalem zur Last werden muß, versichert sich das Barock seiner scheinbaren Unerschöpfbarkeit. Bevor Winkelmann im *Proteus* seine Geschichte von Liebe und Literatur erzählen kann, verweist er daher wie so viele Rhetoriken seiner Zeit auf die entsprechenden Hochrechnungen des Laurenbergii und Puteani. Die beiden – im Ergebnis voneinander abweichenden Zahlen – zitieren auch Georg Philipp Harsdörffer und Daniel Schwenter an (dichtungs)strategischer Stelle: in ihren *Deliciae Mathematicae Et Physicae*.

> Die XXIV. Buchstaben im Abc. können nach Laurenbergii Rechnung verwechselt werden.
> 620448397827051993.
> Nach Puteani Rechnung.
> 620448017332393439360000 mal.
> Nach Henrich von Ettens Meinung:
> 620448593438860623360000 mal.[1]

Die drei Ergebnisse, gleichgültig ob *gerechnet* oder *gemeint*, haben bei all ihrer Eindrücklichkeit und häufigen Zitiertheit nur einen Mangel: Sie weichen von den Berechnungen Kirchers mehr oder weniger stark ab und sind zudem allesamt falsch. Kirchers *Tabula Generalis* gibt den korrekten Wert für 24! mit 620448401733239439360000 an. Für Zahlenzitate wird Intertextualität zum Verhängnis. Ein Beispiel jüngeren Datums für diesen Befund ist auf der Rückseite eines dtv-Klassik Taschenbuches mit dem schönen Titel *Poetisches Abracadabra* nachzulesen. Was da als Zahlenzitat Robert Massins ausgewiesen wird, ist zwar

---

1 Georg Philipp Harsdörffer, Daniel Schwenter: *Deliciae Mathematicae Et Physicae. Die Mathematischen und Philosophischen Erquickstunden. Darinnen Sechshundertdreyundsechzig Schöne, Liebliche und Annehmliche Kunststücklein, Auffgaben und Fragen, auß der Rechenkunst, Landtmessen, Perspectiv, Naturkündigung und andern Wissenschafften genommen [...]*, 3 Theile, Nürnberg 1636ff., II. Theil, S. 516.

das Ergebnis einer Fakultätsberechnung: Es benennt aber nicht, wie angekündigt, die korrekte Zahl für 26, sondern die für 24 Buchstaben.

Ach!
'Die Zahl der möglichen Kombinationen
der sechsundzwanzig Buchstaben unseres Alphabeths liegt bei
620 448 401 733 239 439 360 000."
Robert Massin[1]

Auf einer den Buchstaben nachgeordneten Ebene beschwört Winkelmann den Nutzen von Wortwechsel und Lullistik. Doch vor einer sachdienlichen Kombinatorik von Wörtern und ihrem semantischen Mehrwert gilt sein Blick der bloßen Thesaurierung. Die Beschreibung der Wortspeicher erfolgt – wie sollte es beim Mnemotechniker Winkelmann auch anders sein – mit Bezug auf die Raumordnung der Gedächtniskunst. Eingelagert in *cellulas* bilden die Wörter, die ob ihrer großen Zahl und damit im Gegensatz zum handlichen Alphabet selbst zum Objekt einer vorgängigen Thesaurierung werden, eine veritable Wortstadt. Ihre Infrastruktur dient dem mühelosen Zugriff:

Fast auf solche weise / und zwar mit mehrern guten und gebräuchlichern Wörtern / jede an ihre gehörige Stelle / müssen auch die andere Keller ausgefüllet / und also beschaffen seyn / gleich in einer wolbestalten Statt / woselbst man in dieser Strase Seiden / in jener Tuch / in der dritten Haußrath / in der vierden Bücher zu kauf hat / an einem andern Ort der Fische= Fleisch= Käß= Wein= und GerümpelMark zufinden ist.[2]

Nach der für die barocke Sprachauffassung topischen Versicherung, die Worte folgen der Logik von Rechenpfennigen und gelten damit nach ihrem jeweiligen Stellwert[3], erfolgt endlich das Mährlein vom großen Wörterwechsler Proteus und der

---

1 Joseph Kiermeier-Debre, Fritz Franz Vogel (Hrsg.): *Poetisches Abracadabra. Neuestes ABC- und Lesebuechlein.* Zusammengestellt und mit einem Nachwort versehen von Joseph Kiermeier-Debre und Fritz Franz Vogel, München 1992.

2 Mink von Weinsheun: *Proteus*, loc. cit., S. 35.

3 Winkelmann verweist in diesem Zusammenhang lobend auf Harsdörffer, dessen Sprach- und Stellwerttheorie er fast wörtlich aus den *Frauenzimmer Gesprächspielen* übernimmt: "Die Wort sind wie die Rechenpfeninge / nachdem man sie legt oder gebraucht / nachdem gelten sie." (*Frauenzimmer Gesprächsspiele*, Hrsg. von Irmgard Böttcher, Tübingen 1968ff, III, S. 365). Ähnliche Formulierungen verwendet Harsdörffer auch in seiner unter dem Pseudonym Quirinus Pegeus veröffentlichten *Ars Apophthegmatica [...]* (Nürnberg 1662). Lakonisch, aber genau ist die Definition bei Benoît B. Mandelbrot, dem Chaostheoretiker und Erforscher selbstähnlicher Systeme: "Ein Wort ist einfach eine Folge eigentlicher Buchstaben, die von einem uneigentlichen Buchstaben, Zwischenraum genannt, beendet wird." Benoît B. Mandelbrot: *Die fraktale Geometrie der Natur*, Basel 1987, S. 360.

Geschichte einer Liebe, die in zwei sehr konträren Proteusversen ihren Höhepunkt, aber auch ihr abruptes Ende finden wird. Jungfer Dorindo und Junker Hakeno erliegen den Lockungen dieser Liebe. Ein Proteusvers kündet von den angeblich unerschöpfbaren Qualitäten der besungenen Jungfer:

> Sunt stirps, mens, rus, mons, fons, bos, grex, merx, mihi, gens, dos:
> Dein lar, thus, cor, lux, dens, pes, flos, mos quoque, vox, vis.[1]

Der Junker beraumt ein Gastmahl ein, bei dem seine Liebste natürlich nicht fehlen darf. Diese gibt sich bei Tisch bescheiden und will die ihr eigens angetragene *Oberstell* nicht annehmen. So entsteht zwischen den sechs Teilnehmern ein höflichkeitsbedingter Sitzstreit, den der Gastgeber durch Folgeeinladungen beenden will. Die sollen solange andauern, bis alle Personen alle nur möglichen Plätze bei Tisch eingenommen haben werden. Doch sein Plan – man ahnt es bereits – birgt mathematische Abgründe. Die Jungfer bringt die Zahl auf den Tisch und stürzt den Freier damit in erhebliche Verwirrung:

> Sie könte aber darneben nicht bergen / daß sie sechs ihren Sitz siebenhundert und zwanzigmal (720) abwechseln könten / also daß keiner niemals wieder an seinen Ort käme.[2]

Da der Junker an der Zahl zweifelt, werden "Feder / Dinten / und Papier" geordnet, die anwesenden Personen auf "die forder buchstaben ihrer Nahmen" verkürzt und sodann permutiert. Der Nachweis erfaßt die 6! Permutationen in vollem Umfang: Ohne jede Verkürzung werden die Sitzordnungen in Minks Text auf mehreren Seiten ebenso vollständig wie sinnenfällig auf- und ausgeschrieben.[3] Jungfer Dorindos kombinatorische Kompetenz schürt die Liebesflammen ihres zahlengeschockten Freiers nur noch weiter an. Doch dann kommt das andere der Liebe in Gestalt des Geldes und einer bestechbaren Kupplerin ins Spiel. Für *100. Reichsthaler* öffnet sie dem verblendeten Jüngling die Augen, liefert eine andere Version und damit die richtige Jungfernbeschreibung. Dem Spiel der Wörter folgt die (reale) Demon-

---

1 Mink von Weinsheun: *Proteus*, loc. cit., S. 45.

2 Mink von Weinsheun: *Proteus*, loc. cit., S. 49.

3 Mink verfährt dabei natürlich nicht ohne Referenz. Pars pro toto können auch hier Harsdörffer und Schwenter gelten, die derlei Berechnungen von Sitzplätzen in den *Deliciae Mathematicae Et Physice* exzessiv und zum höheren Lob der Mathematik betrieben haben. Situiert sind sie dort im Umfeld von Zeichencodes und ihrer direkten Umsetzung in Kommunikationstechniken wie der Krypto- und Telegraphie. Ähnlich wie Winkelmanns Jungfer wird am Beispiel der Sitzordnung der universelle Nutzen mathematischer Verfahren beschworen. Das Exempel einer zwölfköpfigen Tischrunde und ihrer 12! Verwechslungen wird möglichen Mathematikmuffeln in den *Mathematischen und Philosophischen Erquickstunden* zum Verdikt: "Welches der Rechenkunst unerfahrne mit ihrer Vernunft nimmermehr ergreifen können." (I. Theil, S. 15).

tage ihres Körpers. Beim Tanz hält der Liebhaber statt der Angebeteten plötzlich "ein heteroklites Mannequin, eine barocke Gliederpuppe, eine Gliedertrophäe" in den Armen.[1] In Tuchfühlung mit der Jungfer verspürt er plötzlich ihren Körperpanzer, "den erhobenen Rücken dadurch zu verbergen". Und dem Buckel folgen andere übersehene oder eben nicht einsehbare Mängel und ihre kosmetischen Prothesen nach. An der vom Tanze erhitzten Jungfer wird der Junker gewahr, "daß sie hatte pus & lendes, Nisse auf dem Haar und ein Pflaster unter dem Ohr." Als die Jungfer merkt, "daß ihr Credit algemach die Jungferschaft verliehre", speit sie verbales Feuer. Der ernüchterte Exliebhaber kontert, und am Ende steht erneut ein Vers, der diesmal seine Möglichkeit einer Bestechung verdankt. Dem Tausch der Tischordnung folgt der Tausch des Geldes und dem der Tausch der Wörter, die zwischen die Stühle von Ökonomie und Liebe geraten sind. Die Jungfer darf über die kombinatorische Kompetenz zwar mathematisch verfügen, sie aber nicht selbst sein. Der positiven Lesart des ersten Proteusverses folgt ihre Demaskierung:

> Sunt stips, mos, fus, frons, nix, ros, glis, glans tibi, fors, glos:
> Dein mors, faex, cos, crux, pus, lens, nox, lis quoque, sel, sphinx.[2]

Was Winkelmann im Kontext seiner *unglaublichen und lutznützlichen Lehrart* verschiedensprachiger Vers- wie Briefproduktion behandelt, kann in mehrfacher Hinsicht als Folie barocker Wissensverwaltung und einer ihr nachgeordneten Literaturproduktion gelesen werden. Dem rhetoriküblichen Phantasma der Lettern und ihren Fakultätsberechnungen, dem Speichern der Bestandteile, die ihre Adressierbarkeit dem Vorbild einer städtischen Infrastruktur verdanken, und der Feier eines scheinbar nicht einzuholenden Durchlaufens folgt das immer wiederkehrende Argument einer zu knapp bemessenen Lebenszeit. Das gilt selbst dann noch, wenn man die Kapazität von Einzelpersonen durch Gruppenbildung vervielfacht und "zu solcher unzählbarer Verwechselung / ganze Gemeine / Stätte und Dörfer berufen und aufmahnen müste". Die Agenten solcher Verwechslung würden dennoch "die Zeit ihres Lebens daran gnug umzuschreiben und zu verkehren haben."[3] All das sind Garantien dafür, daß das Barock nicht aufhören wird, sich immer weiter fortzuschreiben. Und stellt Winkelmann seinem Personal nur die beschränkte Welt eines

---

1 Jacques Lacan: *Das Ich in der Theorie Freuds und in der Technik der Psychoanalyse*, Olten 1980, S. 64.

2 Mink von Weinsheun: *Proteus*, loc. cit., S. 62. Zur systematischen Auslotung proteischer Verwandlungskünste vgl. Erasmus Francisci: *Der höllische Proteus [...]*, Nürnberg 1690. Francisci trägt die tausendkünstige Verwechselbarkeit nicht in die Register der Datenverarbeitung, sondern in die des Teuflischen ein: "Ein rechter Proteus mag am füglichsten der Satan getituliret werden". (Vor.)

3 Mink von Weinsheun: *Proteus*, loc. cit., S. 62.

Proteusverses zur Verfügung, ist doch das Prinzip übertragbar auf andere Bereiche und damit auch auf andere Motivationen im Jenseits von Geld oder Liebe.

Die Möglichkeiten der Verstellung im doppelten Wortsinn, die im *Proteus* figuriert sind, werfen Fragen nach Ordnung und Stimmigkeit der verwechselten Teile auf. Michel Foucault hat in seinem Vorwort zur *Ordnung der Dinge. Eine Archäologie der Humanwissenschaften* (Ver)Stellung und (Un)Stimmigkeit im Begriff des *Heterokliten* zur Deckung gebracht. Im Ausgang einer von Borges zitierten chinesischen Enzyklopädie, "in der sich die Tiere wie folgt gruppieren: a) Tiere, die dem Kaiser gehören, b) einbalsamierte Tiere, c) gezähmte, d) Milchschweine, e) Sirenen, f) Fabeltiere, g) herrenlose Hunde, h) in diese Gruppierung gehörige, i) die sich wie Tolle gebärden, k) die mit einem ganz feinen Pinsel aus Kamelhaar gezeichnet sind, l) und so weiter, m) die den Wasserkrug zerbrochen haben, n) die von weitem wie Fliegen aussehen", bestimmt Foucault den Raum, an dem die dort aufgezählten Dinge in all ihrer Monstrosität nebeneinander treten und sich begegnen können, als "die Ortlosigkeit der Sprache".[1] Damit unterschlägt Borges jenes *Tableau*, das Foucault in einer ersten Bedeutung und mit Referenz an Raymond Roussel als jenen *Tisch* ausweist, an dem "für einen Augenblick, vielleicht für immer, der Regenschirm die Nähmaschine trifft", und das in seiner zweiten Bedeutung zu einer Grundvoraussetzung von Ordnung wird; "als Tableau, das dem Denken gestattet, eine Ordnungsarbeit mit den Lebewesen vorzunehmen, eine Aufteilung in Klassen, eine namentliche Gruppierung, durch die ihre Ähnlichkeiten und ihre Unterschiede bezeichnet werden, dort, wo seit fernsten Zeiten die Sprache sich mit dem Raum kreuzt."[2] Es kommt Foucault im Ausgang von Borges' Bestiarium der Verdacht, es könnte vielleicht schlimmere Formen der Unordnung geben als die bloße Konfrontation bloßer Unstimmigkeiten. Für sie reserviert er den Begriff des *Heterokliten*.

Das wäre die Unordnung, die die Bruchstücke einer großen Zahl von möglichen Ordnungen in der gesetzlosen und ungeometrischen Dimension des *Heterokliten* aufleuchten läßt. Und dieses Wort muß man möglichst etymologisch verstehen – die Dinge sind darin 'niedergelegt', 'gestellt', 'angeordnet' an in dem Punkte unterschiedlichen Orten, daß es unmöglich ist, für sie einen Raum der Aufnahme zu finden und unterhalb der einen und der anderen einen gemeinsamen Ort zu definieren.[3]

---

1 Michel Foucault: *Die Ordnung der Dinge. Eine Archäologie der Humanwissenschaften*, Frankfurt/M. 1990 (9), S. 19.
2 Foucault: *Die Ordnung der Dinge*, loc. cit., S. 19.
3 Foucault: *Die Ordnung der Dinge*, loc. cit., S. 20.

2. Johann Christoph Männlings Daten

> Das Florilegium deß Langius laß von deiner Seite
> nimmermehr kommen. Im Fall du etwa von einem
> zerissenen Mantel oder Bader=Hut soltest reden / so
> erzehle auß obgedachtem Florilegio alle alte Zeit der
> Athenienser. Sage her / was bey den Indianern ge-
> schehe.[1]

Die barocke Anatomie der Verstandeskräfte in *ingenium, judicium* und *memoria* führt, bei ungleichmässiger Verteilung, zur Erfindung von Prothesen. Deren Notwendigkeit zeigt folgende Situation, die für barocke Rhetoriken charakteristisch ist: Ein Autor wird inszeniert, dem schon beim ersten Punkt *inventio / dispositio / elocutio* der Atem ausgeht. Genauer: das für die *inventio* zuständige Vermögen – das *ingenium* – läßt ihn im Stich. Es gelingt ihm nicht, sein singuläres Thema auf ein Tableau vorhandenen Wissens abzubilden und damit der rhetorischen Verfassung eines barocken Textes zu genügen. Ein möglicher Ausfall solcher Bezüge wird beschworen, um sodann eindrucksvoll unterlaufen zu werden. Denn der so vorgeführte Autor kann nur ein Strohmann sein. Zu vielfältig ist der Raum barocken Wissens, als das ein Konnektivismus nicht gelingen sollte.

Johann Christoph Männling, der biedere Datensammler und treueste aller Lohensteinschüler, stellt die hypothetisch Zaudernden seines *Expediten Redners* vor eine wahre Fundgrube möglicher *inventiones*.

Die Fund=Grube, woraus die Erfindung zu nehmen, ist noch reicher, als die *Decani*sche Demant=Gruben, denn darinnen finden sich so viel Neben=Adern, die ihm eröfnen je mehr und mehr zu nehmen. Indeß werden doch die meisten genommen, entweder von dem Alter, Zeit, Jahren, Tagen, Monathen, Ehestande, Nahmen, Ampte, Würde, Zufällen, Begebenheiten, Umständen, Wapffen, Siegel, Gestalt, Geschichten, Bildern, *Inscription*en, Sinnbildern, *Symbol*is, Emblematibus, Anagrammatibus, Exempeln, *Sentent*ien, Sprüch=Wörtern, *Apophthegmatibus*, Zeitungen, Gebräuchen, *Epigrammatibus, Epitaphiis*, Historien, Bäumen, Blumen, Steinen, Städten, *Medaillen*, Müntzen, Schau=Pfennigen, *Allegori*en, Parabeln, Büchern[2].

---

1 Johann Balthasar Schupp: *Der ungeschickte Redner an ihm selbst.* In: ders.: *Schriften*, o.O.
   1663, S. 854.

2 Johann Christoph Männling: *Expediter Redner oder deutliche Anweisung zur galanten Deutschen Wohlredenheit Nebst darstellenden deutlichen Praeceptis und Regeln auserlesenen Exempeln und Curieusen Realien Der Jugend zum Gebrauch und den Alten zum Vergnügen vorgestel-*

Hat Winkelmanns Junker nur ein beschränktes Set homogener Wörter zur kombinatorischen Verfügung, so zeigt Männling, was alles zur großen Lotterie des Wissens und damit auch zur Literatur taugt. Die Gefahr möglicher Exhaustion scheint
damit erst einmal gebannt und somit der Weg in seinen *Expediten Redner* frei.

Männling unterliegt einer beispiellosen Euphorie des Faktischen, sein curiöses
Behagen setzt – so scheint es zunächst – jede Ordnungsfrage seiner Inventionsquellen außer Kraft. Und Männling weiß, was seine Fundgrube verspricht. Sein eigenes Werk enthält neben der eigentlichen Rhetorik seines *Expediten Redners* zahlreiche Sammelschriften, die den suchenden Leser mit dem entsprechenden Material
reichhaltig versorgen.[1] Gesammelt darf dabei alles werden, was den formalen Be-
stimmungen der Textsorte *Realie* entspricht. Kürze wie Trennschärfe der Textgren-
zen stellen sicher, daß beim Herauslösen und Wiederverwenden der Realien keine
Schwierigkeiten mit dem Kontext und seiner Stimmigkeit entstehen. Die Logik der
Datenspeicher unterliegt selbst einer Iterierbarkeit ihrer Inhalte, die auch für künftige Texte, die von dem bereitgestellten Material Gebrauch machen, als Organisationsprinzip gelten soll.[2] Die Bibliothek ist die ausgelagerte Form einer disparaten
memoria. Wissen und was dafür gehalten wird, ist im Buchraum zerstreut und begegnet sich dort in einer wunderbaren Gleichzeitigkeit. Applizierbar und damit
transparent wird das Wissen durch kleine Handgreiflichkeiten in Form von Registern
und *Blatweisern*. Gegen bloßes Diffundieren des Wissens in die Sammlungen, gegen deren Status willkürlicher Reihungen gibt es also buchinterne Mechanismen,
die Schutz vor der möglichen Kontingenz möglicher Anordnungen bieten.

Männlings *curiöser* Wunsch nach Neuem gibt sich nicht mit einer gedanklichen
Innovation zufrieden, wie das etwa im Concettismus der Fall ist, er macht stattdessen den Umgang mit puren Fakten zu seiner Sache. Selbst ein origineller Gedanke
interessiert Männling nur im Gewand der Realie und damit als Zitat. So entstehen
umfängliche Realiensammlungen, die von den Begebenheiten neapolitanischer
Hofdirnen mit ihren denkwürdigen Papageien berichten oder den Leser unvermittelt
auf exotische Inseln entführen, um in aller Umständlichkeit die Eigenarten einer
dort befindlichen Tier- und Pflanzenwelt aufzuzählen. Der Weg in die Exotik und

---

let (1718), Reprint Kronberg/Ts. 1974, S. 11. Bei der Wiedergabe von.Zitaten wird im vorliegenden Text wie folgt verfahren: Typographische Hervorhebungen (fett, gesperrt, unterschiedliche Typengröße u.a.) werden einheitlich durch Kursivdruck markiert.

1 Zu bio-/bibliographischen Details vgl. Paul Tworek: *Leben und Werke des Johann Christoph
   Männling. Ein Beitrag zur Literaturgeschichte des schlesischen Hochbarock*, Diss. Breslau
   1938.

2 Zum Begriff der Iteration, seiner etymologischen Herleitung sowie der Rolle für ein Konzept der
   Dissemination vgl. Jacques Derrida: "Signatur Ereignis Kontext". In: ders.: *Randgänge der Philosophie*, Frankfurt/M., Berlin, Wien 1976. S. 125-155.

sein materiales Pendant – der Gang ins Archiv – sind für Männling somit vorgezeichnet. Wo die Spezereien und Pretiosen einer literarisch vermittelten Welt lagern, herrschen die aufdringlichen Gerüche von Ambra und Bisam.[1]

Zur Standardquelle schlechthin muß Männling natürlich ein Roman werden, der schon seinen Zeitgenossen als Ausbund barocker Gelehrsamkeit galt: der *Grossmüthige Feldherr Arminius* seines Vorbildes und Landsmannes Daniel Casper von Lohenstein.[2] Immer wieder wird Lohensteins *Arminius* als Belegquelle für heterogene Sammlungen herangezogen, sein Wissen damit in alle nur möglichen Kontexte zerstreut. Gregor Christian Martins *Redner=Schatz Oder Oratorisches Lexicon* von 1700 behandelt ihn dabei einigermaßen paritätisch neben anderen Quellen wie der Bibel, den Schriften Christian Weises, Harsdörffers *Ars Apophthegmatica* oder Anselm Zigler-Klipphausens *Asiatischer Banise*. Alphabetisch listet Martins poetisches Lexikon Substantive, Verben und Adjektive auf, die dann zum Teil mit mehreren Exempeln aus den genannten Quellen aufwendig belegt und amplifiziert werden. Der Nachweis entspricht nicht heutigen bibliographischen Standards und variiert: Die Bandbreite möglicher Referenzen umfaßt bloße Namensnennung, Titelangabe mit oder ohne Seitenverweis und diverse – kaum mehr auflösbare – Abbreviaturen. Zum Stichwort *Gedächtniß* und unter Einbezug möglicher Synonyme heißt es:

> Gedächtniß / das Andenken. Das Gedächtniß ist das schönste Gemähld / welches das Abwesende mit eigentlichen (lebendigen) Farben vorstellet. Qu.Peg.K.Qu. [...]. Mit dem Gedächtniß mahlen. Arm.[3]

Die Information, daß *Qu.Peg.K.Qu.* ein Kürzel für Harsdörffers Pseudonym Quirinus Pegeus ist, wird dem Leser schlicht abverlangt. In wunderbarer Autoreferenz

---

1 Was in den Metaphoriken fremder Gerüche und magenverstimmender Überwürzung die niederen Sinne bemüht, heißt im optischen Kontext schlicht Neugierde oder Schaulust. Vgl. zur augustinischen *curiositas* und der anschließenden Diskussion um die Legitimität möglicher Inhalte Elmar Locher: "Fürwitz und Fürwitzkritik in den *Greweln der Verwüstung menschlichen Geschlechts*". In: *'Curiositas' und 'Memoria' im deutschen Barock*, Wien 1990. S. 9-34. Zur Vordergründigkeit barocker *curiositas* vgl. auch Gunter E. Grimm: *Literatur und Gelehrtentum in Deutschland. Untersuchungen zum Wandel ihres Verhältnisses vom Humanismus bis zur Frühaufklärung*, Tübingen 1983.

2 Daniel Casper von Lohenstein: *Grossmüthiger Feldherr Arminius*, Hrsg. von E.M. Szarota, Faksimiledruck, I. Theil nach der Ausgabe von 1689, II. Theil nach der Ausgabe von 1670, Hildesheim, New York 1973.

3 Gregor Christian Martin: *Redner=Schatz Oder Oratorisches Lexicon Worinn Ein auserlesen= und prächtiger Vorrath Aller Arten Klug und Nachdrücklicher Hoch=Teutscher Reden Mehrentheils aus denen Auctoren und Schrifften So nach dem Vorbericht befindlich Ausgezogen, gesammlet, eingetragen und beygefüget*, Frankfurt, Leipzig 1700, S. 86.

wird der Eintrag zum Gedächtnis auch zum Kreuzungspunkt verschiedener *memoria*-Konzeptionen und ihrer medialen Repräsentation: Die Etablierung eines kulturell gültigen Wissen zitiert Inhalte, deren Referenz auf kollektiv bereits eingespielten Merkleistungen fußt. Auswendigkeit und Aufschreibesystem bilden dabei einen Regelkreis. Das heute Rätselhafte an den verwendeten Kürzeln wird zum Indikator für die Bekanntheit des damit Referenzierten im zeitgenössischen Kontext.

Das gewählte Beispiel ist für die Logik der Einträge typisch, läßt es doch direkt nach dem Stichwort die zu thesaurierenden Stimmen ohne jegliche Vermittlung zu Wort kommen. Nur in Ausnahmefällen schaltet sich Martin selbst ein und stellt eine terminologische Klärung im Sinne eines lexikalischen Eintrages seinen Fremdbelegen voran. Beim Thema *billigen* etwa geht folgende Sachklärung dem anschließenden Weise-Zitat vorweg: "Einer Sache mit seiner Einstimmung (Genehmhaltung) das (zureichende / zulängliche) Gewicht ertheilen."[1] Die Ausgangsmenge dessen, was Martins *Redner=Schatz Oder Oratorisches Lexicon* auf- und füreinander beziehbar macht, wird zusätzlich durch die Logik mitgeführter Synonyme erhöht. Johann Christoph Männling läßt es sich nicht nehmen, den Sammelfleiß des pommerschen Hofgerichtsadvokaten Martin eigens in einem Lobgedicht zu rühmen, das auch typisch für die Selbsteinschätzung von Männlings eigener Sammelpraxis ist. Am Ort purer und ausschließlicher *memoria* unterstellt seine Huldigung ingeniöse Fähigkeiten wie Witz, Weisheit und *kluge Sinnen*:

> Man sieht / wie seine kluge Sinnen
> Hier wuchern / bauen und gewinnen /
> Weil Er der Welt
> Ein Buch vorstellt
> Das selbst Apollo muß und Alexander küssen /
> Dieweil ein Weißheits=Strohm hier will zusammen fliessen".[2]

Doch genau davon kann in Männlings eigener Praxis keine Rede sein. Wenn er – im Gegensatz zu Martin – den *Grossmüthigen Feldherrn Arminius* zum alleinigen Ausgangspunkt gleich mehrerer Sammelschriften macht, beschränkt er seinen Anteil auf den Akt bloßen Verdoppelns und damit auf die Mühe von Selektion und Exzerpt. Männlings Verhältnis zu Lohenstein, dem großen und fast schon peinlich gelobten Vorbild, ist problematisch.[3] Was Männling in seiner transformierenden Lektüre mit dem *Arminius* veranstaltet, ist ein Exempel für die Kongenialität barocker Wissenspolitik. Denn schon der Roman macht aus seinem eigentlichen Bestre-

---

1 Martin: *Redner=Schatz Oder Oratorisches Lexicon*, loc. cit., S. 37.
2 Martin: *Redner=Schatz Oder Oratorisches Lexicon*, loc. cit., Vor.
3 Zur Rezeption Lohensteins vgl. Alberto Martino: *Daniel Caspar von Lohenstein. Geschichte seiner Rezeption. Band 1: 1661-1800*, Tübingen 1978.

ben kein Hehl, und damit tritt – so der *Autor* der Anmerkungen – ein Prätext ans Licht: "Daß es scheine / die Geschichte vom Arminius sey bey nahe nur ein Vorwand / die allgemeine teutsche Geschichte aber der rechte Zweck unsers Lohensteins."[1] Die allgemeine teutsche Geschichte ist ihrerseits Vorwand für eine universale Weltgeschichte. Ein Liebesplot kann so zum Bezugspunkt und Umschlagplatz für heterogene Wissenspartikel werden. Zufällig reisende Protagonisten treten ständig in Aktion, um mit ihren willkommenen Exkursen über exotische Länder den eigentlichen Schauplatz vergessen zu machen. Und so kann Lohenstein nun seinerseits die Quelle seines exotischen Fachwissen gekonnt einspielen. Das Resultat ist ein Bibliotheksdoppel:

> Dannenhero schweifft er in seinen Unterredungen aus / bald auff den *Ursprung / Glauben* und *Gebräuche* aller frembder Völcker / bald auf die Geschichte unterschiedener beschriebener *Weltweisen* / bald auf die Beschreibung aller *Tugenden / Laster* und *Gemüths=Regungen* des Menschen / bald auf wichtige *Staats=Händel* und die hierüber entstandenen Streit=Fragen / bald auf die grössten *Wunder* der *Naturkündiger* und neuen *Aertzte.* [...] Gewiß ists / daß gleich wie der grundgelehrte Lohenstein eine lebendige Bibiothec gewesen / also dieses Buch ein rechter Kern und Auszug seiner gantzen leblosen Bibliothec mit allem Rechte heissen kann.[2]

Die unmotiviert gelehrten Ambitionen seiner Protagonisten werden neben dem üblichen Schwulstvorwurf zur Lieblingszielscheibe der Kritik: So glaubt man sich "in einer Gesellschaft pedantischer Magister" zu befinden und wundert sich, "wenn Personen, die wir in tiefer Bewegung sehen, plötzlich auf die Katheder versetzt werden und dozieren."[3] Der magistrierenden und dozierenden Verdoppelung eines Bibliothekswissens folgt ihre Rückübersetzung durch den nun seinerseits dozierenden Magister Männling. Was Lohenstein im Roman zerstreut, erfährt in Männlings Sammelschriften seine erneute Konzentration. Als Resultat wird das Wissen nach einem Akt der Transmission ohne inhaltlichen Mehrwert in die Bibliothek und damit ins Ausgangsmedium rückgeführt. Das offizielle Wissen des Barock konstituiert sich durch Zirkulation. Männling jedenfalls wird Lohenstein lesen, in seine Bestandteile zerlegen und diese neu aufschreiben. Eines der Resultate ist der *Armi-*

---

1 *Anmerckungen über Herrn Daniel Caspers von Lohenstein 'Arminius': Nebenst beygefügtem Register derer in selbigen Werck befindlichen Merckwürdigen Nahmen und Sachen.* In: Lohenstein: *Grossmüthiger Feldherr Arminius,* loc. cit., II. Theil, Vor. S. 4f.

2 *Anmerckungen über Herrn Daniel Caspar von Lohensteins 'Arminius',* loc. cit., II. Theil, Vor. S. 7.

3 Leo Cholevius: *Die bedeutendsten deutschen Romane des siebzehnten Jahrhunderts. Ein Beitrag zur Geschichte der deutschen Literatur,* Nachdruck 1866, Darmstadt 1965, S. 390f.

nius Enucleatus aus dem Jahre 1708.[1] Männling startet in der Vorrede mit einer Apotheose barocker Speichertechniken und ihrer Unlöschbarkeit. Kein *Zeiten=Schwamm* vermag gegen die Speicherstatik barocker *Merk=Marmel=Säulen* je anzukommen. Im Durchlauf kultureller Totenspeicherrituale wird die ägyptische Technik der Einbalsamierung gestreift, bevor Männling das Überleben der Texte datentechnisch als Verjüngerungskur inszeniert. Es wird Männling zur vornehmsten Pflicht, Lohensteins "gelehrte Schrifften wieder zu verjüngern" und "den Kern darauß zu excerpiren"[2]. Eine Kur also, die ganz schlicht mit der Tätigkeit des Exzerpierens und damit auch der vornehmsten Quelle aller Invention zusammenfällt. Im *Europaeischen Helicon* empfiehlt Männling angehenden Literaten als ersten Zugriff seine eigene Sammeltätigkeit: "da ich erstlich aus andern Scriptoribus Realia colligire".[3]

> Wie Du den hier als in einer Nuß den vollen Kern des grossen Arminii wirst beysammen antreffen / der aus einem grossen Feld=Herrn nunmehro ein Zwerg worden / nachartend unser aller Gestalt / da wir nach dem Tode uns gleichsam wie Schnecken zusammen ziehen / und wieder ein Auszug / von dem was wir gewesen / werden.[4]

Ein eigenartiger Zwerg von 1200 Seiten ist die Folge Männlingscher Exzerpierkunst. Seine Lektüre liest einen Roman, der die Lektüre einer Bibliothek ist, und diese neue Lektüre steht fortan angehenden wie praktizierenden Literaten als Quelle weiterer Information zur Verfügung. Lohensteins Textspiel *Arminius*, das die Bestände einer ganzen Bibliothek simuliert, galt seinen Bewunderern als unerschöpfbar: "Sed quis mare istud exhauriet?"[5] Und diese Unerschöpfbarkeit hat Methode. "So hielt der Seelige dergleichen Ordnungen / daß er die Früchte seiner Gelehrsamkeit zum gemeinen Nutz und Besten fast täglich in *abundantia* hervor gab", wie Männling in der Zueignung schreibt und eigens zum Vergleich den ostindischen Baum *Jambos* herbeizitiert, dessen atemberaubender Fruchtwechsel lohensteinanalog jährlich drei- bis viermal reiche Ernte verspricht. Für Männling ist das Textmeer Lohenstein nicht nur metaphorisch qualifizierbar, sondern auch datenmäßig quantifizierbar. Denn, so will es jedenfalls Männling in einem weiteren Lohenstein-Di-

---

1 Johann Christoph Männling: *Arminius enucleatus. Das ist: Des unvergleichlichen Daniel Caspari von Lohenstein / Herrliche Realia, Köstliche Similia, Vortreffliche Historien / Merkwürdige Sententien, und sonderbare Reden. Als Köstliche Perlen und Edelgesteine aus dessen deutschen Taciti oder Arminii*, Leipzig 1708.

2 Männling: *Arminius enucleatus*, loc. cit., Zueignung.

3 Johann Christoph Männling: *Der Europaeische Helicon, Oder Musen=Berg [...]*, Stettin 1704, S. 80.

4 Männling: *Arminius enucleatus*, loc. cit., Vor.

5 Zitat nach Martino: *Daniel Caspar von Lohenstein*, loc. cit., S. 250.

gest, eine Seite des schlesischen Schwanes wird "mehr Krafft und Safft in sich haben / als Hermes in zwantzig tausend und Epicurus in dreyhundert Büchern; massen seine Bücher der Majorin-Blume in Sina gleichen / derer eine eintzige ein ganzes Haus mit ihren durchdringenden Geruch einbisamet".[1] Zahlenspiele und aberwitzige Umrechnungsfaktoren schreiben dem Musterautoren Lohenstein die für seine Rezeptionsgeschichte berüchtigte Unvergleichbarkeit zu. Schlesischer Schwan, Phönix, Funchoang, Colubri und Einhorn – eine bescheidene Untermenge aus dem Bestiarium, mit dem Männling seinen Lohenstein umschreibt – werden so zur Apotheose der Information. Männlings Lohensteinexzerpt eifert entgegen aller Selbstaussagen dem großen Vorbild auch an Umfang nach: 'Original' und Abschrift stehen circa im Verhältnis 4:1.

Doch Männlings schreibende Lektüre ist im Feld barocker Wissenspolitik nur konsequent und damit von einem *misreading* weit entfernt: An die Stelle einer unmöglichen Textverknappung, die auf der Handlungsebene anzusetzen hätte, setzt er ein pures und schlichtes Doppel der Konstruktion. Friedrich Kittler spricht in diesem Zusammenhang von Doppelspeichern, die von Lohenstein verschaltet und von Männling wieder auseinanderdividiert werden.[2] Die durch Register gesicherte Transparenz der Daten ersetzt so die Narration eines *plot*. Männling verfährt dabei gleich im doppelten Sinne verdoppelnd. Denn schon die Verleger von Lohensteins *Grossmüthigem Feldherrn Arminius* hielten es aus Gründen optimaler Leseradressierung für angebracht, den Roman aufzuarbeiten, zu zerlegen und sorgfältig zu kommentieren. Dazu wird ein Theologe namens Christian Wagner verdungen. Sein Resultat, die *Anmerckungen über Herrn Daniel Caspers von Lohenstein 'Arminius': Nebenst beygefügtem Register derer in selbigem Werck befindlichen Merckwürdigen Nahmen und Sachen*[3], werden dem zweiten Teil des Romanes beigebunden sein. Dort sollen sie der Selbstaussage Wagners folgend einem datenhungrigen und nach sehr spezifischen Interessen ausdifferenzierten Lesepublikum einen Zugriff auf die Wissensvielfalt ermöglichen: ohne aufwendiges Suchen oder – wie der

---

1 Johann Christoph Männling: *Lohensteinius sententiosus, Das ist: Des vortrefflichen Daniel Caspari von Lohenstein / Sonderbahre Geschichte / curieuse Sachen / Sinn-reiche Reden / durchdringende Worte / accurate Sententien, Hauptkluge Staats- und Lebens-Regeln / und andere befindliche Merckwürdigkeiten / Aus dessen sowohl Poetischen Schrifften und Tragoedien, als auch Lob-Reden / und andern ihm zustehenden gelehrten Büchern / Wie aus einem verborgenem Schatze zusammen colligiret / Und der gelehrten Welt zur Vergnügung / der Jugend zum nützlichen Gebrauch Nebst einem vollkommen Register ans Tage-Licht gestellet*, Breßlau 1710, Vor.

2 Friedrich Kittler: "Über romantische Datenverarbeitung". In: Ernst Behler, Jochen Hörisch (Hrsg.): *Die Aktualität der Frühromantik*, München u.a. 1987. S. 127-140.

3 Vgl. zu den Details Martino: *Daniel Caspar von Lohenstein*, loc. cit.

Kommentator verspricht – ohne Mühsal und Kopfzerbrechen. Wagner ist für diesen Dienst förmlich prädestiniert, hat er doch seine Finger nicht nur als Registrator im Spiel. Ein *Compendiöses Gelehrten-Lexicon* von 1715 scheint Bescheid zu wissen und bescheinigt Wagner "das gantze letzte Buch zu dem andern Theile von Lohensteins *Arminio*, ingleichen den Schlüssel und die Register zu dem gantzen Wercke verfertiget" zu haben.[1] Gute Buchhalter können oder könnten also auch Romane nach dem Ableben ihres Initiators zu Ende schreiben. Dabei ist für Wagners Aufarbeitung des Textes gleichgültig, ob ein Theologe, ein Mediziner oder Jurist mit dem *Arminius* umgehen wird: Die interne Registratur des Romans erlaubt sämtlichen Berufssparten und Interessenslagen, was die Informatik als wahlfreien Zugriff (*random access*) auf Speicherinhalte beschreibt.[2]

Männling wird als kongenialer Leser zum Kopisten und damit wie kein anderer Lohensteinscher Textpraxis gerecht. Was später – etwas im Kontext der Frühaufklärung – als *schlimmste Entartung* einer Lohensteinlektüre angemahnt und an Männlings Sammelschriften polemisch festgemacht wird, ist vom Roman selbst vorgezeichnet.[3] Vom internationalen Verkaufserfolg seines *Arminius enucleatus* bestätigt, wird Männling in einem zweiten Schritt und unter dem Titel *Lohensteinius sententiosus* auch noch die Dramen und Gedichte seines Meisters rückübersetzen. Das kann nicht schwer fallen, hat Lohenstein doch selbst sein Drama *Sophonisbe* mit einem so aufwendigen Anmerkungsapparat versehen, daß der dem Trauerspieltext an Umfang kaum nachsteht.[4] Die Motivation für barocke Anmerkungspraxis liefert in einer wundersam präzisen Metaphorik Philipp von Zesen. Er wird die Beigabe seiner Anmerkungen zum Roman *Simson* als Akt der Auferstehung feiern und damit den Männlingschen Versionen vom altägyptischen Totenritual bis

---

1 Zit. nach Martino: *Daniel Caspar von Lohenstein*, loc. cit., S. 205.

2 Die Registraturen sind Gegenstand von Differenzierung und Ergänzung. Die Neuauflage des *Grossmüthigen Feldherrn Arminius* von 1731 wird die Registerspaltenzahl von 158 auf 174 erweitert haben.

3 In Verkennung barocker Aufschreibesystematik wird in der Kritik immer der Vorwurf eines narrativen Unvermögens laut. Es ist das Verdienst Werner Welzigs, auf die vernachlässigte Rolle barocker Wissensorganisation am Beispiel von Romanregistern hingewiesen zu haben. Da das Register immer wieder als Beleg für "die mangelnden erzählerischen Qualitäten" herangezogen wurde, entging es – im Gegensatz etwa zu den Vorreden – der Aufmerksamkeit der Forschung. Vgl. ders.: "Einige Aspekte barocker Romanregister". In: Albrecht Schöne (Hrsg.): *Stadt – Schule – Universität – Buchwesen und die deutsche Literatur im 17. Jhd.*, München 1976, S. 566. Zur narrativen Aufwertung vgl. auch Thomas Borgstedt: *Reichsidee und Liebesethik. Eine Rekonstruktion des Lohensteinschen Arminiusromans*, Tübingen 1992. Borgstedt verweist als romaninternes Ordnungsprinzip auf die *ars combinatoria* Lulls.

4 Vgl. dazu Walter Benjamin: *Ursprung des deutschen Trauerspiels. Gesammelte Schriften*, Hrsg. von Rolf Tiedemann, Hermann Schweppenhäuser, Frankfurt/M. 1990, Bd. I.1, S. 268ff.

hin zur Verjüngungskur der Texte ein Figuralschema unterlegen. Mit der bloßen
Veröffentlichung wäre nach Zesen noch wenig gewonnen.

> Mein Simson hat nunmehr sein Grab verlassen. Er hat sich in die heitere Luft begeben. Er ist
> aus der Nacht zu Lichte geträhten. Nichtsdeszuweniger scheinet Er / mitten in der offenen Luft /
> noch halb begraben. [...] Und hierzu sollen ihm folgende Anmärkungen dienen: welche nicht al-
> lein den Nebel etlicher dunkelen Reden zertreiben / sondern auch zugleich anzeigen werden / wo-
> her eine oder die andere geflossen / auch wohin sie zielet.[1]

Ohne das nackte Wissen, das Zesen seinem Text eingeschrieben hat, würde *Simson*
als Text in seinem Grab vermodern. Erst die Zugabe von Zesens zugrundeliegenden Quellen und damit die Anmerkungen erwecken den Textkörper des Romans zu
einem ganz neuen Leben und erlauben den typologischen Anschluß an die Auferstehung Christi. Ein von Zesen mitgeliefertes Protokoll der ebenso iterierten wie
iterierbaren Textbausteine erlöst den *Simson* aus seinem Textgrab und weist ihm so
den Weg ins figurale Heil. Im Falle des Simson, der ja selbst eine Präfiguration
Christi ist, verquickt eine Wissenspolitik die Erlösung von Held und Text.[2]

Die Wissensarchitektur, die solchen Texten zugrunde liegt, macht diese zwar benutzbar, aber eben nicht im kontinuierlichen Verlauf lesbar. Christian Weise bringt
das Problem mit den über 3000 Seiten des *Grossmüthigen Feldherrn Arminius* auf
den Punkt. Seine Lektüre kommt über die ersten Seiten nicht hinaus und endet
gleich in einer doppelten Klage:

> Erstlich ist es vor mich zu lang / daß ich bey meinen Verrichtungen nicht viel darinne lesen
> kan. Zum andern hätte ich wünschen mögen / im drücken wären die Bücher in gewisse Capitel
> eingetheilet worden / damit man die vorhergesetzten Summarien in *lectione cursoria* desto be-
> quemer gebrauchen könne.[3]

Weises Wunsch nach kursorischer Lektüre und ihrer Implementierung im Medium
Buch wird durch eine permanente Überforderung des Lesergedächtnisses hervorgerufen. Bereits fünf Jahre zuvor wird Gotthard Heidegger, ein fanatischer Hasser
aller *so benanten Romans*, mögliche *Arminius*-Lektüren genau an diesem Punkt
scheitern lassen. Ein Leser, der gegen Textende noch dessen Anfang erinnern

---

1 Philipp von Zesen: *Simson / eine Helden= und Liebes-Geschicht* (1679). *Sämtliche Werke*,
  Hrsg. von Ferdinand van Ingen, Berlin, New York 1980ff., Bd. VIII, S. 491.
2 Vgl. dazu Inge Kolke: *Zitate und Zeichen des Barock (Philipp von Zesen)*, unveröffentlichte
  Magisterarbeit, Freiburg i.Br. 1989.
3 Christian Weise: *Curiöse Gedancken Von Teutschen Briefen* (1702). Zit. nach Martino: *Daniel
  Caspar von Lohenstein*, loc. cit., S. 219.

kann, gilt Heidegger als "ein Monstrum memoriae"[1]. Damit sind Vorwürfe verbunden: Heidegger moniert eine verschwenderische Fehlbelegung wertvoller Gedächtniskapazitäten, die unwiederbringlich zu einer Benachteiligung anderer kognitiver Leistungen führen muß. Im Zuge einer immer stärker werdenden Polemik gegen das verdoppelnde Moment reiner Auswendigkeit ist es nicht zu rechtfertigen, anderswo gespeicherte Informationen blind einem individuellen und damit beschränkten Gedächtnis erneut einzuverleiben. Georg Friedrich Meier, der in den *Anfangsgründen aller schönen Wissenschaften* ebenfalls gegen die Daten- und Speicherumtriebe des Barock argumentiert, braucht in personaler Folgerichtigkeit nur noch die Praxis eines Johann Christoph Männling als Negativfolie zu resümieren. Dabei macht Meier ein Moment stark, das auch im Rahmen der Mnemotechnik und der Tradition einer Kritik an ihr immer wieder begegnen wird. Dem Konzept einer unselektiert verfahrenden Auswendigkeit hält Meier entgegen, daß sie – "es mag im übrigen noch so elendes Zeug seyn" – verdoppeln würde, was als kulturelle Gedächtnisleistung mehr als nur aufgeschrieben ist: Das Individualgedächtnis würde mit Collectaneen, Florilegien, Schatzhäusern und Exzerptensammlungen, die aber auch nichts unverzeichnet lassen, einfach zusammenfallen und mit ihnen zur Deckung kommen. Da aber die imaginären wie realen Speicher der kulturellen Mnemotechnik rar und teuer sind, tut doppelte Vorsicht not: Das betrifft erstens eine genaue Vorsicht bei der Datenselektion und zweitens einen möglichen Rückgewinn bereits belegter Speicherplätze durch die Löschung der dort hinterlegten Daten. Meier führt aus Gedächtnis- wie Datenschutzgründen eine *ars oblivionis* ins Feld: "Die Vergessungskunst ist also nöthig und nützlich als die Gedächtniskunst."[2]

Und da Weises Wunsch nach kursorischer Lektüre genau dieses Moment eines Vergessens vorhandener Information beinhaltet, kann und wird er erst in einem anderen *Aufschreibesystem* erfüllt werden, dem Aufschreibesystem von 1800.[3] Erst in einem System, das Friedrich Kittler als romantische Datenverarbeitung in Abhebung zu barocken Verfahren beschreibt, werden kursorische Lektüren endlich nicht nur möglich, sondern aus speicherökonomischen Gründen auch notwendig werden. Bei Lektüre eines neuen Meßkatalogs, der zum Indikator für das ungeheure Anwachsen der Buchwelt und damit zum Kollaps kultureller Speicherung überhaupt wird, darf in Novalis' *Dialogen* (1798) ein Gesprächspartner B seinem überforderten Gegenüber A Trost spenden, indem er auf die Ebene der Rezeption wech-

---

1 Gotthard Heidegger: *Mythosopia Romantica oder Discours von den so benanten Romans* (1698), Reprint Bad Homburg 1969, S. 89.

2 Georg Friedrich Meier: *Anfangsgründe aller schönen Wissenschaften* (1754/55), Reprint Hildesheim 1956, S. 445. Zur Kunst des Löschens innerhalb der Mnemotechnik vgl. auch II/5. *Die gelehrigen Körper des Merkens.*

3 Vgl. zu Begriff und Sache Friedrich A. Kittler: *Aufschreibesysteme 1800/1900*, München 1985.

selt und veränderte Lesetechniken zur Bewältigung der drohenden Datenflut anempfiehlt. Anstelle den Text Buchstaben für Buchstaben zu durchlaufen und dennoch zu keinem Ende zu kommen, treten kursorische Lektüren und das Ausnutzen
einer veritablen Buchphysiognomik. Neben dem Anlesen der Anfangsseiten ist oft
"der Titel selbst physiognomisch lesbar genug", und so weiß der Leser schon nach
Lektüre von bloß zwei Seiten und daher in kürzester Zeit, "wen man vor sich hat."[1]
Ein weiterer und sehr subtiler Büchermesser steht in Gestalt der Vorrede zur Verfügung. Um ihren Vorteil gegen Gesamtlektüren und damit auch die Meßbarkeit unterschiedlicher Textsorten adäquat beschreiben zu können, muß Novalis die Rechenarten wechseln. An die Stelle einfacher Addition und Subtraktion haben Re-
chenfunktionen zu treten, die ein exponentielles Zahlenverhalten aufweisen wie
Kirchers Fakultätsberechnungen. Kurzerhand erklärt Novalis im Rückgriff auf
Lessing die Vorrede zur "Wurzel und Quadrat des Buchs"[2], deren Benutzung eine
qualitative Veränderung des Informationsgewinns und damit eine verantwortbare
Leseökonomie zur Folge hat. Nur wer so souverän unterschiedliche Lesetechniken,
Textsorten und die Mathematik handhabt, wird in der 'Gutenberggalaxis' der Goe-
thezeit nicht untergehen. "Genau das ist der Grund, weshalb in den *Dialogen* über
Datenverwaltung Rechenarten wie Dividieren und Multiplizieren, Wurzelziehen und
Quadrieren die Grundrechenarten Subtraktion und Addition bei Lohenstein oder
Männling ablösen."[3]

Die Logik abzählbarer Zustände und ihrer Kombinatorik weicht einer neuen Logik des Konzentrats: Was Männling metaphorisch mit Kernen oder Nüssen und Zesen mit dem Figuralschema der Auferstehung beschwört, kann erst in einem anderen Aufschreibesystem seinen Ort finden, das die Lösung von der Buchstäblichkeit
der Lettern nicht nur erlaubt, sondern auch einfordert. An die Stelle barocker Wissensorganisation, die mit ihrem systematischen Zusammenspiel von gesammelten
Daten, rhetorischen Befehlen und registrierten Adressen die Analogie zu der be-
herrschenden Computerarchitektur John von Neumanns nahelegt, tritt damit auch
der Autor als regierendes Zentrum der Texte in den Vordergrund.[4] Wenn barocke
Literatur wie im Fall Männling die Funktion von Datenbanken übernimmt und aus
Textbausteinen besteht, die von Büchern über Bücher wiederum in Bücher münden
und nach den Befehlssätzen der Rhetorik auch münden sollen, spielen Autoren nur

---

1 Novalis: *Dialogen und Monolog*. In: *Novalis Werke*. Hrsg. von Gerhard Schulz, München 1981
   (2., neubearbeitete Aufl.), S. 417.

2 Novalis: *Dialogen und Monolog*, loc. cit., S. 417.

3 Kittler: "Über romantische Datenverarbeitung", loc. cit., S. 137.

4 Vgl. zu einer damit einhergehenden Konzeption der Hermeneutik, die auf dem Löschen von
   Wortlauten beruht, Friedrich Kittler: "Vergessen". In: Ulrich Nassen (Hrsg.): *Texthermeneutik.
   Aktualität, Geschichte, Kritik*, München u.a. 1979, S. 195-221.

eine marginale Rolle.[1] An ihre Stelle tritt in aller Unverhohlenheit die historische Jeweiligkeit von Medientechnik:

> Was heute in Siliziumchips und Mikroprozessoren läuft, diese endlose Berechnung von Daten unter Speicheradressen und unter Programmbefehlen, fand etwas schlichter auf dem Papier statt. Anderswo hätte jenes große Tableau der Repräsentation, das nach Foucaults Analyse den ganzen Raum zwischen Vorstellungen und Gegenständen, res cogitans und res extensa zu durchlaufen erlaubte, medientechnisch gar keinen Bestand gehabt. Wissen hieß Blättern, Zitieren, Exzerpieren und Kompilieren, immer nach Maßgabe gedruckter Seitenzahlen.[2]

Kittler hat für Novalis gezeigt, wie das Zusammenspiel von Daten, Befehlen und Adressen auch für die behandelte Wissensarchitektur der *Dialogen* unhintergehbar ist. "Nennt man, einigermaßen formalisiert, rund 3500 Bücher von 1798 die Daten, dann war ihr Meßkatalog das Buch der Bücher, die Bibel oder technischer gesprochen: das Adreßregister sämtlicher Daten."[3] Es fehlen im informationstechnologischen Dreischritt also nur noch die Befehle. Kittler verlegt sie kurzerhand in die Subjekte des Lesens, wie sie Novalis stellvertretend in den Dialogpartnern vorführt, und gelangt so zu einer Definition der Frühromantik, die mit der Adressierbarkeit der Buchstabenflut an adressierbare Subjekte zusammenfällt. Mit einer Reduktion historischer Systeme auf die Architekturen ihres Wissens, ihrer internen Organisation und Verwaltung, liegen Vergleichsoperatoren vor, um beliebige historische Systeme auch quantitativ in Beziehung zu bringen. "Die Verhältnisse zwischen Adressen, Daten und Befehlen, auch wenn erst von Neumanns Computertechnologie sie zu biunivoker Perfektion brachte, erlauben es, beliebige historische Systeme zu messen."[4] Diese Bemeßbarkeit historischer Systeme des Wissens trägt veränderten Voraussetzungen innerhalb historischer Medientechniken Rechnung und gilt – so Kittler – "auch und gerade unter Bedingungen des längst gebrochenen Büchermonopols auf Information"[5]. Damit ist der Weg frei für eine Mediengeschichte, die nicht blind zur Apotheose der jeweils neuesten Techniken gerät, sondern die entgegen allen Technoteleologien davon ausgeht, daß neue Medien alte

---

1 Zur Spezifik einer barocken gegenüber einer romantischen Autorschaft sowie der Möglichkeit einer juristischen Absicherung eines Eigentums an Gedanken im Urheberrecht vgl. auch Verf. "Autorfunktion und Buchmarkt". In: Miltos Pechlivanos u.a. (Hrsg.): *Einführung in die Literaturwissenschaft*, Stuttgart, Weimar 1995. S. 147-163.
2 Friedrich Kittler: *Die Nacht der Substanz*, Bern 1989, S. 13f.
3 Kittler: "Über romantische Datenverarbeitung", loc. cit., S. 129.
4 Kittler: "Über romantische Datenverarbeitung", loc. cit., S. 129.
5 Kittler: "Über romantische Datenverarbeitung", loc. cit., S. 127.

nicht obsolet machen, sondern ihnen andere Systemplätze zuweisen.[1] Was Kittler am Beispiel von Neumanns Computerarchitektur umreißt, hat darüberhinaus Konsequenzen für die Diskurse des Menschen: Die Wissenschaften vom Menschen stehen in einer – noch zu bestimmenden – Relation zu den Maschinen einer allgemeinen Datenverarbeitung.

> Was Mensch heißt, bestimmen keine Attribute, die Philosophen den Leuten zur Selbstverständigung bei- oder nahelegen, sondern technische Standards. Jede Psychologie oder Anthropologie buchstabiert vermutlich nur nach, welche Funktionen der allgemeinen Datenverarbeitung jeweils von Maschinen geschaltet, im Reellen also implementiert sind.[2]

Während Männling rein auf der Ebene von Datum und Adresse bleibt, indem er den schlesischen Schwan in Sammelschriften überführt, wechselt ein weiterer Adept Lohensteins namens Christian Schröter formal auf die Befehlsebene und schreibt den Vorzeigeautor direkt einer Rhetorik ein. Damit verläßt Schröter die Ebene bloßer Datenspeicher, um seinen Lohenstein als Vorbild auf dem Gebiet eigener Produktion stark zu machen. Dazu wird der Literat im Handstreich zum Redner erklärt und der *Grossmüthige Feldherr Arminius* zur Belegstelle für schlechthin alles erhoben, was in einer Redekunst anfallen kann. Der Leser soll sich nicht darob verwundern, "daß ich bei dieser oratorischen Anweisung alles mit Exempeln dieses ungemeinen Redners belegt habe."[3] Und damit die Lohensteinsche Unvergleichbarkeit nicht durch die Versuche potentieller Redeschüler nivelliert wird, verpflichtet Schröter seine Eleven auf ein Prinzip behutsamer, weil asymptotischer Annäherung, die ihrem Vorbild zwar nachstrebt, doch ohne den Anspruch, ihm je gleich kommen zu wollen. Im Kapitel über die Verbalimitation wird er in aller gebotenen Selbstbescheidung erklären, "wie man unsern unvergleichlichen Lohenstein imitiren könne / ob man schon nicht die Höhe seines Styli so erreichen kan."[4]

Ohne jede Mühe kann Schröter eine komplette Rhetorik schreiben, die an fast keiner Stelle um ein Exempel aus dem *Grossmüthigen Feldherrn Arminius* verlegen zu sein braucht. Bei den vielfältigen Anforderungen an eine barocke Rhetorik ist

---

1 Zum Programm einer historischen Medienwissenschaft vgl. Friedrich Kittler: "Geschichte der Kommunikationsmedien". In: Jörg Huber, Alois Martin Müller (Hrsg.): *Raum und Verfahren. Interventionen 2.*, Basel, Frankfurt/M., Zürich 1993. S. 169-188.

2 Friedrich Kittler: "Die Welt des Symbolischen – eine Welt der Maschine". In: *Draculas Vermächtnis. Technische Schriften*, Leipzig 1993, S. 61.

3 Christian Schröter: *Gründliche Anweisung zur deutschen Oratorie nach dem hohen und sinnreichen Stylo der unvergleichlichen Redner unsers Vaterlandes / besonders des vortrefflichen Herrn von Lohensteins in seinem Großmüthigen Herrmann und anderen herrlichen Schrifften* (1704), Reprint Kronberg Ts. 1974, Vorrede.

4 Schröter: *Gründliche Anweisung zur deutschen Oratorie*, loc. cit., S. 72.

das keine Kleinigkeit. Neben formale Aspekte wie Satzbau, Imitation und Variation, dem weiten Feld sämtlicher Tropen und Figuren treten pragmatische Vorgaben
wie Trauer-, Staats- und Kriegsreden, die Details der Komplimentierkunst, Grab-
und sonstige Inschriften nebst einem veritablen Briefsteller, ausdifferenziert nach
dem Cermemonila aller nur denkbaren Situationen und Schreibanlässe: *"Relations=
Abschieds= Dedications= Beschuldigungs= Schutz= Verantwortungs= Straff=* und
Schelt=Briefe / Bitt= Abbittungs= Berathschlagungs= An= und *Abmahnungs=* und
Trost=Brieffe; endlich auch *Gratulations= Klag= Danck=* und *Stachel=Briefe*.[1] All
das macht Lohenstein möglich und ist dabei so unvergleichlich, daß Schröter auf
die jeweilige Nennung seines Namen getrost verzichten kann. Stattdessen dürfen
Lohenstein und *der Autor* in Schröters Rede synonym werden. Wo Schröter durch
Namensverzicht Lohensteins Unvergleichbarkeit inszeniert, wird ein späterer Kritiker mit einer veränderten Politik der Eigennamen genau das Gegenteil tun. Johann
Christoph Adelung wird 1785 in seiner Arbeit *Über den deutschen Styl* den unvergleichlichen Lohenstein nebst seinem Schüler Männling in einen Plural setzen, der
sehr effektiv ein Plural der Diskriminierung ist: "Die Zeiten der Lohensteine,
Männlings u.s.f. sind noch nicht ganz vorbey, das man oft alle vier Welttheile
plünderte, eine einige Periode mit der Beute aufzustutzen."[2]

Schröter läßt *seinen* Autor gebührend in aller Ausführlichkeit zu Wort kommen,
und so sind die eingerückten Lohensteinzitate meist länger als die oratorischen
Systembestandteile, die sie jeweils belegen sollen. Ganze Briefe wandern so unge-
kürzt aus dem *Arminius* in Schröters *Gründliche Anweisung*. Doch welchem Publikum stellen Autoren wie Männling und Schröter ihre Daten, Briefe und Generie-
rungsregeln überhaupt zu? Schröter adressiert eine studierende Jugend, die Gefahr
läuft, im Umgang mit dickleibigsten Büchern die Geduld zu verlieren:

> Denn ich habe mit Fleiß alle *Praecepta* mit den schönsten Exempeln aus diesem Wercke beleget
> / damit die studierende Jugend einen Kern von reinen und auserlesenen Worten / ausbündigen
> Gleichnüssen / vortrefflichen *Reali*en / merckwürdigsten Geschichten / klugen Staats=Kriegs=
> und Sitten=Regeln in einem kurtzen Auszuge möge beysammen haben. Für junge Leute ist
> ohne diß ein so weitläufftiges Buch nicht / als welche selten die Gedult haben / so viel Zeit dar-
> auff zu wenden; zu geschweigen / daß unterschiedene Sachen darinnen zu finden / die sie noch
> nicht verstehen / auch nicht wissen dörffen. [3]

Im Gegensatz zu Männling, der im Selbstzweck des Sammelns aufgeht und daraus
auch keinen Hehl macht, sollen Schröters Verdopplungen des *Autors* eine Beleg-
funktion im Kontext rhetorischer Praxis übernehmen: Die Rhetorik wird ihm zum

---

1 Schröter: *Gründliche Anweisung zur deutschen Oratorie*, loc. cit., S. 254.
2 Johann Christoph Adelung: *Über den deutschen Styl*, Erster Teil, Berlin 1785, S. 418.
3 Schröter: *Gründliche Anweisung zur deutschen Oratorie*, loc. cit., Vor.

Anlaß, um auch an ihrem Ort einen weiteren Lohensteinspeicher zu installieren. Doch auch Schröters direkte Nutzanwendung unterschlägt eine Systematik, die mögliche Selektionskriterien auch nur erahnen ließe. Egal ob Datensammlung oder gespeicherte Rhetorik: Beide müssen ihrer jeweiligen Selektion einen Hang zur internen Optimierung unterstellen, der im Zuge barocker Wissensorganisation problematisch ist. Wenn beide behaupten, die von ihnen gelieferten Lohensteinpartikel seien besonders auserlesen und merkwürdig[1], so garantieren und unterlaufen sie zugleich ihre eigene Praxis barocker Diskursverdopplung. Denn – die Mathematik hat es gezeigt – additive Verfahren wie im Fall eines barocken und damit buchstäblichen Aufschreibesystems kennen kein Vergessen und haben damit nur wenig Raum für Innovation. Wenn also gilt, daß das Tableau des *Arminius* sein ihm eingeschriebenes Wissen nicht hierarchisch organisiert und alle Wissenspartikel gleichberechtigt sind und sein sollen, so geht jeder Versuch einer Selektion mit dem Vorwurf der Beliebigkeit oder Kontingenz einher. Schröters wie Männlings Leser lesen also Lohenstein als kontingente Untermenge des Originals. Auch der *Arminus enucleatus* wendet sich dabei an mögliche Interessenten, die aus Kosten- oder Zeitgründen zu einer vollständigen Lektüre des Gesamttextes nicht kommen. Im problematischen *pars pro toto* der Männlingschen Datenregistratur wird "so manchem curieusen Gemüthe ein favorabler Dienst hiermit geschehen".[2]

Das Register als *pars pro toto* des *Großmüthigen Feldherrn Arminius*, das ist genau der Punkt, an dem Johann Gotthelf Lindner seine Kritik an der Hintergehbarkeit des Autors ansetzt. In einem *Todtengespräch* darf ein eigens zur Lohensteinkritik installierter Hans Sachs im Kontext guter und schlechter Schreibarten kundtun, was inzwischen *communis opinio* geworden ist. An die Adresse von Lohenstein, dessen Name unvergleichbar höchstens noch bezogen auf die mit ihm verbundene Schwulstkritik ist, wird der biedere Schuster sagen:

Allein ihr hattet doch Nachfolger, die euch an poetischer Wuth in Ausdrücken übertroffen. Man durfte nur ein Register von euren Kostbarkeiten sich halten, so hatte man alles. Und das war nicht schwer sich zu schaffen.[3]

Worauf ein gleichermaßen verstorbener Autor namens Lohenstein dem Dichterschuster sein Leid mit den selbsternannten Jüngern klagt: Den "übernatürlichen Lobeserhebungen", von einer "Menge Anbeter und kriechender Ikare" angestimmt, steht ein neues poetologisches Paradigma entgegen und damit auch eine Neuein-

---

1 Die Auswahl der Adjektive entstammt Männling.
2 Zit. nach Tworek: *Leben und Werke*, loc. cit., S. 28.
3 Johann Gotthelf Lindner: *Anweisung zur guten Schreibart überhaupt und zur Beredsamkeit insonderheit* (1755), Reprint Kronberg Ts. 1974, S. 447.

schätzung seiner eigenen Praxis. Dem schlesischen Schwan sind die Federn ge-
stutzt, und seine Schreibart ist "zum poetischen Gassenliede" verkommen. Und es
geschieht ihm nur recht, wie Hans Sachs weiter ausführt. Denn wer "Nymphen
und Kaninchen untereinander laufen" und zudem "türckische Sultanen und Kam-
mermädchen" im selben Tonfall reden läßt, der hat zu sehr gegen "das Wahrscheinliche und die Natur" verstoßen, als daß man ihn noch länger im Reiche der Poesie
hätte dulden können.[1]

In die Stimme der Kritiker reiht sich an prominenter Stelle auch der Schweizer
Johann Jacob Bodmer, der die treuesten Bewunderer des schlesischen Schwans
nur noch bloße Ausposauner ihres Vorbildes nennt. Auch Lindner bringt die Lohensteinschelte auf diesen Punkt: Dem Meister selbst sei eine edle Gesinnung
durchaus zugute zu halten, aber dann dieser Männling, der *ekle Affe*, der um Tri-
vialitäten zu sagen, *ein Männling mag wissen wohin* und woher seine Leser ent-
führt. Die Umwegigkeit des Romans und seiner Archivare werden dem *Grossmüthigen Feldherrn Arminius* zum Verhängnis. Männling, der ebenso selbster-
nannte wie verhinderte Concettist, wird zum Inbegriff stupider Thesaurierung und
bloßer Abrufbarkeit. Es ist die Ironie seiner Verkennung, daß er selbst in der Metaphorik von Fülle und Acumen schwelgt, also neben oder mit der Mühe des Ex-
zerpts beansprucht, was er seinem Kollegen Martin ins Datenstammbuch geschrieben hat: Witz, Weisheit und *kluge Sinnen*. Ein Gottschedianer namens Johann Si-
mon Buchka braucht nur die Medien externer Speicherung gegen die Innovations-
schübe eines Gehirns auszuspielen, und Männlings Selbstmißverständnis ist mitsamt einer nachbarocken Ordnung der Dinge auf den Punkt gebracht.

> Es ist leichter aus dem Lohenstein schwülstige Reden zusammen zu tragen und sich eine
> Schatzkammer von schönen Raritäten zu machen, als schöne Gedanken aus seinem Gehirne zu
> finden.[2]

Wer den Schwenk vom Merken zum Denken, von repetitiver Auswendigkeit zu den
Programmen einer neuen, weil um den Menschen zentrierten Kreativität verpaßt, ist
ein Pedant. Am Nullpunkt des Concettismus stehend, wird Männling nicht nur Lohenstein, sondern mit ihm auch noch seine eigenen Sammelschriften verdoppeln.
Diese Ab- und Umschriften verantworten sich dann nicht im Namen eines Autors,
sondern eines Themas. Eines davon ist der Aberglaube, der dem lutheranischen

---

1 Lindner: *Anweisung zur guten Schreibart*, loc. cit., S. 445f.
2 Zit. nach Martino: *Daniel Caspar von Lohenstein*, loc. cit., S. 250. Vgl. zur Negativfolie des
   pedantischen und schulfüchsischen Gelehrten Wilhelm Kühlmann: *Gelehrtenrepublik und Fürstenstaat. Entwicklung und Kritik des deutschen Späthumanismus in der Literatur des Barockzeitalters*, Tübingen 1982.

Theologen ja förmlich auf den Nägeln brennen muß, und daher Gegenstand einer weiteren Publikation wird.[1] Aber weit gefehlt. Männlings Auseinandersetzung mit der Theologie bleibt Vorwand für ein weiteres *Curiositäten=Cabinet* und damit für eine einzigartige Fortsetzung Männlingscher Materialschlachten. Eine argumentative Auseinandersetzung mit dem heiklen Thema weiß er ebenso gekonnt wie elegant zu vermeiden: "Letzlich / daß ich nicht alles was angeführet widerlegt / deß wundere sich niemand / ich bin den Worten nachgegangen: *citasse est refutasse!*"[2] Mit dem Zusammenfall von Zitat und Widerlegung stellt sich Männling einen Freibrief aus, der ihm die Legitimität seiner schrankenlosen Sammeltätigkeit auch bei vermeintlich heiklen Themen zusichert. Unter dieser Formel und der vorschnellen Versicherung, daß die herbeizitierten Fälle schon hinreichend für sich selbst sprächen und sich platzraubende Widerlegungen daher erübrigten, kann Männling endlich hemmungslos seinen eigentlichen Interessen frönen und einmal mehr Daten unterbreiten: Seine Erhebung betrifft in curiöser Kontingenz Monstergeburten, Fälle religiösen Wahnsinns, rituelle Waschungen in Kuhurin, Tätowierungen, Beschneidungen und weitere Details aus dem weiten Feld eines bereits aufgeschriebenen Aberglaubens. Das Fremde anderer Religionen bleibt im Zeichen der *curiositas* verstellt. Den Juden bescheinigt er, "daß nicht ein Spruch in der Schrifft anzutreffen, der nicht auff der Folter ihrer eigenen Meynungen auffs grausamste ausgezogen wäre",[3] und über den Alkoran der Türken erfahren Männlings Leser vor weiteren Konkretionen, daß

---

1 Johann Christoph Männling: *Denckwürdige Curiositäten Derer / So wohl Inn= als Ausländischer Abergläubischen Albertäten Als Der weiten Welt Allgemeinen Bößens. [...] Aus denen Curiositatibus Exoticis erbaulichen Historien / angenehmen Erzehlungen / täglichen Begebenheiten / und nützlichen Schrifften*, Franckfurth und Leipzig 1713.

2 Männling: *Denckwürdige Curiositäten*, loc. cit., Vor. Unter Umschiffung einer harten Legitimitätsdiskussion werden für die Anlage von Sammelschriften zum Teil abenteuerlichste Konstruktionen vorgeschoben. Erasmus Franciscis *Lustige Schau=Bühne von allerhand Curiositäten* (1669) wird ausgerechnet das 'Band' der Rede als vordergründige Motivation für die Sammlung heterogenster Versatzstücke bemühen. Eine Gruppe von Gesprächsteilnehmern trifft sich zu 6 Runden und darf dann in aller Eleganz vorführen, wie aus dem Redeband ein Zerstreuungsgenerator wird: "wie es bey dergleichen vertraulichen Zusammenkunfften gebräuchlich ist / da man nicht stets an einer Matery hafftet / sondern von einer auf die andre kommt." (Vor.) Barocke Konversationskunst wird bei Francisci zu einer Sprungtechnik, die mühelos die kosmetischen Qualitäten des Hasenfleisches mit der denkwürdigen Information verbindet, daß zu Eisenach "eine erbare Matron einen Ratzen zur Welt gebracht" hat (S. 655). Damit im Echtzeitbetrieb solcher Rede die Identitäten des Wissen und seine Referenzen gewahrt bleiben, organisiert Francisci seine Buchseiten mit geklammerten Schachtelungen und einem aufwendigen Annotationsapparat auf der Basis typographischer Sterne. Selbstredend finden die ersten 6 Gespräche in weiteren 6 Gesprächen und damit in einem zweiten Teil ihre Fortsetzung.

3 Männling: *Denckwürdige Curiositäten*, loc. cit., S. 62.

"darinn so viel Albertäten und Greuel als Blätter" sind. Eindrucksvolle Beispiele folgen, so der Irrglauben, die erste Katze sei aus dem Niesen eines Löwen geboren, und das erste Schwein "habe der Elephant, nachdem er eine Ohrfeige von Noa empfangen, aus der Nase geprust."[1] Neben der Realienpräsentation trägt auch das Umfeld dazu bei, das Fremde in eine Grauzone zu befördern, in der kulturell sanktioniertes Wissen an den Rändern zunehmend ausfranst. Neben der *Albertät* mohammedanischer Tiergenealogien versammelt Männling Geschichten über sexuelle Aberrationen, Geschlechtsumwandlungen bei Mensch und Tier, sowie Tatsachenberichte aus der Welt der Tollhäuser.[2] Heimische Pathologien und exotische Detailanhäufungen finden im selben Tableau ihren kontingenten Niederschlag. Bis in den Wortlaut analoge Fälle von Wahnsinnigen, die in der Frühgeschichte der Psychiatrie zum Anlaß für psychische Kuren sein werden, ruft Männling ausschließlich im Zuge der bloßen Enumeration auf. Statt an Heilung oder an einem Wissen um das Funktionieren der Seele interessiert zu sein, werden ihm die Fallgeschichten zum Beleg dafür, daß es auch bei den Christen "Aberglauben und Einbildung" gibt. Der Wahnsinn zieht so die Ebene einer internen Pathologie ein, die nicht mehr auf die inszenierte Exotik *ausländischer Albertäten* angewiesen bleibt. Überall gibt es Fälle und Fallgeschichten, die sich zum Ruhm der großen Zahl immer weiter aufaddieren lassen.[3] Auch zum Kampf der Geschlechter zwischen Liebe und Betrug steuert Männling Kenntnisse bei, die schon allein ob ihrer abenteuerlichen Arithmetik Beachtung verdienen:

> Wer einer Frau ein Frosch=Hertz auff die Brust leget, soll verursachen, daß sie alle Heimligkeiten im Schlaff aussage, (26.) welches auch der Stein der Wiedehopffen thun soll. (27.)[4]

Wer so zählt, indem er Froschherzen und den Stein des Wiedehopfen aufaddiert, kann ob der Größe seines Resultats beruhigt sein. So schließen sich Systemschleifen oder Schaltkreise des Wissens. Männling kann Männling kann Lohenstein zitieren, und er tut das auch. So wird in den Anmerkungen zum *Curiositäten=Cabinet* als Referenz endlich jener *Arminius meus Enucleatus* auftauchen, durch den Männ-

---

1 Männling: *Denckwürdige Curiositäten*, loc. cit., S. 82.
2 Zur taxonomischen Verortung des Wahnsinns im Barock vgl. Elmar Locher: "*Das Spital unheylsamer Narren*. Zur Wahnsucht bei Garzoni und Harsdörffer" und "Zur Dimension der 'Kurtzweil' in Johann Beers *Narrenspital*-Erzählung". In: *'Curiositas' und 'Memoria' im deutschen Barock*, loc. cit. S. 123-220.
3 Zu einer alternativen und für die Psychologiegeschichte folgenreichen Lesart vgl. Johann Christian Bolten: *Gedancken von psychologischen Curen*, Halle 1751 und stellvertretend für die Goethezeit Johann Christian Reil: *Rhapsodieen über die Anwendungen der psychischen Curmethode auf Geisteszerrüttungen*, Halle 1803.
4 Männling: *Denckwürdige Curiositäten*, loc. cit., S. 241.

ling im Rekurs auf Männling auf Lohenstein verweist. Aus dem Ausgangstext *Arminius* wird ein *Arminius meus* und damit aus den Lohensteinschen Realien in all ihrer Unvergleichbarkeit die seines treuen Adepten. Eine weitere und vorläufig letzte Ebene im Zitationspiel wird sein Buch *Außerlesenster Curiositäten Merck=würdiger Traum=Tempel* einziehen, das schon ein Jahr nach dem *Curiositäten=Cabinet* erscheint.[1] Der dort installierte Traumtempel nebst 28 Nebenzimmern schraubt die Spirale des Wissens um eine letzte Drehung weiter. Analog zum Aberglauben ist Männling natürlich an keiner Deutung oder Theorie seiner Träume interessiert, sondern an ihrer bloßen Hortung. Und wie Hirten ihre Schafe auf die Weide treiben, soll der Leser sein Gemüt in den Hallen Männlingscher Memorialarchitekturen spazierenführen. Da aber auch Gedächtnistempel nicht vor Schändung sicher sind, geht der Einladung in den *Traum=Tempel* eine Klausel vorweg:

> worin nichts anders als angenehme Erzehlungen Curieuser Träume werden anzutreffen seyn / doch mit der Bedingung daß du dein Hertz so ein Tempel Gottes bleiben soll / ihn nicht entheiligest / sondern bloß dein Gemüthe bey müßigen Stunden zu weiden herein spatzierest.[2]

Den Leser auf der Weide des Wissens erklärt Männling für eine europäische Selbstverständlichkeit: Denn während "wir Europäer so sehr was lieben, das curieux, so sehr scheuen und fürchten sich unpolierte Barbaren davor, nicht anders als Kinder vor einem langen Mantel".[3] Eine Furcht, die es für Männling sicher nicht gibt. Daß sein *Traum=Tempel* zum Ort einer weiteren Referenz auf sich selbst wird, versteht sich inzwischen fast von selbst. Etwas, das nicht aufhört, sich fortzuschreiben: Genauer als in den Transmissionen barocken Wissens kann dieses Programm Lacans gar nicht eingelöst werden.

---

1 Johann Christoph Männling: *Außerlesenster Curiositäten Merck=würdiger Traum=Tempel Nebst seinen Denck=würdigen Neben=Zimmern Vonn allerhand Sonderbahren Träumen*, Franckfuhrt und Leipzig 1714.

2 Männling: *Außerlesenster Curiositäten Merck=würdiger Traum=Tempel*, loc. cit., Vor.

3 Männling: *Außerlesenster Curiositäten Merck=würdiger Traum=Tempel*, loc. cit., S. 493.

3. Barocke Operatoren

Ein taubstummes Mädchen, das u.a. die beiden Sätze "Die Grille zirpt" und "Die Mühle klappert" bereits wiederholt richtig nachgesagt hatte, verstand den Satz "Die Grille zirpt" das erstemal als "Die Mühle klappert", gleich danach als "Die Grille klappert" und erst beim drittenmale richtig als "Die Grille zirpt". – Ein fast sprachtauber Mann vernahm den Satz "Heute ist es trüb" als "Lampe, Fenster, trüb", wobei die Worte "Lampe" und "Fenster" demselben aus vorausgegangenen Uebungen wohl bekannt waren. Der Satz "Wie geht es Ihnen?" wurde als "Heute ist es trüb" gehört, in einem anderen Falle nur als "a" und "o"; das Wort "Fenster" wiederholt ausgesprochen, wurde als "Fenster", beim zweitenmale aber als "Lampe" angegeben, also auffälliger Weise das erstemal richtig, das zweitemal, unmittelbar darauf, falsch gehört, eine Beobachtung, die sich oft vorfindet.[1]

Männlings Quellen sind für einen Schreiber in Inventionsnöten nur bedingt tauglich: Wichtiger als deren bloße Aufzählung wären Anweisungen ihres Gebrauchs. Doch genau die Frage nach potentiellen Verarbeitungsschritten für die immer weiter kumulierten Daten scheint Männling einfach zu unterschlagen. Im Beispielschwall seiner eigenen Rede unterläuft er auf der performativen Ebene deren eigenes Anliegen. Um nämlich einen Inventionsstrom, den es für Männlingleser vorerst nur in der Welt möglicher Zitate gibt, scheinbar auch noch zu domestizieren, fordert er ein Moment der Bedächtigkeit. Was passiert, wenn diese Bedächtigkeit fehlt, belegt ein dreifacher Leserhinweis, um die bedachtlose Rede mit buchstäblich fortlaufenden Hunden am Nil, mit Windwirbeln oder mit der Rede als einer unendlichen Ekstasetechnik zu vergleichen:

Was das Hertz in dem Leibe, nemlich *primum vivens & ultimum moriens*, nach der Herrn *Medico*rum Aussprache, das ist die *Invention* in der Oratorie, denn in der Rede=Kunst läst es sich nicht schlechterdinges, wie die Aegyptischen Hunde am Nil=Strome, aus Furcht für den Crocodillen, mit leckender Zunge ohn stillstehen hinlauffen, und wie der Wind blosse Sand=Wirbel

---

1 Victor Urbantschitsch: *Über Hörübungen bei Taubstummheit und bei Ertaubung im späteren Lebensalter*, Wien 1895, S. 29.

macht, oder was in den Mund kommt, ausreden, sondern man muß ihm wohl bedächtig zum
Ziel und Zweck seiner Gedanken und Reden die Erfindung setzen.[1]

Stattdessen fordert ausgerechnet Männling eine Bedächtigkeit, die er selbst dort,
wo er sie fordert, nie·einhält. Was man also hat, sind Daten in Fülle, doch es fehlen
Algorithmen für ihre Verarbeitung. Wichtiger als die Bereitstellung des Heterogenen wäre dem Inventionsmüden eine Systematik des Bezuges, oder – in Männlings
eigenen Worten – eine Streckkunst für Witz und verwandte Geisteskräfte. Im unmittelbaren Anschluß an die Summation möglicher Quellen verordnet er seinem
dergestalt mit Material eingedeckten Leser: "daß es also eine pure Unmöglichkeit
heisset, arm an Erfindungen zu sein, wenn man daran Witz und Kräffte strecket".[2]
Aber genau um diese Form einer Geistesgymnastik, die verarbeiten soll, was an
Daten vorhanden ist, werden Männlings Leser gebracht. Zwischen Wissen und
Verarbeitung besteht kein komplementäres Verhältnis. Wie aber soll das Wissen
dann Eingang in Texte und Reden finden können, wenn Verbindungskriterien wie
Ähnlichkeit, Unähnlichkeit, Vergleich, Differenz u.a. nicht vermittelt werden? Eine
zeitgenössische Rezension zu Männlings *Expeditem Redner* schreibt das Auseinan-
derdriften von Datenfülle und Verarbeitungsprozeduren fest:

> Man wird also eine solche Varietät und Menge an Realien und tausenderlei Inscriptionen darin-
> nen antreffen, daß nun dem ganzen Werke nichts mehr mangelt als ein gutes Judicium, wann,
> wie und wo dergleichen füglich und mit einiger Geschicklichkeit adhibiret werden könne.[3]

Und genau an diesem Punkt einer psychologischen Argumentation wird klar, daß
Männlings Thesaurierung noch nicht an ihrem Höhepunkt angelangt ist. Am Beispiel einiger exotischer Realien zeigt er, wie jene Kombination von Witz, Weisheit
und *klugen Sinnen*, in deren Namen er sich selbst nebst seinem gelobten Kollegen
Martin zu verantworten vorgibt, ihrerseits zum Gegenstand einer weiteren Thesaurierung wird: Die Resultate der Geistesgymnastik Männlings und also nicht die seiner Leser landen so erneut im Buch. An die Stelle eines Regelsystems, mit dem der
Leser sein vorgegebenes Thema selbst auf das Reich des Wissens abbilden könnte,
tritt abermals und erneut ein purer Speicher.[4] Männlings Ähnlichkeit, die als *eine*

---

1 Männling: *Expediter Redner*, loc. cit., S. 11.
2 Männling: *Expediter Redner*, loc. cit., S. 11.
3 Zit. nach Tworek: *Leben und Werke*, loc. cit. S. 89.
4 Um es in der Terminologie der Topik zu beschreiben: das Verhältnis zwischen Inventar und System ist bei Männling gestört, es findet keine "argumentative Verflüssigung" statt. Stattdessen
  werden die Operatoren möglicher Relationierungen selbst zum Gegenstand der Thesaurierung.
  Vgl. dazu Gerhart v. Graevenitz: *Mythos. Zur Geschichte einer Denkgewohnheit*, Stuttgart
  1977, S. 57.

Möglichkeit der Datenrelationierung infrage kommt, ist unproblematisch, weil aufgeschrieben.[1] Immer wieder geschieht es im *Expediten Redner*, daß Männling die
Anwendung oder den Übertragungsverstand einer Realie gleich mitliefert; damit
entkoppelt er sie von einer genuinen Denkleistung und macht die mitgelieferte Applikation selbst zum Gegenstand der Thesaurierung. Im Kapitel "Von den Exotischen Realien / so zu Parentationen können angewandt werden" verbucht er 43
Realien, viele davon nebst ihrem ein- oder gleich mehrfachen Übertragungswert.
Daß man etwa den Brauch der Peruaner, ihre Leichen einzubalsamieren, mit dem
Nachruhm tugendhafter oder siegreicher Personen in Verbindung bringen kann, ist
einigermaßen evident. Weniger einsichtig ist da schon die folgende Geschichte von
Blitzschlag und Krokodil:

> 3. Als der Spanische Befehlshaber *Arrias* auf dem Flusse *Darien* an die Stadt *Maria antiqua* kam,
> hat sichs begeben, in der ersten Nacht ward das Hauß, darinn sein Leib=Artzt schlieff, vom Blitz
> angezündet, und als der mit seiner Frauen halb verbrandt herausgieng, begegnete ihm ein
> schrecklich Crocodill, das seinen Hund ihm von der Seiten rückte. l.c. von *Virgini*en p.78. Das
> kan gebraucht werden, wenn einer kaum genesen, daß ihm bald ein Freund oder Kind durch den
> Tod entzogen wird. Oder, daß ein Unglück dem andern nachfolgt, und wenn wir kaum einer
> Noth entflohen, schon wieder in die andere verfallen.[2]

Männling ordnet die Realie direkt dem Spezialfall möglicher Trauerreden zu. Darüberhinaus kann sie als Beleg für einen Allgemeinfall zitiert werden, der selbst Gegenstand einer Redewendung ist: nämlich dann, wenn jemand oder etwas vom Regen in die Traufe gerät. Vom Regen in die Traufe fällt auch der Leser, wenn er die
Nummer 25 Männlingscher Realien liest. "25. In der Insul *Delos* darf niemand
sterben, noch gebohren werden. Armin. Enucl. P.1. p.171."[3] Als Datenquelle darf
hier einmal mehr sein schier unerschöpflicher *Arminius Enucleatus* dienen. Zuge-
standen wird neben der programmatischen Selbstzitation auch die Erweiterung der
Beziehbarkeiten um Kategorien wie Negation und Unähnlichkeit. Wenn Datenrela-
tionen nach Maßgabe von Negation und Unähnlichkeit organisiert werden, ist eine
numerische Vervielfältigung der Bezüge die Folge, deren theoretisches Fundament
einmal mehr wie ein Vorwand wirkt.

---

1 Vgl. zur concettistischen Variante Renate Lachmann: "Polnische Barockrhetorik: Die problematische Ähnlichkeit und Maciej Sarbiewskis Traktat *De acuto et arguto* (1619/1623) im Kontext
   concettistischer Theorien". In: diess.: *Die Zerstörung der schönen Rede. Rhetorische Tradition
   und Konzepte des Poetischen*, München 1994. S. 101-134. Was im Rahmen des europäischen
   Concettismus die Gemüter erhitzt, reduziert Männling auf eine weitere Form des Zitats.

2 Männling: *Expediter Redner*, loc. cit., S. 253f.

3 Männling: *Expediter Redner*, loc. cit., S. 261.

39. In Darien sind Bienen, die gar nicht stechen, ob man gleich den Arm in ihre Baum=Löcher stecket. *Dampiers dritter Theil seiner Reise p.319*. Das dürffen wir hier von dem Tode nicht sagen, dessen Stachel wir alle empfinden.[1]

Männling bezeichnet mit seinem Konzept barocker Datenverarbeitung ihren innovativen Nullpunkt. Wenn selbst der Übertragungswert zum Gegenstand einer Vorgabe taugt, wird der Benutzer auf einen starren Umgang mit Registern und anderen Vorgaben reduziert. Für Männling fallen Daten und Denken zusammen: Ort dieser Kollision sind die externen Speicher der Schrift. Genau hier wird das Loch, das zwischen der bloßen Mühe des Exzerpierens und dem *acumen* klafft, sichtbar. Benutzt werden Verfahren der Datenrelationierung, ohne sie selbst theoretisch aufzuarbeiten und aufarbeiten zu können, wie das etwa in den Traktaten zum Concettismus oder in den rhetorischen Anleitungen zur Topik geschieht. Männlings Selbstverständnis zitiert damit Verfahren, die an einem anderen Ort verankert sind.

Die Erfindung von Wissen ist im Barock Gegenstand einer eigenen Wissenschaft: der *ars inveniendi*. Ob sie leistet, was eine Geistesstreckkunst leisten müßte, wird im folgenden zu prüfen sein. Die Ebenen, auf denen eine barocke *ars inveniendi* arbeitet, sind vielfältig. Was die Rhetoriken in ihrer Behandlung immer wieder und sehr systematisch zu Beginn der *inventio* einfordern, ist das Wissen der Sprache. Bloße Operationen an Zeichenketten gelten daher als erste Quelle möglicher Innovationen. Während die Rhetoriken im Kapitel *de inventione* die Anagrammatik als allgemeinsten Fall solcher Operationen meist nur kurz streifen, um dann zu anderen Quellen überzugehen, nimmt Johann Hemeling sie zum Anlaß eines ganzen Buches. Auf der Ebene bloßer Buchstaben exerziert seine *Arithmetische Letter=*

---

1 Männling: *Expediter Redner*, loc. cit., S. 264. Ein Gegenmodell, das gerade auf die strikte Einhaltung der Ähnlichkeitsrelation setzt, liefert Oswald Crolls *Tractat Von den innerlichen Signaturen / oder Zeichen aller Dinge. Oder von der wahren und lebendigen Anatomia der grossen und kleinen Welt*, Franckfurt am Mayn 1629. "Dann wem ist ein Simile oder Gleiches mehr oder besser zuvergleichen / als seinem simili oder seines gleiches?" (S. 42) Die Beziehbarkeit seiner Ähnlichkeit folgt nicht der Kontingenz Männlings, ist aber doch durch Gottes Codierungen so reichhaltig, daß Croll Umwege in die Exotik meidet und stattdessen Schlesien – die eigene Heimat – zur Universalschaltstelle und zum Zentrum sämtlicher Signaturen erheben kann. Verbunden mit der Signaturenlehre geht bei dem Paracelsisten Croll auch eine Aufwertung der Stimme einher: Da nicht die Namen oder Signifikanten der Dinge zählen ("sintemal die Namen der Kräuter keine Kräffte haben", S. 4), sondern die in ihnen niedergelegte Korrespondenz, sollen die Zeichen der Dinge reden, reden und nochmals reden und so zur Prosopopoia der Natur werden. Nur, wer redet, vermag gesehen zu werden. Für die Sprache der Kräuter gilt: "Rede / damit ich dich möge sehen." (S. 4) Doch die Stimme scheint der Natur nur widerwillig verliehen zu sein, folgt ihre Rede doch der Topik des Geheimnisverrates. "Also hat Gott einem jeden Gewächs seinen Verräther eingepflantzet".(S. 10) Vgl. dazu Foucault: *Die Ordnung der Dinge*, loc. cit.

oder BuchstabWechslung vor, was den Lettern an zusätzlicher Information immer
schon eingeschrieben ist. Wie auch Winkelmann vertraut Hemeling dabei nicht auf
die Angabe des Algorithmus, sondern er schreibt auf, was an Permutationen jeweils anfällt. Die Buchstaben werden mit Zahlzeichen versehen und die dann bis
zur Häufigkeit N=6 systematisch aufgelistet. Für Hemeling und seine Leser wird
so unmittelbar evident, daß und wie "sich Deroselben Zahl / durch Zusetzung Eines
Buchstabens so merklich heuffet".[1] Um sein Zahlenaufschreibesystem ein wenig
zu verkürzen, erfolgt sie halbiert. Die Folge 123 soll auch für ihr Palindrom 321
gelten, was die Anzahl N! der Anschriften schlicht um die Hälfte reduziert. Doch
seine Permutationen weisen über sich hinaus und generieren ein Wissen, das seinen
semantischen Mehrwert allein den Handgreiflichkeiten der Sprache verdankt. Hemeling singt das hohe Lied der Anagrammatik.

> Ist sonderlich Artig / Anmutig / und Nachdencklich / wann es ohne zu= oder absatz / oder ver-
> wandelung einiger merklicher Buchstaben oder verstümlung der Gebräuchlichen oder Grundge-
> messen Schreibahrt / (wie woll ein geringes nicht so genau zu nehmen / sondern vielmehr zu
> entschuldigen ist.) Etzliche verständige wigtige Worte giebet: Nutzet und veranlasset zu sonder-
> bahren Lehrreichen Gedanken / Erfindungen und Gedichten / und Ist Eine sonderliche Zihrde der
> Poeterey oder Dichterkunst.[2]

Daß und wie die anagrammatischen Operationen über einem vorgegebenen Buch-
stabenmaterial "ein= oder mehr andere sonderbahre Nachdenckliche Ehrenwörter
machen", führt er in gestaffelter Schwierigkeit am Beispiel eines Eigennamens vor.
Der Literat Johann Rist wird in einem dreistufigen Verfahren immer weiter amplifiziert: Sein bloßer Nachname Riste wird zu *er ist* verwechselt. Die vollständige Namensnennung ergibt ein euphorisches *Jah / Er ist Sonne* und aus *Herrn Johann Riste Kaiserlich Edelgekröhnter Poet* wird endlich im letzten Schritt: *Er ist / o Ehren
Preys Edelhoch erkläret Ja gekröhnet.*[3] In topischer Rückverlängerung auf der

---

1   Johann Hemeling: *Arithmetische Letter= und BuchstabWechslung. Das ist: Kurtze Anleitung /
    welcher massen Anagrammata / Letter= oder Buchstabwechsele zu machen / und durch Reime zu
    erklähren,* Hannover 1653.

2   Hemeling: *Arithmetische Letter= und BuchstabWechslung,* loc. cit., ohne Pag.

3   Neben der Erweiterung der Anagrammgrundmenge gibt es noch ein gegenläufiges Verfahren, das
    für das Wechselverhältnis von Codiertheorie und Literatur zum höheren Ruhm aller Artifizialität
    steht. Nämlich dann, wenn eine selbst auferlegte Poetologie genau darin besteht, mit Unter-
    mengen am regulären Zeichensatz zu arbeiten. Vgl. dazu etwa Barthold Hinrich Brockes' Gedicht
    Die auf ein starkes Ungewitter erfolgte Stille, Gotthold Wilhelm Burmanns *Gedichte ohne den
    Buchstaben R. Neueste nochmals genau durchgesehene, und mit einigen neuen Stükken ver-
    mehrte Ausgabe* (1796) oder – mit dem Verzicht auf den Vokal E – Georges Perec *La disparition*
    (1969). Brockes führt die Vermeidbarkeit "des sonst männlich und etwas hart lautenden R" als
    Beleg für den Wortreichtum der deutschen Sprache ins Feld.

"Hebreer Cabala", die an der genealogischen Wiege solcher Künste steht, sucht
Hemeling ihre teutschen Verfechter. Als Hort rühmt er die Nürnberger Fruchtbrin-
gende Gesellschaft und ihre Mitglieder, namentlich den *Suchenden* (Justus Georg
Schottelius) und den *Spielenden* (Georg Philipp Harsdörffer), die beide ihrerseits
nicht müde werden, den Nutzen verstellter Buchstaben zu feiern.

> Diese Versetzung der Buchstaben ist ein Theil von der Ebreer Cabala, und veranlaßt zu feinen
> Gedancken / vermehret die Erfindung / bringet eine Lieblichkeit und sondere Schicklichkeit in
> den Gedichten / und fliessen daher Schertz= und Lehrreiche Einfälle.[1]

Den auf knapp 9 Seiten ausgeschriebenen Tafeln der ersten 6 Fakultäten folgt bei
Hemeling ihre Gebrauchsanweisung: Wie in der Kryptographie werden den Buchstaben vorab Zahlen in der Reihenfolge ihres Auftretens im Wort zugeordnet und
dann unter explizit eingeforderter Gleichachtung von Ziffern und Buchstaben operiert. Es folgen Empfehlungen zur Mechanisierung mittels gestärkter Pappe oder
Holzwürflein, die wesentlich handlicher verfahren als Winkelmanns Jungfer mit ihrem konventionellen Schreibzeug aus Feder, Tinte und Papier. Dergestalt ausgerü-
stet, findet eine vollständige und systematische Verwechselung statt: Sie verfährt
nach Anleitung der Tafeln und der Operator "lieset Allemahl Eine Jede Zeile / wann
Sie gewechselt oder gesetzt ist / Einmahl für= und Einmahl hinter sich / und also
immerfort zum Ende".[2]

In der stupiden Mechanik dieses Verlaufs werden sich "andere Läserliche oder
Wigtige Worte" finden, "es sey auch in was für einer Sprach es wolle". Die Resultate werden aufgeschrieben und stehen dann zur weiteren Nutzung bereit. Am Beispiel RAHT führt Hemeling sein Verfahren vor und erntet aus den 24 möglichen

---

1 Harsdörffer: *Ars Apophthegmatica*, loc. cit., S. 514. Mehr als nur *Schertz= und Lehrreiche Ein-*
  fälle haben die Konzeptionen der Mantik im Sinn. Johann Praetorius wird in seiner *Anleitung*
  zu den Curiösen Wissenschaften [...], Leipzig 1717 die Logik der Buchstaben als Entschei-
  dungsdatenbank im Rahmen logischer Abfragen benutzen. Die Engführung mit der Mathematik
  wird auch bei Praetorius damit zum Generator eines neuen Wissens, das als *Pro=Gnosticon* in
  die Zukunft gerichtet ist. Dabei werden den Buchstaben der Ausgangsfrage ähnlich wie bei den
  Logogriphen Zahlenwerte zugewiesen. In aufwendigen Tabellen werden die Zahlen auf eine
  Weise angeordnet, die es dem Leser erlauben soll, binäre Antworten auf gestellte Fragen den jeweiligen Zahlenmatrizen zu entnehmen. Vgl. zur Tradition solcher (Entscheidungs)Wissenspro-
  duktion auch Johann Faulhaber: *Himlische gehaime Magia Oder Newe Cabalistische Kunst /*
  und Wunderrechnung / Vom Gog und Magog. Darauß die Weisen / Verständigen und Gelerten /
  so diser Göttlichen Kunst genugsam erfahren / heimlich observieren und fleissig außrechnen
  mögen / die Beschafenheit deß grossen Christenfeindts Gog und Magogs, Nürnberg 1613. Gott
  präfiguriert und chiffriert in Buchstabenfolgen künftige Ereignisse, die es über mathematische
  Verfahren zu entschlüsseln gilt.

2 Hemeling: *Arithmetische Letter= und BuchstabWechslung*, loc. cit., ohne Pag.

die beiden gültigen Letternwechsel AHRT und HART. Harsdörffer empfiehlt folgendes Notationssystem, um zwischen Original und Mehrwert unterscheiden zu können. "Damit man aber wisse / daß solche Erfindung von den versetzten Buchstaben entstanden / halte ich für schicklich / daß man das Wort untenher / die Auskunft desselben obenher beyschreibe."[1] Damit also der Mehrwert ablesbar wird und nicht im ludistischen Letterngerausche untergeht, muß er aufgeschrieben, als Wörter über oder unter Wörtern dokumentiert werden. Nur durch eine Dokumentation des Übergangs von Zustand A nach B wird klargestellt, wie Wissen aus Ausgangsmengen entsteht und wie sich Original und Ableitung zueinander verhalten. Ein Index weist den Informationsgewinn als künstlich aus, verbucht ihn auf das Konto mathematischer Operationen anstatt auf das irgendwelcher Denkakte. Nicht Spielerei, sondern informationstheoretisches Kalkül schlägt sich hier nieder. Wenn Anagramme – wie Anselm Haverkamp schreibt – "das ursprünglichste Paradigma des Gedächtnisses der Texte" sind, so können sie es hier in aller Manifestheit sein.[2] Die Rede von den Wörtern unter den Wörtern ist bei Harsdörffer genau und damit im räumlichen Sinne wörtlich zu nehmen. Die Konnotationen der Latenz, wie sie etwa Jean Starobinski unter dem Titel *Les mots sous les mots* für die Anagrammstudien Ferdinand de Saussures veranschlagt, braucht oder kann es in barocken Ausschreibesystemen nicht (zu) geben.[3] Die Gerechtigkeit der Texte ist im Barock die Gerechtigkeit der Referenzen, die Gerechtigkeit gegenüber dem Vor- und Nachher der Zustände, die in immer neuen Texten immer neu an- und festgeschrieben wird.

Doch die Permutationen bleiben nicht Selbstzweck: Die Anagramme, die Hemeling seinen Ausgangsmengen entnimmt, werden zu Baubestandteilen für umfängliche Gedichte. An den Beispielen Johann Rist und Jesus Christus stehen also nicht Permutationen am Ende, sondern Texte, die nun ihrerseits auf den Anagrammen fußen und denen das gewonnene semantische Potential eingeschrieben sein wird. *Jesus Christ* wird zu *Ist Süsreich* verwechselt und integriert:

> Mein Jesus der für mich gelitten Höllen=schmertzen/
> Und mich durch seinen Todt

---

1 Harsdörffer: *Frauenzimmer Gesprächsspiele*, loc. cit., IV, S. 227.

2 Anselm Haverkamp: "Die Gerechtigkeit der Texte – *Memoria*: eine 'anthropologische Konstante' im Erkenntnisinteresse der Literaturwissenschaften?" In: *Memoria – Vergessen und Erinnern*. (Poetik und Hermeneutik XV), Hrsg. Anselm Haverkamp und Renate Lachmann, München 1993, S. 20.

3 Vgl. dazu Jean Starobinski: *Wörter unter Wörtern. Die Anagramme von Ferdinand de Saussure*, Frankfurt/M., Berlin, Wien 1980.

Befreyet der Höllen=Noth
Derselb *Ist Süsreich* mir allweg in meinem Hertzen.[1]

Die Verlängerung auf größere Ausgangsmengen folgt der Logik Winkelmanns und wird einmal mehr zur Apotheose der Fakultät. Aus den – übrigens richtig angegebenen – Werten für die Permutation von 24 oder 25 Buchstaben leitet Hemeling unmittelbar über zu möglichen Nutzanwendungen, die er in der "Rechnekunst" findet. Es folgt ein Gedicht, das in aller Ausführlichkeit von den Plätzen bei Tisch und ihrer Mathematik handeln darf: Analog zur Tischgesellschaft im *Proteus* lädt dort ein Schäfer namens Matz 25 Hirten zu Tische und hat mit denen dieselbe liebe Not wie der Junker Hakeno mit seinen Gästen: "Es fand sich keiner nicht, der oben wolt' ansitzen". Die Berechnung möglicher und das Problem lösender Folgeeinladungen wird dem beflissenen Leser gleich mitgeliefert:

Mein Läser der Ihr seyd der Rechnekunst beflissen /
Ich bitte lasset mihr Hierauff Ein' Antwort wissen /
Wer solche Recht Anzeigt / verdient ein Osel Wein /
Und soll / Trotz sey dem Neid' / Ein Rechnemeister seyn.
15511210043330985984000000
den Ersten Satz abgezogen 1

Antw. 15511210043330985983999999 mahl muß er sie noch einladen.[2]

Da Zahlenkolonnen und Metrik nicht aufgehen, wechselt Hemelings wundersame Hirtengeschichte am Ende und unter dem Strich über in Prosa. Einmal mehr wird ein Gastmahl zur Apotheose barocker Unendlichkeit, und es ist klar, daß die 25! Einladungen "von keinem sterblichen Menschen ins werck gerichtet oder erfüllet werden kan". Denn schon seine Hochrechnung für 13 Buchstaben hat ergeben, daß ihrer Exhaustion mit menschlichem Maß und ohne weitere Mechanisierung in Menschenaltern nicht beizukommen ist. Würde jemand täglich bloß 4000 Versetzungen vornehmen, so bräuchte er insgesamt 4265 Jahr 30 1/3 Tag. Doch was dem "Unverständigen der Rechnekunst fremd= ja ungläublich fürkomt", ist ein Indiz für die Sterblichen, "daß unser Wissen nur Stückwerck: Ja ein kleines Füncklein / und wihr zur Vollenkommenheit / in diesem Leben nicht gelangen können".[3] Was bei Hemeling – theologisch fundiert – als Exhaustionsschutz erscheint und in Verlängerung des Arguments dafür sorgen wird, daß barocke Literatur nicht aufhören wird, sich fortzuschreiben, ist auch die Grundlage von mathematischen Codiertheorien

---

1 Hemeling: *Arithmetische Letter= und BuchstabWechslung*, loc. cit., ohne Pag.

2 Hemeling: *Arithmetische Letter= und BuchstabWechslung*, loc. cit., ohne Pag.

3 Hemeling: *Arithmetische Letter= und BuchstabWechslung*, loc. cit., ohne Pag.

und ihrer sämtlichen Nutzanwendungen. Der Anschein des Spieles sollte über diese Systematik nicht hinwegtäuschen. Harsdörffer, der Spielende, rückt sein Ludismusverständnis ins rechte Licht: "Hierwider möchte man einwenden / daß dieses keine *Kinder*spiele / sondern vielmehr Künstlerspiele zu nennen / welches theils reiffers nachsinnen / theils bejahrten Verstand / theils werckständige Belernung erfordern / massen dieses Werck nicht für Kinder / sondern erfahrne Liebhaber der Mathematischen und Philosophischen Wissenschafften geschrieben worden." [1]

Bevor also die Realien aus externen Datenbanken und damit Wissen von außen geholt werden müssen, ist die Sprache selbst der erste Schatz. Anagramme und/oder Codes produzieren ein Wissen, das ohne die bewegten Lettern erst gar nicht zur Disposition stünde und somit auch keiner anderen Referenzen bedarf. Der Mathematisierung der Poesie folgt die Poetisierung der Mathematik auf dem Fuß. Wenn das Reich der Lettern und das der Zahlen so eng verwoben sind, kann aus Hemelings Feder schließlich auch eine Didaktik der Mathematik in "Trochaischen und Jambischen Versen" erfolgen.[2] Hemelings Umgang mit den Lettern ist nur *ein* immer wieder vorkommendes Verfahren zur Aufbereitung eines Themas. Was mit den Buchstaben eines Wortes geht, läßt analoge Behandlung komplexerer Bestandteile zu. Was mit Buchstaben geht, geht mit Silben, geht mit Wörtern, geht mit Sätzen, geht mit Texten.[3]

Justus Georg Schottelius, der lange Zeit an Herzog Augusts Hof in Wolfenbüttel als Präzeptor der fürstlichen Kinder tätig war, wird mit seiner *Ausführlichen Arbeit Von der Teutschen HaubtSprache* (1663) eine barocke summa philologica derselben liefern. Dazu überzieht der Sprachgelehrte die Hauptsprache mit einem Netzwerk an Zahlen und grammatikalischen Rubriken. Seine Systematik erfaßt das bloße Spiel der Lettern, eine Vers- und Reimkunst, Eigennamen, die vollständige Auflistung teutscher Stammwurzeln bis hin zu einer Sammlung ganzer Sprichwörter und Redensarten. Dem Ordnungsregiment des Alphabets unterstellt, beschwört er auf 1400 umfänglichen Seiten, was mit der unter Legitimationsdruck geratenen deutschen Sprache alles möglich sein soll. Dabei versammelt Schottelius nicht nur umständlich die einzelnen Sprachbestandteile, er gibt auch Bedingungen ihrer Kombination an.[4] Was es heißt, wenn die Sprache unter das Diktat buchstäblicher Artikulation gerät, zeigt eindringlichst ein *Horrendum Bellum Grammaticale* von

---

1 Harsdörffer, Schwenter: *Deliciae Mathematicae Et Physicae*, loc. cit., II. theil, Vor.

2 Johann Hemeling: *Arithmetisch= unnd Geometrisch= Nach Poetischer Ahrt entworffener Auffgaben / Ersten / Andres / Dritt= und Letztes Dutzend*, Hannover 1652.

3 Analoge Verfahren im Umgang mit Sprache werden auch in der Mnemotechnik zu finden sein. Vgl. dazu Teil II: *Merken* dieser Arbeit.

4 Justus Georg Schottelius: *Ausführliche Arbeit Von der Teutschen HaubtSprache* (1663), Hrsg. von Wolfgang Hecht, Reprint Tübingen 1967.

1673, das all seine Schrecklichkeit dem Phantasma einer sehr realen Zerstückelung verdankt. Schottelius hat in der Sprachkriegsversion seiner *Ausführlichen Arbeit Von der Teutschen HaubtSprache* (1663) die Vertauschbarkeit von Buchstaben und Menschen schlicht beim Wort genommen. Wörter, die Menschen und damit alleinige Dramenprotagonisten sind, führen dort vor, was mit ihren Leibern zwischen den beiden Achsen Zerlegung und Neuanordnung alles möglich ist. Kein Zentrum in Aussicht, das den teutschen Wörtern Schutz und Zusammenhalt böte, werden ihre Glieder auf dem Tableau eines Krieges wirr zerstreut. Was in der *Ausführlichen Arbeit Von der Teutschen HaubtSprache* in alphabetischer Ruh in Spalten und Kolonnen gespeichert ist, gerät durch einen schrecklichen Sprachkrieg in einen Strudel militärischer Ereignisse. Uneins, ob Verben oder Substantiven die Oberherrschaft im Reich der Sprache zukommt, wird der Streit militärisch und zum Nachteil des gesamten Sprachreichs entschieden. Dort, auf dem Tableau der Sprache, dürfen die Wörter in ihrer Funktion als Wortkrieger in Kolonnen und Spalten herumspazieren, exerzierend Truppenrevue abhalten und sich wechselseitig an die Wortleiber gehen. Ein Verstoß gegen die Truppendisziplin wird im Reich der Wörtermenschen mit Tortur oder Hinrichtung geahndet, Silben werden abgeschlagen und ausgeblutet; das Resulat solcher Brachialität ist schlicht ein anderes Wort. In allegorischer Sinnenfälligkeit und vor dem Hintergrund eines 30-jährigen Krieges beschwört Schottelius immer wieder den so buchstäblich labilen Status seiner Aktanten.

Im unmittelbaren Gefecht geraten die drei "ZeitwortsDragonerOfficirer" *Kiesen, Niesen* und *Sinnen* an die drei nennwörtlichen Wandelkämpfer *Baumnuß, Rechtsfaust* und *Kaufgeld*. Und weil diese drei "Doppel= oder WandelCumpen" auf die wohlgezielten Pfeile der Verben damit reagieren, daß sie trotz ihrer Verwundungen den Wortleib verkehren und als *Nußbaum, Faustrecht* und *Geldkauf* mit neuer Schlagkraft ins Gefecht ziehen, geraten die Verben ins Hintertreffen und werden erbarmungslos aufgerieben.

Und ehe jene wieder fertig wurden / und diese ihre verwandelte Feinde / weil sie andere Gesichter und Fäuste hatten / kennen kunten / ergriffen sie / als ümgeschmoltzte Kerls / den scharfen Sebel des *Nußbaums* / des *Faustrechts* und des *Geldkaufs* / und zerhieben dergestalt die drei Zeitwörter, daß der erste / als das Zeitwort *Kiesen* / Arm und Bein / als seine eusserliche natürliche KraftLetter muste verlihren; Kopf und Leib zwar hiessen / ich *kiese* / du *kiesest* / er *kieset* / Arm und Bein aber muste sich hernach nur nennen ich *kohre* / du *kohrest* / *erkohren.* Der Dragoner *Niesen* ward gantz zum Krüppel gehauen / und nam sein Anverwandter *Geniessen* / hinfort seinen Wörterplatz ein. Das tapfere Wort *Sinnen* verlor dergestalt Leib und Glieder / daß nur sein rechter Fuß / *gesonnen* / übrig blieb. War dieses also ein scharfes blutiges Gefecht.[1]

In der Ebene des Krieges, im Aufmarschgebiet einzelner Wortgruppen, in ihren Machtintrigen um das Königsamt im Wortreich gelangen dieselben Grundoperationen zum Einsatz, auf denen auch barocke Literatur immer schon fußt. Was im Kontext der *inventio* einen semantischen Mehrwert einspielt, bedeutet in der Allegorie von Schottelius' Sprachkrieg sein genaues Gegenteil. Amputiert und mit verkrüppeltem Wortleib gehen die anagrammatischen Kämpfer eines wandelkühnen Wunderwandelregiments in ein aussichtsloses Gefecht. Aus den Sprachkämpfern werden Wortkrüppel, aus wendigen Anagrammen und Palindromen Opfer und Verlierer.

Was Winkelmann im Rückgriff auf Harsdörffer berichtet, daß im Reich bloßer Lettern nur noch Stellwerte und Schaltbarkeiten zählen, gilt auch für das Reich der Signifikanten. Wenn – wie Kittler mit Lacan schreibt – "den Signifikanten, im Unterschied zum Gedanken, nur sein Stellenwert definiert"[2], werden unter solcher Prämisse Kollisionen wie im Fall goethezeitlicher Sprachauffassung kein Thema.

Die Möglichkeitsbedingung der Fiktion, im Reich der deutschen Sprache einen Krieg ihrer 'Wörtermenschen' ausbrechen zu lassen, besteht eben darin, daß das Imperium Sprache und die Sprache Imperium ist. Jenes große Tableau der Repräsentationen, wie es nach Foucaults Analyse im 17. Jahrhundert Wörter und Dinge füreinander transparent machte, basierte also durchaus nicht auf dem fundamentum inconcussum eines Ego.[3]

Erst einer Sprache, die sich im Namen des Menschen verantworten soll, werden Letternconcetti und leichtfertiger Umgang mit Signifikanten zur Gedankenschändung. Johann Christoph Adelung wird der Leichtfertigkeit barocker Signifikantenlogik ein Ende machen: Deren vielgerühmte Wortkünste erklärt er zu Monstrositäten und stellt sie unter Kuratel. Seine Arbeit *Über den deutschen Styl* von 1785 wird ein Kapitel enthalten, das Anagramme und andere Sprachvirtuositäten des Barock kurzerhand zu Mißbräuchen erklärt und so von den zulässigen Verfahren ausgrenzt. An die Stelle der skripturalen Verfaßtheit tritt damit die Stimme und mit ihr für das Aufschreibesystem von 1800 "das Gebot, die Möglichkeit sinnloser Buchstaben-

---

1 Justus Georg Schottelius: *Der schreckliche Sprachkrieg. Horrendum Bellum Grammaticale* (1673), Hrsg. von Friedrich Kittler, Stefan Rieger, Leipzig 1991, S. 135.

2 Schottelius: *Der schreckliche Sprachkrieg*, loc. cit., Vorwort, S. 7.

3 Schottelius: *Der schreckliche Sprachkrieg*, loc. cit., Vorwort, S. 6f. Zur imperialen Logik der Sprache bei Lohenstein vgl. auch Rüdiger Campe: "Der Befehl und die Sprache des Souveräns im Schauspiel des 17. Jahrhunderts. Nero bei Busenello, Racine und Lohenstein". In: Armin Adam, Martin Stingelin: *Übertragung und Gesetz. Gründungsmythen, Kriegstheater und Unterwerfungstechniken von Institutionen*, Berlin 1995. S. 55-71.

und Wortversetzungen gar nicht erst zu ignorieren."[1] Sind die Buchstaben in Engführung zur Stimme gebracht, hat endlich die Stunde des Phonozentrismus geschlagen;[2] Sprachlehren wie die von Johann Christoph Adelung bis August F.
Bernhardi werden die Macht dieser Stimme ebenso nachhaltig wie folgenreich in
der Episteme der Goethezeit verankern.[3]

Mit der Stimme, die als "erste Grundlage der Sprache Nachahmung der tönenden
Natur ist"[4], kommt der Menschenkörper als Tongenererator, mit ihm ein Prinzip
der Verknappung und der Klassifikation für die Buchstaben ins Spiel. Wo barocke
Kombinatorik kleine Unendlichkeiten der Anordung feiert, stößt Adelung auf die
Grenzen und die Armut des menschlichen Ausdrucks. In einer Klassifikation der
Interjectionen oder Empfindungswörter muß das "ah! und ach!" gleich eine ganze
Bandbreite unterschiedlicher Empfindungen abdecken: "ein Beweis entweder von
ihrer Dunkelheit, oder vielmehr von der Armuth des Menschen an thierischen
Schällen."[5] Im Kapitel von der Lebhaftigkeit und den Figuren und im Anschluß an
Witz und Scharfsinn werden die skripturalen Kunstfertigkeiten als *Afterfiguren* ei-
gens versammelt. Ein Abschnitt *Unächte Hülfsmittel der Lebhaftigkeit* steht zu ihrer
Aufnahme bereit: Die Entartung umfaßt das *Eccho, Anagramm, Sinnbild, Rätsel,
Logogriphen, Akrosticha, Chronogramme* "und andere Kindereyen"[6], die im Barock noch den *Chorus Musarum* stellen durften.[7] Adelung unterstellt in einem
Spezialfall barocke Buchstabenkombinationen der Integrität des Eigennamens: Im
vierten Abschnitt *Figuren für den Witz und Scharfsinn* werden Personenwortspiele
dann "unerträglich [...], wenn die Nahmen verstümmelt werden, um eine Aehnlichkeit mit Appellativen zu erzwingen."[8] Die *Inversion* – Adelung behandelt sie im
Abschnitt *Figuren der Aufmerksamkeit* und unter Beifügung eines barocken Bei-
spiels – wird Gegenstand numerischer Erwägungen. Jener *Chrono=Hexameter*,
den ein gewisser Caspar von Dachröden im Jahre 1621 mit 3059 Veränderungen
abdrucken ließ, findet Adelungs Gefallen nicht. Anstatt wie im Barock den numerischen Reichtum zu feiern, wird ihm derlei Praxis gerade zum Anlaß, eben genau

---

1 Kittler: *Aufschreibesysteme 1800/1900*, loc. cit., S. 51.

2 Vgl. zu den Implikationen Jacques Derrida: *Grammatologie*, Frankfurt/M. 1974.

3 August F. Bernhardi: *Sprachlehre*, Berlin 1801-1803, Nachdruck Hildesheim 1973.

4 Johann Christoph Adelung: *Umständliches Lehrgebäude der Deutschen Sprache, zur Erläuterung
der Deutschen Sprachlehre für Schulen*, 1. Band, Leipzig 1782, S. 130.

5 Adelung: *Umständliches Lehrgebäude*, loc. cit., S. 204.

6 Adelung: *Über den deutschen Styl*, loc. cit., S. 518.

7 So bei J. de Bisschop: *Chorus Musarum, id est, Elogia, Poemata, Epigrammata, Echo, Aenig-
mata, Ludus Poeticus, Ars Hermetica &c.*, Luguni Batavorum 1700.

8 Adelung: *Über den deutschen Styl*, loc. cit., S. 492.

die zwangsläufige oder – wie Adelung schreibt – notwendige Geschmacklosigkeit vieler Versetzungen zu beklagen.

Das phonozentrische Apriori hat Konsequenzen, die über die bloße Buchstaben-kombinatorik hinausgehen. Um die Ähnlichkeit vor Zwang zu schützen, soll eine "aufgeklärte Europäische Einbildungskraft"[1] als kollektiver Filter dienen und so das Maß des Erträglichen einigermaßen im Zaum halten. Als Standard im Umgang mit der Ähnlichkeitsrelation wird es in ihr Ressort fallen, allzu gewagte Abwegigkeiten auszuschließen und ihre Zielgruppe – aufgeklärte Europäer eben – auf eine Norm zulässiger Bekanntheitsgrade zu verpflichten. Jener "mißverstandenen Neuheit", die zu allen Zeiten für "so viele Ungeheuer in der schönen Litteratur"[2] verantwort-lich zeichnet, soll ein ästhetisches Reich der Konvention gegenüberstehen oder ent-gegengestellt werden können:

> Soll das Neue einigen Werth haben, so muß es aus dem schönen Conventionellen der Nation selbst hergenommen werden, nicht aus dem Conventionellen ihres Auswurfes oder des Pöbels, noch aus dem ihr fremden Conventionellen entfernter Zeiten und Zonen, noch endlich aus der zügellosen Einbildungskraft des Schriftstellers selbst.[3]

Und weil Adelung neben seiner universalen Konventionalisierung des Denkens auch Spezialist für Sinn und Unsinn im alltäglichen Umgang mit Sprache ist, kann ihn eine wundersame Intervention eigens als Gewährsmann benennen. Karl Trau-gott Thieme, der in seiner gekrönten Preisschrift *Ueber die Hindernisse des Selbst-denkens in Deutschland* [4] der Verschwendung an allen nur möglichen Fronten nachstellt und dabei neben mangelnder Innovationsfreude aufgrund erschlaffter Geisteskräfte im allgemeinen auch ganz konkret den Mißbrauch von "leeren Worten und Körperbewegungen" beklagt, wird im Kontext verfehlter Ökonomien ausge-rechnet bei Adelung fündig. Leere Worte sind für Thieme Worte, "mit welchen entweder überhaupt kein Mensch einen Sinn verbinden kann, oder mit welchen doch der Redende höchstwahrscheinlich keinen Sinn verbindet, welches letztere daraus am leichtesten erhellet, daß er das gebrauchte Wort auf Befragen nicht erklä-

---

1 Adelung: *Über den deutschen Styl*, loc. cit., S. 360. Zur Lohensteinschelte im Namen einer übersteuerten Einbildungskraft vgl. Leonhard Meister: *Ueber die Einbildungskraft*, Bern 1778.

2 Adelung: *Über den deutschen Styl*, loc. cit., S. 541.

3 Adelung: *Über den deutschen Styl*, loc. cit., S. 541.

4 Karl T. Thieme: *Ueber die Hindernisse des Selbstdenkens in Deutschland. Eine gekrönte Preis-schrift*, Leipzig 1788, S. 56. Vgl. dazu Heinrich Bosse, der das Paradox aufklärerischer Pädago-gik titelgebend auf den Punkt bringt: "Der geschärfte Befehl zum Selbstdenken. Ein Erlaß des Ministers v. Fürst an die preußischen Universitäten im Mai 1770". In: *Diskursanalysen 2. In-stitution Universität*. Hrsg. von Friedrich A. Kittler, Manfred Schneider, Samuel Weber, Opla-den 1990. S. 30-62.

ren kann."[1] Um in Sachen leerer Worte aber selbst nicht allzu weitläufig werden zu müssen, verweist Thieme auf Adelungs Abhandlung vom Unsinn im ersten Teil seiner Arbeit *Über den deutschen Styl*. Dort – so jedenfalls Thieme – werden Techniken und Aufmerksamkeiten vermittelt, die dem Unsinn auf die Schliche kommen. Und das ist notwendig, weil doch "vieles bey dem ersten Anblicke nicht Unsinn zu seyn scheint". Doch Zergliederung und Auflösung der Begriffe spüren den Unsinn – im Denken – selbst dort auf, wo man ihn gut getarnt auf den ersten Blick gar nicht vermutet. Als Spezialfall für die schleichenden Sprachumtriebe benennt Thieme das Phänomen, "wenn der Redende zum Ausdrucke seines richtigen Begrifs Worte gebraucht, deren Töne er nicht recht gefaßt hat." Sein Beispiel ist eine Sprachdefizienz, unlängst und ausgerechnet aus dem Munde eines Schullehrers gehört: Der jedenfalls berichtet von einem Kollegen, daß dieser erkrankt sei und das *Kathedralfieber* hätte. "Vermuthlich wollte er sagen: Katarrhalfieber".[2]

Und genau dieses Auseinanderklaffen zwischen Buchstäblichkeit eines Signifikanten und einem eindeutig zuweisbaren Signifikat wird zum Kriterium für die dringliche Frage, ob und was Menschen überhaupt verstehen. Die Wahrscheinlichkeit von Texten, Sätzen, Wörtern und Buchstaben wird zum dominierenden Gradmesser der Vernunft. Deren Testfelder sind gestreut, reichen von der allgemeinen Pädagogik und ihrer frei nacherzählenden Rede, die sich programmatisch von vorgegebenem Wortlaut und Auswendigkeit lösen soll, bis hin in die Verästelungen pädagogischer, psychologischer, medizinischer und anderer Fachdiskurse. Psychiater, Mediziner und Juristen werden genau am Ort dieser Schnittstelle, die zwischen Signifikant und Signifikat klafft, die Wahrscheinlichkeit einführen und mit ihr ein Dispositiv der Normalität im Sinne Foucaults errichten[3]: Ob eine Aussage glaubwürdig oder falsch, ein Mensch normal oder unzurechnungsfähig ist, soll genau an dieser Schnittstelle ablesbar gemacht werden. Johann Christoph Hoffbauer – um eine Ausdifferenzierung des Wahnsinns bemüht – braucht nur noch die in Frage stehenden Personen mit ihren syntaktischen Eigenheiten zu korrelieren, um so die nötigen Differenzkriterien zu gewinnen. Den Grenzverlauf zwischen Dummheit und Blödheit markiert etwa jene Figur der *Inversion*, mit der Adelung so denkbar wenig anzufangen wußte. Die ganze Palette von Inversion, Auslassung, Verdopplung und anderen Verstellungen der Sprache wird zum Indiz

---

1 Thieme: *Ueber die Hindernisse des Selbstdenkens*, loc. cit., S. 56.
2 Thieme: *Ueber die Hindernisse des Selbstdenkens*, loc. cit., S. 57.
3 Vgl. etwa Michel Foucault: *Wahnsinn und Gesellschaft. Eine Geschichte des Wahns im Zeitalter der Vernunft*, Frankfurt/M. 1973. Foucault beschreibt dort sehr genau das Verhältnis von Individualisierung und Kodifizierung als Bedingung der Möglichkeit, um ein solches Normalitätsdispositiv auf den Weg zu bringen. Vgl. dazu auch II/6. *(Un)Geläufigkeiten.*

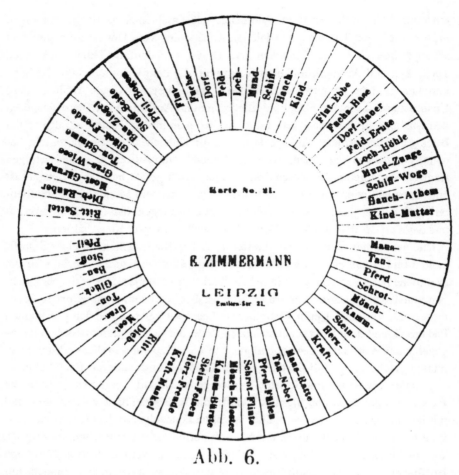

Abb. 6.

Reizscheibe mit sinnvollen Wortpaaren zu Ge-
dächtnisprüfungen nach Rauschburg.

Abb. 2

von Normalität oder Vernunft.[1] Was für Hoffbauer ein Mittel zu jenem Zweck ist, pathologische Felder abzustecken und sie dadurch etwa für die Rechtsprechung operationalisierbar zu machen, wird am Ende des 19. Jahrhunderts eine ganz eigene Karriere antreten: In Experimentalpsychologie, Aphasieforschung, Linguistik bis hin zur Psychoanalyse wird der Unsinn Methode, kann der Umgang mit Sprachdefizienzen Gegenstand unterschiedlicher theoretischer Bemühungen werden.[2] Als Bemessungsgrundlage eines geistigen Inventars wird die freie *Erzählungsmethode* etwa Gegenstand aufwendiger Versuchsreihen werden. Der große Psychologe und Gedächtnisforscher Paul Ranschburg – immer wieder wird er in kritischer Konkurrenz zu Sigmund Freud im allgemeinen und der Psychopathologie des Alltagslebens im besonderen auftreten – skizziert mögliche Einsatzgebiete. "Zu erwähnen ist noch die schon vor längerer Zeit von Binet angeregte, von Sommer für die Untersuchung des pathologischen Gedächtnisses empfohlene und zuerst wohl von Leupoldt systematisch angewendete Untersuchung des Gedächtnisses, mittels verschieden schwieriger kleiner Erzählungen."[3] Eine Methode, die als früher Intelligenztest von Köppen und Kutzinski an der Königlichen Charité zu Berlin an einer Zielgruppe von 275 geistig Abnormen und Kranken Anwendung findet.[4] Die kleinen Erzählungen – so Ranschburg – stellen bei solchen Versuchsreihen einen Vorstellungskomplex dar, der die sprachliche Verknüpfungsleistung einem Raster der Wahrscheinlichkeit unterstellt. "Dieser Komplex ist eben kein bloßes Nacheinander von Satzteilen oder Sätzen, sondern eine gewisse Einheit. Jede, auch die unbedeutendste kleine Erzählung stellt eine Gruppierung von Einzelheiten dar, die durch gemeinsame Fäden zu einer Einheit verbunden werden."[5] Diese Fäden werden klas-

---

1 Johann Christoph Hoffbauer: *Die Psychologie in ihren Hauptanwendungen auf die Rechtspflege nach den allgemeinen Gesichtspunkten der Gesetzgebung oder die sogenannte gerichtliche Arzneywissenschaft nach ihrem psychologischen Theile*, Halle 1808.

2 Vgl. als prominente Vertreter Sigmund Freud mit der lange vernachlässigten Arbeit von 1891 *Zur Auffassung der Aphasien. Eine kritische Studie* (Hrsg. von Paul Vogel. Bearbeitet von Ingeborg Meyer-Palmedo, Frankfurt/M. 1992), der keine Aufnahme in seine *Gesammelten Werke* beschieden sein sollte und Roman Jakobson *Kindersprache, Aphasie und allgemeine Lautgesetze*, Frankfurt/M. 1969.

3 Paul Ranschburg: *Das kranke Gedächtnis. Ergebnisse und Methoden der experimentellen Erforschung der alltäglichen Falschleistungen und der Pathologie des Gedächtnisses*, Leipzig 1911, S. 72.

4 Nachzulesen bei M. Köppen und A. Kutzinski: *Systematische Beobachtungen über die Wiedergabe kleiner Erzählungen durch Geisteskranke. Ein Beitrag zu den Methoden der Intelligenzprüfungen*, Berlin 1910. "Zur Psychologie der Wiedererzählung" unter experimentellen Bedingungen vgl. die gleichnamige Untersuchung von Anathon Aall. In: *Zeitschrift für angewandte Psychologie und psychologische Sammelforschung*, Bd. 7 (1913), Leipzig, S. 185-210.

5 Ranschburg: *Das kranke Gedächtnis*, loc. cit., S. 72.

sifiziert und dienen so als Bemessungsgrundlage für die Intelligenz derer, die sie spinnen.

Den genau umgekehrten Zugriff auf Konvention oder Verstoß im Umgang menschlicher Verknüpfungsleistungen unternimmt dieselbe Experimentalpsychologie in ihren zahllosen Assoziations- und Gedächtnistests gegen Ende des 19. Jahrhunderts. Im Gedächnisexperiment der frühen Experimentalpsychologielabors wird das Material sinnlos und zerhackt sein, um unter Vermeidung irgendwelcher Kontextbezüge die Effekte möglichst rein zu halten. Die experimentelle Erfoschung der Verknüpfungsleistung hält sich in der Regel an integre Worte: Unter Vorgabe von Reizworten sollen die Probanden frei ihre eigenen Reaktionswörter hinzu assoziieren. Aber egal, ob die Wörter ganz bleiben oder zu Unsinnssilben zerhackt werden: Das Tempo ihrer Exposition wird mit Apparaten und Maschinen zum Teil bis unter die bewußte Wahrnehmungsschwelle gedrückt. Ranschburg rühmt in diesem Zusammenhang die Verwendungsfähigkeit seines *Mnemometers* als Tachistoskop und Gedächtnisapparat. Unter Verwendung eines elektromagnetischen Relais kann er damit die Expositionsdauer im Zehntelsekundenbereich steuern. Zu weiteren Apparaten und ihrer Buchstabenexposition in Form von Listen, Scheiben und anderen Modalitäten verweist er auf sein Schlußkapitel *E. Die Methodik der Untersuchung des erkrankten Gedächtnisses mittels besonderer Apparate.*[1] Die so gewonnenen Wortpaare und Worttreffer der Versuchspersonen werden auf statistischer Basis zulassen, wofür Adelung gegen die Umtriebe des Barock die Schicklichkeit seiner europäisch aufgeklärten Einbildungskraft bemüht hat: Das experimentell erhobene Material wird aufgeschrieben, theoretisch ausgewertet und erlaubt schließlich die Bildung von Standards und Kanons. Normalität und Pathologie im Umgang mit Assoziationen und im Umgang mit Sprache sind damit anschreibbar.[2] Ihren Niederschlag finden die dadurch ermöglichten Operationalisierungen in Aufsatztiteln, die – um bei Ranschburg zu bleiben – *den geistigen Kanon der Normalmenschen*[3]

---

1 Zum Gerätepark der Psychometriker im allgemeinen vgl. Robert Sommer: *Experimental-psychologische Apparate und Methoden. Die Ausstellung bei dem 1. Kongreß für experimentelle Psychologie Gießen 18. - 21. April 1904*, Leipzig 1904. Zur besonderen Rolle messender Verfahren für die Diagnostik von Psychopathologien vgl. H. Liepmann: "Apparate als Hilfsmittel der Diagnostik in der Psychopathologie". In: Martin Mendelsohn (Hrsg.): *Der Ausbau im diagnostischen Apparat der Medizin*, Wiesbaden 1901, S. 217-227.

2 Damit verbunden ist ein Netz an Aufzeichnungsverfahren, die das Wissen der Individuen festhält. Vgl. Michel Foucault: *Überwachen und Strafen. Die Geburt des Gefängnisses*, Frankfurt/M. 1977, S. 244f. und dazu II/3. *Schleichpfade ins Bilderreich Gottes (Johann Buno 1617-1697)* dieser Arbeit.

3 Paul Ranschburg: "Über die Möglichkeit der Feststellung des geistigen Kanons der Normalmenschen". In: *Comptes rendus du XVI. congrès international de médecine, Sekt. XII.*, Budapest 1910. S. 80-91.

Abb. 18.

Rotationsapparat für Gedächtnisstudien nach G. E. Müller.

Abb. 3

oder *einen Kanon des Wortgedächtnisses als Grundlage der Untersuchungen pathologischer Fälle*[1] erstellen. Über *das geistige Inventar Gesunder* entscheidet eine Topik der Normalität, die im Namen der Wahrscheinlichkeit Stereotypen und Standards im Umgang mit Texten, Sätzen, Wörtern, Silben und Buchstaben errichtet.[2]

An einer Topik der Normalität ist – lange vor dem experimentalpsychologischen Zugriff auf den Menschen – immer schon die Pädagogik interessiert. Der Blick in den phonozentrischen Erziehungsalltag um 1800 zeigt, wie unmittelbar und konkret die Folgen sein können: Besonders davon betroffen sind natürlich – wie sollte es auch anders sein – die Taubstummen.[3] Und besonders dringlich ist im Kampf rivalisierender Schulen um die rechte Lehrmethode die alles entscheidende Frage, ob die Taubstummen lediglich zum nachplappernden Papageien abgerichtet oder in das Reich einer buchstabenverstehenden Vernunft integriert sind. Samuel Heinicke – Kantianer, erster deutscher Taubstummeninstitutsgründer und Verfechter eines rigiden Oralismus, der den Defekten ihre Gebärdenkommunikation austreiben und sie stattdessen zu einer noch so stammelnden Stimmartikulation erziehen wird – erzählt 1780 aus seiner Pädagogenpraxis die verschärftere Version von Thiemes fremdwortaffiziertem Schullehrer. Ein taubstummer Junge, der unter Umgehung der für Heinicke allein zulässigen tönenden Denkart im defizitären Medium der Schrift erzogen wurde und damit "seine Begriffe durch Schreiben erlangt" hatte, wird Samuel Heinicke zum Musterfall aller falschen, weil nicht auf Oralismus zielenden Taubstummenpädagogik. Heinicke unterzieht den falsch Erzogenen einem Testverfahren, um so seiner vermeintlichen hermeneutischen Kompetenz auf die Spur zu kommen. Das Resultat ist verheerend, kündigt es doch die Allianz der Wahrscheinlichkeit auf, "denn er schrieb entweder unrechte Buchstaben in Wörtern, oder liess auch welche darinn aus."[4] Der Pädagoge bohrt weiter und stellt dem Taubstummen die Frage nach dem Wesen Gottes: Die Antwort "der allervollk o n -

---

1 Paul Ranschburg: "Beitrag zu einem Kanon des Wortgedächtnisses als Grundlage der Untersuchungen pathologischer Fälle". In: *Klinik für psychische und nervöse Krankheiten*. Hrsg. von Robert Sommer, III. Band., Halle a.S. 1908, S. 97-126.

2 Ernst Rodenwaldt: "Aufnahmen des geistigen Inventars Gesunder als Massstab für Defektprüfungen bei Kranken". In: *Monatsschrift für Psychiatrie und Neurologie*. Bd. XVII, Ergänzungsband, Berlin 1905. S. 17-84. Die diesbezüglichen Forschungen sind Legion. Die hier gewählte Darstellung kann und will daher keinen Anspruch auf Vollständigkeit erheben.

3 Dazu ausführlicher Verf.: "Unter Sprechzwang. Verstehen zwischen Otologie und Ontologie". In: Herta Wolf, Michael Wetzel (Hrsg.): *Der Entzug der Bilder. Visuelle Realitäten*, München 1994. S. 161-182.

4 Samuel Heinicke: "Ueber die Denkart der Taubstummen, und die Mißhandlungen, welchen sie durch unsinnige Kuren und Lehrarten ausgesetzt sind" (1780). In: ders.: *Gesammelte Schriften*, Hrsg. von Georg und Paul Schumann, Leipzig 1912. S. 98.

n e ste Geist" wird in ihrer Buchstäblichkeit dem Jungen zum Verdikt. Heinicke
weist auf den Fehler im Gebrauch des Adjektivs hin und befragt den Taubstummen
nach seinem Verständnis von Vollkommenheit. "Allein ich bekam, wie noch auf
viele andere Fragen, die ich ihm zergliederte, keine Antwort: denn der Taubstumme
hatte von keinem Stücke einen deutlichen Begriff; wie es denn auch durch Schrift-
sprache allein nicht seyn konnte."[1]

Nur unter barocken Bedingungen dürfen selbst Taubstumme zu Experten am
Schatz der Lettern und als solche eigens genannt werden. Johann Hofmanns
Lehr=mässige Anweisung / Zu der Teutschen Verß= und Ticht=Kunst handelt "von
denen Anagrammatibus" und versammelt Vertreter der Verwechslungskünste in einer Liste. Als Ausbund aller anagrammatischen Künste kann Hofmann einen Magister aus Leipzig zitieren, der – obwohl taub und damit vom Reich der Stimme
ausgeschlossen – trotz seines Defekts zum Spezialisten in Sachen Sprachwissen
erklärt wird. Die Orientierung an der Schrift läßt selbst dem Taubstummen eine
Chance, und so kürt ihn Hofmann kurzerhand zum Meister seiner versammelten
Anagrammatikerschar.[2]

Flankendeckung erfahren solche Künste von Seiten der Sprache, und so wird
auch Schottelius nicht müde, die besondere Tauglichkeit seiner *teutschen Haubtsprache* für die Kombinatorik nebst ihrer Wortwilligkeit ausdrücklich zu rühmen.
So aufgearbeitet, kann sie immer wieder zum Hort auch der Semantik werden.
Zehn Jahre vor dem Sprachkrieg bescheinigt er der Wortkombinatorik, daß und wie
Stammwörter, Vorsilben und Endungen "zusammen gesetzet und gleichsam unzer-
teihlt verbrüdert / und zu andeutung eines gantz neuen Verstandes vereiniget werden."[3] Wörter wie das zweistellige *Kampfrecht*, der dreistellige *Landfriedbruch*
und der vierstellige *Grundhaubtboswicht* sind die Belege für die *gleichsame Ver-
brüderung.* Ähnlich wie Schottelius liefert auch sein Mitgesellschafter Kaspar Stieler eine Sprachbestandsaufnahme. Mit Verlängerung der Schotteliusschen Wortwil-

---

1 Heinicke: "Ueber die Denkart der Taubstummen", loc. cit., S. 99. Zur Sorge der Taubstummenpädagogen um die rechte Auswahl der Bilder, mit denen sie ihren Zöglingen zur Hand gehen,
   vgl. noch einmal II/3. *Schleichpfade ins Bilderreich Gottes (Johann Buno 1617-1697)* dieser Arbeit. Zu theologisch-pastoralen Strategien des Bildumgangs vgl. II/4. *Die Mnemonik Gottes
   (Friedrich Spee von Langenfeld 1591-1635).*

2 Johann Hofmann: *Lehr=mässige Anweisung / Zu der Teutschen Verß= und Ticht=Kunst / wie
   dieselbige Der studierenden Jugend Durch leichte Regeln / mit gutem Vortheil / Grund=mässig
   beyzubringen sey*, Nürnberg 1702, Anhang. Es sei hier schon darauf verwiesen, daß die Kritiker
   am barocken Wortumgang immer wieder den müßigen Spieltrieb der Kinder zum Vergleich
   heranziehen. Entsprechende Belege finden sich bei Georg Friedrich Meier und vielen anderen.
   Ein letzter und verschärfender Kritikerschritt wird das sanktionierte Feld der Kindlichkeit verlassen und stattdessen pathologische Bereiche und damit den Wahnsinn bemühen.

3 Schottelius: *Ausführliche Arbeit Von der Teutschen HaubtSprache*, loc. cit., S. 398.

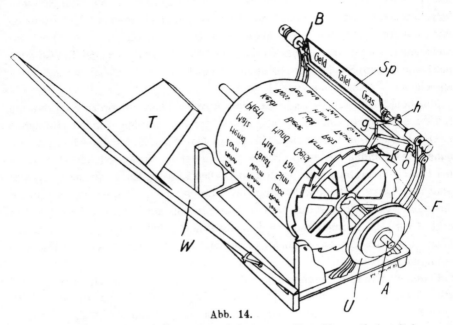

Abb. 14.

Der rotierende Hempelsche Spiegelapparat zur Exposition optischer Reize.

Abb. 4

ligkeit beschreibt er die Eignung der *Teutschen Sprache* für die Zweifeldeutung oder *amphibolia*: "Derowegen sie auch geschickter zu vielerhand Wortspielen / Verkehrungen / und artigen Zweyfeldeutungen ist."[1] Wenn Amphibolien die Semantik im Unklaren belassen oder gar – wie im analogen Fall der Kryptographie – zusätzliche Ebenen einer Unsinnssemantik einziehen können, so nur aufgrund wortwilliger Signifikantenoperationen.[2] Auch Georg Neumarks *Poetische Tafeln*, die auflisten, was in einer Welt von Versfüßen und Reimvarianten nur irgendwie auflistbar ist, rühmen das Abseitige und nicht sofort Einsehbare. Im Kontext der Sinnbildproduktion wird Neumark das Unterlaufen kulturell gültiger Codes und damit ein Ausscheren aus speicherbaren Regularien regel(ge)recht einfordern: "Was jedermann bewust ist / dient nicht zu Sinnbildern".[3] Und wieder werden versetzte Buchstaben genau das leisten:

> Die schönsten Erfindungen werden von den versetzten Buchstaben hergenommen / die eine gantze oder halbe Meinung geben / zu welchen ein Bild zu erfinden ist.[4]

Als "Vornlauf", "Letterkeer" und "Letterwechsel" findet in den Tafeln seinen Eintrag, was bei Schottelius Sache militärischer Operationen war und was bei Neumark zum Brunnquell eines neuen Wissens dienen soll. Damit Vergleichbarkeiten nicht scheitern, darf es im Reich dessen, was aufeinander beziehbar sein könnte, keine Unvergleichbarkeiten geben. Es gibt nichts, was nicht einen *Übertragungsverstand* dulden würde.

Was späteren Kritikern ein Dorn auch im Auge barocker Bildlichkeit sein wird, ist hier – in den Proklamationen totaler Beziehbarkeit – poetologisch wie datentechnisch verankert.[5] Der rhetorische Bildbestand ist mit dem Tableau des Wissens kompatibel, und so wird auch das Feld der Tropen zur Wissensvermittlung herangezogen. In einer Sprache juristischer Eindringlichkeit kann Harsdörffer fordern, daß schlechterdings nichts in der Welt zu finden sei, "welches nicht durch die

---

1 Kaspar Stieler: *Der Teutschen Sprache Stammbaum und Fortwachs oder Teutscher Sprachschatz*, Hrsg. von Martin Bircher, Friedhelm Kemp, 3 Teile, München 1968, 3. Teil, S. 49.

2 Vgl. zur Kryptoanagrammatik als legitimes Verfahren im Rahmen des Concettismus Renate Lachmann: "Zu Dostoevskijs *Slaboe serdce*: Steckt der Schlüssel zum Text im Text?" In: *Wiener Slawistischer Almanach*, 21 (1988). S. 239-266.

3 Georg Neumark: *Poetische Tafeln / oder Grundliche Anweisung zur Teutschen Verskunst aus den vornehmsten Authorn in funfzehen Tafeln zusammen gefasset / mit Anmerkungen [...]*, Jena 1667, S. 215. Zum Status der Autorschaft Neumarks vgl. das Nachwort von Joachim Dyck im Reprint Frankfurt/M. 1971.

4 Georg Neumark: *Poetische Tafeln*, loc. cit., S. 215.

5 Vgl. Manfred Windfuhr: *Die barocke Bildlichkeit und ihre Kritiker. Stilhaltungen in der deutschen Literatur des 17. und 18. Jahrhunderts*, Stuttgart 1966.

gleichniß belanget werden könte."[1] In seiner Euphorie der totalen Kombinatorik
setzt Harsdörffer alle Gebote einer möglichen Schicklichkeit außer Kraft. Wenn die
Rhetorik Bartholomäus Keckermanns im Umgang mit Tropen zur Vorsicht mahnt
und ein gewisses Maß für die Ähnlichkeitsrelationen einfordert, wird von Autoren
wie Harsdörffer und Männling – auf unterschiedlichen Stufen der Reflexion – genau diese Vorsicht unterlaufen. "Est autem tropus translatio vocis de sua propria si-
gnificatione, in signficationem rei alterius, non plane dissimilis."[2] Keckermanns
doppelt negierte Rede über die Schicklichkeit der Tropen wäre eine Einschränkung
oder – mathematisch gesprochen – eine Untermenge, die Einschnitte im Netz totaler
Vergleichbarkeit bedeuten würde. Für die fröhlichen Tropen eines Männling soll
und wird es solche Untermengen nicht geben. In den theoretischen Begründungen
durch Harsdörffer werden dagegen Para-Rhetorik und Unvergleichbarkeit Programm[3]: Die Ähnlichkeitsrelation wird bis ins totale Gegenteil verkehrt, und diese
Verkehrung ihrerseits als poetologische Praxis festgeschrieben. Die formale Beherrschung solcher Relationierungen wird zum Kriterium kognitiver Kompetenz.
Zu theoretischen wie poetologischen Ehren kommen sie vor allem im Concettismus. Stellvertretend sei hier auf Emmanuele Tesauros *Il Cannochiale Aristotelico*
von 1670 verwiesen (Nachdruck Bad Homburg u.a. 1968). Die Tradition des Concettismus unterstellt die Modalitäten neuer Bezüge einer veränderten Optik und bemüht – titelgebend bei Tesauro – das Fernrohr zur Erschließung neuer Sichtwei-
sen.[4] Was in der optischen Metaphorik des *Aristotelischen Fernrohrs* gefeiert wird,
ist bei Harsdörffer in den Teilnehmern der *Frauenzimmer Gesprächsspiele* figuriert.
Deren kognitive Kompetenz steht einerseits im Gegensatz zum *büffelhirnigen Pö-
fel*, andererseits wird sie aber auch benutzt, um die sechs Gesprächsspielteilnehmer
einer Binnendifferenzierung zu unterziehen. Aufgaben, die einer besonderen
Komplexität bedürfen, werden an dafür besonders taugliche Mitspieler delegiert.

---

1 Georg Philipp Harsdörffer: *Poetischer Trichter / Die Teutsche Dicht= und Reimkunst / ohne
   Behuf der lateinischen Sprache / in VI. Stunden einzugiessen* (1648ff.), Reprint Darmstadt
   1669, S. 54. Zu analogen Formulierungen vgl. auch *Frauenzimmer Gesprächsspiele*, loc. cit.

2 Bartholomäus Keckermann: *Systema Rhetoricae [...]*, Hannover 1608, S. 185.

3 Zum Begriff einer *Para-Rhetorik* als der effektvollen Vereinigung des Entferntesten vgl. Gustav
   René Hocke: *Manierismus in der Literatur. Sprach-Alchimie und esoterische Kombinationskunst*, Reinbek bei Hamburg 1959.

4 Vgl. dazu Klaus-Peter Lange: *Theoretiker des literarischen Manierismus. Tesauros und Pellegrinis Lehre von der 'Acutezza' oder von der Macht der Sprache*, München 1968. Zur Parallelisie-
   rung von Optik und Ingenium vgl. auch Juan Luis Vives: "Ingenio nihil similius est, inquit
   Vives, quam oculos." Zit. nach Johann Heinrich Alsted: *Systema Mnemonicum duplex [...]*,
   Frankfurt 1610, S. 35.

In der *Veranlassung zum höflichen Scherz* feiert Harsdörffer noch einmal den Buchstabenzauber: Daß der eingeforderte Scherz natürlich auch zwischen verschiedenen Sprachen seinen legitimen Ort haben soll, versteht sich in einer Welt semantischer Explosionen und im Rückgriff auf Hemeling inzwischen fast von selbst. Harsdörffer, der den "Poetischen Erfindungen / so aus dem Namen herrühren" ein eigenes Kapitel seines *Poetischen Trichters* einräumt, beschreibt ihren Nutzen als Kunstquelle für die *Ars Apophthegmatica* eher lakonisch: Der "höfliche Schertz" und seine internationale Verankerung beenden einen Satz, der bei all seiner metaphorischen Amplifikation die Ordnung der Buchstaben auf den Punkt bringt.

> Weil nun die Wörter die Werckzeuge unsre Reden / die Muschel der zarten Perle / die Schreine und Verfassungen / vielmehr Einfassungen der edlen Gedancken / die Abbildungen unsrer Hertzen / und die Herolden unsrer Gemütsmeinung / betrachten wir billig ihre Heroldsfarben / ich sage ihre Buchstaben und Sylben / wie sich solche mit andern vergleichen / verwechseln / verändern und zu einem höflichen Schertz veranlassen.[1]

Doch die Verhöre des Wissens sind streng und nehmen in den Wechselspielen auf Buchstabenebene erst ihren Anfang. Als eine unter vielen Quellen werden sie auch von Daniel Richter als Verfahren daher eher aufgerufen, denn erläutert. Seinem *Thesaurus Oratorius* von 1660 ist das Variationsmotiv schon im Titel eingeschrieben, und so verspricht er in der behandelten mathematischen Ungenauigkeit, die große Zahlen mit der Unendlichkeit verwechselt, wie man "eine Rede auf unzehlich viel Arten verändern könne".[2] Wie Männling beginnt auch Richter mit einer scheinbaren Diskrepanz zwischen vorgegebenem Thema und darauf beziehbaren Materien. Doch im Gegensatz zu Männlings Materialsammlungen sollen Richters Leser zu einer gewissen Eigenständigkeit im Auffinden möglicher Daten erzogen werden. Ein pädagogischer Dämpfer kündet von der dabei anstehenden Mühsal: "Dergleichen Copiam aber zu erlangen / ist kein leichtes Ding".[3] Was daher not tut, ist ein *Observiren* des Wissens. Aber nicht mit dem Ziel bloßer Auswendigkeit wie bei Männling, sondern als Gebrauchsanweisung und damit als Generator. Denn eines steht für Richter fest: Mit einem Konzept bloßer Auswendigkeit und unter der spei-

---

1 Harsdörffer: *Ars Apophtegmatica*, loc. cit., S. 9.

2 Daniel Richter: *Thesaurus Oratorius Novus. Oder Ein neuer Versuch / wie man zu der Rednerkunst / nach dem Ingenio dieses Seculi gelangen / und zugleich eine Rede auf unzehlich viel Arten verändern könne*, Nürnberg 1660, S. 11. Zum theoretischen Hintergrund Richters vgl. Franz Günter Sieveke: "Topik im Dienst poetischer Erfindung. Zum Verhältnis rhetorischer Konstanten und ihrer funktionsbedingten Auswahl oder Erweiterung (Omeis – Richter – Harsdörffer)". In: *Jahrbuch für Internationale Germanistik*, VIII - Heft 2 (1976). S. 17-48.

3 Richter: *Thesaurus Oratorius Novus*, loc. cit., S. 4. Zur Umbewertung des Begriffes *copia* vgl. auch Kittler: "Romantische Datenverarbeitung", loc. cit.

cherexhaustiven Voraussetzung, daß die Kommentare das zu Kommentierende über Gebühr vervielfältigen würden, ist niemandem und schon gar nicht der *memoria* gedient. "Dann unser Gedächtniss kan mit dem *Infinito* nicht zurecht kommen"[1], wie es sehr richtig heißt.

Was dann folgt, ist eine Beschreibung der Datenaufbereitung für die Bereiche *res* und *verba*. Topik und Lullistik fehlen dabei ebensowenig wie eine eigene ausgearbeitete Exzerpierlehre für die *Realia*. Ihnen allen ist eine theoretische Aufmerksamkeit jedoch versagt, sie werden als vorhandene Verfahren schlicht aufgerufen und zitiert. In Übungen, die nach strengen Mustern und graduellem Stufengang vorgegeben sind, werden dann Variationen vorgenommen. Immer wieder führt Richter vor, wie ein beliebiges Expempel "durch alle diese Formulas und also per omnes Locos gezogen werden kan" und damit nach Programm abgearbeitet wird.[2] Zum Thema Gottesfurcht ergibt ein Abgleich mit den lullistischen Topoi *ad Bonitatem*, daß die Gottesfurcht gut sei, *ad Contrarium*, daß die Freude Gottloser gering, *ad Durationem* hingegen die der Frommen ewig sei. Und um die Programmfolge in ihrer Unhintergehbarkeit auch noch explizit festzuschreiben, müssen wir in solchen Übungen "widerumb gradatim fortgehen / und ja nicht etwas überhupffen."[3] Barocke Listenverarbeitung kennt eben keine Sprungbefehle. In der *inventio* unterscheidet Richter zwischen einer natürlichen und einer künstlichen Version: Der Fragevers *quis, quid, ubi usw.*, den kaum eine Rhetorik vorenthält, soll als ein natürliches Mittel zum Argumentenfang eingesetzt werden. Im Kontext der natürlichen *inventio*, die vor allem mit dem menschlichen Gedächtnis ihre liebe Not hat, taucht das Fragevademekum als Erinnerungshilfe auf. Das Auffinden von Argumenten wird zur Arbeit gegen das menschliche Vergessen: "Insonderheit aber kan man aus diesen circumstantial Fragen quis, quid, ubi &c. die allerbeweglichsten Argumenta erfinden".[4] Die Wahl des Adjektivs, mit der die Argumente prädiziert werden, spricht selbst die Sprache der Stellwerte und ihrer gesteigerten Mobilität. Die künstliche *inventio* verfährt da umwegiger:

> die gibt solche Argumenta und res, die nicht eben von der Materi sind / darvon das Thema oder Propositum handelt / sondern offt gantz nicht scheinet mit demselbigen Themate übereinzukommen / und doch viel Behuf zu demselbigen thut.[5]

---

1 Richter: *Thesaurus Oratorius Novus*, loc. cit., S. 11.
2 Richter: *Thesaurus Oratorius Novus*, loc. cit., S. 59.
3 Richter: *Thesaurus Oratorius Novus*, loc. cit., S. 49.
4 Richter: *Thesaurus Oratorius Novus*, loc. cit., S. 79.
5 Richter: *Thesaurus Oratorius Novus*, loc. cit., S. 87.

Und genau das, was Richter als *Behuf* beschreibt, ist zu erzeugen. Dazu müssen Relationen wie Ähnlichkeit, Unähnlichkeit oder Kontrast auf Männlingsche Fundgruben mit all ihren Emblemen, Historien, Sententien, Apophthegmata abgebildet werden. Die Modalitäten zwischen den Daten und ihrer Verarbeitung verheißen Mehrfachverwendung, sind doch die Inhalte sämtlicher *fontes* "entweder als ein Idem, oder als ein Contrarium, oder als ein Diversum"[1] zu gebrauchen. Im Glanze solcher Beweglichkeit oder Iterierbarkeit werden für Richter Thema und Wissenskontext kompatibel.[2] Für das von Keckermann geächtete *diversum* taugen nach Richter daher "allerköstlichste und rareste Sachen", wie sie etwa Männling zur Genüge bereitstellt.

Es werden vor allem drei Disziplinen sein, die innerhalb der *inventio* als Verfahren angeführt werden, und zwar in der Allgemeinheit eines Algorithmus[3], dem seine jeweiligen Variablen und Parameter erst durch den unmittelbaren Benutzer und sein spezielles Thema zugewiesen werden: Ort der Orte und all der genannten Praktiken werden Topik, Lullistik und eine *ars combinatoria*. Ein Umgang mit Männlings Fundgruben ist damit systematisierbar und auf Applikationen beziehbar. Die Daten und ihre Verarbeitungsschritte sind dabei getrennt, erst bei konkreter Benutzung von Benutzungsvorschrift und möglicher Quelle kommen sie überein. Die Streckkunst eines Geistes, die Männling im Kontext seiner Materialschlachten so vehement beschwört und einfordert, ist damit gefunden: Topische, kombinatorische und lullistische Algorithmen werden zum Integral (aber auch zum Vorwand) barocker Beziehbarkeiten. Deren Funktionieren muß sich im Namen keines Menschen und nur im Extremfall des Concettismus im Namen menschlicher Kognition verantworten. Das Tableau, auf dem Wörter und Dinge sich in wunderbarer Transpa-

---

1 Richter: *Thesaurus Oratorius Novus*, loc. cit., S. 87.

2 Richter variiert die Rede von der Beweglichkeit und setzt sie in den Komparativ: "Wann man diese individual Rationes noch stärcker oder aufs wenigste scheinbarer und beweglicher machen will / muß man die Communes rationes, welche die termini Lulliani, Bonitas, magnitudo, duratio &c. suppeditiren / mit darzusetzen." (loc. cit., S. 82)

3 Etymologisch steht der Algorithmus, *terminus technicus* aller Programmierbar- und Künstlichkeit, im Zeichen eines veritablen Eigennamens. Im Gegensatz zu Leibniz und dem Neologismus Logarithmus stammt der Algorithmus von dem Araber Abu Abdallah Muhammed ibn Musa al-Hwarizmi al Magusa, "im folgenden kurz al-Hwarizmi genannt, der etwa zwischen 780 und 850 lebte." Sein Eigenname wurde zu *Algorismus* latinisiert und dann auf die Gegenstände seiner Beschäftigung – vor allem die Arithmetik – verschoben. Vgl. dazu Sybille Krämer: *Symbolische Maschinen. Die Idee der Formalisierung in geschichtlichem Abriß*, Darmstadt 1989, S. 50ff. Ein Eigenname verlieh dem Reich seines (metaphorischen) Gegenteils Namen wie Gestalt. Um den Eindruck zu zerstreuen, die Informatik kassiere den Menschen an allen Orten, soll ihm hier auf dem Weg über eine Etymologie Gerechtigkeit widerfahren.

renz oder vielleicht besser Ökonomie begegnen, hält den Ort des Menschen jedenfalls vorerst leer.[1]

Was also und im Barock stattdessen immer wieder folgt, sind Schaltbarkeiten.
Egal, wie die Register im einzelnen heißen, wie sie hergeleitet und gruppiert werden: Sie alle bilden nicht nur den generativen Hort des Barock, sondern liefern ihm
auch eine eigenartige Legitimität. Alles, was barocke Datenverarbeitung an Resultaten hervorbringt und hervorbringen wird, verhält sich wie eine konkret aktualisierte
Untermenge zum Reich seiner kombinatorischen Möglichkeiten. Das Ende – weiterer Falten und Vervielfältigungen – ist nicht abzusehen.[2]

Einer, der das Phantasma der Zahl gleich den Vermittlungen einschreibt und nicht
mehr die *eine* Wissenschaft von der Topik vorschiebt, ist Johann Adam Weber.
Was er damit liefert, ist nicht mehr eine Ordnung der Dinge, sondern der Möglichkeit ihrer Generierung. Seine Registratur erfaßt 100 solcher Quellen und das in einer beispiellosen Systematik.[3] Weber beginnt konventionell mit der Betrachtung
des Namens und möglichen Manipulationen am Signifikanten. Doch was dann und
im Jenseits irgendwelcher Anagramme erfolgt, betreibt eine ebenso kontingente wie
beispiellose Ausdifferenzierung. Die Registratur seiner Quellen unterliegt einer
Aufteilung in 2 Hälften zu je 50. Teil 1 enthält neben den topisch ausgewiesenen
Quellen *III. Möglichkeit, IV. Entstehung, X. Ursprung, XI. Ursach, XII. Würc-
kung, XXXV. Nothwendigkeit, XLV. Grösse* eine diffuse Ausweitung von Be-
langen, die mögliche Spielarten der Curiosität als Ordnungsraster bereithalten. Sein
Begriffsfeld umfaßt Rubriken wie XIX. Kostbarkeit, XXIII. Berühmte Dinge,
XXIV. Selzamkeit und Seltenheit, XXV. Monstra, Wunder= oder Mißgeburten,
XXVI. Wunderwercke, XXXVIII. Verwunderungs=würdige Dinge, XXIX.
Merck= und denckwürdige Dinge, XXX. Curiose Dinge, XXXI. Künstlichkeit.
Unter dem Vorwand minimaler semantischer Differenzen kann Weber einhalten,
was er als die Obergrenze seines Werkes versprochen hat: die glatte und runde Zahl
100.

In der 9. Quelle "Von der Erfindung" findet auch Simonides, der Ahnherr der
Mnemotechniker, seinen denkwürdigen Platz in der großen Registratur von Webers
Wissens. In einem Schlagabtausch inventiöser Glanzleistungen erscheint er nebst
dem Erfinder des Hering=Pökelns, der Bluttransfusion bei Tieren und einem Pio-
nier der kosmetischen Chirurgie, "vermittelst derer einem Menschen eine neue Nase
kan angesetzt werden."

---

1 Vgl. hierzu Foucault: *Die Ordnung der Dinge*, loc. cit.

2 Vgl. dazu Gilles Deleuze: *Die Falte. Leibniz und der Barock*, Frankfurt/M. 1995.

3 Johann Adam Weber: *Hundert Quellen Der von allerhand Materien handelnden Unterre-
   dungs=Kunst. Darinnen So wol nützlich=curiose / als zu des Lesers sonderbarer Belustigung gereichende Exempel enthalten*, Nürnberg 1676.

Hanno von Carthago die Löwen zu zähmen, Simonides Cous die Gedächtniß=Kunst; Hirpinus
die Kefiche / das Vieh darinn zu erziehen. M. Laelius die Vogelhäuslein.[1]

Die Abfolge all dieser berühmten Erfinder in Sachen kultureller Domestizierungs-
techniken ist beliebig: Beleg dafür, daß es weniger um sie selbst, als vielmehr um
eine Exemplifizierung der entsprechenden Quelle geht. Doch wie streng Weber es
mit der Systematik hält, zeigt die Beliebigkeit in Auswahl wie Abfolge seiner Quellen. Auch die 2. Hälfte verbucht in bunter Folge heterogene Versatzstücke: Erlauben *LVII. Quantität oder Abmessung, LVII. Qualität oder Beschaffenheit, LX. Ort,
LXI. Zeit, LXXV. End=Zweck* sowie das weite Feld der Ähnlichkeitsrelationen ein
Verhör des Wissen nach dem Gesichtspunkt topischer Allgemeinheit, so rufen die
Quellen *LXXXVIII. Symbola, Lehrsprüch und Denckzeichen, XC. Insignien und
Wapen, XCII. Inscriptionen und Überschriften* einfach und einmal mehr pure Speicher auf. Die Zuordnung der gewählten Beispiele zu ihren Quellen verfährt per De-
kretum und nach Maßgabe Webers. Oder ist es einsehbar, warum die folgende Geschichte zum Paradigma Gedächtnis ausgerechnet der Quelle *V. Beschreibung* ent-
springen soll?

Ein Soldat hat / wie Acosta meldet / einen Elephanten mit einer grossen Nuß auf die Stirn ge-
worffen; das Thier hat die Nuß aufgehoben / und als es dem Soldaten wieder begegnet / hat es
ihme solche wieder in das Gesicht geschmissen.[2]

Was solche Systeme unter dem Vorwand vermeintlicher Wissensordnung leisten
sollen, ist einmal mehr die Sammlung heterogener Partikel. Als Exempla beliebiger
Quellen liefern sie so eine scheinbare wie nachträgliche Legitimität all dessen, was
dem Barock an Wissen zur Dispositon steht. Im kulturellen Gedächtnisraum des
Barock dürfen und sollen alle Wissenspartikel kompatibel sein: Und es ist gleichgültig, ob die Regelkreise des Wissens in Gelegenheitsdichtung, Romane, Dramen,
Sammlungen oder wohin auch immer führen.

Im Bestreben, immer neues Wissen immer weiter zur Disposition zu stellen, integriert ein Samuel Dieterich ausgerechnet auch noch eine eigenwillige Version der
Mnemotechnik. Während die Gedächtniskunst sonst das ihr anvertraute Wissen
durch Überorganisation nach speicherökonomischen Kriterien zu verwalten sucht,
kann Dieterich sie kurzerhand in den Dienst der *amplificatio* stellen. Die Kunst der
Konzentration und die der Zerstreuung werden mühelos in einem Schreibatemzug

1 Weber: *Hundert Quellen*, loc. cit., S. 203.
2 Weber: *Hundert Quellen*, loc. cit., S. 120.

dem Leser benannt: "daß Er mit einer leichten Mühe zugleich amplificiret und me-
moriret."[1]

Nr. I verheißt "die Gedächtniß=Kunst / aus der richtigen Ordnung der Disziplinen", Nr. II "aus den vier Haupt=Sprachen", Nr. III aus den Anfangsbuchstaben
und so geht es in barocker Beliebigkeit fort. In eben diesem III. Kapitel und im
Kontext einer sehr aufwendigen Letterninventio verweist Dieterich auf einen *Specu-
lum naturae humanae* aus der Feder jenes Johann Adam Webers, der in den *Hundert Quellen Der von allerhand Materien handelnden Unterredungs=Kunst* ebenso
eigenwillig wie vordergründig Wissen zu systematisieren vorgab. Dieterichs *Ge-
dächtniß=Kunst* ergeht "aus den sechs Casibus", aus den Aristotelischen Prädika-
menten, aus den vier Haupt=Uhrsachen, aus den Elementen, "nach den Gliedmas-
sen des Leibes"[2], den fünf Fingern und natürlich auch "aus den Bekanten Umständen: Quis, quid, ubi, quibus auxiliis, cur, quomodo, quando." Diese Aufteilung
wird natürlich aufwendig exemplifiziert: Seine "Gedächtniß=Kunst / aus den Zehen
geistlichen Praedicamentis" führt am Beispiel eines Spielers vor, daß der doch
tatsächlich gegen alle 10 zur Verfügung stehenden Gebote verstößt. Selbstredend
sind auch alte und neue Topik, Lullistik und der Unterschied zwischen wörtlichen
und figuralen Lesemodellen bedacht. Nr. XI verspricht ganz textnah eine "Ge-
dächtniß=Kunst / per Homoeoptota & Homoeoteleuta, oder Durch die sich
gleich=endigende Wörter."

Das 1. Exemplum zur 1. "Gedächtniß=Kunst / aus der richtigen Ordnung der
Disciplinen" gilt der Amplificatio von Matthäus XI,28 "Ich will euch erquicken /
spricht Christus." 23 Disziplinen stehen dazu zur Verfügung: Neben dem klassischen Trivium werden auch Optik, Statik, Mechanik, Geographie, Ökomomie,
Pneumatik u.a. aufgelistet. Vorausgesetzt, daß die Aufeinanderfolge der 23 Disziplinen nebst den Grundzügen ihres Inhaltes dem Benutzer bekannt sind, "so wird
man leichtlich ein Thema Amplificiren und die Realia im Kopf nach einander behal-

---

1 Samuel Dieterich: *Cornu-Copiae Dispositionum Homileticarum, Das ist: Ein voller Vorrath
   Von dritthalb hundert neuen / Teutschen anmuthigen und erbaulichen Geistl. Abtheilungen der
   gewöhnlichen Evangelien / Episteln / Passionen [...]*, Stockholm und Hamburg 1702, (An den
   Leser). Vgl. zum Kontext Henricus Anhalt: *Send=Schreiben Von der Natürlichen = und
   Kunst=Memorie, an seine Hoch=Ehrwürden Hn. M. Samuel Dieterich / Der Rupinischen Kirchen Pastoren und Inspectoren*, Franckfurth und Leipzig 1696.
2 Allerdings unterliegt die Verwendung der Körperteile folgender Einschränkung: "§.1. Ein Redner
   oder Prediger kan alle Gliedmasse des Leibes mitnehmen / nur daß er diejenigen Gliedmasse aus-
   lasse / die GOtt und die Natur wollen bedecket von uns haben." (loc. cit., S. 186) Die Erotisierung zählt zu *einer* der Techniken, mit denen in der Gedächtniskunst der Körper systematisch affiziert werden soll. Vgl. dazu Teil II: *Merken* dieser Arbeit.

ten können."[1] Eine Anwendung aus den vorhandenen Disziplinen darf selektiv verfahren und etliche Disziplinen "nach belieben auslassen". Für das 1. Exemplum –
Matthäus XI,28 – kommen 7 der insgesamt 23 Disziplinen zum Einsatz. So liefert
die Grammatik eine etymologische Herleitung von *erquicken* ("Erquicken heisset
bey den Lateinern *Recreare*, wieder erschaffen"), die Logik kapituliert vor der
Größe der verheißenen Erquickung ("Ich kans mit meiner Vernunfft nicht erreichen
/ womit / HErr Christe / deine Erquickung zu vergleichen") und die Rhetorik bemüht eigens einen hypothetischen Engel: "Wenn auch ein Engel vom Himmel käme
/ könte er doch den *Emphasin* dieses Wörtleins nicht gnugsam aussprechen".[2] Die
Poetik verweist naturgemäß auf David, der als Prophet und geistreicher Poet für
Psalm 23 verantwortlich zeichnet: "Er erquicket meine Seele". Zuständig für die
Verlängerung der Erquickung ins Transzendente ist die Metaphysik: "Auff Erden
giebts viel Erquickung / an Blumen / Speiß / und Tranck / Balsam u.d.g. Aber die
Erquickung Jesu übersteiget (*transcendit*) jene alle." Die Pneumatic verweist auf
Matthäus 26, wo ein Engel den blutschwitzenden Jesus im Ölgarten erquickt.
Dieterichs Leser erreicht die Erquickung als Metapher und damit sehr viel direkter.
"Uns erquicket der Engel des Raths und Bundes JEsus Christus selber." Auch die
Physik arbeitet mit einer Metapher: "Eine Henne erquicket *per orgØn naturalem* ihre
Küchlein / Jesus die himmlische Gluckhenne thut das noch mehr *per viam eminen-
tiae*. Matth. 23."[3] Hier und nach Abarbeitung der ersten 7 Disziplinen in Folge endet Dieterich seine *amplificatio*. Seine Demonstration kommt bis dahin ohne die zu-
gestandene Erleichterung aus, bestimmte Disziplinen einfach zu übergehen. Und
um den Eindruck erst gar nicht entstehen zu lassen, ihm selbst fiele zum Thema nun
auch nicht mehr ein, folgt nach der physikalischen Henne eine kurze Parenthese,
die zeigt, daß Dieterichs System noch lange nicht am Ende ist: Ein Hinweis macht
dem Leser klar, daß die Liste der Exempel selbst nur exemplarisch ist: " (So viel
vor dißmahl.")[4]

Samuel Dieterichs Verkehrung von Concept und Redefülle, von Ordnungssche-
matismen und ihrer Nutzung als Quellen der Invention zeigt, wie altes und neues
Wissen sich begegnen können. Die Ordnung der Dinge wird ihm zum Vorwand ihrer Digression und seine Mnemotechnik damit genau zum Vorwand ihres Gegenteils. Statt einer merkökonomischen Konzentration mit Ordnungshilfe findet eine
totale Zerstreuung der Dinge statt: Generator dieses Wissenszuwachses wird eine
Zahl N von Ordnungskonzepten, die bei Durchlaufen den Informationsgewinn si-

---

1 Dieterich: *Cornu-Copiae Dispositionum Homileticarum*, loc. cit., S. 2.
2 Dieterich: *Cornu-Copiae Dispositionum Homileticarum*, loc. cit., S. 3.
3 Dieterich: *Cornu-Copiae Dispositionum Homileticarum*, loc. cit., S. 4.
4 Dieterich: *Cornu-Copiae Dispositionum Homileticarum*, loc. cit., S. 4.

chern soll. Ordnungen müssen Wissen also nicht immer domestizieren und in ökonomische Handhabbarkeiten überführen. Sie können auch als Zerstreuungsgenerator gegen das Wissen geführt werden. Das Wissen wird durch ein Register kontingenter Ordnungen gezogen und vervielfältigt so die Zahl möglicher Relationierungen. Die mnemotechnische Rede bleibt Vorwand. Im letzten Abschnitt wird dieses Ausscheren der rhetorischen *memoria* dann auch eigens markiert: Dieterich verspricht dort "Etliche Gedächtniß=Künste / Die zwar auf das *Peroriren* und Predigen eben alle nicht *directe* gerichtet / aber doch sonsten sehr nützlich in vielen Stücken zu gebrauchen seyn." Dazu gehören Gedächtnissysteme der Zahlen, der vier menschlichen Hauptverrichtungen ("1.Gedancken. 2.Gebärden. 3.Worten. 4. Wercken"), der Stellung des Christen im Raum und andere Verfahren, mit denen Dieterich Gedächtnis und pastorale Interventionen aufeinander bezieht.[1]

---

1 Loc. cit., S. 359. Zum Verhältnis von Pastorale und Rhythmisierung vgl. II/4. *Die Mnemonik Gottes (Friedrich Spee von Langenfeld 1591-1635).*

4. Referenzen

1.	Adelaide.ö.	15.	Olitto.ö.
2.	Boxen.é.	[16.]	Quittenwal[l].é.
3.	Chemppenschwung.é	1[7.]	Reffen.é.
4.	Doriaal.ö.	1[8.]	Sängertohn.ö.
5.	Eselstrand.é.	19.	Treberthon.ö.
6.	Fischerstr.é.	20.	Ungerthon.é.
7.	Grinnen.é	21.	Vogelschmertz.é.
8.	Hobelstrand.é	22.	Weedekind.ö.
9.	Jachtenwall.é	23.	Xaversweh.é.
10.	Prankenwall.é	24.	Ysarbett.é.
11.	Kettenstrand.é	25.	Züpfenhall.é.
12.	Luderstr.é.	26.	Amalon.ö.
13.	Nudelstr.é	27.	Zimbelhall.ö.[1]
14.	Mastenwall.é.		

Barocke Speicher sind räumlich organisiert. Davon handeln auch die Metaphern zum Ruhm ihrer Größe: sei es das Meer der Schrift, das Lagerangebot eines internationalen Warenhauses oder die beschrifteten Büchsen im Nebeneinander eines Apothekerregals, wie sie etwa für Lohenstein zum Inbegriff seiner *copia rerum* werden.[2] Wenn die Gruppierung des Wissens in der Planheit eines Buchraumes erfolgt, hat das auch Konsequenzen für die Inhalte. Im Reich des so gespeicherten Wissens gibt es keine Hierarchien, für alle Partikel gelten dieselben Bedingungen: Zeiten und Rechte für den Zugriff sorgen paritätisch dafür, daß nichts nicht oder alles gleich mühelos erreichbar ist und damit unvergessen bleibt. Wie aber sollen die Zugriffe erfolgen oder genauer: Wie soll sich der datenhungrige Benutzer auf dem Tableau des Wissens orientieren? Wie funktioniert also die Karte des Wissens? Auch hierüber geben vorab Zahlen Auskunft.

Das Wissen erscheint unter Maßgabe seiner standardisierten und vom Medium ermöglichten Adressierbarkeit. Seit Gutenbergs typographischer Großtat jedenfalls ist es erstmalig möglich, mit einem System von Zahlen jede beliebige Buchstelle

---

1 Adolf Wölfli: *Von der Wiege bis zum Graab. Oder, Durch arbeiten und schwitzen, leiden, und Drangsal bettend zum Fluch. Schriften 1908-1912*, Band 1, Frankfurt/M. 1985, S. 693f.

2 Und als solche gar noch auf die Bühne geholt werden. Vgl. dazu Kittler: "Über romantische Datenverarbeitung", loc. cit. Vgl. auch ders.: "Rhetorik der Macht und Macht der Rhetorik – Lohensteins AGRIPPINA". In: Hans-Georg Pott (Hrsg.): *Johann Christian Günther (mit einem Beitrag zu Lohensteins 'Agrippina')*, Paderborn u.a. 1988. S. 38-52.

nach Seite, Spalte und Zeile eindeutig zu verorten und damit wahlfrei auf die dort befindlichen Versatzstücke zuzugreifen. Ein Zugriff a priori, der in Gestalt von Vorreden und Kapitelgliederungen erfolgt, ist ergänzt durch den Zugriff a posteriori durch das *abcische Ordnungsregiment* nachgestellter Register. Der Buchdruck sichert so eine Unverwechselbarkeit der Adressen, die unter handschriftlichen Bedingungen nie vorhanden war. Aber den Referenzen mittels Seitenzahlen und ihrer Systematik, die unterschiedliche Registertypen zur Folge haben wird, geht ein anderes Zählsystem vorweg: die Abzählbarkeit der Inhalte und damit die Logik von Kapazitäten, die direkten Einfluß auch auf die Register haben werden. Umfang, Streubreite und Redundanz werden in Buchtiteln wie Registern nicht nur metaphorisch les- und meßbar. Dem Programm von Novalis *Dialogen* ist damit vorgearbeitet.[1]

Die Beispiele für barocke Buchanlagen, die sich im Namen einer Numerik und damit im Namen runder Zahlen verantworten, sind Legion. Physiognomisch ablesbar erscheinen sie etwa in Gestalt von Zähltiteln, die stolz von Menge wie Streubreite ihrer Einträge berichten dürfen. Die Kontingenz der großen und in der Regel runden Zahl ist auch dazu geeignet, anderweitige Motivationen für den Erzählanlaß zu entlarven. Worauf es ankommt, ist das Prinzip der Addition und Wiederholbarkeit, oder – computertechnisch gesprochen – das Prinzip der Aufwärtskompatibilität. Die *Deliciae Mathematicae Et Physicae*, deren erster Band in der Konzeption des Altdorfer Orientalisten Daniel Schwenter nach seinem Tod von Georg Philipp Harsdörffer herausgegeben wird, vervielfältigen die Vorlage des französichen Jesuiten und Mathematikprofessors Jean Levrechon, *Récréation mathématique* (1624), um über das Vierfache.[2] Der zweite Teil (1636) verspricht im Titel insgesamt 663 Aufgaben, die auf insgesamt 16 Disziplinen verteilt sind.[3] Disziplinen wie Mathematik, Chemie und Physik, die im akademischen Betrieb europäischer Universitäten erst allmählich ihren Platz finden müssen, dürfen ihn im Zeichen der Ergötzlichkeit bei Schwenter bereits ungeschmälert einnehmen. Für die Folgebände

---

1 Zu einer systematischen Darstellung des Registers vgl. Horst Kunze: *Über das Registermachen*, München-Pullach 1964.

2 Jörn Jochen Berns erwähnt die erste Einrichtung eines eigenen Mathematiklehrstuhls in Gießen 1608 und ihre Besetzung durch Joachim Jungius. Zu den Details der Publikation und zu Rückschlüssen auf das wissenschaftsgeschichtliche Umfeld vgl. Berns Einleitung zum Neudruck der *Deliciae Mathematicae Et Physicae*, Frankfurt/M. 1991.

3 Allerdings gibt es Unstimmigkeiten zwischen Angabe, Anlage und tatsächlicher Durchführung. Der Titel verspricht 663 Aufgaben, das *ordentliche Verzeichnuß der Künste / in 16 Theilen dieses Buchs begrieffen* ordnet aber den einzelnen Teilen Zahlen zu, die aufsummiert 676 Aufgaben ergeben würden. Die Zahlen innerhalb der Überschriften zu den einzelnen Teilen liefern vom *Verzeichnuß* leicht abweichende Werte, deren Summe den angekündigten Wert 663 ergibt.

setzt Harsdörffer im Gegensatz zu Schwenter auf das Prinzip der geraden Zahl: Die Teile 2 (1651) und 3 (1653) bestehen titelgebend in jeweils "Fünffhundert nutzlichen und lustigen Kunstfragen". Teil 2 folgt dabei der Einteilung des ersten Teiles und versammelt zu jedem der 16 Bereiche Vielfachheiten von 10. Das Maximum bildet dabei die Rechenkunst mit 50, die Minima liegen mit je 20 bei Hydraulik und Chemie. Teil 3 löst sich von den 16 Disziplinen und arbeitet statt dessen mit nur 12 Disziplinen. Die Zahlenbandbreite variiert hier zwischen 80 für die Rechen- und Schreibkunst und 27 für das Kapitel *Von politischen und andern Fragen*.

Die Anlage von Harsdörffers *Ars Apophthegmatica* erfolgt von Anfang an im Zeichen runder Zahlen. Der Titel verspricht 3000 durchnumerierte Einträge, die paritätisch in Gruppen zu je 100 auf die 10 behandelten Kunstquellen verteilt sind. Diesen Schematismus durchläuft Harsdörffer dreimal und kommt so zur angekündigten Gesamtsumme. Für eine Fortsetzung der *Ars Apophthegmatica* besteht problemlos die Möglichkeit einer Verdopplung um weitere 3000 Einträge zu einer Gesamtzahl von 6000. Dazu wird die Systematik seiner 10 aufgezählten Kunstquellen einfach beibehalten und nur mit neuen Einträgen je neu belegt. Das additive Prinzip sichert eine numerische Erweiterbarkeit ohne fixe Kapazitätsobergrenzen, und so steht der Weg frei für immer weitere Veröffentlichungen nach demselben Muster.

Auch die Emblematik unterstellt sich der Abzählbarkeit, und so steht die Anlage von Emblembüchern ebenfalls häufig im Zeichen runder Zahlen. Um Bild- wie Schriftkomponenten der Embleme für den Benutzer in getrennten Einzelregistern aufzuarbeiten, müssen in Abkehr von der normalen Paginierung auch unterschiedliche Adreßtechniken zur Verfügung gestellt werden: Auf Bild und Text kann daher mit römischen und arabischen Zahlen isoliert voneinander verwiesen werden. Johann Georg Schiebels *Neu=erbauter Schausaal* (1684) etwa verspricht *dreyhundert wol=ausgesonnener / und künstlich=eingerichteter Sinn=Bilder*[1], für deren Referenzierung dem Benutzer insgesamt fünf verschiedene Einzelregister zur Verfügung gestellt werden. Auch Daniel Meisners *Sciographia Cosmica* (1637) zählt in Schritten zu je Hundert. Damit die insgesamt 800 Bilder seines emblematischen Büchleins, "darinnen in acht Centuriis" die architektonischen Glanzleistungen dieser Welt präsentiert werden, unverwechselbar bleiben, gehört zur vollständigen und eindeutigen Adresse eine Majuskel von A (1)bis H (8). So stellt ein alphanumerischer Code Unverwechselbarkeit her.[2]

---

1 Johann Georg Schiebel: *Neu=erbauter Schausaal [...]*, Nürnberg 1684.

2 Daniel Meisner: *Sciographia Cosmica. Das ist Newes Emblematisches Büchlein, darinnen in acht Centuriis die Vornembsten Statt Vestung, Schlosser der gantzen Welt, gleichsam adumbrirt und in Kupfer gestochen [...]*, Nürnberg 1637.

Der Ort, an dem die abzählbaren Versatzstücke mit ihren Referenzen zusammentreffen, sind die Register, und die Begegnung von Daten und Adressen erfolgt so,
daß die Kolonnen an den Enden der Bücher in vielfacher Weise zum Indikator für
das Indizierte werden. Das *Deutsches Aerarium Poeticum* (1675) des vorpommerschen Predigers Michael Bergmann macht sich die Beweglichkeit des barocken
Aufschreibesystems auf sämtlichen Ebenen von den Realien, über Sätze bis hin zu
einzelnen Wortgruppen zu Nutzen. Eine Autorenliste mit zugeordneten Namenskürzeln in Antiquatype geht der eigentlichen poetischen Schatzkammer als Benutzeranweisung vorweg, wobei die Zahl seiner Zuträger begrenzt ist. Ohne Bergmann selbst sind es 13 Beiträger, mit ihm 14.

> *A.* oder *Aut.* Bedeut des *Autoris* dieses Buchs eigene Gedancken und Erfindungen / doch mehren
> theils aus dem Lateinischen übersetzet: So aber / weil sie noch zur Zeit in keinem Reime ge
> standen / sonderbarer Auspolierung benötiget sind.[1]

Die Übersetzungen aus dem Lateinischen sind nötig, weil Bergmann einen Melchior Weinrich mit einarbeitet, dessen Werk der deutschen Jugend zwar bekannt,
aber eben noch nicht "reimstimmig übersetzet" ist. Bergmann wird dem auf Kosten
eigener Autorschaft Abhilfe schaffen und dem "der Jugend bekanten und ordentlich
gefaßtem Wercke / Hn. M. Melchior Weinrichs" Gerechtigkeit widerfahren lassen.
Übersetzung und eigene *inventio* kommen im Kürzel *A.* oder *Aut.* zur Deckung,
die eigene Originalität wird kassiert. Es folgt – vor weiteren Verwechslungen gesichert – die literarische Prominenz mit dem Boberschwan Martin Opitz (*Op.*) an der
Spitze, einigen Mitgliedern der *Fruchtbringenden Gesellschaft* wie Klai (*Claj.*) und
Harsdörffer (*Harsd.*), Paul Flemming (*Fl.*), Johann Rist (*Rist.*) u.a. Dabei darf
Opitz, "der Schlesische Virgil *Fl.*" und Deutschlands "erster Schwan", gleicherma
ßen als Adresse wie Inhalt fungieren. Ort dieses Zusammenfalls ist das Kapitel
Nahmen der Poeten, in dem das Opitzlob über zwei Seiten weg amplifiziert wird.
Auch hier zählt eine Kombinatorik, die Schwäne, Phönixe, poetische Vorläufer,
Zeiten und Territorien der Welt mit Schlesiens Starpoeten mühelos verrechnet.
Martin Opitz von Boberfeld. Du Deutscher Amphion. Fr. Bober=Schwan. *A.*
Sohn. *Fr.* Unser Buntzler. *Fr.* Unser Buntzler Mann. *Fr.* Schwan."[2] Und er, "der
Bundslau Mutter heißt. *Fl.*" und "bei seinem Bober sang. *Fl.*", kommt naturgemäß
auch noch selbst zu Wort. Und das nicht zu kurz: "Der die deutsche Poesie hat in

---

1 Michael Bergmann: *Deutsches Aerarium Poeticum oder Poetische Schatzkammer / in sich hal*
   tende Poetische Nahmen / RedensArthen und Beschreibungen / so wohl Geist= als Weltlicher
   Sachen / Gedicht und Handlungen; Zu Verfertigung eines zierlichen und saubern Reims / auff al
   lerhand fürfallende Begebenheiten [...], 1675, Nachdruck Hildesheim, New York 1973, Vorrede.
2 Bergmann: *Deutsches Aerarium Poeticum*, loc. cit., S. 1296.

den Schwang gebracht. *Op*. Durch Ihn wird itzt das Thun in Teuschland auffge-
bracht / das künfftig trotzen kan der schönen Sprachen Pracht. *Op*."[1] Doch neben
dergestalt gelobten Originalbeiträgern erfahren auch bloße Sammlungen eine Verdopplung: Hinter dem Kürzel *Daed*. steckt Gotthilf Treuer, der im Erscheinungsjahr von Bergmanns 2. Auflage des *Aerarium Poeticum* bereits ein eigenes Aerarium unter dem Titel *Deutscher Dädalus / Oder Poetisches Lexicon* veröffentlicht
hat.[2]

Seine Aufnahme erfolgt in nahezu bibliothekarischer Echtzeit. Bergmann redet
von seiner zweiten und natürlich auch seinerseits optimierten Auflage, die "Anitzo
auffs neue / mit Einzusetzung der Autoren Nahmen / vorangefügten Bey-
satz=Wörtern / mehren Redens=Arthen und vielen neuen Titeln vermehret" die gelehrte Welt erreichen soll. Dafür ist Gotthilf Treuer schlicht unverzichtbar: Sein
Deutscher Dädalus, der mit 1300 Titeln berühmter Poeten aufwartet, bescheinigt
sich selbst im Titel das Prädikat einer vermeintlichen Abgeschlossenheit. Im poten-
zierten Adreßspeicher des *Vollständig=Poetischen Wörter=Buches* scheint die barocke Maschinerie des Wissens für den kurzen Augenblick eines Adjektivs zum
Stillstand gekommen zu sein. Denn wenn die Vollständigkeit der Inhalte mehr als
nur ein Reklametrick wäre, bestünde für weitere Wissensspiralen kein Anlaß: Der
Moment einer Exhaustion ist greifbar nahe.

Im Gegensatz zu Bergmann ist Treuers Wörterbuch streng alphabetisch aufgebaut und vollständig durchnumeriert. Während man bei Bergmann den *Aal* unter
der Rubrik *Nahmen der Fische* auf Seite 599 und damit nach den Vögeln und vor
dem Menschen hervorsuchen muß, erfolgt bei Treuer sein Eintrag an der ersten
Position seines unhintergehbaren Alphabets und damit bereits auf Seite 2.

A.
Aal. Der schlüpferige / gleichgeschlangte / Schlangengleiche / waltzigte / glatte usw.
'Den Aal schuppen wollen / ist / vergebliche Arbeit thun.'[3]

Bei Bergmann hingegen müßte ohne ein Register zuerst eine eigenwillige Systematik abgearbeitet werden, bevor die Fische ihren Platz finden. Der unmittelbare
Übergang von den Fischen zum Menschen verdankt sich keinem Alphabet, sondern
ausschließlich Bergmanns kosmologischer Ordnung. Die nimmt bei Schulsachen
ihren Anfang, streift Gott und die Engel, erreicht dann die Schöpfung, um von den
Fischen auf die Menschen zu kommen, denen wiederum *Wunder=Thiere* folgen

---

1 Bergmann: *Deutsches Aerarium Poeticum*, loc. cit., S. 1297.
2 Gotthilf Treuer: *Deutscher Dädalus / Oder Poetisches Lexicon, Begreiffend ein Vollstän-
   dig=Poetisches Wörter=Buch in 1300. Tituln [...]*, Berlin 1675.
3 Treuer: *Deutscher Dädalus*, loc. cit. , S. 2.

und an letzter Stelle ausgerechnet nach Keuschheit, Tod, Jahreszeiten und anderen Rubriken die menschlichen Handwerkskünste zu bemühen. Zum Emblem seiner Anordnung werden die Überschriften, die neben den Seitenzahlen zu Stehen kommen. Auf gegenüberliegenden Seiten und um die Seitenmittelachse zentriert dürfen Wissenschaft und Wahn, Fische und Menschen Bergmanns Ordnung der Dinge belegen. Erst dort und innerhalb der *Nahmen der Fische* greift wieder das Alphabet: An erster Stelle darf endlich der Aal den Reigen der Fische anführen, bevor Delphin, Frosch, Hecht, Karpff, Krebs, Muschel, Persich, Schnecke, Stör und Walfisch folgen:

> *Aal.* Der bläulich=weisse / flüchtige / gekrümmte / glatte / glitzende / länglichrundte / lange / schlancke / Schlangen=gleiche *Op.* schlipffrige / Schuppen=lose / weißlich=blaue / waltzende Aal. Die Schlange sonder Gifft. Der Schlangen Freund. *Harsd.* Der Schlangengleiche Fisch. *Op.*[1]

Analog zu Winkelmanns aufschreibesüchtiger Jungfer verfährt auch Bergmann: Die 2! möglichen Anordnungen zweier Farben werden vollständig an- und ausgeschrieben (*bläulich=weisse, weißlich=blaue*) und mit unterschiedlichen Quellenangaben belegt.[2] Doch neben Dichtern und Sammlern kommen auch weniger bekannte Namen und damit selbst ein veritabler Jäger zu Wort: Das Kürtzel *Brem.* verweist auf "Viti Bremers Jäger=Burg. Daraus die Redens Arthen der Jäger genommen." Gleichberechtigt neben poetischen Glanzleistungen wird so auch das Jägerlatein dem Tableau der Wörter eingeschrieben. Die Einträge des Jägers weichen von den anderen inhaltlich wie syntaktisch ab. Eher mit lexikalischen Rubriken vergleichbar, vermitteln sie weniger Synonyme, sondern ein Basiswissen aller jagdrelevanten Dinge: über die Rangordnung der Jäger in der Zeitlosigkeit eines Ceremonials, das ganz ohne Verben auskommt und in wunderbarer Eindrücklichkeit die Möglichkeiten von Schottelius' Hauptwörterreich belegt oder die – eher chronologisch geschilderten – Abläufe einer veritablen Sauhatz.

> *Jäger.* [...] § Die Jäger sind unterschiedlich 1. Ober=ForstMeister oder Forstmeister. 2. Jäger-Meister. 3. Meister / Jäger. 4. Wind=Meister. Bursch=Meister. 6. Forst=Knecht. 7.Jäger=Knecht. 8. Jäger oder Hunds=Jungen. V. *Bremers* Jägerburg.[3]

> *Schwein hetzen.* § Ein Schwein wird in ein Bezirck oder Kreiß gebracht / wird beritten / gehetzet / streitet mit den Hunden / wird von den Hunden gestellt / die Hunde kriegen das Schwein. Das Schwein laufft / hat scharffe Waffen oder Gewerff / frißt oder erschlägt viel Hund oder

---

1 Bergmann: *Deutsches Aerarium Poeticum*, loc. cit., S. 599.
2 Auch Treuer scheut keine Redundanzen und frönt dem Prinzip der Ausgeschriebenheit: "gleich-geschlangte / Schlangengleiche."
3 Bergmann: *Deutsches Aerarium Poeticum*, loc. cit., S. 1178.

Leuth. Dem Schweine wird ein Fang gegeben. Die alte Sau heisset ein hauend Schwein. Ein zweyjährig Schwein / ein Backer. Die Schweins=Mutter ein Leen oder Bache. Junge Sau ein Frischling. V. *Bremers* Jäger=Burg.[1]

Was erfolgt, ist am Nullpunkt der Innovation das Phantasma totaler Identität. Doch im Gegensatz zu Männling, der immer noch sein concettistisches Mäntelchen in den Wind hängt und die klugen Sinne bemüht, spricht Bergmann den Klartext des Sammlers. Sein Buch verbucht nichts, was nicht an anderer Stelle seine Herkunft, seinen Ort und damit einen zuweisbaren Kontext hätte. Was zählt, ist Benutzerfreundlichkeit und die Option auf eine Weiterverarbeitung, die das Versammelte zerstreut und in neue Kontexte immer weiter disseminieren wird. Die Reduplikation artet in eine Flut von Adjektiven, Metaphern, Textstellen und Ausdrücken aus und verschaltet so heterogene Wissensformen wie die Poesie, die Fachsprache der Jägermeister und – ebenfalls mit einem Faible für Tiere ausgestattet – die Emblematik. Unter der Rubrik *Pelikan* wird Johann Frank zitiert, der seinerseits nicht das Wissen der Jäger, sondern das der emblematischen Tradition zitiert. Deren Zugriff auf das Reich der Tiere ist anders motiviert als etwa Bremers Jägerburg und so interessieren beim Pelikan nicht die Techniken seiner Hatz, sondern jenes Faszininosum, das vom Altruismus dieser Vögel ausgeht: "*Pelican.* Der die todten Jungen wecket / und ritzt die Brust der seines Schnabels Krafft / und sprenget strömig aus den rothen Purpur=Safft. *Fr.*"[2]

Vernetzung wie Verdopplung kultureller Speicher ist eine Sache des Fleißes. Die Datenbanken und externen Speicher des Barock kommen nie zur Ruhe und müssen immer wieder neu gewartet werden. Aktualisierung, Ergänzung, Verbesserung der Zugriffstechniken und die Sicherung weiterer Anschlüsse werden zur wenig ingenialen Dienstleistung an einem kulturellen Gedächtnis. In einer Dankesadresse von Heinrich Bredow, Raths=Cämmerer zu Greyffenhagen, wird Bergmanns Schatzkammer in einem Anagramm zusammengefaßt. Unter Hinzuziehung von Bergmanns Magistertitel und unter Ausnutzung der montanen Semantik, die sein Eigenname – dem Kalauer sei Dank – nun einmal hergibt, darf aus dem Magister Michael Bergmann ein *Last gemach In immer graben* werden. Der Buchstab=Wechsel wird zur ersten und letzten Zeile eines Lobgedichtes, das Bergmanns Schürftechniken Nutzen, Gottespreis und natürlich Unsterblichkeit verheißt:

> *Last gemach In immer graben.*
> Was Herr Bergmanns großer Fleiß
> durch des hohen Himmels Gaben /
> Uns zum Brauch und GOtt zu Preiß /

---

1 Bergmann: *Deutsches Aerarium Poeticum*, loc. cit., S. 1182.
2 Bergmann: *Deutsches Aerarium Poeticum*, loc. cit., S. 591.

> aus der weisen Schrifften gräbet /
> Bleibt / wenn er auch selbst nicht lebet.
>
> Lasset dessen uns geniessen /
> wann es uns von nöthen thut:
> Wenn das ReimWerck nicht wil fliessen /
> und die Ader giebt kein Blut /
> etwas tüchtigs vorzutragen.
> Hört die Nägel auffzunagen.
> Edler Reime schöne Sätze
> findt man in der Kammer hier /
> die / als lauter güldne Schätze /
> man uns reichlich träget für.
> Danck müßt Ihr / Herr Bergmann haben /
> Last gemach In immer graben.[1]

Poeten, denen das Reimwerk nicht so fließen will, wie es sollte, und denen das poetische Blut stockt (*Cum exarescit vena Poetica*, wie es in einer seitlich beigefügten Anmerkung zum Lobgedicht heißt), brauchen nicht länger an ihren Nägeln herumzukauen, sondern sie können im Rückgriff auf Bergmanns Schatzkammer ihren Schreibfluß weiter künstlich am Laufen halten. Der Benutzerkomfort ist hoch und besteht nicht nur im additiven Prinzip linearer Amplifikation. Typographische Hervorhebungen unter Verwendung unterschiedlicher Drucktypen und Typengrößen, die Anlage der Register und die Möglichkeit von Querverweisen im Text stellen sicher, daß eine konkrete Benutzung nicht an Bergmanns eigenwilliger Systematik scheitern muß.

Im Gegensatz zu Männlings Sensationslust präsentiert Bergmann sein Wissen neutral. Ein religiöser Brauch wie die Beschneidung, die in den *Denckwürdigen Curiositäten Derer / So wohl Inn= als Ausländischer Abergläubischen Albertäten* Männlings curiöse Begeisterung so nachhaltig entfesselt, ist bei Bergmann domestiziert. Unter der Rubrik "Von Sacramenten" erscheinen als Themen im Fettdruck *Die Beschneidung* und *Die Vorhaut beschneiden.* Es folgen Variationen, die mit einem Kürzel A gekennzeichnet sind "Des Heiles Pfand und Zeichen. Der heilige Bund. Der Beschneidung Bund. A." und "Die ersten Tropffen bluts dem HErrn zum Opffer geben. Die Vorhaut wegthun. A.". Der Folgeeintrag *Ein Beschnittener* enthält nur noch einen Querverweis "Suche Jude" und dann geht es weiter mit dem Osterlamm, den Sakramenten des Abendmahls und der Taufe. Die Vernetzung von taxonomischer Vorgabe und der Rolle des Alphabets, das nur innerhalb bestimmter Teilfelder die Abfolge der Dinge bestimmen darf, hat Konsequenzen für das Regi-

---

1 Bergmann: *Deutsches Aerarium Poeticum*, loc. cit., Vor.

ster. Die Seitenverweise sind durch die Dopplung von Taxonomie und Alphabet gestreut und folgen dem Gesetz einer stochastischen Verteilung. Im Gegensatz zu den alphabetischen Registereinträgen unterliegen die zugehörigen Seitenzahlen keiner ablesbaren Systematik.

Was aber passiert, wenn die Zahlenverweise im Register nicht gestreut sind, sondern selbst einer Ordnung, nämlich der einer aufsteigenden Zahlenreihe, folgen? Im Extremfall verdoppeln die Zahlen die Ordnung des Alphabets und das Resultat ist ein tautologisches Register wie im Fall des *Thesaurus Phrasium Poeticarum* bei Johann Buchler.[1] Dessen Phrasenspeicher folgt einer strikten Logik des Alphabets. Wörter werden aufgelistet, die dann mit Adjektivhäufungen, Umschreibungen u.ä. aufgeladen werden. Neben der Funktion eines lateinischen Wörterbuchs (für alle drei Wortarten Substantiv, Verbum und Adjektiv gleichermaßen) werden auch noch mythologische Gestalten und die Kirchenväter aufgelistet. Dazu gibt es den *INDEX Dictionum, quarum phrases hoc libello continentur.* Ein Alphabet also, das nichts anderes als ein Alphabet referenziert, das die Ordnung eines Buches ist. Folgt man der Zahlenverteilung, so beginnt das ganze mit der Seite 1, es folgt für einige weitere Einträge der Vermerk *ibid.*, um dann auf Seite 2 zu springen usw. Ein tautologisches Register ist die Folge, bei der die jeweils einer Seite durch *ibid.* referenzierten Inhalte die aufzuaddierenden Neuzahlen um einen Faktor überwiegen, der lediglich den Häufigkeitsverteilungen der Lettern als einziger Ordnung des Wissens Rechnung trägt. Wenn die Logik eines alphabetischen Registers in der Beziehbarkeit beliebig verstreuter Wissenssegmente durch Korrelation von Buchstaben und Zahlen besteht, dann sagt die Weise, wie Buchstaben und Zahlen verteilt sind, etwas aus über die Organisation solcher Speicher. Findet die Umsortierung von Alphabet und Zahlenreihe nicht statt, verdoppelt es die bestehende Ordnung: Die Zahlen werden zum Teil des alphabetischen Ordnungsraums und damit tautologisch. Sollten die Referenzen nicht redundant sein, müßten die Seiteneinträge normalverteilt sein. Tautologische Register tragen so lediglich der Tatsache Rechnung, daß die Häufigkeit der Buchstaben auch Konsequenzen für die Häufigkeit des unter sie fallenden Wissens hat. Weil Einträge unter A, E, R wesentlich häufiger als unter D, Z oder Y sind, sichert ein tautologisches Register auch hier den direkten und wahlfreien Zugriff. Im Dienste der Benutzerfreundlichkeit soll und kann unnötiges Blättern vermieden werden.

Ein weiteres Beispiel für ein tautologisches Register im Kontext literarischer Produktion liefert Andreas Tscherning in seinem *Kurtzen Entwurf oder Abrieß einer deutschen Schatzkammer* von 1659. Die Einträge erfolgen in der alphabetischen Logik von Treuer und werden im beigefügten Register wiederholt. Buchstaben und

---

1 Johann Buchler: *Thesaurus Phrasium Poeticarum*, Amsterdam 1636.

Zahlen eröffnen so ein Reich der Redundanz, in dem Registratur und Thesaurierung zur Deckung kommen. Die *Abendzeit* steht nach *etlichen mißbräuchen in der
deutschen Schreib= und Sprachkunst* unter A am Anfang und daher auch am Anfang der auf sie verweisenden Zahlenreihe: "A. Abendzeit. Wann Hesperus der
welt den schwartzen mantel gibt. Op."[1] An anderer Stelle im Buch, nämlich am Anfang, aber von Logik und Aufbau sonst identisch ist das Register oder *Verzeichnuß
der Titul* in Christoph Lehmanns *Florilegium Politicum*[2]: Was dort von den Einträgen *Abschlagen, Affekte* bis zu *Witz* und *Zeit* in locos communes zusammen getragen ist, resultiert einmal mehr in einer aufsteigenden Zahlenreihe.

Wie aber erstellt man überhaupt Register, ohne sich dabei zu verzetteln? Harsdörffer gibt im Kapitel über Schreib= und Rechenkunst seiner *Deliciae Mathematicae Et Physicae* Auskunft. Seine XIII. Frage "Wie die Register in die Bücher / ohne
grosse Mühe / zu machen?" wird vor allem ein mobiles Aufschreibesystem als Inbegriff aller Effizienz feiern. Doch vor solchen Details gilt sein Blick den unterschiedlichen Formen der Spurensicherung. Für Harsdörffer sind Register oder
Blatweiser unverzichtbar, ermöglichen sie doch einen Wissenszugriff unter Umgehung vollständiger und zeitraubender Lektüren. Drei Formen stellt er in seiner Systematik vor: Das Ordnungsregister "darinnen aller Capitel Titul Obschrifft / nach
der Ordnung / bemeldet wird." Ein alpabetisches Inhaltsregister und ein optionales
Autorenregister, das der Bereitstellung bibliographischer Angaben dient: "und solte
sonderlich das Format / das Jahr / wann / und der Ort / wo es gedrucket / vermeldet
werden." Harsdörffer schickt dem eine Begründung solcher Nachweispraxis nach
und folgt dabei dem bekannten Argument der Systemoptimierung. Für die technische Durchführung des Inhaltsregisters wird die Integrität des Mediums Papier an
seine Grenzen geführt. Unter Zuhilfenahme von Scherenschnitt und einem Behält-
nis, in dem Karteikarten beliebig sortierbar sind, entsteht die Möglichkeit der unendlich erweiterbaren Anordnung. Was im planen Raum irgendwelcher Schreibflä-
chen aus Gründen von Übersichtlichkeit und nicht mehr erweiterbaren Obergrenzen

---

1 Andreas Tscherning: *Unvorgreiffliches Bedencken über etliche mißbräuche in der deutschen
   Schreib= und Sprachkunst / insonderheit von der edlen Poeterey. Wie auch Kurtzer Entwurf oder
   Abrieß einer deutschen Schatzkammer / Von schönen und zierlichen Poetischen redens=arten /
   umbschreibungen / und denen dingen / so einem getichte sonderbaren glantz und anmuth geben
   können*, Lübeck 1659, S. 359.
2 Christoph Lehmann: Florilegium Politicum: *Politischer Blumen Garten / Darinn Auserlesene
   Sententz / Lehren / Regulten und Sprüchwörter Auß Theologis, Jurisconsultis, Politicis, Historicis, Philosophis, Poeten, und eigener Erfahrung unter 286. Tituln / zu sondern nutzen und
   Lust Hohen und Niedern im Reden / Rahten und Schreiben / das gut zubrauchen und das bös zu
   meiden. In locos communes zusammen getragen*, Lübeck 1639.

scheitern würde, wird durch einen Scherenschnitt und "eine Schachtel mit 24 Fächern" ermöglicht.

Wann man nun das Register machen wil / so schreibet man den Inhalt / gehöriger Massen / auf ein Papyr / schneidet es in absonderliche Stücklein / und leget jedes in sein Buchstabfach: von dar nimmt man sie zuletzt wieder heraus / ordnet einen Buchstaben nach dem andern / und klebet entweder die Papyrlein ordentlich auf / oder schreibt sie noch einmal.[1]

Ort mehrfacher Registrierung, die noch über die Empfehlungen Harsdörffers hinausgehen, sind die Emblembücher. Schiebels schon erwähnter *Neu=erbauter Schausaal* erweitert die drei Emblembestandteile *motto*, *pictura* und *subscriptio* um eine Textsorte namens "Erinnerung", die in Prosa Zusatzinformationen und vor allem die Angaben der jeweiligen Referenztexte bereitstellen wird. Schiebel, der in der Vorrede zu seinem *Schau-Saal* bewußt die Nähe zu Harsdörffer betont, stellt seinen Lesern einen Registerapparat aus ingesamt fünf unabhängig voneinander benutzbaren Teilregistern zur Verfügung. Der Logik seines Emblembuches entsprechend, wird das Wissen der Bilder und der unterschiedlichen Schriftbestandteile getrennt adressiert. Schiebels I. Register richtet sich daher an Maler oder andere Künstler, um ihnen den Ort anzuweisen, "dahin sich einige Sinnbilder nach Belieben schicken möchten."[2] Verwiesen wird dabei auf Bildbestandteile wie Altäre, Apotheken, Beichstühle, Bibliotheken, Buchläden usw., die in bestimmten Emblemen eine Rolle spielen. Das II. Register gilt den lateinischen wie deutschen *subscriptiones*, die über den Sinnbildern stehen und unter Auslassung solcher, die in den kommentierenden *Erinnerungen* stehen. "Denn die übrigen / so in den Erinnerungen befindlich / hat man hier gutwillig übergangen."[3] Mit dem III. Register unterstellt Schiebel seine Sinnbilder der Abfolge der Bibelverweise, "so entweder zu Obschrifften gebrauchet / oder doch einiger massen erkläret worden."[4] Register IV vernetzt die Sinnbilder mit den Evangelien nach Maßgabe des Kirchenjahres: "Darinnen diejenigen Sinnbilder beniehmet werden / welche sich auff einige Evangelia schicken / und bey dero Erklärung / ohnmaßgeblich / gebrauchet können werden."[5] So wird dem ersten Advent=Sonntag (Matth. XXI, 1.) die Emblemnummer CLXXXI zugewiesen. Ein V. und letztes Register gilt der Referenz auf die "notabelsten Sachen / so in denen Erinnerungen mit vorkommen".[6] Adressiert wird hier nach Maßgabe der arabischen Seitenzahlen und in Form von Sätzen oder unter An-

---

1 Harsdörffer, Schwenter: *Deliciae Mathematicae Et Physicae*, loc. cit., III. Theil, S. 57.
2 Schiebel: *Neu=erbauter Schausaal*, loc. cit.
3 Schiebel: *Neu=erbauter Schausaal*, loc. cit., S. 372.
4 Schiebel: *Neu=erbauter Schausaal*, loc. cit., S. 381.
5 Schiebel: *Neu=erbauter Schausaal*, loc. cit., S. 383.
6 Schiebel: *Neu=erbauter Schausaal*, loc. cit., S. 385.

gabe von Stichwörtern, die zum Teil durch ein nachgestelltes Adjektiv spezifiziert werden. Auch Mehrfachregistrierungen infolge zunehmender Vervielfältigung der Informationen werden vorgenommen.

> Adler trägt einen Hut weg 1.
> Albertät mancher Eltern 52.
> Argwohn / welcher löblich 27.
> Briefträger / hurtiger 207.
> Diebe sind furchtsam 84. werden angebunden 89.
> Einhorn ist Zancksüchtig 173.
> Glaß Wein 10.

Höhepunkt aller Bedienerfreundlichkeit ist ein Kreuzverweis, mit dem innerhalb des Registers gearbeitet wird: "Hüner *vide* Hennen". Ein Sichtvermerk, der auch Synonyme, unüblichen Wortgebrauch und andere Hinderungsgründe des Auffindens mit einbezieht und an dessen Ende direkt die Sehgewohnheiten der Hühner nebst ihrer Brutpflege stehen: "Henne sieht offt nach dem Himmel 191. hegt ihre Jungen / ibid."

Mit dem Verweis auf die eigenen Quellen und Angaben liegt eine Steigerung vor oder genauer: das System der Verweise wird um eine Stufe weitergedreht. Philipp von Zesen gibt seinem Roman *Assenat* ein Konvolut an Anmerkungen mit auf den Rezeptionsweg, das an Umfänglichkeit seiner Überschrift zuwiderläuft: "Kurtzbündige Anmerkungen; darinnen etliche dunkele Örter und Götzennahmen / die in hiesiger der Assenat Verfassung vorgefallen / erklähret"[1] und zudem den Zusammenfluß von heiligen Zeugnissen und anderer Schriften zur Bewährung heranführt. Der *Blatweiser*, der den Anmerkungen folgt, integriert diese auf eine Weise, daß die meisten Einträge den Adressen der Anmerkungen folgen und erst von dort – also in doppelter Vermittlung – der Zugriff auf den Text des Romans erfolgt.

Weil barocke Literatur im Wortsinne berechenbar ist, wird die Sorge um die Registrierung auch zur Sorge und zum Schutz gegen die Gefahr drohender Exhaustion. Und weil das Prinzip der Iterierbarkeit in den Zahlen seine numerische Allegorie findet, tut unendliche Sorgfalt not, um die Dinge vor der Gefahr, nicht gefunden zu werden, aus der Welt zu schaffen. Eine Ausdifferenzierung der Beiträge und selbst der Wille zur Redundanz ist daher mehr als nur Ausdruck curiöser Gelehrsamkeit und blinden Sammeleifers. Was zählt, sind Benutzerfreundlichkeit und ein Zerstreuungskoeffizient, der mit zunehmender Redundanz steigt. Wie auch anders sollte man in einem Register auf das dort geschilderte Faktum verweisen, "daß die Mitnächtige Völcker ihre erfrorne Fersen mit dem Pulver von Hasenfällen

---

1 Philipp von Zesen: *Assenat; Das ist Derselben / und des Josefs Heilige Stahts= Lieb= und Lebens-geschicht* (1670). Sämtliche Werke, loc. cit., Bd. VII, S. 367.

zu heylen pflegen."[1] Giulio Cesare Baricelli nimmt sich in seinem *Thesauriolus se-cretorum* genau dieses Problems an und wird es bravourös lösen. Ein bloßer Ein-trag s.v. 'Hase' wäre schlicht unzureichend, spielen die doch eine sehr vielfältige und auch im Register auszudifferenzierende Rolle:

> Hasenpappels Natur und Eygenschafft.
> Hasen / ob sie beyderley Geschlechts seyen.
> Hasenscharten / woher sie entstehen.
> Hasenfällpulver / wozu es die mitnächtige Völcker
> gebrauchen.[2]

Und weil es selbsterklärtes Ziel Baricellis ist, sein Wissen um die Dinge dieser Welt "allesampt in eine richtigere Ordnung zu bringen und zu dirigiren", müssen die Wissensformen dem Taktstock seiner Mehrfachverweise folgen. Analog zu den *bläulich=weissen* oder *weißlich=blauen* Aalen bei Bergmann wird etwa das denk-würdige Faktum "Wie höchlich Hippocrates die Zwibeln geschewet."[3] in einer wunderbaren Doppelregistrierung vermeldet. Der Zugriff auf des Griechen Zwie-belscheu erfolgt s.v. 'Hippocrates' und s.v. 'Zwiebel'.

Aber nicht nur die bunte Welt der Menschen, Tiere und Pflanzen folgt dem Prin-zip von Thesaurierung und Zugriff. Versfüße und die Welt möglicher Reime wer-den ebenso erschöpfend wie ausgeschrieben behandelt werden, und bei Georg Neumark kann gleich die gesamte Poesie in die Kartographie von 14 Tafeln ver-zeichnet werden. Geschlossene Zustandsräume sind das Ziel und ihren Ort finden sie in den Materialitäten von Tafeln, Listen und Aufschreibekolonnen. Hübner nimmt – im Gegensatz zu Zesen – für seine Reimlisten das Argument der Vollstän-digkeit in Anspruch. Wenn Reime zum Inhalt von Listen werden, hat das auch eine veränderte Optik und einen Bruch mit ophthalmokinetischen Sehgewohnheiten zur Folge. Die übliche Linksbündigkeit wird preisgegeben und dort, wo sonst immer alles so sorgfältig untereinander steht, haust jetzt als Konsequenz der Rechtsbün-digkeit ein Flatterrand. Die wundersame Optik wird auf jeder Seite gleich dreimal

---

1 Giulio Cesare Baricelli: *Thesauriolus secretorum: Das ist / Bewärtes Schatz=Kämmerlein aller-ley Geheymnüssen / darinnen nicht allein auß der Philosophia, sondern auch fürtrefflichsten Medicorum, und anderer Gelärten Schrifften die Eygenschafft fast aller Sachen / so in der Natur zu finden / kürtzlich tractiert werden*, Frankfurt 1620, S. 215.
2 Baricelli: *Thesauriolus secretorum*, loc. cit., Register.
3 Baricelli: *Thesauriolus secretorum*, loc. cit., S. 48.

dem Auge angeboten, läßt Hübner doch seine Reimkolonnen platzschonend in drei Spalten pro Buchseite aufmarschieren.[1]

Aber mit der Thesaurierung potentieller Textpartikel ist es nicht genug. Hübner, um die allmähliche Verfertigung der Gedanken künftiger Poeten besorgt, schreitet zu einer augenfälligen Inversion sämtlicher Aufgeschriebenheiten und bietet Texte an, in denen – durch Sonderzeichen markiert – Lücken klaffen. Seine Eleven haben in die buchstäbliche Bresche zu springen und als Lückenbüßer die Texte entlang einer Systematik der *copia verborum* um *epitheta, synonyma* und *contraria* zu ergänzen. Analog zur Länge von Anagrammen steigt die Komplexität der Ergänzungsaufgabe in Abhängigkeit von der jeweiligen Lückengröße. Hübners Literaturvermittlung in (Ab)Fragebogenform ist denkbar rigide und duldet bei ihrem ersten Trainingslauf nur Musterlösungen im Singular.

> Wie unbesonnen ist die = = = = Jugend!
> Wie bitter schmecket ihr die = = = = Tugend!
> Hingegen wie ist sie = = = und Freudenvoll
> Wenn sie den = = = Weg der Laster wandern soll.[2]

Sein Imperativ "Einen solchen Satz müssen sie mir folgender maßen *suppli*ciren" kappt mögliche Alternativen und stattdessen halten in einer weiteren Anschrift die *epitheta unerfahrne, Zuckersüsse, vergnügt, breiten* Einzug in den Text. Weitere Supplementierungen werden an Beispielen trainiert, die um ihre *synonyma* und *contraria* gebracht werden.

> Wer auf dem schmalen Weg zum Himmel sich begiebet,
> Und nicht = = = = = = liebet,
> Der bilde sich nur hier nicht viel Vergnügung ein,
> = = = = = = wird ihm nicht seltsam seyn.

Hier im Fall der *contraria* – und bei gesteigerter Lückengröße – wird Hübner in Sachen möglicher Lösungen moderat: "Die Ausfüllung geschicht etwan folgender maßen" und damit nicht mehr apodiktisch. Als Ergänzungsvorschläge trägt er *Und nicht mit dieser Welt die breite Strasse* nebst *Verachtung, Spott und Hohn* als Musterlösung nach. Was bei Hübner poetische Praxis heißt, wird als Inversfigur in den Wissenschaften vom Menschen, vor allem in den Psychologien der klassischen Moderne wieder zu finden sein. Die Art und Weise, wie Menschen Textlücken er-

---

1 Johann Hübner: *Neu=vermehrtes Poetisches Hand=Buch, Das ist, Eine kurtzgefaste Anleitung zur Deutschen Poesie, Nebst Einem vollständigen Reim=Register* (1712), Nachdruck Bern 1969.

2 Hübner: *Poetisches Hand=Buch*, loc. cit., S. 145.

gänzen, wird den Assoziationspsychologen und Gedächtnisforschern zur Möglichkeit einer mentalen Physiognomik. Der Psychiater Henneberg empfiehlt neben der
Nacherzählung von Fabeln und Sprichwörtern die Textergänzungsmethode nach
dem Experimentalpsychologen Hermann Ebbinghaus: "Am brauchbarsten hat sich
die *Ebbinghaussche* Methode erwiesen, die darin besteht, daß ein lückenhafter Text
sinnvoll ergänzt wird."[1] Allerdings hält es Henneberg "für unzweckmäßig, die Zahl
der zu ergänzenden Silben durch eine entsprechende Zahl von Strichen zu kenn-
zeichnen, wie das *Ebbinghaus* getan hat." Wenn der Sinn in der Ergänzung un-
vollständiger Texte zur Intelligenzbemessung taugt, wird die Wahrscheinlichkeit
von Wörtern und Sätzen, von Silben und Buchstaben über die Wahrscheinlichkeit
des Menschen entscheiden. In Texten von so prominenten Psychiatern wie Eugen
Bleuler, die vom *autistisch=undisziplinierten Denken in der Medizin und seiner
Überwindung* handeln, wird man die Logik sowie die Gradualitäten dieser Wahrscheinlichkeit nachlesen können;[2] und in Veröffentlichungen aus dem Gebiet des
Militär-Sanitätswesens, hrsg. von der Medizinal-Abteilung des Königlich Preussischen Kriegsministeriums, werden solche Operationen am Signifikantenmaterial im
Namen von Ebbinghaus' Gedächtnisforschung ganz konkret dazu herangezogen,
um *ueber die Feststellung regelwidriger Geisteszustände bei Heerespflichtigen und
Heeresangehörigen* zu entscheiden.[3] Doch zwischen Ebbinghaus und Hübner, zwischen dem großen Gedächtnispsychologen und dem Poeten, besteht ein kleiner
Unterschied: Die Vorgaben, die über Normalität und Abweichung entscheiden,
werden in den Wissenschaften vom Menschen nicht a priori vorausgesetzt, sondern
in aufwendigen Verfahren experimentell erhoben. Erst auf dem Umweg über Erhebung im Experiment, Theoriebildung, Auswertung, Statistik wird am Ende die
Rede vom Inventar und von einem Standard stehen, der bei Hübner als topischer

---

1 Henneberg: "Referat über eine Bilderprüfungsmethode". In: *Allgemeine Zeitschrift für Psychiatrie und psychisch-gerichtliche Medizin*, Bd. 64, Berlin, S. 402. Zum Nutzen lückenhafter Texte
   für den konkreten Einsatz im Volksschulunterricht vgl. Richard Lange: *Wie steigern wir die
   Leistungen im Deutschen? Gespräche über den Betrieb und die Methode des deutschen Unterrichts in der Volksschule*, Leipzig 1910 (3).
2 Eugen Bleuler: *Das autistisch=undisziplinierte Denken in der Medizin und seine Überwindung*,
   Berlin 1921 (2).
3 Medizinal-Abteilung des Königlich Preussischen Kriegsministeriums (Hrsg.): *Ueber die Feststellung regelwidriger Geisteszustände bei Heerespflichtigen und Heeresangehörigen. Beratungs-
   ergebnisse aus der Sitzung des Wissenschaftlichen Senats bei der Kaiser Wilhelms-Akademie für
   das militärärztliche Bildungswesen am 17. Februar 1905. (Veröffentlichungen aus dem Gebiete
   des Militär-Sanitätswesens)*, Berlin 1905. Konkret zu dieser Veröffentlichung und der Abfrag-
   barkeit eines topischen Allgemeinwissens aus dem Geist fehlender Signifikanten sei auf Ernst
   Schultze und Carl Rühs verwiesen: "Intelligenzprüfung von Rekruten und älteren Mannschaften". In: *Deutsche Medizinische Wochenschrift*, Nr. 31 (1906), Stuttgart.

Bestand schlicht vorausgesetzt werden kann. Damit ist für die Psychologen und
Psychiater ein Raum von Interventionen eröffnet, die den Menschen, seine Intelligenz, sein Gedächtnis, die Logik seiner Assoziationen, die Geschwindigkeit seiner
kognitiven Fähigkeiten und andere Leistungen nicht nur beschreibbar, sondern
eben auch operationalisierbar machen.[1] An der Art und Weise, wie mit verstellten
Buchstäblichkeiten umgegangen wird, finden Menschen ebenso ihr Maß wie die
Möglichkeit ihrer gegenseitigen Ausdifferenzierung. In Gestalt verstellter oder ver-
stellbarer Texte, mittels Lückenfüllexperimenten und Substitutionstests, deren Ein-
zelbeispiele so vielfältig wie die ihnen zugedachten Applikationen sind, erfolgt der
Zugriff auf das, was Foucault als Individuationswissen beschrieben hat. Die Ver-
und Entstellung der Buchstäblichkeiten, an denen das Wissen um die Individuen
gewonnen werden soll, weist unter Aussparung einer goethezeitlichen und an der
Stimme orientierten Sprachauffassung direkt zurück in die Stell- und Anordnungs-
möglichkeiten des Barock.[2]

Für das Barock sind hybride Textformen die Folge, die hart an den Grenzen des
Buches operieren. Im Zeichen von Ökonomie und Effizienz barocker Datenspeicherung erhält die lineare Organisation von Büchern eine mediale Konkurrenz durch
alternative Aufschreibeformen, die Zugriffe durch Register organisieren und damit
eine strikt lineare Abfolge des Buches durch andere Präsentationsweisen – etwa die
Möglichkeit der Synopsen – überflüssig machen wollen. Was in buchstäblich
mobilen Aufschreibesystemen und einer veränderten Geometrie seinen Ort findet,
ist bei Martin Rinckart auf der Ebene der Metaphorologie eingegangen. Unter
Aushebelung des Registers und zum höheren Nutzen menschlicher Merkleistung
installiert sein *Circulorum Memoriae Decas. Zehenfachen Biblischer und Kirchen=*

---

1 Für weitere Nutzanwendungen vgl. etwa Hugo Münsterberg: *Psychotechnik*, Leipzig 1920 (2).
   Eine zusätzliche und sehr emphatische Beschreibung des Ebbinghausschen Lückenfüllexperi-
   mente aus literarischer Sicht liefert Robert Musil in seinem Aufsatz: "Psychotechnik und ihre
   Anwendung im Bundesheere". In: *Militärwissenschaftliche und technische Mitteilungen*, 6.Heft
   (1922), Wien.S. 244-265. Musils Affinität zu solchen Forschungen aus der Zeit seines Studiums bei Carls Stumpf (Berlin) rekonstruiert Christoph Hoffmann in "'Heilige Empfängnis' im
   Kino. Zu Robert Musils 'Die Verwirrungen des Zöglings Törleß' (1906)". In: Herta Wolf, Michael Wetzel (Hrsg.): *Der Entzug der Bilder*, loc. cit. S. 193-211. Niederschlag finden seine Erfahrungen mit der Exposition verstellter wie unverstellter Buchstäblichkeiten als Versuchspro-
   band bei Friedrich Schumann in einem Tagebuchtext mit dem Titel *Am Tachytoskop*.
2 Einen systematischen Einblick in die Sprachbehandlung der modernen Psychologie, ihren Möglichkeiten sowie den dazu eingesetzten Apparaturen gibt Fritz Giese: *Handbuch psychotechnischer Eignungsprüfungen. Zweite erweiterte und veränderte Auflage der 'Eignungsprüfungen an
   Erwachsenen'*. Halle a.S. 1925.

Historischer Local= und Gedenck=Rinck / oder Gedenck=Circul[1] eine textuelle Mischform, die ohne externe Referenz auskommt, weil die Zugriffsweisen den Daten ebenso direkt wie zugriffsfreundlich vom System bereits eingeschrieben sind. Rinckarts *Local= und Gedenck=Rinck / oder Gedenck=Circul* wird zu einer hybriden Textsorte, die zwischen menschlicher Kognition und sämtlichen Möglichkeiten der Drucktechnik angesiedelt ist: eine Gedächtniskunst, die ganz ohne die mnemotechnischen *imagines* auskommt, aber mit merktauglichen narrativen Strukturen operiert; eine externe, weil schriftliche Datenbank, die aber dennoch das Moment interner Auswendigkeit mit den Argumenten Kürze, Ordnung und kognitiver Leichtigkeit im Titel führt.[2] Die Rede vom Ring bleibt bei Rinckart Metapher: Statt einer Logik des Kreises zu folgen, wie ihn die Rede von *Rinck* und *Circul* nahelegen, bleibt Rinckart ganz der planaren und rektangulären Geometrie Gutenbergs verpflichtet.

Rinckarts Titel stellt klar, daß es ihm weniger um die Abfolge einzelner Handlungen als um die Inventarisierung bestimmter – ähnlich aufgebauter und damit formalisierbarer – Wissensfelder und den Zugriffsweisen darauf geht. Was den Leser erwartet, erfolgt in Übersicht, Selbstreferenz und aller sachdienlichen Kürze: Um die Merkbarkeit der Merkbarkeit besorgt, ergehen in der umfänglichen Vorrede, die zugleich *Anweisung* für den Gebrauch ist – unter der Rubrik *De Methodi Brevitati* – vorab Merkverse, die erst einmal in wunderbarer Selbstreferenz die einzelnen Merksysteme zum Inhalt haben. Merkverse teilen dem Leser vorab mit, womit auf den nachfolgenden Zirkel- und Umlaufbahnen des Wissens zu rechnen ist. Eine Inhaltsübersicht *Contenta* darf in bedenklich gereimter Gebrauchslyrik die 10 *Circuls* auf den Punkt und so an den Christherzigen Leser bringen.

---

1 Martin Rinckart: *Circulorum Memoriae Decas. Zehenfachen Biblischer und Kirchen= Historischer Local= und Gedenck=Rinck / oder Gedenck=Circul: Wie die vornehmsten / der gantzen H. Göttlichen Schrifft / und Christlichen Kirchen Sachen und Personen: die heiligen Ertzväter; Pharaones; Heerführer; Richter; Könige; Monarchen; Helden; Hohepriester; Propheten; Aposteln; Patres; Bischoffe; Päpste; Keyser; Chur= und Fürsten zu Sachsen: Imgleichen dero Häupt= und neben=Symbola; vornehmste Concilia; Certamina; Streit=Schrifften/ und Academien, &c. Nach ihren Büchern / Capiteln / Thaten und Zeiten / 1. Kürtzlich / 2. Ordentlich / und 3. Leichtlich ins Gedächtnis zu bringen*, Leipzig 1629.

2 Unter dem Stichwort *De Methodi Brevitati* wird das Argument der Kürze Gegenstand einer methodologischen Reflexion Rinckarts. Im Gegensatz zu den beliebig nach oben erweiterbaren Schriftspeichern gehört ein verändertes Verhältnis zwischen Continens und Contentum zur topischen Selbstbeschreibung mnemotechnischer Systeme. "Wie kürtzlich demnach dieses alles gefasset; das giebet beydes das Continens, und das Contentum: beydes das Gefässe und das Eingefaste."(Vor.)

1. Außm alten Testament all Bücher und Capitel
Sind eingeschlossen kurtz ins ersten Circuls Titel:

2. Bey hundert=sechtzig Mann / dieß Regiment geführt
Im alten Testament / der ander producirt:

3. Christi Person und Ampt bilden ab und vor / im dritten
Aus Aaronis Stamm / die Priester und Leviten:
[...]
10. Kirchen=Certamina sampt den Conciliis,
Streitschrifften Hoheschuln; summiert der letzt Abriß.[1]

Ebenfalls noch im Rahmen methodologischer Kürze wird das *Continens und Gefässe* zum Thema buchtechnischer Überlegungen. Rinckarts metaphorischen Zir-
keln wird ihr Buchraum zugemessen, die Kreise des Wissens in die Beschreibungssprache Gutenbergscher Setzkästen buchstäblich übersetzt: "Das und viel anders mehr / fasst in 10 Circuln hier / Diß Drucker Alphabeth / und einiges Buch
Pappier."[2] Punkt II der Vorrede gilt dem Ordnungsaspekt und steht unter der Überschrift *De ordinis Concininnitate*. Eine erste Grobeinteilung untergliedert die Zirkel
in die Sparten Realien, Personalien und Marginalien, die nun ihrerseits zum Ausgang weiterer Ausdifferenzierungen werden. Die Realien werden in eine biblische,
eine alphabethische Zahlordnung, nach dem Pronominum[3], dem Casum und
schließlich nach einer *sonderlichen* Invention geordnet. Analog verfährt Rinckart
mit den Personalien: Einer natürlichen Zeitordnung, die auf dem *natürlichen Bande*
sukzessiver Regierungsabfolgen beruht, folgt ein alphanumerisches Mischsystem
mit dem alphabetischen Bande / der gezehnten Ordnung, bei dem eine Dezimallogik
auf die alphabetisch sortierten Patriarchennamen stößt. Ein Regiment, das im Vergleich zum vorhergehenden *natürlichen Bande* als deutlich *noch härter* beschrieben
wird. Das engste Band und die rigideste Kette steht aber noch aus: "Zum 3. und am
allerschärffsten / mit dem Poetischen Bande sonderbahrer Figuren". Ausgerechnet
mit der Poesie findet Rinckarts Datenrasterfahndung ihren vorläufigen Höhepunkt.
In Gestalt von *Doppelverßlein* schließt sich ein unentrinnbares Fahndungsnetzwerk
um die sorgsam enumerierten Personaldaten.

---

1 Rinckart: *Circulorum Memoriae Decas*, loc. cit., Vor.
2 Rinckart: *Circulorum Memoriae Decas*, loc. cit., Vor.
3 Dabei werden die Personalpronomen nach folgender Ordnung mit dem alttestamentarischen Per-
   sonalbestand kurzgeschlossen: "nach der Pronominum Ordnung / also / daß der erste / Esaias,
   als prima Persona, lauter Ich; Jeremias die ander / lauter Du; und Ezechiel, die dritte / lauter Er
   oder Der hat." (Vor.)

> 1. ADAM von GOtt die Lehn empfeht
> Obr alle Reich / und bringsts auff (NE.) SETH.
> 2. SETH (NE.) da die Zahl der Menschen groß /
> Führt auchs Predgampt / und zeugt ENOS. NE.
> 3. ENOS [...][1]

Rinckart zieht die Maschen im Marathon seiner Ordnungen immer enger, und so dürfen die Referenzen immer perfekter heißen. Aus den Bändern mit der dreimaligen Steigerung entsteht ein Zusammenhang, der die Daten "als die Gehenck und Gelenck in und an einer Ketten" fest und unentrinnbar zusammenschweißt. Auf die Verschärfung durch Poesie folgt – eher konventionell – eine Ordnung *per Anadiplosin collatoralem; durch ein Seiten=Verbündnis und Wiederholung.* Immer noch in der Vorrede und unter dem II. Punkt der Ordnungen kann Rinckart nach Realien und alttestamentarischer Personalpolitik zu den Marginalien übergehen. Diese werden auf je einer Seite beliebige Ereignisse mit den zugehörigen Jahreszahlen verbuchen. Nach den sorgsamen Instruktionen kann Rinckart endlich zu seinen Ringen übergehen. Zirkel 1, "Des alten Testaments Biblischer Real=Circul", ist aufgebaut wie ein Fragebogen: Ein System aus Kolonnen und Spalten stellt sicher, daß die *Verßlein* zu je 5 Kapiteln in einem eigenen typographisch markierten Kasten erscheinen und zwei solcher Kästen den dezimalen Inhalt einer Blattseite ausmachen. Auch die Poesie seiner Verse folgt dem Diktat der Zahlen; die vorangestellte Kapitelnummer wird im Text aufgenommen, wiederholt und nicht zuletzt metrisch eingebunden:

> 24. *Am 24. Beylag /*
> Mit der Rebecca Isaac:

> 32. *Beym 32. Aaron macht*
> Ein Kalb zum Gott / wer hetts gedacht?[2]

Das jeweils erste Kapitel eines biblischen Buchs gilt der vorweggenommenen Kapitelgesamtsumme und ihrer Auswendigkeit: Buch Genesis steht daher im Zeichen der 50 und Buch Exodus im Zeichen der 40:[3]

> 1. *Außm Anfangsbuch auff 50 merck/*
> Am ersten Gottes 6 Tagwerck

---

1 Rinckart: *Circulorum Memoriae Decas*, loc. cit., Vor.
2 Rinckart: *Circulorum Memoriae Decas*, loc. cit., ohne Paginierung.
3 Solche Zählsysteme sind Teil der Gedächtniskunst. Vgl. dazu Teil II: *Merken.*

2. *B*eym Außgangsbuch 40 gedenck:
*B*eym Ersten, wer die Kinder ertrenck?[1]

Gott hätte die Bibel gänzlich nach den Dezimalsystem aufschreiben sollen. Er tat dies nicht, und so klaffen Lücken im Text von Rinckarts Gesamtbuchanlage oder genauer: Einige seiner Zirkel sind gestört. Um die dezimale Logik seines räumlichen Aufbaus auch optisch durchzuhalten, werden für alttestamentarische Bücher mit einer Zahl, die nicht genau mit einer Vielfachen von 10 zusammenfällt, eine nächste Dezimalschranke reserviert und im Buchraum klafft ein Leerraum wie im Fall der 36 Kapitel des 4. Buches und der 34 Kapitel des 5. Buches Mose. Parallel zu den Verskolumnen ist eine schmale Spalte zugeordnet, die mit ANNO Mundi überschrieben ist und kalendarische Einträge zum biblischen Zeitgeschehen erlaubt. Um die Randeinträge so kurz wie möglich zu halten, benutzt Rinckart zur Kennzeichnung stereotyper Ereignisse (Geburt, Tod, u.a.) ein Kürzelsystem aus typographischen Sonderzeichen, die nicht zum alphanumerischen Zeichensatz gehören. Der Turmbau zu Babel etwa wird im Zeichen eines gepunkteten Kreises vermeldet: ◯ *Babel gebauet. A.1718.*

Ring 2 hat ebenfalls das Alte Testament zum Inhalt: jetzt aber unter Rekurs auf die dort agierenden Regenten. Merkverse folgen, die in der ersten Zeile an erster Position mit dem entsprechenden Namen beginnen und in der zweiten Zeile mit dem nächsten Namen auf der letzten Position enden. Der dort und am Verszeilenende verbuchte Name wird im nächsten Merkvers auf die Startposition geholt und das Verfahren bis zum völligen Durchlauf der alttestamentarischen Regentenschaft wiederholt: ADAM übergibt an SETH, SETH übergibt an ENOS, ENOS an KENAN, und so geht der Stafettenlauf im minimalpoetischen Verfahren bis zum Ende weiter. Rinckart hat gerade dieses Verfahren bereits in der Vorrede als Beispiel für das *allerschärffste Band* der Poesie zitiert. Weitere Zirkel folgen, die etwa die Hohenpriester oder die Propheten zum Inhalt haben. Circul 5 enthält die Realien des Neuen Testaments und kann daher das Schema des 1. Circul wiederholen. Dazwischen eingestreut sind Nota, die eine Orientierung auch im Handlungsraum der biblischen Ereignisse erlauben. Vor der Aufarbeitung des 28. Kapitels der Apostelgeschichte und ihrer minutiösen Zeitlogik in einer Spalte, die nun nicht mehr mit ANNO Mundi, sondern mit ANNO Christi überschrieben ist, erfolgt eine "NOTA Der jetztermeldeten Länder Häuptstädte / und wie weit sie von Jerusalem gelegen; nach M. Büntings und anderer Rechnung."[2] Eine doppelte Kartographie macht Raum und Zeit der Bibel aufeinander beziehbar. Den biblischen Ereignissen, die aus Gründen der Übersicht in synoptische Tabellen eingetragen werden, die Circel

---

1 Rinckart: *Circulorum Memoriae Decas*, loc. cit., 1. Circul.
2 Rinckart: *Circulorum Memoriae Decas*, loc. cit., ohne Paginierung, Ende 5. Circul.

heißen dürfen, steht eine räumliche Flankendeckung zur Seite, die als tatsächliche Geographie auch tatsächliche Geographen und damit den Magister Bünting bemühen darf. Doch die Entfernungskarte mit dem Zentrum Jerusalem, die die Reisepolitik etwa der Apostel einschätzbar macht, ist nicht der einzige Versuch, geographisches Wissen unter Aussparung aller kartographischen Aufzeichnungstechniken ins Buch oder genauer in den Merckcirkul zu bannen. Zwischen den ersten beiden Büchern Moses darf ein Abriß der ganzen Welt zu Papier kommen, der – wie das apostolische Wegstreckenverzeichnis – ausschließlich im Rüstzeug von Gutenbergs Typographie prangt. Statt eine Karte und ihre semiologischen Möglichkeiten der Raumaufzeichnung zu bemühen, müssen bei Rinckart einmal mehr die Buchstaben auf den Plan[1]: Als geo- wie typographischer Mittelpunkt prangt majuskulös im Zentrum der Seite JERUSALEM, mit einer Umrandung vom sonstigen Textgeschehen abgehoben. Auf der oberen Buchseite findet der *Oriens*, auf der unteren der *Occidens* seinen Raum. Die Seitenmittelachse wird zur Süd-Ost-Markierung (vgl. Abb. 5).

Die Buchstabendifferenz der vertikal angeschriebenen Kontinente, also zwischen ASIA und EUROPA einerseits (10), und INDIA und APHRICA andererseits (12), wird durch ein ET aufgehoben, und so sichert ein Partikel die Möglichkeit der systematischen Anschrift inhaltlich wie buchstäblich so verschiedener Reiche. Auf der unteren Blattseite wird analog aufgearbeitet links EUROPA und rechts APHRICA Rinckarts Abriß der Welt komplettieren. Ein Notabene außerhalb des Abrisses dient als Legende: "Wie die wort stehen; zur Rechten oder zur Lincken; also liegen die Städte und Lande".[2]

Rinckart 6. Gedenckring *Circulus Novi Testamenti Personalis Apostolicus* wiederholt die entsprechende Aufarbeitung des alttestamentarischen Personals und hält dort circa 200 Personen auf Abruf bereit. Zum Kreis der Ringe gehören ferner *7. Circulus Episcopalis & Pontificius*, der sämtliche Bischöfe und Päpste Roms verbucht (7.) und *Der achte Local= und Gedenck=Rinck / CIRCULUS IMPERAtorius*, der die römischen, griechischen und deutschen Kaiser von Julius Cäsar an auflistet und bis zum derzeit amtierenden Ferdinand II. vordringt. Unter die Rubrik *CIRCULUS IMPERAtorius* subsumiert Rinckart gleich noch mehrere orientalische Kaiser=Circul, bevor *9. Der uhralte Widikindische Saxen=Circul* die Sachsengenealogie im Glanze ihrer Vollständigkeit beschwört. Eine letzte Rubrik *Circulus*

---

1 Die typographische Vielfalt ist nur schwer mit akademischen Aufzeichnungstechniken zu bewältigen. Neben der Apotheose der Majuskel sind hier zu nennen: der Gebrauch unterschiedlicher Drucktypen, die ihrerseits unterschiedlich groß sind und optional mit Kursivierung versehen werden, die Zentrierung, die gleichmäßige Verteilung von Wörtern auf einer Zeile mit unterschiedlich großen Spatien und das Schreiben in der Vertikale.

2 Rinckart: *Circulorum Memoriae Decas*, loc. cit., ohne Paginierung, 1.Circul.

NOTA
Der jetztermeldten Länder Häuptstädte/ vnd wie weit sie von Jerusalem gelegen;
Nach M. Büntings vnd anderer Rechnung.

Häuptstädte · **Der Morgenländer** · **Meilen.**

Parthiz, Hecatompylon, i. e. Hundert thor/ 378.

Mediz Rages, (dritthalb Tagreise groß) 349.

Persiz Elymais 1. *Macc.6.* oder Persepolis, 310.

(heisst sonst auch Cyropolis, vnd Siras; ist die schönste Stadt in gantz Orient, vnd 20. Meilen groß.)

Mesopotamiz Haran, der heiligen Ertzmütter Patria, 110.

3. Der Mittagsländer.

Arabiz Saba, oder Seba per Samech, 312. (Ist nicht Saba vel Schaba Africz; per Schin: do die Königin her gewesen/ die Salomonem besucht/ vnd heisst auch Meroë heisst/ 241.)

Aegypti, Alcair, oder Memphis, 61.

Africz, Cyrenz, oder Cyr, 104.

JERUSALEM.

2. Der Mitternachtländer.

Cappadociz, Archelais; circ. 120.

Ponti vel Bythiniz, Nicäa, 182.

Pamphiliz, Pergen, 89.

Phrygiz, Troja circ. 190.

NB Diese liegen nicht recht gegen Norden; sondern Nordwesten.

4. Der Abendländer.

Maris Mediterranei Insulz, Cretz; Candia; 150. (Unde, re & nomine Kreuter; Zuckercand: Malvasier/ etc.)

Italiz Européz Roma; 222

Häuptst. · **Meilen.**

Abb. 5

Polemicus oder Streit=Circul hat in insgesamt 7 Streit=Circuln die politischen wie religiösen Querelen dieser Welt zum Inhalt.

Verhängnisvoll war für Rinckarts großes Merk*circul*projekt der 30-jährige Krieg, ohne den das Imperium der Lettern ein ganz anders Gesicht erhalten hätte. Das Chaos der Zeitläufte macht Rinckart einen Strich durch die Rechnung einer von ihm umständlich projektierten Anschaulichkeit. Verhindert wird so nämlich sein anspruchsvoller Plan, "alle diese alhier begriffene aber tausent Personen / unnd eine jede derselben / in ihrem eignen unnd natürlichen Controfect, oder wo sie dasselbe verlohren / doch gleich und nechst bequemlichen Bildnis / in Reichsthalers grösse / und recht natürliche Circul Runde Quartform zu bringen".[1] Dieser Plan und ebenso die weitere Exornierung mit "dem Gedächnis behülfflichen und hocherprießlichen Figuris Hieroglyphicis unnd andern Notis" fallen unter den Tisch, und so bleibt Rinckart, dem Herrn der Ringe, eben nur die Welt von Drucktypen und die volle Ausschöpfung ihrer Stell- und Anordbarkeit.[2]

Nach all der theoretischen Mühsal liefert Rinckart endlich die Nutzanwendung seines 10-fachen Denkringes. Immer noch am Ort der *Vorrede und Anweisung* dürfen Beispiele, die gezielt oder zufällig ausgewählt sein wollen, die Effizienz der Merkringe eindrucksvoll belegen. Ein erstes *erwehlt Exempel* soll einen Prediger vorführen, der ratlos vor dem 12. Kapitel der Genesis steht. Die poetische Falle der Referenz schnappt mit einem Merkvers aus *Des alten Testaments Biblischer Real=Circul* zu:

> Ein erwehlt Exempel.
> Heut hab ich gelesen oder zu predigen das zwölffte Capitel *Geneseos*;
> das schlage ich auff / unnd finde also:
> *Abram*, am zwölfften / geht aus *Haran*
> Mit *Sarai*, in *Canaan*.

Was ausgehend vom Merkvers für den Zirkelbenutzer folgt, ist ein Protokoll sämtlicher Referenzen. Aus dem Merkvers kann er physiognomisch ablesen, daß es sich um das 1. Buch Mose handelt ("das gibt mit lit. init. A"), die Kapitelnummer, "des Capitels Summ und Inhalt", die orthographische Information, "daß *Abram* und *Sarai* der zeit noch nicht *Abraham* und *Sara* geheissen", die am Rand verzeichnete ka-

---

1 Rinckart: *Circulorum Memoriae Decas*, loc. cit., Vor.
2 Der 30-jährige Krieg führt bei und für Rinckart zu einem ökonomischen, nicht aber zu einem religiösen Bildersturm. Statt einer propagierten Mnemotechnik ist ein einsinniges Letternspektakel die Folge. Zu einer realisierten und extrem aufwendigen Kopplung von Text und Bild, die nicht der Gattung des Emblems verpflichtet ist, vgl. Eberhard G. Happel: *Thesaurus Exoticorum Oder eine mit Außländischen Raritäten und Geschichten Wohlversehene Schatz=Kammer [...]*, Hamburg 1688.

lendarische Zuordnung, "daß es geschehen *Anno Mundi 2023*." Von hier aus unternimmt Rinckart eine kleine Odyssee im biblischen Adreßraum, indem er Zahlen
addiert. "Zum 6. stehet dabey / daß sich daselbst ansahen *Anni Peregrinationis*,
Gal. 3." Zum 7. und weil Paulus sagt / es seyn 430. Jahr / zehl ich so viel fort biß
ins *Annum Mundi* 2453, das find ich in *Exodo*, und ist eben das Jahr / da Israel aus
Egypten gangen. Zum 8. und Uberfluß / wird sich am Rande finden / wie es zu
verstehen / daß Gott von 400. und Paulus von 430. Jahren sagt."[1] War Rinckarts
erstes Beispiel für einen Datentestlauf noch *erwehlt* und der Zugriff auf den Merkzirkel vom *exemplum consultum* bestimmt, so bringt sein zweites Beispiel – *exemplum fortuitum* – den Zufall als zusätzliche Herausforderung mit ins Spiel. Ein
blindes Aufschlagen seines Buches konfrontiert ihn mit dem Merkvers

> Ein ander zufällig Exempel.
> Ich schlag das Buch auff / und finde den Verß:
> Von *Salomo* Sprichwörter lern
> Ein und dreyssig; erst Furcht des HErrn.[2]

Und wieder gelingt neben der korrekten Verortung innerhalb der biblischen Abfolge ein atemberaubender Wissensgewinn, der neben allen möglichen Details auch
die Regierungszeit Salomons umfaßt. Die zögerliche Frage *Objectio Incommoditatis*
eines vorgeschobenen Testlesers *Was ist mirs groß nütze / und was kan ich aus einem einigen Verß viel nehmen?* wird durch die Fülle der Wissenszugriffe, die in einem der vorgeführten Beispiele bis auf die Zahl 10 vordringt, eindrucksvoll widerlegt. Gegen Rinckarts Ringe haben die grundlegenden Einwände *Objectiones Prin-
cipales*, die so sorgsam die Position künftiger Benutzer und kritischer Verbraucher
einnehmen, eben keine Chance.

Tabellen und Tableaus sind gegenüber ihren Inhalten also neutral. Verbucht und
verbuchbar werden so in der Kontingenz des Mediums Sprachen und Cäsarolo-
gien, Realien und Versfüße, römische Päpste und orientalische Herrscher, heilige
Schriften ebenso wie die Lesarten irgendwelcher Häresien. Vor dem Diktat der
Adressierung sind alle Daten gleich, und so wird auf dem Tableau – dieser Me-
taebene im buchstäblichsten aller Sinne – das Wissen der Welt aufeinander beziehbar. Der Aufwand für den Zugriff auf bestimmte Informationen steigt nicht mit dem
Grad von Abseitigkeit und Exotik: Wenn der Benutzer zum Durchlaufen von Alphabeten und Listen angehalten ist, wird für die Mühe und Dauer des Auffindens
eine Stochastik zuständig.

---

1 Rinckart: *Circulorum Memoriae Decas*, loc. cit., Vor.
2 Rinckart: *Circulorum Memoriae Decas*, loc. cit., Vor.

Es gibt einen Raum des Wissens, der über poetologisch verankerte Techniken ins Fluktuieren gerät und entlang der Achsen Selektion und Kombination immer wieder immer neue Zustände annimmt, annehmen kann und annehmen soll. Ein Wissen, das sich metaphorisch als bewegt, dreh-, ein- und zustellbar ausweist, respektiert weder Zentren noch irgendwelche Ränder. In den kleinen Apparaturen findet barocke Wissenspolitik daher ihre Allegorie: Wenn Um-, Aus- und Neuschriften dafür sorgen, daß ein Zustand der Erschöpfung nicht eintreten kann, hat das Konsequenzen für Begriffe wie (literarische) Originalität und Innovation. Die Unvereinbarkeit von goethezeitlich ausgewiesenen Konzepten – zugespitzt etwa in einem auratischen Begriff von Autorschaft und der Möglichkeit seiner juristischen Kodifizierung – mit dem Agieren barocker Sachwalter, die sich eher im Namen der Dinge als in ihrem Eigenen verantworten, ist dafür Beleg. Für das Barock gilt, daß der Mensch Herr der Daten, (noch) nicht aber ihr Gegenstand ist. Poetologische Konzepte stellen sicher, daß die Gerechtigkeit vor den alten Texten die Chance einer je eigenen Gerechtigkeit als neuer Text (gewesen) sein wird.

Unter dem Anzeichen rhetorischer *aemulatio* sorgt das Protokoll der Referenzen, das dem Text so minutiös eingeschrieben ist, daß jeder so verfahrende Autor selbst zu dem *autor classicus*[1] werden kann, den er in seinen Schriften durch Zitat, bibliographischen Hinweis oder das Spiel der Abbreviaturen als solchen aufruft oder ihn dazu macht. Datenspeicher – und seien sie selbst von einem Männling – sind Werkzeuge in Sachen kultureller Akzeptanz und Kanonisierung. Das kurzzeitige Anhalten der barocken Maschine des Wissens ergibt und verheißt je nach Zustand eine Form von Innovation, die als Mehrwert gegenüber anderen Zuständen ihre eigene Legitimation ist und hat. Für dieses Anhalten, für dieses Moment einer Sistierung und Arretierung ist der Autor geltend zu machen. Er sistiert, um den Durchlauf des Wissens für andere zu ermöglichen, zu erleichtern und zu verbessern. Im Durchlaufen von Zuständen nach den Algorithmen von Rhetorik und Poetik wird dem System seine Unabschließbarkeit zugeschrieben. Das durch Register referenzierte Wissen untersteht der Formierung neuer Zustände und sorgt dafür, daß dem barocken Wissenskörper kein Verlust durch Vergessen entsteht. In der Vielfalt, Kreuzung und Überschneidung heterogener Ordnungen leisten Register, *Blatweiser* und all die anderen Schriftapparaturen dazu ihren Dienst.

Zustände – die Informatik weiß das – kennen ein Vor- und Nachher, Regeln für die Übergänge und natürlich auch eine Bemeßbarkeit für die Komplexität der je-

---

1 Das man zum *Autor Klaßicus* gemacht und nicht als solcher geboren wird, weiß auch Lindners fiktiver Lohenstein. Seinem Gesprächspartner Hans Sachs hält er entgegen: "Hätte es Euch nicht gefallen sollen, wenn ihr so viele übernatürliche Lobeserhebungen, als ich, bekommen, ja wenn euer Buch gar zum Autor Klaßicus, wie mein Arminius gemacht worden?" Lindner: *Anweisung zur guten Schreibart*, loc. cit., S. 446.

weiligen Algorithmen, die diese Übergänge steuern. Zwischen den Zahlen, die in den *Deliciae Mathematicae Et Physicae* richtige Lösungen bedeuteten, stehen jetzt Zahlen, die die kognitive Leistung und damit den Aufwand, der zur Problemlösung führt, in algebraischen Kalkülen anschreibt. Und weil wir und das heißt unsere Algorithmen immer besser werden, ist dieser Aufwand zu minimieren. Bruchstellen hinter dem Komma im Exponenten der Komplexitätsmaße machen den Fortschritt, die alphabetische Ordnung der Dinge zu handhaben, nicht nur physiognomisch ablesbar.[1] Und als ob sich zwischen uns und dem so scheinbar *curiös* verspielten Barock nichts geändert hätte, verdoppelt die zeitgenössische Informatik die barocken Verfahren: Unzählige Algorithmen in sämtlichen Programmiersprachen der digitalen Welt haben das so einfache Problem zum Inhalt, eine alphabetisch geordnete Liste nach einem beliebigen Eintrag zu durchsuchen oder eine bis dato ungeordnete Liste in eine alphabetische Ordnung zu überführen. Oder – um es mit Harsdörffer und damit kürzer zu fassen – wie erstelle und wie lese ich ein Register. Such- und Sortieralgorithmen, von denen kein Informatiker je verschont bleiben wird, überschneiden sich mit den Registerumgangsweisen einer alten Buchtechnik. Aber damit nicht genug. Harsdörffers Umgang mit Zahlenreihen beschränkt sich nicht nur auf irgendwelche Tischordnungen und die Mechanik von Mahlschlössern oder diverser Uhrwerke, sondern sie rufen auch Paradigmen des Populationsverhaltens und damit frühe Formen einer Statistik auf.[2] Wenn Harsdöffer in einer seiner Aufgaben den Leser ausgerechnet mit dem Vermehrungsverhalten von Schweinen konfrontiert, kommt mit der einfachen und deliciösen Mathematik der Übungsstandard heutiger Informatikausbildung auf den Tisch.[3] Schlägt man deren Lehrbücher auf, ist man mit denselben Aufgaben ergötzlicher Mathematik konfrontiert, wie sie Harsdörffer und Schwenter so umfänglich versammeln: Gerade weil die Aufgaben ihren gemeinsamen Nenner darin finden, in endlichen Schritten Problemlösungen für vermeintlich unendliche Aufgaben erstellbar zu machen und genau diese Logik in rekursiven Programmen ihren Niederschlag findet, darf barocke Aufgabenmathematik zum Testfeld angehender Programmierer werden. Weil Fakultät und Fibonaccizahl[4] so rekursiv definiert sind wie die Probleme, die sie beschreibbar ma-

---

1 Zur Berechenbarkeit solcher Komplexitäten sowie den entsprechenden Algorithmen selbst vgl. Patrick Horster: *Kryptologie*, Mannheim, Wien, Zürich 1985 (Reihe Informatik; 47) und Ronald A. Graham, Donald E. Knuth, Oren Patashnik: *Concrete Mathematics. A Foundation for Computer Science*, Reading, Massachusetts u.a. 1989.

2 An mathematischen Anschlüssen wäre neben Statistik, Ökonomie, den Vermessungskünsten von Räumen und Körpern auch die Lehre von den menschlichen Proportionen zu nennen.

3 Harsdörffer, Schwenter: *Deliciae Mathematicae Et Physicae*, loc. cit., I. Theil, S. 90.

4 Die Fibonacci-Zahl geht zurück auf den mittelalterlichen Mathematiker Leonardo de Pisa, der eine zentrale Rolle für die Vermittlung der indisch-arabischen Mathematik inne hatte. Die Ent-

chen, werden sie für angehende Informatiker zum unhintergehbaren Gegenstand ihrer Ausbildung für rekursives Programmieren. Es wäre daher zu wenig, wollte man derlei ergötzliche Mathematik in der barocken Curiositas aufgehen lassen. Die Analogien zwischen dem Barock und unseren digitalen Denkanliegen gehen über die bloße Freude am Aufruf von Zahlen systematisch und weit hinaus. Die vorschnelle Rede von den Hackern auf irgendwelchen Datenbanken – wie sie Werner Künzel benutzt und als Oberhacker Athanasius Kircher ins Feld führt[1] – bleibt diese Systematik schuldig. Eine Systematik, die sehr viel mit einer Geschichte kognitiver Problemlösungsverfahren und einer Algorithmik zu tun hat, die nicht immer nur in Computerprogrammen ihren Ausdruck fand. Wie sehr solche, den Algorithmen analoge, Verfahren zu einer Differentialdiagnostik auch und gerade psychischer Haushalte geeignet sind, ist Gegenstand eines ganz anderen Aufschreibesystems: das der Wissenschaften vom Menschen.[2] Einheiten, in deren dualer Logik Festplatten und Arbeitsspeicher, aber längst keine Schweine mehr bemessen werden, sind heute ebenso zu unserem Standard geworden wie all die Strategien, kognitive Leistungen auf ein Basisalphabet elementarer Einheiten zurückzuführen, deren Fügung zu Komplexen über die Menschen entscheidet. Aber diese Standards mußten erst erstellt werden: in einem Raum, der mit Foucault nicht um den Menschen zentriert ist und der die Transparenz der Wörter und Dinge füreinander nicht *auf dem fundamentum inconcussum eines Ego* basieren läßt. Stattdessen wird das Tableau der Repäsentationen zum Apriori für all die Stellungen und Verstellungen, Stimmigkeiten und Unstimmigkeiten des Barock. Und so ist es kein Wunder, daß die berühmteste Dissertation zur Dyadik – Leibniz *dissertatio de arte combinatoria* von 1666 – in ihrem Aufgabenteil selbst eine kleine Teilmenge der großen *Deliciae Mathematicae Et Physicae* ist.[3]

---

stehung dieser rekursiv aufgebauten Zahlenfolge, bei der jede Zahl die Summe ihrer beiden Vorgänger ist, verdankt sich angeblich dem Problem, das Vermehrungsverhalten von Hasen numerisch in den Griff zu bekommen.

1   Vgl. etwa Werner Künzel: *Der Oedipus Aegyptiacus des Athanasius Kircher*, Berlin 1989.

2   Vgl. dazu Teil II: *Merken* dieser Arbeit, vor allem 5. *Die gelehrigen Körper des Merkens* und 6. *(Un)Geläufigkeiten*.

3   Vgl. zum Verhältnis der *Deliciae Mathematicae Et Physicae* und Leibniz das Vorwort von Berns, loc. cit. Die Überlieferungsgeschichte solcher Aufgaben hat Analogien zur paradigmatisch ausgerichteten Überlieferungsgeschichte von Tropen und Figuren in der Rhetorik. Vgl. ferner Hans J. Zacher: *Die Hauptschriften zur Dyadik von G. W. Leibniz. Ein Beitrag zur Geschichte des binären Zahlensystems*, Frankfurt/M. 1973.

5. Der bewegte Buchraum

Efs ekftfo Tubwc efs fsef hkfcu,
Fs xbs hftffhofu woe hfmkfcu,
Fs ibssf efs Wotufscmkdilfku
Ko tfkofs Obdiu tkdi pgu hfgsfwu!
Ft gsfwf tkdi, xfs ekftft mkftu,
Ebtt fs, hmfkdi kin wotufscmkdi
ktu.[1]

Die immer wiederkehrende Rede vom Schnitt eröffnet dem barocken Aufschreibesystem seinen kombinatorischen Raum. Wenn Zäsuren, von denen die Buchtitel
immer wieder reden, technisch implementiert werden, ist es mit der Statik dahin.
Im Medium und das heißt innerhalb der Gutenberggalaxis gerät der Buchraum in
Bewegung, oder genauer: Er simuliert eine Bewegung, die nicht aufhören wird, in
immer neuen Einstellungen immer neu gelesen werden zu können. Mobile Zwi-
schenspeicher, wie sie Harsdörffer zur mühelosen und effizienten Erstellung eines
Registers empfiehlt, sind virtuell und dienen einer nachträglichen Verfestigung im
Buch. Doch wenn Datenplanspiele und Letternphantasien jenseits aller Metaphern
im drucktechnischen Sinne real werden, wird der statische Raum der Bücher selbst
zum zwischengeschalteten Medium, zu jenem beliebig (um)sortierbaren Karteika-
sten, in dem die Zettel potentieller Registermacher landen.

In den Präsentationsweisen des bewegten Wissens treffen Speicher und ihre Referenzen am selben Ort buchstäblich zusammen. Was in barocken Sammelwerken
erst in der Nachträglichkeit hintangestellter Benutzerapparate auffind- und damit
auch beziehbar wird, soll durch diagrammatische Organisationsweisen sowie deren
Apparaturen auf *einen* Blick und damit unter Umgehung alphabetischer Ordnungen
ins Auge fallen.[2] Wenn mobile Enzyklopädien aus den Schnitten eines Schottelius,

---

1 Carl Arnold Kortum: *Anfangsgründe der Entzifferungskunst deutscher Zifferschriften*, Duisburg
  1782, S. 77. Der zitierte Text ist ein Kryptogramm aus Johann Kaspar Lavaters *Tagebuch eines
  Beobachters seiner Selbst*. Lavater weist es – ebenfalls chiffriert – als für ihn geeigneten Grab-
  spruch aus.
2 Vgl. zur Diagrammatik Renate Lachmann: "Text als Mnemotechnik – Panorama einer Diskussion, II. In: dies. (Hrsg.): *Gedächtniskunst. Raum – Bild – Schrift. Studien zur Mnemotechnik*,
  Frankfurt/M. 1991. S. 16-21. Zu den Möglichkeiten einer graphischen Semiologie vgl. Jacques
  Bertin: *Graphische Darstellungen und die graphische Weiterverarbeitung von Information*, Berlin, New York 1982.

eines Hemeling und all der anderen auch im technischen Sinne ernst machen, ist es mit der Ruhe und Statik des Buchraums vorerst vorbei. Jenseits der unendlichen Geduld der Schrift machen sich neue Rezeptionsweisen breit. Die Spielereien Harsdörffers, der dem generativen Potential der Lettern mit mechanischen Handgreiflichkeiten wie Buchstabenwürfeln und Silbentäfelchen beikommen will, erfahren buchintern ihre Implementierung. Die Option für den Zufall, die in der Logik des Spiels eine Rolle spielen soll und darf, wird durch Vollständigkeit, Abzählbarkeit und totale Aufgeschriebenheit ersetzt, das spielerische Moment durch Abgeschlossenheit kassiert. An den Grenzen der Aufschreibbarkeit und ihrer Statik entstehen so Simulationen von Mobilität, mobile Enzyklopädien, die das Chaos der Lettern und des Wissens auf dem Papier domestizieren und beherrschbar machen. Mit der Bewegung kommt auch der systematische Ort in Fluktuation: Speichermedium und Wissensgenerator kommen endlich zur Deckung, im selben Medium dürfen Denken und Daten übereinstimmen. Die Materialität des Mediums wird Thema, wenn die rektanguläre Geometrie Gutenbergs an ihre Ränder stößt. Da die Bedingung realer Stellbarkeiten in der Mobilität liegt, müssen Zeiger und andere mechanische Apparate dem Medium Buch einverleibt werden. Dafür zuständig sind die Buchmacher:

> Bericht. Der Buchbinder wolle den Zeiger / oder die Zunge herunter schneiden / diese zwey Blättlein zusammen kleistern oder pappen / und den Zeiger bey A auf den Mittelpunct hefften / also / daß er sich lasse herumb drehen.[1]

Wenn es etwa, wie im III. Theil der *Deliciae Mathematicae Et Physicae* darum geht, "wie auf einem Bogen Papyr alle Kaiser und Könige / und die Jahre ihrer Regirung vorstellig zu machen", ist endlich auch das Können der Buchmacher gefragt. Harsdörffer löst die gleichlautende LI. Frage aus dem Kapitel *Von der Schreib= und Rechenkunst* durch eine genealogische Kreisscheibendatenbank, die als herausklappbares Tafelwerk bis auf das Jahr 1653 genau die Zyklen sämtlicher Herrscher auflistet oder genauer in konzentrischen Kreisen synoptisch darbietet (vgl. Abb.). Die "Vollständige Jahr=Tafel / anweisend alle Regenten in dem Geistlichen und Weltlichen Stande / von Anfang der Welte / biß auff gegenwärtiges 1653. Jahr" ist aufgebaut wie eine Diskette mit 17 Sektoren (17 Jahrhunderte) und 9 Spuren. Die Schrift ist in Strahlenform um den Mittelpunkt angeordnet, so daß auch optisch das Bild einer Sonne und ihrer Buchstabenstrahlen entsteht. Kein Zeichen folgt in seiner Anordnung der Linearität von Gutenbergs Setzerkästen, und so dürfen oder müssen die Strahlen der Schrift eben als Handschrift leuchten. Um sich in der Welt der Kreise dennoch zu orientieren und die Leserblicke zu lenken, wird ein Zeiger

---

1 Harsdörffer, Schwenter: *Deliciae Mathematicae Et Physicae*, loc. cit., III. Theil.

beigegeben, der vom Buchbinder in die geometrische Mitte der Tafel befestigt oder
beweglich angebracht werden soll (vgl. Abb. 6).[1] Für die Mittelachse des Zeigers,
die im Bilde einer 5-DM großen Sonne prangen darf, klafft im Tafelwerk selbst
eine entsprechende Aussparung. Wie Rinckarts Merkzirkel ist der simulierte
Wissensraum Harsdörffers abgeschlossen und alle möglichen Zuordnungen oder
Einstellbarkeiten machen Sinn. Doch im Gegensatz zu Rinckart leistet Harsdörffers
Zeiger eine Synchronisation unterschiedlicher Wissensfelder. Im Parallelismus seines Zeigers, der als Schablone die von ihrer Sonne wegstrebenden Buchstabenstrahlen in Zeilenform organisiert und so Lesbarkeit erzeugt, werden weltliche wie
kirchliche Herrscher in der Simultaneität der Macht lesbar. Was dem Auge versagt
bleibt, macht die Schablone eines Zeigers oder einer Zunge möglich. Die Anordnung von innen nach außen erfolgt nach quantitativen Maßgaben des so Ver-
buchten. Unmittelbar um den Mittelpunkt und daher auf dem kleinsten aller Ringe
sind die Herrscher des Alten Testaments angelagert. Damit der zahlenmäßig weit
abgeschlagene innerste Zirkel mit den *Ertzvättern* von Adam bis Joseph dennoch
eine gewisse Abrundung erfährt, werden seine Speicherüberschüsse kurzerhand
mit zusätzlichen Informationen aufgefüllt. Den *Ertzvättern* leisten daher die alttestamentarischen Richter Gesellschaft: "Damit nun solcher innerster Ring erfüllet
würde / stehen darbey die Richter in Israel / von Mose bis auf Samuel."[2] Ring II
"begreiffet die Könige Juda / und die ersten Monarchen", Ring III "die mitter-
nächtischen Könige" nebst zugehörigen Regierungszeiten. Die Verhältnisse in
Polen, Engeland, Hispanien und Franckreich kann man den Ringen IV bis VII
entnehmen, um von dort auf die römischen Kaiser im VIII. Ring überzugehen. In
dessen 17. und letztem Sektor endet der Cäsarenreigen mit der aktuellen Regent-
schaft Kaiser Ferdinands III. Nach ihm kommt buchstäblich nichts, und so
durchziehen Leerstellen das 17. und eben noch nicht abgeschlossene Jahrhundert.
Am weitesten vom Zentrum entfernt, und daher mit dem größten Raum für jede
Einheit aus Sektor und Spur versehen, ist Ring IX. Harsdörffer benötigt diesen
Raum, weil der äußerste Ring auch die höchste Aufzeichnungs- und Informations-
dichte enthält. *Die Bischoffe / und Römischen Päpste / wie sie der Person nach
einander gefolget und insgemein gerechnet worden*, sind zahlenmäßig allen anderen
Personengruppen weit überlegen.

Der Effizienz des eigentlichen Gebrauchs gehen Anweisungen über Funktion und
Inhalt voraus. Wenn das Wissen zu einer Funktion der jeweiligen Einstellung und

---

1 Alte Ausgaben arbeiten mit einem Bindfaden, der an der angegebenen Stelle verknotet wird.
   Neudrucke müssen solche buchtechnischen Details in der Regel unterschlagen. Das Drehmo-
   ment fällt der Photomechanik zum Opfer.
2 Harsdörffer, Schwenter: *Deliciae mathematicae Et Physicae*, loc. cit., III. Theil, S. 128.

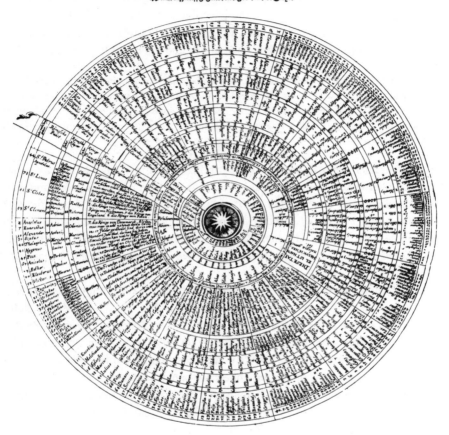

Abb. 6

damit zur Funktion einer Bewegung im und auf dem Buchraum wird, muß die Abweichung von der gewohnten Linearität zum Gegenstand von Pädagogik werden. An die Adresse von Buchbinder und Leser ergehen Regieanweisungen, die neben der buchinternen Realisierung auch die jeweilige Benutzung regeln. Eine der Gebrauchsanweisungen betrifft die Zusammensetzung kompletter Jahreszahlen aus Jahrhundertsektor und den Angaben über Antritt und Ende von Regierungen.

> Ferner ist zu Verstand dieser Scheiben zu wissen / daß jeder mit der Linie unterschiedner Theil 100 Jahre begreiffet / wie solches jedesmal darauf verzeichnet. Darzu muß man zählen die erste Zahl / so wird man finden / wann der Kaiser oder König angefangen zu regiren / und die letzte Zahl weiset / wielang er in dem Regiment gewesen. Die äusserste Zahle weiset die Jahre nach Christi Geburt.[1]

Unmittelbar nach den Angaben über das parallele Zusammenspiel relativer wie absoluter Zahlenwerte verortet eine geklammerte Regieanweisung die Tafel mitten im Text seiner eigenen Beschreibung: *[Hierein muß die grössere Tafel geheftet und zusammen geleget werden.]* Aber Harsdörffer ist nicht nur der Mechanisator von Genealogien. Mit Bezug auf einen Pariser Rechenmeister ergeht die XLVII. Aufgabe. *Einen der nur zehlen und summirn kan / die Rechenkunst in gar kurtzer Zeit zu lehren.*[2]

Der Aufbau dieser Tabellen- oder genauer Ringscheibenkalkulation erfolgt analog zum Herrschaftsring. Konzentrisch um eine Mittelachse, auf der ein Zeiger befestigt wird, kommen in 37 Sektoren die Zahlen 1-10, in Zehnerschritten die Zahlen 20 bis 100, in Hunderterschritten die Zahlen 200 bis 1000 und in Schritten zu je Tausend die Zahlen 2000 bis 10000 zur Anschrift. Es folgen für jeden Sektor 14 Spuren, die den am Kreisinnersten angeschriebenen Grundwert sukzessive nach außen multiplizieren[3], wobei das Schema der Multiplikation mit der Beschriftung des Zeigers identisch ist: 1 2 3 4 5 6 7 8 9 10 20 30 40 50. Die Vervielfältigungen des Grundzahlenbereichs um die Faktoren des Zeigers werden so direkt ablesbar. Die potentiellen Ergebnisse umfassen einen Zahlenbereich von 1 bis 500000 und sind aus Platzgründen gegenüber dem französischen Vorbild erheblich eingeschränkt. Hatte der Pariser Rechenmeister seinen *Circul* auf einen Regalbogen stechen lassen und seinen Zahlenbereich auf 37 Sektoren bei 37 Spuren verteilt, liefert Harsdörffer eine Untermenge nach Maßgabe der normalen Seitengröße: "Wir weisen hiervon nur ein kleine Prob / soviel der Raume des Blats leidet". Die Zahlen-

---

1 Harsdörffer, Schwenter: *Deliciae mathematicae Et Physicae*, loc. cit., III. Theil, S. 129.

2 Harsdörffer, Schwenter: *Deliciae mathematicae Et Physicae*, loc. cit., II. Theil, S. 47.

3 Die Unterscheidung in Sektoren und Spuren wird Gegenstand einer terminologischen Klärung: Harsdörffer spricht im ersten Fall von *Stuffen* und im zweiten Fall von *Circelcraisen oder Reyen*.

strahlen machen im 14. Sektor halt vor den Buchrändern und damit vor den Grenzen des Mediums. Aber auch anhand seiner reduzierten Version kann Harsdörffer Applikationen erläutern, die den reduzierten Code der Addition für andere Grundrechenarten nutzbar machen. Die Exempla belegen die Möglichkeiten von Multiplikation, Division, "die gevierte Zahlwurtzel zu finden", also dem Ziehen der Quadratwurzel, sowie die Lösung einfacher Dreisätze. Statt der theoretischen Interessen eines Athanasius Kircher zählt für Harsdörffers Beispiele die Pragmatik des Geschäftslebens. Eindrücklich belegt der Algorithmus für eine kaufmännische Aufgabe, wie Multiplikation durch sukzessives Addieren zustande kommen: Ein Kaufmann erwirbt 8456 Ellen einer Ware, die Elle zu 68 Schilling. Ist die Frage / wieviel er schuldig?

> Rucke den Zeiger auf 60 / und suche 8000.400.50 und 6. und finde 480000. 24000. 3000 360 zusammen 507360 Schilling. Nun ist übrig 8 Schilling / die suche ich mit verruktem Zeiger auf der 8 Stuffen / und suche auf der Reyen 8000. und 400. und auf dem Zeiger 50 und 6. so finde ich 64000.3200.400. und 48. welche Zahlen zu samt den vorigen machen 575008. Besteht also das multipliciren in dem / daß ich ein Zahl auff der Stuffen / die ander auf den Reyen suche.[1]

Für weitere Beispiele verweist Harsdörffer auf seine *Frauenzimmer Gesprächsspiele*, die auch jenseits von Soll und Haben *allerhand Kurtzweil mit den Zahlen* versprechen. Mit den drei folgenden Aufgaben, die das Kapitel von der Rechen- und Schreibkunst beschließen werden, versetzt Harsdörffer seine Zahlen ins Reich der Ästhetik. Damit niemand über der Pragmatik von Tuch und Elle den Zahlennutzen für inventiöse Praktiken vergesse, darf eine XLVIII. Aufgabe vom Gebrauch der Zahlen in zahlreichen Sinnbildern handeln, und Aufgabe XLIX enthält gar *Das Bildnuß der Rechenkunst*, wie sie Cesare Ripa vorstellt. Aber anstelle einer abgeschlossenen Allegorie der Rechenkunst – "in Gestalt einer sehr schönen Weibsperson / mannliches Alters" – tritt erneut ein veritabler Baukasten: Dabei steht nicht mehr die konkrete Allegorie Ripas im Vordergrund, sondern die zusätzlichen Details anderer Allegorien nebst Harsdörffers eigenen Vorschlägen, die im Konjunktiv – man könte sie auch mahlen [...] – von den allegorischen Möglichkeiten der Rechenkunst handeln. Die Variabilität, Ergänzung, Selektion und Kombination, für die eine Mathematik steht, erstreckt sich in Harsdörffers Behandlung in wunderbarer Konsequenz und performativer Stimmigkeit auf ihre eigene Allegorie. Nach allen möglichen Details, mit der einer Allegorie der Rechenkunst beizukommen ist, steht selbst noch der Rock jener schönen Weibsperson im Zeichen von Alternativen: Für die sachdienliche Beschriftung ihrer bunten Kleidung, "welche gleichsam

---

1 Harsdörffer, Schwenter: *Deliciae mathematicae Et Physicae*, loc. cit., II. Theil, S. 48.

mit Musikalischen Noten gesticket und verbremet ist", kann man wählen zwischen *gleich und ungleich* oder *unwiedersprechlich*.[1]

Herrschafts- wie Rechenringe machen für die Semantik ihrer Ergebnisse keine Schwierigkeiten. Das Tableau des Wissens, das sie repräsentieren, ist abgeschlossen, und alle Drehmomente oder Schaltbarkeiten ergeben Informationen, die von der Apparatur hinreichend gedeckt sind. Eine Semantik außerhalb der Vorgaben oder gar einen semantischen Mehrwert gibt es darüber hinaus nicht. Wenn aber die Sprache selbst zum Gegenstand von Kreisscheiben wird, kann und wird sich das sehr schnell ändern. Im Zeichen von Benutzerbequemlichkeit, Effizienz und einer eigentümlichen Verkürzung steht daher eine Aufgabe, die ausgerechnet *Die gantze Teutsche Sprache auf einem Blätlein weisen* wird. Wohl eingeleitet durch mathematische Überlegungen in Sachen Buchstabenkombinatorik und kryptographische Verfahren, dem Leseerwerb mittels Würfeln und dem pädagogischen Spezialfall einer Defektensemiotik, die *einen von Natur blinden schreiben lehren* wird, kann Harsdörffer Schottelius' nachmalige *Teutsche HaubtSprache* aus ihrer speicherexzessiven Statik auf den Raum einer einzigen Buchseite bannen. Sein fünffacher Denckring der Teutschen Sprache besteht aus 5 Scheiben, die von innen nach außen die 48. Vorsilben (I.), die 60 Anfangs- und Reimbuchstaben (II.), die 12 Mittelbuchstaben (III.), die 120 Endbuchstaben (IV.) und die 24 Nachsilben (V.) umfassen. Eine Anweisung an den Buchbinder sorgt für die nötige Mobilität:

> Dieses Blätlein muß heraus geschnidten / in fünff Ringe zertheilet / und auff fünff gleich=grosse Scheiben von Papyr / also aufeinander gehefftet werden / daß man jeden Ring absonderlich umbdrehen kan / wann solchs geschehen / muß man dises fünffache Blat wieder hinein pappen.[2]

Ein fünffacher mittelachszentrierter Denkring der deutschen Sprache ist das Resultat, in dessen Zentrum wieder nicht der Mensch, sondern ein unscheinbarer Buchbinderknoten steht, der die Ringe zusammenhält und zugleich ihre Drehbarkeit sichert. Gottfried Wilhelm Leibniz rechnet die Summe der Einstellbarkeiten aus und gibt ihren Wert mit 97.209.600 an. Aber ist die Rechnung auch gedeckt? Die vorgeführten Möglichkeiten werden immer wieder durch *blinde oder deutungslose Wörter* unterbrochen, die Harsdörffer zum Anlaß grundsätzlicher Überlegungen in Sachen Sprache werden: Um das Verhältnis zwischen kurrenten Wörtern und blinden Wörtern nicht allzu sehr auseinanderdriften zu lassen, versucht er die Untermenge der blinden Wörter so gering wie nur möglich zu halten. Der Trick ist einfach: Harsdörffer spielt seine Apparatur als legitime Instanz in Sachen Wortbildung

---

1 Harsdörffer, Schwenter: *Deliciae mathematicae Et Physicae*, loc. cit., II. Theil, S. 52.

2 Harsdörffer, Schwenter: *Deliciae mathematicae Et Physicae*, loc. cit., II. Theil, S. 514. Derlei aufwendige Anweisungen sind in Reprints nicht zu realisieren.

und Sprachrichtigkeit kurzerhand gegen die kulturelle Konvention aus. Die Maschine mit ihren Möglichkeiten und nicht die Performanz von Sprechergruppen soll über die deutsche Sprache entscheiden. Für die Systematik deutscher Stammwörter – Schottelius wird sie von *aal* bis *zyger* vollständig katalogisiert aufschreiben – konstatiert Harsdörffer, daß die Sprechergruppe im Gegensatz zur Papiermaschine nur mit einem reduzierten Code arbeitet. Seine Ehrenrettung bestimmter wundersamer Wörter bemüht daher nicht etymologische Rückverlängerungen oder gar die Nähe zum Hebräischen als der göttlichen Ursprache, sondern sie erhebt schlicht die Bauprinzipien selbst zum Kriterium für die Richtigkeit der Sprache. In Probedurchläufen wird er neben etablierten und bedeutungslosen *blinden* Wörtern immer wieder auf diese Konstruktionspläne verweisen. Das Stammwort *Abt* oder *Abbt* ergibt unter Auslassung blinder Wörter *Abbtbar / Abbthafft / Abtey / Abbtling / Abbtlein / Abbtschafft / Abbtin oder Abbtesin / Abbthum* etc. Wörtern, die den Benutzerohren zwar fremd klingen, sichert er das deutsche Stammrecht zu: "daß es 1. jederman verstehet / 2. nicht wol deutlicher anderst kan gegeben werden. 3. mit teutschen Buchstaben geschrieben / und also den Teutschen Endungen zugethan wird / wie viel andere / so besagte Eigenschafften haben."[1]

Doch die Erklärungen, mit denen Harsdörffer manche Resultate seiner virtuellen Wortwelt versieht, sprechen zumindest den Prinzipien 1 und 2 Hohn. An den Beispielen *Abbtling* "(der seiner Abbtey mißbraucht wie Neurling / Klösterling / Klügling)" oder dem Wort *mißalten* "(wann eine wollustige Jugend ein unlustiges oder abscheuliches Alter bringet)" wird Harsdörffers argumentativer Spagat sichtbar. Aber in genau diesem Überschuß gegenüber einer Standardnormalsprache wittert Harsdörffer auch den Nutzen namentlich für Poetenzwecke:

> Ist also dieses eine unfehlbare Richtigkeit / ein vollständiges Teutsches Wortbuch zu verfassen / und beharren wir in der Meinung / daß alle solche zusammen gesetzte Wörter / welche ihre Deutung würcken für gut Teutsch zulässig / sonderlich in den Gedichten / ob sie gleich sonsten nicht gebräuchlich.[2]

Daneben steht der Nutzen als mobiles Reimlexikon und so taugt der *Denckring* zur "Erfindung der Reimwörter / wann man die Reimsilben auf dem dritten und vierten Ring suchet / und die Reimbuchstaben auf dem zweyten Ring darzu drehet." Den mathematischen Hochrechnungen müssen derlei semantische Feinheiten entgehen, und so verbuchen sie die Wortkonstruktionen ganz unabhängig, ob sie im Sinne irgendeiner Semantik gelten oder eben nicht.

---

1 Harsdörffer, Schwenter: *Deliciae mathematicae Et Physicae*, loc. cit., II. Theil, S. 518.
2 Harsdörffer, Schwenter: *Deliciae mathematicae Et Physicae*, loc. cit., II. Theil, S. 518.

Was an den Grenzen der Aufschreibbarkeit entsteht, sind hybride Gebilde.[1] Eines der gängigen Probleme solcher Wissenssimulationen ist immer wieder die Frage nach dem Sinn und der Legitimität künstlich eingespielter Mehrwerte. Was in synoptischen Präsentationsweisen auf der Basis geschlossener Systeme unproblematisch ist wie bei Harsdörffer, ruft in anderen Kontexten die Frage nach der Legitimität von künstlichem Wissen und künstlicher Intelligenz um so nachhaltiger hervor: Können und sollen Verbindungen zulässig sein, die ausschließlich maschineller Effekt sind und keiner anderen Logik gehorchen? Genauer: Wer verantwortet das so entstandene Wissen, kann das System mögliche Häresien produzieren und wie geht das System mit den möglichen Häresien um? Fragen, die vor allem im Zusammenhang kombinatorisch entstandener Sätze und damit in den Diskussionen um Topik, Lullistik und Kombinatorik virulent werden. Heikel sind solche Fragen auf der Ebene künstlich generierter Aussagen, wie sie etwa von der Lullistik erzielt werden. Bei der durchgängigen Legitimität, alles auf alles abzubilden, könnten Kombinationen entstehen, die vom System selbst nicht gedeckt sind. Regularien oder Ausschlüsse müssen daher sicherstellen, das innerhalb eines solchen Systems etwa die göttliche Allmacht nicht mit Prädikaten verknüpft wird, die dieser Allmacht zuwiderlaufen.

Den genau umgekehrten Weg wird die Schriftdisziplin Kryptographie einschlagen. Was die Fachwissenschaft der Geheimschrift eng mit den Fragen nach der Präsentation und Generierung von Wissen verbindet, sind die zugrundeliegenden Theorien der Codierung. Und für die ist einmal mehr und aus sehr systematischen Gründen die Mathematik zuständig. Doch im Gegensatz zu jenen semantischen Mehrwerten, die Harsdörffer per Kreisscheibe erzielt und auf das Konto variationswilliger Poeten bucht, sind kryptographische Verfahren gezwungen, den Mehrwert konsequent auszuschalten. Ihr Bestreben muß es sein, aus pragmatischen Gründen die eigenen Kapazitäten so beschränkt wie nur immer möglich zu halten. Statt Duldung von Mehrwerten stehen für die Kryptographen an allen Fronten daher Reduktionen auf der Tagesordnung.[2] Die Sorge um die Effizienz der Codes

---

1 Veränderte Schriftanordnungen, die – wie im Fall des Films und der Reklame – "die Schrift vollends in die diktatorische Vertikale" drängen, hat sehr genau Walter Benjamin als augenfälliges Kriterium moderner Großstadterfahrung konstatiert. Vgl. etwa den *Vereidigten Bücherrevisor* aus der *Einbahnstraße*, der zudem auf die "die Eroberung der dreidimensionalen Schrift" im Medium der Kartothek eingeht: Der Umgang mit Zettelkästen wird für das Buch zum Verdikt, besteht dieses doch, wie die aktuelle wissenschaftliche Produktionsweise zeigt, lediglich in einer atavistischen "Vermittlung zwischen zwei verschiedenen Kartotheksystemen." Benjamin: *Gesammelte Schriften*, loc. cit., Bd. IV.1., S. 103.

2 Parallel zu den nachrichtentechnischen Überlegungen ergeht von Seiten der Kryptographie die Auffoderung, die Botschaften vorab zu verknappen und mittels protohermeneutischer Verfahren

und ihre Verknappung ist verständlich, gilt es schließlich Ziele wie Datensicherheit, Interzeptionsschutz, Benutzerfreundlichkeit und das nötige Maß an Eindeutigkeit zu sichern. Die Verfahren sind zu denen der ästhetischen Sprachbehandlung homolog, und so sind Verquickungen der Geheimschrift mit scheinbar ganz differierenden Diskursen und auf allen Ebenen nur verständlich. Ein einzigartiger Diskursverbund zwischen Mathematik, Philosophie, Diplomatie, Literatur, Pädagogik, Kommunikationstechnologie und auch der Gedächtniskunst[1] wird dafür sorgen, daß die Grenzen durchlässig und wechselseitige Partizipationen möglich werden. Wie fließend dabei die Übergänge sein können, zeigen die barocken Universalsprachentwürfe, und so ist es kein Wunder, daß in Personalunion die scheinbar unterschiedlichsten Interessen bearbeitet werden.[2] Die Grundlagen sind bei völlig konträrer Zielrichtung mit denen der Kryptographie identisch: Einmal mehr geht es um die Engführung von Wissen und Zeichensätzen, und natürlich um die Mathematik, die beide zur Deckung bringt. Und ist auf Seiten mathematischer Grundlagenforschung für Universalschriftpläne und Kryptographien gleichermaßen die Codiertheorie zuständig, so laufen beide Schriftdisziplinen in Applikation wie Pragmatik völlig auseinander: Anstatt aus Gründen universaler Kommunikation das Band der Rede so fest wie möglich um künftige Handelspartner und Glaubensbrüder zu schlingen, wird die Kryptographie das Band der Rede zerschneiden und die Fäden der Kommunikation nur noch zwischen Machteliten knüpfen. Und von der Etablierung interzeptionsgeschützter Kommunikation ist es nur noch ein Katzensprung zu den

---

kurzzufassen. Der Telegrammstil des 20. Jahrhunderts hat hier legitime Vorläufer. Zu den Allianzen von telegraphischer Nachrichtentechnik und Expressionismus vgl. Friedrich Kittler: "Im Telegrammstil". In: Hans Ulrich Gumbrecht und K. Ludwig Pfeiffer (Hrsg.): *Stil. Geschichten und Funktionen eines kulturwissenschaftlichen Diskurselements*, Frankfurt/M. 1986. S. 358-370. Zum Verhältnis expressiver Sprachtechniken und dem Feld der Pathologie vgl. die von Walter Benjamin rezensierte Dissertation des Berliner Nervenarztes Alexander Mette: *Über Beziehungen zwischen Spracheigentümlichkeiten Schizophrener und dichterischer Produktion*, Dessau 1928.

1 Zum direkten Umschlag einer Mnemotechnik in Kryptographie vgl. Johann H. Döbel: *Collegium Mnemonicum, Oder: Gantz neu eröffnete Geheimnisse Der Gedächtniß-Kunst / Darinn / Vermöge der in Kupfer gestochenen Gedächtniß=Stube / Der unvergleichliche Vortheil angewiesen wird/ Die H. Bibel / Jurisprudenz, Chronologie, Oratorie, &c. Nebst denen Mathematischen und andern Wissenschafften gleichsam spielend in kurtzer Zeit dem Gedächtniß zu imprimiren [...]*, Hamburg 1707. Die Abbreviaturen des mnemotechnischen Systems werden unmittelbar für die Zwecke der Geheimhaltung geltend gemacht. Vgl. zu Döbel II/2. *Auswendigkeiten: Von Kaisern, Kindern und Köpfen.*

2 Für solche Anschlußlogiken sind einmal mehr die *Deliciae mathematicae Et Physicae* mit ihrer thematischen Vielfalt ein guter Beleg.

Phantasmen barocker Datenfernübertragung.[1] Die Ausgangssituation konfrontiert ihre Sachbearbeiter mit ähnlichen Fragen: Sind die Zeichensätze so beschaffen, daß die aus ihnen geformten Codes der abzubildenden Grundmenge auch numerisch gerecht werden oder droht etwa ein Überschreiten möglicher Obergrenzen? Wenn eine Ökonomie der Zeichen herrschen soll, wird Statistik und nicht Eleganz ausschlaggebend. Es gibt Verschärfungen, wenn die Zeichen die Ebene kryptographischer Aufgeschriebenheit verlassen, im Raum bewegt und damit übertragen werden sollen. Was in den *Deliciae mathematicae Et Physicae* kurios anmuten mag – die zahlreichen und zum Teil sehr eigenwilligen Vorschläge zur Datenfernübertragung – war barocker Forschungsschwerpunkt. Unter physikalischer Abklärung sämtlicher Trägermedien wird Athanasius Kircher, der nicht umsonst als Hauptexempellieferant für die *Deliciae Mathematicae Et Physicae* figurieren darf[2], mit seinem Mitarbeiterstab die Telegraphie durch Luft, Licht und selbst durch den Magnetismus in seinen Schriften erwägen: *Problema VI. Steganologicum* seiner *Ars magnesia* von 1631 nimmt lakonisch vorweg, was im 19. Jahrhundert medientechnischer Standard heißen wird: "Occultos animi sui conceptus absenti vi magnetis manifestare."[3] Die Situationen, die zur Übertragung animieren, schlagen auf die Inhalte durch, und so sind selten freundliche Vertraulichkeiten Gegenstand nachrichtendienstlicher Tätigkeiten: Warnungen vor Feinden, Zusicherung militärischer Unterstützung und Informationen über belagerte Städte zeigen, daß im 17. Jahrhundert der Krieg nicht nur innerhalb der Sprache und das heißt im Reich der Wörter tobt.[4] Dito kann Kirchers Werk über die Töne, die *Musurgia Universalis* (1650) verfahren und gleich-

---

1 Daniel Schwenter, selbst Verfasser einer *Steganologia & Steganographia Nova. Geheime Magische / Natürliche Red und Schreibkunst* (Nürnberg 1620) benennt unterschiedliche Kommunikationsmodalitäten, die zugleich die Einteilung seines Kryptographiekompendiums bilden: Nahkommunikation im Beisein Dritter (1. Buch), Kommunikation über mittelweite Entfernungen bei Tag und Nacht (2. Buch), Kommunikation über lange Distanzen (3. Buch). Es folgen Details über geheime Briefübermittlung und natürlich die Palette kryptographischer Verfahren.

2 Vgl. dazu das Vorwort zu Neuedition von Berns, loc. cit.

3 Athanasius Kircher: *Ars magnesia [...]*, Herbipolis 1631, S. 35.

4 Die logistische Einbindung Kirchers in das Kommunikationsnetz seiner Zeit rekonstruiert Gerhard F. Strasser: So werden kryptographische Details in Briefen mit Kaiser Ferdinand III. erörtert und sind über Jahrzehnte hinweg Gegenstand seiner Kommunikation mit den Beichtvätern des österreichischen Kaiserhauses und dem Wolfenbüttler Hof. In Kirchers Briefkonvolut findet sich die Kopie "eines abgefangenen chiffrierten Briefes des schwedischen Generals Banér an Generalmajor Stalhanske" ebenso wie "die "neue" Chiffre der Jesuitenkorrespondenz für Indien aus dem Jahre 1601 mit dem Kennwort "Goa": zwei Beispiele, die für die Bereiche Politik und Mission stehen. Vgl. Gerhard F. Strasser: *Lingua Universalis. Kryptologie und Theorie der Universalsprachen im 16. und 17. Jahrhundert*, Wiesbaden 1988 (Wolfenbütteler Forschungen, Bd.38), S. 142ff.

zeitig noch seine Forschungsergebnisse über das Trägermedium Licht aus der großen *Ars magna lucis et Umbrae*[1] bemühen: "Quemadmodum per Lucem & Umbrem in Arte Magna, occultos animi conceptus absentibus communicari posse dokuimus, ita & per sonum".[2] Neben den aufwendigen Abhöranlagen, die Kircher ventiliert, ist er selbstredend um Vorschläge für eine Musiksteganographie nicht verlegen. Interzeption und Interzeptionsschutz ergehen beim Jesuitenpater im selben Medium. Kirchers Mitarbeiter Kaspar Schott darf die nachrichtendienstliche und geheime Kompetenz seines Lehrers in seiner *Magia Universalis* (1657) in aller Lakonik auf folgenden Nenner bringen: "Kircherus excellit in arte cryptologica."[3] Liber VIII. *De Magia Catoptro-Logica, Et Catoptro-Graphica sive De Modo arcano per specula absentibus loquendi, & scribendi* ist ausschließlich für Kommunikationstechnik im Medium der Katoptrik reserviert. Im Rückgriff auf Schwenter, della Porta und Andreas Tacquet darf natürlich auch eine *Cryptologia Catoptrica* nicht fehlen, die Schott an seiner Modellsituation, zwei auf räumliche Distanz gebrachte Freunde, durchspielt: "De distantia ad quam res Catoptrica arte proijci possunt."[4]

Schotts *Technica Curiosa* (1664), die ausführlich auf Kirchers *Polygraphia Nova Et Universalis Ex Combinatoria Arte Detecta* aus dem Vorjahr eingeht[5] und damit auf ein Werk verweist, das wie kaum ein anderes für die Wechselspiele zwischen universaler und geheimer Sprache steht, spinnt das Phantasma der Schreibkünste über ihre kryptographische Zuspitzung hinaus weiter. Und natürlich gilt auch hier: "Primus est P. Athanasius Kircherus."[6] Neben Codiervorschlägen mittels Punkten

---

1 Athanasius Kircher: *Ars magna lucis et umbrae [...]*, Rom 1646.

2 Athanasius Kircher: *Musurgia Universalis sive Ars Magna Consoni ET Dissoni [...]*, Rom 1650, S. 360.

3 Kaspar Schott: *Magia Universalis Naturae ET Artis. Opus Quadripartitum*, Würzburg 1657, S. 425.

4 Schott: *Magia Universalis*, loc. cit., S. 434. Zur enormen Rolle von Optik und Katoptrik (auch und gerade) als Medium der Übertragungstechnik vgl. – pars pro toto – die *Deliciae mathematicae Et Physicae*. Im Reich skripturaler Aufzeichnungstechniken bleibt die Stimme außen vor. Das gilt selbst noch für das Echo, das daher analog zu optischen und katoptrischen Phänomenen traktiert wird. So kann Schott in der *Cryptologia Catoptrica* das Phänomen des *catoptrischen Echos* bemühen. Bei ihm wie bei Kircher kommt der Schall unter das Messer und wird zerschnitten: Damit ist auch für ihn das Reich skripturaler Kombinatorik eröffnet. Vgl. Bettine Menke: *Die Rhetorik der Stimme und die Stummheit der Texte. Geräusche und Rauschen in und nach der Romantik*, Habilitationsschrift Frankfurt/Oder 1996. Dort vor allem das Zwischenspiel I: *Echos – Die Trope der Stimme und der Lärm ihres Wiederhallens*.

5 Athanasius Kircher: *Polygraphia Nova Et Universalis Ex Combinatoria Arte Detecta*, Rom 1663.

6 Kaspar Schott: *Technica Curiosa, sive mirabilis artis*. Nachdruck der Ausgabe Nürnberg 1664, Hildesheim, New York 1977, S. 479.

und Strichen erfolgt mühelos der Anschluß an das zeichenökonomische Reich der Tachygraphien oder Schnellschreibkünste. Deren Nutzen – im öffentlichen wie im privaten Leben – wird aufwendig beschworen, und neben diversen Vorschlägen zur Optimierung mittels Redundanztilgung und einer besonders effizienten Zeichengestaltung, neben der Verabreichung handlicher Umsetzungstabellen dürfen natürlich auch die Urteile der Sachverständigen nicht zu kurz kommen: Neben dem Stenographiefreund Justus Lipsius werden die entsprechenden Hinweise auf die *Deliciae mathematicae Et Physicae* nicht fehlen. Fließend sind auch für Schott die Übergänge, und so ist es von der Schnellschrift mittels einer *Tachygraphia arithmetica* nur ein Schritt zum Reich der Kryptographie. Zwischen dem Eintrag in die Register der Ökonomien wie im Fall der Schnellschreibkunst und der Verpflichtung auf mögliche Ausschlußnetze wie im Fall der Kryptographie entscheidet nur eine Pragmatik. Im Jahr 1665 wird Schott eine weitere Schrift über die Schrift veröffentlichen, die dann ausschließlich der Kryptographie verpflichtet sein wird. Für den Tanz der Lettern und die Mobilität der Zeichen im Prozeß des Codierens stehen entsprechende Handgreiflichkeiten parat. So enthält seine *Schola Steganographica* Verschlüsselungsapparaturen auf der Basis einfacher oder mehrfach geschalteter Kreisscheiben. Was für Harsdörffer Gegenstand von Überlegungen und Begründungen war, ist hier Pflicht: die konsequente Erzeugung *blinder Wörter* oder Chiffren. Ein typisches Beispiel solcher Verdrehkunst führt vor, wie aus dem Klartext HAC NOCTE AGGREDIAR CASTRA. die Ziffernfolge 10. 3. 2. 12. 13. 2. 23. 5. 3. 6. 6. 21. 5. 4. 7. 3. 21. 2. 3. 19. 23. 21. 3. wird.[1]

Wenn die Informationen der Logik ihrer Postierbarkeit und damit im Wortsinn der Schicklichkeit gehorchen, werden direkte Wechselwirkungen zwischen Trägermedium und Codierweise selbstverständlich. Die Konzession an die nachrichtentechnische Pragmatik ist hoch, und man ist bereit, ihr einiges an sprachlicher Eleganz aufzuopfern. Das nachrichtentechnische Stichwort heißt – mit Volker Aschoff[2] – Kanaloptimierung, und die meint nichts anderes als die Abhängigkeit von Code und technischem Signal nach Maßgabe seiner statistischen Häufigkeit. Ein Verfahren, das ebenso einfach wie folgenreich ist und sein wird. Die Zeichenanordnung auf irgendwelchen Schreibmaschinen- oder Computertastaturen wird davon ebenso betroffen sein wie die Synergie von Zeichen und Körper in allen nur

---

1 Kaspar Schott: *Schola Steganographica, In Classes Octo Distributa [...]*, Nürnberg 1665, S. 180. Zuständig für die Dechiffrierung von Codes, die die Häufigkeitsverteilungen beibehalten, ist einmal mehr die Statistik. Daran wird sich bis in die Logik der Weltkriegskryptographie und der Erfindung des Computers nichts ändern.

2 Volker Aschoff: "Aus der Geschichte der Telegraphen-Codes". In: Rheinisch-Westfälische Akademie der Wissenschaften, Vorträge, Opladen 1981, S. 7.-35.

möglichen Semiotechniken.[1] Stellvertretend sei nur auf die Stenographie[2] verwiesen, deren Effizienz darin besteht, den Körper des Schnellschreibenden und die bemeßbare Stetigkeit seines Schreibflusses einander anzunähern. Dazu müssen unterschiedliche Kenntnisse enggeführt werden: zum einem das Wissen um die Häufigkeit der Buchstaben, zum anderen das um die Motorik des Körpers.[3] In der Logik solcher Bemühungen werden die Basisalphabete verkürzt und die Lettern mit der häufigsten Frequenz mit möglichst unaufwendigen Zeichenfolgen belegt. Frantz Keßler, einer der Pioniere auf dem Feld der optischen Telegraphie, bringt Konzession wie Nutzen solcher Eingriffe auf den Punkt:

> weiln aber das a am nechsten uber der 4. Ziffer befunden / so kan man in diesem wort das a wol / als zu uberflüssigem verstand gebrauchen / und gehet also viel schleuniger von stat / unangesehen daß es nit mo / sonder ma heisset / sintemaln das wort morgen / auch wol margen geschrieben seynd / zur noth gnugsam verstandt bringen mag.[4]

Eine Konzession, die auch immer wieder im Rahmen der Anagrammatik diskutiert wird. Während der Purist Schottelius die Auslassung oder Unterschlagung von Lettern der zu verwechselnden Ausgangsmenge weit von sich weisen wird, ist die Verwechslungsmoral anderer Autoren relativ lax. Da fällt schon mal ein Buchstabe unter den Tisch oder wird durch einen gerade passenden ersetzt. Wie Schottelius sind auch Harsdörffer derlei Mogeleien ein Dorn im Auge, und so überzieht er

---

1 Neuere Anwendungen betreffen die Aufarbeitung digitaler Bilddaten, wie sie in der Huffman-Codierung vorliegt. Im Rückgriff auf das Morse-Alphabet werden dabei "die häufiger auftretenden Symbole auf kürzere, selten auftretende auf die langen Codes" abgebildet. "David Huffmann hat gezeigt, wie man aus der Wahrscheinlichkeitsverteilung von Symbolen den bestmöglichen Code zuordnen kann. Das Handwerkszeug ist der binäre Baum." Vgl. Bernd Steinbrink: "Bilderspuren. Aufzeichnungs- und Grafikformate der Photo-CD". In: *c't* Heft 4 (1993), S. 238.

2 Vgl. dazu Alfred Junge: *Die Vorgeschichte der Stenographie in Deutschland während des 17. und 18. Jahrhunderts*, Leipzig 1890.

3 Das Wissen um die Sprache und das um den Körper werden zum Teil getrennt voneinander vorangetrieben. Zur Deckung gelangen sie etwa in F. W. Kaedings *Häufigkeitswörterbuch der deutschen Sprache. Festgestellt durch einen Arbeitsausschuß der deutschen Stenographiesysteme*, Steglitz bei Berlin 1893. Kaeding nimmt unter der Rubrik "Geläufigkeitsuntersuchungen" Bezug auf schreibergonomische Experimente, die mit der elektrischen Punktiernadel Thomas Alva Edison's unternommen wurden. Vgl. zu den Details einer solchen – nicht metaphorischen – Annäherung von Wörtern und Menschen A. Binet, J. Courtier: "Sur la vitesse de mouvements graphiques". In: *Revue philosophique de la France et de l'étranger*, Nr. 6 (1893). S. 664-671. Vgl. dazu auch II/6. *(Un)Geläufigkeiten*.

4 Frantz Keßler: *Unterschiedliche bißhero mehreren Theils Secreta Oder Verborgene geheime Künste. Deren die Erste genant / Ortforschung / dadurch einer dem andern durch die freye Lufft hindurch über Wasser und Land / von sichtbahren zu sichtlichen Orten / alle Heimligkeiten offenbahren / und in kurtzer Zeit zuerkennen geben mag*, Oppenheim 1616, S. 35.

seine Anagrammatik mit Lehrsätzen, die vor unzulässigen Verwechslungen warnen. "Alle und jede Buchstaben deß Nahmens" müssen in den Wechselschluß eingebracht werden und "womöglich unverändert / das u und i die Stimmer nicht fur v und j setzend." Nur der Hauchlaut H ist frei von solchen Sanktionen, ist er doch als Hauchlaut im Reich der Lettern für nicht ganz voll zu nehmen: "Doch hat das h. weil es vielmehr ein Hauchlaut / als ein vollstimmiger Buchstab / die Befreyung / daß es mag eingeruckt oder übergangen werden."[1] Dem Buchstaben H wird daher eine einzigartige Karriere in den zeichenökonomischen Bestrebungen auch über das Barock hinaus beschieden sein. Christian Hinrich Wolke, Telegraphenbauer, Universalspracherfinder[2] und Spezialist für sämtliche Anliegen einer Pädagogik, die vom Lesenlernen über die planmäßige Schärfung der Sinnesorgane bis hin zu einer unbeschwert aufgeklärten Sexualerziehung nebst Spezialstudien in Sachen Taubstummheit reichen[3], wird dem vernachlässigten Anliegen eines kulturellen Zeichenhaushaltes immer wieder unaufgefordert eine Stimme verleihen. Sein *Anleit zur deutschen Gesamtsprache* von 1812, dessen vollständiger Titel programmatischer kaum hätte geraten können, wird dem Buchstaben H, der in seiner Entbehrlichkeit so sehr gegen Wolkes Moral der Zeicheneffizienz verstößt, buchstäblich zum Verdikt: "Das elende Dehnzeichen h kam auf, one sagen zu können, wi es zugegangen."[4]

Was inventionswillige Poeten unbekümmert praktizieren, erfährt im Kontext barocker Nachrichtenübermittlungen seine theoretische Aufarbeitung und pragmatische Zuspitzung. Der eigentlichen Zuordnung von Klartext und Code gehen Überlegungen voraus, die eine mögliche Reduktion der Ausgangsmenge – sie möge nun verschlüsselt und/oder übertragen werden – ebenso betreffen wie die Anordnung nach Maßgabe von Frequenzen und der Übertragungsökonomie. Kürzungen am

---

1 Harsdörffer, Schwenter: *Deliciae mathematicae Et Physicae*, loc. cit., II. Theil, S. 514.

2 Vgl. dazu Christian Hinrich Wolke: *Erklärung wie die wechselseitige Gedanken-Mitteilung aller cultivierten Völker des Erdkreises oder Die Pasigraphie möglich und ausüblich sei, ohne Erlernung irgend einer neuen besonderen oder einer allgemeinen Wort- Schrift- oder Zeichen-Sprache*, Dessau 1797.

3 Im Umfeld der Taubstummenpädagogik werden neben Erforschung und Etablierung diverser Kommunikationsstrategien Überlegungen laut, die für Effizienz wie Ökonomie goethezeitlicher Lesepädagogik ihre Rolle spielen werden. An zentraler Stelle wäre die Reduzierung auf den Lautwert von Buchstaben und Silben zu nennen. Zur pädagogischen Umsetzung vgl. Kittler: *Aufschreibesysteme*, loc. cit.

4 Christian Hinrich Wolke: *Anleit zur deutschen Gesamtsprache oder zur Erkennung und Berichtigung einiger (zu wenigst 20) tausend Sprachfehler in der hochdeutschen Mundart; nebst dem Mittel, die zahllosen, – in jedem Jahre den Deutschschreibenden 10 000 Jahre Arbeit oder die Unkosten von 5 000 000 verursachenden – Schreibfehler zu vermeiden*, Dresden 1812, S. 18. Zu Wolke vgl. auch II/5. *Die gelehrigen Körper des Merkens.*

Alphabet werden üblich und müssen den Spagat zwischen Eindeutigkeit und Effizienz überstehen. Für die Codierung selbst sind einmal mehr Apparaturen und Handgreiflichkeiten zuständig. Avanciert wie Harsdörffers Kreisscheiben können auch
die Aufzeichnungstechniken der Kryptographen sein und sie bemühen eine Simula-
tionstopik, die mehr ist als das ihr unmittelbar Eingeschriebene und die im Interesse
der Datensicherheit Klartext und Original aufeinander abbildet. Einmal mehr gerät
die Sprache in eine Bewegung, deren scheinbare Unabschließbarkeit durch Zeiger,
Schablonen und andere Apparaturen gesichert wird. Das geduldige Papier wird zu
diesen Zwecken ähnlichen Prozeduren unterzogen wie das Wissen, das es darstellen soll. Das Papier wird in Tabellen, Kolonnen oder Kreisscheiben zerschnitten
und die Kontiguität der Schriftteile zueinander in Algorithmen beschrieben. Jenseits
des Buches und seiner linearen Abfolgen werden Gebrauchsanweisungen das Geschehen auf dem Tableau möglicher Zeichensysteme regeln. Mit der Ruhe der Repräsentation ist es dahin, die Zeichen – vom Alphabet über die Zahlen bis hin zur
Graphik irgendwelcher Sonderzeichensätze[1] – geraten in eine Bewegung, die von
Ökonomie und Macht diktiert werden. Und ob der Tanz der Lettern einmal die
Möglichkeiten von Anagrammatik oder visueller Poesie vollführt oder in Sprach-
entwürfen – universal oder kryptographisch – die Grenzen alternativer Repräsentation erprobt, ändert an der Zuständigkeit der Mathematik nichts. Wenn ausschließlich Stellwerte über Zeichensysteme entscheiden, so hat die Stunde der Me-
chanisierbarkeit geschlagen. Und die macht vor Flächen, vor Zuordnungstabellen,
Scheiben und Drehmomenten nicht halt. Sind die Grenzen der Darstellbarkeit in der
Fläche erschöpft, wandert das Wissen nach guter logistischer Manier in die Dreidimensionalität des Raumes und damit in Kisten, die anders als bei Harsdörffers
Anweisung zum Registermachen im Jenseits des Alphabets operieren. Steganographische Kisten führen die Multiplikation der Einstellbarkeiten nun nicht mehr in der
Planheit von Buchseiten vor, sondern in den drei Dimensionen des Raumes.

Eines dieser Kästchen führt direkt in die Zentren der Macht: als 1663 und damit
im Erscheinungsjahr von Schottelius' *Ausführlicher Arbeit Von der Teutschen*

---

1 Deren Spannweite reicht von arbiträren geometrischen Mustern bis hin zu Anleihen an vorhandene Zeichensystemen wie etwa der Hieroglyphik. Neben der Konstruktion neuer Zeichensysteme steht ein vehementes Interesse an der Entzifferung alter Schriften. Auch auf diesem Sektor
sind Kircher und Schott einschlägig. Vgl. etwa Kircher: *Oedipus Pamphilius [...]*, Rom 1650
und den *Oedipus Aegyptiacus [...]*, Rom 1652, sowie sein frühe Sprachlehre, die *Lingua Aegyptiaca Restituta [...]*, Rom 1643. Zum Verhältnis von Hieroglyphik und Kryptographie vgl. Jan
Assmann: "Zur Ästhetik des Geheimnisses. Kryptographie als Kalligraphie im alten Ägypten".
In: Susi Kotzinger, Gabriele Rippl (Hrsg.): *Zeichen zwischen Klartext und Arabeske. Konferenz
des Konstanzer Graduiertenkollegs 'Theorie der Literatur'. Veranstaltet im Oktober 1992*, Wien,
Amsterdam 1994. S. 175-186.

HaubtSprache Kirchers *Polygraphia*[1] auf den Markt kommt, hat die steganographische Kiste seines 3. Syntagmas bereits eine ganz andere Karriere hinter sich gebracht. Als künstliches Komponierkästchen war sie in der *Musurgia Universalis* (1650) unter dem Decknamen *Arca Musarithmica* für die Erstellung vierstimmiger Sätze zuständig und durfte in der Geschenkhitliste europäischer Fürstenhöfe ganz oben rangieren.[2] Der Entstehungsanlaß von Kirchers *Polygraphia* war selbst ein Politikum. Kein Geringerer als Kaiser Ferdinand III. wird an den Vertreter des Jesuitenordens, der zugleich den kaiserlichen Beichtvater stellt und so Zugang zu einem Wissen ganz eigener Art hat, die doppelte Anfrage richten: Erstens nach dem universellen Band, das alle Untertanen seines Reiches kommunikativ einen könnte und zweitens nach der Tauglichkeit der kryptologischen Systeme, die der Abt Trithemius in seiner Polygraphie vorstellt, zu genau diesem Zwecke.[3] Kircher ist seinem Mäzen, der die Publikation einiger Schriften erst ermöglicht hat, diese Arbeit schuldig, und so werden die kaiserlichen Anfragen 6 Jahre nach dessen Tod im Jahre 1657 endlich auch beantwortet. Und wie die *Polygraphia* des Trithemius steht Kircher im Zeichen eines kommunikativen Doppels und changiert zwischen Geheimnis und Universalität, damit zwischen Aus- und Anschluß.[4] Und weil im Dienste der Macht immer beides gebraucht wird, können polygraphische Verfahren mühelos die Fronten wechseln und zu ganz anderen Dingen tauglich sein. Kirchers neue, universale und aus der Kombinationskunst entdeckte Polygraphie ergeht in 3 Syntagmen. Syntagma I. "Linguarum Omnium Ad Unam Reductio" arbeitet mit den 5 Sprachen (Latein, Italienisch, Französisch, Spanisch und Deutsch) und sichert die Übersetzbarkeit von einer gewählten Ausgangsprache in jede beliebige Zielsprache. Ermöglicht wird der Übersetzungsautomatismus durch Organisation und Zusammenspiel zweier Wörterbücher. *Dictionarium A.* ist für alle 5 Sprachen, die in 5 Parallelspalten pro Seite angeordnet sind, alphabetisch aufgebaut: Jedem

---

1 Athanasius Kircher: *Polygraphia Nova Et Universalis*, loc. cit. Zu Entstehungsgeschichte und anderen Details vgl. Strasser: *Lingua Universalis*, loc. cit.

2 Vgl. Strasser: *Lingua Universalis*, loc. cit. S. 144f. Zur Rolle des Mäzenatentum und damit zu den Verbindungen von Gelehrsamkeit und Fürstenhöfen vgl. Kühlmann: *Gelehrtenrepublik und Fürstenstaat*, loc. cit.

3 Der Kaiser war mit der Polygraphie des Abtes bestens vertraut und sein Interesse an Trithemius entsprechend hoch. "Kaiser Ferdinands III. ausgezeichnete Kenntnis der 'Polygraphia' beruhte ja darauf, daß er als junger Erzherzog mit Hilfe einer von seinem Lehrer eigens angefertigten zweispaltigen lateinisch-tschechischen Abschrift von Buch I dieser 'Polygraphia' Tschechischunterricht erhielt." Strasser: *Lingua Universalis*, loc. cit., S. 156.

4 Allerdings sind die Zeichen der Sprachmagie, mit denen Trithemius seine *Steganographia* von 1606 meisterlich umgibt, linguistischer Nüchternheit gewichen. Zu einer Lektüre, die stark von der sprachmagischen Einkleidung affiziert war, vgl. Wolfgang Ernst Heidel, *Johannis Trithemii Steganographia vindicata, reservata et illustrata*, Mainz 1676, S. 69f.

Eintrag in jeder Sprachspalte ist eine numerische Adresse zugeordnet, die in das *Dictionarium B.* verweisen wird. Dort sind in 5 Spalten mit je 40 Einträgen pro Seite direkt die Übersetzungen verbucht. Man sucht für das entsprechende Wort der Ausgangssprache eine Adresse, die aus einer römischen Zahl für die Diktionärsseite und einer arabischen Zahl für die Zeile besteht. An der entsprechenden Stelle oder a.a.O. sind die Übersetzungsvorschläge in die Menge der Zielsprachen verbucht. Unter II.3. wird die Farbe *weiß* polyglott aufgearbeitet:

albus. 3. bianco 3. blanc. 3. blanco. 3. weiss. 3.

Um diesen semantischen Abgleich zu ermöglichen, müssen die Zahleneinträge im *Dictionarium* entsprechend numerisch verstreut sein. Die Einträge einer Zeile haben dort für parallele Lektüren keine Signifikanz: Weil die alphabetischen Abfolgen in den einzelnen Nationalsprachen aus dem Ruder laufen oder auseinanderdriften, sind in den Zeilen dort Daten wie Adressen kontingent. Nur für die erste Spalte (lateinisch) fallen Alphabet und Adreßsystem zusammen und kommen zur Deckung:

albus. II. 3.   amare. II.7.   appartenir. XVIII.6.   alatarde. XVIII.14.   auffstehen. XVII. 31.

Erst ein Alphabet und ein einfaches Zahlen=Zählsystem machen die Wörter der Welt füreinander transparent. Und da die ABCischen Reihenfolgen der dort vernetzten Nationalsprachen so wunderbar auseinanderdriften, müssen sie durch andere und außersprachliche Verweissysteme zu einer Abbildung gebracht werden, der sie selbst entlaufen: Ein Korsett aus Zahlen umschließt das Tableau der Wörter und leistet jene Bezüge, auf die das abcische Ordnungsregiment ihre Wörteruntertanen eben nur innerhalb je *einer* Nationalsprache verpflichtet. Ein schlichter Adreßwechsel nähert die Weltsprachen einander an und macht so Entferntes beziehbar: die Märkte einer Welt, die Untertanen eines Reiches, die Heidenmission auf Seiten der Theologie. Auf Kirchers technischem Tableau treffen Seelsorge, Verwaltung, Merkantilismus[1] und natürlich die Pädagogik – auch und vor allem die der Taubstummen – zusammen.[2]

---

1 Für den merkantilistischen Aspekt und seine Bestrebungen vgl. vor allem Johann J. Becher: *Character, Pro Notitia Linguarum Universali* (1661). Im Trend der dort angelegten Mechanik liegt eine Veröffentlichung aus dem 20. Jahrhundert von W.G. Waffenschmidt: *Zur mechanischen Sprachübersetzung. Ein Programmierungsversuch aus dem Jahre 1661. J.J. Becher. Allgemeine Verschlüsselung der Sprachen, Veröffentlichungen der Wirtschaftshochschule Mannheim* (Reihe 1: Abhandlungen. Band 10), Stuttgart 1962. Bechers *Allgemeine Verschlüsselung der Sprachen* steht im Kontext einer barocker *Mathesis universalis* und damit in Analogie zu Projekten bei Descartes, Leibniz und Comenius. Bechers "Meta-Schrift über den Sprachen" – so

Den Übergang von der Universalität einer Sprache zu ihrer Exklusivität markieren die Syntagmen II und III. Die steganographische Kiste nach dem Vorbild des Abtes Trithemius kommt im II. Syntagma zum Einsatz und damit die Lettern in Bewegung. "Unius Linguae Ad Omnes Alias Extensio aliamque arcanam scribendi rationem continet." "Syntagma III. De Technologia sive De arcano Steganographica universali combinatione rerum. Quo Mille paene modis alter alteri, arte humano ingenio impenetrabili, arcana mentis sensa manifestare potest."[1] Weil die Anordnung der Verschlüsselungstabellen auf dem Papier zu unhandlich ist, werden die Alphabete auf herausziehbare Streifen geschrieben und diese nach einem Zuordnungsschema in einer kombinatorischen Kiste angeordnet. So wird mühelos implementiert, was in der Kryptographie Multiplikationschiffre heißt. Chiffrier- wie Dechiffrierung unterliegen der kombinatorischen Logik und damit der Mechanik der Kiste und der Stellbarkeit ihrer Ordnungen.[2] Ob für den Dienstgebrauch irgendwelcher Kanzleien oder für die Geheimnisse der Posten[3], ob für die (noch) Unerzogenen

---

Walter Seitter – ist zugleich kryptographietauglich und erlaubt es "auff das geheimste und sicherste miteinander zu correspondieren". Zit. nach Walter Seitter: "Zur Gnealogie hiesiger Modernität: Der Humanismus der Polizeiwissenschaft des 17. Jahrhunderts".: Thomas Hübel (Hrsg.): *Glückliches Babel. Beiträge zur Postmoderne Diskussion [...]*, Wien 1991. S. 81.

2 Zu den Vorläufern vgl. Strasser: Er verweist auf den spanischen Jesuiten Pedro Bermudo (1610-1664) und seinen *Arithmeticus Nomenclator* (1653). Entstanden im Kontext der Taubstummenpädagogik erreichte es durch die Aufnahme des Kirchermitarbeiters Kaspar Schott große Popularität. Die These, Universalsprachen würden sich besonders gut für die Defektensemiotik eignen, treibt auch andere Projekte voran, wie George Dalgarno's *Didascalocophus or The Deaf and Dumb mans Tutor* (1680). Bermudos *Arithmeticus Nomenclator* findet Eingang in Leibniz Dissertation *De Arte Combinatoria*. Schott mystifiziert Bermudos Unternehmen durch den Hinweis, der Verfasser sei – "oh Wunder!" – selbst vom Defekt der Taubstummheit geschlagen. Ein Befund, den die Historiographen der Taubstummenpädagogik bisher nicht übernehmen (können). Vgl. auch Otto Funke: Zum Weltsprachenproblem in England im 17. Jahrhundert [...], Heidelberg 1929.

1 Kircher: *Polygraphia*, loc. cit., S. 128.

2 Was Kircher im Rückgriff auf Trithemius in Kombinationskisten anordnet, beruht auf Verfahren, die ihre Brisanz bis ins 20. Jahrhundert erhalten werden. Die Weltkriegskryptographen waren nur auf dem Sektor der Mechanik weiter.

3 Vgl. dazu Harsdörffers *Der Teutsche Secretarius. Das ist: Allen Cantzleyen / Studir- und Schreibstuben nutzliches / fast nothwendiges / und zum drittenmal vermehrtes Titular- und Formularbuch* (Nürnberg 1656), Reprint Hildesheim New York 1971. Dazu jüngst: Bernhard Siegert: "Netzwerke der Regimentalität. Harsdörfers 'Teutscher Secretarius' und die Schicklichkeit der Briefe im 17. Jahrhundert". In: *Modern Language Notes*, German Issue, Vol. 9 (April 1990). S. 536-562. Siegert weist dort eine postalische Logik nach, die dazu führte, daß und wie "nicht etwa fiktive Fürstenbriefe, sondern Abschriften von zwischen 1647 und 1650 tatsächlich postierten Originalen" Eingang in den *Teutschen Secretarius* finden konnten.

unter den Taubstummen und Blinden, ob für zu missionierende Heiden, als Subjekte getarnte Untertanen oder die Agenten potentieller Weltmärkte: Das Interesse für Kryptographie wie Universalsprachen ist enorm, barocke Beispiele und diskursive Verbindungsagenten sind Legion.[1]

Den Codes geht in der Regel eine Bestandsaufnahme voraus, die für die Totalität des zu Erfassenden Obergrenzen angibt. David Solbrig, der in seiner *Allgemeinen Schrift, Das ist: Eine Art durch Ziffern zu schreiben* von 1726 wie Kircher auf der Suche nach einer praktikablen Polygraphie ist, arbeitet mit einem künstlichen Adreßsystem auf der Basis von Ordinalzahlen.[2] Die Grundmenge seiner universalsprachlich übersetzbaren Wörter wird er mit insgesamt 11915 angeben. Während nur Eigennamen in einem Alphabet auf der Basis einfachster Zuordnungen (A - 1, B - 2, C - 3 usw.) übersetzt werden, weist Solbrig den einzelnen Wörter schlicht Ziffern zu: Von 1-11915 dürfen die Wörter mit ihren Adressen, und die Adressen mit ihren Codes zusammenfallen. Ein Minimalset an Sonderzeichen regelt über den bloßen Aufruf die Grammatik der Zahlenwörter, teilt Substantiven Casus, Genus, Numerus und Verben ihr Tempus zu. Steht etwa einer Zahl ein ! voraus, so steht das entsprechende Wort im Vokativ. Ein Strich markiert den Genitiv, ein Doppelstrich den Dativ. Einmal mehr begegnen sich die Dinge der Welt unter der Zuordnung von Zahlen und der Arbitrarität von Sonderzeichen. In einer kurzen Gebrauchsanweisung erläutert Solbrig zwei Schlüssel, die potentielle Nutzer seiner Registratur nach Maßgabe der Tätigkeiten Lesen und Schreiben auseinanderdividiert: Wer lesen will, der hält sich an die Ordnung der Zahlen, und wer schreiben will, an die des Alphabets. Der lateinischen Ausgabe unter dem Titel *Scriptura Oecumenica, Hoc Est Ratio Scribendi Per Ziffras* wird ein Kupfer voranstehen, auf dem die Dinge einer belebten Landschaft mit ihren Zahlen direkt verbucht und auf

---

1 Friedrich Immanuel Niethammers *Über Pasiegraphik und Ideographik* (Nürnberg 1808) wird das eigene Anliegen eines Universalcodes, der die Wirtschaftsbeziehungen ebenso wie die Kognition verbessern soll, in Auseinandersetzung mit den barocken Entwürfen vornehmen. Niethammer, der an einflußreicher Stelle im bayrischen Innenministerium für Schulreform und Erziehungsfragen zuständig sein wird, verzichtet dabei auf nationalsprachliche Bindung und träumt von einem Zeichensystem, das statt eines Schreibens ein direktes Denken auf dem Papier ermöglicht. Die systemtheoretische Version für die Steigerung von Komplexität im allgemeinen und der Rolle Niethammers im besonderen vgl. Niklas Luhmann "Theoriesubstitution in der Erziehungswissenschaft: Von der Philanthropie zum Neuhumanismus". In: ders.: *Gesellschaftsstruktur und Semantik. Studien zur Wissensoziologie der modernen Gesellschaft*, Bd. 2, Frankfurt/M. 1993. S. 105-194.

2 David Solbrig: *Allgemeine Schrift, Das ist: Eine Art durch Ziffern zu schreiben, Vermittelst derer Alle Nationen bey welchen nur einige Weise zu schreiben im Gebrauch ist, ohne Wissenschaft der Sprachen, von allen Dingen ihre Meynungen einander mittheilen können*, Saltzwedel 1726.

der ganzen Bildfläche verteilt sind. Eine Brücke am linken Bildrand ist mit 12267 überschrieben, ein in der Bildmitte fliegender Vogel mit 2758 unterschrieben, und im Zentrum der Sonne prangt deren Zahl 1127.[1]

Es gehört zum Phantasma solcher Systeme, daß man Schaltbarkeiten an die Stelle einer Sprachkompetenz/-Performanz stellt, die etwa über ein Verstehen von Grammatik, Syntax und Semantik läuft.[2] Immer wieder werden Universalschriftentwürfe und andere Paradigmen willkürlich mechanisierbarer Vernetzung darauf hinweisen, daß ihre Handhabe eben genau "ohne Wissenschaft" vonstatten geht und gehen kann. Im Reich bewegter Lettern sind weder Kontext noch Sprachgeschichte zuständig. Eine solche Sprachökonomie fordert natürlich auch bei Solbrig Opfer: Der inhaltliche Nutzen sei so groß, "daß er nach der Zierlichkeit der Worte nicht groß fragen werde."[3] So oder ähnlich lauten die Konzessionen barocker Sprachagenten. Die Transparenz über die Nationalsprachgrenzen hinweg ist Solbrigs Ziel und die Heidenmission eines der explizit angesprochenen Einsatzgebiete. Fast schon überflüssig ist der Hinweis, daß David Solbrig natürlich auch für das zeitgenössische Taubstummenwesen einschlägig war. Die technischen Verfahren bleiben und nur ihre Einsatzgebiete differenzieren sich zunehmend aus. Solbrig wird die Außergewöhnlichkeit einer nicht näher spezifizierten Casuistik für sein Zahlenschreibsystem bemühen und auf die Vielfalt möglicher Sonderfälle pochen. "Die Allgemeine Schrift aber zielet auf extraordinaire Fälle, dergleichen sich für allerley Condition Leute vielfältig zutragen können."[4]

Im 19. Jahrhundert wird die gesperrte Rede nicht nur zum Integral politischer und wirtschaftlicher Macht, sie wird zu einem der Trägermedien goethezeitlicher Intimität. An den Orten der Selbstthematisierung, in Tagebüchern, Briefen und all den anderen Aufzeichnungsystemen menschlicher Individualität, dürfen und werden selbst so prominente Individuen wie Georg Christoph Lichtenberg und Johann Kaspar Lavater die Geheimnisse ihrer Seelen (und Körper) buchöffentlich, weil chiffriert, preisgeben können.[5] Nachrichtendienste und Seelen sind in der Wahl ih-

---

1 Unter veränderter Zielsetzung weist das Kupfer Ähnlichkeiten zum *Orbis sensualium pictus* (Nürnberg 1658) von Johann Amos Comenius auf.

2 Das wird zu einer der Voraussetzungen einer mathematischen Kommunikationstheorie, die mit Claude E. Shannon 1948 ihre grundlegende Formulierung erfuhr. Vgl. dazu ders.: "A Mathematical Theory of Communication". In: *Bell System Technical Journal*, v. 27, 1948. S. 379-423 u. S. 623-656.

3 Solbrig: *Allgemeine Schrift*, loc. cit., S. 42.

4 Solbrig: *Allgemeine Schrift*, loc. cit., S. 3.

5 Vgl. zur scheinbaren Kommunikationsaporie solcher chiffrierten Sekrete Manfred Schneider: *Liebe und Betrug. Die Sprachen des Verlangens*, München 1993 und zu Lavaters *Tagebuch eines Beobachters seiner Selbst* (1771) Verf.: "Literatur – Kryptographie – Physiognomik. Die Lektü-

rer (barocken) Ausschlußsysteme solidarisch und die Notwendigkeit von Geheimnissen und ihrer Codierung kann so zum Integral oder zur Signatur des Menschen werden. Für den Kryptographielehrbuchschreiber Johann Jacob Bücking wird die spezifische Differenz zu den animalischen und vegetativen Bereichen im disseminierenden Umgang mit der Schrift bestehen.

> Man ist daher durch die Noth gezwungen worden, jene lesbaren Gedanken wieder unleserlich zu machen zu suchen, und sie nur sich selbst, oder dem, für welchen man sie bestimmte, verständlich zu lassen; und sie demnach vor einer unbefugten, und in nicht seltenen Fällen schädlichen, Neugier zu verbergen, zu verheimlichen, zu verstecken, und zu umhüllen. Gelegenheiten dazu können jedem Menschen, der etwas mehr als bloß vegetiren will, aufstoßen.[1]

Eine bei Bücking unmittelbar vorweggehende Rekonstruktion der Schriftgeschichte, die von den Hieroglyphen über die chinesische Schrift bis hin zur Einführung des Silbenalphabets reicht, feiert diese als "eine erstaunliche, dem menschlichen Geiste Ehre machende Erfindung! Mit 20 - 30 Buchstaben bezeichnet der Mensch alle Ideen die er fähig ist zu fassen und zu entwickeln, und bezeichnet sie für Millionen, die einmal diese Zeichen kennen und in ihrer Zusammensetzung verstehen." Doch bei aller Apotheose hat die nachfolgende Berechnung einen Haken: "Denn die 24 Buchstaben lassen sich 258520167388497664000mal verändern, so daß sie nicht wieder in derselben Ordnung auf einanderfolgen; ja daß Ein Buchstab in Einer Reihe nicht mehr als Einmal vorkomme."[2] Bückings Wert entspricht leider nicht der versprochenen Fakultät von 24, sondern nur der von 23 Buchstaben. Einmal mehr – und das im Jahre 1804 – liegt der Verdacht nahe, zitiert und eben nicht gerechnet zu haben. Dabei hätte er es wissen können, hält er doch einem marktschreierischen Kryptographietraktat von 1797 die geballte – und uns inzwischen vertraute – Kompetenz des Barock entgegen. Zur mangelnden Innovation und damit zum Plagiat an längst vorhandenen kryptographischen Tafeln heißt es: "welcherley Tafeln sich schon im *Kircher*, (Der sie, wie Breithaupt sagt, erfunden, oder vielmehr als eine nicht entdeckte Erfindung *Trithemii* ausfindig gemacht hat) *Schott, Gustavus Selenus, Schwender, Comiers, Friderici, Breithaupt*; ja in dem 1793 gedruckten 5ten Bande der fortgesetzten Halleschen Magie (aus welcher

---

ren des Körpers und die Decodierung der Seele bei Johann Kaspar Lavater". In: Manfred Schneider, Rüdiger Campe (Hrsg.): *Geschichten der Physiognomik. Text – Bild – Wissen*, Freiburg i. Br. 1996. S. 387-409. Die Geheimnisse werden durch dieselben statistischen und mathematischen Verfahren kassiert, die immer auch schon für die Erstellung von Codes zuständig waren. An die Stelle von Sprachmagie ist die Mathematik getreten.

1 Johann Jacob Bücking: *Anweisung zur geheimen Korrespondenz*, Wolfenbüttel 1804, S. 16.

2 Bücking: *Anweisung zur geheimen Korrespondenz*, op. cit., S. 16.

dieß bloß ein etwas erweiterter Abdruck zu seyn scheint) sich befindet. Ja man muß glauben, daß die alten Juden schon solche Zahltafeln gekannt haben."[1]

Um die Integrität der Seele und ihre informationstheoretischen Tiefen zu schonen, muß die Integrität der Buchstaben geopfert werden. Wenn der Mensch gesteht, dann auf Kosten einer Sprache, die Kommunikation wäre und die alle verstehen könnten. Stattdessen müssen einmal mehr Lettern und Sonderzeichen auf die Bühne. Schriftspezialdisziplinen wie Krypto- oder Polygraphie haben von der pragmatischen Annäherung großer Zahlen an den Begriff der Unendlichkeit immer schon Gebrauch gemacht. Vervielfältigungen, die im Rahmen poetischer *inventio* als Exhaustionsschutz dienen, sind in Zeichenökonomien für so banale Dinge wie Datensicherheit oder Eindeutigkeit zuständig. Die Versetzbarkeiten und mit ihnen die Operationen am Zeichensatz selbst sind für Poesie und Kryptographie identisch. Für die Differenzen ist eine Pragmatik zuständig, die sich in Adverbialbestimmungen niederschlägt. Johann Baltasar Fridericis *Cryptographia oder Geheime schrifft= münd= und würckliche Correspondenz* verspricht im Titel, was auch die Anagrammatiker versprechen: eine Unterweisung, "wie man durch Versetzung der Buchstaben [...] seine Meinung gewissen Personen / ganz verborgener Weise kan zu verstehen geben".[2] War es im Titel von Hemelings *Arithmetischer Letter= und BuchstabWechslung* der *andere Verstand*, der aus den Operationen zum inventiösen Nutzen aller hervorleuchten soll, so ist es bei Friderici eine *eigene Meinung*, die unter den Schleiern kryptographischer Verfahren eben verborgen bleiben soll. Ludismus und Nachrichtentechniken waren nie so getrennt, wie es ästhetische Autonomiebestrebungen immer haben wollten. Was im Rahmen der Anagrammatik einen semantischen Mehrwert einspielen soll, unterliegt in der Kryptographik einer Arbitrarität, deren Semantik schlicht in automatisierbaren Zuordnungen aufgeht und alle nur möglichen Tabellen, Räder oder sonstige Transpositionsapparaturen zum Einsatz gelangen läßt.

Die Wahl der Differenzmedien selbst ist dabei sekundär, und so findet ein Übertrag auf sämtliche Bereiche statt, die zur Signifikation taugen. Und die sind mehr

---

1 Bücking: *Anweisung zur geheimen Korrespondenz*, op. cit., S. 8.

2 Johann Baltasar Friderici: *Cryptographia oder Geheime schrifft= münd= und würckliche Correspondenz / welche lehrmäßig vorstellet eine hoch=schätzbare Kunst verborgene Schrifften zu machen und auffzulösen [...] wie man durch Versetzung der Buchstaben [...] seine Meinung gewissen Personen / ganz verborgener Weise kan zu verstehen geben*, Hamburg 1684. Neben den aberwitzigsten Details in Sachen Codierung wird auch Friderici einmal mehr die Fakultät von 24 berechnen und mit 620448401743239439360000 zwar falsch, aber doch sehr nahe an Kircher, angeben. "Und wann demnach tausend Millionen Schreiber weren / deren jeder täglich 40 Seiten / und auff jede Seite 40 Alphabete schriebe / würden sie doch allesampt in tausend Millionene Jahren / sothanige *variationes* der 24 Buchstaben nicht auffschreiben können." (S. 17)

als vielfältig und reichen von alphanumerischen Minimalsets, wie sie von Bacon und Leibniz als frühe Dyadiksysteme implementiert werden, über Farben, Punktierungen, Schraffuren bis hin zu Blumenarrangements, der Anordnung von Früchten auf gemalten Bildern oder der Codierung durch Töne. Lakonisch listet Juan Caramuel de Lobkowitz Möglichkeiten nebst potentiellen Adressaten auf: "Possunt lapides poni in muro pro literis", "Possunt plantae in horto collocari pro literis". "Ciphra, quam solus Deus poterit revelare." Ciphra, quam non poterit Deus: & tamen Diabulus poterit revelare."[1] In Personalunion kann Lobkowitz in seinem *Apparatus philosophicus* zusammenführen, was aus sehr systematischen Gründen eben auch zusammengehört: Polygraphie, Steganographie, Taubstummenpädagogik[2], Pantographie, Typographie, Rhetorik und anderes mehr.[3] Ihm wird selbst der Name des Kaisers zum Vorführobjekt numerischer Codierkünste. Und weil die Zuordnung von Alphabet und Zahlen nach absteigender Ordnung (A - 23, B - 22, C - 21 ...) so überhaupt keinen Schutz vor Interzeption bietet, unterzieht er den Kaiser basalen arithmetischen Operationen und addiert aus Gründen der Geheimhaltung zur Chiffre einen Fixwert dazu.

I.   1819720151123112046 +
II. 2222222222222222222

III. 4041942373345334268 .

"Et quis mortalium quaeso, etiam si clavem habeat, in hoc numero 4041&c. vocem Ferdinandus inveniet? Nemo, nisi prius subtrahat, quae fuerunt addita."[4] Und natürlich kann man auch andere Operationen bemühen, und so wird der Name des Kaisers halbiert, dividiert und multipliziert. Nichts ist integer oder einer imaginären Ganzheit verpflichtet, und so dürfen sogar die Augen von Tieren und Menschen auf einem Bild in ein Schema kryptographischer Bedeutung eingebunden werden.

Egal, ob für die Sicherung unendlicher Literaturproduktion oder für eine Welt kryptographischer Codes: Beide fußen auf einer operativen Gleichsetzung großer Zahlen mit kleinen Unendlichkeiten. Was mathematisch zwar ein Unding ist, darf

---

1 Juan Caramuel de Lobkowitz: *Apparatus philosophicus, quatuor libris distinctus*, Köln 1665, S. 118. Vgl. zu seiner Rolle in der visuellen Poesie Jeremy Adler, Urich Ernst: *Text als Figur. Visuelle Poesie von der Antike bis zur Moderne*, Weinheim 1988 (2).

2 Kapitel XVI. enthält eine *Mutorum Institutio*, die mit einem Lobgedicht auf den spanischen Taubstummenpionier Johann Paul Bonet anhebt.

3 Zur diskursiven Verortung vgl. Robert M. Meyer: "Künstliche Sprachen". In: *Zeitschrift für indogermanische Sprach- und Altertumskunde*, 12. Band, Strassburg 1901, S. 33-92. Meyer nennt als eines der Arbeitsfelder Lobkowitzens den "Missionsdienst der Gegenreformation". (S. 285)

4 Lobkowitz: *Apparatus philosophicus*, loc. cit., S. 115.

der Kryptograph Blaise de Vigenere im Kontext von Geheimschriften und'ihrer
kabbalistischen Tradition aus pragmatischen Gründen und für den Hausgebrauch
pour nostre regard dennoch getrost engführen:

> Car de la diversité des Ziruphs, ou accouplemens, & suittes de lettres, sans aucun meslange de
> point, vient à resulter un nombre, qui est autant comme infiny pour nostre regard; assauoir 122
> 400 259 082 719 680 000.[1]

Die Nähe von Kryptogramm und mehrfach kodierter Poesie wird den gelehrten
Herzog August – denn kein anderer verbirgt sich hinter dem Pseudonym Gustavus
Selenus – veranlassen, seiner Kryptographiesammlung *Cryptomenytices et Cryptographia Libri IX*[2] auch die visuelle Poesie eines Hrabanus Maurus und Publius
Optationus Porfirius gleich mit einzuschreiben. Vorab wird der Nutzen der Anagrammatik und anderer literarischer Kleinstgattungen vom Echo bis zum Eteosti-
chon beschworen, magische Quadrate angeschrieben, um dann die *disseminatio literarum* an der Geschichte steganographischer Verfahren vorschriftsmäßig und unter Aufruf aller nur möglichen Intertextualitäten durchzuexerzieren. Im Kapitel *De
Comparatione eadem, quoád Literas Dictionis indeterminatas* benennt Herzog August Modalitäten solcher Stellwertsysteme, die dieselbe Ausgangsmengen an Zeichen je nach Organisationsprinzip unterschiedlich determinieren und damit neu bedeuten lassen.

> Qui Modus fit Naturaliter certa sua dispositione; vel Arbitrarié per Clavis dispositionem; vel
> Fortuito per Instrumenti usurpationem.[3]

Als gemeinsamer Nenner, von dem auch die Poesie ihren Nutzen zieht, dienen natürliche oder instrumentelle Varianten, die die Lettern unterschiedlichen Stellwerten

---

1 Blaise de Vigenere: *Traicté Des Chiffres, Ou Secretes Manieres D'Escrire*, Paris 1586, S. 42.

2 Gustavus Selenus (d.i. Herzog August der Jüngere von Braunschweig und Lüneburg): *Crypto-
menytices et Cryptographia Libri IX*, Lüneburg 1624. Übergreifend zur Wolfenbütteler Krypto-
graphiesammlung Gerhard F. Strasser: "Die kryptographische Sammlung Herzog Augusts:
Vom Quellenmaterial für seine 'Cryptomenytices' zu einem Schwerpunkt in seiner Bibliothek".
In: *Wolfenbütteler Beiträge* 5 (1982), S. 83-121. Herzog August sind die *Deliciae mathematicae
Et Physicae* dediciert.

3 Gustavus Selenus: *Cryptomenytices et Cryptographia*, loc. cit., S. 138. Der Logik von Zuständen und Spielzügen verpflichtet ist auch Herzog Augusts Interesse am Schachspiel. vgl: Gustavus Selenus: *Das Schach= oder König=Spiel, In vier unterschiedene Bücher / mit besonderm
fleiß / gründ= und ordentlich abgefasset*, Lipsiae 1616. Dort etabliert er ein Notationssystem,
das in diagrammatischer Form Spielzustände mitsamt ihren weiteren Übergängen verbucht und
die Repräsentation verschiedener Phasen erlaubt. Die Schachtafel weist er als optimales Locie-
rungsmittel für die Gedächtniskunst aus.

zuordnen und damit mehrere Sinn- oder eben Entschlüsselungsebenen erzeugen. Was die Poesie qua Vielfalt interessant macht, sichert im Rahmen der Kryptographie Schutz vor möglichen Interzeptionen.[1] Kein Wunder also, daß die Kryptographen im Angesicht einer möglichen Exhaustion ihrer Tabellen und Mechaniken auf die Poeten zukommen. Denn die Textsorte Poesie hat wenigstens zwei strategische Vorteile für die kryptographischen Belange: Sie ist erstens vielfältig und sie ist zweitens unverdächtig.[2] Eine *Steganometrographie oder Geheimschreibekunst in Versen* darf und wird von genau diesen beiden Vorteilen ausgiebig Gebrauch machen. Ihr Verfasser, Melchias Uken, stellt sicher, wie die kryptographischen Belange durch den Anschluß an das generative Potential des Menschen vor allzuschneller Erschöpfung befreit werden können. Im Rückgriff auf barocke Tafelwerke und ihre Tradition wird er gegen alle Regeln der Zeichenökonomie verstoßen und die Verse hochformalisierter elegischer Gedichte als Chiffren seines Code einsetzen. Vor dem möglichen Einwand, solche Formalisierung und Aufgeschriebenheit könnte schnell zu einem Ende kommen und leicht ob ihrer Formelhaftigkeit durchschaut werden, weiß Uken seinen Lesern einen denkwürdigen Rat. Jenseits von Tabellenwerken und mechanischen Chiffrierkistchen nebst ihrem abzählbaren und daher erschöpfbaren Inhalt tut die Erstellung *eigener* Verstabellen not. Denn im Gegensatz zu allen Vorgaben und ihrer Endlichkeit, schließt Uken die weitere Verfertigung potentieller Codes mit dem innovativen und daher unerschöpfbaren Potential des Menschen kurz. Und sind seine Leser selbst nicht in der Lage, ihr eigenes Potential auszunutzen, sollten sie sich an kompetente Stelle wenden, nämlich an die der Dichter. In deren Gehirnen schlummert – jenseits aller Mechanik – wovon Kryptographen und Barockkritiker nur träumen können: die Möglichkeit immer neuer und immer anderer Codierverfahren.

> Fragst du endlich, wie man die Steganometrographischen Tabellen machen müsse, daß ein anderer Verstand heraus komme? [...] Aber auf diese Frage giebt dir die Steganometrographie ganz und gar keine Antwort. Tabellen zu machen, hast du allerdings die Dichtkunst vonnöthen, ohne welche alle deine Mühe vergebens seyn wird. Ausser der Dichtkunst hast du auch die Vergleichungskunst nöthig, welche, nach dem Zeugnisse des P. Athanasius Kirchers, ein grosses Ge-

---

1 Vgl. zu diesem – eben nur vermeintlich paradoxen – Verhältnis von Poesie und Nachrichtentechnik Verf.: "Die Polizei der Zeichen. Vom Nutzen und Nachteil der Arabeske für den Klartext". In: Kotzinger, Rippl (Hrsg.): *Zeichen zwischen Klartext und Arabeske,* loc. cit. S. 143-160.

2 Die potentielle Unverdächtigkeit bestimmter kryptographischer Verfahren, die – wie im Falle Ukens – ihren Zeichencode auf geschlossene syntaktische Einheiten – von den topischen Versatzstücken eines Briefes bis hin zu Elementen eines Gebetes – abbildet, ist für das Phantasma einer universalen Schriftverdächtigung verantwortlich. Dieses Phantasma gipfelt in dem Verdacht, schlechthin *alles* könnte codiert sein.

heimniß in der ganzen Natur ist, wer dazu gelanget ist, dem soll billig ein Englischer Verstand zugeschrieben werden. [...] Tabellen von allen Arten wirst Du in keinem Buche, und in keinem Kistgen antreffen, sondern sie sind noch in dem Hirn der Dichter verborgen. Erhole dich deßwegen bey denselben Raths, wenn meine Tabellen dir kein Genüge geleistet haben.[1]

1　Melchias Uken: *Geheimschreibkunst in Versen dadurch ein jeder, der auch die lateinische Sprache und Dichtkunst nicht versteht, allein durch Hülfe seiner Muttersprache einen lateinischen oder deutschen Brief, und zwar in einem Elegiaschen Gedichte schreiben und einem Abwesenden die geheimen Gedanken seines Herzens ohne allen Verdacht eines darunter verborgenen Geheimnisses offenbaren kann welches Kunststück in Zeit von einer halben Stunde ein jedes zu erlernen fähig ist*, Ulm 1759, Vor.

6. (VER)STELLBARKEITEN: KOMBINATORIK / TOPIK

XXI.

1. Ach! – Wilhelmshöhe 2,5
2. Oh! – Hose 1,4
3. Pfui! – Butter 1,8
4. Ha! – Schokolad 1,9
5. Halloh! – Käs 1,2
6. Au! – Ohr 1,9 [...]

XXIII.

1. Trieb – dumm 4,2
2. Wille – Hase 2,4
3. Befehl – Garten 1,4
4. Wunsch – Anlage 1,5
5. Tätigkeit – Wichtigkeit 2,8
6. Entschluß – Philipp der
   Großmüthige 4,3[1]

Die *ars magna sciendi* des Barock fordert den Buchraum in die Schranken.[2] Alternative Anschreibepraktiken übernehmen die Doppelrolle, im selben Medium sowohl Speicher vorhandener Wissensstücke als auch Generatoren von neuem Wissen bereitzustellen. Die Kunst kombinatorischer Aufschreibesysteme und einer Produktion neuen Wissens findet einen ihrer systematischen Höhepunkte bei dem Jesuitenpater Athanasius Kircher. Als eigenständige Wissenschaft, die dann als solche immer wieder in den Rhetoriken auf- und abgerufen werden wird, soll sie – der Logik solcher Dinge folgend – auf dem Gebiet größerer Einheiten Unendlichkeiten simulieren.[3] Selbstredend gilt das Argument von der Annäherung großer

---

1 Ernst W. Nathan: "Über die sogenannten sinnlosen Reaktionen beim Assoziationsversuch". In: *Klinik für psychische und nervöse Krankheiten.* Hrsg. von Robert Sommer, V. Band. 1. Heft. Halle a.S. 1910, S. 79. Die Zahlen bemessen die Reaktionszeit in Sekunden.

2 Zu den diagrammatischen Anschreibepraktiken einer barocken Universaltopik und ihrer Herleitung vgl. Wilhelm Schmidt-Biggemann: *Topica universalis. Eine Modellgeschichte humanistischer und barocker Wissenschaft,* Hamburg 1983. Ferner die Arbeit von Thomas Leinkauf: *Mundus combinatus. Studien zur Struktur der barocken Universalwissenschaft am Beispiel Athanasius Kirchers SJ (1602-1680),* Berlin 1993.

3 Unendlichkeit wird dabei ebenso simuliert wie eine vermeintliche Innovation: Argumentative wie assoziative Fülle können – so von Graevenitz – "nicht eigentlich Neues erzeugen." (*Mythos,* loc. cit., S. 56.) Als Konsequenz folgt der Verbleib in einer geschlossenen kulturellen

Zahlen an die Unendlichkeit auch hier. Kircher, der mit Poly- und Kryptographien wie gezeigt bestens vertraut war und dort alternative Anschreibweisen jenseits aller Serialität erprobt hat, ruft bereits in der Vorrede die entsprechenden Vorläuferdisziplinen auf: Neben der antiken Stenographie tironischer Noten, die ob ihrer Verwechslungsanfälligkeit vom oströmischen Kaiser Justinian ausdrücklich für den juristischen Schreibgebrauch verboten wurden, ist es vor allem die kombinatorische Kunst Raimundus Lullus, mit denen sich Kircher immer wieder auseinandersetzen wird. Auf die selbstgestellte und der Heeresschau inventiöser Praktiken vorangehende Frage, was denn die titelgebende *ars magna sciendi* sei, antwortet jesuitische Pädagogik mit einer vorläufigen Definition: "Utrum Ars generalis ad facilem omnium scientarum acquisitionem dari possit."[1]

Für sein Referat über Theorie und Praxis des Lullismus wählt Kircher immer wieder eine architektonische Beschreibungssprache. Lulls unterschiedliche Figuren, die mit einem Kürzelsystem einer abgezählten Menge von Subjekten eine ebenfalls abgezählte Menge an Prädikaten zuordnet, unterliegen einer ähnlich spatialen Topik wie die Gedächtniskunst. "Constat haec Figura 36 Cameris, seu loculamentis."[2] Für Beziehungen, wie sie Jungfer Dorindo in Minks *Proteus* oder Hemeling in seiner *Arithmetischen Letter= oder BuchstabWechslung* zu seitenlangen Zahlenkolonnen führen, macht Kircher unterschiedliche Schemata der Darstellung geltend. Abbildungen im mathematischen Wortsinne erscheinen in der Virtualität von Ringscheiben ebenso wie in direkt vernetzten Zuordnungsdiagrammen. In der Abbildung der Lullschen Universalien (*Deus. Angelus. Mundus. Coelum. Elementa. Homo. Natura sensitiva. Vegetativa. Inanimata. Accidentia*) auf die Liste der aussagbaren Eigenschaften (*Bonitas, Magnitudo, Duratio, Potentia, Sapientia, Voluntas, Virtus, Veritas, Gloria*) kommt es bei Kircher zu Überkreuzungen seiner direkt eingezeichneten Verbindungen. Die zwei Wortspalten werden durch 81 Fäden im Wortsinne zu einem Aussagesystem vernetzt. Man muß nur noch den Fragekatalog (*An. Quid. Cur. Quantum. Qui. Quale. Ubi. Quando. Quibuscum*) zwischen- oder vorschalten, so ist der Inventionsgenerator komplett.

Aus dem Fragevademekum barocker Poeten wird ein Netz zum universalen Beziehungsfang. Immer wieder wird Kircher von dieser Darstellung Gebrauch machen und direkt Linien zwischen zwei Spalten des Wissens einzeichnen. Linien, die wie Lichthöfe von den Objekten ausgehen, schneiden sich mit anderen Linien, und es entstehen so durch die Interferenzen Moirés (vgl. Abb. 7). Deren Enden sind be-

---

Formation. Dazu auch im Rückgriff auf Roland Barthes und Gerhart von Graevenitz Uwe Hebekus: "Topik / Inventio". In: Pechlivanos u.a. (Hrsg.): *Einführung in die Literaturwissenschaft*, loc. cit., S. 82-96.

1 Kircher: *Ars magna Sciendi*, loc. cit., S. 23.

2 Kircher: *Ars magna Sciendi*, loc. cit., S. 11.

170 ARTIS MAGNÆ SCIENDI,

EPILOGISMUS

Combinationis Linearis.

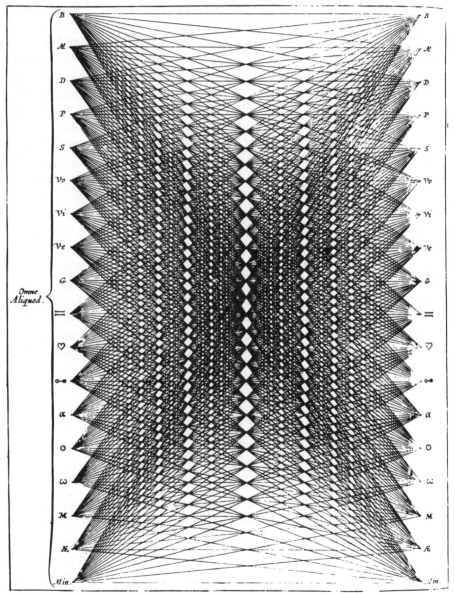

Abb. 7

liebig und vertauschbar, durch Kürzel anderweitig belegbar und dienen als Variablen einer universalen und nicht enden wollenden Wissenspolitik. Unhintergehbar jedoch ist die Struktur ihrer Verbindung, das Moiré selbst. Ob Buchstaben (mit irgendeiner lullistischen Bedeutung) auf einen Fragekatalog, christliche Tugenden, Relationen oder Platzhalterkürzel, krypto- oder polygraphische Codes abgebildet werden, ändert an der Geometrie der sich kreuzenden Linien überhaupt nichts. Das vielbemühte Labyrinth der Welt und des Barocks erscheint hier als kartographischer Grundriß von Wegen. Der eine Faden, der Theseus den Weg weisen sollte, ist abgelöst durch eine planare Draufsicht, die in der Vogelflugperspektive die Systematik aller Wege auch ohne den Faden der Ariadne abzubilden vermag. Von der epistemischen Regel, daß an den Enden der Moirés Differenzen stehen und verwaltet werden, gibt es in der *Ars magna* eine Ausnahme: eine Ausnahme, die Begriffe wie Selbstbezüglichkeit oder Selbstähnlichkeit schlicht beim Wort nimmt und mit der fraktalen Struktur des Wissens Ernst macht. Kirchers *Epilogismus Combinationis Linearis* jedenfalls bildet die Abbreviaturen der Ausgangsmenge nicht auf anderes, sondern einfach auf sich selbst ab. Mit dem Resultat, das der erste Faden die Tautologie *B*(onitas) --- *B*(onitas) verbucht, bevor weitere Stahlen die *bonitas* auf *magnitudo* und die anderen Listenglieder abbilden.

Wichtiger als der Inhalt der Abbildungen sind ihre Strukturen. Was sich über Dinge aussagen läßt, erfolgt bei Kircher nicht mehr in den Syntagmen einer Sprache, sondern in der Geometrie von Schaltkreisen. Ausgangspunkt der *Ars magna sciendi* ist für ihn wie bei Hemeling und den Dichterhochrechnungen natürlich ein Alphabet, das als Liste der verwendeten Listen die jeweiligen Ausgangsmengen vorab bereithält. Das "Alphabetum Artis Magnae" besteht aus 6 Ordnungen mit je 9 Positionen und ihren Abbreviaturen.

> 1. Principia absoluta.
> 2. Respectiva.
> 3. Quaestiones.
> 4. Subjecta universalia.
> 5. Virtutes.
> 6. Vitia.

Um die 6 mal 9 Positionen seiner Ausgangsmengen so sinnenfällig wie nur möglich zu machen, ist der typographische Aufwand hoch. Die etablierten Sonderzeichensätze sind selbst vom erweiterten StandardASCIIzeichensatz unserer Tage nicht gedeckt. Die *Principia absoluta* verbuchen den Menschen als Männleinpiktogramm, das Pflanzenreich als stilisierten Baum, den Himmel als drei konzentrische Ringe und die Elemente als Quadrat. Für die *principia respectiva* bezeichnet ein Herz die *concordantia*, ein griechisches Alpha das *principium* und ein punktierter

Kreis das *medium*. Für *majoritas* und *aequalitas* werden die Ligaturen aus den Anfangsbuchstaben verwendet. Die Merkbarkeit dieser Zeichenkürzel wird selbst Gegenstand einer Tabelle, die der Auswendigkeit der einzelnen Listenglieder durch ihre mnemotechnische Präsentation gilt. Es folgen Vorschläge, die Abstracta ihrerseits durch Rückgriff auf die Hieroglyphik zu visualisieren: Die Größe soll durch einen Menschen mit ausgestreckten Armen veranschaulicht werden, die Macht durch eine zepterhaltende Hand, der Wille durch einen Apfel oder die Wahrheit durch ein Herz, das kaum schematisiert in einem reichlich realistischen Brustkorb taktet.[1]

Ob in Tabellen-, Graphen- oder Scheibenform: Die Listenelemente werden auch durch die unterschiedlichsten syntaktischen Raster gezogen. Neben der einfachen Zuordnung, die etwa die *bonitas* schlicht mit den Adjektiven der Ausgangsmenge verrechnet (Bonitas est bona, magna, durans, potens usw.), werden Musterfragen stellbar und syllogistische Schlußweisen bis hin zu kombinatorischen Gottesbeweisen erprobt.[2] Es wird vor allem Sache des 2. Tomus sein, die unterschiedlichen Verfahren direkt an Fachwissenschaften wie Theologie, Jurisprudenz, Ethik, Rhetorik, Metaphysik, Logik und Medizin anzuschließen und dort in all ihrem Glanz vorzuführen.[3] Es ist Kirchers darstellungstechnische Pointe, ausgerechnet den lullistischen Fragekatalog, den wohl keine barocke Rhetorik der *inventio* nicht bietet, als Liste der Questiones in Netzform anzuschreiben. Das Frageregister wird so in aller Systematik mit anderen Registern verschaltbar. Nicht ein Autor ist Herr der Reden, sondern ein Fadenzieher(zug) zwischen ganz unterschiedlich besetzten und besetzbaren Alphabeten.

Die poetische Praxis ist gegenüber solcher Totalisierung ungleich bescheidener. Weil Direktverschaltungen wie in Kirchers Moirés aufgrund von Masse wie Struktur Männlingscher Datensammlungen nicht möglich sind, müssen Algorithmen die Zuordnungen in all ihrer Mechanik regeln. Eine dieser Zuordnungen diskutiert barocke Poetologie in den unterschiedlichen und zum Teil sehr eigenwillig gebrauchten Spielarten der Topik. Der Autor ist nicht Herr der Rede, sondern Agent eines Wissens, das seine Rede sein wird. Gerade in der Virtualität dieses Netzes, in der

---

1 Kircher: *Ars magna Sciendi*, loc. cit., S. 476.

2 Zur Wahrscheinlichkeit Gottes bei Kircher vgl. Eberhard Reichmann: *Die Herrschaft der Zahl. Quantitatives Denken in der deutschen Aufklärung*, Stuttgart 1968. Zur Möglichkeit, auf die Wahrscheinlichkeit Gottes Wetten abzuschließen, vgl. Manfred Schneider: "Der Mensch als Quelle". In: Peter Fuchs, Andreas Göbel (Hrsg.): *Der Mensch – das Medium der Gesellschaft?* Frankfurt/M. 1994. S. 297-322.

3 Daß man dabei sogar einfache Differenzschemata aufschreiben kann und muß, belegen Tabellen im Kapitel der Rhetorik: die stellen gespeichert basale Oppositionen wie *Orator – Auditor*, *Lex – Usus*, *Memoria – Oblivio* zur Verfügung.

Transparenz der einzelnen Alphabete durch die Buchbestandteile der Anmerkungen, Register und *Blatweiser* definiert sich ein barocker Produktionsbegriff jenseits von goethezeitlichen Kategorien und Autorschaften. Aber der Ort des Menschen ist nicht so leer, wie Foucaults Rede von seiner Emergenz in der *Ordnung der Dinge* glauben macht. Jenseits aller kombinatorischen Durchstellbarkeit kommt mit den topischen Verfahren auch der Mensch und vor allem die Psychologie seiner diversen Vermögen wieder ins Spiel. Als Agent des Wissens darf und soll der Mensch immer schon (s)eine Rolle gespielt haben; und genau die gilt es zu bestimmen.[1]

Der Raum der Topik ist paradox und verdoppelt das Ausgangsproblem inventiöser Beziehungsstiftung, wie es Männling in seinem *Expediten Redner* aufwirft. In der Forschung ist es vor allem Manfred Beetz, der Ordnung in den illustren Begriff der Topoi bringt. Sein Resultat klingt wie eine Verdopplung des Ausgangs. Seinen Einzelanalysen ist nämlich eine grundlegende Zweiteilung vorgeschaltet: In einem ersten Fall stehen "abrufbare Daten bereit, die nur noch in einen Text einzuarbeiten sind, im zweiten Fall werden nicht fertige Resultate, sondern Methoden unterbreitet, mit deren Hilfe künftige Ergebnisse sich produktiv einarbeiten lassen."[2]

Männlings Praxis entspricht – trotz aller gegenteiligen Beschwörungen seiner rüstigen Geistesgymnastik – Fall 1. Nicht die Verfahren der Generierung, sondern das bloße Doppel, seine Speicherung und Referenz sind sein Ziel. Beetz arbeitet in einer Fülle von Einzelanalysen, die vor allem der zweiten Unterscheidung gelten, die Wurzeln der *loci topici* heraus: Logik und Dialektik. Zahlreiche *loci topici* sind direkt aus der aristotelischen Lehre von den Kategorien ableitbar. Einige davon finden ebenso direkt Eingang in den Schulvers "quis quid quando...", der zum Inventar aller *inventio* werden wird. Noch die Rhetorik von Daniel Peucer von 1765 kann anhand solcher *Frag=Umstände* die Proposition "Adam ist gefallen" schulmäßig durcherxerzieren.[3] Die Prädikamente, als kleine Tabelle auf des Schreibers Tisch, stellen einen ersten Fortschritt barocker Datenverarbeitung dar: An die Stelle einer speichertechnisch unmöglichen Datentotalverschaltung tritt ein Problemlösungsverfahren, eine Suchstrategie. Ihr Befehlssatz ist von den Sammlungen in der Regel – sieht man von (pädagogischen) Extremfällen eines Männling ab – getrennt und damit zu allen vorhandenen Sammlungen (aufwärts)kompatibel. Ihrer Anwendung als Wissensgenerator widmen die Rhetoriken größte Aufmerksamkeit: Diete-

---

1 Das gilt auch und gerade für die Mnemotechnik. Der Diskurs des Merkens wird durchsetzt sein von protopsychologischen Annahmen, die von gängigen Epochenbestimmungen nicht gedeckt sind. Vgl. dazu Teil II: *Merken.*

2 Manfred Beetz: *Rhetorische Logik. Prämissen der deutschen Lyrik im Übergang vom 17. zum 18. Jahrhundert*, Tübingen 1980, S. 121.

3 Daniel Peucer: *Erläuterte Anfangs=Gründe der Teutschen Oratorie in kurzen Regeln und deutlichen Exempeln vor Anfänger entworfen*, Dresden 1765 (4), S. 99.

rich H. Kemmerich, der auf Seiten der mechanistischen Kritik eine zentrale Rolle spielen wird, resümiert in seiner *Neu=eröffneten Academie der Wissenschaften* – hier neutral – eine Praxis, die er selbst zum Problem festschreiben wird:

> Diese *praedicamenta* sollen nun dazu dienen, daß, wenn man eine sache *consideriret*, man etwa die folgende *concepte* aufsuchen könne: was die obhandene sache sey? ob sie unter die *substantias* oder *accidentia* gehöre? und wenn sie unter die *substantias* gehöret, ob sie *spiritualis* oder *corporea* sey? was sie sonst vor eigenschafften, vor grösse, menge, beschaffenheiten, kräfte, zufälle, u.d.g. habe?[1]

Wie aber gehen die Literaten mit solcher Dienstleistung um: Sind solche Verfahren pädagogisch vermittelbar oder existieren sie nur als Praxiszitat? Magnus Daniel Omeis *Gründliche Anleitung zur Teutschen accuraten Reim= und Dichtkunst* argumentiert ebenso anschaulich wie traditionell. Seine Eleven warnt der Inventionspädagoge vor dem blinden Glauben an ihren feurigen *enthusiasmo* und verweist sie stattdessen auf lehrbare Suchtechniken, speziell auf die Loci Topici.[2]

> Und sind hier absonderlich / wie einem *Artis Oratoriae Studioso*, also auch einem Anfänger in der Poesie / zu *recommendi*ren die *Loci Topici*; daraus eine unerschöpfliche Menge der Erfindungen kan genommen werden. Nemlich die *Loci Etymologiae, Definitionis, Enumerationis partium &c.* Item *Loci Caussarum, Effectorum, Adjunctorum, Oppositorum, Similium, Exemplorum &c.*[3]

Zur Vermittlung topischer Praxis gehören Demonstrationen, die die Unmöglichkeit einer Exhaustion durch variierende Kürzel wie *etc.*, *usw. u.f.f.* beschwören. Am Beispiel des Satzes *Der Krieg ist höchst-verderblich* führt Omeis das Funktionieren seiner Suchtechniken vor. Die etymologische Rückbesinnung auf den lateinischen Doppelsinn von Krieg und das Adjektiv schön (*bellum*) kann zum Anlaß werden, die Semantiken gegeneinanderzuhalten: "Mögte aber wißen / was an rauben und plündern / verbrannten Häusern / zerstörten Aeckern etc. schön wäre."[4] Die Definition *Bellum est concertatio per vim* gibt Anlaß, Kanonenkugeln und Wörter gegeneinander aufzurechnen: "Gewißlich so viel Feuer-Kugeln summen uns um die Oh-

---

1 Dieterich H. Kemmerich: *Neu=eröffnete Academie der Wissenschaften [...]*, Zweyte Eröffnung, Leipzig 1721, S. 76.

2 Ähnlich argumentiert Erdmann Uhse und empfiehlt den Einsatz der Loci Topici für Amplification, Variation und Disposition. Vgl. Uhse: *Wohlinformirter Redner, worinnen die Oratorischen Kunst-Griffe vom kleinesten bis zum grösten, durch Kurtze Fragen Und ausführliche Antwort vorgetragen werden* (1709), Reprint Kronberg/Ts. 1974.

3 Magnus Daniel Omeis: *Gründliche Anleitung zur Teutschen accuraten Reim= und Dichtkunst [...]*, Altdorf 1704, S. 132.

4 Omeis: *Gründliche Anleitung*, loc. cit., S. 132.

ren / als hier Worte sind. Wo Gewalt ist / da ist Unrecht und Jammer; wo man streitet / da ist Verderben und keine Sicherheit; u.s.f."[1] Das zerrissene Band der Einigkeit, die Zerschießung der Gesetztestafeln *und dergl.* leitet Omeis aus dem *loco Enumerationis partium* ab. Fast gleichlautend wird der unmittelbar folgende *locus effectorum* das Kriegsszenario um weitere Details amplifizieren: "Durch den Krieg werden Stadt und Land verwüstet / Menschen und Viehe getödtet / Hunger und Pest erwecket / u.s.w."[2] Die Ähnlichkeit wird den Krieg mit dem Haupt der Medusa, einem grausamen Sturm auf See oder mit der minutiösen Allegorie eines kranken Menschenleibes vergleichen. Das Haupt ist vom Schwindel gefangen, die Glieder leiden an der Gicht, das Herz an einem heftigen Schlagen und Drucken, in den Eingeweiden herrscht die Kolik und in der Blase der Stein, bevor ein *u.s.w.* die Erweiterbarkeit eines solchen Siechtums beendet. Um die Musterhaftigkeit seiner Lösung zu belegen, werden sämtliche *inventiones* entlang ihrer topischen Recherche zu einem Mustergedicht verarbeitet. Doch jenseits aller topischen Erfindungen und metaphorischen Handreichungen wird Omeis empfehlen, was Männling nicht in den Sinn gekommen wäre: den Verweis auf die umliegenden Dinge, die keiner archivalischen Vermittlung bedürfen. "Uberdiß können auch artige Erfindungen und Einfälle hergenommen werden *Ex iis, quae cadunt sub oculos*, von allen denen Sachen und Geschöpfen / so einem zu Haus und auf dem Felde zu Gesichte kommen. Welche Erfindungs-Art feine Anlaß giebt zu schönen Gleichnißen."[3]

Christian Weise, auf den Omeis ausdrücklich verweist, führt in seinem *Politischen Redner* ebenfalls die Ordnungskraft der Topik ins Feld. In der Rede von den Händen betont Weise weniger die inventiöse Versorgung oder metaphorische Handreichung mit Material, sondern den dadurch geknüpften Zusammenhang. Zur Systematik seiner Topoi und ihrem Beispielschwall, der wie bei Omeis durch Kürzel verkürzt und damit anschreibbar wird, annotiert er: "Doch ist dieses noch zu mercken / daß sie alle zusammen gleichsam einander die Hände bieten / daß man offt eine zierliche Anrede vielen *Locis* zugleich dancken muß."[4] Das Zusammen-

---

1 Omeis: *Gründliche Anleitung*, loc. cit., S. 132f.
2 Omeis: *Gründliche Anleitung*, loc. cit., S. 133.
3 Omeis: *Gründliche Anleitung*, loc. cit., S. 136.
4 Christian Weise: *Politischer Redner, das ist kurtze und eigentliche Nachricht, wie ein sorgfältiger Hofmeister seine Untergebenen zu der Wohlredenheit anführen soll* (1683), Reprint Kronberg/Ts. 1974, S. 122. Typisch für Weises Ablehnung künstlicher *inventio* ist seine Ablehnung des Anagramms "als einer Praxis für Schulknaben mit übriger Zeit"(zit. nach Grimm: *Literatur und Gelehrtentum*, loc. cit., S. 335). Der Eintrag in die Raster der Kindlichkeit wird zum Topos und als solcher auch beim Ästhetiker Georg Friedrich Meier in den *Anfangsgründen aller schönen Wissenschaften* aufgerufen: "Man muß dergleichen Schnurpfeifereyen den Schulknaben

spiel solcher Handreichung führt er an einem Beispiel aus der Kasualdichtung vor: Der imaginäre Adressat, "Gesetzt es hieße ein Bräutigam Rößner", wird zum Anlaß, den Kranz der Blumen um den glücklichen Hochzeiter zu knüpfen. Ein Konnex, der wie alle Beispiele erst mit einem abschließenden *usw.* zum Stillstand gebracht wird. Weitere Beispiele gelten der augsburgischen Konfession, die er mit dem Fragevademekum zu einer ganzen Rede ausarbeitet und ein wahres Musterstück auf den Satz *Teutschland ist ein vortrefflich Reich.* Eine mehrseitige Ausarbeitung folgt, die zum höheren Nutzen *Teutschlands* sämtliche vorhandenen Register einschließlich der Anagrammatik zieht. Aus der Verwechslung Germanias zu *Jam regna* werden so selbst Herrschaftsansprüche geltend gemacht. Um zu belegen, wie "die *Inventiones* mehrentheils mit gedachten *Locis* heraus quellen", darf aus einem einfachen Wortspiel ein veritabler Imperativ hervorbrechen:

> Das Anagramma *GERMANIA, JAM REGNA* liesse sich also brauchen. Denn man erwege nur das gebräuchliche und in der Welt bekannte Wort *Germania*, wie solches in seinen kurtzen Begriff eine heimliche Prophezeyung hervor spielen läßt / und wie nach einer schlechten Buchstaben=Verwechselung dieser nachdenckliche Befehl heraus bricht: Jam regna, herrsche und regiere itzund. Das ist / so lange als eine gegenwärtige Zeit ist / da man itzund sprechen kan / so lange laß auch deinen siegreichen Zepter über alle Völcker prangen.[1]

Die Praxis der Sammlungen haben auch eine Handschriftlichkeit, die Christian Weise im Anschluß an sein inventiöses Quellwerk behandelt: die schulmäßige Anlage von *locos communes.* Nicht nur gedruckt, wie sie im Fall von Lehmanns *Florilegium Politicum* im Titel auftauchen, war ihre Anlage Ziel jeder poetischen Vermittlung. Die Anlage von *loci communes* durch Studenten setzt ein bestimmtes Wissen voraus: nämlich das Wissen, wie Texte zu observieren sind. Kein Wunder also, daß Exzerpieren nach Maßgabe solcher Sammlungen als eine Kunst behandelt werden konnte und in dieser Funktion auch als einschlägiges *know how* Gegenstand pädagogischer Vermittlung heißen wird. Neben den adreßtechnisch durch Gutenberg auf Identitäten gestellten Sammlungen gibt es individuelle Varianten, die private Untermengen aus einer Welt von Texten ausfällen. In den *locos communes* materialisieren sich Außenstellen, die fernab aller Buchdrucköffentlichkeit ihren

---

und kabbalistischen Köpfen überlassen."(loc. cit., S. 358) Als Verschärfung solcher Kritik wird – jenseits des Kindes – der Wahnsinn bemüht werden. Die Bewegung wird strukturhomolog in der Kritik an der Mnemotechnik zu finden sein. Vgl. dazu Teil II: *Merken* dieser Arbeit, vor allem II/3. *Schleichpfade ins Bilderreich Gottes (Johann Buno 1617-1697).*

1 Weise: *Politischer Redner*, loc. cit., S. 123.

Beitrag dazu leisten, daß und wie die Prozeduren einer offiziellen Textverarbeitung privatim festgeschrieben und internalisiert werden.[1]

Die Kritik an derlei Mechanik bleibt naturgemäß nicht aus. Neben einer pauschalen Ablehnung, wie sie vor allem zur Sache der Frühaufklärung werden wird, kann die Universalität ihres Geltungsanspruchs eingedämmt werden. Wenn – im Kontext der Topoilehre – Kompendien überhaupt noch benutzt werden müssen, dann eingeschränkt und sehr gezielt: etwa zum Nachschlagen von konkreten Angaben, die der Generator aufwirft. Solche Angaben, die einen unkomplizierten Bezug zu den Datenbanken herstellen, können konkrete Zahlen ("quando?"), genealogische Fakten ("a quo?") u.ä. betreffen. Für den Fragumstand "quando?" wird Peucers Zöglingen sogar das erspart bleiben. In den Propositionen, die als "Exempel zur Uebung" dienen, liefert er die Zeitangaben – so sie eines Nachschlagens in memorias Filialen bedürften – kurzerhand mit:

> 1. Noah ist in der Sündfluth erhalten worden.
> * quando? A.M. 1665. bis 57.
> 2. David hat den Goliath überwunden.
> * quando? im 24. Jahre seines Alters, A.M. 2943.
> 3. Die Jüden sind nach Babel geführet worden.
> * quando? A.M. 3398.[2]

Peucers Kurs hat den Status eines Resümes gängiger Praktiken, die in seiner vorgeführten Demoversion einfach zitiert werden. Die grundlegende Frage nach der künstlichen Intelligenz der Literatur bleibt ausgespart. Die Angaben eines Rinckart und ihre optimale Aufarbeitung werden im Zitat einer Praxis und nicht mehr im Ernstfall tatsächlicher *inventio* vorgeführt. Seinem Beispiel ist der Denkring Rinckarts einfach gleich mit eingeschrieben, und so fallen Daten und Befehle, die als Komplement angelegt sind, aber in der Regel an getrennten Orten behandelt werden, im Praxiszitat seines Testlaufes zusammen.

Wenn die Invention so vorführ- oder eben demonstrierbar ist, hat sie – und damit auch die Welt barocker Datensammlungen – an Glanz eingebüßt. Selektive Zugriffe auf externe Datenbanken sollen das selbstgefällige Wandeln, zu dem nicht nur

---

1 Vgl. dazu – pars pro toto – die Exzerpierlehre in Daniel Georg Morhofs *Polyhistor sive de notitia auctorum et rerum commentarii*, Lübeck 1688.

2 Peucer: *Anfangs=Gründe der Teutschen Oratorie*, loc. cit., S. 101. Vgl. dazu auch die Kompatibilität bestimmter Register, die ihre Einträge nach dem jeweiligen Fragumstand spezifizieren. In einem der geschilderten Register ist das der Fall und den einzelnen Informationen die Logik ihrer Befragbarkeit *quid, a quo* usw. gleich mit eingeschrieben.

Männling seine curiösen Leser titelgebend einlädt[1], ablösen. Ein Grundsatz der Informatik behandelt das Wechselverhältnis von Verarbeitungsprozeß und Datenstruktur.[2] Verweigert das Wissen eine mental rekonstruierbare Struktur, hilft gegen
die Zusammenhangslosigkeit der zu verarbeitenden Partikel nur die geduldige Repetition einer Suchschleife: Ein Register wird gescannt. Kriterium für Erfolg oder
Abbruch ist bei mechanischen Registerdurchläufen allemal die Identität. In diesem
letzten Stadium des Zugriffs finden andere Beziehungen – wie die (Un)Ähnlichkeit
– keinen Raum. Der Locus der *(dis)similitudo* ist durch die Mechanik des Alphabets erkauft. Gegen solche Mechanik, die im Zeichen des Alphabets erscheint, machen die Kritiker barocker Beziehbarkeiten Front. Für die barocke Beliebigkeit im
Bezug prägt die Kritik eine Standardmetapher, die sich über weite Strecken der
Diskussion durchhalten wird: das An-den-Haaren-Herbeiziehen. Das mechanische
Abarbeiten irgendwelcher Register wird zum technischen Apriori der Entlegen-
heitsmetaphorik. Dagegen setzen moderate Topoi-Befürworter auf die argumentative Wendigkeit der Örter: Um dem Vorwurf der Mechanik entgegenzuwirken, wird
in ihrem Namen eine Vielheit proklamiert, die – im Gegensatz zu Männling – die
Vielheit eines Zusammengehörenden ist und sein soll. Und genau an diesem Punkt
wird die Psychologie und mit ihr der Mensch ins Spiel kommen. An die Stelle barocker Datenverarbeitung treten die Vermögen eines Menschen, der als neuer
Brunnquell einer immer neuen Wissens dafür sorgen wird, daß barocke Mathematik auf unendlich gestellt werden kann und ihren Anspruch auf grenzenlose Vervielfältigung des Wissens einlösen wird. Wenn Menschen und nicht mehr ein automati-
sierbares, damit potentiell abzählbares Zusammenspiel aus Daten, Befehlen und
Adressen zum Hort und Garanten immerwährender Innovation werden, muß das
alte System an allen Fronten abgewertet werden: Neben sämtlichen Polemiken gegen Gedächtnismißbrauch und Kapazitätenverschwendung geraten – neben der
Sprache – auch die Topoi unter Beschuß. Ihre Umcodierung von der universalen
Handreichung, die für die Kritik das An-den-Haaren-Herbeiziehen ist, hin zu einer
Ordnung, die das Argument der internen Handreichung stärken wird, ist daher
mehr als Imagepflege. Die Topoi sind wendig und so steht internen Umcodierun-
gen nichts im Weg. Wenn die *topoi* über das Ordnungsargument zu den menschlichen Grundvermögen gerechnet werden können, erübrigt sich ihre pädagogische
und mechanische Vermittlung nach barockem Muster. Die Menschen werden ordentlich und damit an das Reich einer Wahrheit anschließbar, die gegen kombi-

---

1 Und zu dem die Metaphorik von Lustgärten und anderen Parkanlagen des Wissens in den Anla-
   gen der barocken Titel auch explizit auffordert.
2 Vgl. etwa Wirth: *Algorithmen und Datenstrukturen*, loc. cit. Die Wechselwirkung von Datenstrukturen und Verarbeitungsprozeduren ist ein Topos in der Datenverarbeitung.

natorische Vielfalt eine Einheit setzt: "Es ist aber nichts unmögliches, daß vielmal zwey personen von einerley materie einerley gedancken haben: denn die Wahrheit stimmt allemal mit der Wahrheit überein."[1]

Kemmerichs *Neu=eröffnete Academie der Wissenschaften* verweist – rhetorikkonform – zu Inventionszwecken auf drei Namen: Aristoteles, Ramus und Lull. Seine Beschreibung des *Rami locos topicos oder dialecticos* folgt dabei grob dem Schema der aristotelischen Kategorien. Als zusätzliche Fächer – neben bekannten wie *ursprung* und *form* – kommen hinzu: "XI. Was der sache gleich ist. XII. Was ihr ungleich oder entgegen ist."[2] Damit ist die problematische Ähnlichkeit mitsamt ihrer Negation sanktioniert und im Spiel. Für einen kurzen Moment erscheint Männlings Praxis in Gestalt einer nachträglichen Theorie. Weniger organisch fügt sich Lull in die Trias. Sein *denck=register* bestehe aus verschiedenen Classen, die zu Entfaltungszwecken schlicht durchlaufen werden müssen. Neben Classen mit relationalen Begriffen werden dabei gleichberechtigt solche stehen, die Identitäten verbuchen. Eine *classes principiorum relativorum* etwa hat als Inhalt: "differentia, concordantia, contrarietas: principium. medium, finis: majoritas, minoritas, aequalitas." Inhaltlich konkret dagegen die *classes virtutem* mit "justitia, prudentia, fortitudo: temperentia, fides, spes: charitas, patientia, pietas." Das Verfahren selbst beschreibt Kemmerich als puren Automatismus.

> Wenn ich nun eine sache nach diesen registern *considerie*ren will, so muß ich in gedancken fragen: was hat diese sache, so zu reden, göttliches, englisches, himmlisches, viehisches, oder empfindliches, u.s.w. an sich? oder wie verhält sich die sache gegen GOtt, gegen die Engel, gegen den himmel? u.s.f. was finden wir in der sache vor bilder, oder merckmale, oder, was finden wir vor mittel und veranlassungen der gerechtigkeit, klugheit, tapfferkeit? usf. worinn kommt die sache dem geitz, der schwelgerey, der hoffart, dem zorn, u.s.w. bey?[3]

Zwischen relationalen Größen wie der *differentia* und dem Laster der *avaritia* besteht im Algorithmus der Suche kein Unterschied. Die Ausgangsmengen sind beliebig, vertauschbar und eben auch beliebig erweiterbar. Die Listen der Laster und Tugenden sind schlicht Zugaben Kirchers: "Doch die 2 letztern *classen* hat *Athanasius Kircherus* hinzugethan."[4] Nach dem Überblick folgt Kemmerichs Kritik und die Suche nach Alternativen: Alle drei geschilderten Verfahren, die im Barock ihre Hochkonjunktur hatten, werden jetzt als untauglich abgelehnt. Stattdessen fordert Kemmerich den Bezug zu den Realdisziplinen, repetiert den Topos von der Leere der Fächer und bemüht für die *dispositio* einen Imperativ der Natürlichkeit: "Die

---

1 Kemmerich: *Academie der Wissenschaften*, loc. cit., Vor.
2 Kemmerich: *Academie der Wissenschaften*, loc. cit., S. 78.
3 Kemmerich: *Academie der Wissenschaften*, loc. cit., S. 77.
4 Kemmerich: *Academie der Wissenschaften*, loc. cit., S. 77.

Ordnung soll natürlich seyn".[1] Das Benutzen von schematisierten *denck=registern* gilt ihm als letzte Reserve, als ein allerletztes Inventionsaufgebot, dessen Einsatz zudem negative Rückschlüsse auf die mentale Physiognomik ihrer Benutzer zuläßt.

Was Kemmerich am Ort seiner Universalwissenschaftsakademie und damit in einem Aufwasch mit Kinder- und Frauenzimmererziehung, Einzelkünsten wie Rechenkunst, Fortifikation, Artillerie, Feuerwerkerei bis hin zu Moral, Natur- und Völkerrecht, Affekten- und Typenlehre abhandelt, betreibt Johann Heinrich Zopf am Ort von Logik und Vernunftlehre, damit in einer Logica Enucleata. Dort und in seiner Behandlung nehmen die *topoi* einen ähnlich dubiosen Status zwischen Systematik und bloßer Kombinatorik des Denkens ein. Zum einen bemüht er ihren natürlichen Ordnungscharakter, zum andern diffamiert er ihr Verknüpfungspotential mit ähnlichen Argumenten wie Kemmerich. Und auch bei Zopf erzeugt ein ungleiches Zusammenspiel von *memoria, judicium* und *ingenium* Logiken des Ausschlusses. Für einen dergestalt Betroffenen, dem es "am ingenio fehlet, so daß er sich gar leer von Gedancken findet", sollen folgende drei Verfahren dürftige Abhilfe schaffen:

1. Ars Lullistica,
2. Loci dialectici, und
3. Index combinatorius.[2]

Punkt 1 und 2 differieren nicht wesentlich vom Vorherigen. Zopf referiert Lull polemisch und wertet die scheinbare Unendlichkeit der Gedanken negativ: Der Abgleich von Generalregistern und Eigenschaften ergebe "daher eine unendliche Menge der Gedancken, so daß einer gnug zu schwatzen findet."[3] Wer aber schwätzt, denkt nicht. Und weil die Energien zwischen den *cogitandi modus triplex* (urteilen, ersinnen, erinnern) nicht beliebig erweiterbar sind, bringt Zopf jene Substitutionsthese auf den Tisch, die als Standardargument die Mnemotechnik und vor allem die Kritik an ihr durchziehen wird:[4] Die Überhäufung der *imagination* mit künstlichen Ideen hindere das *judicicium* "in Erfindung beßrer Gründe", und so hat sie "bey Verständigen so sonderlichen Beyfall nicht gefunden".[5] Die *loci dialectici* – Zopf gebraucht sie synonym für *loci topici* – gelten ihm als "Haupt-Concepte, welche man von einer ieden Sache haben kan." Sein Beispiel, sachdienliche Hin-

---

1 Kemmerich: *Academie der Wissenschaften*, loc. cit., S. 243.
2 Johann Heinrich Zopf: *Logica Enucleata, Oder Erleichterte Vernunft=Lehre, Darinnen der Kern Der alten un neuen Logic, Wie auch der Hermeneutik, Methodologie und Disputir=Kunst begriffen*, Halle 1740 (3), S. 204.
3 Zopf: *Logica Enucleata*, loc. cit., S. 204.
4 Vgl. dazu Teil II: *Merken*.
5 Zopf: *Logica Enucleata*, loc. cit., S. 205.

weise zum Thema "was doch ein Christ sey", zeigt, daß die Frage nach *Materie* und *Form* im Fall des Christenmenschen sehr viel mehr Transfer braucht, als etwa das Verhör eines bloßen Gegenstandes.

Zopfs Bewertung ist topisch und folgt der Kemmerichs: "Die *loci dialectici* sind gar leere Fächer; wer die *argumenta* nicht allbereit in seinem Verstande hat, der wird gar unverständig wieder davon abziehen müssen".[1] Genau aus diesem Grund kommen sie gegen die Realdisziplinen nicht an. Als *Zeige=Finger* sind sie höchstens in der Lage, für Anfänger eine erste *Handleitung* zu geben. Im rhetorischen Kontext brandmarkt ihr Einsatz "solche Redner, welche die Wahrheit nicht besitzen" und die höchstens "ein Gewäsche, aber keine gründliche Rede vermögen."[2] Noch krasser als lullistische und dialektische Zeigefinger geht mit dem, was natürlicher Konnex heißen soll, der *Index combinatorius* um.

> *Index combinatorius*, ist nichts anders, als ein Register gewisser Namen und Wörter, welche nach dem Alphabeth aufgezeichnet sind, diese läuft man mit einer vor sich habenden *proposition* durch, und so bald man eine Gleichheit der Namen, oder der Sachen befindet, so bald hat man eine Gelegenheit zu mehreren Gedancken.[3]

Sein Beispielregister zählt "gewisse *nomina laudis* oder *vituperii*" auf, beginnnd mit 'a' wie Aetna / Acetum / Adulter usw. Die Gedankenschleife, die Zopf zum Thema Erbsünde programmiert, hat Beispielcharakter und landet deswegen nicht nur einen Treffer. Mit dem Index auf Position 1 (Aetna) wird er zum ersten Mal fündig: die Disposition des Vulkanes zur Entzündung nebst Flammen, Gestank und Verderben, also "verhält sichs auch mit der Erb=Sünde". Position 2 und 3 verbinden mühelos die Erbsünde mit der Schärfe des Essigs (Acetum) und der Treulosigkeit eines Ehebrechers (Adulter). Willkür und Kontingenz sind hoch, und so empfiehlt Zopf angesichts der "Schwürigkeiten und Mängel" solch künstlicher Verfahren die Lektüre von Skribenten, "welche ein gutes Urtheil und eine gemäßigte Einbildungs=Kraft und Beredsamkeit haben."[4]

Die topische Ordnung der Dinge beginnt bei Kemmerich wie Zopf mit einem Verhör: In den Zeugenstand der Befragung gerufen, sollen die Dinge Rede stehen für das, was man ihre Beziehbarkeit oder ihren kontextuellen Umgang nennen kann. Die Tribunale des Verhörs sind diskursiv vielfältig und damit die Schiedssprüche über die Dinge und ihre Ordnung heterogen. Hat das Barock eine Beziehbarkeit von allem zu allem im Sinne, wie es an den Kircherschen Moirés und alter-

---

1 Zopf: *Logica Enucleata*, loc. cit., S. 206.
2 Zopf: *Logica Enucleata*, loc. cit., S. 207.
3 Zopf: *Logica Enucleata*, loc. cit., S. 207.
4 Zopf: *Logica Enucleata*, loc. cit., S. 208.

nativen Anschreibsystemen ables- oder genauer absehbar wird, so wird sich an solcher Kontingenz die Kritik immer wieder entzünden. Statt Datenverarbeitung wird sie ein Denken auf den Plan rufen, das die bloße Speicherungsfunktion zu umgehen scheint. Wenn Zopf das starre Vermögen der *memoria* gegen das generative Potential des *ingenium* ausspielt, so wird in merkwürdiger Brechung die Tradition des Concettismus aufgerufen und – in abgewandelter Form – zum psychologischen status quo des Menschen erklärt. Beziehungen sehen und Bezüge herstellen wird damit nicht mehr nur zur Sache weniger und mental gut durchtrainierter Frauenzimmergesprächsspieler – wie bei Harsdörffers Denkeliten. Es wird, über den Anlaß mentaler Kunstfiguren und den Scharfsinnigkeiten eines Concettismus hinaus zu einem allgemeinen Kriterium, das den Menschen von der Mechanik barocker Datenverarbeitung emanzipieren soll: Der Mensch, der als Quelle der Quellen deswegen unerschöpflich ist, weil mit ihm Datenaugmentation an Stelle ihrer bloßen Thesaurierung möglich wird bzw. in seinem Namen eingefordert wird. Seine Inthronisation wird auch und gerade ablesbar am Umgang der Kritiker mit den alten Mechaniken.

Die *topoi* sind Kemmerich wie Zopf an einen Abort geraten: In der Vernunftlehre sollen sie den logischen Aufbau der Welt sicherstellen, in philosophischer Rückverlängerung eine Seinsordnung repräsentieren. Die *scala praedicamentalis* weist jedem Ding dieser Welt seinen angestammten Platz zwischen *species* und *summum genus* zu[1]. Im Kontext der *inventio* dagegen gerät der Einsatz der Prädikamente unter Beschuß. Ohne Unterschied zu den Verfahren eines leeren kombinatorischen Tändelns gezählt und auf das Konto mechanischer Stellbarkeiten gebucht, sollen sie die Verknüpfung der Dinge nicht mehr länger leisten dürfen. Doch in der Konzeption Kemmerichs steht den Verknüpfungsoperatoren eines geächteten Barock auch eine ganz andere Karriere bevor: Sie stellen ihre Wendigkeit unter Beweis und wechseln aus dem Lager inventiöser Produktion über in das der Rezeption. Kemmerich trägt topische Verfahren im Namen von Ordnung und Wahrscheinlichkeit kurzerhand in die Register des Verstehens ein.[2] In der Schuld, Unzusammengehörendes illegal verbunden zu haben, widmen sie sich – so jedenfalls wollen es Zopf und Kemmerich – der Rekonstruktion von Schriftordnungen, die nicht aufhören, immer weiter und immer genauer verstanden zu werden. Als Zufallsgeneratoren für die künstliche Intelligenz der Texte abgewertet, leisten sie Schützenhilfe für eine

---

1 Zopf: *Logica Enucleata*, loc. cit., S. 46.
2 Dazu Conrad Wiedemann: "Topik als Vorschule der Interpretation. Überlegungen zur Funktion von Toposkatalogen". In: Dieter Breuer, Helmut Schanze (Hrsg.): *Topik. Beiträge zur interdisziplinären Diskussion*, München 1981. S. 233-255.

Interpretation und das ebenfalls am Ort von Texten. Denn, wie Kemmerich wissen läßt, "diejenige rede nun, welche ich interpretiren will, wird der text genannt."[1]

Zwischen Vermögenspsychologie und ihrer möglichen Verwendbarkeit für eine Physiognomik künftiger Berufsgruppen handelt Kemmerich *Von der Interpretation, oder Kunst, andere zu verstehen, und ihre Meynung zu beurtheilen.* Eine Kunst, die zur schlichten Inversion der Kircherschen *ars combinatoria* werden kann und zum erbarmungslosen Test für die ordentliche Konnexion der Gedanken wird. Wie aber hinter die Ordnung der Dinge und ihrer Gedanken kommen?[2] Kemmerich weiß Antwort und eröffnet den *topoi* ein neues und legitimes Betätigungsfeld. "Die umstände des textes werden uns ohn zweiffel am meisten zu statten kommen?" Als solche entpuppen sich nun die *topoi*. Sei es *die obhandene Sache*, das Verhältnis zwischen Vorhergehendem und Nachfolgendem, der *context*, die angeführte Ursache oder der Endzweck: Sie alle dienen dem Textverhör und sollen einem Verstehen den Weg bahnen.

Dem trägt der Textbegriff Rechnung. Statt parallel angeordnete Wissensräume blind oder gar mechanisch nach Maßgabe eines Alphabets zu durchlaufen, hat der Ausleger "die Particuli wol zu attendiren. Denn was die Nerven und Musculi sind dem menschlichen Leibe, das sind die Particuln in einer Rede."[3] Der barocke Textkörper und seine Logik der Artikulation wird in eine Ganzheit namens Text und Ordnung überführt. Die Particuln werden etwa wichtig, wenn es gilt, zusammengesetzte Propositionen auf ihre Particuln oder Bestandteile zurückzuführen, sie invers aufzulösen: Der Topos *de toto et de parte* kommt dabei zur Anwendung. Regeln für die Interpretation können im Wortlaut mit Inventionstopoi übereinstimmen. Zopfs 3. Auslegungsregel *de antecedentibus et consequentibus* fällt so mit seinem 11. Inventionstopos *de Antecedente et Consequente* zusammen. Analoges gilt für *de Toto et de Parte* und die Produktionsinversion *ex quo quid componitur, in id etiam resoluitur.* So aufgearbeitet kann statt barocker Text- und Datenproduktion Textverarbeitung stattfinden. Diese besteht nun bei Kemmerich (noch) nicht, wie es bei Novalis und der Lesephysiognomik angesicht des Büchermessedschungels geplant sein wird, in speicherschonenden Verknappungen, sondern in (text)logischen Untersuchungen: und das – in wunderbarer Rekursion – für jeden einzelnen Text und für alle seine Teile[4]. So jedenfalls sieht es seine Idealtypik vor. Im Zentrum stehen

---

1 Kemmerich: *Academie der Wissenschaften*, loc. cit., S. 106.

2 Kemmerich: *Academie der Wissenschaften*, loc. cit., S. 123. Die Typologisierung des ordentlichen Denkverlaufes – auch unter Zuhilfenahme von Buchstäblichkeiten oder deren Verstellung – wird *ein* Schwerpunkt der modernen Psychologie. Vgl. dazu stellvertretend Otto Selz: *Über die Gesetze des geordneten Denkverlaufs. Eine experimentelle Untersuchung*, Stuttgart 1913.

3 Zopf: *Logica Enucleata*, loc. cit., S. 236.

4 Es sei hier noch einmal mehr an die Definition der Rekursion bei Niklaus Wirth erinnert.

dabei weniger Sinn und Bedeutung eines Textes als Ganzem, sondern die topische Zugriffsmöglichkeit auf die Summe seiner Teile und deren Resultat, die Wahrscheinlichkeit. Judiciöse Filter sollen (Un)Stimmigkeiten im Text auf die Spur kommen, und Kemmerich legt seinen Lesern zu Demonstrationszwecken die Fallbeispiele und Kautelen der Jurisprudenz ans Herz: Ihrer Kürze und argumentativen Abgeschlossenheit wegen seien sie besonders geeignet, die topische Stimmigkeit zu überprüfen.[1]

Bei Zopf und in seiner logisch angelegten Hermeneutik zeichnet sich dagegen genau jene Physiognomik der Bücher ab, wie sie bei Novalis in den *Dialogen* zur Bewältigung unübersichtlich gewordener Datenmassen empfohlen werden wird. Will man jenseits logischer Einzelanalysen, denen Zopf wie auch Kemmerich größte Aufmerksamkeit widmet, dem Endzweck eines ganzen Buches auf die leseökonomische Spur kommen, "solte man denselben gleich aus der Rubric oder Titul des Buchs erkennen; allein weil derselbe oft dunckel gesetzt ist, so muß man die Vorrede, nebst der Inschrift durchlesen, da gemeiniglich der Endzweck gemeldet wird."[2] Ferner der folgende – für Gesprächspartner A in Novalis *Dialogen* tröstliche – Gedanke: "Solte man in manchen *Folianten* das ausmerzen, was nicht zur Sache dienet, so würde öfters kaum ein kleiner *duodez*-Band übrig bleiben."[3] Aber auch Kemmerich kennt neben seinen Empfehlungen, Texte nach Maßgabe logischen Inferierens und unter Beachtung der Wahrscheinlichkeit zu durchlaufen, pädagogische Lesealternativen. Neben dem konnektiven Lesen sollen auch und gerade Kinder als Zielgruppe auf eine neue Ordnung der Dinge und damit auf das Verstehen eingestimmt werden: Im Kontext der Oratorie kommen als pädagogisches Mittel – und lange vor aller goethezeitlichen Reformpädagogik – freie Erzählübungen und kleine Aufsätze für Kinder und junge Erwachsene zum Einsatz.[4] An die Stelle von Hübners lückenfüllenden Eleven wird eine neue produktive Freiheit zum Gegenstand künftiger Sprechererziehung und natürlich auch einer allgemeinen Pädagogik[5]. Die empirische Psychologie Immanuel David Maucharts wird in kleinen Tabellen von den neuen Möglichkeiten kreativer Kinderüberwachung Rechenschaft ablegen. In der "Karakter=Tabelle vom Februar und März" darf stolz auf das Konto des kleinen Franz gebucht werden, daß er "beim Reimspiel schnell auf Reime be-

---

1 Vgl. dazu Theodor Viehweg: *Topik und Jurisprudenz. Ein Beitrag zur rechtswissenschaftlichen Grundlagenforschung*, München 1974 (5., durchgesehene und erweiterte Auflage).

2 Zopf: *Logica Enucleata*, loc. cit., S. 259.

3 Zopf: *Logica Enucleata*, loc. cit., S. 286.

4 Kemmerich: *Academie der Wissenschaften*, loc. cit., S. 141.

5 Kemmerich markiert eine Übergangssituation. Neben reformpädagogisch anmutenden Vorschlägen ist er dennoch einem polyhistorischen Ideal verhaftet und zollt den Vertretern solcher Gelehrsamkeit höchstes Lob: "Lohenstein ist mit einem Wort unvergleichlich". (S. 151)

sonnen" sei.[1] Die – scheinbar – kreative Rede, die bei den Kritikern künstlicher
Intelligenzen von allen Vorgaben gelöst ist, wird zu einem der Leitwerte goethezeitlicher Erziehungslehren. Mit dem Schwenk auf Selbstätigkeit werden also nicht
mehr nur Datensysteme, sondern der Mensch selbst auf eine folgenreiche Figur der
Steigerbarkeit verpflichtet.[2] Über das Argument der Leichtigkeit und Lust erfolgt
die Freigabe einer Rede, die ihren Anfang bei den kleinen Imperativen zu freien Erzählübungen nimmt und an deren systematischen Ende eine "allmähliche Verfertigung der Gedanken beim Reden"[3] wird stehen dürfen. "Schreib mir einmahl etwas
aus deinem Kopfe von der Kuh"[4]: So unscheinbar und so leicht darf den künftig
unbeschwert aufgeklärten Kindern der Erwerb ihrer kognitiven Kompetenzen werden. Kreativität und Spontaneität lösen Repetition und Auswendigkeit ab. Wenn
der Mensch zur universalen Realie schlechthin geworden ist, haben alte Aufschreibesysteme ausgedient. Die *Anweisung zur Verbesserten Teutschen Oratorie* von
Friedrich Andreas Hallbauer propagiert die Abwahl der Männlingschen Brunnen
mit allem Nachhalt und in metaphorischer Stimmigkeit:

> In dem Capitel von der Erfindung lehret man nichts erfinden. Die reichen Quellen, Gelehrsam-
> keit und Erfahrung, gehet man vorbey; und führet zu leeren Brunnen. Die *loci topici*, die Lulli-
> nische / analogische und andere Künste werden recommendirt: und gleichwohl hat noch niemals
> einer aus diesen Quellen einen Tropfen oratorisches Wasser schöpfen können. Wie? reden denn
> nicht viele nach den locis topicis? ja / aber sie erfinden nichts draus. Was sie schon wissen /
> bringen sie zu diesen *locis*, und lassen ihre Rede auf denselben herab lauffen. Aber eben darum

---

1 Immanuel David Mauchart: *Allgemeines Repertorium für empirische Psychologie und verwandte Wissenschaften*, Nürnberg 1792f., S. 185.

2 Vgl. für die Pädagogik Luhmanns "Theoriesubstitution in der Erziehungswissenschaft", loc.
   cit., sowie übergreifend ders.: "Individuum, Individualität, Individualismus". In: ders.: *Gesellschaftsstruktur und Semantik. Studien zur Wissenssoziologie der modernen Gesellschaft*, Bd.3,
   Frankfurt/M. 1993. S. 149-258. Signifikant, weil gegenläufig zur Diskursanalyse, ist eine Liste der 'Gegenstände', die nicht unter Luhmanns Steigerungshypothese fallen sollen: "Denn wie
   sollte man sich die Steigerbarkeit der Individualität des Individuums (was ja nicht heißen kann:
   psychische Fähigkeiten, Kompetenzen, kognitive Komplexität, entwicklungslogische Errun-
   genschaften usw.) eigentlich vorstellen?" (S. 154)

3 Heinrich von Kleist: "Über die allmähliche Verfertigung der Gedanken beim Reden. An R[ühle]
   v. L[ilienstern]". In: *Werke und Briefe in vier Bänden*, Hrsg. von Siegfried Streller, Bd.3. S.
   453-459.

4 Anon.: *Neues Buchstabier= und Lesebüchlein, woraus man Anfängern, sonderlich in den Landschulen, das Buchstabieren, Lesen, Denken und Sprechen erleichtern, sie, zum nützlichen Gebrauch anderer Bücher, vorbereiten und zuletzt auch im Schreiben üben kann*, Braunschweig
   1782.

reden sie nicht natürlich: eben darum siehet man in ihren Reden so viel Zwang / und so viel unnützes Zeug: eben darum sind sie kraftloß und trocken.[1]

Die Leere der Brunnen fällt mit der Leere mechanischer Fächer zusammen, und so kann Hallbauer, einer der führenden Collectaneenkritiker seiner Zeit, die gängige Praxis des Barock mit unendlichem Hohn überziehen. Lulls Mechanik wird nebst dem System der *loci topici* dem Spott preisgegeben und nur Kinder oder gänzlich Einfältige machen noch von den *TrödelBuden* barocker Aufgeschriebenheiten Gebrauch. Männlingsche Speicher fallen ebenso wie mechanische Varianten der Datenrelationierung unter das Verdikt falscher Quellen: "Hingegen werden in der Schul=Oratorie verschiedene falsche Quellen der Erfindung angegeben, als die *loci topici* 1) *ars Lulliana* 2), *inventio analogica* 3), die Cabbala 4), das Buchstabenspielen 5), die Collectanea 6), und dergleichen 7)."[2]

Hallbauer hat das Argument der Erschöpfbarkeit wie kaum ein anderer erkannt: Wer sich darauf verläßt, abgezählte Ausgangsmengen zu permutieren, landet irgendwann bei der Exhaustion oder bei der Redundanz. Oder – in Termen der Alltagssprache und damit ungleich drastischer: "alsdann wird man entweder zu reden aufhören; oder den alten Kohl wieder aufwärmen."[3] Es ist unmöglich, die Collectanea ständig auf dem Laufenden zu halten, und so werden sie ob ihrer mangelnden Aktualisierung "nie zu einer Vollkommenheit gebracht". Zudem haben die enormen Streubreiten ihres Wissens den Nachteil, bei aller Speicherverschwendung auch noch benutzerunfreundlich zu sein. Wenn zwischen Menschen und Daten die Lücke der Aktualität klafft, liefern die *collectanea* – wenn überhaupt – einfach die falschen Informationen:

In die collectanea trägt man viel, das man sein Lebtage nicht braucht. Viel hundert Titel sind ganz beschrieben: allein man hat nie Ursach gehabt, sie einmal aufzuschlagen. Andere Titel schlägt man zwar auf: allein man findet unter denselben viel undienliches.[4]

In einem Wortspiel nähert er an, was von den Kritikern des Barocks im allgemeinen und denen der Gedächtniskunst im besonderen immer wieder ins Feld geführt wird. Der Weg von den kindischen Tändeleien zur Narrheit ist nicht mehr weit:

---

1 Friedrich Andreas Hallbauer: *Anweisung zur Verbesserten Teutschen Oratorie. Nebst einer Vorrede von Den Mängeln Der Schul=Oratorie*, Jena 1728 (2), Vor. Vgl. zu diesem Umschichtungsprozeß in der Rede über die Rede übergreifend Rüdiger Campe: *Affekt und Ausdruck. Zur Umwandlung der literarischen Rede im 17. und 18. Jahrhundert*, Tübingen 1990.

2 Hallbauer: *Anweisung zur Verbesserten Teutschen Oratorie*, loc. cit., S. 270.

3 Hallbauer: *Anweisung zur Verbesserten Teutschen Oratorie*, loc. cit., S. 275.

4 Hallbauer: *Anweisung zur Verbesserten Teutschen Oratorie*, loc. cit., S. 291.

"Lauffe nicht zun locis topicis, figuris und andern fontibus argutiarum, und suche die Argutien nicht erst aus denselben, sonst möchten es Narrgutien werden."[1]

Die Verwendung falscher Quellen trifft zusammen mit einer Kritik an der Schulrhetorik. Um zu belegen, daß man "davon mehr Wesen, als es nötig ist", macht, schreitet Hallbauer zu einer wundersamen Psychologisierung der Rede. Und damit sich seine Leser selbst von der Überschätzung der Rhetorik überzeugen können, verweist er sie kurzerhand auf den Sprechfluß einer immer schon stattfindenden Alltagsrede. Wenn selbst aus den Mündern von Taglöhnern, Mägden und dem Personal der Straße immer schon Tropen und Figuren ertönen – Hallbauer wird es eindrucksvoll belegen – wird der Status rhetorischer Paradigmen prekär, weil schlicht überflüssig.[2] Als Beleg zitiert und zitierbar für ein Verfahren werden die Beispiele von der Alltagsrede schlicht unterlaufen bzw. buchstäblich nachgeäfft. Die Figur des Echos bedarf keiner Rückführung auf antike Mythologien oder apparativen Aufarbeitungen wie bei Athanasius Kircher und Kaspar Schott, wenn sie in der Rede von einfachen Obstverkäufern immer schon verortet werden kann; und auch die Segel, die seit ihrer Quintilianschen Aufgeschriebenheit in metonymischer Verkürzung für die Schiffe stehen dürfen, sind nach Hallbauer schon längst in der Rede des Alltags gehißt.[3] Wenn der Wind der Rhetorik durch die Gassen bläst, erübrigen sich theoretische Kraftanstrengungen ebenso wie die Speicherung rhetorischer Paradigmen für den Abruf. Das Patentamt für Innovation wird auf die

---

1 Friedrich Andreas Hallbauer: *Sammlung Teutscher auserlesener sinnreicher Inscriptionen nebst einer Vorrede darinne von den teutschen Inscriptionen überhaupt eine historische Nachricht ertheilet wird*, Jena 1725 (Vor.) Was Hallbauer im Wortspiel abhandelt, verbucht Zopf vermögenspsychologisch: Unter der Rubrik *ingenia confusa* wird es zum Kennzeichen confuser Leute, "allerhand Nebensachen bey den Haaren herzuziehen." (S. 192)

2 Der Eingang der Rhetorik in die Rede wird nicht nur im Namen eines Alltages und seiner Agenten argumentieren, selbst die Chinesen und die Taubstummen werden kurzgeschlossen, um von der psychologischen Setting zwischen Defekt und außereuropäischer Normalität eindrucksvoll Zeugnis abzulegen. "Der Taubstumme geht bey seiner Nahmengebung eben so zu Werke, wie der Chinese. Die Metapher ist beyden eine Lieblings=Figur." Vgl. einmal mehr: J. M. Weinberger: *Versuch einer allgemein anwendbaren Mimik in Beziehung auf die methodischen Geberdenzeichen der Taubstummen*, Wien 1806, S. 21. Eine Rhetorik jenseits der Intertextualität ihrer Paradigmen kann so zum scheinbaren Beleg einer kognitiven Grundausstattung werden: Bei den Taubstummen hat die Natur und nicht die Rhetorik Quintilians das Wort. Das notorisch Unbewußte an der Motorik des Menschen wird in solchen Versuchen naturalisiert.

3 Vgl. auch Inge Kolke: *Zitate und Zeichen des Barock*, loc. cit. Für die Psychiatrie zu Beginn des 20. Jahrhunderts werden mit der Figur des Echos bestimmte, auf Wiederholung fußende, Psychopathologien anschreibbar. Vgl. dazu stellvertretend den Wiener Psychiater und Sprachverwirrtheitsforscher Erwin Stransky und seinen Text "Unilaterales Gedankenecho. Ein Beitrag zur Lehre von den Halluzinationen". In: *Neurologisches Zentralblatt*, 30 (21), 1911. S. 1230-1238.

Reiz-wörter	1. Reaktion	Reaktions-zeit Sekund.	2. Reaktion	Reaktions-zeit Sekund.	3. Reaktion	Reaktions-zeit Sekund.	4. Reaktion	Reaktions-zeit Sekund.
27./III.								
Kopf . . .	kahl	3	Beginn	14	Körper	3	Körperteil	3
grün . . .	Wiese	3	Natur	7	Farbe	3	Farbe	4
Wasser .	Flüssigkeit	5	Naturarbeit	10	Flüssigkeit	5	Flüssigkeit	8
stechen .	Schwert	4	etwas antun	20	wehtun	12	Freude [2])	20
Engel . .	Himmels-bewohner	3	Himmlisch	3	Himmels-bewohner	5	Himmels-geschöpf	3
lange . .	Wörter	10	Zeit	3	Be-schäftigung	20	Weg	4
Schiff . .	klein	4	Fahrzeug	3	Reise	7	klein	3
pflügen .	pflügen . . schwer arbeiten	8	Feldarbeit	6	Feldarbeit	3	Feldarbeit	3
Wolle . .	Spinn-material [1])	20	Natur-produkt	6	Natur-produkt	6	Arbeit	20
freundlich	vorteilhaft	8	macht Freunde	10	Freundschaft	10	gut	12
4./IV.								
trinken .	Wasser	3,2	Notwendig-keit	2,8				
Maus. . .	Nagetier	3,6	Tier	3				
tragen . .	Bluse	5,2	Lasten	3,2				
Wald . .	grün	2,8	Schatten	3,2				
trotzig . .	Buben	3,2	knabenhaft	3,6				
Ausgang.	klein	3,4	schmal	6,8				
See	See . . Binnensee	3,4	Wasser	2,6				
steigen .	Bevölkerung	4,6	Berg	3,6				
krank . .	Hoffnung	10,2	Kopf	4,4				
tanzen . .	Mädchen	3	Mädchen	3,2				
Tugend .	Kapital	4,2	gut erhalten	5				
Lehrer . .	Bildungsgrad	3,8	wohlwollend	7,6				
Staat . . .	Staat . . Kaiserstaat	11	erhalten	4,2				
Stolz . . .	Damen	7,4	reiche Frauen	3,6				
Fenster .	Öffnung	3,2	Öffnung	2,8				
kochen .	Frauen	3	Hausfrauen	3,6				
Quelle . .	ergiebig	6,2	Wasser	2,6				
Tisch . .	schreiben	4,4	Hausgerät	3				
hoch . . .	Bau	3,4	Berg	2,6				
Himmel .	blau	2,4	blau	3,6				

[1]) Pat. gibt an, daß er nicht auf das Wort kommen konnte, das er sagen wollte. Auch dieses Wort sei nicht das, das er eigentlich sagen wollte.

[2]) Pat. gibt an, er habe sagen wollen: Schmerz bereiten.

Abb. 8

Straße verlegt; dort fallen Natur und Affekt im Geschehen des Alltags zusammen. Anstatt also – wie bei Harsdörffer – aus alten neue Zustände abzuleiten, kann Hallbauer die Stimmen und Vermögen des Menschen als unerschöpfbaren Brunnquell feiern. Männlings Exotik geht mitsamt all ihren Brunnen bei solcher Nähe leer aus.[1] In einem letzten Schritt wird Hallbauer in seiner Rolle als Collectaneenkritikers die Substitutionsthese bemühen und davon handeln, daß der Umgang mit barocken Merkleistungen Verschwendung wertvoller, weil besser nutzbarer Kapazitäten ist. Die Substitutionsthese menschlicher Vermögen wird bei ihm zum Speicherplatzargument ausgeweitet. Wer nach solchen und damit explizit barocken Maßgaben verfährt, verschwendet Kapazitäten, die für bessere Einsätze taugen. Die Vermögen des Menschen gelten als wertvolle Ressourcen und sind aus Gründen der Ökonomie zu schonen. Das, was der Mensch beziehbar macht, ist eine Untermenge zu dem, was barocke Kombinatorik oder die Auswüchse concettistischer Umtriebe zu Tage fördern. Die Apparatur des Barock ist mental implementiert und umgeht damit das Problem, auf ausgelagerte Daten und ihre externen Speicher zugreifen zu müssen. Stattdessen feiert sie einen nie erlöschenden Datenfluß, der zwischen Natur und Affekt, damit am Ort des Menschen verankert ist. Der bloße Blick in die Natur ergibt Anschlüsse genug und das ohne einen Gott, der sie noch eigens hätte encodieren müssen wie in der Signaturenlehre Oswald Crolls. Die so gewonnen Anschlüsse heißen frei von den Vorwürfen exotischer Gelehrsamkeit, sind sie weder an den Haaren herbeigezogen, noch weit her geholt. "Bringe darinnen nichts fremdes und weit gesuchtes vor."[2] Oder, mit den Worten des Todtengesprächsschreibers Lindner: "Es sey ein natürliches Band zwischen den Tropen und der Sache, oder doch eine bekannte Aehnlichkeit".[3] So soll – in bewußter Absetzung zur Praxis Lohensteins – eine Eindämmung der Ähnlichkeiten durch Regulative legitime Untermengen bilden. Adelungs Reich einer *aufgeklärten Europäischen Einbildungskraft* ist nahe.

Männlings Brunnen vergiften ihre Benutzer, und ihre materialen Niederschläge gehören deshalb auf den Scheiterhaufen: "Daher sind die Schatzkammern, die Blumen lesen u.s.w. entstanden. Wenn man eine Sache verwerfen müste, die mehr Schaden verursacht als Nutzen, so müsten alle solche Schriften mit einem male verbrant werden."[4] Der Schaden ist dann besonders hoch, wenn Leute die externe

---

1 Vgl. dazu auch Ursula Stötzer: *Deutsche Redekunst im 17. und 18. Jahrhundert*, Halle/Saale 1962.

2 Hallbauer: *Sammlung Teutscher auserlesener sinnreicher Inscriptionen*, loc. cit., Vor.

3 Lindner: *Anweisung zur guten Schreibart*, loc. cit., S. 31.

4 Meier: *Anfangsgründe aller schönen Wissenschaften*, loc. cit., S. 327f. Die Konsequenz zieht Meier in seiner Aufwertung einer *ars oblivionis*: "Die Vergessungskunst ist also nöthig als die

Datenspeicherung auch für ihr Individualgedächtnis heranziehen. Wer mit seinem eigenen Gedächtnis so umgeht wie die barocke Speicherpraxis es in den Augen ihrer Kritiker tut, verfährt falsch. Wer ohne Vergessungskunst glaubt, leben und das heißt alles gleich und ohne kognitive Filterung merken und speichern zu können, begeht einen großen Fehler:

> Man kan das Gedächtniß solcher Leute, mit den Collectanien und Excerptbüchern der Schulknaben, vergleichen, welche alles zusammenschmieren, was ihnen noch unbekant ist, es mag nun im übrigen noch so elendes Zeug seyn. Es kan nicht genung gesagt werden, wie schädlich diese unbedachtsame Ausfüllung des Gedächtnisses sey.[1]

Es wird viele Diskurse geben, die den Proporz menschlicher Vermögen zu bestimmen suchen. Eine Überfunktion des Gedächtnisses wird in solchen Reden den Menschen zum Pedanten oder im Fall eines allzu florierenden Ingeniums zum Narren machen. Und man muß dabei gar nicht so weit gehen, wie es jener Gottfried Ephraim Scheibel im Kontext einer scheinbar recht eigenwilligen Enthusiasmusdefinition tut. Scheibel jedenfalls rückt den Leuten zahlenmäßig auf den Leib und schreibt ihre Vermögen schlicht als Prozentwerte an: "Denn wenn ein Mensch mit einem sonderbahren und starcken *Ingenio* begabet, so daß sich dasselbe gegen dem *Judicio* wie 60. zu 10. verhält, so hat ein solcher Mensch *Phantasien*, denen er wegen der Schwäche der andern Kräffte des Verstandes nicht Einhalt zu thun vermögend ist."[2] Goethezeitpsychologen werden Über- und Unterfunktionen, damit Fehlverhalten einer kognitiven Datenverarbeitung, zum Anlaß nehmen, um den Wahnsinn entlang solcher Linien auszudifferenzieren und neue Klassen zu bilden. Wer den Anschluß an die Datenströme der Welt verpaßt oder zu langsam bzw. zu schnell auf sie reagiert, wird zum pathologischen Fall festgeschrieben. Für die Ablesbarkeit möglicher Pathologien erklären die Seelenkundler kurzerhand die Sprache zuständig, die damit so pathologisch werden wird wie ihre Sprecher. Pathologische Effekte haben zu barocken Operationen Analogien: Was dem Barock als Ausbund inventionsreicher Sprachartistik und Adelung als alberner Kalauer galt, wird nun zum Gegenstand diverser Seelenlehren und eines ganz eigenen Interesses an der Sprache. An die Stelle einer allegorischen Ausbeutung, von der Walter Benjamin im Kontext barocker Sprachkunststücke handelt, tritt ein direkter Zugriff auf das Reich diverser Pathologien. "In den Anagrammen, den onomatopoetischen

---

Gedächtniskunst."(S. 445) Zur *Amnemonistik* oder *Lethognomik* als Kunst des Löschens in der Mnemotechnik vgl. II/5. *Die gelehrigen Körper des Merkens.*

1 Meier: *Anfangsgründe aller schönen Wissenschaften*, loc. cit., S. 440.

2 Gottfried Ephraim Scheibel: *Die unerkannten Sünden der Poeten. Welche man sowohl in ihren Schriften als auch in ihrem Leben wahrnimmt. Nach den Regeln des Christentums und vernünftiger Sittenlehre geprüft* (1734), Nachdruck München 1981, S. 62f.

Wendungen und vielen Sprachkunststücken anderer Art stolziert das Wort, die
Silbe, der Laut, emanzipiert von jeder hergebrachten Sinnverbindung, als Ding, das
allegorisch ausgebeutet werden darf."[1] Benjamins barocker Sprachzauber wird
einer anderen, scheinbar unscheinbaren Sprachlogik weichen.

Auch Kemmerich überführt die menschlichen Vermögen eines scheinbaren Kon-
servierens, Neuschaffens und Überprüfens in eine Rede, die den Menschen an seinem Datenfluß orientiert. Kombinierbar – wenn auch leider ohne die Konkretion
von Scheibels Zahlenangaben – werden so die Vermögen selbst. Kemmerich wird
sich zu einer Klassifikation versteigen, die solche Vermögensverhältnisse auf Berufsgruppen abbildet und aus der alten Rede der Rhetorik über das Zusammenspiel
von der speichernden *memoria*, dem Filter des *judicium* und einem inventiösen *ingenium* eine psychologische Rede macht. Nicht mehr eine Trope, eine *connexio*
steht dann auf dem Prüfstand und muß ihre Genese als zu ingenial verantworten,
sondern die mentale Physiognomik von Menschen selbst wird zum Kriterium:
"Wer aber ein vortreffliches *iudicium* und eine ziemliche *memoria* hat, der wird sich
zum justiz-rath glücklich qualificiren."[2]

Nicht mehr das Wissen, sondern der Mensch und seine Berufsverwendungsfä-
higkeit wird fortan über die Vermögen der Rhetorik ausdifferenziert. Der Ceremo-
nialwissenschaftler Julius Bernhard von Rohr wird an einem ganz anderem Ort als
dem der zuständigen Rhetorik zur Mathematisierung der Temperamenten schreiten:
Das Zusammenspiel von Haupt- und Nebenpassionen führt ihn zu folgender Zah-
lenspielerei: "Daß man nicht unfüglich die stärckste Passion mit *60. Grad*, und die
schwächste mit *5. Grad*, oder nach Gelegenheit mehr, die übrigen beyden aber
nach Unterschied zwischen *60. Graden*, und den *Graden* der geringsten *Passion*en
bezeichnen könne."[3] Als Einsatzort solcher Überlegungen verweist der Persönlich-
keitspsychologe avant la lettre auf so wichtige Dinge wie die richtige Auswahl von
Ehe- und anderen Vertragspartnern, den Staatsdienst und das Gesinde. Ein glückliches (aufgeklärtes) Zeitalter von Psychologie und Denkökonomie kann – wohl vorbereitet – anbrechen. Seinen Höhepunkt wird es in den diversen Psychologien der
Eignung, damit in der klassischen Moderne finden. Eigennamen wie Hugo Münsterberg oder Fritz Giese und Neologismen wie Objekt- oder Subjektpsychotechnik
werden für seine Systematik einstehen. Schnitte, wie sie im Barock den Leib irgendwelcher seelenloser Wortmenschen oder einfach nur das Medium Papier tra-
fen, gelten jetzt – und nicht nur in den martialischen Beschreibungen bei Zopf – ei-

---

1 Benjamin: *Ursprung des deutschen Trauerspiels*, loc. cit., S. 381.
2 Kemmerich: *Academie der Wissenschaften*, loc. cit., S. 39.
3 Julius Bernhard von Rohr: *Unterricht Von der Kunst der Menschen Gemüther zu erforschen,
  Darinnen gezeiget, In wie weit man aus eines Reden, Actionen und anderer Leute Urtheilen, eines Menschen Neigungen erforschen könne*, 3. vermehrte Auflage, Leipzig 1721, S. 25.

ner Zergliederung der Ideen. Am Beispiel eines Glases Wein führt Zopf vor, wie "die Idee selbst in den Gedancken gleichsam zergliedert, und ein Stück nach dem andern besonders betrachtet werden", um dann bis zu den unteilbaren Spuren primärer Sinneserfahrungen zu gelangen:

> Z.E. ich sehe ein Glaß Wein vor mir stehen, so ist das ein *objectum compositum*, weil nicht nur das *Glaß*, sondern auch der *Wein* selbst aus unterschiedenen Theilen zusammen gesetzt ist. Daher bekomme ich davon in meinen Gedancken eine *ideam compositam*, die ich gleichsam zergliedern kan. Nehme ich aber das Glaß und trincke daraus, so bekomme ich auch eine Idee von seinem Geruch und Geschmack, welches aber *ideae simplices* sind, weil ich sie in keine Theile zerlegen kan.[1]

Was im Barock zwischen Gutenberggalaxis und Handschriftlichkeiten an Wissen produziert wird und dazu führt, daß ein Registereintrag wie in Schiebels *Neu=erbautem Schausaal* in aller Unschuld *Glas Wein* heißen darf, findet bei Zopf Eingang in eine Rede über psychische Verbindungen, die keiner vorgängigen oder gar externen Speicher bedarf. Zopf wiederum führt am Beispiel des Glases Wein das Funktionieren einer Ideenkombinatorik vor, die 200 Jahre (oder ein Aufschreibesystem) später und unter anderen Bedingungen mental implementiert heißen wird.[2] Als solche jedenfalls fällt sie Hermann Ebbinghaus, dem großen Gedächtnisforscher und Ahnherrn der Experimentalpsychologie[3], in den Schoß des folgenden Selbstexperiments:

> Wenn ich ein kunstvolles Glas sehe, an was könnte ich nicht alles denken, was ich schon in Verbindung mit einem Glas erlebt habe? An seinen Zweck, seine Herkunft, seine Zerbrechlichkeit, seinen Preis, oder auch seinen Namen und im Zusammenhang damit an sprachliche Formeln, wie Glück und Glas, Glas und Faß usw. [...] Nicht in eingliedrigen Reihen hintereinander also sind unsere Vorstellungen assoziativ verknüpft und rufen sie einander hervor, sondern jede einzelne, die sich in unserem Bewußtsein geltend macht und mithin das Ausgangsglied einer Reproduktion werden könnte, ist als Ganzes sowohl wie in ihren Teilen mit zahlreichen anderen gleichzeitig assoziiert und führt in den verschiedensten Richtungen weiter; und wiederum jede einzelne, die als Endglied eines Reproduktionsaktes tatsächlich auftritt, hat den Anstoß dazu

---

1 Zopf: *Logica Enucleata*, loc. cit., S. 31. Zum metaphorischen Schnitt in das Fleisch des Körpers wird die *divisio mentalis*, "z.E. wenn man das Ohr des Menschen besonders betrachtet, und gleichsam in den Gedancken von den übrigen Cörper absondert, welches *divisio mentalis* ist." (S. 36)

2 Vgl. dazu noch einnmal II/6. *(Un)Geläufigkeiten.*

3 Die klassische Schrift *Über das Gedächtnis. Untersuchungen zur experimentellen Psychologie* ist erstmalig Leipzig 1885 erschienen.

nicht von einer einzigen Vorgängerin, sondern direkt oder vermittelt von mehreren erhalten, deren verschiedenen Reproduktionstendenzen sie gerade gemeinsam war.[1]

Barocke Inventionspädagogen hätten staunend zu verstummen vor solchen Beziehungsautomatismen, die – scheinbar völlig unangeleitet – das reproduzieren, was barocker Vorstellung zufolge Ausgeburt wohlinstruierender Unterweisung zu sein hätte. Ungeleitet darf eine Geistesgymnastik hervorbringen, was dem Barock als Inbegriff inventiöser Kraftakte galt. Ebbinghaus bleibt es allerdings versagt, sich der Streckkunst seines Geistes – wie es bei Männling heißt – zu rühmen, verdankt er es doch unwillkürlichen Mechanismen der Denkleistung. Die Ebbinghaussche Gedächtnistheorie kombiniert nicht Inhalte, sondern die Techniken des Bezugs. Jede Einzelvorstellung ist sowohl als Ganzes wie auch in der Fülle ihrer Teile mit anderen simultan und damit parallel verknüpft: Wenn eine *mehrfache Assoziation mit gemeinschaftlichem Ausgangsglied*, eine *mehrfache Assoziation mit gemeinschaftlichem Endglied* nebst den kombinatorischen Zwischenmöglichkeiten zum Denkapparat des Menschen gehören, kombiniert man nicht mehr isolierte Inhalte, sondern ihre Relationierungen.[2] Und sein Psychologenkollege Wilhelm Wundt darf eine eigene Studie über derlei Dinge mit der schönen Frage überschreiben, ob "die Mittelglieder einer mittelbaren Assoziation bewußt oder unbewußt" sind.[3]

Der Reichtum tropischer und topischer Denkformen, wie sie das Barock inventarisiert, wird damit den natürlichen Vermögen des Menschen zugerechnet. Ihre Test- und Abrufbarkeit aus einem psychischen Apparat wird zur Sache von Wissenschaftsformen wie der Psychoanalyse[4], der Psychotechnik, der Psychophysik und einer allmächtigen Experimentalpsychologie. Ihr Abruf wird durch ein Arsenal von Apparaturen realisiert: Kymographion, Mnemometer, Tachistoskop oder wie die Geräte auch im einzelnen heißen mögen. Was bei Wilhelm Wundt ein System *psy-*

---

1   Hermann Ebbinghaus: *Grundzüge der Psychologie*, 1. Band, Leipzig 1919 (4), S. 735. Das Glas Wein markiert in seinen drei Varianten (im Register, bei Zopf und bei Ebbinghaus) den Übergang von barocker Kombinatorik zu einer (aufklärerischen) Psychologie zur Psychophysik.

2   Ebbinghaus: *Grundzüge der Psychologie*, loc. cit., S. 735.

3   Wilhelm Wundt: "Sind die Mittelglieder einer mittelbaren Assoziation bewußt oder unbewußt?". In: *Philosophische Studien*, Band X, Leipzig 1892, S. 326-328.

4   Die in ihrer strukturalen Lesart bei Lacan mit der Mathematik Markows, also mit der Anschreibbarkeit von Zuständen und deren Übergangswahrscheinlichkeiten arbeitet. Kirchers Moirés in all ihrer Statik werden mittels mathematischer Graphen umgesetzt, die mit dem Vor- und Nachher die Logik der jeweiligen Übergänge verzeichnen. Das Geschäft der Analyse gerät – so Kittler – zur Kryptologie: "Psychoanalytiker müssen aus Wiederholungszwängen die Übergangswahrscheinlichkeiten abfangen wie Kryptographen aus scheinbarem Rauschen eine Geheimbotschaft." In: Friedrich Kittler: "Signal – Rausch – Abstand". In: *Draculas Vermächtnis*, loc. cit., S. 179.

chischer Verbindungen heißen darf, wird im Experiment apparativ abgefragt und quantifiziert. Damit die Ergebnisse beim Gedächtnistest möglichst rein ausfallen, werden ausgerechnet Unsinnssilben in all ihre barocken Logik und mit analog aufgebauten Techniken die Exposition zum Gegenstand solcher Experimente gemacht: Unsinnssilben, die in ihrer puren Kombinatorik Verzerrungen durch Kontext oder unbewußte Ergänzung ausschalten. Mit Apparaten soll so gemessen werden, was die Sinnesorgane von Menschen unabhängig von einer kognitiven Verarbeitung leisten. So und aus dem Geiste früher Psychologielabors soll erreicht werden, daß nur die Träger guter Ohren als Telefonistinnen und nur die Inhaber guter Augen als Straßenbahnfahrer arbeiten. Zur Vermeidung beruflicher Fehlbesetzungen wird eine barocke Unsinnssemantik ins Feld geführt, die ludistische Verfahren in Psychotechnik umschreibt.

Und genau damit ist einem ganz neuen Aufschreiben Tür und Tor geöffnet. An die Stelle barocker Toposkataloge tritt die Topik des Menschen selbst, wie sie im psychologischen Zugriff und in aufwendigen Protokollen zu Tage tritt. Und weil die freie Rede irgendwelcher sorgfältig angeleiteten Versuchsprobanden in einem so atemberaubenden Tempo ergeht, daß keine symbolische Schrift dieser Welt sie mehr verzeichnen könnte und selbst die ökonomische Variante der Stenographie an die Grenzen der Darstellbarkeit stößt, müssen neben all den Fragebögen, Tabellen und Erhebungslisten endlich auch technische Medien zur Erforschung menschlicher Rede herhalten. Als der Wiener Psychiater Erwin Stransky 1904 in seinem Psychologielabor Versuchsprobanden immer wieder dazu anhält, ausgehend von einem vorgegebenen Reizwort exakt eine Minute lang frei und selbstredend völlig entspannt zu assoziieren, liegt die Zahl der gesprochenen Worte über sämtlichen Standards normaler Rede. Für die gibt es Mittelwerte, die ihm ein Herr Fleischner in seiner Funktion als Direktor des reichsrätlichen Stenographenbureau mitteilt. Der grossen Freundlichkeit dieses Schriftsachverständigen verdankt Stransky nämlich die Angabe, "dass in geordneter, freier Rede durchschnittlich 130-140 Einzelworte in der Minute gesprochen werden. Zahlen über 180 sind schon äusserst selten. Die Minimalgrenze (in deutscher Rede und bei Rednern deutscher Nationalität) beträgt etwa 100 Worte."[1]

Doch weil Stranskys Versuchspersonen mit sage und schreibe 100 bis 250 "(und darüber!)" Worten pro Minute jeglicher Sprachstatistik davonlaufen, bleibt nur der Griff zur analog aufzeichnenden Phonographie. "Sie alle aber redeten darauf los ins Blaue hinein, blind durcheinander, was ihnen gerade einfiel, und wussten gleich nachher meist kaum recht, was sie gesprochen hatten. Dabei war das Tempo stets

---

1 Erwin Stransky: *Über Sprachverwirrtheit. Beiträge zur Kenntnis derselben bei Geisteskranken und Geistesgesunden*, Halle a.S. 1905, S. 14.

ein so rasches, dass die sofortige genaue Fixierung nur durch den *Phonographen*
gelang."[1] Was da gelingt, wird nachträglich als Probandenprotokoll verschriftlicht
und erlaubt so eine minutiöse Auswertung all der Einzelassoziationen und Mechanismen, die das Sprechen steuern. Um eine Topik a posteriori zu erforschen, darf
schlechthin alles auf- und wie im Barock auch ausgeschrieben werden. Eben weil
das technische Medium Phonograph keine Differenz zwischen Sinn und Unsinn
macht, wird die ergehende Rede vollständig aufgezeichnet. Abfall wie Unsinn
menschlicher Rede in all ihrer Poesie, mit all den Alliterationen, Rekurrenzen,
Kontaminationen und Verdopplungen, Vor- und Nachklängen liegen auf der Pho-
nographenwalze ungefiltert vor.[2] Dafür gibt der Versuchsleiter selbst eines der
schönsten Beispiele. Als Erwin Stransky am Abend des 5. Februar 1904 gegen 10
Uhr in seinen schwarzen Schalltrichter sprechen will, erhöht er die Versuchsdauer
auf 1,5 Minuten und wählt sich ein Reizwort, das der alphabetischen Ordnung aller
lexikographischen Aufzeichnung (und damit dem Barock) eine letzte Referenz zu
erweisen scheint. Stransky spricht 90 Sekunden lang zum Thema *Aal*; die Zahl der
gesprochenen Wörter beträgt stattliche 244:

> Aal, Aal, Aalesund, abgebrannte Stadt Aalesund in Norwegen, abgebrannte Stadt Aalesund in
> Norwegen, Aalesund, Sund, Sund, Sundzoll, Sundzoll, der Sundzoll, der Sundzoll, in Kopenha-
> gen, der Sundzoll in Kopenhagen, Kopenhagen, Haag, S'Gravenhage, die Kriegsdepartement in
> Haag, das Kriegsdepartement in Haag, in Haag, Madonna im Rosenhaag, die Gartenlaube, die
> Laube, der Laube, der frühere Burgtheaterdirektor Laube, Laube, Lauban, Laube, Lauban, in Lu-
> blinitz, der Lauban in Lublinitz, der Lauban in Lublinitz, der Lauban in Lublinitz; in Lublinitz
> ist überhaupt der Regierungs-, der Offizial-, Präsidential-, Präsidentialrat, Provinzialrat, Primor-
> dialrat Leuban, der Primordialrat Clemens Neisser, Clemems Neisser; Primordialdelirien,
> Primordialdelirien, des Pötzl, der Pötzl, Primordialdelierien, der alte Pötzl mit seinem Hund,
> beim Pötzl oben, im Direktorial-, im Primordial-, im Primordialzimmer; im Primordialzimmer
> ist der Alte mit seinem Hund, der Pötzl mit seinem alten Hund; zahlreiche alte Hunde sind des
> Hasen Tod, und der Hase, und der Hase, und der Abgeordnete, Reichstagsabgeordnete Haase, der
> Reichstagsabgeordnete Haase, zahlreiche Hasen, der Hasenklever, es gibt zahlreiche Hasen, zahl-
> reiche Kläffer, zahlreiche Kläffhasen, Hasenkläffer, Hasenkläffer, Kläffhasen, Hasenkläffer, es
> gibt zahlreiche Kläffer, die Kläffer, die grossen Kläffer und die kleinen Kläffer, die grossen Kläf-
> fer sind die grossen Kläffer und die kleinen Kläffer sind zahlreiche Kläffer, welche von den Kläf-
> fern, den Kläffern im Kläffergewand, im Kläffergewande angekläffert worden sind ... ."
> (Versuchsschluss)."[3]

---

1 Stransky: *Über Sprachverwirrtheit*, loc. cit., S. 14.
2 *Eine* Sperrklausel gibt es allerdings dann doch für den Fall der nachträglichen Bearbeitung:
  Obszönitäten und sexuelle Anspielungen sollen nicht verschriftlicht werden.
3 Stransky: *Über Sprachverwirrtheit*, loc. cit. S. 33.

Was in barocken Schatzkammern ausgeschrieben wird, die *bläulich=weisse* und *weißlich=blaue* Farbgebung des Aales, darf bei Stransky in all der zugehörigen Redundanz protokolliert werden. Seine in Echtzeit produzierten Permutationen zwischen einem *Hasen* und einem *Kläffer* sind mehr als vollständig. Doch auch solche Freiwilligkeit will gelernt sein. Sie einfach nur per Dekret zu verordnen, genügt nicht oder nicht immer: Stransky – mit 14 Probanden *differentester Qualifikation* zu Gange – berichtet von den enormen Schwierigkeiten seiner Versuchspersonen mit der freien Rede. Am Anfang des Redeflusses steht ein Stocken, ein Moment der Scham, die Angst, sich zu *verplappern, Geheimnisse preiszugeben.* "Es war ganz gewöhnlich, dass die Versuchspersonen zu Anfang über die ersten Sätze nicht hinauskamen; dann stockten sie, meinten 'es fiele ihnen nichts ein, sie könnten nicht weiter'."[1] Doch dann fallen die Schranken und ihre Invention darf strömen. Der Versuchsleiter Stransky sieht den Grund für die anfänglichen Redehemmungen seiner Probanden in der Gewöhnung, "unter Leitung von Obervorstellungen zu denken". Selbst wenn die experimentelle Vorgabe darin besteht, genau diese "Obervorstellungen auszuschalten", fallen die frei Assoziierenden in die alte Tendenz zurück: "die Reagenten begannen nach irgendwelchen Vorstellungen zu *suchen*, um sie in Verbaläusserungen umzusetzen, und trachteten nun doch, dies möglichst rasch zu bewerkstelligen."[2] Und erst die bewußte Lösung vom Zwang, suchen zu müssen, weil "das Suchen nach sprachlichen Vorstellungen vollkommen überflüssig sei, da sich solche spontan in Fülle in den Vordergrund drängen"[3], macht den Stockungen ein Ende. Was dann auf dem Phonographen gespeichert wird, läßt Einblicke und Interventionen ganz eigener Art zu. Adelungs regulierende Einbildungskraft – egal ob europäisch aufgeklärt oder nur im schönen Konventionellen der Nation verortet – bekommt endlich ein anderes Gesicht: Flächendeckend werden Daten der Assoziation und des Gedächtnisses, der Umgang mit Reizen und was auch immer erhoben, gegeneinander abgeglichen, Mittelwerte gebildet, Statistik betrieben und so im Zusammenspiel von Individualisierung und Kodifizierung erstellt, was man als Normalitätstopik a posteriori bezeichnen könnte.[4] Aus der

---

1 Stransky: *Über Sprachverwirrtheit*, loc. cit. S. 17. Besorgt um die Preisgabe von Geheimnissen wird sich auch die Kriminalistik der Assoziationen annehmen. Vgl. dazu etwa Ch. de Montet: "Assoziationsversuche an einem kriminellen Fall". In: *Monatsschrift für Kriminalpsychologie und Strafrechtsreform*, 6. Jahrgang, Heidelberg 1910. S. 37-47.

2 Stransky: *Über Sprachverwirrtheit*, loc. cit. S. 18.

3 Stransky: *Über Sprachverwirrtheit*, loc. cit. S. 18.

4 Zu den neuen Aufschreibetechniken dieser Topik in Form von Assoziationstabellen und ihrer mathematischen Auswertung vgl. M. Pappenheim: "Über die Kombination allgemeiner Gedächtnisschwäche und amnestischer Aphasie nach leichtem zerebralen Insult. (II. Experimenteller Teil)". In: *Journal für Psychologie und Neurologie*, Bd.X, Heft 1/2, 1907. S. 55-82.

Wahrscheinlichkeit von Texten, Sätzen, Wörtern, Silben und Buchstaben ist *eine* oder *die* Wahrscheinlichkeit des Menschen geworden. Und die wird für eine allgemeine Diagnostik wie für die zunehmende Ausdifferenzierung des Menschen auch gebraucht: Gedächtnisleistungen, Assoziationen, die Logik von Vorstellungen und all die anderen Details menschlicher Kognition werden zum Gegenstand einer neuen Datenpolitik. Deren Hochrechnungen sieht die konkrete Bemessung von Intelligenz ebenso vor wie die Einschätzung von moralischen Kategorien. Ob Menschen geschäftsfähig bleiben oder entmündigt werden, ob sie als unzurechnungsfähig in die Psychiatrie oder eben in die Gefängnisse wandern, all das soll sich vor der neuen Datenpolitik abzeichnen. Das scheinbar unscheinbare Geschäft mit den Assoziationen wird Gegenstand aufwendiger Untersuchungen: *Diagnostische Assoziationsstudien*[1], die von C.G. Jung als Beiträge zur experimentellen Psychopathologie veröffentlicht werden, ermöglichen in der *Inhaltsangabe* beider Bände ihrerseits eine physiognomische Lektüre, von deren Effizienz Novalis seine Protagonisten nur hätte träumen lassen können. Nur mit einem Unterschied: Ging es in den *Dialogen* um das Aufschreibesystem der Bücher im Anblick eines druckfrischen Messekatalogs, geht es bei Jung um das der Wissenschaften vom Menschen in der Konfrontation ihrer Assoziationen. Ein – nicht in die Zählung aufgenommenes – *Vorwort über die Bedeutung von Assoziationsversuchen* von Eugen Bleuler darf den 1. Band eröffnen, bevor es in 2 mal 6 Einzelbeiträgen zu folgenden Konkretionen kommt: Beitrag I gilt den *experimentellen Untersuchungen über Assoziationen Gesunder* (C.G. Jung und Fr. Riklin), ein II. Beitrag *Über die Assoziationen von Imbezillen und Idioten* (K. Wehrlin) wird III gefolgt von einer kasuistischen Einzelstudie, der *Analyse der Assoziationen eines Epileptikers* (C.G. Jung). Beitrag IV hat *das Verhalten der Reaktionszeit beim Assoziationsexperimente* (C.G. Jung) und damit die Meßtechnik zum Gegenstand, bevor Eugen Bleuler V. *Bewußtsein und Assoziationen* im allgemeinen und Jung VI. das Verhältnis von *Psychoanalyse und Assoziationsexperiment*, damit das schwierige Verhältnis zwischen einer erklärenden und einer verstehenden Version der Psychologie aufgreift.[2] Der 2. Band liefert in Beitrag VII *kasuistische Beiträge zur Kenntnis*

---

1 Carl Gustav Jung (Hrsg.): *Diagnostische Assoziationsstudien. Beiträge zur experimentellen Psychopathologie*, 2 Bände, 1915 (3. unveränderter Abdruck).

2 Zur Programmatik dieser Frage vgl. die Auseinandersetzung zwischen Wilhelm Dilthey und Hermann Ebbinghaus. Dilthey erhebt 1894 in seinen "Ideen über eine beschreibende und zergliedernde Psychologie" (in: *Gesammelte Schriften*, V. Band, Stuttgart 1968. S. 139-237) Vorwürfe gegen eine naturwissenschaftliche Behandlung der Seele, auf die der Experimentalpsychologe 1896 mit einem Text: "Über erklärende und beschreibende Psychologie" (in: *Zeitschrift für Psychologie und Physiologie der Sinnesorgane*, 9 (1896). S. 161-205) ebenso programmatisch reagiert.

hysterischer Assoziationsphänomene (Franz Riklin) und VIII eine differenzierende Analyse der Phänomene *Assoziation, Traum und hysterischem Symptom* (C.G.Jung). IX gilt den Reproduktionsstörungen beim Assoziationsexperiment und X den *statistischen Untersuchungen über Wortassoziationen und über familiäre Übereinstimmung im Reaktionstypus bei Ungebildeten* (Emma Fürst). Die beiden letzten Beiträge XI. *Über das Verhalten des psychogalvanischen Phänomens beim Assoziationsexperiment* (Ludwig Binswanger) und XII. *Über körperliche Begleiterscheinungen assoziativer Vorgänge* (H. Nunberg) ziehen den Körper mit in das Kalkül diagnostischer Assoziationsstudien. Solche Diagnosen bleiben nie Selbstzweck, und so kann die Sorge um die Assoziationen zur diskursiven Schnittstelle mit den Anliegen etwa – um nur *eine* Applikation zu nennen – von Jurisprudenz und Kriminalistik werden. Die Psychologen jedenfalls arbeiten daran, mittels bestimmter Verfahren unverstellt auf Aussagen zuzugreifen und auf der Basis von Assoziationen Tatbestände möglichst objektiv zu rekonstruieren.[1]

Wenn der Mensch zur Quelle wird, in der Daten, Befehle und Adressen zum höheren Ruhm immerwährender Innovation zusammenfallen, hat die künstliche Intelligenz des Barock einen Namen, ihrerseits eine Adresse bekommen. Ein Gesicht, das es gegen Foucaults These einer epochalen Emergenz in einer Menschenmerkkunst namens Mnemotechnik immer schon hatte. Die Beziehbarkeiten eines skripturalen Datenverbundes werden psychologisiert und als zum Menschen gehörig ausgewiesen. Das Zusammenspiel vormals getrennter Daten, Befehle und Adressen ist implementiert. Stransky wird die verbalen Entäußerungen nicht nur inhaltlich bestimmen, er wird sie genealogisch ableiten und am Körper festschreiben. Die Gleichsetzung von Gehirn und Seele[2], die von einer monistischen Hirnforschung zeitgleich zum Hauptforschungsanliegen erklärt wird und die darin gründet, kognitiven Leistungen direkte materiale Korrelate – und wie im Fall Flechsigs *Associationscentren* – zuzuweisen[3], greift der Psychiater Stransky in der Kopplung von

---

1 Vgl. dazu Otto Lipmann, Max Wertheimer: "Tatbestandsdiagnostische Kombinationsversuche". In: *Zeitschrift für angewandte Psychologie und psychologische Sammelforschung*, Band I, Leipzig. S. 119-128. Oder, um durch einen *sprechenden* Publikationsort den diskursiven Kontext solcher Experimente herzustellen, Hans Henning: "Doppelassoziation und Tatbestandsermittlung". In: *Archiv für Kriminalanthropologie und Kriminalistik*, 59. Band (1914). S. 74-83.

2 Als pars pro totum für die Fülle von Arbeiten, die auf dieser Differenz fußen und diese auch titelgebend benennen, sei auf verwiesen auf Paul E. Flechsig: *Gehirn und Seele. Rede, gehalten am 31. October 1894 in der Universitätskirche zu Leipzig*, Leipzig 1896 (2. verbesserte, mit Anmerkungen und fünf Tafeln versehene Ausgabe). Vgl. dazu ausführlich: Armin Schäfer: *Biopolitik des Wissens. Hanns Henny Jahnns literarisches Archiv des Menschen*, Würzburg 1996.

3 Paul E. Flechsig: "Ueber die Associationscentren des menschlichen Gehirns. Mit anatomischen Demonstrationen". In: *Dritter internationaler Congress für Psychologie in München vom 4. bis 7. August 1896*, München 1897. S. 49-68.

Physiologie und Sprache auf. Die von bestimmten Probanden produzierten Sätze entsprechen nicht

> dem Charakter ideenflüchtiger oder gänzlich anakoluther Reihen, sondern sie entsprechen, wie unten an Beispielen gezeigt werden soll, so ziemlich dem, wie Aschaffenburg treffend bemerkt hat, aus Ideenflucht und Stereotypien gemengtem Wortsalat der Katatoniker. Namentlich scheint mir von Interesse, dass die ja *physiologischerweise eingeschliffene Tendenz zu grammatikalischer Copulation* beibehalten wird.[1]

Eine solche veränderte Ordnung der Dinge hat natürlich auch ästhetische Konsequenzen. Richard Semon, der eine der folgenreichsten Gedächtniskonzeptionen zu Beginn des 20. Jahrhunderts am neuen Modell neuronaler Vernetzungsstrukturen erstellen wird[2], bringt sie aus der Sicht des Psychologen auf den Tisch. Ihre wunderbare Pointe wird jetzt darin bestehen, daß Semon künstlerische Innovation und Genie genau spiegelverkehrt zur Kritik bei Kemmerich und Zopf, damit analog zu den Verfahren barocker Künstlichkeit definiert, und aus Systemgründen auch definieren muß. Nach einem Durchgang von Psychologie und Genieästhetik besteht für Semon Genie und Innovation schlicht darin, daß topologisch aufgebaute Gedächtnisordnungen und die in ihnen vorliegenden Relationierungen nun ihrerseits unterlaufen werden. In seiner Beschreibungssprache, die skripturale Gedächtnismodelle an Befunde der Nervenphysiologie wie auch der Psychologie annähert[3], liest sich die wundersame Renaissance barocker Kombinatorik so:

> Eine Assoziation bereits gebildeter, nicht assoziierter Engramme kann aber andererseits auch durch simultane oder unmittelbar sukzedente *Ekphorie*, also auf rein mnemischen Wege erfolgen. Man könnte sie als nachträgliche oder kombinatorische Assoziation bezeichnen, weil sie genetisch nicht zusammenhängende Engramme nachträglich kombiniert. In der Bildung dieser Assoziationen findet die höhere mnemische Fähigkeit des Menschen ihren stärksten Ausdruck. In ihr bestätigt sich das, was wir höhere Vernunft, in ihrer höchsten Entwicklung Genie nennen. Selbst bei den höchststehenden Tieren finden wir nur die ersten Andeutungen dieser freiesten Form der Assoziation, auf die wir hier nicht näher einzugehen brauchen.[4]

Semons Definition macht eindrücklich klar, daß die Rede vom Genie, die ihrerseits ein Spezialfall einer Rede über jegliche Möglichkeit von Innovation ist, eine Funk-

---

1 Stransky: *Über Sprachverwirrtheit*, loc. cit. S. 16.
2 Beeinflußt hat er damit u.a. Aby Warburg. Vgl. dazu Ernst H. Gombrich: *Aby Warburg. Eine intellektuelle Biographie*, Frankfurt/M. 1981.
3 Richard Semon: "Assoziation als Teilerscheinung der mnemischen Grundgesetzlichkeit". In: *Journal für Psychologie und Neurologie*, Bd.17 (1911), Ergänzungsheft. S. 364-368.
4 Richard Semon: *Die Mneme als erhaltendes Prinzip im Wechsel des organischen Geschehens*, Leipzig 1904, S. 136f.

tion der jeweiligen Gedächtniskonzeptionen ist. Das freie Spiel der Assoziationen ist eine Untermenge über einem kognitiven Alphabet namens Mensch. Aus Wahrscheinlichkeiten im Wortsinn wird die Wahrscheinlichkeit des Menschen, in dessen Namen sich zu verantworten hat, was sich im Barock jeder Verantwortung entzog.

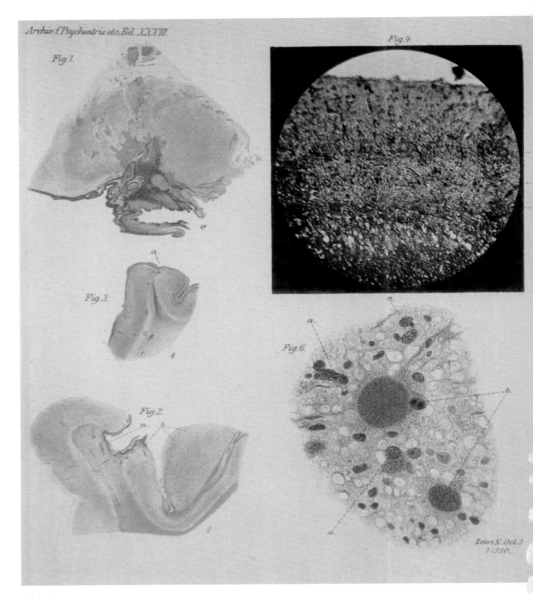

Fig. 1

Fig. 4.

Fig. 3.

Fig. 6.

Fig. 2.

Zeiss E. Oct. 3
1 : 530.

Abb. 9

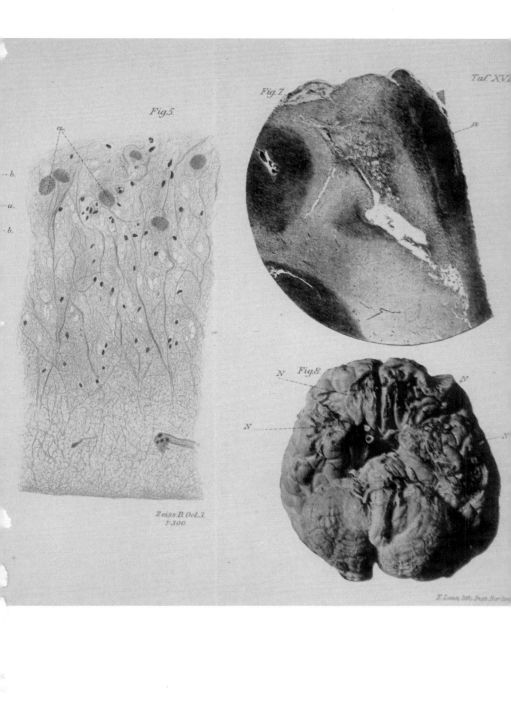

Fig.5.

Fig.7.

Fig.8.

Zeiss D. Oct.3.
1:300.

II. Teil: Merken

1. Auf den Gipfeln des Merkens

> Da wären die verlorenen Erinnerungstechniken, die Ge-
> dächtnispaläste. In den westlichen Kulturen gab es früher
> so etwas wie vorgestellte virtuelle Wirklichkeiten, vor-
> gestellte Paläste, in denen wenige Leute ihre Erinnerun-
> gen als Kunstwerke aufhängten.[1]

Die Allegorie der Mnemotechnik beginnt mit einer Hypersemiose: Ihr Beschreiber
kann einmal mehr Stanislaus Mink von Weunßheim heißen, der neben der Kombinatorik seines *Proteus* auch für das Merken einschlägig ist. Als Grenzgänger der
menschlichen *memoria* war er höchstselbst am Ort ihrer künstlichen Perfektionie-
rung, am *Parnassus Von der Gedechtniß=Kunst*. Somit steht einer *neuen, wahr-
hafftigen Zeitung* vom Merkgipfel und einer umständlichen Erzählung über sämtliche Reisedetails nichts mehr im Wege.[2]

Den Weg nach Griechenland weist ihm sein Freund, der auf den ebenso sachdienlichen wie merkfälligen Namen Memoratus hört. Und der wiederum weiß deswegen so gut Bescheid, weil ihm doch ein längerer Aufenthalt am Parnaß vergönnt
war. Doch davon später. Eines Nachts jedenfalls wird Stanislaus durch ein Hunde-
gebell aus düsteren Träumen gerissen, um seinen Freund Memoratus an der Türe
zu begrüßen. Nach einer Handreichung "zum Merkzeichen unserer längst gepflo-
genen Treuen Freundschaft" (S. 17) darf die Freundschaft zum Gedenken an das
Spiel möglicher Repräsentationen Anlaß sein. Trotz vieljähriger Abwesenheit *dem
Leibe nach* hatten doch seine "Gedanken ofters bei jhm gewohnt / daß also meine
zu ihm tragende Naigung iederzeit unverrukket geblieben / *inter veros enim Amicos
locorum distantia animorum conjunctionem non separat*, singet der Holländischer
Dafnis / Heinsius." (S. 17) Nach gastronomischen Details und allerhand Kunst-
stückchen, bei denen Memoratus etwa den gereichten Rheinwein mittels eines
chemischen Zusatzes "ganz Bluutroth" (S. 18) färbte, den darob besorgten Freund

---

1 So jedenfalls antwortet Cyberspaceapologet Jaron Lanier auf die Frage nach möglichen Vorläuferdisziplinen für die computergenerierten künstlichen Realitäten. Zit. nach: "Was heißt 'virtuelle Realität'? Ein Interview mit Jaron Lanier. In: Manfred Waffender (Hrsg.): *Cyberspace. Ausflüge in virtuelle Wirklichkeiten*, Reinbek bei Hamburg 1991, S. 85f.

2 Stanislaus Mink von Weunsheim: *Relatio Novissima Ex Parnasso De Arte Reminiscentiae.
Das ist: Neue wahrhafte Zeitung aus dem Parnassus Von der Gedechtniß=Kunst*, o.O. 1618.
Seitennachweise nach dieser Ausgabe erscheinen im Text, das römische Zahlensystem wird
durch arabische Angaben ersetzt. Interne Inkonsequenzen der Paginierung werden beibehalten.

über den Trick umständlich aufklärt und ganz nebenbei dem Trinkgefäß mit seinem Diamantring auch noch ein sechszeiliges Gedicht einschreibt, können die beiden endlich ihren Dialog eröffnen.

Memoratus jedenfalls legt die Hand in die Wunde seines alptraumgebeutelten Freundes: "Es bedeuchte mich / der Herr komme mier sehr Melankolisch für." (S. 19) Und genau damit hat er recht. Sein Freund Stanislaus bestätigt die Diagnose mit dem Verweis auf die kriegerischen Zeitläufte mit all ihrer Verheerung (und nicht ohne eine halbe Seite lang berühmte Trauerexempel nicht nur aus der Antike herbeizuzitieren) und sein schwaches Gedächtnis, das durch die vollständige Zerstörung seines heimatlichen Anwesens samt aller dort befindlichen Speichereinrichtungen ganz auf sich gestellt ist. Der Krieg beschert Stanislaus eine Urszene und mit ihr Ratlosigkeit:

> dan ich vor wenigen Tagen ein klägliches Schreiben von Hauß emfangen / daß daselbst wegen des Bluut=lekkenden grimmigen und leyder annoch taurenden Kriegs auf allen seitten / inn allen Ständen nichts als Noht / Angst / winseln und wehklagen / daß meine Verwanden biß auf den eussersten Stuffen verderbet und mein liebes Armuht gans und gahr verheeret sey: demnach wüste ich nicht /weil ich ohn das ein gahr schwaches Gedechtniß gehabt / und also aus Verdruß meine Zeit und Mittel gar übel angeleget / was ich dermahl eins anfangen möchte: *Ætas abiit, reditura nunquam, ah nunquam reditura!* (S. 19)

Memoratus versucht zu trösten und fordert Stanislaus auf, sich die Verluste aus dem Kopf zu schlagen. Es sei am besten, daß man derlei Dinge "vergeße und deren Gedechtniß auf seite stelle". (S. 20) Doch Stanislaus ist auch mit einer Ermunterung zum Vergessen und ihrer Systematisierung in einer *ars oblivionis* nicht gedient: Zwar führt er das Diktum des Themistokles an *Se malle Artem oblivionis, quam memoriae* und bestätigt es durch ein moralisches Argument, das Speicherdauer und Speicherinhalt als Funktion möglicher Inhalte verschränkt. Die menschlichen Gemüter seien nämlich "also genaturet, daß sie das Böse stärcker und schärpfer ihnen eindruckken und länger behalten als das Guthe" (S. 20), was vom moralischen *point of view* dem Freund und Themistokles recht geben würde. Aber das Lob des Vergessens sei nur eine Scherzrede und er – Stanislaus – wünscht von seinem Freund, den Scherz endlich beiseite zu lassen und ihm ein Mittel zu empfehlen, "ob und wie dem schwachen Gedechtniß zuhelfen" (S. 20) sei. Stanislaus fürchtet, daß in Ermangelung einer ordentlichen Gedächtnisstärkung "Hopfen und Maltz" bei ihm verloren seien und nach einem "tief gehohlten Seufzen und betrübten Augen vermischet mit einer Art Ungedult" tut er dem Memoratus endlich kund, wie sehr ihm "ein hülf=reicher Raht als längerer Einwurf vonnöthen thäte." (S. 22) So vorbereitet, darf ein wundersamer Exkurs über die *ars memoriae* ergehen, von ihren Anfängen bei Simonides – und damit einmal mehr bei irgendwelchen Tischgesellschaften[1] – bis hin zu den Merkglanzleistungen des Barock. Cicero, der als "beredester und dapferster Redner einer" für die Verankerung im System der Rhetorik zuständig ist, darf dabei ebenso wenig fehlen wie jener korsische Jüngling, der ob seiner erstaunlichen Gedächtnisfähigkeit selbst noch die Historiographen der Gedächtniskunst im 19. Jahrhunderts beschäftigen wird.[2] Von ihm berichtet ein Anton Muretus im Modus der Augen- und Ohrenzeugenschaft, "daß er einen korsischen Jüngling / welcher ein Rechts=Lernender gewesen / gekant / und ihn selbst gehöret / welcher xxxvjm Nahmen ohn Anstooß nachsagen können" (S. 23); eine Kunstfertigkeit, die er von einem Franzosen gelernt haben soll. Und weil die Merkkunst *know how* und damit Gegenstand von Geheimhaltung oder regulierter Distribution ist, muß Memoratus seinem Freund Stanislaus erst einmal umständlich berichten, wie er selbst an seine Kenntnisse gekommen ist.

Wie ich nuhn / sagt Herr Memorat weiter / so wunderlich zu dieser Kunst kommen / wil ich itzo auch erzehlen. Als ich vor vier Jahren in die Statt Leik kahm / wolte ich auch meinem gewöhnlichen Gebrauch nach deroselben Haupkirche besehen / wie ich bei die Tühr tretten wolte / fand ich einen Brief daran geschlagen / welchen ich in meine Schreib=Tafel auffzeichnete / hab ihn auch zu allem Glükk itzo bei mir. (S. 24)[3]

Auf das "bittliche Begehren" verliest Memoratus den sorgsam aufgeschriebenen Kirchentürenanschlag und verweist den Freund damit an die Adresse des griechischen Musenberges. Wenn seinem Gedächtnisgebrechen irgendwo zu helfen sei,

---

1 Zum Gründungsmythos vgl. Anselm Haverkamp: "Auswendigkeit. Das Gedächtnis der Rhetorik". In: *Gedächtniskunst. Raum – Bild – Schrift.* loc. cit. S. 25-52. Simonides rekonstruiert aus N! möglichen Tischanordnungen die einzig richtige, und weist damit den entstellten Toten eines Palasteinsturzes eine Traueradresse zu.

2 Vgl. – pars pro toto – Christian August Lebrecht Kästner: *Mnemonik oder System der Gedächtnißkunst der Alten*, Leipzig 1804. Die Fähigkeiten des jungen Korsen referiert Kästner als unübertroffen: Ein Zeitgenosse namens Antonius Muretus dikitiert dem Gedächtniskünstler aus mehreren Sprachen eine Unmenge an Wörtern "bald mit, bald ohne Bedeutung, so unterschiedlich, sogar nicht unter einander zusammenhängend": "Hierauf sagte er das erste, dritte, fünfte Wort, und so immer eins ums andre; ja! die Ordnung mochte seyn, welche sie wollte, er gab Alles darin wieder her." (S. 14f.) Aus Gründen der Demonstration schert die Mnemonik aus etablierten Ordnungen aus, nimmt Ver- und Entstellungen dieser Ordnungen vor. Die Kapazitäten des jungen *Wundermannes*, der übrigens "der größte Feind aller Prahlerey" (S. 15) gewesen sein soll, betragen 36000 Items und bleiben damit unerreichter Standard.

3 Auch andere Mnemotechniküberlieferungen beginnen an und mit Kirchentüren: zur Logik von Geheimhaltung und regulierter Distribution sowie den Vorwürfen und Verdächtigungen, denen solche Systeme z.T. von Seiten der Kirche ausgesetzt sein konnten, vgl. die Textgeschichte von Schenckel und Sommer, sowie ihre Rekonstruktion beim Freiherrn von Aretin. Dazu ausführlich Teil II/5: *Die gelehrigen Körper des Merkens.*

dann dort. Unter vielen eingeschobenen Gedichten und nicht ohne die griechische Mythologie aufzurollen, rüstet Stanislaus nun selbst zur Reise, "eine solche Waar und Früchte einzuhohlen / die kein Dieb stehlen / kein Straaßen=Räuber abnehmen / kein reicher Herr bezahlen / kein Wasser ersäuffen / die kein Ungelegenheit der Zeit entführen" (S. 31).

Stanislaus reist mit dem Wagen und kommt in Griechenland "nach verflissung etlicher tagen" auch glücklich an. Wie reich seine Reise an allegorischen Höhepunkten sein wird, erfährt Stanislaus schon am ersten Tag. Aus Gründen der Reisesicherheit verbringt er einige Tage bei einem Mann, der ihm von dem drohenden Krieg um eine wundersame Burg berichtet. Errichtet wurde sie von *Gottesfurcht* und *Beständigkeit*, die dort ein Tugendbündnis geschlossen hatten und verstärkt durch "die treue Hülf eines tapferen Beystands / nemlich der *Gerechtigkeit* / *Kluugheit* / *Stärke* / *Mässigkeit* / *Liebe* / *Gedult* / *Glaub* / *Hofnung* und der *Wahrheit*." (S. 36) Stanislaus erfährt die architektonischen Details jener dreieckigen *Burk*, die auf griechischem Boden ein Bollwerk gegen die griechische Mythologie errichtet. Das Tor trägt mit der Überschrift "*Sic Trinus & Unus discitur*. So lerne frey / daß Drey=Eins sey" (S. 36) der Trinität Rechnung. Das Wappen an der Türe ist eine Kugel mit den Worten *Sine Fine*, "das Schloß am Tohr ist ein Mahl=Schloß / darin viel Buuchstaben / zuer eröfnung gebraucht man keinen Schlüssel / sondern ein Wort: *Uni patet Verbo*. Das Wort aber heiset E M A N U E L." (S. 37)

Die kombinatorisch gesicherte Tugendburg zieht naturgemäß den Haß einer ganz anderen Gruppe auf sich: Die *Gottesverächterinn impietas* informiert ihre vertrauteste Freundin *Unbeständigkeit*, und so mobilisieren sie den Junker *Tood*, die "Mutter aller Ketzereyen und Secten" *Hæresis*, die "bluutig und wütende *Verfolgung*", den *Betrug* und den *Unbestand*. Dem stehen bei "die *Hinterlist* und die *Grausamkeit* / die mit greulichem vnd abscheulichen Angesicht / zerrissener und zerbrochener Kette / Band und Strikke foran gezogen." (S. 37) Doch die versuchte Eroberung der Tugendburg scheitert an der klugen Intervention der Frau *Fama*, die "voller Augen / Ohren und Zungen", sowie unter Zuhilfenahme eines *künstlichen Glaaßes* den Handel aufdeckt. Die Tugend behält Platz und "das ruchloose Gesindlein" muß "mit Schimpf / Hohn und Spott abweichen". Mit "vollem Trommeten=Schall" wird Frau Fama den Sieg der Tugend in die Welt schmettern.

Nach allen nur möglichen Details kommt Stanislaus endlich in Delfis an. Nicht unerwähnt bleibt dabei die Wahl des Reisemittels: "alda vertraute ich meinen Leib einem schwimmenden betrieglichen Holz / darinn mein Leben vier oder sieben Finger breit / so es am breitesten / vom Tode wahr / wie *Juvenalis* singet." (S. 39) Aber nicht nur Juvenal darf in Minks *Neuer wahrhafter Zeitung* von den Nöten der Seefahrt singen, eine durchaus ähnliche Gefahr hat auch Christian der Vierte, der bereits verstorbene Dänenkönig, erlitten, "welche von Herrn Risten anfangs seines

Poetischen Schauplatzes beschrieben." (S. 40) Und so wie seine Jungfer Dorindo die Materialien der Schrift an den Tisch befiehlt, um souverän Menschen als Buchstaben zu permutieren, so ordert er nun selbst "Feder / Dinten und Papier" (S. 41), um so dem Gott Apoll schriftlich sein Anliegen vorzutragen. Weil er doch so gerne studieren würde, aber mit einem schlechten *Gedechtniß* gestraft ist, bittet er um künstlichen Ersatz. Modus oder Testfeld seiner Defizite ist die Lektüre: "Aller Gnädigster Herr / E. K. M. gebe ich unumgänglich hiermit Allerunterthänigst zuvernehmen / wie daß mich mein eignes Gewissen meiner Unwissenheit überzeuget / welche aber zu dem Theil herrühret von meinem sehr schwachen Gedechtnis / und dasjenige / was ich lese / gahr leichtlich wieder vergesse / da ich doch einen großen Eyfer zum studiren trage." (S. 41) Allerunterthänigst wendet er sich an Ihre königliche Majestät Apoll, damit dieser Abhilfe und der studienhemmenden Vergessenheit ein Ende bereite. Unterstützung für sein Gedächtnis – "von Natuhr gar schwach und Kraftlooß" (S. 41) – erhofft er durch die *memoria artificialis*. Der Brief wird aufgesetzt und Stanislaus geht weiter auf Besichtigungstour, die vor allem in permanenten Lektüren oder Entzifferungen besteht: Vorbei an 12 Centauren und 12 Satyren, die dem Merktouristen Einlaß gewähren, gerät er immer tiefer in ein Labyrinth der Schrift. Kein Giebel und keine Wand, die frei von ihr wäre. Die Zugbrücke "hieng an einer stracken Kette / daran 12. Ring / von dem untersten zu dem obristen hatte ieder seinen Nahmen / als *Pietas, Liberalitas, Humanitas, Mansuetudo, Clementia, Justitia, Temperentia, Fortitudo, Prudentia, Sapientia, Anima, Mens.*" (S. 42) "Nach fleissiger Besehung der eusserlichen Zier und Schriften" ist sein Auge geblendet vom inneren Glanz. Türen und Teppiche folgen dem Geheiß der Bedeutung und auf den *Tapezereyen* sind die Heldentaten Apolls nebst deutscher Verdolmetschung verzeichnet. Holzsäulen sind mit *Täflein* behangen, die Bilder nebst zugehörigen Sinnsprüchen enthalten. Nach all den stummen Zeugen aus Schrift und/oder Bild gerät er endlich an die Musen. Eine von ihnen, Thalia, hat es ihm besonders angetan, und so unternimmt er – wie zahllose Gedichte auch – die Parzellierung ihres Körpers. Ein barocker Steckbrief ihrer Physiognomie ist die Folge:

iedoch muß ich nach meinem Uhrthel bekennen / daß mier keine unter diesen Höchstgeehrten neun Schwestern besser gefallen als die *Thalia*, und solches wegen freundlichen Angesichts / Goltgelben herabhangenden Haars / breit=gewölbten Stirn / schwarzen Augenbrauen /straalfinklenden Augen / presilien rohten Wangen / holdseliger und anmuthiger Red=Bescheidenheit / langen Halses / schön Aepfel=rund Alabaster weissen Lind=harten Brüstlein / lang Schnee weissen Wollngelinden Händen / langen Fingerlein und Wohlgestaltniß des ganzen Leibs. (S. 45)

Endlich gerät Stanislaus in die Nähe von Apoll, dem Adressaten seiner Sendschrift. Der ist aber gerade in wichtige Amtsgeschäfte verstrickt, muß er doch einige über- führte Kartenfalschspieler, die nicht richtig gemischt hatten und zudem mit Spiegeln unerlaubt die Blätter ihrer Mitspieler einsehen konnten, vom Musenberg verbannen. Unsicher, ob er seine Bittschrift überreichen soll, wagt Stanislaus es dann doch und sieht sich plötzlich nebst Apollo – der allerdings beritten ist – in einen wunder- samen Lustgarten versetzt. Vor ihm versagt alle Aufzeichnung und so beschwört ein Unsagbarkeitstopos die Unvollständigkeit.

> So balt im Eintritt des Lust=Gartens erblast ich für dem schönen Glantz und gläntzenden Schön- heit / und wan alle meine Gliedmassen in Zungen verwandelt / *si mihi sint linguae centum, si oraq; centum*, Ja ich glaub wan alle Stroe=Halmen Feder wehren / das Meer die Dinten / die En- gel die Sreiber / würde es nicht gnug zu beschreibung dieses Lustens dienen / der hunderäugige Argus hette die schöne Gemähldder und trefliche Schriften nicht alle sehen und lesen / der hun- dertköpfige Hekatombäus nicht alle in seinen Verstand und Gedechtniß bringen können. (S. 48f.)

Die bloße Enumeration der Fauna gerät Stanislaus zur Apotheose des Christentums. Zwischen dem *Einblat deß Erlösers*, "Gottes Beerlein / welche sonsten Welsch Bi- binell genant werden", *Heilig Geistwurz*, *Himmelthau*, *HimmelsSchlüsselBlumen* und anderen christlichen Kräutern wird er endlich zur rechten Hand einen Krystall- brunnen gewahr, der "durch seine Spring=Quellen und Röhren allerhand schöne Bilder" zeigt und naturgemäß mit einer stattlichen Marmorinschrift geziert ist. Zur linken Hand "wahr ein Abtritt in einen andern Garten / darüber stunden diese Bu- chstaben." (S. 49)

```
I    S    E    R    E    G
E    N    S    U    N    S
U    R    S    S    O    S
R    D    E    G    S    N
```

Stanislaus steht vor einem Rätsel, doch die Auflösung läßt nicht lange auf sich warten. Ein hilfreicher Fürträger zeichnet ihm den Schlüssel in seine Schreibtafel.

```
1    *    *    *    *    3
5    *    *    *    *    7
8    *    *    *    *    6
4    *    *    *    *    2
```

Hinter dem "Litter=Wechsel (*transpositio literarum*)" verbergen sich die Worte IN- GRESSUS SED NON REGRESSUS und hinter ihrer Dechiffrierung ein veritabler Irrgarten, "darinnen sich wohl ein Hundertfüssiger zu Tod lauffen solle." (S. 50)

Aber damit nicht genug: Der Garten entpuppt sich zudem als akustischer Abhörpa-
last, bei dem jedes vertrauliche Gespräch sofort an die Ohren eines lauschenden
Dritten weitergeleitet wird. Unabhängig von der Hörerposition und selbst bei lei-
sem Getuschel wird es möglich, daß der Lauscher "gahr eigentlich von Worten zu
Worten hören" kann, "welches sich wohl niemand versehen solte." (S. 50) Auf
Minks Parnaß wird Vertraulichkeit durch Gartenarchitektur kassiert "und solches
geschah durch in die lebendige Hekke eingelegte Röhren."[1] Und weil es ihm in der
Echtzeit seines Spaziergangs nicht möglich ist, alle "schöne Reimen und Schrifften"
aufzuzeichnen, verfährt er fortan selektiv. Nicht unverbucht kann er dabei die Musik lassen: "Viel Musik Stük wahren auf Tafeln mit güldenen Buchstaben gemahlet
/ welche / wie ich berichtet / nicht allein anmuthig zusingen / sondern auch der darunter stehender Text heimlich in den Musikalischen Noten verborgen", was druck-
technisch "in dieser Drukkerey" und damit für die *Relatio Novissima Ex Parnasso
De Arte Reminiscentiae* zwar scheitert, aber durch die Referenzen auf die musik-
steganographischen Gewährsmänner Gustavus Selenus und Daniel Schwenterus
nebst eingerückten Beispielen wettgemacht wird. Es folgt ein Konzert, wie es seine
Ohren noch nie vernahmen und zu dem sich auch "die Einwohnerinne der dikken
Wälder" – die Muse Echo – "mit ihrem wieder= und gegen= Hall" (S. 52) einstellt.
      Berichtenswert ist ihm auch ein Schachspiel mit den Junggesellen des Musenfüh-
rers Musagetes und der Junggesellinnenschar um die "Hochverständige Frau Mnemosyne". Eine Hütte mit weißen und schwarzen Marmorsteinen gepflastert ist
Schauplatz dieses Spieles, bei dem "die Junge Gesellen und Jungfrauen die Stein
bedeuten". (S. 54) Differenzen der Figuren werden durch Accessoires markiert.
"Die Jungfrauen mit herabhangenden Haaren und die Jungen Gesellen mit Posthör-
ner zeigten ahn die Läuffer". (S. 54) Federn machen aus Musen Springer und polnische Mützen markieren die Bauern. Der wundersamen Animation des Spieles tragen auch veränderte Regeln Rechnung. Wird ein Mitspielerstein geworfen und
damit vom Feld verbannt, "so küssete der die statt trettender mit Höflichkeit dem
von dannen weichenden die Hand / ja auch wool gahr das rohtes Mündlein." (S.
54) Weitere Kurzweil variiert das Spiel auf eine Weise, "daß auch der Edle Spie-
lender Herr Georg Filipp Harsdörfer nicht gnugsam hette derselben erdenken mögen" (S. 54).

---

1 Die Schaltpläne solcher Hörarchitekturen wird Kircher in der *Musurgia Universalis* (1650) abbilden. Vgl. etwa sein Ohr des Dionysius zu Syrakus oder das Modell jener Abhöranlage, das
   Kircher auf Wunsch römischer Adeliger gebaut hat. Der Schall wird dabei "durch ein schnecken-
   förmiges Rohr geführt, das im Munde einer Statue endet, wo abgehört wird." In: Reinhard
   Dieterle u.a. (Hrsg.): *Universale Bildung im Barock. Der Gelehrte Athanasius Kircher*, Rastatt
   1981, S. 87ff.

Am Ende all solcher Kurzweil steht – wie sollte es anders sein – die Liebe. Als Frau Mnemosyne gewahr wird, "daß sich nemlich die Jünglinge sehr in das Jungfern Geschlecht verliebt hatten / und diese hinwider in jene", spielt sie den Jünglingen, um die Tugend ihres Schachspiels besorgt, einen *stattlichen Bossen*. Es wird Frau Mnemosynes mathematische Kompetenz sein, die ihre Musen vor der Zudringlichkeit der Junggesellen schützt. Sie unterbreitet allen Beteiligten eine Kombinatorik der Liebe, bei der die gleichstarken Ausgangsmengen von Männern und Frauen durch einen Algorithmus in Paarungen oder Zweiertupel überführt werden, die dann gemeinsam und unbewacht den Heimweg antreten dürfen. Alle Beteiligten sollen sich dazu in einem *Kringen oder Rink* aufstellen,

> alsdan solten sie anfangen zuzehlen von der ersten biß auf die Neunde Persohn / selbige solte austretten / und mit der negstfolgende Neunde Persohn nach Hauß gehen / ihrem Belieben nach ihr Ehren=Freundschaft zuerweissen / und also die andern auch / ie ein paar mit paar / jedoch mit dem Beding / daß es keinen Verdruß geben möchte / wofern zwey Jungfrauen oder zween Jünglinge durch das Glück zusammen kähmen / und daß die letzte Jungfrau Sie die Frau Mnemosyne / der letzter Jüngling aber Herrn Musagetes nacher Hauß begleiten solte. (S. 55)

Die Zusicherung erfolgt, aber die Hoffnung eines jeden Jünglings, er würde die schönste Jungfrau nach Hause begleiten können, geht leer aus. Denn die Stellordnung Mnemosynes im *Kringen oder Rink* wird dafür sorgen, daß der Spielregel wie der Schicklichkeit gleichermaßen entsprochen und nur gleichgeschlechtliche Paarungen gemeinsam den Heimweg antreten.[1] Mnemosynes Algorithmus filtert die Junggesellen aus, und so erheben die den Vorwurf der Falschzählung. Um dem zu begegnen, schlägt Mnemosyne eine Wiederholung des Spieles mit einer alternativen "Stell- und Zahlordung" vor; diese soll die Junggesellen davon überzeugen, "daß sie aufrichtig ohne Betrug mit ihnen gehandelt." (S. 56) Erneut wird die alternative Stellordnung durchlaufen, ohne aber am Resultat der Paarungen etwas zu verändern: "Dieser Schimf wahr noch grösser als der vorige / und blieben die Jungfrauen allein / wie auch die Jünglinge." (S. 56) Wenn Mnemosyne rechnet, kann es zwischen Männern und Frauen eben keine Wahrheit geben.

Die Verzeichnung weiterer Einzelheiten fallen der hereinbrechenden Nacht zum Opfer. Am nächsten Tag wird das Geschehen ernst: An den machiavellistischen Schriften des Anastasius von Paret soll ein Strafexempel statuiert werden. Eine öf-

---

1 Zum mathematischen Hintergrund vgl. einmal mehr die *Deliciae Mathematicae Et Physicae*. Weniger ludistisch ist der Fall für die Dezimierungslogik im sogenannten Josephs-Spiel. Zur literarischen Tradition bei Elias Canetti und mit Rückverlängerung der mathematikgeschichtlichen Kontexte vgl. Peter Friedrich: "Elias Canetti über Nutzen und Nachteil der Historie fürs Überleben". In: Friedrich Balke, Eric Méchoulan, Benno Wagner (Hrsg.): *Zeit des Ereignisses – Ende der Geschichte*, München 1992. S. 25-40.

fentliche Verlesung der *Secreta Politica* kann Stanislaus nur durch Einsatz einer Schnellschrift – "deren in dem *Veredo Logico* kan gedacht werden" (S. 59) – auf seine Schreibtafel bannen. Den politischen Maximen, die irgendwann an der Größe seiner Schreibtafel scheitern, folgen Strafsanktionen, verhängt vom Gott Apoll. Der Versuch Parets, sich auf eine Vorläuferschrift Machiavellis ("des Deuffels Beht=Buuch genant") (S. 81) herauszureden, schlägt fehl, und so ergeht ein Richtspruch des Vergessens: "seine verfluchten Schriften solten auß der Bücher Lieberey oder Bibliothek ausgemustert / vor seinen Augen dem Feuerspritzenden Vulkanus aufgeopfert / und sein Name verdilget werden". (S. 83) Mit chemischen Präparaten, deren Zusammensetzung Mink umständlich berichtet, wird Parets Name zudem aus dem Gedächtnis der Bücher sorgfältig ausradiert.

Am dritten Tag wird Minks Gesuch und damit der Reiseanlaß erfüllt. Apollo gewährt dem Supplikanten Zutritt zu seiner mnemotechnischen Kunst=Bibliothek. Die hat es in sich und beschert Stanislaus vorab einen kompletten Adreßspeicher, ein Buch der Bücher:

> Im Eingang des Gemachs stund ein großes Buch / dergleichen ich niemals gesehen / inn welchem alle Bilder / alle Schriften / und dergleichen geschrieben und gerissen / was inn der gantzen Bücher=Lieberey zusehen. (S. 89)

Stanislaus betritt eine sakrale Bibliographie nicht nur der Mnemotechnik, sondern – wie um den großen Mnemotechnikhistoriographen Freiherrn von Aretin nachträglich zu bestätigen – aller ihr verwandten Wissenschaften, Zeichen- und Kulturtechniken. Aretin wird diesen Verbund aus Ökonomie, Wissenstradierung und Innovation in seiner *Systematischen Anleitung zur Theorie und Praxis der Mnemonik, nebst den Grundlinien zur Geschichte und Kritik dieser Wissenschaft* in wünschenswerter Klarheit und Kürze zusammenfassen: "Man sieht leicht, wie nahe die Erinnerungskunst mit der Tachy-, Brachy- Steno- Crypto-Graphie, und von einer andern Seite wieder mit der Kunst zu erfinden, und mit den Versuchen der Universalsprache verwandt ist."[1]

Auf dem Parnaß jedenfalls dürfen die Klassiker mnemotechnischer Systeme neben Lullistik, Poly-, Steno- und Kryptographien adreßtechnisch vereint sein. Minks reiseallegorisch verbrämte Bibliographie ist ob ihrer Fülle beeindruckend und wird von keiner späteren Gedächtnisbibliographie in dieser Form abgedeckt. Neben Trithemius, Gustavus Selenus, Giordano Bruno und den vielen anderen darf natürlich auch ein "Zehen=facher Biblischer= und Kirchen= Historischer *Lo-*

---

1 Johann C. Freiherr von Aretin: *Systematische Anleitung zur Theorie und Praxis der Mnemonik, nebst den Grundlinien zur Geschichte und Kritik dieser Wissenschaft*, Sulzbach 1810, S. 417.

cal- und Gedenk=Rink oder Gedenk=Circul *M. Mart. Rinckarti*"[1], sowie eine *Gazophylacium artis memoriae Lamberti Schenckelii* nicht fehlen. Die Rezeptionsgeschichte von Schenckels Mnemotechnik wird in eindrücklicher Systematik die Aufstellung von Minks Universalbibliothek nachträglich bestätigen. Weil sie aus Gründen kontrollierter Distribution zum Teil chiffriert überliefert ist, wird einer der größten Kryptographiehistoriker der Goethezeit, Johann Ludwig Klüber, ihre Herausgabe übernehmen und in seinem Fußnotenapparat von der neuen Ordnung eben nicht nur der Merkdinge zwischen Barock und Goethezeit handeln.[2] Beim Bibliotheksrundgang stößt Stanislaus auf mnemotechnische Aufarbeitungen des *corpus civile* in Folio, deren "wunderseltzame Bilder" er kommentieren und konsequent in die Bildwelt des Traumes weiterverlängern muß: "Ey dachte ich bey mier: *Mundus vult decipi*, so wil nuhn die Welt mit Gewalt betrogen seyn / sind das nicht grüllengierige Bilder und narrische Gedanken / könte einem auch wohl etwas setzamers träumen." (S. 91)

Damit sein Aufschreibesystem nicht an Kupferstichen und anderen Bildern scheitern muß, unterrichtet ihn ein Herr Puschthom vorab in der Kunst des Kopierens, "daß ich auf das aufs Papier Gemalte Bild ein weiß reines Papier / gleicher größe mit ienem / und an den vier Ekken mit Wachs angemacht / auflegte / und hielt es auf ein helles Fenster / dardurch ich alle Strichlein mit Reißbley nachreissen konte". (S. 91) Die Mitteilung weiterer Gemälde und Bilder will er "bey Gelegenheit im meinen *Veredis* heraußgeben". In der Logik barocker Kunstsammlungen dürfen Erd- und Himmelsgloben nicht fehlen, an denen – im Bild der Reise – die Überleitung zum selbstgewählten Thema Studienreform und Speichertechnik endlich vorgeführt wird. Beim Reisen wie beim Studieren – läßt man Ausstaffierung und Inscriptionen der Globen außer Acht – kommt es auf Planung und Ökonomie des richtigen Weges an. Falsche Wegweisungen sind verantwortlich, wenn "herrliche *Ingenia* erschrökket und abwendig gemacht werden". Doch die Umwege verschwenden nicht nur kognitive Fähigkeiten, sondern sie verhindern auch, daß man "ohn große Müh / Unruh / Zeit und Unkosten das Ziehl erräichen möchte". (S. 94) Was also not tut, ist ein *getrewer Weeg=Zeiger*, und als solcher steht Herr Puschthom – Apoll hat es schließlich so befohlen – dienstfertig zur weiteren Verfügung. Sechs Komparative stellt er als Lernzielkontrolle seiner Pädagogik voran: Die Erlernung neuer Fertigkeiten soll nach dem mnemotechnischen Crashkurs "leichter

---

1 Zu Rinckart vgl. I/4. *Referenzen.*

2 Johann Ludwig Klüber: *Compendium der Mnemonik oder Erinnerungswissenschaft aus dem Anfange des siebenzehnten Iahrhunderts von Lamprecht Schenckel und Martin Sommer. Aus dem Lateinischen mit Vorrede und Anmerkungen von D. Johann Ludwig Klüber*, Erlangen 1804. Vgl. dazu Teil II/5: *Die gelehrigen Körper des Merkens.*

/ geschwinder / richtiger / gewisser / unkohstbarer und vollkomener" erfolgen. (S. 94)

Im Dienste der Studienökonomie muß zuerst die Natur des Merkwilligen sorgsam ins Kalkül gezogen werden, denn dort, wo eine "natürliche Naigung nicht ist / da ists eben so viel / als wan man einen Bokk melken oder ein Pferd zuhr Haaßen=Spur anführen wolte". (S. 94) Im Namen der Neigungen, die auf das Konto der göttlichen Vorsehung gebucht werden, entstehen Berufsbilder und deren Ausschlußlogiken. "Was zuem ehlichen Leben genäigt ist / gibt keinen guhten Mönch; wer zuem Akker=Bau genatuhrt / wird niemahls einen guhten Höfling geben; und also auch im Gegensatz." (S. 95) Die berufliche Fixierung ist undurchlässig oder unhintergehbar wie die göttliche Vorsehung. Der Merkwillige soll dem Rechnung tragen, "und nach diesem Zwekk muß er die Gedechtniß=Kunst richten / er soll aber nicht mit ungewaschenen Händen hinzufallen / sondern es im Nahmen des Allmächtigen anfangen." (S. 95) Ein Studienplan hat dafür zu sorgen, daß – auch im Namen einer Speicherökonomie – keine Parallelismen, Fehlbelegungen oder gar Überblendungen stattfinden. Dem, was nachmalige Gedächtnistheorien und Psychoanalysen als Mnemotpathologien oder Unbewußtes aufschreiben, ist so der Boden entzogen. "Wan man auf ein stükk Wachs vielerley Siegel nacheinander drukken wolte / so ists nothwendig / daß eins des andern Bemerkung verderbe." (S. 96)[1]

Ein Verbund aus Hören, Lesen und Schreiben wird zum Zentrum merkökonomischer Aufmerksamkeit erklärt, denn "diese drey henken also steif aneinander / daß sie nicht wohl zutrennen." (S. 96) An den Büchern sind neben dem Inhalt – "die Sach oder die Matery an sich selbst" – "die Blum=Sprüche, die Wohl=Redenheit der Wörter / und die Ordnung" (S. 97) gleichermaßen zu beachten. Lesepragmatische Hinweise fordern zu einer Textarbeit auf, die durch Anstreichungen an den Rand zur Vertiefung des Gelesenen und einem verbesserten Textzugriff beiträgt. Nur wer es versteht, *an den Rand* zu zeichnen, wird auch selbst verstehen. Ferner empfiehlt Stanislaus die Anlage von "*locos communes* oder Gemeine Oerter", wie er sie selbst nach dem Vorbild des Jesuiten Jeremias Drexel angefertigt haben will; denn es ist "unmüglich ohne gemeine Oerter etwas fruchtbarliches außzurichten" (S. 98). Die Anlage eigener Örter erfolgt im Namen von Ordnungssystemen, "weil man ohne diese alles in Sand schreibt". Kurzerhand wird die Ordnung zur Seele der *memoria* erklärt (*ordo est anima memoriae*)[2] und deren Pflege zur obersten Merk-

---

1 Vgl. dazu II/2. *Auswendigkeiten: Von Kaisern, Kindern und Köpfen.*
2 Der Satz ist topisch und unterliegt selbst einer kleinen Kombinatorik: Statt der Seele dürfen auch Väter oder Mütter die Ordnung für die memoria sein. Vgl. etwa Johann Heinrich Alsted: *Systema Mnemonicum Duplex [...]*, loc. cit., *Ordo enim est memoriae pater.*

pflicht erhoben. Aber man soll nicht alles gleichermaßen in die externen Speicher
der Schrift verlagern, damit es einem nicht so ergehe wie jenem, der "mit weinen-
den Augen dem Antisthenes von Athen geklagt hatte / daß er seine gemeine örter
verlohren." (S. 98) Statt eines Trostes hält Antisthenes ihm ein veritables Versäum-
nis entgegen, das die Substitution nebst der skripturalen Metaphorik zwischen externer und interner Datenspeicherung auf den Punkt bringt: "Es wehre viel besser
gewessen / du hettest solches in dein Gedechtniß als auf das Papier geschrieben:
haltend darfür / daß derer Bücher zuversicht eine Uhrsach sey / daß wier unser Gedechtniß desto weniger übten". (S. 99) Ein Schluß, zu dem auch die klassische
Studie von Francis Yates in ihrer Rekonstruktion der 'Gutenberggalaxis' kommen
wird.[1] Yates konstatiert einen Rückgang der Mnemotechnik seit Gutenberg mit dem
Substitutionsargument, der Druck mache die Auswendigkeit hintergehbar. Wo ex-
tern gespeichert werden kann, muß weniger gemerkt werden. Dazu gegenläufig ist
die These von Lina Bolzoni zum Verhältnis von Bild und Buchstabe: Gerade die
Spatialisierung der Schrift durch die Erfindung beweglicher Lettern sei es, die eine
Affinität zur Mnemotechnik habe und zu einem Boom von litero-memoraler Kombinatorik führe.

> In certain respects, moreover, mnemotechnics and print come together and influence each other:
> both nourish the perception of the word as something living and located in space, and that can,
> therefore, be broken up and reassembled. The movable characters of print, on the other hand,
> give a material consistency – and therefore new credibility – to the traditional comparison bet-
> ween letters of the alphabet and memory images.[2]

Die Ordnung der Texte soll so mit der Ordnung der *memoria* kompatibel sein können. Umgekehrt gilt, daß das Gedächtnis des Barock strukturiert ist wie ein Text.
Aber – gute Pädagogen wissen das – neben aller Studienmüh darf die Lust und
Leichtigkeit des Merkens nicht zu kurz kommen. Mit dem billigsten aller goethezeitlichen Reformpädagogentricks erfolgt daher die Rekrutierung der Freizeit durch
merktaugliche Spiele und Gesänge: "Durch das Singen verstehe ich nicht unzüch-
tige Buhlen=Lieder / sondern Davidische oder Mnemonische Geistliche Lieder / wie
Sie Herr Keimann inn seiner Gedechtniß=Biebel beschrieben hat". (S. 99f.) Und
weil Gesang Geselligkeit impliziert, sollen auch mehrstimmige Merkgesänge etwa
beim Spaziergang erklingen dürfen. Die Auswendigkeit eines ganzen Bibelbuches

---

1 Francis A. Yates: *The art of memory*, London 1966.
2 Lina Bolzoni: "The Play of Images. The Art of Memory from Its Origins to the Seventeenth
   Century". In: Pietro Corsi (Hrsg.): *The Enchanted Loom. Chapters in the History of Neuroscience*, New York, Oxford 1991, S. 21.

ist nicht nur *mit Lusten* verbunden, sie schützt die Sänger zudem vor bösen Gedanken.[1]

Neben der Lust und Leichtigkeit des Merkens darf natürlich auch der Körper nicht zu kurz kommen. Die Streckkunst des Geistes und die Gymnastik des Körpers gelten Stanislaus als kompatibel: "Andere nutzliche Leibsübungen / welche von Herrn Georg Gumpelsheimern *in tract. de Exercitiis Academicis* beschrieben / sind auch nicht verbotten." (S. 102) Wie aber ist es um die Distributionslogik mnemotechnischen Wissens bestellt? Kann die Gedächtniskunst kulturelles Allgemeingut sein, oder soll sie nur wenigen vorbehalten bleiben?[2] Die Verborgenheit dieser Kunst, die "inn wenig Jahren sehr hooch gestiegen und treflich verbessert worden", ist ein Effekt ihrer pädagogischen Vermittlung. Weil Speichertechnik nicht nur im 20. Jahrhundert teuer ist, verpflichten sich angehende Merkschüler mit "Eyds=verpflichtungen" zu Geheimhaltung oder zu einer nur regulierten Weitergabe ihres Wissens. Um das Verhältnis von Mnemonik und Datenschutz zu belegen, berichtet Mink von den vertraglichen Vereinbarungen, die zwischen den "untenbenamten" Merkschülern und ihrem Lehrer geschlossen werden: "als geloben wier hiermit / daß wier diese seine Arbeit / die er in G.L. gethan und uns *communicir*et / niemahln nachetzen nachstechen oder nachdrukken lassen" (S. 104).

Herr Puschthom ist da konzilianter und führt – wenn auch mit Einschränkungen einer gänzlich unkontrollierten Freigabe – die christliche Nächstenliebe ins Feld: Damit aber nicht etwa Perlen an Säue oder Muskatnüsse an Kühe verfüttert werden, liest er es zuvor den möglichen Kandidaten physiognomisch von der Stirn ab, "ob diese Kunst bey ihm möchte wohl angelegt seyn / oder nicht". (S. 104) Stanislaus scheint die physiognomische Gesichtskontrolle bestanden zu haben, und so kommt es zur letzten Hürde, bevor er dann und endlich zur eigentlichen Mnemotechnik gelangen darf. Denn auch auf dem Parnaß müssen Dienstleistungen vertraglich geregelt sein:

> Wan ich / sagt Herr Puschthom / diese Kunst iemanden lehre / ist diß mein Gebrauch / daß selbiger die zwantzig *Leges* oder billig=mässige Gesetze (hiermit legt er mier sie für) unterschreibe und sich verpfliechte Sie zuhalten; deren überschrift wahr diese. *LEGES COLLEGII ARTIS MNEMONICÆ PER IV. SEPTIMANAS ABSOLVENDI &c.* (S. 105)

Stanislaus unterschreibt, der Pakt des Merkens ist geschlossen, und endlich kommt auf den Tisch, was 105 Seiten Text so sachdienlich wie performativ stimmig aufge-

---

1 Ein Gedanke, hinter dem in all seiner Unscheinbarkeit die Systematik jesuitischer Einbildungslogiken steht. Als Vertreter dieser Bildpädagogik sei etwa Friedrich von Spee genannt. Vgl. dazu Kapitel II/4: *Die Mnemonik Gottes (Friedrich Spee von Langenfeld 1591-1635).*

2 Die entsprechende Diskussion durchzieht auch und in verschärftem Maß die Kryptographie.

schoben haben. Zwischen dem ökonomischen Anspruch der Mnemotechnik (wie ihn die sechs Komparative zum höheren Nutzen kognitiver Effizienz verkünden) und Minks Performanz klafft eine Lücke, die auf der Ebene seiner umwegigen Allegorie eines der internen Probleme der Mnemotechnik und damit einen der zentralen Einwände potentieller Kritiker narrativ verdoppelt. Jenen Vorwurf nämlich, sie würde das Gedächtnis überbürden, anstatt es ökonomisch zu unterstützen. Die Überbürdungsfrage kann so – in unterschiedlichen Formulierungen – zu einer Konstanten in der Mnemotechniktradition werden. Ein Carl T. Mauersberger kann in seinem *Beitrag zur Kunst des Zahlenmerkens. Eine vorläufige Antwort auf die Überbürdungsfrage* von 1882 beide Pole zusammenspannen. Mauersberger, der die Überbürdungsfrage zu lösen beansprucht und das gesamte Volksschulwesen mittels seiner *Kunst des Zahlenmerkens* verbessern will, herrscht durch sein System über Raum und Zeit(verschiebung); mit der Virtualisierung von Raum und Zeit beleiht er noch einmal eines des zentralen Phantasmen der Mnemotechnik. Die topographische Verankerung der relevanten Orte durch Längen- und Breitengrade sowie deren Auswendigkeit durch eine Merkcode auf der Basis von Konsonanten versetzt ihn in die Lage, "im Geiste die Uhr so zu stellen, wie sie für den oder jenen Ort zu stellen ist."[1] Weil die geographische Lage das unverrückbare Element in der Geographie ist, enthalten ihre Zahlen sowie deren mnemonische Einkleidung "eine Menge gleichsam verdichteten Wissens"; das wiederum mag die Angabe "einiger bezüglicher mnemonischer Angaben rechtfertigen."[2]

Berlin	31° ö.L.,	53° n.Br.	–	*Wei*rberühmte *Sa*mmlungen
Wien	34° "	48° "	–	*Mer*kwürdige *Rei*chsstadt
Paris	20° "	49° "	–	Die "Königin der Mode."
			-	*Eine l*iebenswürdige *R*egentin.
London	17° "	52° "	–	Dem Drängen und Treiben des regsten Geschäftslebens gegenüber – *t*iefe *So*nnstagsstille.
Rom	30° "	42° "	–	*Wel*che *R*uinen![3]

Die Nutzanwendung solchen Gedenkens liefert Mauersberger in einer anschließenden Fußnote, die das kartographische Phantasma mit einer Verfügungsgewalt über

---

1 Carl T. Mauersberger: *Beitrag zur Kunst des Zahlenmerkens. Eine vorläufige Antwort auf die Überbürdungsfrage*, Glauchau 1882, S. 11. Zur Relevanz der Überbürdungsfrage vgl. etwa Paul Hasse: *Die Überbürdung unserer Jugend auf den höheren Lehranstalten etc.*, Braunschweig 1880 und im selben Jahr wie Mauersbergers Veröffentlichung Klemens Nohl: *Wie kann der Überbürdung der Jugend mit Erfolg entgegengetreten werden?*, Neuwied 1882. Zu beiden Titeln vgl. auch Hermann Oppenheim: *Nervenleiden und Erziehung*, Berlin 1907 (2).

2 Mauersberger: *Beitrag zur Kunst des Zahlenmerkens*, loc. cit., S. 11.

3 Mauersberger: *Beitrag zur Kunst des Zahlenmerkens*, loc. cit., S. 11.

die Zeit verbindet: "Die briefliche Uebergabe des Degens Napoleon III. an König Wilhelm vor Sedan (23° ö.L.) erfolgte am 1. Sept. Abends 5 Uhr. Ein Deutscher in Peking (134° ö.L.) müßte dieses Ereignisses pünktlich immer 24 Minuten nach Mitternacht zwischen 1. und 2. September gedenken, und wäre es möglich gewesen, damals ohne jeglichen Aufenthalt nach Neuyork (65° w.L.) zu depeschieren, so hätte das Ereigniß noch vor Mittag des 1.Sept. dort bekannt werden können."[1]

Mauersbergers Verfügungsgewalt über Raum und Zeit ist in ihrer Isoliertheit ein historischer Beleg für die ungebrochene Tradition der Merkkunst bis ins 20. Jahrhundert, ein systematischer Beleg für das Überleben *eines* bestimmten Codierverfahrens, das auf großzügigen Konzessionen an die Semantik beruht, sowie ein Beleg, wie sehr mit den einzelnen Verfahren bestimmte Phantasmen tradiert werden. Eines davon ist das Phantasma einer absoluten Verfügungsgewalt über Dinge, die in der Welt und in der Zeit weit verstreut liegen, aus Gründen der Codierung und Repräsentation im Hirn aber ungeahnte Nähen und Kontiguitäten zulassen. Das Phantasma einer Überwindung von Raum und Zeit, die Virtualisierung von geographischer wie historischer Präsenz wird zur – ihrerseits zeitüberdauernden – Apotheose der Auswendigkeit. Lediglich Beschreibungssprachen wie Adressatenkreise variieren. Was Johann Heinrich Alsted ähnlich wie Winkelmann als Wunder beschreibt, "mirum sane est, quod ratio uno momento peragrat totum terrarum orbem, & nunc est Romae, nunc Constantinopoli, nunc coelum, nunc inferos perlustrat"[2], ist im Amerika des Jahres 1858 eine schlichte Notwendigkeit für die Orientierung der breiten Massen: *Mnemotechny for the Million; Or How to remember Chronology, Necrology, Latitude & Longitude, Heights, Distances, Specific Gravities, &c. &c.*[3] Mit der Adressierung an die Millionen gehen Veränderungen einher, die sowohl Aufschluß über neue Wissenstypen als auch über neue Anforderungen an die Gedächtnisleistungen der Millionen geben. "A 'good memory' is not a rare thing among men, but a good *statistical* memory is a desideratum to almost every individual."[4]

Die Mnemotechnik verleiht ihrem Benutzer geistige Flügel zum Durchstreifen von Welt= und Meeresteilen, wird damit zu einem Medium, das in der Ortlosigkeit bloßer Sprach- und Bildoperationen den virtuellen Umgang mit anderen Zeiten oder

---

1 Mauersberger: *Beitrag zur Kunst des Zahlenmerkens*, loc. cit., S. 11.

2 Johann Heinrich Alsted: *Artium Liberalium, Ac Facultatum Omnium Systema Mnemonicum [...]*, Frankfurt o.J., S. 264.

3 Edwin H. Hawley: *Mnemotechny for the Million; Or How to remember Chronology, Necrology, Latitude & Longitude, Heights, Distances, Specific Gravities, &c. &c. On the Basis of F.F. Gouraud*. Painesville, Ohio 1858.

4 H. Hawley: *Mnemotechny for the Million*, loc. cit., Preface.

Räumen, mit *Heterotopien*, erlaubt.[1] Mit ihren Verfahren der Umsetzung von Wissen zu Zwecken der Memorierung öffnet die Mnemotechnik Räume, in denen eine andere, nicht geläufige, sondern systematisch verstellte Organisation des Wissens herrscht und aus Gründen mnemotechnischer Strategie auch herrschen muß. Als Gegenplazierungen oder Widerlager seien die Heterotopien Orte, in denen "die wirklichen Plätze der Kultur gleichzeitig repräsentiert, bestritten und gewendet sind, gewissermaßen Orte außerhalb aller Orte, wiewohl sie tatsächlich geortet werden können."[2] In der *Ordnung der Dinge* weist Foucault im Anschluß an seine Bestimmung des Heterokliten[3] den Heterotopien ein Irritationspotential zu; sie "beunruhigen, wahrscheinlich weil sie heimlich die Sprache unterminieren, weil sie verhindern, daß dies *und* das benannt wird, weil sie die gemeinsamen Namen zerbrechen oder sie verzahnen, weil sie im voraus die Syntax zerstören, und nicht nur die, die die Sätze konstruiert, sondern die weniger manifeste, die die Wörter und Sachen [...] 'zusammenhalten' läßt."[4] Die Preisgabe des Zusammenhaltes zwischen den Wörtern und den Dingen, die Preisgabe jener eindeutig zuweisbaren Syntax kündigt gewohnte und stabile Formen der Referentialität auf. Wechselverhältnisse zwischen einem Realen und irgendwelchen sekundären Nachordnungen, wie sie Jean Baudrillard in der *Agonie des Realen* beschreibt, waren in den virtuellen Räumen der Gedächtniskunst immer schon mit an der Tagesordnung:

> Früher war die schönste Allegorie der Simulation für uns jene Fabel von Borges, in der die Kartographen des REICHES eine so detaillierte Karte anfertigten, daß Karte und Territorium schließlich exakt zur Deckung kommen. [...] Für uns ist diese Fabel überholt. Sie besitzt nur noch den diskreten Charme von Simulakra zweiter Ordnung. Heutzutage funktioniert die Abstraktion nicht mehr nach dem Muster der Karte, des Duplikat, des Spiegels und des Begriffs. Auch bezieht sich die Simulation nicht mehr auf ein Territorium, ein referentielles Wesen oder auf eine Substanz. Vielmehr bedient sie sich verschiedener Modelle zur Generierung eines Realen ohne Ursprung oder Realität, d.h. eines Hyperrealen. Das Territorium ist der Karte nicht mehr vorgelagert, auch überlebt es sie nicht mehr.[5]

Herr Puschthom, Stanislaus Reisebegleiter, wird in Anbetracht solcher Möglichkeiten einigermaßen ernst und führt endlich die Grundsäulen des Merkens "die *Oerter* / die *Ordnung* / und die *Bilder*" ins Feld. "Von welchen dreyen Stükken sol itzt gere-

---

1 Zum Begriff der *Heterotopie* vgl. Michel Foucault: "Andere Räume". In: *Aisthesis. Wahrnehmung heute oder Perspektiven einer anderen Ästhetik*, Hrsg. von Karlheinz Barck, Peter Gente, Heidi Paris, Stefan Richter, Leipzig 1991 (2). S. 34-46.

2 Foucault: "Andere Räume", loc. cit., S. 39. Für die Systematik solcher Ortungen schlägt Foucault den Begriff der *Heterotopologie* vor.

3 Vgl. dazu I/1: *Geld oder Liebe: Ein mathematisches Vorspiel.*

4 Foucault: *Die Ordnung der Dinge*, loc. cit., S. 21.

5 Jean Baudrillard: *Agonie des Realen*, Berlin 1978, S. 7.

det werden." (S. 106) Die Örter übernehmen die Funktion "der Charten" und dienen einer räumlichen Adressierung der locierten Bilder. Ihre Beschreibung folgt
selbst einer kleinen Kombinatorik entlang ihrer jeweiligen Adjektivzuschreibungen.
"Solche Orter aber sind theils Ewig oder Beständig / theils vergänglich." (S. 106)
Der Himmel, die Gestirne oder fixe topographische Marken sind seine Beispiele für
ewige Örter. Für die vergänglichen *loci* führt er zwei Binnendifferenzierungen ein:
"Die vergängliche oder unbeständige Orter sind entweder unbeweglich oder selbst-
beweglich: Die unbewegliche sind wieder natürlich oder künstlich." (S. 107) Die
Kombinatorik der Örter erfolgt nach Maßgabe künftiger Inhalte. *Unbeweglich na-*
türlich sind Mink die Dinge der Umwelt: "als da sind die Metallen / Steiner / Bäume
/ Berge / Klippe / Aekker / Wießen / Gärten / Wälder / wie auch die Blummen /
Kräuter und dergleichen mit ihren Geschlechtern und Abtheilugnen". (S. 107) Für
sie alle soll gelten, daß sie *langsam* gebraucht werden, mit Ausnahme der Bäume.
Das Geschlecht der Bäume ist so vielfältig und ihr Aufbau weiter ausdifferenzier-
bar, daß für sie Sonderregeln der Locierung gelten können: "außer dem Geschlecht
derer Bäumen / welches mancherley ist / und haben ihre Wurtzeln / Aeste / Blätter /
und Fruechten / darauf sitzet dieser oder jener Vogel / und dieser Gebrauch ist nicht
zu verwerfen / besonders inn Behaltung derer Geschlechts=Register oder
Stamm=Bäumen" (S. 107f.) zu empfehlen ist. Die Tauglichkeit der Bäume für die
Merkbarkeit von Stammbäumen ist selbst eine merkwürdige Figur: Wenn Stamm-
bäume an Bäumen lociert werden, wird eine Metapher mnemotechnisch reliterali-
siert. *Unbeweglich künstlich* gelten Mink die Örter nach den Vermessungstechni-
ken und Zugriffen des Menschen auf reale Räume. Zum Vorbild dienen Kartographie und Architektur, damit Repräsentationen eines Raumes nach Maßgaben einer
graphischen Semiologie und deren arbiträren Zeichenordnungen:

> Die unbewegliche künstliche Orter kan man haben inn Abtheilung deß Erdbodens oder deren
> Landen auß denen mit Farben bemahlden Land=Tafeln / welche einem sehr wohl bekant seyn
> müssen / und ist eine jede Landschaft durch dero Wapen von einer andern zu unterscheiden. (S.
> 108)

Sein Beispiel durchläuft die Infrastruktur menschlicher Wohnwelten und führt
durch immer weitere Abteilungen die Möglichkeiten mnemotechnischer Binnendifferenzierung vor. Von der Stadt zu ihren Zeughäusern und *Todten=Kirch=Höfen*
bis hin zu einzelnen Gebäuden, deren weitere Unterteilung in Kammern und Stuben, bis hin zum beweglichen *Hauß=Rath*. Eine fraktale Ordnung der Dinge wird
dafür sorgen, daß die Raumsysteme als Funktion ihrer Inhalte immer weiter wachsen können. Mit den beweglichen Gedächtnisörtern kommen die Aktanten des
Merkens selbst auf den Plan, denn Menschen wie Tiere sind nichts anderes als
"sich selbst bewegliche Gedechtniß=Örter". Was mit den automobilen Merksyste-

men auch ins Spiel kommt, ist die Differenz ihrer Geschlechter: "Die Menschen
Mannliches Geschlechts sind inn denen Sinn=Bildern zu unterscheiden entweder
durch die Gebuhrt=Statt / Kleidung / Gebräuche / Wapen / Alter / Erfindung /
Würde oder Handthierung". (S. 108) Unterschiede, die einfach topische Zuschrei-
bungen wiederholen. Der Kaiser wird mit Krone und Weltkugel, ein König mit
Krone und Zepter, der Schmied mit einem Hammer und der Schneider auf einem
Bock sitzend vorgestellt. "Dergleichen Nahmen kan man besserer Ordnung halber
nach dem A.B.C. setzen": Apotheker / Bekker / Comedienspieler &c. oder Ambos /
Bohr / Caarst &c." (S. 109)

Alphabetisch geordnet sollen die Namen Örter für dort zu locierende *imagines*
sein. Minks weitere Ausführungen gelten ihrer Multiplikation. Unter Ausnutzung
der Anfangsletter und der Abfolge des ersten Vokals schafft Mink ein Adreßsystem
für 120 Items. Um diese besser behalten und damit umgehen zu können, versammelt Mink 24 mal 5 Namen, die den Vorgaben der Adressen folgen. "Zu besserem
Verstand wil ich meine durch das A.B.C. gesetzte guhte und wohlbekante Gönner
und Freunde (welche mier hinn und wieder Deutschlands bekant / und sonsten ihrer
von mier in allen Ehren gedacht wird) anhero fügen." (S. 109) Einer aus Minks
120-köpfiger Bekanntenschar ist ausgerechnet Johann Buno, der große Mnemotechniker und Gegenstand eines Kapitels dieser Arbeit. Ein Mnemotechniker gerät
mit seinem Eigennamen in die Pflicht einer alphabetischen Ordnung, auf der ein anderes mnemotechnisches System fußt: Auf der ersten Position wird das Alphabet
von A bis Z durchlaufen, auf der zweiten Position durch die Abfolge der Vokale
fünf Binnendifferenzen eingezogen: AA, AE, AI, AO, AU; BA, BE, BI, BO, BU.
[...] ZA, ZE, ZI, ZO, ZU.

1. A. Alardus, Aegrinus, *Aichinger* / Amonius, Auman.	-- 5.
2. B. Barlaeus, *Bekker*, Bilerbeck, Boxhorn, Buno.	-- -- 10.
[...]	
22. X. Xantippus, Xerxes, Xystus, Xophocles, Xuchites.	-- 110.
23. Y. Yda, Yerxen, Ysibrand, Ybonius, Ysurius.	-- -- 115.
24. Z. Zayponius, Zepper, Zierenberg, Zonner, *Zur Horst*.	-- -- 120.
	(S. 109)

Wie mit Mnemotechnikernamen Mnemotechnik betrieben wird, soll Gegenstand einer weiteren Publikation über das *Corpus Juris* unter dem Titel *Veredo Juridico*
sein. Doch der Status des Menschen ist dem Barock labil, und so bleibt es nicht bei
der Integrität von Eigennamen. Aus Gedächtnisgründen wird der Menschenkörper
als automobiles Merksystem zur imaginären Parzellierung freigegeben: "Sonsten
wird der Mensch auch in etzliche Stükke mehr abgetheilet / welches auf vielerley
weiße / nach eines ieden Kopf geschehen kan". (S. 110) Ein Kupfer in seiner näch-

sten Publikation, ein *Veredum Linguarum* verspricht einen Menschen, der in 27 Teile zerlegt "darinn die drey fürnemste Lullistische Zirkel begriffen sind." (S. 110) Und weil die Logik der zunehmenden Teilzergliederung auch für den Menschenkörper gilt, wendet sich Mink als Spezialfall der mnemotechnischen Aufarbeitung der Hände zu. Die Anatomie der Hand zergliedert die Finger in drei, die Daumen in zwei Fächer. Wie man die 28 Fächer beliebig vervielfältigen kann, führt Mink am Beispiel Marafiotus vor. Der unterscheidet "die Hände untereinander mit Farben / als mit weiß / roht / schwartz / gelb / grün / etc. oder aber inn Ermanglung derer Farben / gibt er einer eine Krohne / der ander eine Lilien / der dritten einen Vogel / und also geschicht eine Enderung derer Händen und Erweiterung derer Örter." (S. 111)

Wer solches tut, kann mit Recht sagen: *Scientiam meam porto in manibus.*[1] Aber der Zugriff auf das transportable Wissen ist nur eine Funktion der Bindung an den Körper. Die andere – auf die vor allem die Jesuiten ihr verschärftes Augenmerk richten – macht aus dem Körper ein Erinnerungs- und Verweissystem, das nicht arbiträr mit irgendwelchen Inhalten benutzbar ist, sondern zum Signifikant für das Signifikat Gott wird.[2] Unhintergehbar und allgegenwärtig ist der Körper des Menschen in die Engführung zu Gott gebracht: *Deum signasse in manibus hominum, ut noverunt singuli opera sua.* Der Daumen bleibt Gott vorbehalten, "dan gleichwie der Daume ein Anfang derer Finger ist / also ist auch die Vätterliche Gnade und Barmhertzigkeit Gottes ein Anfang unsers Lebens." (S. 111) Der Zeigefinger wird zum Zeiger auf Gesetzestafeln Moses, der Mittelfinger bezeichnet Christus als dem Mittler zwischen Gott und den Menschen, der Goldfinger soll an das jüngste und damit letzte Gericht erinnern. "Inn den letzten Finger die Hell und ewige Marter / die da ist das letzte Gericht der Gottlosen." (S. 112) Die Rede von dem Zeiger auf etwas, mit dem die Referenzen hergestellt werden, legt Mink die Uhrenmetaphorik und ihren Gebrauch des Zeigers nahe. Ein *Geistlichs Uhr=Werk* wird so zu einer kleinen, mobilen und sehr effizienten Merkapparatur: "Dergleichen Hände kan ihm nuhn einer tähtlich mahlen lassen / oder sich steif in seinen eignen Händen einbilden / damit er stündlich ja Augenblicklich solche Geistliche Gedanken haben möge." (S. 112) Die allgegenwärtige Merkhand – ob eingebildet oder gemalt – wird zum Ort der Örter und damit einer regulierten *inventio.* Ein Minimalset topischer Versatzstücke durchzieht die Zeitfolge eines Alltags bis hin zur kleinsten Einheit, dem Augenblick. Minks fromme Mnemotechniker halten ihr Glück in der Hand.

---

1 Mink verweist ferner auf den Mnemotechniker Johannes Paepp, der den Merknutzen der Hände für weltliche und kirchliche Herrschernamen systematisch ausarbeitet.

2 Vgl. dazu ausführlich Kapitel II/4: *Die Mnemonik Gottes (Friedrich Spee von Langenfeld 1591-1635).*

Die Frau ist beim Merkgeschäft zuständig für Erotik oder Animation, und das fernab aller Metaphorik: Ihre Rekrutierung für die Dienste der Auswendigkeit macht Mink an Petrus von Ravenna und Marafiotus fest. Der gibt angehenden Mnemonikern den Rat, bei Stadtaufenthalten die weibliche Bevölkerung sorgfältig zu observieren. Man soll sich "die allerschönste Jungfrauen außerlesen", auf ihr Reden oder Lachen achtgeben und vor allem sie beim Spaziergang genau beobachten, "damit man ihre Leibs Bewegung und Gebehrden erkennen lerne". (S. 113) Ein Vorschlag zur Explorationskunst, der selbstredend die Hüter der Schicklichkeit auf den Plan ruft. Die Kollision nicht nur mit der Bibel – Mink erwähnt Sirach 9 – ist vorprogrammiert. Aus Gründen des Jugendschutzes sollen derlei Merkregeln für die "alzeit zuem bößen geneigte Jugend" nicht gelten. Diametral entgegengesetzt ist die Logik weiblicher Animation im *Weiblichen Lustgarten* (1605) des Aegidius Albertinus, der den Frauenkörper in seinen Bewegungen stillzustellen sucht, "da er als solcher den Sinnen möglichst kleine Angriffsflächen der Wahrnehmung schafft."[1] Die Beispiele von Albertinus' Explorationskunst handeln von Winken, Körperstellungen, Blickkontakt und anderen Details des Alltags; damit sind sie ein genauer Beleg für die Aufmerksamkeit, mit der man – so Foucault – die menschlichen Unscheinbarkeiten überzieht.[2] Aber nicht nur die Verfasser von Hauspolizeyen und weiblichen Lustgärten, für die Aegidius Albertinus verantwortlich zeichnet, auch die späteren Historiographen der Gedächtniskunst werden mit Süffisanz auf mögliche Verwicklungen und Schicklichkeitsverstösse besonders im Fall geistlicher Herren hinweisen.[3] Aretin macht den Trend zur Erotik an zwei Beispielen fest: Eben weil die Imagination schöner Frauenzimmer das Gedächtnis so "wunderbahrlich in Thätigkeit" versetzt, wird die Mnemotechnik immer wieder darauf zurückkommen. Um sich etwa einen Menschen namens *Conrad* zu memorieren, imaginiere man ihn daher nicht im Akt des untätigen Schlafes, sondern "da er die Jungfrau hals oder küsse".[4] Analog empfiehlt der Mnemotechniker Leporeus die erotische Kontextualisierung beim Merken eines einfachen Flohes. Statt das Ungeziefer isoliert merken zu wollen, imaginiere man "lieber einen Freund, der an dem Schenckel eines Frauenzimmers den Floh hascht."[5] Aretin wird darauf hinweisen, daß "sich diese Manier schwerlich für geistliche Herren schicken" dürfte, während der Mnemotechniker Kästner die Strategien der Erotisierung mühelos in die Begrifflichkeit goethe-

---

1 Elmar Locher: "Fürwitz und Fürwitzkritik in den *Greweln der Verwüstung menschlichen Geschlechts*", loc. cit., S. 17.

2 Vgl. dazu Foucault: *Überwachen und Strafen*, loc. cit., S. 38.

3 Vgl. dazu die entsprechenden Kommentare bei Aretin und Kästner.

4 Aretin: *Systematische Anleitung*, loc. cit., III. Buch, S. 117.

5 Aretin: *Systematische Anleitung*, loc. cit., III. Buch, S. 160.

zeitlicher Psychologie transformieren kann: "Hier spricht die Gedächtnißkunst das
Begehrungsvermögen um Hülfe an."[1]

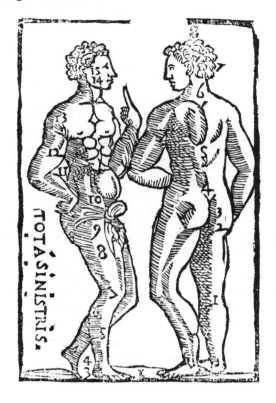

Abb. 10

Stanislaus rettet sich mit Sprichwörtern aus der Merkmisere, erklärt, daß dem
Reinen eben alles rein sei und die *Menschen=Bilderlein* auf Zucht zu stellen seien:
"bevorab weil sie nicht bloos von Leib / sondern bloos von Gebehrden gantz strakk
/ mut zusammen geschlagenen Händen und aufrichtigen Gesicht gemahlet worden /
also daß sie nichts tuhn / gelten / noch bedeuten". (S. 113) Für imaginäre Frauen-
bilder gibt es ein Paradies der Bedeutungslosigkeit, aus dem sie dann in einen anderen, merktauglichen Zustand überführt werden können, der mit aufrichtigen Ge-
sichtern, zusammengeschlagenen Händen und der Abstinenz möglicher Gebärden
ein Ende macht: Tritt nämlich der mnemotechnische Ernstfall ein, "alsdan sind sie
also zu bilden / *ut motu, gestu, nutuq.; aliquid in mente artificis imprimant. His
igitur conditionibus, inquit Marafiotus, exornatae imagines, admirabilem reminiscendi ansam administrant, apud eos, qui reminiscendi artem per loca, & imagi-*

---

1 Kästner: *Mnemonik oder System der Gedächtniskunst der Alten*, loc. cit., S. 64.

nes acqirere satagunt." (S. 113)[1] Ein imaginäres Bildungsprogramm mit Marafiotus Worten unterläuft aus merkstrategischen Gründen die Sistierung des Frauenzimmers, wie sie Albertinus im Kontext seiner *Curiositas*-Vorsorge einfordert. Die Liste dessen, was bei Albertinus vermieden wird – weibliche Gesten, Bewegungen, das erotische Signalement aus Blicken, Kopfnicken und Zuwinken – ist deckungsgleich mit der Liste all jener Interventionen, die das Merkgeschäft animieren sollen. In der Mnemotechnik hat die Verbotsliste einen legitimen Platz.

Analog zu den 120 Freundesnamen und weniger problematisch als die Besetzung tatsächlich gesehener Frauenkörper sind die "geflügelte / Wasser= und vierfüssige Thier" zu gebrauchen, "als Adler / Buchfink / Cap=Haan etc. Ahl / Bersch / Capf/ etc. Aff / Bock / Caninchen etc." (S. 113) Die Zerlegung der Tiere in fünf Teile erlaubt so, analog zu seiner vorgeführten Namenstabelle, einmal mehr die Einrichtung von 120 Örtern. Eine Multiplikation der Örter – und damit eine Erweiterung der Kapazität – erfolgt nach Maßgabe der Inhalte und besteht in einer Kombinatorik, die einfache Örter in Mischformen überführt: "nachdem es die Matery erfordert / welche man im Gedechtniß behalten wil / machet also eine Mischmasch nach seinem Kopf mit denen Menschen / Thieren und Bäumen". (S. 114) Dem *Mischmasch* der Örter korrespondiert ein *Mischmasch* der Semantik, und Minks Beispiel zeigt, wie hoch die Konzession der Mnemotechnik an den Unsinn sein darf: Weil sein Beispiel aus der Systematik gerissen ist, die in einer späteren Publikation nachgeliefert werden soll, bleibt das Verständis hier außen vor: "als der Apotheker hat einen Apfel=Baum gepropfet / darauf hat ein Adler genistet / der hatte eine Ahl im Schnabel / liese sie fallen / und ein Affe ertappet Sie etc." (S. 114) Im *Veredo Linguarum* wird – so jedenfalls versichert Mink – "der Nutzen und Verstand erstlich erfolgen". (S. 114) Bei der Superimposition möglicher Örter wird die Ordnung zum Schutz vor "Irrung" nötig. Nach welchem Modell aber sollen die Örter angeordnet und durchlaufen werden? Die Ortswahl folgt der Logik der Schrift und hat in der Ophtalmokinetik beim Lesen einen ersten Anhalt: "gleich wie man solcher Ordnung inn der Schrift / ausser dem Hebraischen / gewohnet ist". (S. 116)

Wenn künstliche Örter nach Maßgabe der Buchstaben behandelt werden, gilt für sie ein altes Argument, das große Zahlen mit der Unendlichkeit gleichsetzt. Was im I.Teil: *Speichern* als Bollwerk gegen die Erschöpfung möglicher Innovation beschworen wird, muß im Rahmen der Mnemotechnik die Funktion übernehmen, Schutz gegen die Exhaustion möglicher Speicherplätze zu sein. Denn "inn denen unbeweglichen künstlichen Orter / kan man eine unzählbare menge Orter anrichten", womit die fraktale Ordnung der mnemotechnischen Örter im Gegensatz zu externen Speichern potentiell auf unendlich gestellt wird. Zwar erlaubt die Orientie-

---

1 Die Bewegungstypologie entspricht weitgehend der bei Aegidius Albertinus.

rung an mathematischen Stellwertsystemen eine beliebige Progression nach oben, doch treten immer wieder Zweifel an der Praktikabilität solcher Systeme auf. Der barocke Mnemotechniker Lamprecht Schenckel, dessen System eine Binnendifferenzierung bis zur theoretischen Einrichtung von vier Millionen Plätzen allein in *einem* Zimmer vorsieht, warnt folgerichtig vor der Überschreitung zulässiger Obergrenzen für immer neue und selbstähnliche Raumschemata[1]: Denn "sonst könnten in einem Zimmer bis auf vier Millionen Plätze angebracht werden, welches mehr idealisch, als ausführbar wäre."[2] Analog – wenn auch mit ganz anderen Zahlenvorgaben für die imaginären Obergrenzen – verfährt die Gedächtniskunst Gratarols von 1554.

> Er wählt aber ein Gebäude, wo er nicht sehr oft hinkommt, um durch die Menge der Gegenstände nicht verwirrt zu werden. Die verschiedenen Plätze, die er nun braucht, sollen in einer gewissen Entfernung voneinander seyn. Allezeit von 5 – 5 soll man sie sich merken. Ueber 25 soll man nicht hinausgehen, damit keine Negation in den Bildern geschehe.[3]

Doch das ist Theorie und Mink führt vor grundsätzlichen Überlegungen erst einmal ein konkretes Beispiel ins Feld: An seiner Geburtsstadt Gießen demonstriert er, welche Vielfalt an möglichen Örtern aus ihr zu gewinnen ist. Die Liste ist lang und an Heterogenität mit Männlings Inventionsbrunnen vergleichbar. Während gängige Mnemotechniken darauf bedacht sind, daß die Örter mit eindeutigen Adressen versehen sind, aber selbst inhaltlich leer bleiben sollen, um so den anzubringenden *imagines* als leere Unterlage zu dienen, weicht Minks Stadtrundgang von diesem Argument und damit von der Leere der Örter ab. Neben der Logik eines Stadtplans dringt Minks mnemotechnisches Auge immer tiefer in die Innenräume irgendwelcher Räumlichkeiten ein, und so wird er auf seiner Suche nach brauchbaren Örtern gar zum Leser. Und wie bei seiner theoretischen Behandlung der künstlichen Örter ist es Gießens *Todten=Kirch=Hoof*, dem seine ganz besondere Aufmerksamkeit gilt. Die dort befindliche Totenkapelle ist mit Sonne, Mond und Sternen bemalt, "den Himmel fürzubilden", es folgen "vielfaltige Gemählder von dem Leiden / Sterben und Aufferstehung deß H E R R N Christi / von Auferstehung derer Todten / vom jüngsten Gericht etc." (S. 115) Wenn Grabschriften und Bilder an Kirchenwänden zur Unterlage potentieller *imagines* potentieller Benutzer und ihrer jeweiligen Merkinhalte werden, sind Verdoppelungen, die in der Sprache der Optik Überblendung und in der Sprache kognitiver Ökonomie einfach nur Verwirrung,

---

1 Die Rede von der Selbstähnlichkeit folgt Vorgaben aus Chaostheorie und fraktaler Geometrie: Dort bezeichnen sie rekursive Gebilde, die sich nach einem identischen Grundbauplan immer weiter vergrößern und verkleinern lassen.

2 Klüber: *Compendium der Mnemonik*, loc. cit., S. 60.

3 In der Rekonstruktion durch Aretin: *Systematische Anleitung*, loc. cit., III. Buch, S. 275.

Verschwendung oder eben Überbürdung heißen werden, in all ihrer Drastik vorprogrammiert. So auch, wenn Mink über den *Todten=Kirch=Hoof* seiner Geburtsstadt wandelt und den Nutzen schöner "*Epitaphia* und Grab=Schrifften" für
das Merkgeschäft heranzieht. Sie dürften eigentlich nicht gelesen werden, denn wer
Adressen wie Inhalte behandelt[1], läuft Gefahr, in einen Strudel der Semiosen zu
geraten.[2] Die offizielle Topographie Gießens hat so viel zu bieten, daß Mink auf
einzelne Gebäude und Wohnhäuser erst gar nicht näher einzugehen braucht. Auch
sein eigenes Haus kommt mit einem Halbsatz denkbar kurz weg: "Von besagter
Statt Wohn=Häußern wil ich nichts melden / allein des Meinigen Stuben und
Kammern sind um und um mit Gemähldern / Sinn=Bildern und Schriften zieret".
(S. 115)

Aber es ist bei der Ortswahl Vorsicht geboten, eine Vorsicht, die ihr Maß an der
Psychologie und Sinnesphysiologie des Benutzers findet. Daher soll der Ort nicht
zu hoch und nicht zu niedrig sein, "daß man ihn reichen kann". Wegen der Blen-
dung möglicher Benutzeraugen soll er "nicht all zu liecht / und wegen der Erkantniß
nicht zu finster / sondern mittelmässig seyn." (S. 115) Aus Gründen der Konzentration werden stille, ruhige und einsame Orte bevorzugt. Und weil schon Quintilian und Cicero wußten, daß der Irrtum die Mutter aller Verwechslung ist, soll zudem die Gleichheit der Örter gemieden werden. Die Angaben, die Mink folgen läßt,
sind allerdings präziser als die Vorgaben aus der antiken Rhetorik. Mink feiert
rechte Winkel und gibt, neben der Rechteckigkeit der Örter, auch noch Marken für
deren Distanz an: "Soll ein Winkel von dem andern ohngefehr XII. oder XV.
Schuh abgelegen seyn / weil das Gedechtniß von der nähe verwirret / von der ferne
aber verhindert wird." (S. 116)

Für die Satz=Ordnung der Örter gilt eine Logik der Schrift, doch sind Abwei-
chungen nach dem Gefallen des Benutzers möglich. Allen vorgestellten Musterdia-
grammen gemeinsam ist eine Bewegung von links nach rechts und natürlich die
Vorgabe einer Spiegelsymmetrie, die eine beliebige Vervielfältigung der Örter –
nach fraktalem Vorbild – sichert. Die Adressen arbeiten mit dem alphanumerischen
Zeichensatz.

Da aber formatierte Einschreibflächen ohne Bilder der Unlesbarkeit von "ledigem
und reinem Papier" gleichkommen, "also sind auch die Örter ohne die BILDER
vergeblich / dan ein solcher Ort ohne Bild / ist Papier ohne Buchstaben". (S. 117)

---

1 Eine Möglichkeit, die in der Computerarchitektur John von Neumanns implementiert ist. Historisches Novum ist dort die Tatsache, daß Daten, Befehle und Adressen nach demselben Muster gespeichert werden.

2 Zum Begriff des *Semiozids* als einem radikalen Endpunkt von Hypersemiosen vgl. Renate
Lachmann: "Die Unlöschbarkeit der Zeichen: Das semiotische Unglück des Mnemonisten". In:
Gedächtniskunst: Raum – Bild – Schrift, loc. cit., S. 111-141.

Für die *imagines* stehen zwei Bildparadigmen zur Verfügung, die eine Welt möglicher Einschreibflächen sehr folgenreich in imaginäre und reale Unterlagen dividiert.[1] Wie im Fall der Merkhände sollen die Bilder entweder "thätlich angemahlet" oder eben (nur) eingebildet sein. Und weil das Sehen mit den Augen unseres Sinnes "denen Anfängern dieser Kunst nicht allerdings dienlich", beginnt Minks oder seines Lehrmeisters Pädagogik mit der *behutsamen* Sichtbarkeit wirklicher, weil *thätlich angemalter* Bilder. Das Reich des Imaginären weist ein lateinischer Satz als Imaginationsdoppel und damit fernab einer pädagogischen Schrittfolgenlogik aus: "quia non debemus imaginationem addere imaginationi".[2] Aber Vorsicht: Auch das Reich *thätlich* angemalter Bilder birgt Abgründe an Möglichkeiten, die wiederum an die Inventionspolitik der Literaten anknüpft und diese verdoppelt. Neben der einfachen Option, Bilder so zu nehmen, "wie sie an sich selber sind", steht ihrer Generierung von "Gleichnissen / Verwandschaft / Gedichten / Muhtmassungen / Versetzung derer Buchstaben / oder anders woher" nämlich nichts im Wege. Das Resultat solcher Bilder beschreibt Mink in einer Lobliste von Adjektiven, die das Potential eines mnemotechnischen Bildspeichers erahnen läßt und sämtliche Register der Menschenaffizierung zieht: "wohlgeschickliche / liebliche / grosse / unglaubliche / uerhörte / neue / erbärmliche / wunderliche / abscheuliche / lächerliche / garstige" Bilder werden zur Grundsäule für ein "schwaches und zahrtes Gedechtniß".[3] Im Trend mnemotechnischer Eigenwerbung darf ein solcher Bildgebrauch im dreifachen Superlativ ein "bequemestes / leichtest und anmüthigstes Mittel" heißen. Zum Prototyp aller Leichtigkeit werden Unverständige und Unwissende ins Feld geführt, die – ohne lesen zu können – durch die *imagines* dennoch in ihrem Tun und Lassen unterwiesen werden: "Durch dergleichen Gemählder sehen die Unwissende und Unverständige / was ihnen zuthun oder zulassen / darinnen leßen und lernen die / so nicht leßen können". (S. 118)

Damit aber durch die Menge der Bilder kein Irrtum entsteht, tun Kontrolltechniken not: "vergebliche und undienliche Bilder" sind fernzuhalten und eine Pädagogik durch Wiederholung und Übung stellt sicher, daß die dienlichen Bilder frei von aller Verwechslung heißen dürfen. Ein Bestiarium der Bedeutung ist die Folge, wenn Mink die *ARS HIEROGLYPHICA* als Vorläuferdisziplin aufruft: Die alten Ägypter nämlich sollen für Zuordnungen, die für mnemotechnische Benutzer von Vorteil heißen dürfen, immer schon zuständig gewesen sein. Ganzseitig listet Mink daher auf, womit sich die buchstabenlosen Ägypter "ihre Sinn=Gedanken eröfnet haben."

---

1 Vgl. zu dieser Opposition die Kapitel über Johann Buno und Friedrich von Spee.

2 Dieterich wird dekretieren: "Denn man muß nicht mit einer Phantasey die andere dämpffen." *Cornu-Copiae Dispositionum Homileticarum*, loc. cit., S. 353

3 Die Liste der Adjektive ist eine Untermenge dessen, was als Selbstbeschreibung in barocken Sammelschriften zu finden ist; eine Konfrontation mit der *curiositas* ist damit vorgezeichnet.

(S. 118) Mit seiner ausführlichen Exempelliste will Mink belegen, daß "solche Schreib=Ahrt diesem unserm Zwekke nicht undienlich / auch uhr=springlich dahero rühret." (S. 118) Und weil dem so ist, zeigt ein "Maul=worf die Blindheit" an, "Der Haase einen Zaghaften", "Ein Schwaan einen Weissager / Singer oder Dichter: Eine Sau den Geitz: Der Habicht einen Dieb: Eine Mauß die Verderbung", "Der Affe die Unschaamhaftigkeit: Ein Schaaf die Unschuld und Geduld", "Ein Smaragd oder Anker die Hofnung: Der Papagey einen Redner", "Ein Räp=huhn einen Knaben=schänder", "Ein Huht die Freyheit", "Ein Hund den Neid. Ein Gukkug den Undankbahren". (S. S.118f.)[1]

Die imaginären Bilder und ihre unbeweglichen Örter bleiben aus guten Gründen außen vor. Obwohl Mink deren Behandlung im Zuge seiner Systematik zwar zugesichert hat, kann er zu ihrer Benutzung nicht raten. Als Gewährsmann seiner Ablehnung dient ihm der Jesuit Drexel: "Die Uhrsach sagt Drexelius in Aurif. part. 3. cap. 10. mit diesem Worten: *Quosdam memoriae Magistros rideo, qui nescio quot domunculas aedificant, & in domunculis cellulas rerrumq; imagines multiplicant in infinitum: Eruditum sané principium ad inducendam Phrenesin.*" (S. 120) Weil also der Umgang mit den infiniten Gedächtnisorten und ihrer Multiplikation ein gelehrtes Prinzip ist, um den Wahnsinn zu induzieren, klammert Mink sie kurzerhand aus. "Auß diesen und andern mier miß=fälligen Uhrsachen achte ich obgemelder unbeweglicher örter gahr nicht / iedoch wil ich sie nicht verachtet haben". (S. 120) Aber da Mink die Behandlung unbeweglicher Örter seinem *kunst=begierigen* Leser nun einmal versprochen hat, greift er zu einer Substitution, welche die bloß eingebildeten *imagines* durch die Materialität *thätlich* angemalter Bilder ersetzt:

> Also halte ich darfür / begehren auch die Kunst=Begierigen die andere noch übrige wohlübliche köstliche Ahrten zuwissen / welche ich auch kürzlich aneigen wil; Sage demnach / daß ich an stat derer unbeweglichen Örter Papier gebrauche / auf welches ich die Bilder tähtlich mahle oder mahlen lasse / verbleibe aber bey dem Satz dessen droben bey denen Gemächern gedacht ist / und wird solches inn denen *Veredis* klaar und üblich erwissen. (S. 120)

Mink umgeht eine schwer zu führende Rede über die imaginären Bildspeicher, wechselt von der internen Repräsentation auf eine externe und gelangt mit dem Papier wieder zu den Elementen der Schrift, zu den Buchstaben. Die Logik der 23 Lettern, ihre Aufteilung in "selb=lautende und mit=lautende Buchstaben", feiert er als die herrlichste aller göttlichen Gaben. Alles am Alphabet ist signifikant, und so dürfen in bloßen Buchstabenlisten diverse Geheimnisse lauern. Eigenwillig ist

---

1   Zur vertiefenden Lektüre solcher Kopplungen verweist Mink auf della Porta, Goropius und Herzog Augusts Kryptographiebuch *Cryptomenytices et Cryptographia Libri IX*, loc. cit.

seine Lesart des hebräischen JEHOVA, "inn welchem Wort kein mit=lautender Buchstabe" ist. Das A bedeutet die vergangene, das O die jetzigen und das I die zukünftige Zeit. Und das H, "welcher vermeinter Buchstabe ein *Aspiratio* eine Blaaße / bedeutet / daß GOtt kein Leib / sondern ein *Spiritus* ein Geist seye." (S. 121)[1] Und selbst die Betrachtung der drei Buchstaben I, N und M läßt ihn gleich mehrere *Geistliche Gedancken* schöpfen. Das I hat nur einen Strich und "stellet uns die erste Persohn der Gottheit für / nemlich Gott den Vatter: das zwey=strichige N die Andere / nemlich Gott den Sohn: das drey=strichige M die Dritte / nemlich Gott den H. Geist." (S. 121f.) Ähnliche Verborgenheiten sollen nun auch auf dem Grund künstlicher Wörter liegen können. Dazu verteilt Mink vorab die Zahlenfolge von 1 bis 10 auf zehn Merkwörter nach dem Prinzip des gleichlautenden Klanges: Barbierer (1), Kamm (2), Fakkel (3), Golt=Gülden (4), Lautte (5), Mägdlein (6), Nonne (7), Rahthauß (8), Schild (9), Degen (10). Der Barbierer mit dem Zahlenwert 1 deckt aus Gründen des gleichlautenden Klanges die Konsonanten B. P. W., der Kamm C. K. Q. Z., der Degen mit dem Zahlenwert 0 D. T. ab. Es folgt eine Aufteilung in signifikante Wurzel- und nicht signifikante Zierbuchstaben, und schon steht dem System der Merkwortgenierung auf Konsonantenbasis und unter Auslassung der Vokale nichts mehr im Wege. Sein Beispiel bringt in Spaltenform die Daten deutscher Universitätsgründungen zur Anschrift: Rechts in der Spalte steht der historiographische Klartext, links und unter besonderer Markierung der Merkwörter die mnemotechnische Umsetzung.

VIII.   Der Engel spielet inn der Statt auf der Laute Bei GaNZ neuem Collegio Gork.

> 8. *Ingolstadiensis A. Chr. 1472. á Ludovico & Georgio Patre & Filio Duc. Bavar.*

IX.   Die Eber härtet den *BoGeN* iN den Tubinen Wammes.

> 9. *Tubingensis A.C. 1477 ab Eberhardo Wittembergico.*

Und natürlich fehlt auch nicht die Universitätsgründungsapotheose seiner Heimatstadt Gießen.

XIX.   Ob ich schon den *Martis* Berg haB MeiDeN müssen / spiel ich doch noch auf der Lautte und *Gieße* meine Blummen=Garten trewlich. (S. 123ff.)

> 19. *Giessana A. C. 1607. a Ludovico Fideli Hassiae Landgravio.*

Wer so merken will, muß die typographischen Codes im Kopf haben. Er muß wissen, nach welchem Zuordnungsschema die Zahlenkonsonanten funktionieren, wozu ihm das zehnstellige Vademekum von Barbierer (1) bis Degen (10) als kleine Merkhilfe innerhalb der eigentlichen Mnemotechnik dient (vgl. Abb. 11). Da die

---

1   Zur Sonderrolle des Buchstaben H vgl. I/ 5. *Der bewegte Buchraum.*

Jahreszahlen nicht immer mit ganzen Wörtern zusammenfallen, tut zudem Vorsicht
mit anderen typographischen Markierungen not. Tafeln, die nach einem solchen
Schema eingerichtet und gegenüber ihren potentiellen Inhalten neutral sind, gelten
Mink in aller Unbescheidenheit als *Haupt=Schlüssel oder Dietrich* zu allen freien
Künsten. Ihr Nutzen sei dabei so groß, daß sie mit keinem Geld zu bezahlen seien.
Mink schiebt mögliche Applikationen nach und beginnt mit der Heiligen Schrift.
Seine Tafel erlaubt es den *Theologiae Studiosis*, ein komplettes Buch der Bibel in
einer Stunde zu erlernen und es nach der Kapitelfolge zu reproduzieren, "und darf
doch darbey kein einiges Wörtlein außwendig lernen / braucht auch kein anders
Gemähld darneben." (S. 125) Eine Kunst, die jedermann für einen *Aufschnitt*
halten könnte. Aber gegen Aufschneidereien gibt es einen Gegenbeweis, der alle
möglichen Zweifel an Minks Aussagen zerstreut. Mink ruft als Zielgruppe einfach
die Frauen auf: "aber es ist diese durch die gantze H. Schrift außgearbeitete Kunst
mit männiglichs Verwunderung auch bey Weibs=Persohnen von mier glüklich ins
Werk gesetzet worden." (S. 125)

Neben Theologiestudenten adressiert Mink Juristen, Mediziner und Kaufleute,
um auch sie vom Vorteil seiner mnemotechnischen Tafeln zu überzeugen, gibt als
6. Punkt den kryptographischen Nutzen seiner Mnemotechnik an und beschwört
unter Punkt 7 einmal mehr die Auswendigkeit römischer Kaisergenealogien. Wollte
jemand mit Cäsar beginnend alle Regierungszeiten und Taten der Monarchen "außwendig erzehlen", so ist er bei Mink an der richtigen Stelle. Was entweder als *unmüglich* betrachtet wird oder mit einem enormen Aufwand an Zeit, Mühe und Arbeit verbunden scheint, verspricht Mink innerhalb von 14 Tagen "ohne sonderbahre
Mühe ins Werk zurichten." (S. 126) Im Rundumschlag zieht Mink Parallelen zu anderen Zahlensystemen, schreibt dem eigenen Text Chronodisticha ein und streift
mit einem Seitenhieb auch noch die Inventionspraxis der Hebräer. "Auf solche
weiße haben die Kaballisten ihre Krill=Gedancken / deren selben allhier zugeden-
ken mein Vorsatz nicht ist." (S. 129) Ferner wird der sogenannten Trithemisten gedacht, deren kryptographische Umsetzungstafel auch für Minks Mnemotechnik von
großem Nutzen sein soll. Ferner wird eine Tafel ins Werk gesetzt, in der "die
gantze *Steganographia* auch zum Theil *Polygraphia Trithemii* verborgen welcher
darvon ein großes Wesen macht / daß auch die meinsten wegen seiner unbekanten
Wörter darfür halten / er gienge mit lauter Beschwehrungen und Zauberwerken um
/ wer aber daran strekket / wird weit ein anders befinden". (S. 137) Und da man
"nach Anleitung deßbesagter letzere Tafel" auch einen Vers machen kann, "welcher
von allen Orten gevieret ist gleich einem Würfel", dürfen auch zwei Exempel für

Abb. 11

solche quadratischen Kreuzwortlabyrinthe und damit die *Cubistik* der visuellen Poesie nicht fehlen.[1]

Aber auch der merkpägagogischste aller Tage neigt sich irgendwann seinem Ende zu, und so wird es Zeit für ein sonderbares Abendessen. Was Puschthom seinem Gast und Merkschüler auftischt, verschränkt wie die christliche Eucharistie Gedächtnismahl und Gedächtnismale.[2] Aufgerufen wird so und nach all den Künstlichkeiten über das Gedächtnis die Natur und der Körper, die Rede von Rhetorik und der Medizin. Weil nämlich die Köche auf dem Parnaß gegen sämtliche Regeln einer merkfreundlichen Diätetik verstoßen haben, hat man sie verjagt, und so steht es Puschthom an, seinem Schüler selbst ein frugales Mal zu bereiten. Man speist im Zeichen der Natürlichkeit, die den Menschen von aller Trägheit fernhalten soll, damit aber nicht minder gut. Der Gedächtnislehrer serviert *Bronnkreß Salat mit dem allerköstligsten Weinessig* zubereitet, ein Rebhuhn, Kalb- und Hammelfleisch, nebst einem gesottenen Huhn mit dem Hinweis, daß dessen Gehirn gut für Gedächtnis und *ingenium* sei: "*Gallinae cerebrum ingenium & memoriam juvat*". (S. 136) Getrunken wird selbstredend aus beschrifteten Gefäßen, die zur Mäßigkeit mahnen und nach dem Nachtisch, frischer Butter mit einem Schüsselchen Korianderzucker, klärt Puschthom seinen Schüler bei einem halbstündigen Spaziergang endgültig über das Verhältnis von Körper und *memoria* auf. Eine der möglichen Interventionen, die auch in viele Rhetoriken Eingang findet, ist der Gebrauch von "Gedechtniß=Artzneyen", deren Bereitung und Wirkweise man etwa in *de cerebri & capitis morbu internu Spicilegia* des Franciscus von Hildesheim nachlesen kann. Der berichtet zudem von einer Arzney, so "daß man alles / was man höret / siehet und ließet / behalten könne", ein Wundermittel, das naturgemäß die Aufmerksamkeit erregt und vom Burgundischen Herzog Karl zum Preis von 10 000 Gulden gekauft worden sein soll. Nachdem Stanislaus endlich im Bett liegt, nicht ohne zuvor die Sprüche aus dem Fußwaschkessel und über der Schlafstubentür sorgsam entziffert zu haben, bleibt ihm die Nachtruhe lange versagt. Erst gegen Morgen "bohten meine müde Glieder denen Sinn=Gedanken einen Stillstand ahn" (S. 137), um vom nächsten Tag an einen vierwöchigen Mnemotechnikkurs bei Herr Puschthomen zu absolvieren. Das Resultat solcher Unterweisung soll demnächst nachzulesen sein:

Was ich nuhn innerhalb vier Wochen von Herrn Puschthomen inn der Gedechtniß=Kunst üblich unterrichtet bin worden / wird auß meinen *VEREDIS* oder Post=Pferden / Geliebts Gott / zuver-

---

1 Vgl. dazu Adler, Ernst: *Text als Figur*, loc. cit.

2 Zum Verhältnis von Gedächtnis und Sakrament vgl. Manfred Schneider: "Remember me! Mediengeschichte eines Imperativs". In: Gerburg Treusch-Dieter, Wolfgang Pircher, Herbert Hrachovec (Hrsg.): *Denkzettel Antike. Texte zum kulturellen Vergessen*, Berlin 1989. S. 2-15.

nehmen seyn / wol also negstens den ordentlichen Anfang machen ahn dem *VEREDO LIN-GUARUM* oder Spraachen Post=Pferd / darinnen Anleitung gegeben wird / wie die Spraachen mit geringer Müh ohne Verdruß durch die Gedechtniß=Kunst in kurtzer Zeit könne gelernet und fortgepflantzet werden / gezieret mit Kupferstükken: Woselbsthin ich dißmahln den Kunstlie-benden Leßer wil gewießen haben. *Hiermit lebt wool.* (S. 139)

2. Auswendigkeiten: Von Kaisern, Kindern und Köpfen

> Füße, Stimmen, Finger und Gedächtnisse macht die
> Natur, aber die Tänzer, die Sänger, die Klavierspieler
> und die *Gedächtnißriesen* macht die Kunst.[1]

Am Anfang menschlicher Auswendigkeit ergeht ein Stoßseufzer, der das Problem des Stanislaus Mink und damit auch die Leitdifferenz zwischen interner und externer Datenspeicherung auf den Punkt bringt: "Dann unser Gedächtnis kan mit dem *Infinito* nicht zurecht kommen."[2]

Die Multiplikationen der Kapazität und die Weisen des Zugriffs müssen für das menschliche Gedächtnis in Engführung und zugleich auch in einer Absetzung von den Schriftspeichern organisiert werden. Die Standards des Buchmediums können für das Reich der Auswendigkeit nur zum Teil gelten und übernommen werden. Blattweiser und Register, Tabellen und Übersichten, Paginierungen und Kreuzverweise weisen das Speichermedium nicht als einmalig und vollständig zu durchlaufenden Buchstabenbandwurm aus, sondern inszenieren sein Wissen in der Kartographie eines Raumes, der seine Grenzen beliebig nach außen erweitern kann.[3] Die genannten Apparaturen sind dem Leser oder besser Benutzer Kompaß, Maßstab und Legende. Neben der Organisation des Wissens im Buchraum wird die Repräsentation des Wissens in menschlichen Gedächtnissen akut. Was von der Rhetorik im Rahmen der *elocutio* als Verfügung über ein Redekonzept gefordert wird, scheint sich in der Mnemotechnik zu verselbständigen und ganz andere Wege zu gehen als die externen Speicher der Schrift. Zwar findet eine Orientierung am Buchschriftmedium statt, doch ist diese nicht hinreichend, um die Vielfalt der Phänomene abzudecken. Die je andere Materialität der Speicher wie auch Unterschiede einer konkreten Benutzung eröffnen Gedächtnisräume, die anders funktionieren als

---

1 Hermann Kothe: *Mnemonik der griechischen Sprache. Praktische Anleitung für angehende Schüler im Griechischen, sich die nothwendigsten Vocabeln und Wurzelwörter dieser Sprache (ungefähr drittehalb tausend) in wenigen Tagen fest einzuprägen*, Kassel 1853, S. IV.

2 Daniel Richter: *Thesaurus Oratorius Novus*, loc. cit., S. 11.

3 Damit ist im Barock ein Verhältnis von Schrift und Differenz als historisches Apriori vorweggenommen, dessen theoretische Aufarbeitung etwa Jacques Derrida mit seiner Rede von der Iteration der Schrift unternimmt.

nach den Standards ihrer figuralen Weggefährten, der Schrift. Ort dieser Rede sind neben den Traktaten der Mnemotechnik vor allem Rhetorik und Medizin.

Menschliche Erschöpfbarkeiten einer *memoria* müssen Strategien von Datenlöschung und Kompression ersinnen, die für die enzyklopädischen Entwürfe und externen Speicherungen kein Thema zu sein brauchen. Während sich die Frage nach dem Löschen und erneutem Benutzen eines mnemonischen Systems in der Nachträglichkeit einer jeweiligen Benutzung stellt, müssen Überlegungen einer möglichen Datenverkürzung schon im Vorfeld stattfinden: Beide Bereiche – eine Kunst des Vergessens (*Amnemonistik / Lethognomik*) und eine Kunst der (merk)optimalen Codes – werden zu festen Größen im Geschäft des Merkens. Die enge Verbindung von Wissensspeicherung mit ihrer vorherigen Aufarbeitung in Form von Sprach- und Bildcodierung verbindet die Mnemotechnik auf sehr systematische Weise mit Universalsprachentwürfen, Konzepten philosophischer Wissensdarstellung, mathematischer Kombinatorik, diversen Pädagogiken, der Emblematik bis hin zur Kryptographie.[1] Der gemeinsame Nenner solcher Diskurse ist es, Zuordnungen zu treffen, die der Kapazität der beteiligten Speichermedien gerecht werden und dennoch die Unverwechselbarkeit der Inhalte zusammen mit einem möglichst einfachen Modus ihrer Wiedergewinnung sicherstellen. Die Optimierung der Referenz, dem die externen Speicher so viel Aufmerksamkeit schenken, gilt erst recht für die menschliche Auswendigkeit. Steht die ökonomische Sorge um Eindeutigkeit und Effizienz, um Kapazitäten und Codes für die Analogie mit der Schrift, markiert die Selbstbeschreibungssprache der Mnemotechnik eine signifikante Absetzbewegung. Haben die externen Speicher ein homogenes Publikum angesprochen, differenzieren die Mnemotechniker ihre Zielgruppen nach allen Regeln der Kunst aus. Die Folge ist ein Adressierungsverhalten, das neben unterschiedlichen Einsatzgebieten vehement die möglichen Benutzer mit in das Kalkül der Auswendigkeit ziehen wird. Konkurrierende Systeme werben mit Argumenten wie Benutzerfreundlichkeit, Effizienz, Zeitgewinn, Leichtigkeit des Erwerbs, niedrigem Preis und nicht zuletzt der Berücksichtigung individueller Merkansprüche, die den Menschen mit weitreichenden Kompetenzen und Lizenzen versieht. Der Mensch, der in den externen Buchspeichern kein Gesicht zeigt und als konkreter Benutzer auf den Umgang mit Alphabeten reduziert wird, steht im Zentrum mnemotechnischer Bemühungen.[2] Wenn stattdessen die Generierung von Örtern und Bildern ins Belieben der Benutzer gestellt wird, tragen die implementierten Ge-

---

1 Vgl. dazu Teil I: *Speichern* und in entsprechender Verkürzung II/1. *Auf den Gipfeln des Merkens.*

2 Zur Hintergehbarkeit des Menschen als Organisationsprinzip zwischen den Wörtern und den Dingen auf dem barocken Tableau des Wissens vgl. Foucault: *Die Ordnung der Dinge*, loc. cit.

dächtnissysteme den jeweiligen Individualitäten Rechnung. Die Maßgabe mnemonischer Adreßräume wird eine andere sein müssen und sein können, wird sie doch gerade im Unterlaufen von buchinternen Standards ihre Chance haben. Gerade mehrfache Eintragungen – wie im Fall der Zwiebelscheu des Hippokrates[1] – zeigen die Hintergehbarkeit des einzelnen Benutzers. Wenn alle Benutzer vom System gleichermaßen bedient werden müssen, ist der Adressat ein idealtypisches Konstrukt. Was in den Schaltbarkeiten solcher Register nicht vorgesehen wird und werden kann, sind Benutzereigentümlichkeiten, ist die Struktur eines Menschen und seiner Merkoptimierung. Die internen Varianten der Merkkunst werden den Menschen, der so virtuos aus den Scheiben und Achsen barocker Wissenspolitik verschwunden war, als funktionales Zentrum verankern. Im *double-bind* von Regelanweisung und Benutzerkreativität wird die Mnemotechnik immer schon und gegenläufig zu allen Epochalisierungen eine Psychologie avant la lettre gewesen sein. Unausgewiesen wird sie Teilbereiche eines Wissens vom Menschen zum Thema machen, die später zum Kanon der Humanwissenschaften ausdifferenziert und in festen institutionell verankert werden. Am Ort des Merkens scheint ein Wissen auf, das erst in einem anderen Aufschreibesystem aus seinem Stadium epistemischer Latenz in das epistemischer Manifestation getreten sein wird. Dieser Zugriff, den die Traktate zur Gedächtniskunst und natürlich die kritischen Auseinandersetzungen mit ihr erlauben, soll im folgenden neben seiner diskursanalytischen Genealogie auch als kultursemiotischer Prospekt dienen. Was in all diesen Reden, die an unterschiedlichen Orten ergehen, ablesbar wird, ist die kognitive Physiognomik einer kulturellen Formation. Mit dieser Physiognomik gehen zum einen grundlegende Oppositionspaare wie Sanktion und Verdikt, Manifestation und Latenz, offizielle Kultur und Häresie einher; zum anderen eröffnet sie die Möglichkeit, psychische wie kulturelle Systeme des Wissens auf eine Basis von Zahlen zu stellen, die unterschiedliche Ökonomien erstens in ihrer internen Logik bemeßbar und zweitens in ihrer externen Logik mit anderen Systemen des Wissens vergleichbar macht.[2]

Der Umgang mit den mnemotechnischen Bildern – sie seien *thätlich gemalt* oder eben (nur) eingebildet – wird zudem in eine Rede überführt, die Einblick in die Legitimität von Übersetzungs- und Verknüpfungsleistungen gibt. Damit wird auf der Ebene elementarer Einheiten Kognition zum Gegenstand von Diskursen. Neben den Bildern und ihren möglichen Verstößen geht es auch um die flankierenden Pro-

---

1 Vgl. Kapitel I/4. *Referenzen.*
2 Zur Relationierbarkeit historischer Systeme des Wissens, wie sie Friedrich Kittler im Anschluß
   an Kriterien der der allgemeinen Datenverarbeitung vorzeichnet, vgl. I/2. *Johann Christoph
   Männlings Daten.*

gramme narrativer Umsetzung: Was aus den Traktaten der Mnemotechnik direkt und aus den Stimmen der Kritik vermittelt ablesbar ist, wiederholt und verschiebt die Diskussion um die Legitimität möglicher Verknüpfungen und damit jene *Ethik* möglicher Zusammenhänge, die in der Literatur die Logistik der *inventio* bestimmen. Ein imposanter Begleitchor von Kritikerstimmen, der bis ins 20. Jahrhundert nicht verstummen wird, ist die Folge; neben all den internen historiographischen Details, die dabei zur Sprache kommen, ist seine Stimmenvielfalt ein systematischer Beleg für die Durchlässigkeit all der Diskurse, die für die Kognition zuständig sein wollen.[1] Was in Frage gestellt wird, ist neben der blinden Mühe reduplizierender Auswendigkeit die kognitive Ökonomie, mit der die Mnemotechnik auf Kriegsfuß lebt und leben muß. In der Gedächtniskunst hausen aus Gründen ihrer eigenen Systemlogik Überschuß oder Verschwendung, und die Polemik, die immer wieder gegen sie gerichtet wird, zielt deshalb immer wieder auf die Verhältnismäßigkeit von betriebenem Aufwand und resultierendem Nutzen. Mit ihr gerät die Differenz von Innovation und blinder Wiederholung erneut auf den Prüfstand.

Für Christian Thomasius und seine *Vernunfft=Lehre* sind die Fronten zwischen dem System des Denkens und dem des Merkens klar. In seiner Behandlung von externen und internen Örtern wird er die Differenz in ein Bild fassen, das ein verblaßtes Reich der Aufgeschriebenheit in die Architekturen der Gedächtniskunst übersetzt:

> Es müssen sich solche Leute / die nicht drey Zeilen von den ihrigen zuwege bringen können / sondern bloß die Oerter anderer *Scribenten connectiren*, hernach nicht verdriessen lassen / wenn man sie mit trunckenen Leuten vergleicht / die nicht mehr gehen und stehen können / sondern sich an den Wänden nach Hause lesen müssen / und sich / wenn sie fallen wollen / an alles halten / was ihnen vorkömmt / wenn es auch ein Strohhalm seyn solte.[2]

Wenn Menschen sich buchstäblich nach Hause lesen, geraten zwei Gedächtnisfelder aneinander: Bibliothek und *memoria*. Der Trunkene, den Thomasius in aller Dringlichkeit seiner Vernunftlehre vorführt, ist ein mnemotechnischer Amokläufer. Sein unkontrollierter Griff nach den Strohhalmen greift die alte Polemik gegen barocke Zuordnungstechniken und den Einsatz versammelter Örter auf. Statt selbstbewußt und gut orientiert selbstangelegte Gedächtnishallen abzuschreiten, hat der so inszenierte *Scribent* die Kontrolle über sich und erst recht über das Wissen verloren. Für Thomasius wiederholt Mnemotechnik die Fehler barocker Wissensorganisation, und deswegen lehnt er ihren Einsatz ab. Stattdessen fordert er den ange-

---

1 Vgl. zur konkreten Durchlässgikeit zwischen Konzepten von Ästhetik und Psychopathologie II/5. *Die gelehrigen Körper des Merkens.*
2 Christian Thomasius: *Außübung der Vernunfft=Lehre [...]*, Halle 1691, S. 143.

henden Praktikanten seiner Vernunft auf, "aus seinem Kopffe und nicht aus andern Büchern" zu schreiben.[1] Dieser Kopf, der als Datenquelle dienen soll, ist nicht mnemotechnisch organisiert. Er hat – wie im I. Hauptstück *Von der Geschicklig- keit die Warheit durch eigenes Nachdenken zu erlangen* zu lesen ist – nach den Grundsätzen der Vernunft aufgeräumt zu sein und ferner die subtile Logik der Wahrscheinlichkeiten zu berücksichtigen. Jenseits von Vergleichen zieht Thoma- sius einen Strich unter die Gedächtniskunst und seine Bilanz ist durchgehend nega- tiv. Die Transmissionen, denen das Wissen unterzogen wird, gelten nicht nur ihm und seiner *Vernunfft=Lehre* als unduldbare Possen. Der Kontrollverlust über das Gedächtnis, seine Inhalte und deren Organisation werden im Rahmen der Psycho- logien und ihrer zunehmenden Etablierung ein weites Forschungsfeld eröffnen. Ab- normitäten des Gedächtnisses und Abnormitäten der Sprache werden im Zuge dif- ferentieller Diagnostik zentrale Kriterien abgeben, um menschliche Intelligenz zu bemessen und Standards für Normalität und Pathologie einzurichten.[2] Neben Aphasieforschung und Assoziationsstudien werden Gedächtnisstörungen ein para- digmatisches Feld experimentalpsychologischer Forschung und grundlegender Überlegungen in Sachen kultureller Überlieferung.[3] Schlimmer noch fällt das Urteil der *Vernunfft=Lehre* aus, wenn sie der Mnemotechnik zudem die Ordnungsfrage stellt. Das Verhältnis von Merkinhalten zu den sie verarbeitenden Systemen, sie seien willkürlich vorgegeben oder ins jeweilige Benutzerbelieben gestellt, benennt Christian Thomasius gleichermaßen eindrücklich.

Allein dieses ist eine grosse Thorheit / daß man in denen artibus mnemoneuticis so viel Pedan- tische Possen mit einmischt / und daß man diese Künste / als sonderliche Thesauros Sapientiae rühmet / da sie doch zu nichts anders dienen / als die Ordnung der Dinge / nicht aber die Dinge selbst zu begreifen.[4]

---

1 Thomasius: *Außübung der Vernunfft=Lehre*, loc. cit., S. 73.

2 Vgl. dazu I/3. *Barocke Operatoren.*

3 Vgl. im Vorgriff *pars pro toto* etwa August Forel: *Das Gedächtniss und seine Abnormitäten*, Zürich 1885 und Théodule Ribot: *Das Gedächtniss und seine Störungen*, Leipzig 1882. Die Auswahl von Forel wie Ribot erfolgt vor dem Hintergrund anderer Beschäftigungen, die solche Forschungen diskursiv verorten: Ribot ist mit *Die Schöpferkraft der Phantasie (L'imagination créatrice)*, Bonn 1902 einschlägig für die Imaginationsforschung und Forel, neben seinen Unter- suchungen zum Gattungsgedächtnis und der Vererbbarkeit überindividueller Information, eröffnet mit Schriften wie *Hygiene der Nerven und des Geistes im gesunden und kranken Zustande* (Stuttgart 1903) und *Die Gehirnhygiene der Schüler* (Wien 1908) einen diffusen Raum pädago- gischer Interventionen.

4 Thomasius: *Außübung der Vernunfft=Lehre*, loc. cit., S. 101.

Wenn die Ordnungen des Merkens in seiner Rekonstruktion mit den Ordnungen einer Vernunftlehre nicht zur Deckung kommen, wird die Mnemotechnik in die Schranken einer bloßen Dienstleistung verwiesen. Dabei gibt und gab es immer schon einen kulturellen Ort, an dem die Rede über die Auswendigkeit domestiziert ist und war. Jenseits mnemotechnischer Großanlagen, durch die man – *trunckenen Leuten* gleich – irren könnte, und fernab aller beschworenen phantasmatischen Exzesse weist die Rhetorik der Auswendigkeit einen festen Platz zu. Im Rahmen der *elocutio* soll sie ein Redekonzept internalisieren und so dem Vortrag aus dem Stegreif dienen. Barocke Rhetoriken folgen bei ihrer Abhandlung der Auswendigkeit diesem Muster mit minimalen Varianten. Die Frage, wie der Memorie zu helfen sei, wird unter anderm mit einem Hinweis auf die Medizin beantwortet: Neben pädagogischen und diätetischen Empfehlungen dürfen auch Merkarzneien eine bescheidene Rolle spielen. Die topische Engführung von Rhetorik und Medizin zum höheren Nutzen der *memoria* nimmt etwa Heinrich Müllern in seinem *Orator ecclesiasticus* von 1659 vor. Müllerns Rednerschulung für angehende Theologen widmet dem Gedächtnis ein eigenes Kapitel *De Memoria* und benennt folgende Mittel der Merkoptimierung. "Ad memoriam comparandam media quae faciunt, sunt vel Medica vel Rhetorica."[1]. Mit der Medizin gerät die Physiologie in den Blick. Es fällt in den Zuständigkeitsbereich der Medizin, eine Korrelation zwischen Einschreibflächen und Speicherdauer herzustellen. Weil die Bewahrungsdauer eine Funktion der jeweiligen Feuchte oder Härte der Eindruckfläche sein soll, und die wiederum topisch an die Lebensalter und an das Geschlecht gebunden sind, empfiehlt Müllern einmal mehr, schon möglichst frühzeitig das Gedächtnis zu üben. "Primum medium est cerebrum à Juventute exercitium & diligens reminiscentia."[2] Seine Hinweise für derlei Exerzitien bleiben allgemein, beschränken sich auf eine Diätetik des Gehirns und geben Rezepte für Merkmedizinen an die Hand.[3] Daß eines dieser Merkmedikamente *Pulvis Trithemii* heißen muß, versteht sich von selbst. Weitere Details – wie eine *Mneme cephalicus* – sind in der *Pharmacopaea* eines Herrn Schröder nachzulesen. Nach Medizin und ihren Rezepten zwischen Melisse und Rosmarin ist dann die Rede von der Redekunst selbst. Und weil bestimmte Affektlagen zu Turbulenzen und Verwirrungen führen, sind Affektkollisionen tunlichst zu vermeiden. Ausgerechnet am Ort der Affektmanipulation ergeht daher der Hinweis für den Redner, selbst frei von Sorgen und Affekten sein zu sollen. "Se-

---

1 Henricus Müllern: *Orator ecclesiasticus, sistens, praeter Methodum concionandi, complures alias materias Theologicas, item Comment. in Psalm. VI, XVI, & XXII*, Rostochii 1659, S. 72.
2 Müllern: *Orator ecclesiasticus*, loc. cit. S. 83.
3 Müllern: *Orator ecclesiasticus*, loc. cit., S. 78.

cundum est quies & tranquillitas animi, ut mens libera sit à curis & affectibus."[1] Da
aber die Affekte selbst Teil einer rhetorischen Rede von der *actio* sind, muß Müllern
zwischen guten und schlechten Affekten unterscheiden können. Neben der Aus-
schaltung von Affekten, die Merkturbulenzen bedeuten, werden andere stehen, die
zum höheren Nutzen der Redewirkung im Rahmen der *actio* von strategischem
Nutzen sein dürfen. Die Auswendigkeit einer Rede wird zum Ort einer Rede über
die Affekte oder genauer zum Ort einer Rede über die Möglichkeiten ihrer Regulierung. Mit seinem Streifzug durch populäre Theorien über das Gehirn und die Regulative des Affekts folgt Müllern einem Muster, das sich mit Abwandlungen – vor
allem die Medizin betreffend – in den Rhetoriken durchhalten wird. Für den Prediger selbst tut Ruhe um so mehr not, bietet der Predigtkontext genug Anlaß zu internen Turbulenzen: "Caetera per quae animus turbari solet; ut pudor immodicus,
auditorum novitas & multitudo, tandem conivetudine vincuntur."[2]

Nach den Hinweisen zur Affektenhygiene folgt die Aufarbeitung der Rede nach
ihrer argumentativen Logik, nach dem Verhältnis von Teil und Ganzen, der Berücksichtigung der Umstände von Ort und Zeit. "Quartum est Scriptio", und Müllern hält es für die beste Gedächtnisunterstützung, wenn der Redner sein Konzept
in die Übersichtlichkeit einer Tabelle überführt. "Nos optimum & compendiosissi-
mum memoriae subsidium esse putamus, si quis tabellam formet."[3] Andere Rhetoriken widmen den Handgreiflichkeiten der Textgestaltung mehr Aufmerksamkeit
und überziehen die Redeteile mit einem Netz von Anmerkungen, Anstreichungen
und anderen Operatoren des Merkens. Die Rhetorik wird für die *elocutio* einfach
ihre eigenen Produktionsprinzipien noch einmal auf den Text selbst abbilden und
auf ihm verzeichnen. Was eine spätere Lesepädagogik zum Integral ihrer Be-

---

1 Müllern: *Orator ecclesiasticus*, loc. cit., S. 83.

2 Müllern: *Orator ecclesiasticus*, loc. cit., S. 84. Neben der Rolle von Diätetik und Affekt wird
   immer wieder die Frage nach dem Gedächtnis in physiologischen Extremlagen gestellt. Gerade
   das Gedächtnis kann so zum Testfeld medizinischer, experimentalpsychologischer und physiologischer Untersuchungen werden. Eine besondere Rolle kommt in der Moderne dabei diversen
   Spielarten des (Schädel-)Traumas zu. Zur zeitgenössischen Forschung im allgemeinen vgl. etwa
   Hermann Oppenheim *Die traumatischen Neurosen nach den in der Nervenklinik der Charité in
   den letzten 5 Jahren gesammelten Erfahrungen* (Berlin 1889), zu den Konsequenzen für die Sprache im besonderen Siegmund Auerbach: "Traumatische Neurose und Sprachstörung". In: *Monatsschrift für Psychiatrie und Neurologie*, XVII (1905). S. 84-92. Für die literarische Relevanz
   solcher Forschungen ist Alfred Döblin zu nennen, vor allem – von medizinischer Seite – seine
   Dissertation *Gedächtnisstörungen bei der Korsakoffschen Psychose* (Berlin 1905) und von – literarischer Seite – der Kriegsheimkehrerroman *Hamlet oder Die lange Nacht nimmt ein Ende*
   (Berlin 1956). Vgl. dazu Wolfgang Schäffner: *Die Ordnung des Wahns. Zur Poetologie psychiatrischen Wissens bei Alfred Döblin*, München 1995.

3 Müllern: *Orator ecclesiasticus*, loc. cit., S. 87.

mühungen im Umgang mit Texten erheben wird, soll für das Gedächtnis schon jetzt gelten. All die Textumgangs- und Markierungsweisen, die in der Goethezeit den Menschen aus einer Engführung durch die Buchstaben befreien und so einem Verstehen den Weg bahnen sollen, sind hier präfiguriert.[1] Texte werden im Wortsinne markiert und mit Spuren überzogen, die neben der Wiederholung der Dispositionsteile auch eine Hierarchie textueller Wertigkeiten aufruft: Die handschriftlichen Operatoren des Textverstehens zerlegen den Text nach Notwendigkeit und Zufall, nach dem Hauptthema und dessen ornamentaler Ausgestaltung, nach dem Vordersatz und seinen möglichen Schlußfolgerungen. Von der Intervention einer Leserhand überzogen, damit für das Merken markiert und sachdienlich gekennzeichnet, finden die Marken Eingang in die Lesermemorie, ermöglichen dort auf einfache Weise einen Zugriff, eine Referenz auf den zu extemporierenden Text, der vom Vergessen so sehr bedroht scheint. Im *Cap. VII. Wie der Memorie zu helffen sey* seines *Expediten Redners* verweist Männling das Gedächtnis eines Vortragenden an die Handgreiflichkeiten der Schrift:

> §. 3. Der *Memori*e wird sehr geholffen durch die reine Schreib=Ahrt, also daß ich die *Oratio*n rein abschreibe, und nicht darinn Fenster mache, *i.e.* ein und anderes ausstreiche: Denn wenn ich an den Ort komme, wo das ausgestrichene zu finden, dann bleibt auch die *Memori*e stehen, und weiß es nicht, wie der neue *paragraphus* sich hinter dem Fenster wieder anfange. Da sitzt denn der *Orator*. Aber wo meine *Oratio*n rein geschrieben wird, da kan ich jeden paragraphum wissen und behalten aus dem ersten Wort, womit selbiger sich anfähet.
> [...]
> Ferner hilfft sehr der *Memori*e, wenn ich die Haupt=Sachen mit rother Dinten, und den Anfang der *paragraphorum* mit grüner unterstreiche, denn schwebt mir immer das Unterstrichene im Gedächtniß.[2]

Neben Bleistift und mehrfarbigen Tinten werden auch Sonderzeichen wie die Striche am Rand, Pfeile und Anker für weitere Distinktionen im Text sorgen. Die Ordnung des Textes und die Ordnung seiner Merkbarkeit wird verdoppelt und in den Spuren einer handschriftlicher Annotationspraxis materialisiert. Merkspuren wiederholen so die Prinzipien der Produktion und präfigurieren zugleich künftige Textumgangsweisen, die auf dem Löschen von Wortlauten beruhen und unter Umgehung aller Buchstäblichkeit die Hauptsachen oder eben den Sinn aus den Texten

---

1 Vgl. zur konkreten Praxis eines Lesen, das die annotierende Feder nicht mehr aus der Hand geben darf, den Theoretiker Johann Adam Bergk: *Die Kunst, Bücher zu lesen. Nebst Bemerkungen über Schriften und Schriftsteller*, Jena 1799. "Wir müssen die Feder immer bei der Hand haben" (S. 408). Bergk veröffentlicht 1802 unter dem Titel *Die Kunst zu denken ein Seitenstück zur Kunst, Bücher zu lesen*. Vgl. ferner Heinrich Ludwig de Marées: *Anleitung zur Lektüre*, Hamburg 1806.

2 Männling: *Expediter Redner*, loc. cit., S. 271f.

zu filtern suchen.[1] Johann Ludwig Klübers *Compendium der Mnemonik* empfiehlt
zur Erregung des Behaltungsvermögens, was auch die goethezeitliche Lesepäda-
gagogik empfiehlt, nämlich die konsequente Verwendung von Sonderzeichen wie
"einen Strich, Anker, Pfeil, ein Kreuz u.d." oder das "ein- oder mehrfache Unterstreichen mancher Worte mit auffallender Tinte von verschiedener Tinte, z.B. roth,
grün etc."[2] Klüber, der Historiograph von Geheimschriften und Gedächtniskün-
sten, wird die Dispositive im Textumgang ausführlich im Rahmen der zeitgenössischen Juristenausbildung behandeln. Sein *Lehrbegriff der Referirkunst* von 1808
wird so zu einer kleinen Summe all der Techniken und Darstellungsweisen, mit deren Hilfe angehende Juristen die anfallende Textflut sachdienlich verkürzen und in
neue Übersichtlichkeiten wie Tabellen, Diagramme u.a. transformieren können.
Denn, wie Klüber weiß, "dem Gedächtnis darf der Referent nie zu viel anvertrauen".[3]

Selbst Friedrich Andreas Hallbauer, der Collectaneenkritiker, wird für die Auswendigkeit eines Redekonzeptes die topischen Empfehlungen der von ihm geächteten Vorgänger wiederholen: Ein natürliches Gedächtnis ist dabei von großem Nutzen und nur bei seinem Ausfall durch Kunstmittel zu ersetzen. Hallbauers Rede
über das natürliche Gedächtnis gibt sich medizinisch und bemüht die *Le-
bens=Geister*:

> Die Lebens=Geister führen die Ideen von der Kraft zu gedencken in das Gedächtniß, welches nach
> verschiedener Meinung seinen Sitz in dem Hintertheile des Hauptes haben soll: hier werden die
> Ideen angenommen und in die Phantasie eingedruckt. Will man sich derselben wieder erinnern,
> so werden sie durch die Lebens=Geister wieder erwecket, und zur Beurtheilungs=Kraft geführt.
> Es haben manche ein recht wundernswürdiges Gedächtniß, und kann man Exempel in Petzolds
> *disput. de memoria memorabili* finden, welcher auch eine *disput. de obliuione memorabili* ge-
> schrieben hat: allein solche haben meistens ein schlechtes *iudicium*.[4]

---

1 Zu dieser datentechnischen Version der Hermeneutik im Rückgang auf Friedrich Kittler vgl. I/2.
   Johann Christoph Männlings Daten.

2 Klüber: *Compendium der Mnemonik*, loc. cit., S. 101 u. S. 47, Anmerkung t).

3 Johann Ludwig Klüber: *Lehrbegriff der Referirkunst*, Tübingen 1808, S. 15.

4 Hallbauer: *Anweisung zur Verbesserten Teutschen Oratorie*, loc. cit., S. 545f. Die Rede von
   Aufnahme, Prüfung und Übersendung potentieller Inhalte ist für die kognitive Datenverarbeitung des Barock kennzeichnend. Sebastian Aepinus wählt zu ihrer Veranschaulichung die Allegorie einer Rathsstube "Da niemet sie das Haupt und Gehirn als ihre Canzeley und Rathsstube
   ein / gebrauchet sich der Geschichts durch die Fenster / Töchter deß Gehöres Luc.12. und anderer
   eusserlich innerlicher Sinninstrumenten als Soldner unn Raths=Botten. Lesset durch die Phanta-
   siam unzehlig viel Gestalten bilden / unn vor sich kommen / erwieget diesselbe durch den Verstand unn welche Sachen wert seyn übergibt sie ihrem registratori dem Gedechtniß." In: *Biblische Sinnbilder darinnen die Mosaischen Geschicht in nachdencklichen Bildern also vorgestellet*

Läßt einen sein gutes Gedächtnis im Stich, so müssen oder dürfen künstliche Mittel der Auswendigkeit zu Hilfe eilen. "Einige schreibt die Medicin, andere die gemeine Erfahrung vor."[1] In einer Liste mitsamt ihrer Sachbearbeitern werden im Fettdruck *Puder, Rauch=Pulver, Schnupf=Toback, Pflaster, Olitäten, Kopf=Laugen etc.* aufgezählt, die natürlich auch in Männlings topischer Abhandlung des Gedächtnisses nicht fehlen, erneut die Merkdroge des *Tritheminanischen Pulvers* bemüht und gleichzeitig vor deren Risiken und Nebenwirkungen gewarnt.[2] Übertriebene Medikamentation, so weiß Hallbauer zu berichten, sei ein Verstoß gegen die Natur und habe bei einigen schließlich dazu geführt, "daß sie ihre eigene Namen nicht mehr gewußt."[3] Allgemeine Hinweise zur Diätetik und zur Affektenhygiene (Vermeidung von Furcht, Trauer und bestimmter melancholischer Gedanken) leiten über zum Nutzen der *gemeinen Erfahrung.* Und der ist – naturgemäß bei Hallbauer – sehr hoch und wird in einer alphabetisch organisierten Empfehlungsliste von Punkt a) bis o) aufwendig abgehandelt. Frei von Zerstreuung und noch einmal frei von allen fremden Affekten sollen die Merkenden sein, ein sauber geschriebenes Manuskript sollen sie benutzen, das ohne Ausstreichungen und Überschreibungen ist, dafür sollen Unterstreichungen die Disposition markieren und dafür sorgen, daß man "sich nicht zu sclavisch an die Worte" binde.[4] Ferner empfiehlt Hallbauer den Einsatz der Stimme, die ausgerechnet das skripturale Modell einer mentalen Druckwerkstatt verstärken soll: "l) Man memorire etwas laut: es werden die Sachen so desto tiefer ins Gemüth eingedruckt, und man merckt auch eher, wo man anstosset und fehlet, daß man da am meisten nachhelfe".[5]

So oder ähnlich spielt die Auswendigkeit für die Rhetorik eher eine Nebenrolle, ist sie doch in den Kontext der *elocutio* eingebunden und damit domestiziert. Wenn es um die Pragmatik überschaubarer Reden geht, können die großangelegten Systementwürfe der mnemotechnischen Traktate und die Sprengkraft ihrer phantasmatischen Bildkonzepte ebenso vernachlässigt werden wie die grundlegenden Theorien über das Funktionieren physiologischer Speicher. Die Verweise auf die Mnemotechnik und Medizin werden topisch abgehandelt. Eine der zentralen Fragen, die medizinisch orientierte Gedächtnistheorien zu lösen haben, betrifft die Metaphorologie, mit der das Funktionieren einer menschlichen *memoria* beschreibbar wird. Und weil Metaphorologien genau sind, kommen – je nach Modell – un-

---

/ daß zugleich das Capitel darauß erkant werden könne; Nebst der Erzehlung der Geschicht und Außlegung der schweresten Sachen, Frankfurt 1668, S. 9.

1 Hallbauer: *Anweisung zur Verbesserten Teutschen Oratorie,* loc. cit., S. 546.
2 Hallbauer: *Anweisung zur Verbesserten Teutschen Oratorie,* loc. cit., S. 546.
3 Hallbauer: *Anweisung zur Verbesserten Teutschen Oratorie,* loc. cit., S. 546.
4 Hallbauer: *Anweisung zur Verbesserten Teutschen Oratorie,* loc. cit., S. 550.
5 Hallbauer: *Anweisung zur Verbesserten Teutschen Oratorie,* loc. cit., S. 548.

terschiedliche Schwachstellen zum Vorschein. Die Speicher der Bücher und die
natürlichen Speicher der Menschen nehmen einmal mehr ihr Maß aneinander. Wird
dem Medium der Schrift uneingeschränktes Vertrauen entgegengebracht, was Kapazität und Speicherdauer betrifft, so tauchen in der Rede um das Vermögen der
memoria Ungereimtheiten auf. Dem unbegrenzten Parallelismus externer Speicher-
räume stehen Phänomene zeitlicher Tiefe gegenüber, die vom System skripturaler
Vorlagen nicht abgedeckt sind. Die Hintergrundmetaphorik der Schrift erzeugt eine
Logik des Ausschlusses: Die Härte der Unterlage erfordert einen großen Wider-
stand beim Einschreiben, sichert aber in energetischer Entsprechung genau dadurch
Treue der Speicherung oder Aufbewahrung. Anders die eher hydraulischen Verhältnisse bei Kindern, jungen Leuten und natürlich den Frauen. Mühelos drücken
sich bei ihnen Eindrücke ein, um schon nach kürzerster Zeit wieder zu verschwim-
men. Eine bewußte Kontrolle über diese Vorgänge scheint ausgeschlossen. Über
die Physiologie der Unterlage werden in der Goethezeit pathologische Effekte wie
Wahnsinn und weibliche Hysterie verankert werden. Fallen Willkür oder Beherrschung kognitiver Operationen aus, drängen als Folge eines solchen Kontrollver-
lustes entfesselte Ähnlichkeiten und mit ihnen Theorien des Unbewußten in den
Vordergrund.[1]

Im Gegensatz zu den räumlich organisierten und beliebig erweiterbaren Schrift-
speichern muß eine Rede über das menschliche Gedächtnis das Phänomen der Zeit
ernst nehmen. Wie aber soll das gehen unter einer Hintergrundmetaphorik des
Raumes und einer Vorstellung von Inskriptionen, die frei von irgendwelchen
Halbwertzeiten heißen dürfen? Der metaphorologische Transfer vom parallelen
Modell der Datenspeicherung – wie es der barocken Konzeption von Buch und
Bibliothek zugrunde liegt – auf das Gedächtnis führt zu Merkaporien. Einer, dem
selbst metaphorische Inkompatibilitäten auffallen, ist der barocke Arzt und Stoff-
wechselerfinder Johann Baptist van Helmont. Er polemisiert gegen die Schulmei-
nung, Gedächtnis sei Inskription ins Hirn und die Dauerhaftigkeit ihrer Spur eine
direkte Funktion der Schreibunterlage: ihrer jeweiligen Beschaffenheit zwischen
bewahrender Trockenheit und verschwimmender Nässe. Den Ausschluß von Bewahrungsdauer und Leichtigkeit der Impression vermittelt er im platonischen Bild
vom wächsernen Siegel. Das unverknüpfte Nebeneinander eines Siegelkabinetts ist

---

1   Zum Verhältnis von pathologischer Bildentfesslung und den Versuchen einer physiologischen
    Verankerung vgl. II/5. *Die gelehrigen Körper des Merkens.* In seiner *Kurzgefassten Theorie der
    Mnemonik* (Nürnberg, Sulzbach 1806) kann der Mnemotechnikhistoriker Aretin die Theorie wie
    auch die Regularien der Gedächtniskunst auf den Punkt dieser Willkür und damit auf die folgende
    Kurzform bringen: "Im engern Sinne ist sie die Lehre von den Regeln, nach welchen das Erinne-
    rungsvermögen die willkürliche und geordnete Zurückrufung ehemaliger Eindrücke bewirkt." (S.
    9).

speicherexhaustiv. Helmont wird auf diesen Nachteil eingehen. Aber auch eine sukzessive Variante, die den Raum gegen die Zeit auszuspielen hätte, kommt nicht in Frage. Ihre Schreibphysiologie käme zwar mit kleinem Volumen aus, gemerkt kann dann aber nur die jeweils oberste Position werden. Die Superimposition von Siegeln, die an einem Ort übereinander abgelegt werden, führt – Mink hat davon berichtet – zum Verlust der darunterliegenden Informationen. "Nicht anders als wann ich auf Wachs vielerley Siegel nacheindander druken wolte / da dann eines des anderen Bemerkung nothwendig verderben müste."[1]

Was bei Harsdörffer zur Datenlöschung durch immer weitere Überlagerung und damit zur Unmöglichkeit eines Zugriffs auf die alten Schichten führen würde, wird bei Samuel von Butschky zum Generator von neuer Information. Aus der scheinbaren Statik der Unterlage resultieren Effekte, die sich – wie im Fall der pathologischen Bildentfesslung und den dafür anfälligen Personengruppen – jeder Kontrolle entziehen. Aus den bloßen Verformungen der Speicher tauchen veritable Gedanken auf: "ist das Gehirn trucken: so drucket das Gedächtnis / ihre Bildung / gleichsam in ein Wachs: ist es hitzig; so kann sich das leichtlich verformen / und hasierliche Gedanken daraus werden."[2] Butschky benennt einen Sonderfall, der Innovation als unbewußten Effekt der Speicherphysiologien selbst und damit ohne Zutun eines topisch agierenden Subjekts ausgibt.

Van Helmont wird in seiner Rekonstruktion der gängigen Schulmeinungen beide Varianten der Wissensanordnung behandeln: die parallele als Funktion der Datenspeicherung im Raum und die sukzessive als Funktion der Zeit. Gleichermaßen taugen sie ihm nicht, auch nur die einfachsten Merkphänomene der *memoria* metaphorisch zu sichern. Der Vergleich des Hirnes mit einem Wachsfeld und der Daten mit dort abgelegten Siegeln ist ihm ungereimt:

---

1 Harsdörffer: *Frauenzimmer Gesprächsspiele*, loc. cit., I, S. 68. Freuds "Notiz über den 'Wunderblock'" (in: ders.: *Gesammelte Werke*, Frankfurt/M 1973, XIV, S. 3-8) und Derridas "Freud und der Schauplatz der Schrift" (in: ders.: *Die Schrift und die Differenz*, Frankfurt/M. 1985 (2), S. 302-350) werden dieses Problem auf einem anderen Stand der Dinge lösen. Harsdörffer beschreibt das Scheitern einer Datenstruktur, die heute von zentraler Wichtigkeit in der Informatik ist: der *stack*. Er simuliert eine Datenanordnung, bei der immer wieder auf die zuletzt eingelesene Information als erstes zugegriffen werden kann. Das Prinzip des *Last In First Out* (*LIFO*) wird für rekursive Programme zentral, deren Selbstaufrufe bis zu einer Terminalklausel auf diese Weise abgespeichert werden und so den Aufbau des Gesamtergebnisses aus den so zwischengespeicherten Teilergebnissen ermöglichen. Da aber auch Computer keine Wunderblöcke sind, wird diese Speicherstruktur von bestimmten Programmiersprachen simuliert. Die Einträge erfolgen der Sukzession des Arbeitsspeichers und die Zuordnung nach der Logik verderbender Überblendungen werden von den Programmiersprachen als Dienstleistung dem Benutzer zur Verfügung gestellt und damit abgenommen.

2 Samuel von Butschky: *Wohl-Gebauter Rosen-Thal [...]*, Nürnberg 1679, S. 687.

Nemlich die Schulen geben zu / daß in den Kindern ein lebhafftes Gedächtnuß ist von wegen der zarten Art ihres Gehirnes / weil solches gar leichtlich ein jeder Siegel in sich eindrucken läst. Wenn aber das Gedächtnüß um der Truckenheit willen etwas härter wird / so gehe das eindrucken der Siegel um so viel desto schwerer zu / weil die Truckenheit um so viel unbequemer sey / die Zeichen der Gedancken zu behalten. Allein es ist diese Vergleichung der Schulen gar ungereimbt / daß das Gehirne sich verhalten solle wie ein Wachs: wie denn auch die Gedancken sich mit einem Siegel nicht gar wol vergleichen lassen: Denn zum ersten wäre der Ort kaum groß genug vor zehen Siegel.[1]

Weitere Kapazitätseinbußen sind zu verbuchen, würde man die Körperlichkeit der Siegel und damit ihre physiologische Stimmigkeit berücksichtigen.

Und sagen mir doch die Schulen / bitt ich / wie groß der Platz seyn müsse / welchen die Siegel aller und jeder Gedancken in dem Gehirne erfodern / und ob das Gedächtnus vor das Siegel eines eingebildeten Pferdes einen grössern Ort in dem Gehirne haben müsse / als eine Maus oder eine Fliege? dann solcher Gestalt würde die Grösse des Platzes vor ein Pferd in dem Gehirne zehentausendmahl grösser seyn müssen als vor eine Fliege. Und würde demnach das gantze Gehirne kaum groß genung seyn um zwey Pferde darinnen im Gedächtnüs zu behalten: Also daß / weil mirs am Platz gebrechen möchte / ich vielleicht genöthiget würde mehr einen halben Ochsen im Kopff zu behalten als einen gantzen.[2]

Aber auch die zeitliche Tiefe bereitet Schwierigkeiten. Helmont traut einer so konzipierten *memoria* maximal die Merkgewalt über Dinge zu, die vor einem Jahr geschehen sind. Unabgespeichert bliebe so die Kindheit. Das paßt nun gar nicht zum angeführten Befund jenes Knaben, "welcher das gantze andere Buch des *Virgilii* vom *Aenea* auswendig gelernet hat"[3] und auch noch in späteren Lebenszeiten beherrscht. Die metaphorische Konsequenz liegt nahe, wenn Gedächtnis und Text enggeführt werden. "Da musten ja nun alle Worte ihre eigene Siegel haben / und ein jedes seine Stelle."[4] Um so merkwürdiger ist des Knaben Leistung, geht ihm doch offensichtlich etwas ab, das für Helmont dem Merken zuträglich wäre, es erleichtern könnte: das Verstehen. Dem Knaben gesteht er zwar die Merkgewalt über den Text zu, nicht aber eine Kompetenz über dessen Inhalte: "da er doch kaum den hundersten Vers daraus verstund."[5] Helmont benennt damit einen wesentlichen Unterschied zwischen internen und externen Speichern: Merken und Verstehen, Extemporieren und Hermeneutik, die Buchstäblichkeit unbekannter Worte und

---

1 Johann Baptist van Helmont: *Aufgang der Artzney-Kunst* (1683), Christian Knorr von Rosenroth, Reprint München 1971, 2. Bd., S. 1248.

2 Van Helmont: *Aufgang der Artzney-Kunst*, loc. cit., S. 1248.

3 Van Helmont: *Aufgang der Artzney-Kunst*, loc. cit., S. 1248.

4 Van Helmont: *Aufgang der Artzney-Kunst*, loc. cit., S. 1248.

5 Van Helmont: *Aufgang der Artzney-Kunst*, loc. cit., S. 1248.

Texterschließung durch Rückgriff auf einen Kontext sind in der Mnemotechnik gleichermaßen präsent.

Erst eine Wissenschaft vom künstlichen Gedächtnis wird es in Angriff nehmen, die (Speicher)Aporien in Handhabbarkeiten oder Pragmatik zu übersetzen. Um das zu tun, spielt die Mnemotechnik sämtliche physiologischen Vorbehalte gegen eine Psychologie der Vorstellung aus. Im Gedankenexperiment wird die Repräsentation im Gehirn nicht weiter thematisiert und das Gastspiel der Medizin erschöpft sich denkbar schnell. Noch im 19. Jahrhundert darf gesagt werden, daß über die interne Repräsentation interner Repräsentationen niemand Bescheid weiß und wissen kann. "Die Art, wie im Gehirn von dem vorher Empfundenen etwas zurückbleibe, kann Niemand erklären."[1] So nüchtern lautet im Rahmen des *katechetischen Studiums* der Befund eines praktizierenden Mnemotechnikers namens Johann Friedrich Christoph Gräffe; auch sachkundige Literaten wie Jean Paul werden in ähnlicher Bescheidung vom bloß metaphorischen Status aller Einschreiblogiken handeln. Jean Paul weist in *Selina, oder über die Unsterblichkeit der Seele* auf die grundlegende Figuralität aller diesbezüglichen Reden hin: "denn die sogenannten Eindrücke, Spuren, Bilder, Spannungen sind blos als metaphorische Zustände in der Seele vorhanden, aber nicht als eigentliche im Gehirn und Nerven möglich."[2] Eine *Anthropologie für Aerzte und Weltweise* ist da schon weniger reserviert; ihr Autor, der Medizin- und Philosophieprofessor Ernst Platner, führt die Rede vom Eindruck im wörtlichsten aller Sinne vor, wenn er die mangelnde Härte des Gehirnmarkes als Merkhindernis bemüht: "Dies bestätigt die anatomische Erfahrung aus den Leichnamen stupider Personen."[3]

Die Um- und Fortschrift der Inskription diskutiert philosophisch folgenreich der Arzt und Telegraphenerbauer Samuel Thomas Sömmering: Im Kapitel über den *Sitz des Gedächtnisses* seiner Abhandlung *Vom Baue des menschlichen Körpers* wird er die Physiologie des Gedächtnisses in Frageform auflisten.

Ist das Hirn eines Kindes bis ins zweite Jahr wegen seiner Weichheit keines bleibenden Eindrucks fähig?

Ist das Hirn eines älteren Kindes zum bleibenden Eindrucke am geschicktesten, weil sich gleichsam die durch ihn bewirkte Veränderung im Hirne allmählich mit ihm verhärtet?

Nimmt das Hirn in Jugendjahren am leichtesten neue Eindrücke an, wegen der nunmehr dazu geschicktesten Consistenz?

---

1 Johann Friedrich Christoph Gräffe: *Neuestes Katechetisches Magazin zur Beförderung des katechetischen Studiums*, 4. Band, Göttingen 1801, S. 58.

2 Jean Paul: *Selina, oder über die Unsterblichkeit der Seele*. In: *Jean Paul's sämmtliche Werke*, 33. Band, Berlin 1842, S. 95.

3 Ernst Platner: *Anthropologie für Aerzte und Weltweise*, 1. Theil, Leipzig 1772, S. 110.

Zeigt sich das Hirn mancher rachitischer Kinder, wegen seiner Weiche oder Feuchtigkeit, so vor-
züglich in seinen Wirkungen?

Behalten und verlieren, der Weiche des Hirnes wegen, Kinder und Frauenzimmer so leicht sinn-
liche Eindrücke?

Zeigt das Hirn der Cretinen, das man ganz besonders hart und fest gefunden haben will, eben
dieser Härte wegen, so schlecht in seinen Wirkungen?[1]

In einer Fußnote wird Sömmering zudem den *Philosophischen Arzt* von Weikard
zitieren. Der jedenfalls glaubt bei der Sektion eines Knaben, anhand der Beschaffenheit des Gehirnes Rückschlüsse auf dessen psychische Konstitution ziehen zu
können. "In einem geniereichen, aber den Zuckungen unterworfen gewesenen
Knaben" will er "vieles und sehr weiches Hirn" gefunden haben.[2] Die Lesbarkeit
des Gehirns und eine damit verbundene Ausdifferenzierung des Menschen ist ein
Phantasma. Jean Paul nimmt dieses Phantasma beim Wort und übersetzt es konsequent in die Beschreibungssprache der Typographie; zugleich aber stellt er seine
Möglichkeit vollends in Abrede. "In den Gehirnen vollends der verschiedenen
Geister=Menschen ist auch nicht das Kleinste, was die so große Verschiedenheit,
wie sie zwischen Wilden, Künstlern, Mathematikern, Philosophen, Krieg= und
Thatenmenschen und Gedächtnißhelden auch nur durch Perlschrift, geschweige
durch erhabene oder vertiefte Buchstaben ansagte."[3] Trotz typographischer Differenzierung verweigert das Gehirn seine Lesbarkeit.

Als Sömmering seine Schrift *Über das Organ der Seele* (1796) Immanuel Kant
zur Begutachtung vorlegt, entsteht aus dieser Auseinandersetzung um die materialen Korrelate der Seele ein regelrechter *Streit der Fakultäten*: "Wer es in dem gegenwärtigen Fall dem *Mediziner* als Physiologen zu Dank macht, der verdirbt es
mit dem *Philosophen* als Metaphysiker; und umgekehrt, wer es diesem recht macht,
verstößt wider den Physiologen."[4] Weniger agonal – weil auf dem festen Boden
der Theologie stehend – kann ein Johann Friedrich Stiebritz 1740 titelgebend fragen, *Ob ein hohes Alter, welches mit einem merklichen Abgang des Gedächtnißes
verknüpfet, den Zustand der Seele nach diesem Leben unvollkommner mache?*[5]

---

1 Samuel Thomas Sömmering: *Vom Baue des menschlichen Körpers*, Frankfurt/M. 1800 (2), 5.
  Theil, S. 390f.

2 Sömmering: *Vom Baue des menschlichen Körpers*, loc. cit., S. 391.

3 Jean Paul: *Selina, oder über die Unsterblichkeit der Seele*, loc. cit., S. 97.

4 Immanuel Kant: *Aus Sömmering. Über das Organ der Seele*. In: *Werkausgabe in XII Bänden*,
  Hrsg. Wilhelm Weischedel, Bd. XI, *Schriften zur Anthropologie, Geschichtsphilosophie, Politik und Pädagogik 1*, Frankfurt/M. 1991 (9), S. 255.

5 Johann Friedrich Stiebritz: *Als der Wohlgebohrne, Hochgelahrte und Hocherfahrne Herr Herr D.
  Friedrich Hoffmann, Sr. Königl. Maiestät in Preußen Hochbetrauter Geheimder=Rath und
  Leib=Medicus [...] d. 3. Martii M DCC XXXX . Das Ein und Achzigte Geburts=Fest in göttli-*

Seine Antwort, die zugleich ein Geburtstagsglückwunsch an die Adresse des Arztes Friedrich Hoffmann ist, fällt negativ und damit zum höheren Ruhm der Vollkommenheit aus.

Jenseits cerebraler Lesbarkeiten setzen die Gedächtnistheoretiker auf Plausibilitäten und psychologische Stimmigkeit. Und gerade um dieser Stimmigkeit willen werden immer wieder Ratschläge ergehen, durch imaginäre Größenanpassungen die Speicherörter mit ihren *imagines* abzugleichen. Was physiologisch ungeklärt bleibt, wird durch konkrete Vorstellungsanweisungen auf Stimmigkeit gestellt. Im Jenseits einer physiologischen Hardware wird eine mnemotechnische Software dafür sorgen, daß die Benutzer von der Plausibilität ihrer Merkwelten überzeugt sein dürfen. Auf diesem Umweg wird der Körper und die Physiologie – auch und vor allem der Sinne – immer wieder ins Spiel kommen und die Gedankenexperimente der Gedächtniskunst begleiten. Im Gegensatz zu den externen Speichern der Schrift ist der Körper des Merkenden dabei unhintergehbar. Wie aber sehen solche Experimente aus und welche Rolle spielt in ihnen der Mensch?

Für eine Typologie mnemonischer Systeme gibt es – Stanislaus hat es am Parnaß gelernt – mehrere Optionen. Eine zentrale Differenz wird zwischen materialisierten und eingebildeten Programmen bestehen: Diese Leitdifferenz von *thätlich angemahlten* oder eben nur eingebildeten Bildern wird am Spezialfall von *Bilder-Bibel* (Johann Buno) und *Güldenem Tugend-Buch* (Friedrich von Spee) Gegenstand der beiden folgenden Kapitel sein. Mit der Wahl zwischen Menschenkopf und Bildtafel als Einschreibmedium sind Entscheidungen verbunden, die Inhalte wie mnemotechnische Aufarbeitung gleichermaßen betreffen. In der Materialität ausgearbeiteter Bildtafeln ist der Merkgegenstand genauso vorgegeben wie seine Visualisierung und mögliche narrative Begleittexte. Was dem Benutzer bleibt, ist die Lektüre seines mnemotechnischen Lehrers nachzuvollziehen und aus ihrer Plausibilität seinen Merknutzen zu ziehen. Solche Systeme sind wie ein Schematismus zu benutzen und verlangen dem Rezipienten keinerlei Kreativität ab: Eine *inventio* auf der Ebene von Bild und Text fällt aus. Stattdessen muß der Benutzer die vorgegebenen Verknüpfungsleistungen und Transformationen akzeptieren. Hier ist die Kultursemiotik aufgerufen: An der Zulässigkeit und Akzeptanz von Verknüpfungen werden sich historische Systeme oder genauer – die Künstlichkeit und Natürlichkeit der Transmissionen bemessen

---

chem Vergnügen feyerlich beginge: Wolte seinen gehorsamsten Glücks=Wunsch abstatten, und zugleich die Frage: Ob ein hohes Alter, welches mit einem merklichen Abgang des Gedächtnißes verknüpfet, den Zustand der Seele nach diesem Leben unvollkommner mache? aus den Gründen der Vernunft und Schrift erörtern [...], Halle 1740.

lassen. In den unterschiedlichsten Reden einer Kritik wird so eine kulturelle Kontrollinstanz manifest.

Soll der Benutzer selbst *Autor* seiner Bildwelten werden, stehen zwischen den Polen Vorgabe und Freiheit, Schablone und eingeforderter Kreativität mehrere Möglichkeiten zur Verfügung. Mnemotechnische Systeme können gegenstandsneutral sein und die zu merkenden Inhalte damit ganz ins Belieben der Benutzer stellen. Das Raster von Vorgabe und Freiheit durchzieht – über den konkreten Anlaß des jeweils zu Merkenden hinaus – zudem sämtliche Systembestandteile der Mnemotechnik und gilt daher auch für die Wahl der *imagines* und *loci*.[1] Die Streubreiten zwischen totaler Vorgabe und phantastischer Willkür, zwischen Materialisation im Buch oder imaginärer Generierung im Kopf wird spezifische Redeweisen und Kritiken zur Folge haben, die sich selbst innerhalb der typologischen Möglichkeiten verorten werden. Das, was – wie im Teil I. *Merken* gezeigt – Literatur zueinander in Bezug setzen kann, darf und soll, hat eine Tradition aus Regeln und Verfahren entwickelt, die für das Reich der Merkkunst mit verschobenen Akzenten gilt: Diese reichen von einer Norm der Rhetorik bis hin zum Concettismus ihrer Verstöße, Übertritte und Regelwidrigkeiten. Auch und gerade Regelverstöße – ob in Bildern oder narrativen Merksequenzen – sind merktauglich, fallen sie nicht unters Messer der Schicklichkeit. Wie sehr deren Kriterien historisch variieren, wird an der Einschätzung der Mnemotechnik paradigmatisch zu rekonstruieren sein.

Wenn Mink als weitere Applikation das System der Logik mnemotechnisch aufarbeitet, sind Inhalt, *loci* und *imagines* vorgegeben.[2] Seine *Logica Memorativa* verspricht in kürzester Zeit die Beherrschung eines vollständigen Logik-Compendiums und informiert den Benutzer eindringlichst über die dabei anstehenden Bildoperationen. Die Übersetzung ins Bild erfolgt "per similitudines, comparationes, figmenta, inscriptiones, colligentias et per alias imagines turpes, atroces, terribiles, absurdas, incredibiles, inauditas, novas, raras, visu delectabiles, ridiculas, ita ut habeant singularem vel venustatem vel turpitudinem."[3] Ausgangspunkt ist eine einzige Bildtafel, der sämtliche *imagines* eingeschrieben sind und deren Lektüre Gegenstand von insgesamt 90 Seiten Begleittext ist (vgl. Abb. 12). Dieser steuert sowohl die Raumaufteilung der Tafel als auch die Verfahrensgrammatik der jewei-

---

1 Mink hat die Möglichkeiten entlang seiner Kombinatorik von beweglichen und unbeweglichen, künstlichen und natürlichen Örtern vorgeführt, dabei aber den Bereich imaginärer Bilder (und ihrer Generierung) elegant ausgespart. Vgl. dazu II/1. *Auf den Gipfeln des Merkens.*

2 Die Frage, ob mnemotechnische Verfahren inhaltsneutral sind, bringt einmal mehr die Frage nach Legitimität möglicher (Un)Ordnungen auf den Tisch.

3 Stanislaus Mink von Weinsheun: *Logica Memorativa, cujus beneficio Compendium Logicae Peripateticae brevissimi temporis spacio memoriae mandari potest. Ante hac nunquam visa, jam primum Novitiis Studiosis fideliter communicata*, Halle 1659, S. 16.

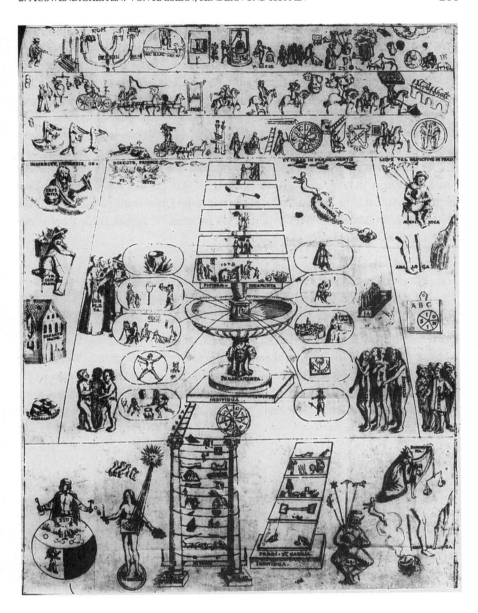

Abb. 12

ligen Umsetzungen. Und die ist denkbar vielfältig, werden doch Prädikamenten-
lehre, syllogistische Schlußweisen[1], Grammatik, Affekten- und Redelehre gleichermaßen abgehandelt: Die *oratio* "wird *praefigurirt* in dem auf den Oh-
ren=stehenden Trompetter / welcher hellschallend bläset. *Oratio est vel vocalis* (der
Schall) *vel Mentalis* (das M. auf der Brust) *vel scripta* (die Feder in der rechten
Hand.) *Oratio iterum est vel perfecta, vel imperfecta* (etliche Ohren sind ganz / etliche halb."[2] Doch nicht immer sind Minks Bilder so eingängig, vor allem dann
nicht, wenn er Klangähnlichkeiten zu ihrem Ausgang macht. Wenn veritable Läm-
mer in einen Pferch gesperrt für die unvollkommene Schlußweise des *dilemma*,
Enten für *entia* (Klang) visualisiert werden, ist das für die Kritik eine denkbar
leichte Beute. Ludwig Volkmann wird genau solche Umsetzungsstrategien auf der
Basis von Klangähnlichkeiten monieren: Als Beispiel für Minks Bildconcettismus
dient ihm die Darstellung der *aequipollentia*:

> Aus Tafel IV mag ein Motiv genügen, Fig.16, wo die 'Aequipollentia' dem Gedächtnis so ein-
> geprägt wird: 'Des Equi Kopf ist an einen Pfahl gebunden, darin ist eine Ente mit den Buchsta-
> ben i a' [...] Sollte man aber meinen, dies sei kaum noch zu überbieten, so wird man auf Tafel
> V eines Besseren belehrt, wo 'Dilemma' durch 'die Lämmer' bildlich wiedergegeben wird.[3]

Doch damit nicht genug: Denn Mink – so jedenfalls sieht es Ludwig Volkmann –
steigert selbst das Unsteigerbare seiner Denkirrwege im nächsten Werk, einer
Caesarologia von 1659; die dort vorgestellte Abfolge geneaologischer Daten ist für
Volkmann "fast noch grausamer"[4] als das Logik-Compendium. Steht Minks *Logica
Memorativa* für Volkmann nur unter dem Verdikt, "spitzfindigste Allegorie und

---

1 Womit in wundersamer Selbstreferenz auch die Frage nach der Etymologie geklärt scheint: Ab-
  wegigkeit und Epochenbestimmung werden danach im Namen der Mnemotechnik festgeschrieben. "Das Wort 'Barock' wird heute mehrheitlich etymologisch abgeleitet aus dem mnemotechnischen Symbol einer abwegigen syllogistischen Figur ('baroco'), während man früher die por-
  tugiesische Bezeichnung für eine unregelmäßig geformte Perle zugrundelegte". Kühlmann: *Gelehrtenrepublik und Fürstenstaat*, loc. cit., S. 2 und mit Bezug auf die Arbeit von Manfred
  Brauneck: "Deutsche Literatur des 17. Jahrhunderts – Revision eines Epochenbildes. Ein Forschungsbericht 1945-1970". In: *DVjs* 45 (1971), Sonderheft Forschungsreferate. S. 378-468.
  Vgl. ferner Friedrich Christian Baumeisters *Denkungswissenschaft* (Wittenberg und Lübben
  1765), die im 6. *Hauptstück von den Vernunftschlüssen und Schlußreden* die Verquickung von
  Mnemotechnik und Syllogistik eindrucksvoll belegt: "Die Untergattungen der andern Hauptgat-
  tung *cEsArE, cAmEstrEs (cAcrEnEn) fEstInO, bArOcO, (sAcrOnO)*". (S. 153)
2 Mink: *Logica Memorativa*, loc. cit., S. 48.
3 Volkmann: *Ars memorativa*, loc. cit., S. 187.
4 Volkmann: *Ars memorativa*, loc. cit., S. 187.

Emblematik mit faden Wortspielen durchsetzt" zu haben, herrscht im Reich der Cäsaren eine Bildlogik der buchstäblichen Zerstückelung.[1]

Im Rahmen der Antiprädikamente (*Aequivoca, Univoca, Analoga, Paronyma*) wird eines der Grundbauprinzipien vorgeführt, das die Systematik hinter Volkmanns Einschätzung verdeutlicht: Es ist der Schnitt, der vor keiner Ganzheit Halt macht und so Teile erzeugt, deren Kombination dem Selbstbeschreibungsprogramm seiner Bilder Rechnung trägt: "UNIVOCA werden durch den Kopf angedeutet / aus dessen gehet eine stimm / darinn ein halber Mensch und ein halbes Thier".[2] Eine durchgängige Verfahrensgrammatik der Bildergenerierung ist aus Minks *Logica Memorativa* nur schwer abzulesen. Weil die Inhalte so vielfältig wie weit gestreut sind, werden zu viele Operationen angehäuft, als daß man deren Systematik im Einzelfall noch rekonstruieren könnte. In seiner *Caesarologia* wird das anders sein. Inhaltliche Redundanzen und Wiederholungen werden dafür sorgen, daß bestimmte Bildpartikel und Buchstabenkombinationen immer wieder in immer neue Kontexte eingebunden werden. Auf diese Weise wird die Verfahrensgrammatik transparent. Minks *Caesarologia. Cum figuris aeneis* fußt auf früheren Veröffentlichungen, die er dergestalt aktualisiert hat,

> daß / vermittels deren den äusserlichen Sinnen fürgestellte Bilder alle Römische Kayser von *Julio Caesare* an / biß anhero / nach der Ordnung / benebenst jhren Thaten / klugen und scharfsinnigen Reden / zu welcher Zeit und wie lang sie regiret / etc. innerhalb kurtzer Zeit mit der wissendbegierigen Lust und Ergötzung können auswendig gelernet werden / allermassen solches die jenige Fürsten / Grafen / Freyherrn / von Adel / *Doctores* und *Studiosi*, welche besagte Bilder bey mir abholen lassen / und deren theils auf verschidenen *Universi*täten mit den Meinigen ihnen überlassenen Exemplarien hierüber *Collegia* gehalten / satsam werden bezeugen können.[3]

Ein vorgeschobenes Hauptkupfer dient der Aufarbeitung des Alphabets. Unter Auslassung der Vokale, die für das Zahlenzählsystem ohne Bedeutung bleiben, werden die Konsonanten in 10 Gruppen gefaßt und jeder Gruppe eine Zahl sowie ein Merkbild nach eben jener Logik zugewiesen, die er schon in seiner *Neuen wahrhaften Zeitung aus dem Parnassus Von der Gedechtniß=Kunst* benutzt hat, um

---

1 Volkmann: *Ars memorativa*, loc. cit., S. 186. Ein denkwürdiges Resümee der Gedächtniskunst versammelt auf der letzten Seite die Gegensätze: Mink darf in einem Selbstzitat von der Umwegigkeit seiner Merkwelten sprechen, umrahmt von den Stimmen wenig verspielter Gewährsmänner: dem Experimentalpsychologen Ernst Meumann mit *Ökonomie und Technik des Gedächtnisses. Experimentelle Untersuchungen über das Merken und Behalten* (1918) (4)) und dem Düsseldorfer Nervenarzt Paul Engelen mit seiner *Gedächtniswissenschaft und die Steigerung der Gedächtniskraft* (1920).

2 Mink: *Logica Memorativa*, loc. cit., S. 35.

3 Mink: *Caesarologia. Cum figuris aeneis*, o. O. 1659, S. 31.

I

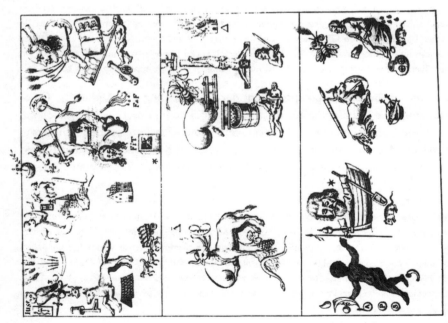

Abb. 13

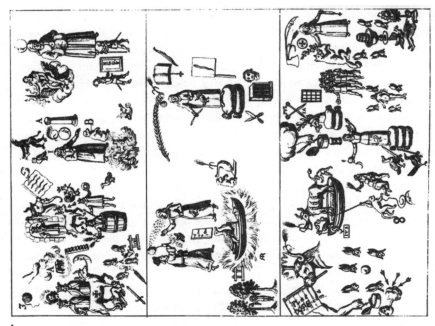

III.

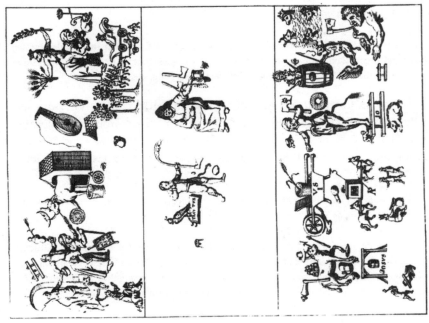

Abb. 14

u.a. die Daten deutscher Universitätsgründungen mnemotechnisch anzuschreiben. "Es begreift aber besagtes Hauptkupfer zehen Gefächer / in sich / als: Barbierer (1) / Kamm (2) / Fackel (3) / Goldtgülden (4) / Laut (5) / Magd (6) / Nonne (7) / Rathaus (8) / Schild (9) / Degen (10)."[1] Der "gleichförmige Klang" verteilt die Konsonanten auf die zehn Wörter und ihre Bilder: B, P und W fallen unter den Barbierer, C, K, Q unter den Kamm. Die Vokale "sind *Literae serviles & accidentales*, die zufällige Zier= und Dinst=Buchstaben"[2] und dienen dem System – wie das H – als Blindlettern. Der Regierungsantritt Cäsars im Jahre 3902 nach Erschaffung der Welt kann in das Wort FoSDaCh, der von Augustus durch FaSDeN, Christi Geburt durch FuSGeiS und Tiberius (14 n.Chr.) durch BoGe verziffert werden. Die Kenntnis um die Tafel und ihren Zuordnung von Lettern auf Zahlen wird dem Benutzer als Vorableistung schlicht abverlangt. Die Tafel muß als Vorableistung auswendig gelernt werden, um das System überhaupt benutzen zu können.[3] "Weil also die Zahl in den Mitstimmenden Buchstaben begriffen / als muß ihm einer diese Tafel fertig einbilden / daß er so bald wisse / was ein jeder Mitstimmer vor eine Zahl bedeute."[4]

Die 7 Tafeln, die im Anhang beigebunden sind, sollen für den aktuellen Gebrauch vorab aufgearbeitet werden. An den Buchbinder ergeht die Anweisung, wie die Bildtafeln aus dem Buch herauszuhalten und in die Fläche zu versetzen sind: Sie sollen planiert, beschnitten und dann auf ein Leinentuch nach vorgegebenen Schema aufgekleistert werden.

> *N.B.* Die übrigen sieben Kupfer betreffend / so können diesselbe von dem Buchbinder erstlich *planirt* / und beschnitten auf ein weises / blaues / rothes / oder anderes Leinentuch / folgender weise / wie ihn die darüber stehende grosse Zahl zeiget / sauber gekleistert werden.[5]

Minks Tafelwerk unterteilt die Welt der Kaiser in 7 Klassen, die ihrerseits aus gerahmten, damit diskreten Untereinheiten mit verschiedener Größe und Kapazität bestehen. "Diese sieben Kupfer haben 15.Felder / nemlich 10.grose / und 5.kleine; ein jedes groses Feld begreift 80 Käyser in sich: der kleinen eines nur 5".[6] Jedes

---

1 Mink: *Caesarologia*, loc. cit., S. 37. Die *FaKeL* wird auch noch in anderen Systemen zu finden sein, so etwa bei Johann Buno.

2 Mink: *Caesarologia*, loc. cit., S. 38.

3 Bsp. für seine Zahlmerkwörter: FosDaCh, FaSDeN, FuSGeiS. Sie haben keinen inhaltlichen Bezug zu den Regierungsantritten Cäsars und Tiberius bzw. der Geburt Christi. Damit unterliegen die Buchstaben verschiedenen Ebenen der Wertigkeit: Die einen gelten im mnemotechnischen System, während andere nur die Lücken einer (Unsinns)Semantik schließen.

4 Mink: *Caesarologia*, loc. cit., S. 39.

5 Mink: *Caesarologia*, loc. cit., S. 39.

6 Mink: *Caesarologia*, loc. cit., S. 39.

der grossen Felder besteht aus zwei mal drei diskreten und graphisch untereinander präsentierten Unterfeldern, die durch Rahmen deutlich voneinander abgesetzt sind. Innerhalb der Rahmen sind die Bildelemente auf eine Weise angeordnet, die erst aus der Kenntnis der jeweiligen Schriftpassagen zu erschließen ist. Keines der vorgeführten Bilder versteht sich (von) selbst. Minks Umgang mit den Cäsaren markiert damit einen Höhepunkt concettistischer Transmissionsleistungen: So enigmatisch seine Bildwelt ist, so atemberaubend ist der sie begleitende Text. Dieser funktioniert nach einem Grundbauplan, der für die gesamte *Caesarologia* beibehalten und wiederholt wird: Eine Zahl gibt die Reihenfolge in der durchnumerierten Genealogie an, dann folgen einzelne Punkte, die alphabetisch untergliedert sind. Unter der Rubrik a) wird – mehr oder weniger verstellt – der Name des Kaisers niedergelegt, es folgen Daten und markante Ereignisse des jeweiligen Herrschers. Eine Rekonstruktion versucht sich – Kryptographen wissen das – vorab an Eigennamen zu halten. Aber weit gefehlt: Die Kaisernamen, von den historiographischen Details ganz zu schweigen, sind nur zum Teil aus dem Text selbst zu eruieren. Das Wissen, das Ausgangpunkt für die Transmission ist, wird schlicht vorenthalten, ist nicht selbst Bestandteil des Systems, das zu seiner Merkbarkeit installiert wird. Da Mink die Folie des Wissens oder eben das Original einfach vorenthält, wird die (Rück-)Übersetzung schwierig. Im Gegensatz zu Johann Bunos *Bilder-Bibel*, bei der die kulturelle Präsenz des Referenztextes gesichert ist, droht bei Mink der Verlust. Was bleibt, ist eine Übersetzung ohne Original[1] oder ein Wissenskryptogramm, dessen Code verloren wurde. Man muß schlicht wissen, wer jeweils geherrscht hat, um genau dieses Wissen nachträglich in die Auswendigkeit zu überführen. Bei Julius Cäsar, der den römischen Kaiserreigen eröffnet, ist der komplette Name dem Text direkt eingeschrieben. Cäsars Vorname gibt Aufschluß über eine kleine, aber für die Bildlogik sehr folgenreiche terminologische Spielregel, die der lateinischen Endsilbe (-us) gilt: "1.a) *Julius,* quasi die Uhl I, und Oß. *Nota semel pro semper, quod Os sive caput tanti denotat Us.*"[2] Die aus dieser Zuordnung resultierende Präferenz für den Ochsen als häufigstem Bildpartikel verleiht den Tafeln ein wundersam zoomorphes Gesicht. Weniger grammatisch (und damit folgenreich) ist die Umsetzung des Caesar, die – wie so oft bei Mink – von der phonetischen Klangähnlichkeit Gebrauch macht: "*Caesar quasi* in dem Käß schart die Uhl mit den Klauen."[3] Als Bildinszenierung des Merkwortes *FoSDaCh* für den Regierungsantritt springt unter der käsescharrenden Eule ein Fuchs über ein stilisiertes

---

1 Was das Barock als die Praxis konkreter Texte und seiner Merkbarkeiten ausweist, wird bei Derrida als universale Texttheorie reformuliert.

2 Mink: *Caesarologia*, loc. cit., S. 41.

3 Mink: *Caesarologia*, loc. cit., S. 41.

Miniaturdach. Für die weiteren Bilddetails bleibt der Leser auf gute Kenntnisse in römischer Geschichte angewiesen, verliert sich der Text doch zunehmend in der Logik seiner Transmissionen.

> 1. a) *Julius, quasi* die Uhl I, und Oß. *Nota semel pro semper, quod Os sive caput tanti denotat Us. Caesar quasi* in dem Käß schart die Uhl mit den Klauen. b) *A.M. FoSDaCh*; der Fochs und das Dach. c) Die Uhl sihet die Tafel an / darinnen die Ahl und die Ext. d. *dictare* mit dem Schnabel. *Legere* mit den Augen. *Scribere*, mit der Feder. *Audire*, mit den Ohren. e. jus. f) Die drey Hunde / der Säck ziehen sie fünf. g) Die Uhl stehet auf der Kugel / hält in dem rechten Fuß einen Degen / in dem linken eine Schreibfeder. h) Der Fochs hat Menschen Füsse. i) die umgekehrte Pompe. k) die fünfte Kornähre ist gar klein. *NB*. die ährn bedeuten die Jahr. l) am Schwanz sind 3. m) Käß und Brod.[1]

Zwischen den Punkten c) und m) findet die politische Karriere Cäsars ihren Höhepunkt und ihr Ende. Bedacht ist sein Doppelanspruch, Weltenherrscher und Literat zu sein, seine Gesetzesinitiative, das Triumvirat mit seinen Hundekollegen Pompeius und Crassus, der Konflikt mit Pompeius ("die umgekehrte Pompe") und die Verschwörung durch Cassius und Brutus, die als "Käß und Brod" seinen Tod andeuten. Cäsars unmittelbarer Nachfolger ist abzuleiten aus dem Satz: "2. a) Der Aff wil auch kosten / *quasi* gustus".[2] Es geht um Augustus, dessen Namen allerdings im Text ebenso wenig fällt wie der seines unmittelbaren Nachfolgers im Amt, Tiberius. Da der Geschmack *gustus* selbst auf *us* endet, gelangt der Ochse oder dessen Haupt – wie es Minks Substituationslogik vorsieht – hier nicht zum Einsatz. Dafür steht neben den Aktivitäten des Affens eine kleine Ziege, die als *FuSGeiS* die Jahreszahl anzuzeigen hat. Ganz im Mittelpunkt steht der Ochse dafür bei Nummer 3, wo er nicht durch dessen Kopf verkürzt, sondern in seiner ganzen Ochsengestalt dargestellt wird: "3. a) über die Tyber ritt der Oß".[3] Ausstaffiert ist dieser Tiberius mit einem Bogen (*BoGe* für die Jahreszahl). "c) des Schwantzes Stachel verbirgt er unter dem Sieb." Entgegen aller biologischen Logik ist der Ochse mit einem veritablen Euter ausgestattet: "d) eine Kuh sol man melken/ aber mit Maaß ohne Blut und dem Euter sonder Schaden."[4] Zwei weitere Zahlenangaben und Bildpartikel, eine Taufkanne nebst einer Geisel, umrahmen das Haupt Christi und markieren dessen Taufe und Kreuzigung unter Tiberius: "g) *FiT* bey Christi Kopf stehet die Taufkann. h) *FaF* die Geysel."[5]

---

1 Mink: *Caesarologia*, loc. cit., S. 41f.
2 Mink: *Caesarologia*, loc. cit., S. 42.
3 Mink: *Caesarologia*, loc. cit., S. 42.
4 Mink: *Caesarologia*, loc. cit., S. 42.
5 Mink: *Caesarologia*, loc. cit., S. 42.

Die Bilder geraten Mink – aus guten Merkgründen – leicht obszön. Nach der Geiselung folgt der Mustersatz vom kotfressenden Menschen: "i) der in dem Gefängnis sitzet / isset Menschen=Koth."[1] Minks Bilder unterliegen einer heterokliten Logik der Körperteile und den kombinatorischen Möglichkeiten ihrer Anordnung: Köpfe, einzelne Füße und natürlich immer wieder jener Ochse bilden das graphische Basisalphabet für alle nur denkbaren Konstellationen. Operationen, die mit sprachlichen Versatzstücken möglich und dort auch beschreibbar sind, durchziehen Minks Verfahrensgrammatik der Bildergenerierung. Der Psychiater Fritz Mohr wird im Jahre 1906f. *Über Zeichnungen von Geisteskranken und ihre diagnostische Verwertbarkeit* handeln und dabei genau diese Beschreibungsmöglichkeiten der Sprache auf die zur Mnemotechnik strukturhomologen Bildwelten seiner Geisteskranken übertragen; Sprach- und Bildverirrtheit sind so aufeinander beziehbar:

> Die immer wiederkehrenden Köpfe, die Schnörkel, die sinnlose Aneinanderreihung von einzelnen (optischen) Vorstellungsbestandteilen, die Verquickung nichtssagender Phrasen mit absolut nicht dazu passenden Zeichnungsteilen u.a.m. sind für den Zustand des Seelenlebens bei Dementia praecox außerordentlich charakteristisch: Perseverationen, Stereotypien, Manieren, Bizzarrerien aller Art, alles ist hier, im Bilde festgehalten, zu konstatieren.
> [...]
> Solche Zeichnungen sind das genaue Analogon der sog. Verschmelzungen ('Kontaminationen') auf sprachlichem Gebiet, wie denn auch Vertauschungen, Substitutionen, Kontrastassoziationen und andere, bei Sprachverwirrtheit sind findende sprachliche Störungen in Zeichnungen gerade der Gruppe der Dementia Praecox anzutreffen sind.[2]

Davon unbeschadet kann Kaiser Claudius durch die lahmende Version von Minks Mustertier ins Bild gesetzt werden: "5. a) Durch die Tütte auf den Klauen des Ossen / welcher lahm ist. sc. *claudus*."[3] Minks mnemonisches Lieblingstier ist flexibel einsetzbar: Weil so viele Kaisernamen mit der Silbe *us* enden, und diese Silbe nach Übereinkunft mit dem *Os* oder seinem Kopf denotiert wird, zeigen die Tafeln den Ochsen beim Bootsfahren, als beschrifteten Zeichenträger, als Weltballspieler und – bei einem Ochsen naheliegend – als Reittier für Vögel, Affen und natürlich auch Menschen.

Die Kombinatorik der Körper setzt Schnitte voraus. Die Werkzeuge des Schnittes sind integraler und selbstreferentieller Bestandteil von Minks Bildern und werden

---

1 Mink: *Caesarologia*, loc. cit., S. 42.
2 Vgl. dazu Fritz Mohr: "Über Zeichnungen von Geisteskranken und ihre diagnostische Verwertbarkeit". In: *Journal für Psychologie und Neurologie*. Band VIII, Heft 3. u. 4, Leipzig 1906-1907. S. 125f.
3 Mink: *Caesarologia*, loc. cit., S. 43. Kenntnisse des Lateinischen sind Voraussetzung, um mit Mink Cäsaren auswendig zu lernen.

als solche auch immer wieder eigens in Szene gesetzt. Die Zerlegung und Neuanordnung, die Akte willkürlicher Zeichensetzung, die eine Mnemonik überhaupt ermöglicht, werden in der *Caesarologia* durch den Einbezug von Scheren, Schwer-
tern und Äxten verdoppelt: Die heteroklite Logik des Barock wird in Gestalt der
genannten Werkzeuge auf die Bildtafeln gebannt, um als *imago* die Merkbarkeit
genealogischer Abfolgen zu sichern. Doch unter das Messer fallen nicht nur Köpfe,
Hände und Füße. Nero, Kaiser und Gott, wird durch einen operativen Eingriff in
seine Merkbarkeit überführt: "6. a) Der Nier ist wie O"[1]; und auch an anderen Stellen dürfen isolierte Organe wie die Niere und sogar eine veritable Milz Minks *imagines* zieren.

Doch neben den brachialen Zugriffen auf die Bildpartikel und der Wiederho-
lungslogik abgetrennter Körperglieder, die in den mobilen Körpern von Comic-
und Zeichentrickfiguren oder eben in den Zeichnungen von Geisteskranken weiter-
lebt, wird immer wieder die Obzönität als besonders merktauglich aufgerufen.
Beim Kaiser Vespasianus werden unter Ausnutzung der Endsilbe der *anus* und
über diese Klangähnlichkeit die Exkremente einer alten Frau ins Bild gesetzt. Immerhin weicht der Begleittext für diesen Vorgang ins Lateinische aus: "10. a) *Vespa*
(die Wespe) sieh die *anus* (das alte Weib. b) *MauS* c) *Pecuniae cupiditas* wird
praefigurirt per matulam monetis insgnitam & excrementa mulieris."[2] Und für den
Regierungsantritt des Kaiser Didius wird ein pinkelnden Affe in Rechnung gestellt,
der das Merkwort für die entsprechende Jahreszahl einfach phonetisch beim Wort
nimmt. "b) *BiSaF*, der Affe pisset."[3] Daß Männer aus Gründen besserer Ein-
prägsamkeit ihre Merkgegenstände anpinkeln, hat innerhalb der Mnemotechnik
Tradition und selbst ein männliches Glied kommt bei Mink zu Merkehren: "*per
membrum virile* und der Ochs ist *FeTT.*"[4] Wenn zudem die Äxte Gesichter bekommen, wird Minks Bildwelt vollends arabesk. Das Zeichenset der *Caesarologia*
ist durch Wiederholungen besser nachvollziehbar als das seiner *Logica Memora-*

---

1 Mink: *Caesarologia*, loc. cit., S. 43.

2 Mink: *Caesarologia*, loc. cit., S. 44.

3 Mink: *Caesarologia*, loc. cit., S. 47.

4 Mink: *Caesarologia*, loc. cit., S. 47. Zur Agressivität der *imagines* und dem Begriff einer *mnemonischen Obzönität* vgl. Jean-Philippe Antoine: "Ars memoriae – Rhetorik der Figuren,
Rücksicht auf Darstellbarkeit und die Grenzen des Textes". In: Haverkamp, Lachmann (Hrsg.):
Gedächtniskunst: Raum – Bild – Schrift, loc. cit. S. 53-73. Antoine verlängert diesen Befund
weiter bis zu Sigmund Freuds *Der Witz und seine Beziehung zum Unbewußten.* Vgl. ferner
ders.: "The Art of Memory and its Relation to the Unconscious". In: *Comparative Civilisations
Review* 18 (1988). S. 1-21, sowie Thomas Rahn: "Traum und Gedächtnis. Memoriale Affizierungspotentiale und Ordnungsgrade der Traumgenera in der Frühen Neuzeit". In: Jörn Jochen
Berns, Wolfgang Neuber (Hrsg.): *Ars memorativa. Zur kulturgeschichtlichen Bedeutung der Gedächtniskunst 1400-1750*, Tübingen 1993. S. 331-350.

tiva. Eine Verfahrensgrammatik für die Bildergenerierung ist die Folge, deren Regeln anschreibbar sind, wobei das Wissensoriginal aber nicht selbst Teil des Systems ist, sondern aus diesem erst erschlossen werden muß. Die *Logica Memorativa* verdoppelt oder nennt zumindest das, was sie dann mnemotechnisch aufarbeitet. Und genau von dieser Vorgabe hält Mink die Cäsaren frei: Die Benutzer müssen vorher wissen oder kennen, was Mink so aufgearbeitet ihrer Auswendigkeit anempfiehlt. Als Nummer 123. und damit am Ende aller Geschichte steht Kaiser Leopold: "123. Der Leo / darinn ein Polde und ein Oss / wird von dem MahLeR gebildet."[1] Kaiser Leopolds Bild schert aus der Logik seiner Vorgänger aus und verdoppelt die Repräsentation mnemotechnischer Verdopplung selbst noch einmal: Weil der Regierungsantritt des Kaisers in das Jahr 1658 fällt und daher durch das Kürzel MahLeR übersetzt wird, wird genau dieser Maler ins Bild gesetzt; als ein Maler, der auf einer Staffelei ein Merkbild malt, das einen Ochsenkopf mit einem Löwen kurzschließt. Während die *imagines* der anderen Kaiser Operationen am Signifikanten unmittelbar visualisieren, wird genau dieser Vorgang durch einen Maler, der für eine Jahreszahl steht und dennoch als Malender auf dem Merkbild agiert, porträtiert. Am Ende einer arabesken Bildwelt erfolgt ein kleines Zugeständnis an die Tradition der Mimesis (vgl. Abb. 15).

Mink gesteht die Umwegigkeit seiner Transmissionen z.T. selbst zu: Eingebunden in eine Rückverlängerung möglicher Bildersprachen auf Hieroglyphik über die Äsopischen Fabeln bis hin zur Emblematik wird er behaupten, den Bogen der Versinnlichungen vielleicht strapaziert, keineswegs aber überspannt zu haben.

und ob gleich etliche Bilder / bevorab theils Namen / der Gedächtnis etwas gezwungen und schwer zuseyn / scheinen möchten; so wird man dannoch in der Ubung befinden / daß dieselbe hierdurch nicht allein treflich geschärfet wird / sondern sie nimmt die Namen / Jahreszahlen / mit den Historien / auch durch Beyhülfe eines einigen Buchstabens / leicht ohne einigen zwang an / behält und bringt sie auch zur rechten Zeit wieder herfür / wie sich solches in der That und im Werk verhoffentlich satsam erweisen wird.[2]

Die *Caesarologia* endet, wie sie begonnen hat: zum höheren Ruhm der Gedächtniskunst. Lobgedichte im Anhang künden von der Akzeptanz und der Verbreitung seiner mnemonischen Bearbeitungen, denen immerhin auch ein universitärer Einsatz beschieden sein sollte. Immer wieder nehmen die Gratulationsgedichte Bezug auf die von Mink geschilderten Geschehnisse der Einleitung, die seiner *Caesarologia* vorangestellt ist. Mink macht dort die Kinder zum Gegenstand seiner Ausführungen und wartet mit spektakulären Demonstrationen auf: In *einem* Fall schickt er

---

1 Mink: *Caesarologia*, loc. cit., S. 78.
2 Mink: *Caesarologia*, loc. cit., S. 35f.

Abb. 15

zwei Knaben (12 und 11 Jahre alt) ins Rennen, die in wunderbarer Weise datenbestückte historische Reden vom Stapel lassen. Ein Grund mehr, die Einschreibphysiologien und damit die Pädagogik zu bemühen. So pflegen die Kinder "heute in den Sand zuschreiben / was sie gestern in Marmor hätten graben können / *primae enim impressiones haerent firmissimae*, wan ein Knab sich einmal etwas fest und steiff eingebildet hat / pflegt er selbiges schwerlich zuvergessen."[1] Und weil gilt, "*Puerile corpus est tractabile*, er läst sich in der Knabschaft beugen / lenken / gerade machen / wie man will"[2], kann mit dem Merken gar nicht früh genug begonnen werden. In der Sprache nachmaliger Goethezeitpädagogen und ihrem Rekurs auf Rousseau wird für Mink die Erziehung zum Gedächtnis zu einer Sache des metaphorischen Gartenbaues. Der Merkpädagoge wird zum Gärtner und seine Schüler zu Pflanzen, deren Wachstum durch Übung und Geduld in jede beliebige Richtung dirigiert werden kann. Ein eingestreutes Gedicht darf *Zucht* auf *Frucht* reimen und zum Anreiz aller Eltern einen wahren *Wunder=Knaben* präsentieren: Mit ihm wird das Phantasma glücklicher Elterngärtnerschaft kaum mehr zu überbieten sein.

Von seinem Vater Johannes Cantor aus Friesland wird der Knabe Andreas dergestalt mit Mnemotechnik traktiert, daß er bereits im zarten Alter von zehn Jahren "nicht allein die gantze Heilige Schrift offentlich *profitir*t / sondern auch in den Rechten des höchsten Ehrentitels würdig geachtet worden."[3] Die Kunde geht durch die Welt und erregt – man höre und staune – selbst die Aufmerksamkeit seiner Majestät, Kaiser Friedrich des Dritten. Unter dem Briefkopf "Friederich von Gottes Gnaden Römischer Kayser / etc. wünschet Glück und Heyl dem fürtrefflichen und höchst Verwunderunswürdigen Knaben Andres Cantorn von Gröningen" wird der Kaiser am 25. Januar 1472 seiner Freude über den bestaunenswerten Knaben schriflich Ausdruck verleihen.[4] Doch es bleibt nicht beim Lob allein, und so fordert der Kaiser den Zehnjährigen auf, sich schleunigst an die kaiserliche Universität nach Wien zu begeben, wo neben weiteren Ehrenbekundungen die "güldenen Kleinoden des Doctor Stands" das zarte Wunderkind "krönen und zieren mögen".[5] Mink weiß um die Herzwallungen stolzer Eltern und schlägt aus ihr werbewirksam Kapital. Von Eltern ist da die Rede, denen vor Freude ob solcher Post das Herz zerbirst und von der Herzbelustigung, die derart wohlgeratene Kinder ihren Angehörigen bescheren. Eines der Jubelsonnette an den fürstlich hessischen Hofhistoriographen fällt entsprechend aus und bemüht ähnlich gut geschulte Kinder aus der Jetztzeit des Barock:

---

1 Mink: *Caesarologia*, loc. cit., S. 8f.
2 Mink: *Caesarologia*, loc. cit., S. 8.
3 Mink: *Caesarologia*, loc. cit., S. 13.
4 Mink zitiert den Brief nach H. Laurenbergs *Acerra Philologica*.
5 Mink: *Caesarologia*, loc. cit., S. 17.

An Herrn Wynkelmannen Fürstl.

Hessischen *Historiographum*

Du musst im Winkel nicht Herr Wynkelmann verbleiben
Und ungemeldet stehn / von dir hat es gelehn
Der junge Knab / den wir bestürzet angehört /
Durch sonderliche Kunst / die du längst thäst beschreiben;
[...]
Wan dich der Todt gleich tödt / wird doch die Schrift nicht sterben.[1]

Um Minks Cäsarenreigen zu benutzen, sind zwei Formen der Auswendigkeit die Einstiegsbedingung. Das nicht weiter thematisierte Original, das als präsent vorausgesetzt wird, und die vom System benötigte Zuordnung von Zahlen auf Buchstabentupel, für deren Auswendigkeit den *Schülerknaben* eine eigene Mnemotechnik in der Mnemotechnik verhelfen soll. Der Rest ist concettistischer Nachvollzug. Minks Merkwege sind gefährlich: Konfrontiert die *Neue wahrhafte Zeitung aus dem Parnassus Von der Gedechtniß=Kunst* den Leser mit allen nur möglichen Zeichenhypertrophien, droht für uninformierte Benutzer der *Caesarologia* der Verlust dessen, was so aufwendig gemerkt werden soll.

Sehr viel mehr Eigeninitiative wird dem Benutzer von Systemen abverlangt, die den Inhalt und seine Merkbildaufarbeitung freigeben. Der Benutzer muß selbst Bilder generieren, die lediglich zu den inhaltsneutralen Vorgaben des Systems kompatibel sein müssen. Verlangt Mink seinen Zöglingen die Kenntnis seines Basisalphabets von Barbierer (1) bis Degen (10) ab, werden im *Collegium Mnemonicum* des Johann H. Döbel ganze Merksätze und deren vorherige Auswendigkeit im Mittelpunkt stehen. Anders als bei Mink sind die Bilder bei Döbel nicht vorgegeben oder gar *thätlich angemalt*; stattdessen gibt er ein aufwendiges Adreßsystem aus narrativen Mustern vor, das als Regularium die weitere Bildgenerierung diktiert. Ausgangspunkt seiner Merktheorie, die auf einem Zusammenspiel von Örtern, Ordnung und zweier unterschiedlicher Bildtechniken beruht, ist eine viereckige *Gedächtniß=Stube*[2]: Deren Wände werden durch eine Tür, zwei Fenster und einen eigens angebrachten Spiegel jeweils in zwei Hälften dividiert, die nun ihrerseits der fraktalen Ordnung memorialer Architekturen Rechnung tragen und als Ausgangsfläche für zwei weitere Verfeinerungen dienen. Jedes der bisher acht Areale wird in fünf Fächer oder Füllungen unterteilt, die durch die fünf Farbwerte schwarz, rot, grün, gelb und blau unterscheidbar werden. "Alles Uebrige von der Stube bleibt

---

1 Mink: *Caesarologia*, loc. cit., S. 87f.
2 Zu den Details vgl. Döbel: *Collegium Mnemonicum*, loc. cit. Sehr übersichtlich ist ferner die Kurzfassung von Döbels *Collegium Mnemonicum* in Aretins *Systematischer Anleitung*; danach wird im folgenden zitiert.

weiss."[1] Aus didaktischen Gründen könnte man – nach Aretin – "die ganze Ge-
dächtnisstube auf *Pappdeckel* zeichnen, und dann diese *zusammensetzen*, um Alles
anschaulicher zu machen. Dieses *Modell* kann man nach Belieben auseinander legen und wieder aufrichten."[2] Die insgesamt vierzig eingefärben Fächer, deren Multiplikation Gegenstand eines weiteren Gedankenexperiments ist, bilden die Basis
für Döbels alphabetischen Merktyp. Im Gegensatz zu Minks Codierung durch
Konsonanten setzt Döbel auf die Signifikanz von Konsonanten und Vokalen. Der
erste Platz wird seinerseits in weitere fünf Teile zerlegt und den so gewonnen Teil-
räumen die Namen *Aa*ron, *Ae*neas, *Ab*imelech, *Ad*onis und *Au*gustus, dem zweiten
*Ba*rtholdus, *Be*nedictus, *Bi*leam, *Bo*as und *Bu*daeus und dem letzten *Za*leucus,
*Ze*no, *Zi*ba, *Zo*naras und *Zu*nderuns zugeordnet. Ein festes Set an Personen, deren
Anfangsbuchstaben als Adressen dienen, wird in eine eigenartige Welt des Kontex-
tes entlassen. Das *A* adressiert den ersten Teil, der ja bereits durch die jeweilige
Farbe gekennzeichnet ist, während der je zweite und kleingeschriebene Vokal die
Adresssierung der eingerichteten fünf Plätze erlaubt. Da die Majuskelzahl von A bis
Z kleiner als die Gesamtfächerzahl von 40 ist, verkürzt Döbel sein *Alphabetum
mnemonicum* auf 20 Lettern und durchläuft es zweimal. Unter Ausnutzung der Ge-
schlechterspezifik werden bei diesem Durchgang die Frauen bemüht: *Ag*atha, *Ar*-
temisia, *Ar*iadne, *Ar*tossa und *Au*rora markieren den ersten Platz, *Ba*rce, *Be*ata,
*Bi*blis, *Bo*lyris und *Bu*rrhia den zweiten und *Za*ubera, *Ze*res, *Zi*nthia, *Zo*phe und
*Zu*ckera den letzten Platz. Eine Systematik von insgesamt 200 Eigennamen ist als
Merkapriori den eigentlichen Inhalten vorgeschaltet. Doch damit nicht genug: Döbel, der auf die Kontiguität *zweier* unterschiedlicher Bildsysteme setzt, muß die
Einträge seiner Namenliste vorab auch noch visualisieren. Für das System der sogenannten bleibenden Bilder (*imaginum perpetuarum*), die er von den neu ankom-
menden Bildern unterscheidet, gibt es Regeln: Einmal als Merkstereotypen gesetzt,
dürfen diese im Verlauf der Applikation nicht mehr verändert werden. "Man wählt
sie nach Willkühr; aber einmal gewählt, dürfen sie nachher nicht verändert werden."[3] Sie unterliegen strikter Auswendigkeit: "Man muss sie *fertig auswendig lernen* und behalten, und bey dem Memoriren derselben sich zugleich ihre *Plätze* wohl
einbilden."[4] Aber auch damit hat es noch nicht sein Bewenden: Die bloße Übersetzung der Adressen in Personen reicht nicht hin, "sondern man muss auch etwas
Sichtbares hinzufügen, womit die Person *umgeht*, oder welches sie *verfertigt*."[5] So
kommt es, daß auf Position A 1 *Aa*ron ein goldenes Kalb künstelt, *Ae*neas eine

1 Aretin: *Systematische Anleitung*, loc. cit., III. Buch, S. 321.
2 Aretin: *Systematische Anleitung*, loc. cit., III. Buch, S. 320.
3 Aretin: *Systematische Anleitung*, loc. cit., III. Buch, S. 326.
4 Aretin: *Systematische Anleitung*, loc. cit., III. Buch, S. 326.
5 Aretin: *Systematische Anleitung*, loc. cit., III. Buch, S. 326.

Adresse weiter das hölzerne Pferd besteigt, *Abi*melech einen Thurm stürmt, *Ad*onis einen Kranz macht und *Au*gustus Triumphwagen fährt. Das weibliche Merkpersonal wird ebenfalls in Sätze überführt:

> 21. *Aga*tha legt allerhand Kleinod aus zum Kaufe.
> 22. *Ar*emisia baut ein Begräbnis ihrem verstorbenen König.
> 23. *Ari*adne bindet einen Faden an die Gartenthüre.
> 24. *Ar*tossa hat einen Ochsen bei den Hörnern.
> 25. *Au*rora fährt auf einem goldenen Wagen und ist mit der Sonne umgeben.
> [...]
> 36. *Zu*bera stürzt sich ins Feuer.
> 37. *Ze*res backt Brod.
> 38. *Zi*nthia beleuchtet mit einer Fackel die Erde.
> 39. *Zo*phe trägt ihrer Frau den Schweif nach.
> 40. *Zu*ckera zerstößt Zucker in dem Mörsel.[1]

In einem ersten Schritt listet das *Alphabeticum mnemonicum oder das Gedächtniss A B C* den Adreßcode in Form von Buchstabentupeln auf (Aa, Ai, Ae, Ao, Au .. Za, Ze, Zi, Zo, Zu). Ein zweiter Schritt verbindet die Buchstabentupel mit Namen und diese Namen mit merkfähigen Geschichten. Dieses Inventar der insgesamt 200 *imaginum perpetuarum* stellt Döbel in Tabellenform als systemische Auswendigkeit vor der individuellen Auswendigkeit zur Verfügung. Unter Einhaltung der Adreßlogik könnte es aber auch vom Benutzer selbst erzeugt werden. Unabhängig davon, ob man den Satzvorgaben Döbels folgt oder eine 200-köpfige Merkmannschaft nach eigenem Gutdünken zusammenstellt, muß das Inventar als solches komplett auswendig gelernt werden, bevor an die Auswendigkeit irgendwelcher vom Benutzer gewünschten Inhalte nur zu denken ist. Aus den natürlichen Ordnungsräumen der antiken Rhetorik werden so künstliche Gebilde, die oft in ihrer Komplexität und Hybridität selbst zum Gegenstand eines Merkens werden, das sie in der Verlängerung erst noch leisten sollen.

Die eigentlichen Inhalte, die man memorieren will, werden in die traditionellen Stoffbilder übersetzt und in der Gedächnisstube lociert. Die dabei anfallende Verbindung *bleibender* und stets neu *ankommender* Bilder gerät dabei zur vornehmsten Merktat. Döbel differenziert die Welt möglicher Merkinhalte aus und unterscheidet in einem Grobraster zwischen Buchstaben, Wörtern, Zahlen, Sprüchen oder Sentenzen, Reden, Geschichten und Syllogismen als möglichen Merkinhalten. Die Applikation folgt diesen Vorgaben und so behält man Buchstaben "a) durch Dinge, die von Menschen verfertigt sind, b) durch Wörter, die mit demselben Buchstaben

---

1 Aretin: *Systematische Anleitung*, loc. cit., III. Buch, S. 341ff.

anfangen."[1] Döbels Beispiele gelten dem T, das durch einen gestaltähnlichen Hammer oder eine Taube wiedergegeben und dann an die Geschichte Aarons angebunden werden muß: "z.B. Aaron künstelt ein goldenes Kalb, und schlägt es mit dem *Hammer*; oder er gräbt eine *Taube* in dasselbe, oder er bindet eine Taube daran."[2] Das Reich der Wörter dividiert Döbel in bekannte und unbekannte Wörter, die bekannten Wörter in solche, die "*sichtbare* Dinge bezeichnen", und in andere, "welche *unsichtbare* Sachen bedeuten."[3] Im Fall der sichtbaren Dinge sind künstliche Kontiguitäten zu erzeugen, indem etwa durch Anbinden, Verknüpfen, Daraufsetzen und analoge Operationen das sichtbare Ding mit Aarons Kalb oder Aeneas Holzturm in Berührung gebracht wird. Döbels Repertoire der metonymischen Relation ist vielfältig (Anknüpfen, Anbinden, Verbinden, Anheften u.a.), und so kann er die Modalitäten der Berührung sinnenfällig variieren. Geht es unter der Rubrik *sichtbare Dinge* um das bekannte Wort *Columna*, so kann Aaron sein goldenes Kalb künsteln und es auf eine Säule setzen oder Aeneas sein hölzernes Pferd an die Säule anbinden.

Abstrakte Begriffe, "welche unsichtbare Sachen bedeuten, sind durch sichtbare Sachen vorzustellen; z.B. Gott durch e. König od. e. alten Mann". Die Anbindung an die bleibenden Bilder erfolgt analog zum 1. Fall. Unbekannte Wörter erzwingen den Weg in eine – zum Teil unverstandene – Buchstäblichkeit. Für die Umsetzung nennt Döbel zwei Verfahren, die einmal auf der syntagmatischen, ein anderes Mal auf der paradigmatischen Ebene operieren: Im ersten Fall kann die Locierung nach der Logik gleichklingender, aber bekannter Wörter erfolgen. Das Französische *l'air* wird durch das deutsche *leer* ersetzt und an die Geschichte Aarons angebunden. "Z.B. Aaron künstelt ein goldenes Kalb und sezt es in ein *leer* Gefäss."[4] Im zweiten Fall lociert man durch Segmetierung des unbekannten Ausgangswortes in klangähnliche, aber bekannte Teilwörter: Für den Philosophen Alabandendis fördert die Zerlegung die drei Teilwörter *ala*, *Band*, *Ensis* zu Tage. "Aaron künstelt ein goldenes Kalb, mit einer *Ala*, und *band* daran ein *Ensis*."[5]

Zur Auswendigkeit von Zahlen empfiehlt Döbel Verfahren, die den Merkwörtern auf Konsonsantenbasis und damit Mink folgen. Für Sprüche, Reden und Geschichten – und damit jenseits purer Buchstäblichkeiten – gelten vorherige Aufarbeitungen. Die gelten dem Herausfiltern der "fürnehmsten Wörter", die allein in Bilder umgesetzt und an das Inventar der *imaginum perpetuarum* angebunden wer-

---

1 Aretin: *Systematische Anleitung*, loc. cit., III. Buch, S. 327.

2 Aretin: *Systematische Anleitung*, loc. cit., III. Buch, S. 327.

3 Aretin: *Systematische Anleitung*, loc. cit., III. Buch, S. 327f.

4 Aretin: *Systematische Anleitung*, loc. cit., III. Buch, S. 328.

5 Aretin: *Systematische Anleitung*, loc. cit., III. Buch, S. 328. Der mentale Umgang mit Buchstäblichkeiten wird eigens benannt.

den. Aus der Sentenz "eine grosse Thorheit ist es, den beissen wollen, der uns fressen kann" übersetzt Döbel eine komplexe Bildgeschichte: "Aaron künstelt ein goldenes Kalb, und sezt ihm eine grosse Narrenhaube auf, und stellt es mit aufgesperrtem Maul gegen einen Löwen."[1] Ganze Reden sollen so nach der Sukzession ihrer Perioden aufgearbeitet und die Periodenbilder an das vorgegebene Bildinventar angebunden werden. "Eben so macht man es mit *Geschichten*. Diese werden epitomiert, und dann zu den Personen gesetzt."[2] Eine analoge Verknappung fordert Döbel auch für die Syllogismen: Hier sei es genug, "wenn man blos den *medium terminum*, die minor oder die Ursache des Schlusses locirt und behält".[3] Der Sorge um einen Kapazitätsnotstand begegnet Döbel aber nicht nur durch eine Logik der Verkürzung auf der Ebene potentieller Inhalte, er schreibt zudem seinem System die "Vervielfältigung der Oerter oder Pläze" durch Hinzunahme neuer Differenzkriterien ein. Durch Hinzunahme neuer Etagen im Merkhaus oder weitere Verfeinerung der innenarchitektonischen Details soll das System mit den Ansprüchen der Benutzer wachsen können.

Die "Regeln oder Lehrsätze" für die *imagines* folgen den sanktionierten Kriterien der mnemotechnischen Auffälligkeit, fordern aber darüber hinaus das metonymische Prinzip der Kontiguität auch noch für die Bildanordnung explizit ein: "3. Die neuankommenden Bilder werden an die bleibenden geheftet. Sind ihrer viele, so hefte man sie auch in einander. [...] 5. Die einander gehefteten Bilder müssen einander berühren."[4] Zudem soll auf die Stimmigkeit zwischen Gegenstand und Bild durch eine imaginäre Größenanpassung geachtet werden.

> Sind die Dinge, deren Bilder man gebraucht, sehr *klein* oder sehr gross, so muss man durch die Phantasie sich diesselben *kleiner* oder grösser vorstellen. Ein Mahler kann einen sehr hohen Thurm auf ein sehr kleines Papier mahlen. Ist das Ding sehr klein, so bilde man sich dasselbe in *grosser Menge* ein.[5]

Die mitgelieferten Probedurchläufe stehen für die Beliebigkeit möglicher Inhalte: Neben der Abfolge von Königsgeschlechtern und Moscowitischen Wörtern darf eine mnemotechnisch eingerichtete Bibel ebensowenig fehlen wie "eine Probe von denen Nach der Gedächtniß=Kunst eingerichteten Nahmen der Ketzer."[6]

Döbel hat die Nähe zur Kryptographie erkannt und selbst zum Thema gemacht: "Vermittelst dieser Kunst kan auch eine gantz neue Cryptographische / unbekante

---

1 Aretin: *Systematische Anleitung*, loc. cit., III. Buch, S. 329.
2 Aretin: *Systematische Anleitung*, loc. cit., III. Buch, S. 330.
3 Aretin: *Systematische Anleitung*, loc. cit., III. Buch, S. 330.
4 Aretin: *Systematische Anleitung*, loc. cit., III. Buch, S. 331.
5 Aretin: *Systematische Anleitung*, loc. cit., III. Buch, S. 330.
6 Döbel: *Collegium Mnemonicum*, loc. cit., S. 489.

Art verborgene Briefe zu schreiben / fürgestellet werden / so daß keiner die Meynung davon wird errathen können / er habe denn den Schlüssel von der Gedächt-
niß=Kunst."[1] Die Klartextlettern werden auf eine Zahlenmatrix abgebildet, die in
Merkworte umgesetzt und diese dann mit der Inventar in Verknüpfung gebracht.
Sein Exempel *Hüte dich / man wird dich fest setzen* bemüht für die Merkworte
einmal mehr die Tiere: H (12) wird mit *BoC*, Ü (19) mit *BoS*, T (18) mit *BäR*
übersetzt und schon steht der Anbindung kryptographischer Codes an die arabeske
Merkbildwelt nichts mehr im Wege: "*A*aron &c. welches er setzte auf einen BoC",
"*Abi*melech &c. daran war gebunden ein grausamer BäR".[2] Selbstverständlich
kann man nach diesem Prinzip beliebig viele andere Exempel bearbeiten. Die dabei
anstehenden mnemotechnischen Gedanken, damit die Grundprinzipien der Bildum-
setzung und Bildanbindung, erklärt Döbel für frei von Sanktionen und Regulativen:
"Die Gedancken sind zoll=frey".[3] Eine These, die nicht unwidersprochen bleiben
wird.

Im Namen Methusalems, der an einem anderem Ort bereits für die Unerschöpfbarkeit permutativer Verfahren herhalten mußte, werden bei dem Kritiker Thomasius Unterricht und Praktizierung solcher Systeme gegeneinander ausgespielt. Zwischen dem vorherigen Aufwand und dem nachträglichen Nutzen besteht unverant-
wortbar eine kognitive Diskrepanz. "Man schreibt ihnen methoden vor / zu deren
practicierung man des *Methusale* sein Alter haben müste."[4] Vor dem Einsatz der
Auswendigkeit steht eine nicht unerhebliche Auswendigkeit des Systems: Genau an
der Auswendigkeit vor der Auswendigkeit werden sich die Kritiker abarbeiten. Neben solchen Einwänden, die sich gegen eine mnemotechnische Pädagogik oder
Didaxe richten, kommen andere, die das System als solches in Frage stellen. Die
Mnemonik – so befinden ihre Kritiker – sei speicherexhaustiv: Der Umweg des
Merkens über die Phantasie und die Transmissionen, denen das Wissen unterzogen
wird, widerspricht allen Prinzipien der *brevitas*, damit auch allen Prinzipien einer
verantwortbaren Codierung. Trotz aller Selbstbeteuerungen und der Rede von der
mnemotechnischen Effizienz bleibt der Vorwurf im Raum, die Überführung der
primären in sekundäre Zeichen sei eine Verdopplung dessen, was man in die Auswendigkeit überführen will. Anstatt die potentiellen Inhalte so kurz wie nur immer
möglich zu halten, werden sie – je nach Systemtyp – in ein aufwendiges Regularium von Bildern und Texten eingebunden. Das Moment der Verschwendung von
Speicher und kognitiven Operationen findet an allen Systemstellen der Mnemo-

---

1 Döbel: *Collegium Mnemonicum*, loc. cit., S. 33.
2 Döbel: *Collegium Mnemonicum*, loc. cit., S. 492.
3 Döbel: *Collegium Mnemonicum*, loc. cit., S. 88.
4 Thomasius: *Vernunfft=Lehre*, loc. cit., S. 119.

technik einen Anhalt und immer wieder kommt das Argument der Künstlichkeit ins
Spiel: Die mentale Installierung einer künstlichen Gedächtnisaufarbeitungsanlage ist
in sich schon ein Anlaß eher zur Verwirrung denn zur Merkoptimierung. Die Örter
sind künstlich, ihre Adreßsysteme arbiträr, die Systeme sprechen natürlichen Ord-
nungszusammenhängen Hohn. Die dort locierten Bilder unterliegen einem Regularium der Auffälligkeit, das die Items mit abenteuerlichen Zusatzinformationen ausstattet, die natürlich selbst zusätzlich zu merken sind. An allen Fronten – so die
Vorwürfe – merken Mnemotechniker mehr und damit zuviel. Was so entsteht, ist
ein diffuses Feld möglicher Kritik. Als Vektoren sind dort scheinbar ganz unzu-
sammengehörende Dinge eingezeichnet: Von einem Überschuß, von unnützer Verdopplung, von Kindlichkeiten und einem Unsinn, der scheinbar nur darauf wartet,
in Pathologien zu kippen, und anderen Dingen mehr ist da die Rede.[1] Das Vektor-
produkt ist ebenso klar wie seine Pfeilrichtung: Er geht in die Richtung der Ökonomie und der großen Sorge, daß die Menschen immer besser werden. Im Zeichen
der Wissenschaften vom Menschen werden die Ökonomien der Kognition vollends
unhintergehbar.

Was so aus dem Blick gerät, ist der Mehrwert, den die Mnemotechnik nach einer
Formulierung Renate Lachmanns in die Kultur einspielt und der Operationen an
Bildern und Texten gleichermaßen umfaßt. Doch der Mehrwert schlägt ein
(ökonomisches) Gegenkonto auf: Der Umweg, den das Gedächtnis über die Phantasie zu nehmen gezwungen ist, muß auch Verschwendung und Überfluß beinhal-
ten. Eben weil die Mnemotechnik die Systemstelle Mensch ernst nimmt, muß sie –
im Gegensatz zu allen externen Varianten der Datenspeicherung – den Umweg des
Wissens über die Phantasie, über die Logik der Auffälligkeiten, der Affekte und einer (Proto)Psychologie zulassen, genauer noch: die Systemstelle Mensch zum
Ausgangspunkt der Wissenstransformationen nehmen.

Die Mnemotechniker haben immer schon auf die Einwände ihrer Kritiker reagiert. Im Vorfeld barocker Merkconcettismen entwickelt der Dominikaner Cosmas
Rosselius ein System, das von der Stimmigkeit der Ordnungen zwischen Merkwörter und Merkdingen ausgeht. Anstatt beliebige Inhalte an beliebige imaginäre Orte
abzulegen, empfiehlt Rosselius eine sorgfältige Engführung. Anstatt die Ortswahl
der Eigenverantwortlichkeit der Benutzer zu überlassen, gibt er ihnen fixe Vorgaben an die Hand. Sein Traktat *Thesaurus artificiosae memoriae* von 1579 zeigt, wie
noch vor aller inhaltlichen Konkretion über die bloße Aufteilungs- und Divisionslogik der mnemonischen Räumlichkeiten Vorentscheidungen in Sachen Ordnung
getroffen werden können. Während in anderen Systemen die Örter in geometrischer
Gleichgültigkeit auf die in ihnen aufgestellten Dinge warten und zwar gleichgültig,

---

1 Vgl. dazu II/3. *Schleichpfade ins Bilderreich Gottes (Johann Buno 1617 -1697).*

ob man Heilige oder Häretiker in ihnen abspeichert, macht Rosselius zweierlei: Zum einen differenziert er sein System über die infrage stehenden Kapazitäten aus. Zum anderen finden seine Dinge im *locus* keinen artifiziellen Ort, sondern zwischen mnemonischem Raumsystem und Inhalt bestehen Zugehörigkeiten.[1] Im Purgatorium werden andere Personen gemerkt als in den seeligen Himmels=Räumen. "Et ibi sint Clerici, Presbyteri: Episcopi &c. Religiosi, Monachi, Abbates &c. homines priuati, mulieres. Locus iste flammis excandescat & fumo." Für Häretiker und Juden dagegen steht eine Grube oder Verlies zur Verfügung. Im *Puteao* finden auch solche Häretiker ausdrücklich ihren Ort, die an den heiligen Schriften manipuliert haben: "Hic sunt Haeretici Qui sacra Volumina scindunt Aut pedibus calcant, Dogmata falsa serunt."[2] Ganz anders dagegen die Verhältnisse in den seligen Himmelsräumen. Merkzentrum und Gedächtnisreiz im Wortsinn ist der Thron Christi: "De throno autem CHRISTI multa imaginari possumus & debemus, ut magis sensum moueat, & memoriam excitet."[3] Rossellius stellt schon auf oder besser mit der Systemebene Signifikanz her. Apostel und Propheten werden mit den geläufigen Attributen ihrer Identifizierbarkeit in den Himmelsräumen abgebildet. "Hi omnes in manibus ramos habeant olivarum, quibus Victoria, quam de mundo persequente adepti sunt, significetur."[4]

Es folgt ein Kapitel über den Gebrauch der unterschiedlichsten Örter und der Verteilungslogik von Inhalten, das an Systematik kaum zu überbieten ist. Daß bei der Wahl möglicher Räume die von Lohenstein emblematisch bemühte Apotheke nicht fehlen darf, ist klar.[5] Sie steht in schöner Logik neben "Librarij, Lanarij qui lanas curant", und anderen Kleinordnungssystemen dieser Welt. Entsprechend seiner sukzessiven Herabstufung der Kapazitäten vom Purgatorium über Gebäude folgen den Apotheken und sonstigen Handelseinrichtungen immer kleinere Speicher, deren Bereitstellung auch das Problem der Speicherverschwendung aus der Merkwelt schafft. "Haec autem loca sunt homines, Animalia & Arbores."[6] Zerlegt in seine Einzelteile taugt der Mensch zum Merken von bis zu 20 Items. Aber Rosselius arbeitet nicht nur mit dem Menschen als Hardware, sondern läßt auch die

---

1 Das ist eine Möglichkeit, um dem Vorwurf der Auswendigkeit vor der Auswendigkeit zu entgehen. Vgl. dazu Klüber in III/5. *Die gelehrigen Körper des Merkens.*

2 Cosmas Rosselius: *Thesaurus artificiosae memoriae. Concianatoribus, Philosophis, Medicis, Juristis, Oratoribus, Procuratoribus, caeterisq; bonarum litterarum amatoribus: Negotiatoribus in super, aliisq; similibus, tenacem, ac firmam rerum Memoriam cupientibus, perutilis*, Venedig 1579, S. 13.

3 Rosselius: *Thesaurus artificiosae memoriae*, loc. cit., S. 31.

4 Rosselius: *Thesaurus artificiosae memoriae*, loc. cit., S. 35.

5 Vgl. dazu I/4. *Referenzen.*

6 Rosselius: *Thesaurus artificiosae memoriae*, loc. cit., S. 61.

"partes spiritualiores" als *Loci* zu. In einer einzigartigen Selbstreferenz können Nummer 23 (*Fantasia*) und Nummer 25 (*memoria*) zum Ort dessen werden, was sie eigentlich sind oder nicht so sind, wie es sein sollte und deswegen verbessert werden. Die künstliche Memoria der Mnemotechnik fällt für einen kurzen Moment mit der Bedingung ihrer eigenen Möglichkeit (*fantasia* und *memoria*) zusammen.[1] Nach den Menschen und scheinbar weniger kompliziert als diesen folgt das Reich der Tiere. Deren Anatomie ist im Fall eines Pferdes für 18 Items gut, während für einen Adler die Kapazität auf 8 herabsinkt.

Die Verdopplung einer vorgängigen Ordnung in der imaginären Merkwelt durchzieht auch das Angebot diverser Merkalphabete. Anstatt eine willkürliche Personenliste aus dem Bekanntenkreis zugrunde zu legen – wie Mink das tun wird und was auch bei Döbel freigestellt bleibt –, setzt Rosselius auf in sich schlüssige Informationen. Anstatt beliebige Listen zu benützen, sind seine Vorgaben selbst schon Wissensfolien: Kein willkürliches Zählsystem, sondern ein solches, das auf einem anderen Wissenssystem beruht. So wird Wissen auf ein anderes Wissen abgebildet und damit referentialisiert. In der Automatik der Anwendung fiele die Auswendigkeit der Matrizen als Nebeneffekt ab. Die angeführten Baumalphabete sind dem Wissensstand zeitgenössischer Botanik angepaßt. Das Alphabet der Bäume zählt unter den Buchstaben *p palma, populus, Pirus*. Daneben gibt es noch ausgewiesene Speziallisten etwa für aromatische Bäume: "Alphabetum Arborum aromaticorum." Andere Alphabete versammeln die Vögel des Himmel, die Fische des Wassers, das Getier unter der Erde, die Schlangen, Steine, Mineralien nach Albertus Magnus, Wassertiere u.a. Nicht nur auf der Ebene der Örter, sondern auch auf der Ebene der Bilder wird so ein vorgängiges Wissen benutzt und zum Einsatz gebracht. Das Merken von Buchstaben erfolgt ebenfalls unter Rekurs auf Wissensalphabete. "Pro litera A. sumimus animal cuius nomen ab eadem incipiat littera, verbi gratia, Agnum. pro B. bovem, pro C. Capram &c."[2] Es wird nicht bei Lämmern, Rindern und Ziegen bleiben.

Die Taxonomien der Naturwissenschaften – und nicht ein System arabesker Merksätze wie bei Mink und Döbel – sind Grundlage der Auswendigkeit. Deren Beherrschung wird zu einem (positiven) Nebeneffekt, der den Einwänden der Verdopplung und der exhaustiven Vorleistung den Boden entzieht. Das Überblenden mehrerer in sich schlüssiger Wissensfolien wird zur Strategie. Unauffälliger lösen Lamprecht Schenckel und Martin Sommer dieses Problem. Entgegen der völligen Freigabe aller Verbindungs- und Bildfindungsoperationen nimmt ihr *Compendium der Mnemonik oder Erinnerungswissenschaft aus dem Anfange des siebenzehnten*

---

1 Als Beispiel nennt Rosselius den Krieg: "Item bellum, eo quod minime bellum". (S. 120)
2 Rosselius: *Thesaurus artificiosae memoriae*, loc. cit., S. 93.

Iahrhunderts ebenfalls zur Stimmigkeit zwischen Merksystem und Merkinhalt Stellung: Kontiguitäten und Kontinuitäten werden eigens eingefordert, das weite Feld der Ähnlichkeiten nebst dem Sonderfall einer Signaturenlehre durchforscht und ausgewertet. Dann handelt der Traktat von der Möglichkeit, die Bedingungen des Merkens selbst mit Wissen und nicht nur mit gekünstelten Kälbern und hölzernen Pferden aufzuladen. Er versieht die Gedächtnisstubentüren mit einer Abfolge von Kaisern, Päpsten oder den Königen diverser Länder: ein Adreßsystem, das selbst Wissen ist.

In gehöriger Ordnung bilden diese Häuser ein Lager in cirkelförmiger, oder besser in gevierter Figur. An die Vorderseite einer Stubenthüre setzte man die Figur Julius Cäsars, und das Zimmer führe seinen Namen; an die zweite Stubenthüre die Figur Augusts, an die dritte Tibers, an die vierte Caligula's, und so durch alle Kaiser, Päpste, Könige von Frankreich, England, Schottland, Spanien etc. der Reihe nach. [...] Von diesen Merkmalen oder Unterscheidungszeichen war bisher nichts gesagt: und doch haben auch sie ihren Nutzen. Denn während man sich mit etwas Anderem beschäftigt, prägt man so dem Gedächtniss nützliche Sachen ein; nämlich die Päpste, Kaiser, Könige etc., dass man sie in jeder Ordnung, zu jeder Zeit eben so fertig wiederholen könne, als Wörter.[1]

Wenn Päpste und Kaiser als Türhüter jeder Merkparzelle eine eindeutige Adresse geben, wird mit dem Nebenprodukt des eigentlichen Merkens ein Schauplatz des Unbewußten eröffnet. Dieser Schauplatz des Unbewußten ist so reich an Überlagerungen und Überblendungen wie die Mnemotechnik selbst. Gerade mit ihrer typologischen Vielfalt an möglichen Örtern – ob in der Welt vorgegeben oder eigens ersonnen – ist möglichen Superimpositionen der Raum nachhaltig eröffnet. Die Mnemotechnik inszeniert den Gedächtnisraum als Ordnungspalimpsest: Eine Ordnung der Bilder trifft auf eine Ordnung der Räumlichkeiten, und die trifft etwa auf eine Ordnung der Rede – wie im Fall der wohlangeordneten Disposition beim Rhetoriker Keckermann. Die Konfrontationen der Ordnungen und ihrer jeweiligen Ortszuweisung reichen vom Belassen am Ort einer natürlichen Disponierung bis zum Extrem einer Neueinrichtung nach den Vorgaben fraktaler, damit selbstähnlicher Gebilde. Samuel Dieterich, dessen vermeintliche Mnemotechnik im *Cornu-Copiae Dispositionum Homileticarum* so ausführlich von allen nur denkbaren Ordnungen handelt, benennt die Kollision zwischen den Örtern in aller Genauigkeit.[2] Nummer XXVII. der dort vorgeschlagenen Methoden handelt von der *Gedächt-niß=Kunst / aus den Bildern und Kupffer=Stücken* und damit von der eigentlichen Mnemotechnik. Sein Urteil über den Gebrauch selbst generierter Örter, die ein Integral der überlieferten Gedächtniskunst sind, ist deutlich: Auf die Frage, "Was ist

---

1 Klüber: *Compendium der Mnemonik,* loc. cit., S. 67f.
2 Vgl. dazu I/3. *Barocke Operatoren.*

zu halten von selbst ausgesonnenen und ertichteten Oertern?", fällt sein Urteil negativ aus. Sein Argument zielt auf den kognitiven Energiehaushalt: "Ich halte davon
nichts. Denn man muß nicht mit einer Phantasey die andere dämpffen."[1] Um der
wechselseitigen Hemmung der Phantasie den Boden zu entziehen, empfiehlt er
stattdessen den Rückgriff auf Ordnungsräume, die bereits bestehen und nicht erst
eigens ersonnen werden müssen.

> 7. Wie mancherley sind die Oerter?
> Zweyerley: natürliche und künstliche.
> 8. Welches sind die natürliche Oerter?
> Die Berge / Wiesen / Aecker / Wälder / Felder / Felsen / Thäler / See / Flüsse und derglei-
> chen. Dieser bedient man sich selten."
> 9. Welches sind künstliche Oerter?
> Diese sind im dreyfachen Unterscheid: etliche sind sehr grosse Oerter / als Clöster / *Colle-*
> *gia* / Kirchen / Häuser. Etliche nicht so gar groß / als Stuben / Kammern und dergleichen.
> Etliche kleiner / als Wände / Winckel / Fenster / Thüren.[2]

Neben der intendierten Auswendigkeit individuellen Wissens tritt die gleichermaßen
nutzbringende Auswendigkeit der gewählten Vorlage. Anstatt also zwei phantastische und sich gegenseitig hemmende oder *dämpffende* Systeme zu überlagern, verdoppelt seine Mnemonik einfach bestehende Ordnungsraster.[3] Die Kapazitäten der
Phantasie können stattdessen ungedämpft in die mnemonische Bildfindung fließen;
ein Vorgang, den Dieterich analog zur *inventio* in der Literatur beschreibt.

Neben der Problematik von Speicherobergrenzen gilt eine andere Sorgfalt der
Mnemotechniker immer wieder den Inhalten. Vor allem dann, wenn diese imaginär
sein werden. Die Fragen nach der Legitimität des Mehrwerts, der Schicklichkeit
von Merkbildern und -texten (entlang einer Diskussion um den Begriff der Anschaulichkeit) und das Problem der Uneinsehbarkeit imaginär erzeugter Bildwelten
begleiten die Mnemotechnik auf dem verschlungenen Weg ihrer Überlieferung. Die
Anschaulichkeit *thätlich* angemalter und Uneinsehbarkeit eingebildeter Bilder werden
im Zentrum der beiden folgenden Kapitel stehen.

---

1 Dieterich: *Cornu-Copiae Dispositionum Homileticarum*, loc. cit., S. 353.
2 Dieterich: *Cornu-Copiae Dispositionum Homileticarum*, loc. cit., S. 353.
3 Mink hat in der *Relatio Novissima Ex Parnasso De Arte Reminiscentiae* seine Ablehnung
 künstlicher Örter mit dem Verweis auf Drexel begründet, der das Konto einer doppelt belasteten
 Phantasie direkt in den Wahn münden läßt: *Eruditum sané principium ad inducendam Phrenesin.*
 Vgl. II/1. *Auf den Gipfeln des Merkens.*

3. SCHLEICHPFADE INS BILDERREICH GOTTES (JOHANN BUNO 1617-1697)

> Wenn Jemand einem jungen Kinde auf einen Gegen-
> stand hinweisend, sagt,: *sieh, blau,* so kann es dies
> Wort *blau,* für den Namen, und nicht für die Beschaf-
> fenheit des Gegenstandes annehmen. Es erfordert also
> eine besondere Sorgfalt, daß dieser Irrthum oder Miß-
> griff nicht statte. Der berühmte Taubstummenlehrer
> Sicard, erfand dazu eine eigne Methode, die darin be-
> steht, daß er erst den Namen des Gegenstandes lehrt
> und hinschreibt, dann zwischen die Staben des Namens
> die des Beschaffenheitsworts setzt; z.B. *BgLrAüTnT*
> oder *PbAlPaIuR,* alsdann vermittelst Fäden die Staben
> *g,r,ü,n* und *b,l,a,u* abzieht, und endlich schreibt:
> *BLATT – grün, PAPIR – blau.*[1]

Als der Lüneburger Theologe, Prediger und Professor für Geschichte und Geographie Johann Buno 1680 das Konvolut seiner *Bilder=Bibel* veröffentlicht, konnte er
sich seiner künftigen Kritiker sicher sein. Buno, so wird es heißen, hat den Bogen
des Concettismus überspannt. Sein Programm einer *Bilder=Bibel* steht innerhalb
der vorgeschlagenen Systematik am Nullpunkt einer Kreativität auf Seiten des Benutzers: Vorgegeben wie das Referenzwissen der Bibel sind auch die Totalität der
Bilder und die Logik ihrer Generierung. Bunos Bibelcomic, der immerhin als emblematische Lehrmethode bezeichnet wird, hat es schwer, gegenüber sanktionierten
Formen der Anschaulichkeit Boden zu behaupten. Was ihm im Gegensatz zum *orbis pictus* eines Johann Amos Comenius abgesprochen wird, ist genau die Rolle,
die er so gerne spielt und so oft behauptet: nämlich zum höheren Ruhm aller Pädagogik zu arbeiten. Ausgerechnet im Namen von Anschaulichkeit wie Auswendigkeit adressiert er – so die Vorwürfe – an der Anschaulichkeit schlicht vorbei. Im
concettistischen Szenario seiner *Bilder=Bibel,* seiner mnemotechnischen Aufarbeitungen von römischem Rechtssystem, der Geschichte, dem Alphabet oder einer lateinischen Grammatik haben normale Augen und normale Vorstellungsverläufe – so

---

1 Christian Hinrich Wolke: *Anweisung für Mütter und Kinderlehrer, die es sind oder werden können, zur Mittheilung der allerersten Sprachkenntnisse und Begriffe, von der Geburt des Kindes
bis zur Zeit des Lesenlernens; von C.H. Wolke. In Verbindung mit dessen Erziehungslehre zum
Gebrauche für die erste Kindheit,* Leipzig 1805, S. 63.

versichern uns seine Kritiker – keine Chance. Das mnemonische Universum Bunos
ist ein Universum aus Pathologie und Delirium; als Kuriosität abgetan dient es den
offiziellen Pädagogiken – wenn sie Buno überhaupt wahrnehmen – als Negativfolie. Zu vielfältig sind die Register von Ähnlichkeiten, mit denen er das Bibelwissen
konfrontiert und die Concetti, die er zur Verknüpfung von Wörtern, Bildern und
Sachen aufbietet. Neben den aufwendig gestalteten *imagines* setzt er auf Merkwörter und narrative Adreßsysteme, die das Illustrierte in umständliche Geschichten
überführen. Bunos Bildinventionen laufen über mehrere Raster und ziehen dabei
sämtliche Register barocker Denkkombinatorik. Das Resultat ist eine beispiellose
Mehrfachcodierung, die schon bei der bloßen Wahl der Schreibunterlage beginnt.

> Die H. Biebel / wie dieselbe durch alle Capitel in annemliche Bilder gebracht / nützlich zuge-
> brauchen / muß folgendes in acht genommen werden.
> Erstlich hat man zu jedem Buch in der Biebel ein groß und besonders Bild / die Capitel darauff
> zusetzen / genommen. In dem man nun sothane bequeme Bilder gesuchet / welche die Bücher
> vorstelleten und ins Gedächtniß brächten.[1]

Für jedes Bibelbuch ist eine eigene Tafel reserviert und auf jeder dieser Tafeln wird
jedes Bibelbuchkapitel mit einer eigenen *imago* bedacht.[2] In seinem vorangestellten
"Bericht / wie die Bilder Biebel nützlich zu gebrauchen" geht er auf das erklärte
Verfahren der Allusion ein:

> So hat man sich vielmal mit einer *Allusion* und gleichheit / so von den Teutschen Wörtern ge-
> nommen / und auff die Nahmen der Bücher appliciret worden / behelffen müssen. Also hat man
> zu den Büchern der Chronica *Kronen* genommen / diese Bücher darauf zu setzen. Dieweil Chro-
> nica und *Kronen* gleich lauten.[3]

Im Fall des Propheten Maleachi wird ebenfalls die Materialität des Schreibmediums
auf einem Signifikanteneffekt fußen. Die phonetische Ähnlichkeit macht sich die
Teilbarkeit des Prophetennamens zu Nutzen und greift die erste Silbe heraus. "Der
Prophet Maleachi ist auff eine Taffel gemahlet / die Wörter Mahlen und Maleachi
kommen / was die erste Syllabe betrifft / überein."[4] Analoge Operationen durchziehen das gesamte Projekt, wobei aus Bunos Erklärungen klar wird, wie weit der

---

1 Johannes Buno: *Bilder=Bibel, darinn die Bücher Altes und Neues Testament durch alle Capitel
  In annemliche Bilder kürtzlich gebracht / und also fürgestellet sind / daß zugleich mit dem Innhalt / auch der Numerus / und das wievielste ein jeder Capitel in seiner Ordnung sey / leichtlich
  und mit lusten gefasset / und fest behalten werden kan [...]*, Hamburg 1680. Vorrede.
2 Gestochen hat die Tafeln sein Bruder. Zu Details (Format, Technik u.a.) und zum Kontext der
  Emblematik überhaupt vgl. Volkmann: *Ars memorativa*, loc. cit..
3 Buno: *Bilder=Bibel*, loc. cit., Vorrede.
4 Buno: *Bilder=Bibel*, loc. cit., Vorrede.

Bogen der Ähnlichkeiten über den Anlaß einer bloßen Allusion gespannt ist. Als Universalmittel ins Feld geführt, deckt sie nur eine bescheidene Teilmenge seiner Merkdispositive ab. In ihren Zuständigkeitsbereich fallen die beiden Bücher der Chronik und mit seinen umständlichen Erklärungen – die natürlich zu Beginn des Unternehmens für Transparenz werben – entsteht fast und für die Mnemotechnik ungewohnt der Eindruck einer Selbstevidenz: "dieweil *Chronica* und *Kronen* gleich lauten" und "dem Teutschen nach sich zusammen reimen", werden die Bücher auf Kronen gesetzt. Im ersten Fall darf die Krone aufrecht (*Recht*) stehen, "denn die Rechte des Königes darinnen geschrieben werden." Für den zweiten Fall muß eine umgekehrte Krone herhalten, "dieweil / wie das Königreich Israel und Juda endlich ümgekehrt und verstöret worden / in diesem Buch erzehlet wird."[1]

Buno scheut keine Redundanz, wenn er die typologische Vielfalt möglicher Selektionskriterien skizziert. Die Selbstevidenz, die in der Rede von der Allusion so unproblematisch anklingt, ist behauptet oder unterstellt. "Das *Buch Ruth* ist / wegen des Teutschen Wortes *Ruthe* / auf eine *Ruthe* gesetzet." Doch damit nicht genug: Als ob er der Überzeugungskraft seiner Allusion selbst nicht trauen würde, schiebt Buno noch Erklärungen und weitere Motivationen nach. "Es war eine Moabitische *Ruthe* oder *Propfreiß* / welches von der *Ruth* in den Stamm Davids eingepfropffet worden."[2]

Anders, weil jenseits irgendwelcher Assonanzen, wird die Materialität der Schreibunterlage für das Hohelied entschieden. Das Spiel mit Formaten gibt dem Hohelied Salomos seine Gestalt: "Das *Hohelied Salomo* ist in einem hohen Liederbuch abgebildet. Die andern Liederbücher pflegen länglich zu seyn: dis Liederbuch aber ist hoch / denn es ist ein hohes Lied." Auch die Klagelieder Jeremias hat man – weil es Lieder sind – "in ein länglicht Lieder=Buch gebracht." Im Falle der beiden Bücher Samuel wird der Umfang ebenfalls durch die unterschiedliche Größe des Buchformats angedeutet. Daneben stehen ganz einfache Formen der inhaltlichen Bezüge: "Das *Buch Esra* ist auf das Blackhorn oder Dintenfaß des Schreibers Esra gesetzet", das Buch Jonas schwimmt auf einem Walfisch einher und das Buch der Könige ist naturgemäß einem veritablen König auf den Leib geschrieben.

Das 1. *Buch von den Königen* stehet auff dem jungen Könige Salomo. dieweil das Königreich Israel deßmalen noch jung war / und erst neulich angefangen: und dann / dieweil des noch jungen Königes Salomo Regierung bald im Anfang darin beschrieben wird. Der König hat einen

---

1 Buno: *Bilder=Bibel*, loc. cit., Vorrede.
2 Buno: *Bilder=Bibel*, loc. cit., Vorrede.

Scepter / welcher andeutet / daß es das erste Buch dey; wie auch daß Salomo weißlich und ohne Kriege regieret: derowegen hat er einen Scepter und kein Schwerd.[1]

Doch nicht immer ist die Wahl der Schreibunterlage so transparent wie bei Walfischen und Königsleibern, bei Ruten und Kronen. Wenn etwa numerische Zuordnungen ihre Rolle spielen, ist es um eine inhaltliche Transparenz schlecht bestellt: "Das *fünfte Buch Mose* ist in einer Hand / daran die fünff Finger die fünfte Zahl / und daß es das fünfte Buch sey / anzeigen"[2]. Für das 4. Buch wird da schon eine genauere Bibelkenntnis vorausgesetzt, nämlich der Inhalt von Kapitel 4 Vers 31. Die vier Bretter, auf denen das 4. Buch Mose abgebildet ist, stehen für die "4 Bretter von der Hütten des Stiffts / welche die Leviten / die Kinder Merari / tragen mußten / davon *cap.4.v.31*". Ähnlich ist es dem Propheten Jeremia ergangen, der "wegen des Topfes / dessen *cap.1.v.13.* gedacht wird", "in einem Topff gesetzet" erscheint. Genealogische Textdetailkenntnis verleiht auch dem Propheten Jesaia seine Gestalt, und zwar in Form eines gleich doppelt motivierten Hauses: "denn er fieng an zu predigen zur zeit des Königes Usia oder Husia / (Hauß oder Huß) es kan auch dis Bild dasjenige Hauß oder den Tempel andeuten / von welchem *cap.6.v.4.* gemeldet wird / daß es voll Rauches worden."[3] Einfacher, wenn auch nicht durch die Allusion gedeckt, sind die Sprüche Salomos. In Selbstreferenz zum mnemotechnischen Projekt werden sie auf eine Tafel gemalt, "dieweil man seine Sprüche auf Tafeln / dieselben ins Gedächtnis besser zu fassen / zu schreiben pfleget." Anders ergeht es dem alttestamentarischen Sänger David. Weil es noch keine Phonographen gibt, werden dessen Gesänge direkt auf zwei Psaltern abgebildet. "Es sind musikalische Instrumenta / die einer Harffen etwas gleichen. Es hat der König David zu seinen Psalmen / die er gesungen / das Seitenspiel / den Psalter / gebraucht."[4] Es ist die scheinbare Willkür der Ähnlichkeiten, die Bunos behaupteter Anschaulichkeit zum Verhängnis werden wird.[5]

Insgesamt stellt Buno eine sechsfache Ordnung in Rechnung, die seinem System unterlegt ist. Ist die Frage nach der Unterlage vorab sinnenfällig geklärt, wird ein Adreßsystem auf der Basis von Buchstaben erstellt. Das System operiert auf der Grundlage von Digrammen und ordnet von 1 bis 20 den Lettern Zahlen zu: A = 1; B = 2; C/Z = 3 usw. Position 1 des Digramms bezeichnet eine Zahl zwischen 1 und

---

1 Buno: *Bilder=Bibel*, loc. cit., Vorrede.

2 Buno: *Bilder=Bibel*, loc. cit., Vorrede.

3 Buno: *Bilder=Bibel*, loc. cit., Vorrede.

4 Buno: *Bilder=Bibel*, loc. cit., Vorrede.

5 Zu den concettistischen Zuwiderhandlungen gegen ein Konzept der Anschaulichkeit an der Schnittstelle zwischen Emblematik und Mnemotechnik vgl. Cornelia Kemp: *Angewandte Emblematik in süddeutschen Barockkirchen*, München, Berlin 1981.

20, Position 2 gibt Potenzen von 20 an. Steht an der zweiten Position E, so wäre zum Wert der ersten Position um 20 zu erhöhen, bei I um 40, O umd 60 und beim letzten der Vokale U um 80. Majuskel A steht für die Nullpotenz auf der Basis zwanzig und bleibt für den ersten Durchlauf des Alphabets numerisch folgenlos. Bunos Buchstabenzählsystem hat also einen maximalen Adreßbereich von 0 bis 100. Aber das alles ist Theorie und wird von der Bibel nicht erreicht:

> Es ist aber unter allen übrigen Büchern der Heil. Biebel keines / welches über die dritte Claß oder Steyge lauffe / ohne des Propheten Jesaia / in dessen Buch 66 Capitel. Die meisten Bücher aber bleiben innerhalb zwanzig und drunter / und also in der ersten Steyge / in welchen deßwegen nur der erste buchstabe in dem *A, B, C*, allemahl zu *observ*iren: und hat man in denselben auff die folgenden *Vocales* zusehen hier gar nicht nöthig. Derowegen die *Vocales*, welche uns die Steygen anzeigen / alsdan mit größern *litern* nicht gemachet sind; denn die *Vocales* gelten nur alsdan / wan die capitel eines buches über die erste Claß oder das erste Zwantzig hinaus lauffen.[1]

In einem zweiten Schritt bildet Buno die Digramme auf Wörter ab, die neben der Abbildung zum jeweiligen Kapitel in einem signifikanten Verhältnis stehen. Die Anzahl wie Auswahl der eingeschobenen Konsonanten zwischen der Startposition und dem ersten Vokal in Folge ist freigegeben, und so steigen die Variabilität und Auswahl der entsprechenden Wörter. Damit ist auch die Möglichkeit für eine Minimalsemantik gegeben. Die so konstruierten Merkwörter werden auf dem Bild stehen. Aber nicht nur dort: Ihre Wiederholung wird Programm und erfolgt auf der ganzen Linie, auf den Bildern und im Gestrüpp der Begleittexte. Ein reduzierter Merkinstruktionscode ist die Folge, der im Zugzwang seiner Adreßlogik bestimmte Wörter als Umsetzung oder Einlösung der Adresse nicht bilden kann und wird: Die Bücher Moses werden markiert mit *A*nfang (1), *BA*umgarte (2), *ZA*uberschlange (3) und enden mit *KI*nder Jacobs (50). Buch Jesaia sprengt die nächste Steige und wird als *FrO*mme Mutter (66) wiedergegeben, womit seine Merkbarkeit durch das einzige Vorkommen des Vokales *O* in einem Merkwort gesichert sein dürfte. Merkwörter, bei denen nach der Startposition ein *U* als Vokal im Wort folgt, fallen aus oder unter den Tisch von Bunos Alphanumerik. Der Code und die Notwendigkeit seiner ständigen Wiederholung haben zur Folge, daß Bunos Bilder=Bibelmerkworte semantische Untermengen aus dem Reich möglicher Wörter ausfiltern und so die Benutzer in die Engführung von Signifikanten nehmen, für die genau eines nicht gelten wird: daß sie normal verteilt wären.[2] Die Summe der Kapitel ei-

---

1 Buno: *Bilder=Bibel*, loc. cit., Vorrede.
2 Zum Verhältnis von Sprache und Statistik vgl. I/4. *Referenzen.* Zur Wahrscheinlichkeit einer konkreten Sprache vgl. Claude E. Shannon: "Prediction and Entropy of Printed English". In: *Bell System Technical Journal*, January 1951, S. 51-64.

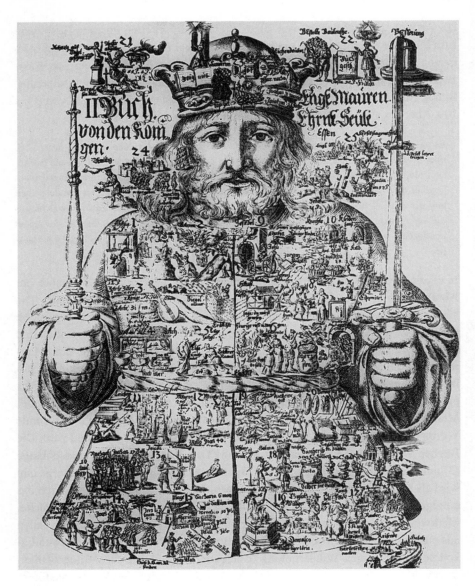

Abb. 16

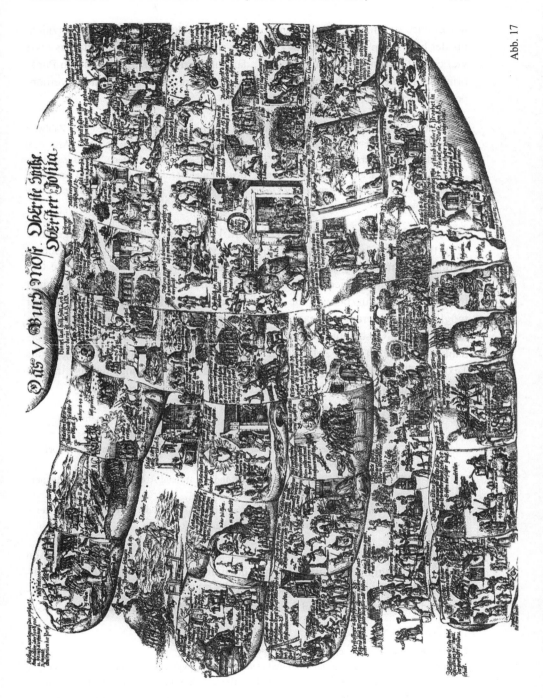

Abb. 17

nes Buches ist am Ende des letzten Kapitels direkt ablesbar. Ein eigenes Verzeichnis der biblischen Bücher, "da bey ein jedes sein Zahlwort gesetzet / daraus / wie viel capitel ein buch habe zu mercken", darf die Zahlenverhältnisse auf den Punkt bringen und wird zudem – neben dem normalen Vorkommen im Ablauf – verdoppelt als Merküberschrift die Bildtafeln zieren.

> Wie viel Capitel aber in einem jeden Buche seyen / solches wird an des letzten capitels Zahlwort / welches über oder neben eines jeden Buches Bild gesetzt / sobald wargenommen. Also wird über dem Bild des ersten Buches Mose *KI*nder Jacob gelesen: ist des letzten Capitels Zahlwort: das *K* deutet zehen an / der darauf folgende *Vocalis* I meldet / daß das Zahlwort zu der dritten Claß gehöre. Nun gibt die zehnde Zahl in der dritten Steyge 50. und so viel sind capitel in dem ersten Buch Mose.[1]

Die vier weiteren Bücher Mose werden mit *VE*rfertiget hätte (40), *GE*ldgelübde (27), *WE*ichbild (36) und *ObE*rste spitze (34) verbucht. In einem weiteren Schritt erfolgt die Umsetzung der Zahlenmerkworte und ihrer Merkkürzel in eine Geschichte. Im Unterschied zur biblischen Narration ist es ihr Anliegen, in einer merktauglichen Kurzfassung die Numerik der Merkkürzel so oft wie nur immer möglich dem Leserauge zu exponieren. In typographischer Hervorhebung entstehen Texte und Geschichten, die ihren Erzählanlaß schlicht einem Zählsystem verdanken. Was zählt, sind Zahlen und weniger die Inhalte. Dafür zuständig ist als Textsorte die jeweils vorangestellte Kapitelkurzzusammenfassung, die ganz im Zeichen von Bunos Digrammen steht. Beispiele aus dem ersten Buch Mose:

> Cap. *III.* Die *ZA*uber=Schlange verführte die *ZA*rte Evam: weßwegen ihnen die Straffe angekündiget / und wurden aus dem Paradieß vertrieben.
> Cap. *IV.* *DrA*uender und *DA*rniederschlagender Cain erwürget seinen Bruder Abel: *DA*men Liebhaber ist Lamech.
> Cap. *XVII.* *RA*diermesser / damit der *RA*nd der vorhaut Abrahams und aller Männer in seinem Hause beschnitten ward.
> Cap. *XIIX.* *SchA*ttender baum / unter welchem Abraham die drey männer speisete; von welchen die *SA*ra *SchA*mrot gemachet. *St*Adt Sodom.

Im zweiten Buch Mose wird mit dem Satz "*ZE*ugen und gerichts=*CE*rimonien nimbt der *ZE*ntgrafe nicht wohl in acht: doch nimbt er in acht die *CE*rimonialgesetze" Kapitel 18 und im Deuteronomium mit "*ErbA*hre und *ErbA*uliche zehen gebot werden *ErklA*eret" Kapitel 5 gemerkt.[2] Was Buno so aufwendig über die Sy-

---

1 Buno: *Bilder=Bibel*, loc. cit., Vorrede.

2 Zum Verhältnis von Deuteronomium und Gedächtniskunst vgl. Jan Assmann "Die Katastrophe des Vergessens. Das Deuteronomium als Paradigma kultureller Mnemotechnik". In: Aleida Assmann, Dietrich Harth (Hrsg.): *Mnemosyne. Formen und Funktionen der kulturellen Erinne-*

steme seiner Buchstäblichkeiten einspielt, wird unter negativen Vorzeichen und in ganz anderen Kontexten wieder auftauchen. Die Aphasieforschung um 1900 etwa wird in den Termen nachmaliger Pathologien anschreiben, was Bunos barocke Merkpraxis so bewußt inszeniert.[1] Gilbert Ballet, den Sigmund Freud für seine kritische Studie *Zur Auffassung der Aphasien* bemühen wird, kann Penetranz oder Engführung der Buchstaben als Intoxination referieren:

Es gibt Kranke, die nicht das kleinste Schriftzeichen machen können: sie nehmen die Feder, halten sie fest, vermögen aber nur unförmliche Linien zu ziehen; Andere schreiben einige Silben, ihren Namen oder selbst Bruchstücke von Sätzen, die sie jedoch mit den bizarrsten Fehlern verunzieren. Einige können zwar die eine Silbe neben die andere setzen, bringen es aber zu nichts weiter, als dass sie Worte ohne Bedeutung aufschreiben; so schrieb die von H. Jackson beobachtete Frau, die ihren Namen angeben wollte, Folgendes: 'Su mil siclaa satreni'. Sie theilte ihren Wohnort in folgender Weise mit: 'Suuesr nut to mer linu lain'. Wenn die Agraphie minder ausgesprochen ist, können die Kranken viele Worte schreiben, aber mit zahlreichen Fehlern; sie wiederholen z.B. bei jeder Gelegenheit den nämlichen Buchstaben oder die nämliche Silbe; sie haben, wie Gairdner es nennt, *die Intoxination durch den Buchstaben*, wie gewisse Aphasische an der Intoxination durch das Wort leiden. Bastian hat einen Kranken gesehen, der an die Endsilben aller Worte die Silbe dendd anhängte. Anstatt zu schreiben: 'Royal naval medical officer belonging to admiralty', schrieb er: Royondennd navendennd sforendeunnd belondennd.[2]

All die Mechanismen, die Buno als pädagogische Waffe gegen das Vergessen und damit als Merktechnik ins Feld führt, werden dann auf das Konto pathologischer Effekte gebucht, die bei aller Differenz doch einen gemeinsamen Nenner haben: einen gestörten Umgang mit der Wiederholung. In den gängigen Konzepten der Psychologien und Psychoanalysen, die von Phänomenen wie *Perseveration, Klebenbleiben, Haftenbleiben, Stereotypenbildung, Zwangsvorstellungen* und *Wortautomatismen* reden, haben sich mnemotechnische Mechanismen verselbständigt und sind für die Subjekte unkontrollierbar geworden.[3]

---

rung, Frankfurt/M. 1991. S. 337-355. Der Inhalt dessen, was Buno einer Artifizialität anvertrauen will, handelt – so Assmann – in toto vom Paradigma kultureller Memorierung.

1 Zur Situierung dieser Wissenschaften und der Spezifik ihres Aufschreibesystems vgl. I/4. *Referenzen.*

2 Gilbert Ballet: *Die innerliche Sprache und die verschiedenen Formen der Aphasie. Autorisierte Uebersetzung von Dr. Paul Bongers*, Leipzig u. Wien 1890, S. 143.

3 Zu Sprach- und Merkdefekten vgl. pars pro toto Adolf Kußmaul: *Die Störungen der Sprache. Versuch einer Pathologie der Sprache*, Leipzig 1881 (2) und Karl Boldt: "Studien über Merkdefekte". In: *Monatsschrift für Psychiatrie und Neurologie*, Bd. XVII. Heft 2 Berlin 1905. S. 97-115. Über Sprache und Gedächtnis hinaus werden Extremformen der Wiederholung als Zwang konzeptualisiert. Dazu etwa Leopold Loewenfeld: *Die psychischen Zwangserscheinungen. Auf klinischer Grundlage dargestellt*, Wiesbaden 1904. Eine Typologie möglicher Ordnungsstörungen und den entsprechenden Niederschlag in Erzählmustern oder Sprachstrukturen erstellt Wil-

Nach den Vorgaben von Bunos Adreßsystemen entstehen Merksprachen, Wörter
unter den Wörtern, die zwischen den Systemen unterschiedlicher Autoren wieder
auftauchen werden und sich in den Systemzitaten analoger Codierweisen verdoppeln können. Die Logik der Codes und der Lettern benötigt Operatoren der Markierung, die ihre Resultate in aller typographischen Sinnenfälligkeit zwischen Sinn
und Unsinn anschreiben. Im *Memoriale Juris Civilis Romani*[1] bemüht Buno etwa
einen aufwendigen Zweifarbendruck, um die für die Zählweise signifikanten Lettern typographisch hervorzuheben. Die Merkwörter selbst stehen zu ihrem jeweiligen juristischen Inhalt in keinem – oder keinem erkennbaren – signifikanten Verhältnis und sind als *Wörter=Tafeln* dem Benutzer zur Orientierung beigegeben. Als
Merksprachenerfinder zeichnet daher Buno allein für sie verantwortlich. Das System funktioniert ebenfalls auf der Basis 20, die durch die Vokale 5 mal erweitert
werden kann. Das Unternehmen ist als Zwei=Spaltenbuch angelegt und nutzt die
Parallelanordnung im Buchraum: Die erste Spalte enthält den Inhalt ("1. Tituli &
Leges"), die zweite Spalte die mnemotechnische Extension und Aufarbeitung, also
die Textprogrammbeschreibung unter Verwendung der Merkwörter ("2. Ecplicatio
imagimum, legumque connexio."). Jede Bildtafel enthält zehn Untereinheiten, dann
kommt eine neue Tafel. Die *Tabularum Mnemonicarum Historiam Universam Cum
profanam tum Ecclesiasticum*[2] beruhen auf dem Dezimalsystem, bei dem nur den
Konsonanten Signifikanz zukommt. Dazu werden die häufigsten Konsonanten auf
die Zahlen von 0 bis 9 abgebildet. Vokale werden in dieser Zählweise übergangen
und haben lediglich den Zweck, die Konsonantenvorgaben in Merkwörter zu überführen. Die so entstandenen Merkwörter werden am Rande und quer zum Text stehend verzeichnet, sollen Orientierung und Merkhilfe zugleich sein. Wenn Merksprachen auf der Basis von Konsonanten arbeiten, die durch Vokaleinbezug in den
Zustand artikulierbarer Wörter überführt werden, kann und wird es zu eigenartigen
Intertextualitäten kommen. Zwischen den Resultaten: *FaSaL, GeMaD, aMMaK,
MauReN* darf und wird einmal mehr die *FaKeL* für das Jahr 325 stehen, die auch

---

helm Zeh: *Die Amnesien als Ordnungsstörungen*, Stuttgart 1961. (Sammlung psychiatrischer
und neurologischer Einzeldarstellungen).

1 Johann Buno: *Memoriale Juris Civilis Romani, Quo Tituli Omnes Et Praecipuae Leges, Quae
in quinquaginta Digeatorum seu Pandectarum libris sunt, emblematibus & imaginibus ita efficta exhibentur, ut, una cum Titulorum Materiis, eorum etiam Numeri memoriae imprimi,
contineri ac reddi; [...]*, Hamburg 1673.

2 Johann Buno: *Tabularum Mnemonicarum Historiam Universam Cum profanam tum Ecclesiasticum. Simulacris & Hieroglyphicis Figuris Delineantium Clavis elaborata*, Regiomonti Borussorum 1647.

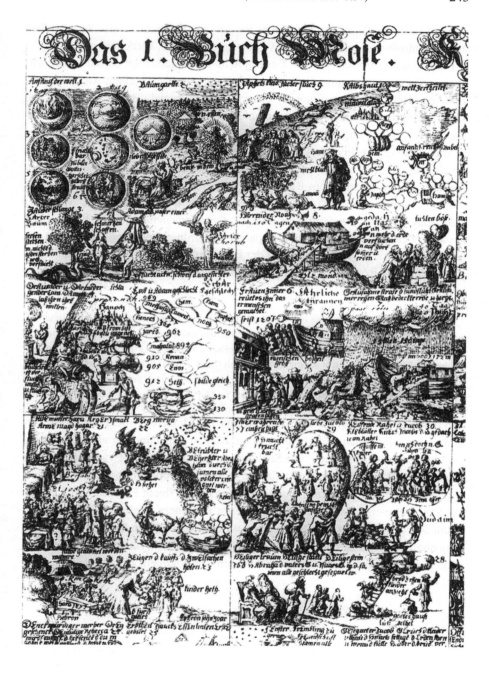

Abb. 18

in Minks *Caesarologia* das Licht ihrer Signifikanz verstreuen wird. So entstehen aus sehr adreßtechnischen Gründen Wörter unter Wörtern, Merkstereotypen.[1]

Doch zurück zur *Bilder=Bibel*. Der Kapitelinhaltsangabe folgt narrativ ausführlicher der Text oder genauer die Texte: zum einen – in einer kleinen Antiquatype – eine lateinische *summa capitum*, die ohne Bezug auf irgendwelche Zählweisen und Merkwörter den Bibeltext selbst zum höheren Nutzen angehender Theologen beifügt. Textverknappung und eine Synopse der Schrift stehen hinter diesem Service an die Adresse angehender Theologiestudenten: "damit sie im Lateinischen / in welchen die Materia sich kürzer fassen und enger einschliessen lässet / die *contenta capitum* gleichsam in einem Blick / und auff einmal anschauen möchten."[2] Der Sündenfall wird so auf den Nenner von exakt zehn Wörtern gebracht. "*Serpentis astu seducti parentes, indictaq; eis poena, e Paradiso ejiciuntur.*" Die beiden noch ausstehenden Textsorten werden als Spalten angeordnet. In großer Fraktur und mit dem Löwenanteil am Seitenraum darf der Bibeltext – frei nach Buno und damit eingebunden in die Regularien seiner Zählweisen und Bildversatzstücke – zur Sprache kommen.

> Die ZAuberschlange bezauberte und verführte die ZArte Eva / daß sie von dem ZArten Baum aß. Denn die Schlange sprach / ihr werdet mit nichten des todes sterben / sondern seyn wie Gott *v.*45. darauf versteckte sich Adam mit seinem Weibe / *v.*8. hiernegst ergehet das urtheil erstlich über die Schlange: Verflucht seystu für allem vieh / *v.*14. Ich wil Feindschafft setzen zwischen dir und dem Weibe / und zwischen deinen Samen und ihrem Samen / derselbe soll dir den Kopff zertreten / und du wirst ihn in die Fersen stechen / *v.*15 [...].[3]

Am linken Rand erfolgt als schmale Kolumne mit kleinerer Drucktype die Bildbeschreibung oder genauer: das, was auf dem Bild zu sehen und vor allem buchstäblich dort zu lesen sein wird. "Die Schlange ist bey dem Baum; Eva nimpt von der Frucht / isset / un gibt dem Adam davon. m. nicht d. Todes sterben / s.w.g. das ist / sondern wie Gott. sie sitzen unter den Bäumen. verflucht Feindschafft / Fersen stechen. Schmerzen schaffen: wird gelesen über dem Weibe [...]."[4] Im Telegrammstil des Merkens muß beschrieben werden, was auf den Bildern ohne Erklärung nicht zu sehen ist oder nicht zu sehen sein wird. Die Syntax weist dabei deutliche Analogien auf zu den Selbstbeobachtungsprotokollen, die von den Psychia-

---

1 Vgl. zu Jean Starobinskis *Wörter unter Wörtern* I/2. *Johann Christoph Männlings Daten.*

2 Buno: *Bilder=Bibel*, loc. cit., Vorrede.

3 Buno: *Bilder=Bibel*, loc. cit., ohne Paginierung.

4 Buno: *Bilder=Bibel*, loc. cit., ohne Paginierung.

tern des 20. Jahrhunderts bei ideenflüchtigen Paranoikern erhoben werden.[1] Ziehen bemüht für seine Klassifikation eine Rede von der Cohärenz, die bei Ideenflucht durch assoziative Übersprunghandlungen außer Kraft gesetzt wird. Als Motor gibt Ziehen Reim, Vers, Alliteration und natürlich die Assonanz an. Ohne Stenographie oder Phonographie hätten die Aufzeichner solcher Assoziationsverläufe – Erwin Stransky hat in aller Sachdienlichkeit davon gehandelt – keine Chance. Neben poetischen Verfahren werden auch die Auswirkungen moderner Nachrichtenmedien auf die Sprache herangezogen. Telegramm- oder Depeschenstil bezeichnen fortan bestimmte psychiatrisch ausgewiesene Sprachpathologien.[2]

Um dem verschwenderischen Umgang mit dem Original und seinen diversen Umschriften einen minimalen Einhalt zu gebieten, verzichtet Buno in der Bildbeschreibungsspalte auf die vollständige Wiedergabe dessen, was auf den Bildern an Text eingeschrieben ist. Eine Nota, die als Klammer in die Spalte zum 4. Kapitel der Genesis eingeschoben wird, bringt Buno die Verkürzung auf den Punkt. Eine Wortselektion wird zum pars pro toto für den gesamten Text, der auf den Bildern steht.

(*Not.* Was bey die Bilder geschrieben / hat man nicht nöthig erachtet abermal in den Druck zubringen: weil aus den fürnehmsten wenigen wörtern das übrige / was angedeutet wird / leicht zu mercken / welches wird hier ein für allemal erinnern.)[3]

Für die Spalte der Bildbeschreibung gilt dagegen das Prinzip der Wiederholung, und so kann auch sie zur Einprägung der Merkkürzel herangezogen werden. Im Fall des Lahmen Lamech dürfen zwei Frauen in seiner Gesellschaft die Adreße noch einmal einprägen. "Bey dem Lamen Lamech sind zwey *DA*men / seine zwo Frauen / der erschlagene Mann liegt bei Lamech."[4] Bunos Vernetzung von

---

1 Zur Systematik der Ideenflucht und zu ihrer sprachphysiognomischen Identifizierung vgl. etwa Theodor Ziehen: "Ueber Störungen des Vorstellungsablaufes bei Paranoia". In: *Archiv für Psychiatrie und Nervenkrankheiten*, 24. Band, Berlin 1892. S. 112-154.

2 Vgl. etwa Köppen und Kutzinski, die im Kapitel *VI. Sprachformfehler* neben *gedanklicher und sprachlicher Nichtdifferenzierung*, neben *schwer analysierbaren Sprachverwirrtheiten* auch den *Depeschenstil* anführen. *Systematische Beobachtungen*, loc. cit., S. IV. Auch Stransky wird den weitgehend agrammatisch verlaufenden Assoziationsstrom eines Probanden mit dem "Telegrammstil" vergleichen. *Über Sprachverwirrtheit*, loc. cit., S. 48. Zum Telegrammstil vgl. ferner Georg Elias Müller und Alfons Pilzecker: *Experimentelle Beiträge zur Lehre vom Gedächtnis*, Leipzig 1900. Zur psychiatrischen Konzeptualisierung des Agrammatismus vgl. A. Pick: *Die agrammatischen Sprachstörungen 1 (Monographien aus dem Gesamtgebiet der Neurologie und Psychiatrie*; VII), 1915. Zu Pick vgl. ferner die Arbeiten zur Aphasie von Freud und Jakobson.

3 Buno: *Bilder=Bibel*, loc. cit., ohne Paginierung.

4 Buno: *Bilder=Bibel*, loc. cit., ohne Paginierung.

Textsorten und Bildern unterliegt einer strengen Systemlogik: Die Vorgaben – an Kürzeln und Merkwörtern – müssen eingehalten und zugleich dem Original – der Bibel – gerecht werden. Wie aber lautet die Gebrauchsanweisung für Bunos *Bilder=Bibel*? Im Trend der Pädagogik – doch davon später – setzt Buno auf die Sinnenaffizierung und spielt die Monotonie purer Buchstäblichkeit gegen die Optik aus. Unabhängig vom jeweiligen Benutzertyp oder -modus sind die Raster der Ökonomie in sämtlichen Arbeiten Bunos allgegenwärtig:

> Wem die Bibel vorhin bekand / und wil / wie man sagt / capitelfest zu werden / sich dieses vorteils bedienen / derselbe kan in einer viertheil stunden unterschiedenen Bücher durchgehen; und dafern er die Zahlwörter wol beobachtet / den Numerum Capitum ihm gäntzlich imprimiren. Den unschätzbaren nutzen / welchen diese Bilder=Biebel einem fleißigen leser schaffet / wird ein jeder / der sie gebrauchet / in dem Wercke mercklich finden.[1]

An mitgelieferten Lernzeitkontrollen und den inhaltlichen Zielvorgaben sollen die Benutzer die Qualität der Systeme bereits buchphysiognomisch erkennen können. Die Vorrede spricht merkpädagogischen Klartext: Im Gegensatz zu unattraktiven Auswendigkeiten verspricht er ein Bilderreich, das seinen Benutzern mit allen nur erdenklichen Bequemlichkeiten entgegen kommt. Im Bilderreich Gottes jedenfalls soll alles *leichtlich und mit lusten* zugehen. Mühsal und Konzentration dürfen getrost vergessen werden.

Um seine Bibelversion bei Alten und Jungen *ins Herz / Gemüht und Gedächtniß fäst einzudrucken*, darf stattdessen – und als absoluter Höhepunkt seiner maskierten Pädagogik – die Rede von irgendwelchen Schleichpfaden sein. Die Annexion der *memoria* erfolgt hinter dem Rücken der Benutzer und damit vorbei an den Kontrollposten ihrer Aufmerksamkeit. "Daß aber auch / was durch Bilder und Gemählde dem Gesicht fürgestellet wird / in das Gedächtnis gleichsam einschleichet".[2] Der Bildinhalt wird zur Contrebande und die Mnemotechnik zum Schleichhandel. Als Gegenpol zu einer verstellten Transparenz manipulieren mnemonische Psychotechniker unbemerkt die Merkzentren ihrer potentiellen Anwender. Doch die Anschaulichkeit ist verhindert, weil Bunos Bildwelten – wenn überhaupt – nur auf dem Umweg über die Begleittexte zu decodieren und zu entziffern sind. Damit ist der Anschluß an die guten – weil über einen ungeklärten Begriff von Anschaulichkeit laufenden – Bildwelten eines Comenius versagt. Um die behauptete Anschaulichkeit und ihr Apriori, das System der Texte, dem Auge zu präsentieren, sind bei Buno wieder die Buchbinder gefragt. Als materiales Korrelat ist eine Parallelanordnung von Text und Bild für den Schleichhandel unabdingbar. Buno muß sich über

---

1 Buno: *Bilder=Bibel*, loc. cit., Vorrede.
2 Buno: *Bilder=Bibel*, loc. cit., Vorrede.

Materialitäten wie Formate seines Bilderuniversums äußern und er tut dies am Ort der Vorrede, die eine Gebrauchsanweisung für den Bildumgang enthält. Dort gibt es einen Abschnitt *Vom Einbinden dieses Werckes*, der die Trennung zwischen Text und Bild, damit den eigenständigen Sehgebrauch auch in und durch Formatierungsunterschiede festschreibt. Die Rede ist – einmal mehr – vom Schnitt und vom Kleister: Buno kann die Vorgaben der Kartographie bemühen, um seine biblischen Bildtapeten buch- und textkompatibel zu machen. Um die Synopse und den Parallelismus der Leserblicke zu gewährleisten, trennt Buno die alte Solidarität etwa der Buchillustrationen auf, entzieht die Bilder der Linearität schriftlicher Vorgaben und schafft ihnen und dem dort repräsentierten Wissen buchstäblich Buchraum.

> Die Bilder werden / füglichers gebrauchs wegen / nicht bey die Erklärung / sondern alleine gebunden: und kan man sie / wie sie auf einem Bogen gedruckt / auch also und in Folio binden. Auf welchem fall hinten an die Tafeln ein falß / wie in Landcharten geschiehet / muß gemachet werden.[1]

Weil aber ein so eingerichteter Band, der dann parallel zum Buch der Texte zu benützen sein soll, nach solchen Vorgaben "etwas groß fället", kann man die Tafeln auch in *groß quart* einbinden. Für Tafeln, die das Format sprengen, gelten Sonderregeln. Das erste Buch Mose etwa und die Bücher Esaias, Jeremias, Hesekiel und Sirach müssen ob ihrer formatsprengenden Größe "eingeschlagen werden" und sollen per Ein- und Ausklappbarkeit zu den Standards des Buchmediums kompatibel gemacht werden. Jenseits von Standards, die sich einer Divisionslogik von Buchbinderbögen verdankt, darf einmal mehr ein Menschenkörper oder genauer eine Patriarchenhand ihr Recht geltend machen und als Orientierung dienen. Der Zeichenkörper der Hand Mose, auf der so viele Geschehnisse abgebildet sind, markiert die Obergrenze:

> Da aber etliche Tafeln etwas müssen eingeschlagen werden / als das I. Buch Mose / Esaias / Jeremias / Hesekiel und Sirach / die andern Biblische Bilder werden voneinander geschnitten / und auf Papier in quart / damit sie dem format auf dem schnit gleich werden / gekleistert. Die maaß der höhe von solchem quartband wird an der hand / darauf das fünfte Buch Mose stehet / genommen. Die Bilder also alleine gebunden / werden ohne verletzung leichter auffgeschlagen / und kan man sie auf diese weise im lesen stets für Augen haben.[2]

Das Format sprengt den Buchraum, weil es anderen Vorgaben entsprechen muß. Eine technisch implementierte Hypotypose, in Bunos eigenen Worten, ist die

---

1 Buno: *Bilder-Bibel*, loc. cit., Vorrede.
2 Buno: *Bilder-Bibel*, loc. cit., Vorrede.

Folge.[1] Ähnlich wie bei den mobilen Apparaturen wird das Selbstverständnis des Mediums unterlaufen und zwingt Buchdrucker wie Autoren zu Interventionen und Eingriffen in die Materialität des Mediums sowie zu einer besonderen Reflexion auf die Materialität der Operatoren.[2] Aber trotz kartographischer Aufrisse bleibt die Anschaulichkeit eine Illusion. An die Stelle der Bildsynopse tritt ein Chaos der Flächenorganisation. Bunos Bildertafeln scheinen eine Logik des Blickes und seiner Lenkung zu verweigern. Ein unangeleiteter Blick ist mit der Überfülle an visuellen Versatzstücken und ihrer dicht gedrängten Präsentation auf der Seite schlicht überfordert. Die Abfolge der Kapital*imagines* in sich folgt einem ihr unterlegten Schema, das als Bauprinzip symmetrischer Merkarchitekturen Tradition hat. Die 5 Punkte, die ein Z bilden (oben links, oben rechs, Mitte, unten links, unten rechts) und die Spiegelung des Z an einer imaginären Mittelachse sollen die Zuordnung der Örter auf dem Papier und damit auch den Sehverkehr regeln. "Die ersten fünff Capitel sind nach der Figur des Buchstabens Z gesetzet / die drauff folgenden 5 biß 10 nach einem ümbgekehrten Z. In eben dieser Ordnung stehen auch die folgende Capitel eines Buchs / von 10 biß zwantzig: wie in der Figur zu sehen."[3]

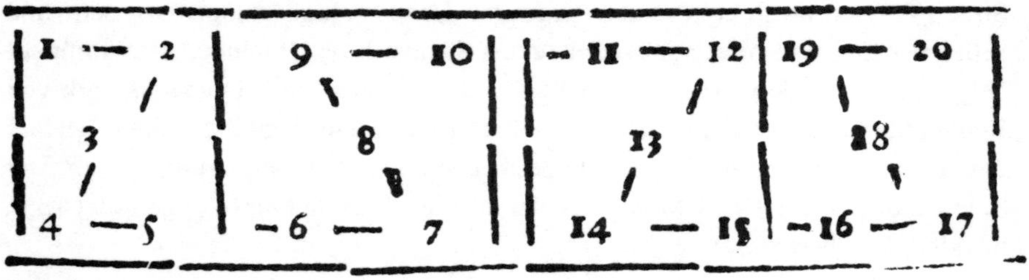

Abb. 19

Der symmetrische Aufbau ist wiederholbar und trägt damit der fraktalen Ordnung der Mnemotechnik Rechnung. Durch immer weitere Spiegelungen der Grundstruktur wird es so möglich, das System für beliebige Kapazitäten – und das heißt im Fall der Bibel für unterschiedliche Kapitelsummen – offen zu halten. Das Z und

---

1 Buno macht für sein Unternehmen die Rhetorik geltend (Hypotyposin = Fürbild), formuliert sie material um und stellt so den Leuten eine eigenartige Bildwelt direkt zu.

2 Vgl. dazu Friedrich Kittler: "Vom Take Off der Operatoren". In: *Draculas Vermächtnis*, loc. cit. S. 149-160.

3 Buno: *Bilder=Bibel*, loc. cit., Vorrede.

seine Spiegelung regeln jenseits einer buchstäblichen Linearität die Zuordnung der Örter auf dem Papier. Der numerischen Einteilungslogik folgt das Alphabet auf dem Fuße: die Zahlen von 1 bis 20 werden auf einer weiteren Figur durch das Alphabet ersetzt und damit die Disposition für die titelgebenden Merkzahlwörter anschreibbar: "wie nun die Zieffern nach solcher Ordnung stehen / also sind auch die Zahlwörter nach der Ordnung des A,B,C, auff gleiche weise gesetzet / wie aus beygefügten Figuren zumercken."

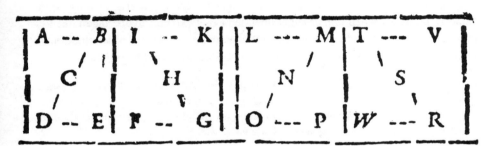

Abb. 20

Die Anordnung der Bilder auf den Tafeln ergibt also im Abschreiten eine Figur, die sich nicht der Linearität der Schrift verdankt. Der Raum der Bildertafeln unterliegt einer eigenen Adressierung, die optimale Raumaufteilung mit der Logik des Alphabets verbindet. Im Gegensatz zum Emblem und seinen scharfen Bildgrenzen organisiert Buno die Fläche so, daß die Zuordung der vielen Bildbestandteile zu einer *imago* erst vom Leser und damit aus der vorherigen Kenntnis der Gebrauchsanweisung geleistet werden kann. Der Ausfall klarer Grenzen oder irgendwelcher Rahmungen und die Kumulierung von heterogenen Bildpartikeln, macht eine Orientierung und damit die Blicklenkung denkbar schwer. Erst solch ein Dispositiv des Sehens bringt das vagierende Auge mnemotechnischer Leser unter eine Form, deren nachträgliche oder vorherige Kenntnis über die Evidenz der Anordnung entscheidet. Erinnert ein Benutzer den Ort eines Bildes innerhalb der Z-Struktur, "so fället zugleich auch der Numerus Capitis oder die Zahl desselben wegen des Orts dem Gedächtnis bey". Das Z strukturiert den Gedächtnisraum und verbindet die Einzelbilder zu Sequenzen. Im Gegensatz zur linearen Anordnung der Schrift erfolgt die Alphabetisierung des Blicks genau nicht nach den linearen Vorgaben eines skripturalen Modells, das sie durch die Form des Z benutzt. Das Z erlaubt ein Abschreiten der Bildprogramme, das sinnesphysiologisch nicht effizienter sein

könnte. Ohne Zeilensprung und bei geringstmöglichem Augenabschweifwinkel
werden die Bilder vom Auge als Sequenz durchlaufbar. Eine technische Ambiguität
ist die Folge, die einmal mehr die Handreichung als Selbstbeschreibung behaupten
darf. "Und diese Ordnung ist fürnemlich beliebet; weil durch dieselbe die capitel
fein aneinander hangen / und eines dem andern gleichsam die hand reichet."[1]

Aber auch innerhalb dieser Örter sind mehrere Unter*imagines* anzubringen, für
deren Kennung und Entzifferung die flankierenden Texte unabdingbar sind. Um im
Bilderreich Gottes nicht die Orientierung zu verlieren, ist der Benutzer neben den
graphischen Vorgaben in Sachen geometrischer Raumanordnung zudem auf das
folgenreiche wie aufwendige Adreßsystem mitsamt den Begleittexten verwiesen.
Buno zieht die Maschen immer enger über den Bibeltext, und so überlagert das Regularium seiner Bildcodierung die eigentlichen *imagines*. Ohne Bildexplikationen
würde im Bilderreich Gottes Hypersemiose und Datennotstand herrschen.

> Was nun die Bilder / dadurch die capitel vorgestellet / betrifft / so sind dieselben also eingerich-
> tet / daß sie fürnemlich in den historischen büchern fast keiner Erklärung bedürffen. In den übri-
> gen aber muß die Explication der Bilder bey lesung der Biebel zur hand genommen werden: da
> sich denn / wie diß oder jenes abgebildet / leicht finden wird.[2]

Für Kennung wie Entzifferung der Bildpartikel und ihrer In- oder Aufschriften ist
der flankierende Text unabdingbar. Eine Bequemlichkeit der Bilder, wie sie Buno
für die Wahl der Tafelunterlagen behauptet, scheint die *imagines* leer ausgehen zu
lassen. Nur wer liest, wird sehen, was gestochen ist und geschrieben steht. Und
nur wer die Partituren liest, kann die Unter*imagines* eines Kapitels auf der Tafel
zuordnen und mit den Texten in eine Beziehung bringen, die dem Gedächtnis von
Nutzen ist. Buno erzählt in seiner *Bilder=Bibel* mehrfach, verdoppelt und verschiebt dabei das Original auf mehreren Ebenen. Die Digrammvorgaben seiner
Zählweise erzwingen einen Text, dessen Effizienz proportional zum Vorkommen
der Digramme steigt. In der Engführung solcher Vorgaben mit dem neu zu erzäh-
lenden Original des Bibeltextes muß Buno auch mit seiner Semantik reagieren. Die
Konsequenz solcher Künstlichkeit und der enorme Aufwand verzerren – so wird
der Vorwurf lauten – das heilige Original.

Buno geht es in all seinen Werken um Architekturen und Ökonomien des Wissens. Unter Einsatz von *acumen* und *argutia*, die er seinem Leser vorgibt, um ihn
im Akt der Decodierung an die eigene Denkökonomie rückzukoppeln, ist die Bibel

---

1 Die Anfangsbuchstaben der Merkwörter werden auf oder längs der vorgegebenen Figuren lociert:
   so entsteht eine Mnemotechnik innerhalb der Mnemotechnik und mit ihr auch ein neues Paradigma des *Abschreitens*.

2 Buno: *Bilder=Bibel*, loc. cit., Vorrede.

vollständig erfaßt und der Leser in Engführung zu Bunos Transmissionen gebracht. Zugriff und Referenz auf einen heiligen Text sind die Kriterien, nicht aber die andächtige Versenkung *in* den Text.[1] Bunos mnemotechnisches Anliegen verändert also die Inhalte: Das Wissen der Bilder wird concettistisch überhöht und löst sich damit von der stillen Andacht mimetischer Illustrationen. Der Kolumnentext muß der Bildvorlage der *imagines* folgen und Erklärungen über das dort Dargestellte geben. Und so ist eine weitere Umschrift und mit ihr ein neuer Text die Folge. Anders als in Minks *Caesarologia*, die den Referenztext einfach vorenthält, liefert Buno diesen mit.[2] Aber nicht als das Original der Bibel, sondern bereits in einer ersten mnemotechnischen Umschrift. Das Doppel eines Doppels auf Bild- wie Textebene, damit Hypertrophie auf der Bild- und Groteske auf der Textebene sind der Preis, um die eigene und minutiös geregelte Systemlogik auf das gesamte Textcorpus der Bibel anwenden zu können. Mit bloßen Allusionen oder einem rigiden Konzept möglicher Ähnlichkeitsrelationen wäre das Bilderreich Gottes nie zu erreichen. Wenn Buno im Buch der Beschneidungen und ganz im Zeichen des *RA*diermessers die Bildkürzel auflöst, werden die notwendigen Übertragungsleistungen einigermaßen erkennbar. Bunos Bilderreich ist kein Buch der frommen Andacht, sondern ein Reich der entfesselten Ähnlichkeiten.

Sara ist bey Abraham zulesen. Der Knabe in dem sack / darauf das I geschriben / ist Isaac. Ismael (ist schmael) hat einen Fürstenhut in der hand / dabey 12 geschriben / die 12 fürsten anzudeuten: ein groß volck so von ihm kommen soll / stehet auff seiner lincken, bey dem Ißmael 13 jahr da er beschnitten / und auf dem Radiermesser 99. ist Abrahams alter / da er beschnitten worden.[3]

Genau an diesem Punkt werden die Hebel der Kritik ansetzen. Wer im Namen der Merkökonomie phantastische Bild- und Texthypertrophien gegen pädagogisch ausgewiesene Konzepte von Evidenz und Anschaulichkeit ausspielt, gießt Wasser auf die Mühlen potentieller Mnemotechnikverächter. Der eigenartige Kampf um gute und schlechte Bildwelten geht in eine entscheidende Runde. Mit von der Partie sind Pädagogik, Psychologie, Theologie und Philosophie. Als zentrale diskursive Anlaufstellen nehmen sie sich der *memoria* an und werden zu den vornehmsten Agenten einer Buno-Rezeption, die zu einer regelrechten Buno-Schelte ausartet und als solche festgeschrieben wird. Die Wahl der dabei vorgebrachten Metaphorik knüpft an die Auseinandersetzung um die künstliche Intelligenz der Literatur an.[4] Blinde Gelehrsamkeit statt kluger Köpfe, unmündige Kinder statt vernunftbegabter Sub-

---

1 Damit liegt eine radikale Abkehr von der Tradition der Armenbibeln vor.
2 Vgl. dazu II/2. *Auswendigkeiten: Von Kaisern, Kindern und Köpfen.*
3 Buno: *Bilder=Bibel*, loc. cit., ohne Paginierung.
4 Vgl. dazu I/6. *Topik / Kombinatorik.*

jekte und das drohende Schreckgespenst eines Wahnsinns werden die Diskussionen um die pflegliche Behandlung der *memoria* begleiten. Weil die Übergänge fließend sind, wird der Concettismus an die Kindlichkeit, später gar an den Wahnsinn verwiesen. Das Gedächtnis wird zum Gegenstand der Sorge, an die Stelle der *curiositas* tritt die *cura*.

Bunos Versuch, unter dem Vorwand der Pädagogik einen Bildconcettismus zu etablieren, hat zahllose Kritiker auf den Plan gerufen. Vom guten Klartext einer Realienpädagogik, den seine Kritiker am *Orbis sensualium pictus* des Comenius festmachen, scheint Buno meilenweit entfernt. Um den Vorwürfen der Störung und Überladung der *memoria* zu entgehen, beschwört Buno daher die eigene Comenius-Nähe und unterstellt sich selbst den Reihen barocker Reformpädagogen. Der Vorwurf, Buno gehöre zu den geächteten Mnemotechnikern, wird von seinen Verfechtern ebenso aufwendig wie unplausibel zurückgewiesen. Doch die versuchte Distanzierung vom mnemotechnischen Geschäft bleibt Episode. In der Historiographie der Mnemotechnik wird Buno zum Buchhalter eines Kontos, auf dem fortan sämtliche Negativposten der Gedächtniskunst versammelt sind. Einmütig monieren ältere Gelehrtendarstellungen Bunos extravagante Bildpolitik und bringen die Stränge, über die er schlägt, gegen Ende des 18. Jahrhunderts auf den Punkt einer psychologischen Rede: In der *Ökonomischen Enzyklopädie* von Krünitz und unter dem Stichwort 'Gedächtnis' sind es die Meßlatte einer Behutsamkeitsregel und die Meßlatte der Ökonomie, gegen die Bunos Verfahren permanent verstoßen. Dem allgemeinen Nutzen der Anschaulichkeit steht bei Buno ein Schattenreich entfesselter Ähnlichkeiten und Analogien entgegen: Behutsamkeit jedenfalls ist Bunos Sache nicht. Krünitz wählt als Ausgang seiner Kritik traditionelle Verfahren der Bibelillustration und beschwört deren Nutzen gerade für die Kinder. Wie leicht fällt es denen, "bey Erblickung der Bilderbibel uns alle Begebenheiten zu erzählen, welche durch die Bilder vorgestellet werden!"[1] Doch was den Kindern müheloser Erzählanlaß sein kann, ist bei Buno durch mangelnde pädagogische Sorgfalt buchstäblich verstellt.

> Es haben daher witzige und geschickte Männer die ganze Historie in Bildern vorgetragen. Es hat dieses allerdings seinen Nutzen; nur muß dabey mehr Witz und Klugheit gebraucht werden, als Buno in seiner Universalhistorie sehr oft bewiesen hat. Er will, wir sollen behalten, daß die Söhne des Noah, Sem, Ham und Japhet geheißen. Er läßt also drey Leute abmahlen, davon der erste eine Reihe Semmeln unter dem Arm hat, der andere einen Kamm in der Hand hält, und der

---

1 Johann Georg Krünitz: *Oeconomische Encyclopädie, oder allgemeines System der Staats= Stadt= Haus= und Landwirthschaft, in alphabetischer Reihenfolge*, Berlin 1779, 16. Theil, S. 577.

dritte von starkem Leibe ist, von welchem er uns saget, er ist ja fett, u.d.gl.m. Man muß auch hier die Behutsamkeitsregel wiederhohlen, die ich kurz vorher gegeben habe.[1]

Krünitz, der das Argument direkt an Buno festmacht und dabei dem Wortlaut eines anderen Theoretikers namens Johann Christoph Dommerich folgt[2], will nicht alle Gegenstände gleichermaßen zum Gegenstand mnemotechnischer Aufarbeitungen werden lassen, und so empfiehlt er neben der Behutsamkeit in der Ausarbeitung die Behutsamkeit in der Auswahl des zu versinnbildlichenden Materials. Im Gegensatz zu juristischen Institutionen, wie sie ein Nicolaus Bulacherus als gemalte Bilder an die Hand gibt, schränkt er den Einsatz fast schon tautologisch ein. "In historischen und sinnlichen Dingen können sie allenfalls mit Nutzen gebraucht werden."[3] Der entsprechende Artikel zum Gedächtnis in der *Allgemeinen Encyclopädie der Wissenschaften und Künste* von Johann S. Ersch und Johann G. Gruber arbeitet nach einer minutiösen Rekonstruktion der Gedächtniskunst mit philosophischer Flankendeckung: Immanuel Kant und Johann Gottlieb Fichte werden herangezogen und ausgiebig zitiert, um den Vorwurf der Kindlichkeit mit dem Argument der Verschwendung qua Verdopplung zu untermauern.[4] Unter Verweis auf die *Anthropologie in pragmatischer Hinsicht* besetzt Buno in Kants Typologie der menschlichen *memoria* ihren concettistischen Tiefpunkt. Und wieder erfolgt, neben dem Verschwendungsargument und der verwirrenden Belästigung durch Nebenvorstellungen ein Eintrag in die Raster der Kindlichkeit.

So ist die Bilderfibel, wie die Bilderbibel, oder gar eine in Bildern vorgestellte *Pandektenlehre* ein optischer Kasten eines kindischen Lehrers, um seine Lehrlinge noch kindischer zu machen, als sie waren. Von der letzteren kann ein auf solche Art dem Gedächtnis anvertrauter Titel der Pandekten: de heredibus suis et legitimis, zum Beispiel dienen. Das erste Wort wurde durch einen Kasten mit Vorhängeschlössern sinnlich gemacht, das zweite durch eine Sau, das dritte durch die zwei Tafeln Mosis.[5]

Dem Verweis in die Kindischheit geht bei Kant allerdings eine elaborierte Theorie voraus: Buno fällt exakt unter das *ingeniöse* Gedächtnis, das in Kants Typologie von einer *mechanischen* und einer *judiziösen* Variante umrahmt wird. Während das

---

1 Krünitz: *Oeconomische Encyclopädie*, loc. cit., S. 577f.

2 Vgl. dazu II/5. *Die gelehrigen Körper des Merkens.*

3 Krünitz: *Oeconomische Encyclopädie*, loc. cit., S. 577f.

4 Johann S. Ersch, Johann G. Gruber: *Allgemeine Encyclopädie der Wissenschaften und Künste in alphabetischer Reihenfolge*, Leipzig 1818 ff., s.v. Gedächtniskunst: S. 406.

5 Immanuel Kant: *Anthropologie in pragmatischer Hinsicht*. In: *Werkausgabe in XII Bänden*, loc. cit., Bd. XII, *Schriften zur Anthropologie, Geschichtsphilosophie, Politik und Pädagogik 2*, S. 488.

mechanische Gedächtnis lediglich auf "öfterer, buchstäblicher Wiederholung"[1] besteht und daher nach Kant höchstens für die Erlernung des Einmaleins oder feierlicher Formeln taugt, wird das *judiziöse* Gedächtnis zu einer internalisierten Form des Systemdenkens. "Das *judiziöse* Memorieren ist kein anderes als das einer Tafel der *Einteilung* eines Systems (z.B. des Linnäus) in Gedanken".[2] Kant nähert es der Topik an, deren Leistung er ausgerechnet in der Metaphorik externer Speicheradressen beschreibt: "Am meisten die *Topik*, d.i. ein Fachwerk für allgemeine Begriffe, *Gemeinplätze* genannt, welches *durch* die Klasseneinteilung, *wie wenn man* in einer Bibliothek *die Bücher* in Schränke mit verschiedenen Aufschriften verteilt, die Erinnerung erleichtert."[3]

Zwischen Buchstäblichkeit und bibliothekarischer Ordnung macht sich die ingeniöse Gedächtnisvariante breit. Kants Beschreibung ist, bevor sie polemisch wird, denkbar genau. Sie sei eine Methode, Vorstellungen assoziativ mit Nebenvorstellungen zu verbinden, "die an sich (für den Verstand) gar keine Verwandtschaft mit einander haben, z.B. Laute einer Sprache *mit gänzlich ungleichartigen Bildern*"[4] und diese dann dem Gedächtnis einzuprägen. "Als *regelloses Verfahren der* Einbildungskraft in der Zusammenpaarung dessen, was nicht unter einem und denselben Begriffe zusammen gehören kann"[5], gilt sie Kant als ungereimt. Doch zur Ungereimtheit einer unregulierten Einbildungskraft tritt noch ein ökonomischer Regelverstoß zwischen Mittel und Absicht, "*da man dem Gedächtnis die Arbeit zu erleichtern sucht, in der Tat aber sie durch die ihm unnötig aufgebürdete Assoziation sehr disparater Vorstellungen erschwert*"[6], drängen die ingeniöse Mnemonik in ein Reich des Unsinns und der Verschwendung ab.[7] Die Kopplung inkompatibler Versatzstücke geht auf Kosten der Speichertreue, und so erkennt man an der Ingeniösität die Witzlinge, die nach Kant "selten ein treues Gedächtnis haben".[8] Ein Vorwurf, gegen den der Mnemotechnikhistoriker Aretin als direktes Gegenargument zu Kant die Literatur ins Feld führen wird: "Denn worin anders besteht die Stärke des

---

1 Kant: *Anthropologie in pragmatischer Hinsicht*, loc. cit., S. 487.

2 Kant: *Anthropologie in pragmatischer Hinsicht*, loc. cit., S. 488.

3 Kant: *Anthropologie in pragmatischer Hinsicht*, loc. cit., S. 488f.

4 Kant: *Anthropologie in pragmatischer Hinsicht*, loc. cit., S. 487.

5 Kant: *Anthropologie in pragmatischer Hinsicht*, loc. cit., S. 488.

6 Kant: *Anthropologie in pragmatischer Hinsicht*, loc. cit., S. 488.

7 Zur Verstärkung auf der paradigmatischen Ebene wird im Artikel bei Ersch und Gruber auf den Pädagogen August Hermann Niemeyer verwiesen, der die Liste mnemonischer Absurditäten eindrucksvoll verlängert. Vgl. ders.: *Grundsätze der Erziehung und des Unterrichts für Eltern, Hauslehrer und Erzieher*, Halle 1806 (4). Als die Agenten guter Bilder werden dagegen Johann Amos Comenius (*Orbis sensualium pictus*) und Johann Bernhard Basedow (*Elementarwerk*) gewertet.

8 Kant: *Anthropologie in pragmatischer Hinsicht*, loc. cit., S. 488.

Witzlings, als in der Vergleichung heterogener Gegenstände, die er doch in seinem Gedächtnisse aufgewahren muss? Man lese z.B. *Lichtenbergs*, *Swift's*, *Sternes* und *Jean Paul's* Schriften. Welches Gedächtniss gehört dazu, nur um sie zu verstehen?"[1] Aretins Diktum läßt sich über den Kontext der Lektüre hinaus für das Verhältnis von Poesie und Merken geltend machen. Es wird darauf hinweisen, daß wer merkt, dichtet und wer dichtet, immer schon gemerkt haben wird.[2]

Die Schelten von Systemphilosophen und Gelehrtendarstellungen haben Vorläufer. Karl Ferdinand Hommels *Litteratura juris* von 1761 nimmt eindrucksvoll die Engführung von Kindern und Irren vor und damit den Vorwurf einer nachmaligen Pathologie vorweg. Der Jurist erklärt Buno, der gleich mit mehreren Beiträgen zur Fachwissenschaft Jurisprudenz aufwartet[3], kurzerhand zum "homo puerlititer delirans", zu einem "homo, qui ad summum insaniae fastigium pervenit."[4] Selbst der Mnemotechnikhistoriker Volkmann stößt noch 1929 in das Horn dieser Kritik und windet sich "angesichts dieser öden, mechanischen Einpaukerei mit schauderhaften Geschmacklosigkeiten".[5] Analoge Kommentare werden neben Buno auch dem armen Winkelmann zuteil, und so kann Volkmann ihn ebenso wirkungsvoll wie lakonisch gegen einen anderen Träger dieses Namens ausspielen: "beileibe nicht mit dem großen J.J. Winckelmann zu verwechseln!"[6]

Gerade die Selbstinszenierung als Pädagoge hat Buno in die Schranken gewiesen. Kinder – und vor allem ihre Gedächtnisse – unterliegen aus guten, weil physiologischen Gründen der Sorgfaltspflicht, und so werden mnemotechnische Einflußnahmen immer wieder auf die Gefahr einer drohenden Fehlbelegung in den Kinderköpfen hin gelesen.[7] Dabei sind Bunos pädagogische Schriften in bester Gesellschaft und nehmen vorweg, was nachmalige Reformpädagogiken eines Basedow, Salzmann und vieler anderer noch ersinnen werden. Buno, der geschmähte Concettist auf dem Thron der Mnemotechnik, weiß, wie Kinderherzen schlagen, und er weiß dieses Wissen ebensogut in Pädagogik umzusetzen. Seine *Neue lateinische Grammatica* von 1651 folgt den Argumenten und der Werbestrategie der

---

1 Aretin: *Systematische Anleitung*, loc. cit., I. Buch, S. 19.

2 Vgl. dazu II/5. *Die gelehrigen Körper des Merkens*.

3 Ein Jahr nach dem Memoriale Juris Civilis Romani (1673) veröffentlicht Buno sein *Memoriale Codicis Justianei, Authenticarum Seu Novellarum & Feudorum, Quo Istorum Librorum Tituli Omnes ac Singuli, itemque; Leges a J. Gothofredo collectae, emblematibus & imaginibus ita efficta exhibentur, ut una cum Titulorum Materiis eorum quoa; Numeri memoria facile accipi, probe teneri ac promptu & sine cunctatione reddi queant*, Hamburg 1674.

4 Schaller: *Die Pädagogik des Johann Amos Comenius*, loc. cit., S. 450.

5 Volkmann: *Ars memorativa*, loc. cit., S. 180.

6 Volkmann: *Ars memorativa*, loc. cit., S. 184.

7 Vgl. dazu II/2. *Auswendigkeiten: Von Kaisern, Kindern und Köpfen*.

Mnemonik: Zur Kürze der Informationserwerbs und der Abzählbarkeit zu vermittelnder Inhalte kommen titelgebend der *Schülerlust und Ergetzung*. Und wie in seinem Bilderreich dürfen auch im spröden Reich der lateinischen Grammatik beschriftete Körper eine wichtige Rolle spielen: Vor allem die Versinnlichung der drei Geschlechter zeigt, wie an und mit Körpern zu codieren ist. Ausklappbar wie die Bilderbibelprogramme werden selbst die *imagines* grammatischer Genera in aller Buchstäblichkeit leibhaftig: Dem Neutrum wird dazu eigens ein vestimentärer Zwischencode eingeräumt, und so steht es als hosenberocktes Zwitterwesen zwischen einem behosten Maskulinum und einem berockten Femininum. Sein Wissen um die Sprache ist dem Neutrum in Zettelform auf den Leib geschrieben oder genauer geheftet: "Mitten in seinem rechten Arm hat das Neutrum einen Zettel / darauf c e d t l, anzudeuten / daß die nomina, so in c, e, d, t, oder l sind enden / neutra seyen."[1] Eigene Tafeln machen selbst Abstracta wie Syntax und Rhetorik sinnenfällig. Doch neben ausgewiesenen mnemotechnischen Verfahren stehen heterogene Versatzstücke, Allegorien und Fabeln, die sprachliche Eigenarten erklären, Geschichten und natürlich immer wieder der Bezug auf einen im Vorjahr erschienen Grammatik=Krieg, den Buno in deutscher Übersetzung seinem *Uralten Fußsteig Der Fabular und Bilder=Grammatic*[2] beifügt. Doch Buno handelt nicht nur von Fremdsprachenerwerb und Grammatikkriegen, sondern er nimmt auch die Alphabetisierung selbst zum Ziel: Weil den ABC- und Leselernbüchern bisher zu wenig Aufmerksamkeit geschenkt wurde, zieht Buno auch hier die Register der Effizienz. Gegen unnötige *Zeitverlierung* bietet Buno auf, womit auch goethezeitliche Leselernreformer das Lernen schmackhaft machen werden. Eine kleine und frühe Kinderpsychologie, die mit Affektbezug, mit Lob und Strafe, mit Scham und kindlicher Eitelkeit und natürlich auch mit gebackenen Buchstaben – noch vor Einführung irgendwelcher Buchstabennudelsuppen – ihre Klientel ködert. "Etliche bildeten die Buchstaben auf Gebakkenes / das der Jugend angenehm / damit sie also die Buchstaben et-

---

1 Johann Buno: *Neue Lateinische Grammatica In Fabeln und Bildern Den eußerlichen Sinnen vorgestellet / und also eingerichtet / daß durch solches Mittel dieselbe / benebens etlich tausend darinnen enthaltenen Vocabulis, in kurtzer Zeit mit der Schülerlust und Ergetzung kan erlernet werden [...]*, Danzig 1651.

2 Johannes Buno: *Urälter Fußsteig Der Fabular und Bilder=Grammatic, Darauf zu sehen I. Der Grammatic=Krieg / zwischen dem Nomine und Verbo: II. Der Proceß / Welchen der Buchstabe S als Kläger eines Theils / für den verordneten Richtern / den Vocalibus angesträngert [...]*, Dantzig 1650. Als Vorbilder dienen analoge Unternehmungen von Andreas Salernitanus und Georg Philipp Harsdörffer. Die Helden für das lateinische Paradigma sind – anders als im *schrecklichen Sprachkrieg* bei Schottelius – die Könige *poeta* und *amo*. Vgl. auch I/3. *Barocke Operatoren*.

licher massen essen möchten."[1] Vor allem setzt Buno auf das Spiel und hält zur Lust seiner ABC-Schützen ein ganzes Arsenal an Lesehölzlein und Buchstabenwürfel, an mnemotechnischen Lernkartenspielen und Buchstabeninstrumenten, sowie dem mobilen Aufschreibesystem aus Kreide und Tafel bereit. Bunos *A B C = und Lesebüchlein* implementiert ganz unterschiedliche mnemotechnische Verfahren, ohne aber wie im Fall der *Bilder=Bibel* alle Inhalte in den Schlagschatten einer alles überbordenden Systemlogik zu stellen. Doch neben dem bekömmlichen Geschmack von Buchstabengebäck und allen nur denkbaren Methoden einer spielerischen Vermittlung setzt Buno für die Erkenntnis der Buchstaben auf Buchstäblichkeit und eine Ähnlichkeit der Gestalt. Dem kleinen Hans wird von Bunos wohlmeinendem Präzeptor das *a* in der Figur eines Aales zugestellt.

> Massen sothane sichtbare und in die Augen strahlende Bilder / die an Gestalt den Buchstaben gleichen / und mit der Buchstaben Nahmen bezeichnet sind / lassen sich viel eher und tiefer den Knaben in dz Gemüht und Gedächnus eindrukken / und bleiben auch weit fester und stärker darinnen kleben.[2]

Was so durch Eindruck vermittelt ist, "hänget auch desto fäster und länger im Gedächtnußschatz." Bunos einleitende Beschwörung der Bildmacht ruft ganz unterschiedliche Konzepte auf. Neben der *imago* der Mnemotechnik, die über Auffälligkeit von Gedächtnisnutzen sein soll, werden die Gestaltähnlichkeit hebräischer Lettern, die Bilderlehren der Emblematik und die Anschaulichkeit eines Comenius bemüht. Das Problem der internen Repräsentation irgendwelcher Bilddaten im Gehirn löst Buno denkbar elegant. Den Bildern im Gehirn entspräche keine Materialität, so verordnet er, weswegen sie erstens von keiner erschöpfbaren Kapazität bedroht und zweitens vor Wahnwitz oder analogen Effekten frei heißen dürfen. Was keiner materialen Logik unterliegt, kann weder zu warm, noch zu feucht werden. Der speichermetaphorologischen Ätiologie des Wahnsinns ist so der Boden im Wortsinne entzogen.[3] Unbekümmert vom Repräsentationsproblem darf für den Zögling eine einfache Bildermoral gelten: "Hat er nun viel guter Bilder in seinem Kopf / so weiß er viel gutes."[4] Und für schlechte Bilder gilt natürlich das Gegenteil. Ein guter Grund, die Proliferation der richtigen Bilder in den Kinderköpfen voranzutreiben. Und da gute, weil effiziente Pädagogiken mit Tarnung ihres eigenen Anliegens ar-

---

1 Johann Buno: *Neues und also eingerichtetes A B C = und Lesebüchlein / daß Vermittels der darinnen begriffenen Anleitung / nicht nur Junge / sondern auch erwachsene innerhalb 6. Tagen / zu fertigem Lesen so wol Deutscher als Lateinischer / groß= und kleiner Schriften durch lustige Mährlein und Spiele können gebraucht werden [...]*, Danzig 1650.

2 Buno: *Neues und also eingerichtetes A B C = und Lesebüchlein*, loc. cit., Vorrede.

3 Vgl. dazu II/2. *Auswendigkeiten: Von Kaisern, Kindern und Köpfen.*

4 Buno: *Neues und also eingerichtetes A B C = und Lesebüchlein*, loc. cit., Vorrede.

beiten, wird Buno – auch hier in bester Vorläuferrolle zur nachmaligen Reformpädagogik – Äpfel und Nüsse als Einsatz im *Buchstaben=Würfelspiel* gelten lassen
und zudem die bauernschlaue Empfehlung mit auf den Weg geben, die Instrumente
zarter Alphabetisierung auch noch während der *Freystunden* in den Schülerhänden
zu belassen. Wer nämlich freiwillig, und das heißt qua Pausenpädagogik, lernt,
lernt eben am besten.

Einmal mehr kommt es zu einem Silbenaufmarsch. In Tabellen verbucht Buno
die Bi- und Trigramme der Lettern, um aus ihnen Wörter formieren zu lassen: So
dürfen im Kapitel *Vom Syllabisieren und wie die Buchstaben zusammen zusezzen*
erst Einzelworte wie *Fa san, Fi lo so fus* trainiert werden, dann wird die Permutation zwischen einem Konsonanten und den Vokalen geübt (*Ta / Te / Ti / To / Tu*),
bevor auf dem höchsten Niveau der Komplexität endlich zum Training an ganzen
Texten geschritten werden kann. Christian Hinrich Wolke, der ein Aufschreibesystem später im Trend der Leselernreform auf die alte Syllabiertmethode verzichten
will und stattdessen die Orientierung an der Stimme fordert, ist dennoch reich auch
an Buchstabenkombinatoriken, wie sie das Barock zur Lesepädagogik empfiehlt.
Als Universalsprachenerfinder und Sprachökonom wird Wolke zudem immer wieder auf Mathematik, Sprachstatistik und Codes zurückkommen, dabei aber wie
Buno von der – scheinbaren – Optik des Wissens und der zeitgleichen Adressierung mehrerer Sinne handeln.[1]

Schaller macht die Unentschiedenheit von Bunos Bildkonzept, also die Differenz
zwischen Anschauungsbild und mnemonischer *imago* zum Ausgangspunkt seiner
Rekonstruktion des zeitgenössischen Bildungswesens. Das Verhältnis zwischen
Buno und Comenius zeichnet er über die unterschiedlichen Konzepte des Anschau-
ungsbegriffes und ihrer jeweiligen Herkunft nach.[2] Als den diskursiven Ort solcher
Reden rekonstruiert Schaller vor allem die Pädagogik und ihre Inanspruchnahme
von Anschauungsbild, *imago* und Emblem zu Unterrichtszwecken. Das Geflecht
von Lobreden und Kritiken in den entsprechenden Publikationen macht deutlich,
daß solche Konzepte öffentlich – etwa im Rahmen von Schulreformen – diskutiert
werden und damit nicht ein elitär concettistisches Außenseiterdasein führen. Der
Pädagoge Elias Bodinus ist Gewährsmann für ebenso unterschiedliche wie inkom-

---

1 Christian Hinrich Wolke: *Anweisung wie Kinder und Stumme one Zeitverlust und auf naturgemäße Weise zum Verstehen und Sprechen zum Lesen und Schreiben oder zu Sprachkentnissen
   und Begriffen zu bringen sind, mit Hülfsmitteln für Taubstumme, Schwerhörige und Blinde
   nebst einigen Sprach-Aufsätzen*, Leipzig 1804. Dazu auch I/5. *Der bewegte Buchraum*.
2 Schaller: *Die Pädagogik des Johann Amos Comenius*, loc. cit.

patible Konzepte[1]: Gleichermaßen berufen sich Comenius wie auch der Buno-Lehrer und Comenius-Kritiker Johann Balthasar Schupp auf ihn.

Bodinus fordert in seinem *Bericht von der Natur vnd vernufftmessigen Didactica oder Lehr Kunst: Nebenst hellen vnd Sonnenklaren Beweiß / wie heutigen Tages der studirenden Jugend die rechten fundamenta verrukt vnd entzogen werden* (1621) – für Comenius folgenreich – den Gedanken der Naturgemäßheit ein. Was der *imago* von Seiten Comenius abgesprochen wird, ist die Einordnung der Teile in einen Ordnungszusammenhang. Die interne Systemlogik der Mnemotechnik selbst läßt Comenius nicht als eine solche legitime Ordnung gelten. Die Wörter und die Dinge sollen – so die Auffassung seines Realismus – auf eine Parallelität gestellt werden, die von der Mnemotechnik aus internen Gründen nicht geleistet werden kann und soll. Wenn Bodinus eine Ordnung fordert, "so einem jeglichen Menschen bekandt / vnd also auch einem Kind von vier Jahren / so GOttes Geschoepff sehen vnd greifen kan", und genau dieses Ordnungskonzept als *subsidium Mnemonicum* ausgibt, ist die doppelte Inanspruchnahme programmiert.[2] Zwischen Anschauungsbild und *imago* wird nicht getrennt, und der Zugriff auf Bodinus sowohl von Comenius als auch den Verfechtern der Mnemotechnik ist damit eröffnet. Ein Bodinuskritiker namens Ernst Magirus fordert die Trennung der Bildtypen ein und spricht den *imagines* für Schulzwecke ihre Tauglichkeit kurzweg ab: Auf die Frage, ob den Schulknaben mit mnemotechnischen *imagines* gedient sei, heißt es: "Dazu sage ich lauter Nein / es ist diß ding viel zu schwer vnd viel zu mueheselig / als daß den Kindern solte hiermit gedienet seyn / die auch am verstande hiedurch mehr verwirret als verbessert werden."[3] Wenn also im Namen der Merkökonomie eine nicht näher erläuterte Naturordnung und als Verlängerung dieser Ordnung ein ebenso wenig erläuterter Bildbegriff eingefordert wird, haben – so die Kritiker – die künstlichen Ordnungsräume Bunos ihren Kredit verspielt.

Mit ihnen geraten auch das Alphabet, die Nomenklatoren und *loci communes* unter Verdikt. Schaller führt das an Johann Joachim Becher und seiner Kritik an Comenius vor. Der Universalsprachenerfinder Becher spricht dem Realienpädago-

---

1 Gegenläufig zur Mnemotechnik – wenn auch mit Bezug auf dieselben Gewährsleute – erfolgt im 17. Jahrhundert die Ausstattung gerade der Fachwissenschaften mit Bildmaterial: Elias Bodinus wird sie ausdrücklich für so unterschiedliche Bebilderungsbereiche wie Medizin, Theologie und Jurisprudenz einfordern. Vgl. Wolfgang Uwe Eckart: "Zur Funktion der Abbildung als Medium der Wissenschaftsvermittlung in der medizinischen Literatur des 17. Jahrhunderts". In: *Berichte zur Wissenschaftsgeschichte*, Bd.3, Wiesbaden 1980. S. 35-53.

2 Zit. nach Schaller: *Die Pädagogik des Johann Amos Comenius*, loc. cit., S. 366. Die Fronten und Grenzen einer barocken Datenverarbeitung – wie sie die Diskussion im Umfeld der literarischen *inventio* prägen, ist pädagogisch präfiguriert.

3 Zit. nach Schaller: *Die Pädagogik des Johann Amos Comenius*, loc. cit., S. 366.

gen Comenius die behauptete Naturordnung seiner Konstellationen im *Orbis pictus sensualium* schlicht ab.[1] Das hat einmal mehr Konsequenzen für jenen Ort, an dem die Dinge dieser Welt, ihre Bilder und ihre Adressen zusammentreffen können: Eine Adäquation findet – wenn überhaupt – an die jeweiligen Systemlogiken, nicht aber an die Ordnung der Natur statt. Becher führt das am Beispiel der Stube und ihrer Bestandteile vor und behauptet einen Umweg und eine Multiplikation, die ja gerade der Mnemotechnik von ihren Kritikern immer wieder vorgeworfen wird. Wunderbar wird seine Polemik gegen Comenius im Fall der Zangen, die im *Orbis pictus sensualium* weder in der Schmiede, noch in der Küche, dafür unter der Abhandlung der Malefitzstrafen – also in ihrer spezifischen Verwendung als Folterwerkzeuge – aufgeführt werden. Für den pädagogischen Fall des Fremdsprachenerwerbs setzt der Universalsprachenerfinder Becher nicht auf die Willkür arbiträrer Zuordnungen, sondern auf die Natürlichkeit von Etymologie, Synonym- und Homonymbildung und eine metaphysische Verwandtschaft zwischen Wörtern und Dingen. Eine Wortverwandtschaft, die – nach Schaller – kaum Unterschiede zur Konzeption bei Comenius aufweist.

Was den Gedächtniskünstlern bleibt, sind Werbestrategien und Mogelargumente. Ein Buno-Apologet namens Johann Raue versucht, Buno gar vor der Zugehörigkeit zu den verfehmten Mnemotechnikern zu schützen und liefert dazu eine wundersame Apologie seiner Grammatik.[2] Dazu betont er vorab den Nutzen einer gedoppelten Sinnesaffizierung "sonsten aber eine zweyfache schnur desto besser bindet" und die Konsequenz, nämlich die zur Veranschaulichung herangezogenen Fabeln nun selbst zu veranschaulichen: "Als hat gedachter *M. Johann Buno* eben dieselbe *Fabulas*, so wie dero verlauff und Einhalt mit sich bringt / abreissen / und durch unterschiedliche Farben *ad Faciliorem & simul Distinctionem Apprehensionem ac Memoriam illumi*ren lassen."[3] Sonnenklar, unstreitig und ganz unverdächtig hell sei es dabei zugegangen, und so kann Raue als vorgängige Vergleichsfelder einer so vermeintlich lichten Transparenz eine bunte Liste unterschiedlicher Veranschau-

---

1 Vgl. zu Bechers *Character, Pro Notitia Linguarum Universali* I/5. *Der bewegte Buchraum.*

2 Johann Raue: *Kurtzer Bericht / welcher massen die von M. Johanne Bunone angelegte Grammatica, Damit Er in Fabeln und Maehrlein die Regulas und Exempla der Jugend innerhalb 2 Monathen mit grosser Lust / vollkoemmlich / und auch zugleich fest einbilden kan / Recht und wol gegruendet sey*, Danzig 1649. Raue liefert Details über die Entstehung: nachdem er von einem "Hochedlen Rath zu Außfertigung dieser seiner Fabular Grammatik verbunden worden / als hat er er zue schuldigem Dienst und Gehorsamb dieselbe nicht allein werckstellig gemachet / sondern auch dieses Orts selbß gelehret". Zur Rolle Bunos für die Schulreform vgl. auch Johannes Kvačala: *Die pädagogische Reform des Comenius in Deutschland bis zum Ausgange des XVII. Jahrhunderts*, 2. Band, Berlin 1904.

3 Raue: *Kurtzer Bericht*, loc. cit., S. 10.

lichungstechniken heranziehen: geistliche wie weltliche Geschichte, die Fabeln des Äsop, "des *Globi utriusque Coelestis & Terrestris*, und aller Landkarten" und viele Beispiele aus dem Katechismus.

Zudem sei Buno ebenso behutsam wie anwenderspezifisch verfahren, "in dem man die Natur und eigenschafft der *Fabularum* zugleich mit dem *Captu Puerili*, wie auch mit den Bewegungen und *Inclinationen* der zarten Jugend *conferiret* und gegeneinander gehalten hat." Und für den großen Lehrerfolg, der seiner Lehrmethode zuteil wird, spielt Raue das Verstehen der *Bilder=Grammatik* gegen die blinde Auswendigkeit irgendwelcher Konzepte aus. Raue bringt die Vorwürfe gegen Buno – im Gegensatz zu Comenius – auf den Tisch und benennt in auffälliger Häufung den Vorwurf des Mißbrauches nebst der Konsequenz: "Daß wiewol der *Abusus* voriger *Grammaticarum Imperitos* also der *Abusus* dieser *Fabular* und Bilder=*Grammatik Deliros und Phreneticos* machen / dergestalt grösser Unheil stifften als aus dem wege reumen dörffte."[1] Nach einem Geplänkel, das die Ablehnung der Mnemotechnik im Rückgriff auf Autoritäten relativiert, läßt Raue die Katze endlich aus dem Sack: Bunos *Fabular und Bilder=Grammatik* sei überhaupt keine Mnemotechnik, "nach demmahl Sie nicht *per fictas ab ipso puero aut sic fingendas Imagines, Loca locorum que Dispositionem* lehret die Knaben *Imagines* machen / oder sich einbilden / da keine sind".[2] Buno verfahre mit seinem Bildtyp ganz anders: "sondern gleich wie Sie das *Subjektum, de quo agitur*, als eine gewisse Anzahl der *Nominum* oder *Verborum* alsobald selbß angreiffet / und die gantze *Fabulam ex Nominibus aut Verbis quidem istis Contextam, pro Materia substrata*, so wie dieselbe lautet / *immediatè* durch einen Holtz= oder Kupfferstich *repraesentiret* / also ist zugleich hell und Sonnenklar daß gedachte *Fabular-Grammatik* sich mit nichten in der *Mnemonicae*, sondern in der *Historiae forma propria*, als in *Narratione per Circumastantias*, eigentlich *fundire*." In Absetzung von erdichteten Geschichten und erdichteten Bildern gewinnt Raue für seine Lesart Bunos Anschlußmöglichkeiten an den pädagogischen Realismus, und damit an Comenius. Zwischen den vermeintlichen Kontrahenten besteht für Raue ein sonderbares Band der Handreichung: "Daß auch *M. Johan Bunonis Fabular-Grammatik*, welche in *Historica Narratione* bestehet / dem *Operi & Instituto Comeniano* in keinem Wege zuwider lauffe / sondern vielmehr derselben müsse die hülfliche Hand reichen und darbieten."

Den Nutzen gegenüber der Vulgarmethode feiert und beschwört Raue in einer Version des Unbewußten, die den pädagogischen *double-bind* von der antrainierten

---

1 Raue: *Kurtzer Bericht*, loc. cit., S. 36.
2 Raue: *Kurtzer Bericht*, loc. cit., S. 39.

Kreativität, von der *Schule der Geläufigkeit*[1] und damit auch eine grundlegende Möglichkeit im Wissenserwerb vorwegnimmt: das Vergessen oder das Löschen der Vorlagen.

> Muß doch die Kreyden oder Rötel / ja der so hochnötige und kunstreichester Abriß auff dem Leinwand und Grunde in den Contrafayten nit verbleiben / sondern übermahlet / also den Linien nach verleschen / und umb desto mehr durch die *Proportion*, Liecht und Schatten zuerkennen gegeben werden. Muß nicht in Ringen / Fechten / dantzen / nach erhaltener Fehrtigkeit / alle *Praecepta* vergessen / in den *Usum*, ja *Habitu ipsum* verkleidet / und gleichsam verwandelt werden?[2]

Raue nimmt eine Umcodierung Bunos vor und eröffnet ihm den Anschluß an das andere, pädagogisch sanktionierte Lager. Die concettistischen Höhenflüge – von Harsdörffers Elite in den Gesprächsspielen bis hin zu den biblischen Bildkryptogrammen Bunos – sollten aber über eines nicht hinwegtäuschen. Die Diskussion um die Mnemonik, über den Umweg des Wissens über irgendwelche Bilder, wird seine Spuren auch in den Bereich moderner Pädagogiken einziehen. Was ein realistisches Bild sein soll, ist dort so ungeklärt wie im Barock.

Buno nimmt keine *adäquatio* an die Natur, sondern an die Psychophysiologie des Menschen und an eine Konzeptgeschichte der Mnemotechnik vor. Was seine Kritiker – und selbst Volkmann noch – an seinen ebenso hypertrophen wie hybriden Bildwelten monieren, wiederholt und zitiert lediglich die Selbstbeschreibungssprache mnemotechnischer Traktate.[3] Die Mnemotechnik mußte immer schon die Grenzen des Darstellbaren verletzt haben, um als Auswendiges zustellbar zu sein. Ein eigenartiger Bildtyp ist das Medium, der die Benutzer verstricken muß und verstricken soll: *Double-bind* oder gar ein performativer Selbstwiderspruch sind nahe. Samuel Dieterich bringt den Bildtyp mitsamt seiner Wirkweise auf den Punkt: Die Frage – "Was vor Bilder soll man in die Oerter sinnlich hineinsetzen?" – beantwortet er in Engführung mit der Tradition einmal mehr mit einer Liste aus Adjektiven: "Grosse / unglaubliche / unerhörte / ungewöhnliche / neue / rare / verwun-

---

1 Vgl. dazu die Schulen der Geläufigkeit, der Fingerfertigkeit und des Virtuosen aus dem Umfeld der Musikpädagogik, etwa bei Carl von Czerny. Übergreifend zum Verhältnis Musik, Pädagogik und Körpergedächtnis Wolfgang Scherer: *Klavier-Spiele. Die Psychotechnik der Klaviere im 18. und 19. Jahrhundert*, München 1989.

2 Raue: *Kurtzer Bericht*, loc. cit., S. 44f. Vgl. zur Liste der Beispiele, die von den diversen Schulungen der Geläufigkeit immer wieder als Paradigmen bemüht werden Kleists "Über das Marionettentheater". In: *Werke und Briefe in vier Bänden*, loc. cit., Bd.3. S. 473-480.

3 Bei Volkmann geht das bis in die Adjektivwahl. Die Liste seiner Zuschreibungen, mit denen er die *imagines* denunzieren will, ist eine Untermenge mnemotechnischer Selbstbeschreibungssprache, zitiert also nichts anderes als die Programmatik der *ars memoria*. Volkmanns Argument ist damit tautologisch.

derns=würdige / schöne / häßliche / lächerliche oder beweinens=würdige Sachen. Denn die affiziren das Gedächtniß."[1] Die Eigenschaften der *imagines* liegen auf direktem Konfrontationskurs mit der Frage nach ihrer (Un-)Schicklichkeit. Damit ist der Raum eröffnet, um gute *imagines* von schlechten abzugrenzen und im Fall des Regelverstosses mit diskursiven Handgreiflichkeiten gegen schlechte Bildwelten vorzugehen.[2]

Die Bedingung der Möglichkeit einer solchen Rede liegt in der Materialität der Bilder: Weil *thätlich angemalt* wie im Fall Minks und Bunos, ist wenigstens der Gegenstand der Auseinandersetzung transparent. Im Fall der inneren Vorstellungsbilder wird genau die Uneinsehbarkeit cerebraler Innenräume zum Ausgangspunkt einer anders gelagerten Diskussion um die Grenzen der Darstellbarkeit, um Gedächtnishygiene und die Frage nach der Effizienz. Regelverstösse werden dort zwar durch die Systemvorgaben provoziert und aus guten Merkgründen eingefordert, zugleich werden aber auch Schranken sichtbar. Die Freigabe imaginärer Bildgenerierung und die Beschreibungsprache des imaginären Bildersturms ist also nicht vollständig, denn auch die Regelverstösse haben ihre Regularien und Kontrollinstanzen. Wenn die Mnemonik mit dem Postulat der Wahrscheinlichkeit für die Bildfindung weniger streng sein kann als etwa die Literatur, gibt es auch für ihre Bilder eine Grenze des Darstellbaren. Was bildtechnisch möglich ist, von allen Adjektivlisten eingefordert und abgedeckt wird, muß daher noch lange nicht erlaubt sein. Bestimmte Grenzen der Schicklichkeit sind auch im scheinbar unkontrollierbaren Reich der Vorstellungen einzuhalten: "Man beobachte das Decorum. Unschicklich wäre es, wenn man Christus am Kreutze so vorstellen wollte, dass Maria auf seiner rechten, Iohannes auf der linken Hand, Maria Magdalena auf seinem Kopf stünde."[3]

Die Kreuzigungsszene als Akrobatennummer, so sehr sie auch die Forderungen der ciceronischen Auffälligkeit erfüllen würde, fällt also aus dem Rahmen einer Bilderpolizey. Was von Schenckel als hypothetischer Bilderverstoß inszeniert wird, hat einen sonderbaren Stellenwert innerhalb seiner eigenen Rede: Er ruft auf und stellt seinen Lesern in der Klammer der Bildprohibition zu, was für diese genau nicht zu sehen sein soll, weil es nicht zu sehen sein darf. Die Rede der Mnemotechniker wird zur (mentalen) Selbstzensur: Analog zum Concettismus werden im Moment der Freigabe Regulative im Umgang mit Regelverstössen eintrainiert. Sa-

---

1 Dieterich: *Cornu-Copiae Dispositionum Homileticarum*, loc. cit., S. 354.

2 Und selbst der von allen so gescholtene Buno mahnt gelegentlich zur Mäßigung im Umgang mit allzu monströsen Bildern: "Mnemonica inquam, quae tanquam monstrosis imaginibus memoriam obtundant". Buno: *Tabularum Mnemonicarum Historiam Universam*, loc. cit., Widmung.

3 Klüber: *Compendium der Mnemonik*, loc. cit., S. 31.

muel Dieterich wird von seinen Kollegen handeln, vom Nutzen einer freien Bildgenerierung nach deren Muster reden und gegen Winkelmann die rote Karte zücken: Auf die Frage "17. Was hälstu von der *Caesarologia Winckelmanni?*" erfährt der Leser als sechste Teilantwort:

> 6. Aus der *Caesareologia Winckelmanni* und *Bunonis* Bilder=*Historie* und dergleichen Büchern kan man fein lernen die *Artem memoriae per locos & imagines*, wie man nemlich selber allerley Bilder der *Memoriae* dienlich erfinden soll. Wiewohl man im *Winckelmanno* etliche Bilder findet / die wider die Ehrbarkeit lauffen / die muß man vorbey streichen lassen / oder was ärgerlich auskratzen.[1]

Es ist aber nicht nur die Schicklichkeit, gegen die verstoßen werden kann, auch der Unsinn und seine Gefahr, Wahnsinn zu induzieren, werden eingeklagt. Aretin wird in seiner *Systematischen Anleitung* von einem Prozeß berichten, bei dem gegen einen Mnemoniker genau in diesem Punkt verhandelt wird. Immer wieder werden das Vermögen der Dichtung und die Techniken der Rhetorik angesprochen, um den systemnotwendigen und zugleich problematischen Mehrwert einzuklagen. Dessen Gefährlichkeit liegt auf der Hand: Ein Hypertrophwerden der *imaginatio* ist der Preis einer Merktheorie, die einen scheinbar so freien Umgang mit Örtern und *imagines* fordert und ermöglicht. Immer wieder argumentieren die mnemotechnischen Bildregieanweisungen daher mit den Strategien der Dichtung, die das zu Merkende mit dem "Reitz der Poesie"[2] ausstaffieren soll. In einer Systematik der zu verwendenden Bilder, die der Achse unvollkommener und vollkommener Bilder folgt, und als Antwort auf die Frage einer Echtzeitübersetzung potentieller Inhalte in die Merkbilderwelten, versichert Schenckel in einer älteren Ausgabe seiner *Gazophylacium artis memoriae*: "solche Bilder entstehen auf der Stelle, wenn man irgend eine merkwürdige Sache durch Dichtung hinzufügt."[3] Klärende Beispiele folgen: Das Bild einer aufgehenden Sonne ist unvollkommen. Taucht sie allerdinges unter Hinzunahme von Farb- und Größenattributen auf, heißt ihr Bild vollkommen. Ähnlich geht es einem nur einfach wehenden Wind, der erst durch ein Szenario von ausgerissenen Bäumen und einstürzenden Häusern in die Galerie akzeptabler Stoffbilder aufgenommen wird.[4]

Die Mnemonik nimmt die Systemstelle Mensch ernst und entläßt ihn aus der Pflicht mechanischer Auswendigkeiten, die ihn vom Selbstdenken abhalten und damit entmündigen. Aus dem Diktat des Merkens wird eine raffinierte Humanwis-

---

1 Dieterich: *Cornu-Copiae Dispositionum Homileticarum*, loc. cit., S. 357.
2 Gräffe: *Neuestes Katechetisches Magazin*, loc. cit., S. 85.
3 Klüber: *Compendium der Mnemonik*, loc. cit., S. 30.
4 Vgl. dazu auch Aretin: *Systematische Anleitung*, loc. cit., III. Buch, S. 318 und II/5. *Die gelehrigen Körper des Merkens*.

senschaft, die ihre Effizienz durch den strategischen Zusammenschluß von Kodifizierung und Individualisierung erhöht.[1] Dazu darf oder muß ein Umweg über das Benutzergedächtnis als Imagination beschritten werden, der schlicht ein Verstoß gegen alle anderen Speichersysteme und deren Effizienz ist. Merken wie Lesen werden über ein Raster individueller Verhaltens- und Denkweisen geführt, das alte und geächtete Auswendigkeiten gegen eine Psychologie des Gedächtnisses ausspielt. Was die Literatur oder eine sanktionierte Ikonographie vorenthält, sollen und können die Leute bis zu einem bestimmten Grad selbst in sich entfesseln: Von Rhetorik und Mnemonik mit imaginären Sinnen versehen, können und sollen potentielle Benutzer in einem virtuellen Raum mentaler Operationen Bilder entfesseln, die aus funktionalen Gründen gängige Bildkonzeptionen gezielt unterlaufen. Eine Adjektivliste, mit der Keckermann die Grenzen sanktionierter Metaphorik beschreibt, bringt den Status der je anderen Bilder auf den Punkt. "Metaphorae ne sint durae, absonae, rusticae, obscenae & leues."[2] Läßt man Keckermanns Negation weg, ist man bei den Adjektivlisten der mnemotechnischen Auffälligkeit. Die Mnemotechnik muß einen Bildtyp decken können, der aus der Ordnung der Rede, wie sie Keckermann vorstellt, zu verbannen ist. Dieterich – und das kennzeichnet seine Funktionalisierung der Rhetorik – wird gerade deren Tropologie für die Bildfindung veranschlagen können. Der Modus mnemonischer Übersetzungen ist und muß – soll er überhaupt wirken – phantastisch oder phantasmatisch sein.[3]

Die Sorge um die mögliche Fehlbelegung der *memoria* und damit die Gefahr mnemotechnischer Fehleinschriften kennt einen Spezialfall, der die Diskussion um Anschaulichkeit und Schicklichkeit, um Effizienz und Umweg vollends zuspitzt. Die Traktierbarkeit sensibler Gedächtniskörper wird zum vordringlichsten Anliegen gerade dort, wo andere Sinne ausfallen oder versagen: bei Kindern, die den Kontext der Welt noch nicht internalisiert haben und vor allem im Defekt der Taubstummheit. Als Spezialfall einer allgemeinen Pädagogik, von der sie personell wie inhaltlich etwa auf dem Feld einer Leselernerziehung kaum zu trennen ist, muß und

---

1 Michel Foucault beschreibt einen analogen Zusammenschluß in der Rechtsprechung gegen Ende des 18. Jahrhunderts. Sie beruht auf der Modulierung des Täters anstelle seiner Tat zum Zwecke einer verbesserten Genauigkeit bei der Strafzumessung. "Die Individualisierung erscheint als die eigentliche Absicht einer exakten Kodifizierung." Vgl. ders.: *Überwachen und Strafen*, loc. cit., S. 127.

2 Keckermann: *Systema Rhetoricae*, loc. cit., S. 214.

3 Vgl. zur "Kreuzung von Gedächtnisimaginatio und dichterischer Einbildungskraft" Renate Lachmann: *Gedächtnis und Literatur. Intertextualität in der russischen Moderne*, Frankfurt/M. 1990, S. 34ff. Die Gefahren einer Gedächtnishypertrophie beschreibt Lachmann in der aktuellen Variante von Lurias Mnemonisten. Vgl. "Die Unlöschbarkeit der Zeichen: Das semiotische Unglück des Mnemonisten", loc. cit.

wird sie von der Macht der Bilder einen Gebrauch machen, der mit ökonomischen
Umwegen vollends auf Kollisionskurs gerät.[1] Gerade weil den Taubstummen das
Korrektiv akustischer Interventionen versagt ist, wird ihre *memoria* zur heiligen *tabula rasa*. Ein Diskursverbund aus Theologie und diversen Pädagogiken unterstellt
sie ihrer Sorgfaltspflicht und ein anderer Diskursverbund aus Philosophie und
Seelenwissenschaft wird sie zum Experimentaltestfeld kognitiver Entwicklung
überhaupt proklamieren.[2] Die Taubstummheit ist damit nicht nur ein Testfeld für
alphanumerische Codes und die Entwicklung diverser Kommunikationsstrategien,
für die Taubstummenpädagogik wird die Zustellung von Inhalten durch Bilddaten
unabdingbar. Das Problem ist denkbar einfach: Wenn Korrekturmöglichkeiten
durch das Gehör ausfallen, muß der verwendete Bildtyp einen Klartext sprechen,
den es nicht gibt und der dennoch immer wieder von ihren Sachwaltern behauptet
wird. Zu denen gehören auch Theologen und der von ihnen propagierte Einsatz von
Bilder-Bibeln: Um das Seelenheil und die Sakramentenfähigkeit der Taubstummen
bemüht, wird die Pastorale so zu einem der führenden Motoren in der visuellen
Pädagogik des Defekts.

Das Reich mnemotechnischer *imagines* würde den Defekten jedenfalls zum Verhängnis. Stattdessen setzen die Pädagogen auf unterschiedliche Verfahren der Visualisierung und proklamieren immer wieder die Einsehbarkeit der Bilder als Evidenz. Das hat natürlich auch Konsequenzen für Sprachfiguren: Eine Rhetoriktil-
gung avant la lettre wird zum Programm der Pädagogen. Die Taubstummen – so
heißt es – seien dem Einfall von (Sprach)Figuren und uneigentlichen Redeweisen
schutzlos ausgeliefert. Der Aufschub, der zwischen Performanz und Kognition der
Sprache steht, droht ihnen unendlich zu werden. "Jahrelang schleppt oft der Taubstumme so eine falsche Assoziation von Form und Sache herum; [...] Solche
Fehlassoziationen erfahren beim Vollsinnigen durch die Umwelt meist rasch eine
Berichtigung, während sie beim Taubstummen als Hemmung stehen bleiben, bis

---

1 Vgl. zur Situierung Hans Werner: *Geschichte des Taubstummenproblems bis ins 17. Jahrhundert*, Jena 1932.

2 Zum epistemischen Aufschwung unbelegter Speicherflächen und dem Phantasma eines idealen
   Experimentierfeldes durch Philosophie und (Experimental)Psychologien vgl. die entsprechenden
   Diskussionen in der Goethezeit. Das spezielle Interesse an Taubstummen und Blinden im Umfeld diverser Experimentalseelenlehren etwa steht genau in diesem Trend; versucht wird, das kognitive Alphabet des Menschen in einer absoluten Unverstelltheit nachzubuchstabieren. Frei
   von Rhetorik und unbelastet durch Umwelteinflüsse soll hier absoluter Klartext herrschen. Niederschlag finden solche Konzepte u.a. im *Magazin zur Erfahrungsseelenkunde* bei Karl Philipp
   Moritz.

der Zufall sie entdeckt."[1] Im Reich des Defekts, das nur Augen, aber keine Ohren kennt, würden Bunosche Mnemoniken den Ausnahmezustand beschwören. Vor diesem Hintergrund wird die heftige Polemik, die von dem Juristen Johann Paul Kreß gegen alle Sinnbildkünste aufgebracht wird, nur allzu verständlich. Gerade weil die Einbildungen der Menschen einer innerlichen "Gemüths=Sprache" gleich- kommen, "da die Seele sich über die durch die Sinnen ihr zu geflossenen Bildun- gen oder Ideen im Gehirne bey sich selbst bespräche",[2] werden ihm barocke Sinnbildkünste zum Kommunikationsalptraum schlechthin und das nicht nur für die Taubstummen. Doch die trifft es besonders hart, hängt ihr Status als juristische Person von der Möglichkeit adäquater Kommunikation ab.

Kreß rollt diese Problematik am Fall eines grausamen Mordes auf, der 1727 von dem taubstummen Johann Christoph Eggert an einer Hirtenfrau begangen wurde. Jenseits aller Details über das Verhör per Zeichen wird Kreß unterschiedliche Stimmen über den juristischen Ort der Stimmlosen versammeln: Für eine dieser Stimmen darf die Möglichkeit der Verlautbarung mit der Präsenz des Menschen zu- sammenfallen. "Und Pompejus in L. fin. de V.S. vergleichet sie den Abwesen- den."[3] Die Folgen eines Mißverstehens wären in jedem Fall verhängnisvoll, und so wird Kreß in seiner Applikation gleich von zweierlei Skrupel geplagt: "ob der stumme Inquisit seiner Zeichendeuter Zeichen gewiß verstanden / und ob diese Deuter auch hinwiederumb / was der Stumme mit Mienen / und Bewegungen dar- auff angewiesen / völlig angenommen haben".[4] Kreß' Interesse an einer Kopplung von Rechtsprechung und Defekt ist alles andere denn kontingent. Die Jurisprudenz ist eine der zentralen Stellen für kommunikative Vereindeutigungen; und sie wird es auch bleiben. Auf der Suche nach Strategien der Vereindeutigung verweist Kreß auf Franziscus M. van Helmont: Auch der führt zum Wohle der Taubstummen ein Konzept von Mimesis an. Das Naturalphabet, das er empfiehlt, (prä)figuriert die Stellung der bei der Aussprache beteiligten Organe (vgl. Abb. 21). Eine Mimesis an die Physiologie des artikulierenden Körpers im Verlauf der Stimmartikulation soll

---

1 Bund deutscher Taubstummenlehrer: *Handbuch des Taubstummenwesens*, Osterwieck am Harz 1929, S. 459. Zum Verhältnis von Rhetorik und Defekt vgl. vor allem S. 258ff.

2 Johann Paul Kreß: *Kurtze juristische Betrachtung von dem Recht der Taub= und Stumm ge- bohrnen Absonderlich Was es mit selbigen in der Criminal Juris-Prudenz, und Peinlichen Be- straffung vor eine Beschaffenheit habe / Bey einen Sich in dem Herzogthum Magdeburg eräug- neten sonderlichen Fall*, Wolfenbüttel o.J., S. 21.

3 Kreß: *Kurtze juristische Betrachtung von dem Recht der Taub= und Stumm gebohrnen*, loc. cit., S. 14.

4 Kreß: *Kurtze juristische Betrachtung von dem Recht der Taub= und Stumm gebohrnen*, loc. cit., S. 52.

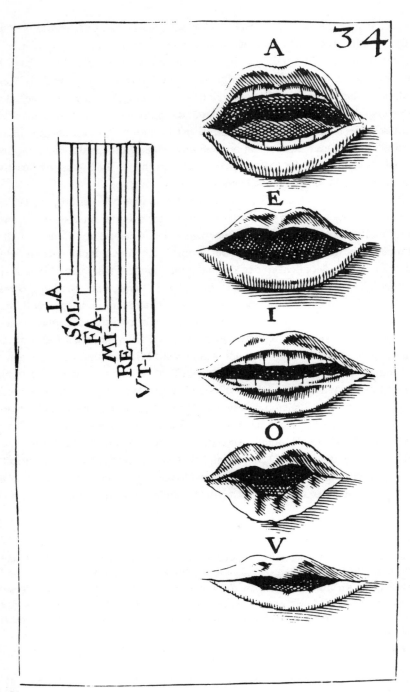

Abb. 21

eine Evidenz der Sprache ermöglichen.[1] Mit heftiger Kritik überzieht Kreß dagegen
die *katholischen Bilder=Krähmer* und führt als Exemplum die enigmatischen Umtriebe der Allegorie an.

> Denn z.E. wenn jemand das Bild Der Frauen mit verbundenen Augen, einem Schwerd in der
> einen / und einer Wage in der andern Hand zehenmahl angesehen hat / wird er doch ohne mündli-
> che Erklährung schwehrlich erraten / daß dieses die gerechtigkeit seyn soll.[2]

Selbst die Zusatzinformation, es handle sich dabei um die Tugend der Gerechtigkeit, hilft einem Zeichendeuter da nicht weiter: Nur ein komplettes allegorisches Le-
seprogramm würde das Rätsel allegorischer Unanschaulichkeit lösen. Von unge-
trübter Klarheit hingegen zeichnet Kreß das Bilderreich seiner Taubstummen. Um
den Defekt, der bis ins 19. Jahrhundert hinein als große Nähe zum Wahnsinn ein-
geschätzt wurde, gehörig abzusetzen und so auch die Taubstummen mit gewissen
juristischen Kompetenzen auszustatten, erteilt er ihnen das volle und buchstäbliche
Regiment über ihre Bildertruppen. Kein Fremdeinfluß und keine Psychologie
könnte ihre Souveränität trüben, Einschleichungen und ungewollte Bildverbin-
dungsmechanismen haben im Idyll des Juristen Kreß keine Chance. Aber die Tage
dieses selbstbewußten Bilderregiments werden gezählt sein.

> Dergleichen practiciret auch der Taubstumme mit seinen Bildern / mit welchen er sich in Er-
> mangelung der Worte behelffen muß / diese exerciret er rechts um / lincks um um / bringet sie
> in Glieder / Compagnien und so weiter. Ist der Stumme wohllustig / so wird das Bil-
> der=Exercitium geschwinde getrieben; ist er aber melancholisch / so marchiren die traurigen und
> schrecklichen Bilder mit Haltung vieler Rast=Tage auf dem Marsch. Ist er ambitiös, wird er bey
> dieser Bilder=Musterung desto unterschiedlicher und ordentlicher verfahren.[3]

Doch damit der Taubstumme überhaupt Bilder hat, die er dann so wundersam in
Abhängigkeit zu seiner Charakterdisposition und seinen Affekten exerzieren kann,
muß er allererst erzogen werden und das heißt mit den richtigen Bildern versorgt
werden. Die Vermittlung der richtigen Bilder wird zu einem Haupteinsatzgebiet diverser Lehrmethoden und führt zu Überkreuzungen aller nur möglichen Bildtypen
auch aus dem Dunstkreis von Mnemotechnik und Emblematik. Von den dabei anstehenden Schwierigkeiten bei der rechten Auswahl taubstummenpädagogisch

---

1 Vgl. Franziscus M. van Helmont: *Kurtzer Entwurff des Eigentlichen Natur-Alphabets der Heiligen Sprache: Nach dessen Anleitung man auch Taubgebohrne verstehend und redend machen
   kan*, Sultzbach 1667.

2 Kreß: *Kurtze juristische Betrachtung von dem Recht der Taub= und Stumm gebohrnen*, loc. cit.,
   S. 37.

3 Kreß: *Kurtze juristische Betrachtung von dem Recht der Taub= und Stumm gebohrnen*, loc. cit.,
   S. 30.

nutzbarer Bilder berichtet ausführlich der Universalsprachenerfinder Johann David
Solbrig. In seinem *Bericht / wie er mit der Information zwey tauber und stummer
Personen in seiner Gemeine verfahren* von 1717 konstatiert Solbrig, er habe auf
seiner Suche nach Lehrmitteln die Welt der Bilderbücher durchforstet, "aber kein
einziges angetroffen, welches ich für diese Leute geschickt zu seyn erachtet".[1]
Solbrig bleibt sein Unbehagen mit den etablierten Bildspeichern nicht schuldig:
"Derohalben habe müssen nach meiner eigenen *invention* Bilderchens mahlen lassen, so einfältig und deutlich es immer möglich gewesen, daß sie eine Proportion
mit dem Begriff dieser Leute gehabt haben."[2] Und Solbrig läßt es nicht unerwähnt,
welchem Personenverbund die Taubstummenseelsorge derlei *Bilderchens* und
damit die *Proportion mit dem Begriff* der Defekten verdankt. Als Maler dient
Solbrig ein verkrüppelter Schullehrer, der "an jeder Hand nicht mehr als einen
einzigen Finger hat, doch aber mit Hülffe eines Ringes, woran noch eine Oehse
(wie wir es hier nennen, oder ein Oehr) ist, welchen er überziehet, und durch die
Oehse die Feder sticht, gar sauber schreiben und artig mahlen kan."[3] Die Invention
mit dem Malerring verdankt Solbrigs Mitarbeiter seinerseits einem Lehrmeister,
dessen "er sich allemal mit Danckbarkeit erinnert" und daher Solbrigs Verpflichtung
um die "elenden Personen" um so bereitwilliger nachkommt. Über die Bilder, die
er malt, geben in Solbrigs Publikation nur die Beschreibungen Aufschluß. Der
Schulmeister wird den Sündenfall, die sanktionierten Stationen des Lebens Jesu
von der Geburt über die Kreuzigung bis zur Wiederauferstehung ins Bild setzen.
Doch auch die Zehn Gebote, die Macht des Gebets und selbst die Eingebung guter
und böser Gedanken werden in einen Verbund aus Bild und Text festgehalten.
Denn ohne Schrift verfehlt auch Solbrigs *adäquatio* an die Taubstummen ihren
Adressaten: "Unter ein jedes Bild habe ich gewisse *theses* geschrieben und erkläret.
Es ist wiederum, wie bey denen Geboten, bald dieses bald jenes Bild erkläret, ja ab
und zu bald diese bald jene *thesis* hinzu gethan, bis so viel zusammen gekommen,
daß man es gnug zu seyn erachtet."[4] Was Solbrig seinem Leser als Evidenz ver-
kauft, ist lediglich die *adäquatio* an ein weniger komplexes Schriftsystem, damit an
einen Reduktionismus der Begriffe, der im Wortlaut mit analogen Formulierungen
aus der Universalcodeerstellung seiner *Allgemeinen Schrift, Das ist: Eine Art durch
Ziffern zu schreiben* aus dem Vorjahr überein stimmt.[5] "Weil auch unsre Teutsche

---

1 Johann David Solbrig: *Bericht / wie er mit der Information zwey tauber und stummer Personen
   in seiner Gemeine verfahren, denen er durch GOttes Gnade Den Verstand des gantzen Catechismi
   beygebracht*, Saltzwedel 1727, S. 12.
2 Solbrig: *Bericht*, loc. cit., S. 12.
3 Solbrig: *Bericht*, loc. cit., S. 12.
4 Solbrig: *Bericht*, loc. cit., S. 13.
5 Vgl. dazu I/5. *Der bewegte Buchraum.*

Mutter=Sprache in vielen Stücken für solche Leute sehr schwer zu verstehen ist, habe ich nicht umhin gekont, deren Zierligkeit ofte beyseite zu setzen, und so zu sagen unteutsch mit ihnen zu handeln."[1] Als Beispiel für solche Sprachkonzessionen nennt er einfache Versetzungen: "Wenn ich deshalb z.E. hätte schreiben sollen: Der HErr JEsus fassete den Krancken an, und richtete ihn auf, so habe ich dafür gesetzt: Der HErr JEsus anfassete den Kranken, und aufrichtete ihn. &c. Und dergleichen Versetzungen sind offte vorgekommen."[2] Solbrigs Taubstummer gerät aber nicht nur in die Engführung syntaktischer Anordnungen und ihrer Verstellbarkeiten, sondern auch in eine gefährliche Nähe zu semantischen Konventionen. Weil er nicht mit Synonymen umgehen kann, rückt sein Lehrer "lieber von der Zierlichkeit der Sprache ab, als daß ich ihn mit vielen *Synonimis confundiren* solte, und lasse michs nicht hindern, weinn ich ihm etwa vorschreiben solte: Was werden die Menschen davon sagen? an statt: Was werden die Leute davon sagen?"[3] Besonders fatal gerät dem Taubstummen die Buchstäblichkeit: Minimale Unterschiede in der Schreibweise haben weitreichende Konsequenzen für das Verstehen, und so muß Solbrig auf eine einheitliche Typographie sorgfältig Acht haben.

So muß ich mich auch immer erinnern, wie ich ihm iedes Wort vorgeschrieben, und es allemal auf einerley Art schreiben. Sonsten, wenn ich etwa einmal einen grossen Buchstaben, das andere einen kleinen setze, oder irgend ein h wo hinein rücke, da ichs das erste mal nicht gethan, oder sonst etwas verändere, dergleichen sonst ohne Fehler geschehen kan, so wird er gleich *confus*, und meynet, es werde eine neue Sache dadurch angedeutet. Woraus zu erkennen, mit was Geduld und Behutsamkeit dergleichen *Information* zu führen sey.[4]

Neben solcher Sorgfalt auf die Typographie tut immer wieder die *adäquatio* an die Begriffswelt seines Zöglings not. Da versagt dann auch der Wortlaut des Katechismus und statt dessen darf die Lebenswelt des Jungen in ihr Recht treten. Mariens Jungfräulichkeit wird durch Umschreibung und einen Verweis auf die Schulmädchen seinen Vorstellungen angepaßt: "(die keinen Mann gehabt, auch nicht Ehe

---

1 Solbrig: *Bericht*, loc. cit., S. 17f.
2 Solbrig: *Bericht*, loc. cit., S. 18.
3 Solbrig: *Bericht*, loc. cit., S. 24. Die Empfehlungen der Mnemotechniker sind analog: "Man substituire nicht ein Synonimum für ein Synonimum. Hier pflegt man leicht zu irren." In: Klüber: *Compendium der Mnemonik*, loc. cit., S. 36. Zum Verhältnis von Mensch und Buchstäblichkeit über den Anlaß einer Defektensemiotik hinaus sei auf Philipp Carl Hartmanns *Der Geist des Menschen in seinen Verhältnissen zum physischen Leben, oder Grundzüge zu einer Physiologie des Denkens. Für Ärzte, Philosophen und Menschen im höheren Sinne des Wortes* (Wien 1820) verwiesen.
4 Solbrig: *Bericht*, loc. cit., S. 24.

gebrochen, sondern noch so ein Mädgen, wie die Schul=Mägdgens, die auch damals zum heiligen Abendmahl *praepari*ret wurden)".[1] Und erst nach all diesen Ab-
schweifungen kommt Solbrig auf den Punkt des Bildes, das er so ganz anders ins
Werk zu setzen verspricht: "Es möchte etwa jemand gerne meine *invention* von Bildern wissen wollen."[2] Doch mit der alternativen Bildwelt ist es nicht so weit her
wie Solbrigs Ankündigungen das vermuten lassen: Das *Predigt=Amt Christi* wird
durch einen buchtragenden Jesus im Kreise einer Zuhörerschar vorgestellt, und
darunter die Bibelworte gesetzt "von den Predigern, die von Christo beruffen, das
Wort GOttes, zu predigen, vom Gehorsam und Liebe, so man denen Predigern
schuldig, von der Macht, Sünde zu vergeben, so denen Predigern anvertrauet,
u.s.f."[3] Analog sind auch die anderen Bilder aufgebaut, und so wird ihr Verständnis einmal mehr zur Funktion der beigegebenen Schrift. "Welches die darunter gesetzten *theses* wiederum erklären." Die Schrift darf dabei ebenso integer bleiben
wie die beigegebenen Illustrationen. Um sich von der Bildwelt seines Zöglings nun
selbst ein Bild zu machen, muß Solbrig zum Leser werden: Ein anfängliches Verstehen glaubt er der Mimik seines Schülers zu entnehmen, bevor dann der Junge
selbst zur Feder greift und beginnt,

> selbst seine eigene Gedancken schrifttlich an den Tag zu geben: Solches ist nun zwar die meiste
> Zeit sehr lächerlich und verkehrt heraus gekommen, doch aber ein Beweiß gewesen dessen, daß
> er mich verstanden, und daß er ihm einen *concept* wovon zu machen vermögend sey, und folg-
> lich die Minen, welche er machet, nicht etwa aus der Ubung lernet, wie der Papagoy das Re-
> den, davon er nichts verstehet, sondern daß selbige ein Ausdruck seiner Gedancken seyn; zuwei-
> len aber, welches ich höchstens bewundert, ist eine ordentliche *construction* heraus gekommen,
> und hat, wie man im Sprüchwort saget, auch eine blinde Taube eine Erbsen gefunden.[4]

Da die direkte Kontrolle der Gebete seines Taubstummen nur dem vorbehalten
bleibt, "der Hertzen und Nieren forschet", bleibt für seinen weltlichen Seelsorger,
Taubstummenpädagogen und Universalsprachenerfinder nur die Rückkopplung im
Modus der schriftlichen Beichte: "Wenn er auch nun zur Beichte kommt, so über-
reicht er mir dieselbe schrifftlich, und hat den Tag dabey gesetzet, den wir nach
dem Calender haben, wie auch seinen vollen Nahmen: *Christian Franck*".[5] Solbrig
redet für seine Pädagogik einer Einfalt der Schrift und einer Einfalt des Bildes das
Wort. Der Defekt zwingt ihn zu Reduktionismen, die all die Reden über die Anschaulichkeit der Bilder und einen effizienten Wissenserwerb zuspitzt. Als Inver-

---

1 Solbrig: *Bericht*, loc. cit., S. 14.
2 Solbrig: *Bericht*, loc. cit., S. 18.
3 Solbrig: *Bericht*, loc. cit., S. 18.
4 Solbrig: *Bericht*, loc. cit., S. 19f.
5 Solbrig: *Bericht*, loc. cit., S. 16.

sion sämtlicher Concettismen wird der Taubstumme zum Testfeld eines Verstehens, das in der Summe seiner Details und in allen Stadien seiner Entwicklung minutiös nachvollziehbar sein soll. An der Zahl wie an der Komplexität der Verbindungsleistung wird für Solbrig das Verstehen seines Zöglings ablesbar. Verfügt der zu Beginn der Unterweisung nur über ein Minimalset an Wörtern und topischen Versatzstücken ("das Pferd ist groß, der Hund ist klein, der Vogel hat Flügel, der Mensch hat Füsse etc"), wird gerade hier die Instruktion Ausweitungen vornehmen: "Die Förmelchen sind denn mit der Zeit grösser geworden, und mehr *particulae* hinzu gethan, auch die *praepositiones* ihm beygebracht. Und also ist etwa dergleichen heraus gekommen: Christian (so heisset er) kan essen [...], Christian soll zum Priester kommen: Christian hat gestern nicht viel geschrieben, muß morgen mehr schreiben u.s.f.".[1]

Der bloße Ausfall eines Wortes, das noch nicht eingeführt ist, stürzt den Zögling in einen Abgrund. Als ihn Solbrig mit der Botschaft von der Erlösung des Menschen traktiert, ist die Voraussetzung – die Erlösung Christi – noch nicht eingeführt. Solbrig vertröstet ihn auf einen späteren Zeitpunkt, kann er doch das Wort Erlösung nicht erklären, "bis ich alle Bilder vom Leiden, Sterben, Auferstehung und Himmelfahrt Christi mit ihm durchgegangen war."[2] Der sechswöchige Aufschub wird für den neugierigen Jungen zum Martyrium, er weist immer wieder auf das Wort und sein Unverständnis verfolgt ihn – so berichtet Solbrig – bis in die Tiefen des Schlafs: "und weil es ihm niemand erklären können, hat er auch des Nachts davor keine Ruhe gehabt, sondern offte gegruntzet, und so bald er aufgestanden, wieder auf das Wort gewiesen."[3] Der Tag der Aufklärung wird selbst zur Erlösung und man kann nicht glauben, "mit was vor hefftiger Freude der Mensch in die Höhe gesprungen, und seine Ergötzung darüber bezeuget, daß er nun wisse, was die Erlösung Christi bedeute."[4]

Solche Berichte – in all ihrer Parteilichkeit und auch in all ihrer Schönheit – sollten über eines nicht hinwegtäuschen: Der Defekt der Taubstummheit avanciert zum Testfeld für den pädagogischen Umgang mit Bildern, und die Frage nach der Anschaulichkeit wird dort in einer Drastik verhandelt, die für die concettistischen Bildwelten zur Positivfolie werden wird. Die schlechten Bilder der Mnemotechniker werden immer wieder an den pädagogischen Standards einer – in sich völlig unausgewiesenen – Rede von der Transparenz gemessen werden. Für die Taubstummen oder für den Bereich einer Semiotik des Defekts herrschen Sonderregeln,

---

1 Solbrig: *Bericht*, loc. cit., S. 4f. Vgl. dazu noch einmal I/3. *Barocke Operatoren*.
2 Solbrig: *Bericht*, loc. cit., S. 22.
3 Solbrig: *Bericht*, loc. cit., S. 22.
4 Solbrig: *Bericht*, loc. cit., S. 22.

die das Verhältnis zwischen Anschaulichkeit und entziffernder Lektüre, zwischen Transparenz und Enigmatik auf den Punkt bringen können. Doch die pädagogische Anschaulichkeit ist oder bleibt ein Konstrukt; sie erreicht ihre Adressaten nur auf Umwegen: Die zugesprochene Augenfälligkeit, über die Inhalte so mühelos einsehbar und damit evident werden sollen, ist – ob für Mnemotechnik, emblematische Lehrmethodik oder in den diversen Erziehungslehren – ein Effekt der Schrift. Sie zu etablieren und damit ein Reich pädagogischer Zeichen zu errichten, wird zur vornehmsten Aufgabe nicht nur der Defektenpädagogik. Die Übergänge zwischen Allgemein- und Defektenpädagogik sind – wie am Beispiel Christian Hinrich Wolkes gezeigt – fließend. Wenn es um die Vermittlung kultureller Zeichensätze geht, arbeiten unterschiedliche Diskurse Hand in Hand. Das Bemühen, staatliche Zeichenhaushalte zu optimieren, reicht von verbesserten Alphabetisierungsmethoden für Schulkinder bis zu theoretisch angelegten Universalsprachenprojekten, die oft im Umfeld einer sehr konkreten, weil praxisbezogenen Taubstummenpädagogik entstehen. Auch im Rahmen der Pasiegraphie wird dabei immer wieder auf die Effizienz der Bildersprache und damit auf die Bedeutung ideographischer Hieroglyphen verwiesen.[1]

Franz Herrmann Czech, Professor am *k.k. Wiener=Taubstummen=Institute*, plant mit einer *Versinnlichten Denk- und Sprachlehre* den Anschluß der Taubstummen an das Gottesreich.[2] Doch damit das Reich Gottes unter den Taubstummen ebenso allgemein verbreitet werden möchte, als unter ihren vollsinnigen Mitmenschen, müssen aufwendige Tafelwerke Sprechen wie Denken ins Medium der Visualität und damit in Mnemotechnik übersetzen. Die Verpflichtung im Namen einer Anschaulichkeit ist auch für die emblematische Lehrmethodik des Wiener Taubstummenseelsorgers verstellt: Neben der Schrift, die vorschreibt, was zu sehen und zu merken sein soll, arbeitet Czech mit einem graphischen Sonderzeichensatz, der die aufwendigen Visualisierungen ergänzt. Pfeile – kreisförmig oder linear – regeln die Zuordnung einzelner Bildpartikel und ein Verweissystem vernetzt Bildertafeln und die Schriftpassagen auf eine Weise, daß selbst abstrakte grammatische Verhältnisse taubstummenpädagogisch vermittelbar werden. *Halbvergangene, vergangene, längst vergangene, bedingte gegenwärtige, bedingte vergangene und künftig vollbrachte Zeit*, der Unterschied zwischen tätiger und ziehender Form der Zeitwörter oder der Gebrauch der Partikel verdanken ihre Anschaulichkeit einem ausgefeilten System, das Text, Bild und die graphischen Sonderzeichen minutiös

---

1 Zu ihrem systematischen Nutzen für eine zeit- und raumsparende Denkschreibkunst vgl. Friedrich Immanuel Niethammer: *Über Pasigraphik und Ideographik*, Nürnberg 1808.

2 Franz Herrmann Czech: *Versinnlichte Denk- und Sprachlehre, mit Anwendung auf die Religions= und Sittenlehre und auf das Leben*, Wien 1836.

aufeinander bezieht. Das Sehen seiner versinnlichten Methode ist eine aufwendige Lektüre, die Anschaulichkeit Gewöhnung an die damit einhergehenden Decodierungsleistungen und ihre vorherige Vermittlung: Ohne Gebrauchsanweisungen gibt es auch hier keine Evidenz. Bunos Paradox in Sachen Anschaulichkeit wird auf Czechs Tafeln mit den positiven Vorzeichen der Pädagogik wiederholt. Der Augenschein ist – ob im Bildconcettismus oder in Taubstummenschulen – ein Phantasma und ohne Interventionen nicht zu haben. Aber wie auch bei Kreß kann Czechs Mnemotechnik nur unter dem Ausschluß des Enigmatischen funktionieren. Eine *tabula rasa*, die mit den Bildtafeln vorsichtig und erstmalig belegt werden soll, darf durch verwirrende Bilder nicht turbiert werden:[1] "Man gebe daher den Kindern nie Bilder in die Hand, die sie sich selbst nicht erklären, oder deren Inhalt sie nicht fassen können."[2]

Doch die Pädagogen rücken dem Defekt nicht nur mit Bilderbibeln und frommen Sprüchen auf den Leib. Das Anliegen von Verstehen und Einfalt, von Evidenz und verhindertem Augenschein wird zu einem Politikum und damit zur Angelegenheit *civilisirter Staaten* erklärt: Czech stellt seiner *Versinnlichten Denk- und Sprachlehre* ein "Vorwort an sämmtliche Regierungen civilisirter Staaten" voran, die er zur flächendeckenden Taubstummenpädagogik aufruft und dazu selbstredend auch die sachdienlichen Mittel nicht schuldig bleibt. Und so wird mit beigebundenen Fragebögen und *Formular=Tabellen* der Defekt an das Reich der Zahlen, weil an das Reich einer statischen Datenerhebung angeschlossen. Ein Trend, in dem auch andere Defektenseelsorger sich immer schon bewegt hatten. Romedius Knoll, Franziskaner zu Hall, fordert in seiner *Katholischen Normalschule für die Taubstummen, die Kinder, und andere Einfältigen* eine statistische Erfassung und *Zählung des Abnormen* durch die geistliche Obrigkeit: "denn ohne dieses obrigkeitliche Zwangsmittel wird wenig oder nichts geschehen; – wie mich die Erfahrnis sattsam überzeuget hat"[3]. Zuständige Textsorten, um das Wissen der Defekten oder Einfäl

---

1 Der *tabula rasa* als Einschreibfläche entspricht – um das pädagogische Phantasma beim Namen zu nennen – ein Naturzustand, wie ihn Rousseau konzipiert hat. Vgl. dazu Franz Herrmann Czech: *Grundzüge des psychischen Lebens gehör= und sprachloser Menschen im Naturzustande, oder Darstellung des Seelenzustandes der ungebildeten Taubstummen, geschildert am Allerhöchsten Geburtsfeste Sr. k.k. Majestät Franz I., bey Gelegenheit der Einweihung der Taubstummen=Institus=Kirche zu Wien, den 12. Februar 1826, und allen Freunden der Menschenwohlfahrt zur Beherzigung gewidmet*, Wien 1830 (4).

2 Czech: *Versinnlichte Denk- und Sprachlehre*, loc. cit., S. 35.

3 Romedius Knoll: *Katholische Normalschule für die Taubstummen, die Kinder, und andere Einfältigen, zum gründlichen sowohl als leichten Unterricht in dem Christenthume, durch vierzig Kupferstiche; nebst einem dreyfachen Anhange, besonders der Anweisung zur praktischen Beicht*, Augsburg 1788.

tigen aufzuschreiben, festzuhalten und weiterzuverarbeiten sind Protokoll und Schüleranamnesen[1]. Dort werden all die sachdienlichen Eigenschaften und Fähigkeiten der Zöglinge dokumentiert, und so sind Bedingungen gegeben etwa für die Ausdifferenzierung der Individuen nach ihren kognitiven Fähigkeiten, für pädagogische, soziale und sonstige Interventionen. Oder – weniger positiv und d.h. regelkreisgeschlossen – gesprochen: für ein Normalitätsdispositiv im besten Sinne Foucaults.[2] Foucault verortet die allgemeine Datenerhebung mit dem Eintritt "des Individuums (und nicht mehr der Spezies) in das Feld des Wissens" gegen Ende des 18. Jahrhundert.[3] Es sei Sache einer *Schriftmacht* und ihrer spezifischen Aufzeichnungstechniken (Anamnese, Protokoll, Fragebogen, Dossier, Gutachten u.a.), das Wissen des Menschen erstens zu sammeln und zweitens *Dokumente* "für eine fallweise Auswertung", damit für die Kasuistik der Humanwissenschaften bereitzustellen. "Darin liegt die entscheidende Neuerung dieser kleinen Notierungs-, Registrierungs-, Auflistungs- und Tabellierungstechniken, die uns so vertraut sind: sie haben die epistemologische Blockade der Wissenschaften vom Individuum aufgehoben."[4] Wenn aus Menschen Fälle werden, hat sich – so Foucault – auch die Wahrnehmungsschwelle für Individualität verändert. In den Blick gerät "das Kind, der Kranke, der Wahnsinnige, der Verurteilte" oder eben – wie ein Foucault-Aufsatz heißt – *das Leben der infamen Menschen.*[5] Das Individuationswissen braucht nur noch ausgewertet zu werden, und so "baut sich ein Vergleichssystem auf, das die Messung globaler Phänomene, die Beschreibung von Gruppen, die Charakterisierung kollektiver Tatbestände, die Einschätzung der Abstände zwischen den Individuen und ihre Verteilung in einer 'Bevölkerung' erlaubt."[6] *Kodifizierung und Individualisierung* gehen für Foucault Hand in Hand. Ist ein Individuationswissen erst einmal erhoben, kann nämlich stattfinden, was Foucault als die Neuerungen der Disziplinarschrift beschreibt: "die Korrelierung dieser Elemente, die Speicherung und Ordnung der Unterlagen, die Organisation von Vergleichsfeldern zum Zwecke der Klassifizierung, Kategorienbildung, Durchschnittsermittlung und Normenfixierung."[7] Wenn Czech und Knoll die Individualität des

---

1 Details und Zitate nach: Karl Hilscher: "Die Schwachsinnigenpädagogik zur Zeit des Neuhumanismus". In: *Zeitschrift für Kinderforschung. Organ des deutschen Vereins zur Fürsorge für jugendliche Psychopathen e.V.* 46. Band (1937) München. S. 297-305.

2 Vgl. dazu Stefan Rieger: "Memoria und Oblivio. Die Aufzeichnung des Menschen". In: Pechlivanos u.a. (Hrsg.): *Einführung in die Literaturwissenschaft*, loc. cit., S. 378-392.

3 Foucault: *Überwachen und Strafen*, loc. cit., S. 238ff.

4 Foucault: *Überwachen und Strafen*, loc. cit., S. 245f.

5 Michel Foucault: "Das Leben der infamen Menschen". In: *Tumult*, 4 1982. S. 41-57.

6 Foucault: *Überwachen und Strafen*, loc. cit., S. 245.

7 Foucault: *Überwachen und Strafen*, loc. cit., S. 245.

denkwürdigen Menschen durch die Individualität des berechenbaren Menschen verdrängen, werden sie zu Agenten dieses Normalitätsdispositivs, wie man es präziser kaum konzeptualisieren kann. Agenten, die neben Bilderbibeln eben auch die obrigkeitlichen Zwangsmittel – Fragebogen, Formulare und Tabellen – nicht schuldig bleiben und zum Einsatz bringen. Der nächste Schritt nach ihren Anliegen wird sein, daß an die Stelle des vorhandenen Materials und seiner sammelnden Auswertung die experimentelle Produktion neuen Materials in zahllosen Versuchsanordnungen moderner Psychologielabors treten wird. Dort und in den entsprechenden Laboratoriumsartefakten dürfen barocke Künstlichkeiten fröhliche Urstände feiern. Was in beiden Fällen stattfindet, ist die Inventarisierung unseres Denkvermögens: Aufschreibesysteme dessen, was denkbar ist oder denkbar sein soll.

Die Negativfolie bringt als resümierende Einschätzung in Sachen Winkelmann, Buno und co. Ludwig Volkmann auf den Punkt: Er bescheinigt der Mnemotechnik ein Totlaufen auf Kosten einer neuen Übersichtlichkeit, die er selbst auf ungeklärte Weise mit der Aufklärung engführt. Volkmann feiert *seine* Mnemotechnik als selbstregulatives Prinzip: sie paßte sich bestimmten Anforderungen an kognitiver Konventionalität auf eine Weise an, für die Adelung noch ein Aufschreibesystem früher das Regelwerk seiner *aufgeklärten Europäischen Einbildungskraft* ins Feld geführt hat. Buno und Winkelmann gehen genau diesen Weg nicht mit. Volkmann bleibt damit für die Psychologie wie für den spezifischen Bildtyp der Mnemotechnik blind[1]: Er läßt sie – wenn überhaupt – in der guten Anschaulichkeit irgendwelcher pädagogischen Bildtafelwerke fortleben. Unter Aussparung von Theorien eines Unbewußten, das nicht minder grotesk figuriert und die barocke Logik der Lettern einmal mehr nur nachzubuchstabieren braucht, können die concettistischen Bildwelten des Barock in die Wissenschaft der Psychologie überführt werden. Wenn Nervenärzte über die *memoria* das Sagen haben, so jedenfalls sagt uns das der Philologe Volkmann, verändert das auch die Rede über die Mnemotechnik. In die Stimmen der Kritik, deren Engführung mit Kindern und Irren wegbegleitend sein sollte, mischt sich die Stimme unserer ökonomischen Fachdiskurse: der Medizin, der Psychophysiologie, der Pädagogik, der experimentellen Psychologie, der Psychophysik und -technik. Vertrieben aus den Bilderreichen des Barock soll jetzt – wie Volkmann sagt – die Hygiene des Gedächtnisses naturgemäß die Hauptrolle spielen. Wie ernst man diese Rede von der psychischen Hygiene nehmen kann, zeigt ein letzter Verweis und Diskursfrontenwechsel, der zurück auf den Boden der

---

1 Vgl. zu seinem Konzept von Anschaulichkeit und die Möglichkeit seiner pädagogischen Umsetzung Ludwig Volkmann: *Die Erziehung zum Sehen und andere Zeitgedanken zur Kunst*, Leipzig 1912 (4., vermehrte Auflage).

Philologie führt: Nachdem der Philologe und Mnemotechnikhistoriograph Ludwig Volkmann in schier unglaublicher Detailfreudigkeit das Verstoßen von Buno und seinen Gedächtniskunstkollegen gegen eine *psychische Hygiene* zum Ausdruck gebracht hat, kann er beim Wort nehmen, was ein zentrales Forschungsanliegen von Psychologen, Psychiatern und Medizinern ist. Aus dem Argument der *psychischen Hygiene*, gegen das Buno negativ profiliert werden kann, wird ein Forschungsanliegen, dem das Gedächtnis unterstellt wird.[1] Fortan haben nicht mehr Philologen über sie das Sagen, sondern ganz andere Sachwalter.[2]

> Während der praktische Einfluß dieser Systeme sehr gering geblieben ist, hat sich die wissenschaftliche Forschung des Gedächtnisproblems auf psychologischer Grundlage angenommen; es sei hier nur an Ernst Meumanns Ökonomie und Technik des Gedächtnisses, Leipzig 1920, erinnert. Auch die Mediziner sind erneut an diese Frage herangetreten und ein Buch des Düsseldorfer Nervenarztes Engelen: Gedächtniskunst und die Steigerung der Gedächtniskraft, München V. Gmelin, hat von 1920 bis heute neun Auflagen erlebt. Die Hygiene des Gedächtnisses spielt darin naturgemäß die Hauptrolle. [...] Immerhin werden auch die älteren Gedächtniskünste wenigstens gestreift und als Hilfs- und Ergänzungsmittel nicht unbedingt abgelehnt.[3]

In einem Diskursfrontenwechsel, der einer ausschließlich auf die immanente Rekonstruktion der Disziplin beschränktes Interesse verstellt bleibt, wird Volkmann ein prospektives Argument lancieren und dabei der Mnemotechnik, ohne es eigens auszuführen, ihren systematischen Ort im kulturellen Zeichengeschehen zuweisen. In der Gedächtniskunst überlebt (sich) somit keine obsolete Kulturtechnik, die nur für kuriös ambitionierte Historiographen von Belang wäre; vielmehr erlaubt sie eine systematische Zugriffsmöglichkeit auf die kognitiven Leistungen sowohl einzelner als auch ganzer Epistemen.[4] Über die restrospektive Aus- und Bewertung einzelner Gedächtnissysteme hinaus zielt Volkmanns Anliegen auf künftige Prophylaxe ab. Wenn – wie im Fall des Düsseldorfer Neurologen Paul Engelen – Nervenärzte über

---

1 Zur Programmatik vgl. etwa die Zeitschrift *Psychische Hygiene* des Gießener Psychiaters Robert Sommer.

2 Ablesbar werden die neuen Zuständigkeiten etwa bei Franz Fauth: *Das Gedächtnis. Studie zu einer Pädagogik auf dem Standpunkt der heutigen Physiologie und Psychologie*, Gütersloh 1888, J. Hoppe: *Das Auswendiglernen und Auswendighersagen in physio-psychologischer, pädagogischer und sprachlicher Hinsicht. Mit Berücksichtigung der Taubstummen*, Hamburg u. Leipzig 1883 oder Karl Cornelius Rothe: *Das Stottern und die assoziative Aphasie und ihre heilpädagogische Behandlung*, Wien 1925.

3 Volkmann: *Ars memorativa*, loc. cit. S. 199f.

4 Für die damit verbundene Lösung aus rein immanent-historiographischen Bemühungen und die Öffnung für Zusammenhänge wie Diskursanalyse, Kultursemiotik und allgemeiner Datenverarbeitung vgl. Verf: *Der Wahnsinn des Merkens: Für eine Archäologie der Mnemotechnik* (im Druck).

die Mnemotechnik das Sagen haben, werden psychische Hygiene und Mnemo-
technik – endlich – kompatibel. Die Hygiene des Gedächtnisses, gegen die Buno,
Mink und all die anderen Sachwalter der Mnemotechnik verstoßen haben, wird
Programm.

4. DIE MNEMONIK GOTTES
(FRIEDRICH SPEE VON LANGENFELD 1591-1635)

> Die Berechnung des Steigens und Sinkens der Vorstellun-
> gen im Bewußtseyn, – dieses allgemeinsten aller psycholo-
> gischen Phänomene, von welchem die sämmtlichen andern
> nur Modificationen sind, – würde nur ein ganz leichtes al-
> gebraisches Verfahren erfordern: wenn die Vorstellungen ge-
> radehin als vorhanden in ihrer ganzen Stärke, könnten ange-
> sehen werden; wenn nicht eine jede derselben ursprünglich
> in zeitiger Wahrnehmung allmählig, und mitten unter
> schon vorhandenen entgegengesetzten, erzeugt würde. Aber
> eben um dieses Umstandes willen ist jede gegebene Vor-
> stellung ein Integral; und kann nur durch höhere mathema-
> tische Untersuchungen als Function der Zeit bestimmt wer-
> den.[1]

Eine ganz andere Sorge ums Bild steht im Zentrum von Friedrich von Spees *Güldenem Tugend-Buch*. Jenseits von Wissenskryptogrammen wie in Bunos *Bil-
der=Bibel* soll dort andächtige Versenkung und nicht concettistische Decodierung
im Medium des Bildes möglich sein.[2] Spee greift dabei die Frage nach der mnemonischen Bildgenerierung auf und wiederholt im Inneren eingebildeter Bilder die
Ausgangssituation zwischen Frei- und Vorgabe: Die Bilder seiner Tugendübungen
sind nicht material vorgegeben, stehen aber auch und gerade deswegen nicht im
Belieben der Gläubigen. Sie existieren als minutiöse und alle Details regelnde Bild-
vorschriften. Spees Sorge um den Nutzen der Bilder betrifft Moral und Sünde,
nicht aber – wie bei Buno – eine mnemotechnische Systemlogik, die das Original
des Wissens in arbiträre Ordnungen von Alphabet und Zahlen verstrickt. Auch
Spee äußert sich über imaginäre Bilder, allerdings mit einer ganz anderen Intention
als etwa Buno. Seine Rede über den Bildersaal des Herzens im III. Teil des *Tu-*

---

1 Johann Friedrich Herbart: *Psychologische Untersuchung über die Stärke einer Vorstellung als
   Function ihrer Dauer betrachtet* (1812). In: *Sämtliche Werke in 19 Bänden*, Neudruck der Ausgabe Langensalza 1887, Aalen 1964, Bd.3, S. 125.
2 Zur jesuitischen Andacht vgl. etwa Hermann Hugos *Pia desideria libri III* von 1632, bei dem die
   emblematische Visualität der Meditation und Versenkung dienen soll. Übergreifend sei verwiesen auf Günter Hess: "Die Kunst der Imagination. Jacob Bidermanns Epigramme im ikonographischen System der Gegenreformation". In: Wolfgang Harms (Hrsg.): *Text und Bild, Bild und
   Text. DFG-Symposion 1988*, Stuttgart 1990. S. 183-196.

gend-Buches gilt – so die Überschrift des 25. Kapitels – dem Gotteslob: *Eine an-dere schöne Weiß Gott allezeit tag vnd nacht zu loben.*[1] Mit diesem Programm schreibt er sich auf sehr verquere Weise in die mnemonische Tradition ein. Aber nicht nur Andacht und asketische Versenkung wie bei Herman Hugos emblemati-scher *Pia desideria* sind sein Ziel. Spees Bildersaal funktioniert entgegen der regel-gesteuerten Bildproduktion der Mnemonik nach den Vorgaben einer ganz merk-würdigen Automatik: Sein Bildprogramm (wie auch eine dem vorausgehende Rhythmuslehre) folgt der Logik eines unerschöpfbaren Gottespreises. Doch dem geht Theorie voraus: Vor dem Paradies der Phantasie steht der Engel der Gelehr-samkeit, und so bleibt der Eintritt in das Kapitel 25 – der *Bilder-Saal der Seele* – ei-ner Elite vorbehalten. Der Ausschluß umklammert das gesamte Kapitel: Titel und letzter Satz weisen darauf hin: "*Eine andere schöne Weiß Gott allezeit tag vnd nacht zu loben, für die so eines höheren verstands seiend. Deren wenig sein werden. Darumb nur allein die gelehreten dises Capitel lesen sollen, vnd sonst niemand.*"[2] Der Kapitelschlußsatz wiederholt den Titel und damit den Ausschluß, der so sehr seiner Intention – in einfachen Worten und sorgsam ausgewählten Schritten reli-giöse Unterweisung zu vermitteln – zuwiderläuft. Die Gelehrten – so Spee – wer-den ihn schon verstanden haben, die anderen aber sollen dieses Kapitel bleiben las-sen. Aber die Aura des Schwierigen hindert Spee nicht an der gewohnten Pädago-gik seines Aufbaus: "*Etliche Fundament zur verständnuß der folgenden Weiß Gott allezeit zu loben nothwendig zu wissen*" sollen zunächst für die nötige Plausibilität sorgen.[3] Mit Bezug auf Aristoteles Schrift *De anima* werden das innere Bild – des-sen psychophysiologische Bedingung der Möglichkeit im Vorfeld ausgiebigst ge-schaffen und benutzt wird –, sowie die Modalitäten seiner Erzeugung, Abspeiche-rung und Reaktualisierung abgeklärt.[4] Doch Spees Rede betrifft nicht nur das in-nere Bild und damit eine Virtualität des Visuellen: Sämtliche fünf Sinne werden in den Modus interner Repräsentation überführt. Um die Herrschaft und Verfügungs-

---

1 Friedrich Spee von Langenfeld: *Sämtliche Schriften, Historisch-kritische Ausgabe in drei Bän-den*, Zweiter Band, *Güldenes Tugend-Buch*, S. 449.

2 Spee: *Tugend-Buch*, loc. cit., S. 449.

3 Spee: *Tugend-Buch*, loc. cit., S. 450.

4 Elmar Locher liefert die interne Mathematisierung dieses Ansatzes. Seine Lektüre des Bilder-Saales begibt sich auf die Suche nach dem, was er die unendlich große Zahl nennt. Locher refe-riert die Tradition der Argumente: Rezeption *de anima* über die Scholastiker, dann die Zeichen-theorie, deren arbiträren Charakter er betont. Im Rückgriff auf Kombination und Permutation werden in den Tugendübungen poetologische Prinzipien barocker Literatur in den Dienst des Gotteslobes gestellt: Fakultätsberechnungen gelten auch hier als Asymptoten an die Unendlich-keit. Vgl. Locher: "Der Bildersaal der Seele bei Friedrich von Spee oder der Versuch der unend-lich großen Zahl". In: ders.: In: *'Curiositas' und 'Memoria' im deutschen Barock*, loc. cit. S. 35-62.

gewalt über die Korrelate sämtlicher Sinnesleistungen zu belegen, fordert Spee den
Leser vorab zu einem kleinen Wahrnehmungsexperiment auf. Dabei soll er ein
Buch besehen, an einer Rose riechen, den Zucker schmecken, die Ofenhitze fühlen
und den Lautenklang hören. Nach der Affizierung sämtlicher Sinne durch die entsprechenden fünf Imperative an die Sinnesorgane und ungehindert durch die Vermittlung der Wahrnehmung durch das Medium der wahrnehmungsgebietenden
Schrift fordert Spee zu einem Einhalt, der zum Testfeld der Inwendigkeit wird.

> Nun wolan: thu ietzt die augen zu, ich will alle gemelte ding wider weg thun: Sage mir aber,
> kanstu nun nicht inwendig bey dir noch eigentlich vnd lebhafftig obgemelte ding fürbilden, vnd
> gleichsam noch perfect dir fürstellen die farb des buchs? den geruch der Rosen? den geschmack
> des zuckers? die hitz des ofens? den klang der lauten?[1]

Die fünf Teilfragen sind rhetorisch und werden zum höheren Ruhm aller Inwendigkeit beantwortet. Obwohl die als real inszenierte Affizierung längst schon vergangen ist, vermerkt der Leser, "daß deren dingen gestalten, gemähl oder bildnuß in-
wendig in dir abgesetzt vnd verblieben seind."[2] Alles, was zuvor wahrgenommen
und selbst gedacht wurde, ist in der Inwendigkeit "eigentlich, subtil, vnd schön abgemahlet".[3] Ist das erst einmal verstanden, kann der nächste Schritt folgen. Die
Welt innerer Vorstellungen wird nun in einem zweiten Fundament auf Dauer oder
Ewigkeit gestellt: Was erfolgt, ist eine doppelte Repräsentation, "das abesagte gestalten oder gemähl allezeit zweymahl in vns abgedruckt werden."[4] Spee unterscheidet die Vorstellungen, indem er sie einmal als Produkt der Phantasie, dann als
Produkt des Verstandes erklärt. Zwischen den jeweiligen Resultaten *Phantasma*
und *Species intelligibilis* bestehen Unterschiede. Zum einen gilt, daß die Verstandesbilder "reiner vnd subtiler seind", zum anderen unterliegen sie einem anderen
Speichermedium: Die Phantasmen sind an das Organ Hirn gebunden, damit vergänglich, während die Verstandesbilder Sache der Seele sind und damit das Organ
der Einbildung überdauern:

> weil die seel vnd verstand vnsterblich ist: gleich wie ein bild so du in wachs abtrückest, zergehet
> wan das wachs zerschmeltzet; ein bild aber so du in kuppfer oder Marmer geschnitten hast, blei-

---

1 Spee: *Tugend-Buch*, loc. cit., S. 450.

2 Spee: *Tugend-Buch*, loc. cit., S. 450.

3 Johann Heinrich Alsteds gehirnphysiologische oder cerebrale Rede schwelgt in Superlativen einer Speichertreue, die das Original selbst noch im Modus der Präsenz übertrifft. Die Spuren im
  Gehirn gelten ihm weder aufgeschoben noch vergangen: "Quod cerebrae impressum est, id non
  est praeteritum, sed praesens." Die Simulakra gelten ihm mehr als nur präsent, werden sie doch
  als "praesentissima" gefeiert. In: *Artium Liberalium, Ac Facultatum Omnium Systema Mnemonicum [...]*, Frankfurt o.J., S. 281.

4 Spee: *Tugend-Buch*, loc. cit., S. 451.

bet allezeit, weil das kupffer oder marmer darin es gegraben ist, allezeit verbleiben. Verstehestu nun dises auch, so gehen wir noch weiter.[1]

Dem folgt Fundament 3, das von der unendlichen Bilderkumulation handelt: Unmöglich, daß im Modus der doppelten Repräsentation auch nur ein Bildfetzen je gelöscht und damit vergessen würde. Dem zaudernden Einwand seines Beichtkindes, es könne doch nicht – wie von Spee gefordert – alle Bilder ab der Kindheit beliebig erinnern, löst er mit einem Argument der Datenverarbeitung, das sehr genau zwischen physikalischem und logischem Löschen unterscheidet. Während beim physikalischen Vorgang Information unwiderruflich verloren geht, weil sie auf dem Datenträger nicht mehr vorhanden ist, liegt beim logischen Löschen der Fall anders: Dort ist die Information noch da, nur die Referenzen und Zugriffe auf sie sind verhindert, weil verstellt. Diesem Unterschied verpflichtet, erklärt Spee, "das die vergessenheit nicht daher entstehe, als wan die gemelte biltnußen zerstöret weren, sondern daß sie herkomme aus einer ander vrsachen."[2] Als Beleg für die Unmöglichkeit eines endgültigen Datenverlustes kann er das Phänomen anführen, daß Dinge an einem Tag unzugänglich sind, an einem anderen Tag aber sich wie von selbst erinnern: "welches ein zeichen ist, daß die bildnussen nit vergangen waren, sondern daß sie nicht köden her fur gezogen werden auß mangel der Phantasey."[3]

Nachdem die Speicher dergestalt auf Unendlichkeit gestellt sind, kann Spee zu seinem zentralen Anliegen und damit zum Programm eines Gotteslobes kommen, das "tag vnd nacht, ohne vnterlaß, ohne müdigkeit, oder beschwärnuß" währt. Der Betende wird dazu in mehreren, sorgsam aufeinander abgestuften Schritten zum imaginären Durchlaufen der Bibel angehalten. In den drei ersten Punkten durchlaufe er in Kurzform das Alte Testament von Erschaffung der Welt, über Sündenfall, der Herausführung aus der ägyptischen Gefangenschaft bis hin zu Moses und den Zehn Geboten. Die imaginäre Verdopplung steht in einer Konkurrenz zu den gängigen Bibelabbildungen. Um es so gut als nur immer möglich zu machen, soll der Imaginierende daher den Bibeltext mit hinzuziehen, sich selbst also in die Engführung mit der Heiligen Schrift bringen. Punkt 4 dient dem Neuen Testament, damit der Vorstellung des Lebens Christi: beginnend mit der Verkündigung Mariens, der Heimsuchung Elisabeths, der Geburt im Stall zu Bethlehem und endend mit Christi Auferstehung und Himmelfahrt. Die Bildabfolge soll in sukzessiver Logik "ie eines nach dem anderen, gar langsam vnd stuck für stuck"[4] und damit gemäß den pädagogischen Empfehlungen der Mnemonik durchlaufen werden. Da-

---

1 Spee: *Tugend-Buch*, loc. cit., S. 451.
2 Spee: *Tugend-Buch*, loc. cit., S. 452.
3 Spee: *Tugend-Buch*, loc. cit., S. 452.
4 Spee: *Tugend-Buch*, loc. cit., S. 454.

bei kann sie sich neben der vorherigen Lektüre auch noch realer Bilder versichern, "wie du es ieweilen auff das schöniste hast gemahlet gesehen."[1] Die Topik der Lebensstationen macht eine komplette Aufzählung aller vorzustellenden Inhalte überflüssig und so kann ein "&c" die Reihe der aufgegebenen Hypotyposen vorzeitig beenden. Hinter der Abkürzung verbirgt sich der Bildspeicher der christlichen Ikonographie, der so *gar langsam vnd stuck für stuck* in sukzessiver Logik zu durchlaufen ist.[2]

Wozu aber diese Fülle an Bildern? Spee zögert die Offenlegung noch ein wenig heraus, unterbricht die Pädagogik seiner Hypotyposen durch nachzusprechende Lobgesänge und unterstellt dem Leser, er wisse schon, "was der Handel seye." Denn aus der Speichertheorie der Fundamente folgt als zwingende Konsequenz, "daß die obgesetzte betrachtung, welche ein lauteres herrliches lob Gottes ware, mitt allen ihren fürbildungen, wort vnd Syllaben, gar schön vnd sauber in deiner seelen abgemahlet sey."[3] Das Lob eines Bildersaals der Seele, solange es nicht durch die schlechten Bilder etwa der Todsünden befleckt ist, "welches alles Lob zu schanden macht", kann mitsamt der sie enthaltenden unsterblichen Seele ewig sein. Und genau damit gerät der so adressierte und auf Dauer gelobte Gott in die Konfrontation mit sämtlichen Bildern sämtlicher Meditierenden: "sondern bleibet dieses lob vnd diser lobspruch iederzeit alda fein schön gestallet: vnd muß Gott der Herr nothwendig dises sein herrliches lob, vnd lobspruch in deiner Seelen allezeit ohn unterlaß in ewigkeit vor seinen augen sehen vnd lesen."[4]

Spee unterbricht seine Ausführung, läßt den Betenden niederknien und ein Bündnis mit Gott machen, das in einer wundersamen Ausweitung besteht. Der Betende dediziert nicht nur die Bilder seiner Andacht, sondern widmet Gott schlicht die Totalität sämtlicher noematischen Korrelate: Von einer bestimmten Stunde an verspricht er alles, was er künftig "*werde gutes hören, sehen, lesen, reden, gedencken, betrachten &c zu deme zil vnd meinung solle werden gedacht, geredt, gelesen, gehörtt &c damitt in meiner Fantasey vnd Seelen desto mehr gute vnd dir angenähme biltnüssen versamlet werden, vnd du hernacher, allezeit in denselben, als in schönen spiegeln vnd taffelen dein lob anschawn mögest.*"[5] Doch der Spiegel spiegelt nicht nur optische Daten, er konfrontiert Gott auch mit der Akustik von "*Seuffzen, gute gedancken, musick, orgel, Seitenspiel, damitt ich iemahlen deinen*

---

1 Spee: *Tugend-Buch*, loc. cit., S. 454.

2 Spees Beschreibung des Imaginationsprogramms nimmt die technischen Vorgaben einer nachmaligen Kinematographie vorweg: Aus der Bibel wird ein Film.

3 Spee: *Tugend-Buch*, loc. cit., S. 456.

4 Spee: *Tugend-Buch*, loc. cit., S. 456.

5 Spee: *Tugend-Buch*, loc. cit., S. 456.

Heiligen Namen hab verehret, oder hören verehren."[1] Um etwaige Zweifel an dieser Form des Gotteslobes auszuräumen, führt Spee zwei Gleichnisse heran, die auf dem Boden der weltlichen Macht und ihrer Repräsentationen spielen. Gesetzt, jemand würde "in einer comedi" hervortreten und zu Ehren des Kaisers ein Lob mit heller Stimme erklingen lassen. Und weiter gesetzt, der so Redende würde sich zurückziehen und dann abermals hervortreten mit einem goldenen Schild in den Händen, "in dem derselbig lobspruch mit allen seinen syllaben vnd buchstaben zierlich vnd eigentlich gemahlet were"[2], so würde dem lesenden Kaiser auch jenseits der stimmlichen Verlautbarung sein Lob solange zuteil, wie der Schild ihm vorgehalten wird. Gleichnis 2 verläßt den Boden der Buchstäblichkeit und bemüht stattdessen die *mahlerkunst*. Ein Gemälde, "auff etlichen reinen seydenen mappen, mit der allerreinsten vnd subtilisten farben", das die Taten des Herrscher abbildet und in einem hellen Saal vor den Augen ihrer Majestät zu hängen kommt, hat dieselbe Wirkung, "als wan du eine stattliche Oration hettest auffgesagt, darin dieselbige thaten mit worten außgestrichen weren".[3] Noch subtiler verfährt Spee im Fall einer letzten Versuchsanordnung in Sachen Herrscherlob, mit der Spee sein zweites Gleichnis noch verfeinert: Als Medium dient diesmal ein künstlicher Spiegel oder eine *Christalline Kugel*, in der die "thaten gar künstlich mit allen personen vnd farben, dem leben nach, eingewachsen weren, vnd du auch zuwegen brechtest, das dieser Crystall, oder Spigel iederzeit tag vnd nacht ihme vor augen schwebte"[4]. Dann wäre das Lob auf Dauer gestellt und dem Willen des Adressaten entzogen. Und genau in der Herstellung des Gelingens lauert ein Abgrund der Häresie. Der Adressat kann die Zustellung seiner Post nicht verweigern, ist er ihr doch schlicht ausgeliefert. Dem Angebot des göttlichen Blickes folgt also ein Zugzwang immerwährender Bildbetrachtung und Lektüre. Hans-Georg Kemper hat die Häresie dieser Lese- und Schaupflicht nachgezeichnet, mit der Gott auf den im Bildersaal vorgehaltenen Spiegel und damit auf seine Eigenliebe verpflichtet wird. Er umreißt das "kryptonarzistische Motiv"[5] Gottes, sich im Menschen als seinem Geschöpf und Ebenbild in Permanenz zu spiegeln. Der Bildersaal wird so zum Medium dieser Selbstspiegelung Gottes, übt eine unwiderstehliche Anziehungskraft aus und vermag Gott regelrecht zu 'fixieren'. Eine poetische Umsetzung liefert Spee in der Lyrik seiner *Trvtz-Nachtigal*. Solidarisch mit dem Anliegen des *Tugend-Buches* geht es auch

---

1 Spee: *Tugend-Buch*, loc. cit., S. 457.

2 Spee: *Tugend-Buch*, loc. cit., S. 457.

3 Spee: *Tugend-Buch*, loc. cit., S. 458.

4 Spee: *Tugend-Buch*, loc. cit., S. 458.

5 Hans-Georg Kemper: "Dämonie der Einbildungskraft. Das Werk Friedrich von Spees (1591-1635) zwischen Christusmystik und Hexenwahn". In: J. Kolkenbrock-Netz, G. Plumpe, H.J. Schrimpf (Hrsg.): *Wege der Literaturwissenschaft*, Bonn 1985. S. 53.

hier um "Ein gar hohes Lobgesang darinn das Geheymnuß der Hochheyligen
Dreyfältigkeit so wol Theologisch als Poetisch, wie vil geschehen können entworf-
fen wird".[1] Spee inszeniert auch hier Gott als Bildverschlinger, dessen Augen und
Ohren im Gedicht "notwendiglich" auf einen Dauerempfang gestellt sind, der von
den Sendern diktiert wird.

> Der Vatter sich von Ewigkeit
> Notwendiglich betrachtet,
> Sein Wesen, Pracht, vnd Herrlichkeit
> Er mitt verstand erachtet.
> Sich selbsten er ihm bildet ein,
> Vnendlich sich begreiffet;
> Jn ihm Geschöpff so Müglich sein,
> Jm selben Blick durchstreiffet.[2]

Wäre Gott Bilderstürmer, könnte er mit Bilderfluten nicht gelobt werden. So aber
schaut oder besser spiegelt sich Gott in den mnemotechnischen Innenwelten seiner
Ebenbilder selbst. Was aller menschlichen Datenverarbeitung versagt bleibt, ist allein seinen Augen vorbehalten. Befreit von Sukzession der Wahrnehmung und Be-
schränkung der Bilderanzahl kann Gott in *einem* identischen Blick sämtliche Inhalte
übersehen und läuft dabei nie Gefahr, sie zu vergessen. Das Phantasma der Synopse und einer totalen Mnemotechnik ist in Gott – und wahrscheinlich nur in ihm –
technisch implementiert. Ein visuelles Dispositiv geht der Registratur aller Bilder
voraus: Das sehtechnische Apriori einer unendlichen Synopse sorgt dafür, daß Gott
den Überblick nicht verliert. Doch das, was in irgendwelchen Herzen so präsent
wie subtil abgerissen steht, ist kein schlichtes Original des Menschen.

> Das HertzenWort, vnd HertzConcept,
> Von Jhm, gleich Jhm gezeuget,
> Auch gleich mitt Jhm in wahrheit lebt:
> Der Glaub vns nicht betreuget.[3]

Dem Zusammenfall von *Concept* und *Concipist* verdanken die Herzensschriften
ihre Dignität im Zeichen der Wahrheit.

> Weß Wesens nur der Concipist,
> So selb sich concipiret;

---

1 Friedrich Spee: *Trvtz-Nachtigal. Kritische Ausgabe nach der Trierer Handschrift*, Hrsg. Theo G.
   M. van Oorschot, Stuttgart 1985, S. 152ff.
2 Spee: *Trvtz-Nachtigal*, loc. cit., S. 155f.
3 Spee: *Trvtz-Nachtigal*, loc. cit., S. 156.

> Der schön Concept auch selber ist,
> Vnendlich gleich formiret.[1]

Spees Gott steht fortan unter dem Lesezwang eines proliferierenden Bilderver-
bunds; aus dem Vermögen der Rezeption wird schlicht ihre Notwendigkeit gefol-
gert: "vnd muß also Gott der Herr nothwendig dises sein herrliches lob, vnd
lobspruch in deiner Seelen allezeit ohn vnterlaß in ewigkeit vor seinen augen sehen
vnd lesen."[2] Gebannt in die verstrickenden Lektüren wie der Gott des *Tugend-Buches* ist auch der Vater des Gedichts: Buchstaben und Bilder heißen sein Wesen
und werden zu den Medien seines kryptischen Narzißmus. Nur wer sich selbst unablässig liest, bleibt in seinem Wesen, bleibt aber auch in seiner eigenen Pracht er-
starrt.

> Der Vatter gar in sich verzukkt,
> Bleibt Ewiglich in wesen,
> Sein helles Wort, hell abgedruckt
> Er Ewiglich thut lesen.
> Er Ewig in beschawlichkeit
> Ob seinem Pracht erstarret,
> Drumb folgends auch in Ewigkeit
> Das HertzensWort verharret.[3]

Spees programmiertes Spiegelstadium zitiert damit Gott im doppelten Wortsinne:
als Urheber der Bildinhalte, aber auch als der zu ihrer permanenten Lektüre Herbei-
gebannte. Gott schreitet *führerlos* den Bildersaal ab und rezipiert die dort gespeicherten Bilder ganz unabhängig davon, "ob sie der Mensch nun abruft oder nicht".[4]
Der Status von Latenz oder bewußter Aktualisierung durch den Menschen als Datenträger ist für Gottes Lektüre gleichgültig. Das klingt so wenig selbstverständlich,
daß Spee von selbst darauf zurückkommt: *Etliche Einred oder zweiffel vber die iezt
gesagte Weiß Gott allezeit zu loben* dürfen daher laut werden, um dann um so nachhaltiger ausgeräumt zu werden. Nummer 3 möglicher Einwände erkundigt sich
nach den Modalitäten des Lobes im Fall von Unterbrechungen und findet es
"schwerlich zuglauben, das ich gleichwol solte fortfahren Gott zu loben auff be-

---

1 Spee: *Trvtz-Nachtigal*, loc. cit., S. 156.
2 Spee: *Tugend-Buch*, loc. cit., S. 456.
3 Spee: *Trvtz-Nachtigal*, loc. cit., S. 157f.
4 Jörg Jochen Berns: "'Vergleichung eines Vhrwercks, vnd eines frommen andächtigen Menschens.' Zum Verhältnis von Mystik und Mechanik bei Spee". In: Italo Michele Battafarano
  (Hrsg.): *Friedrich von Spee. Dichter, Theologe und Bekämpfer der Hexenprozesse*, Trient 1988,
  S. 193.

sagte weiß, wan man schon schlaffe vnd nicht mehr wircklich darauff gedencke."[1] Als Beispiel kann das erste Gleichnis zum höheren Ruhm des Kaisers dienen: Würde der Schilderträger einschlafen und so an der *vorhaltung* des Schildes verhindert, so wäre doch wohl auch sein Herrscherlob zu Ende. Die Antwort auf den Einwand gesteht diesen Fall zwar zu, macht aber jenseits von entfallenen Schildern eingeschlafener Schilderträger ein Zugeständnis, das die Seele auf eine semiotische Ökonomie der Parallelverarbeitung stellt: "Nit aber wurdest du auffhören zu loben, wan du schon etwas anders thetest oder gedechtest, dardurch dennoch die vorhaltung des Schilts nicht verhindert wurde".[2] Befände sich jemand etwa in einer *Comedy*, so könnte er ohne Schaden für die Dauer des Lobes Gespräche führen, seine Augen durch den Raum wandern und selbst die Gedanken "hin vnd wider" schweifen lassen ("vmbschwebtest"), solange er nur bei all seinen Nebenaktivitäten fortfährt, "ihme den schilt vnveruckt vorzuhalten."[3] Der Transfer vom irdischen Herrscher auf Gott ist damit denkbar einfach: Der Vorsatz, "Gott dem Herren seine lobtaffelen vnd schild" vorzuhalten, kann nicht durch die Tätigkeiten menschlicher Nahrungsaufnahme und der Regeneration im Schlaf unterlaufen werden, die den Fortbestand des Zeichensystems Mensch allererst ermöglichen. Weil die Seele mit dem Willen zum Gotteslob spätestens seit dem dazu abgeschlossenen Bündnis mit Lob grundiert ist, dürfen die Gedanken und Taten unter dem Banner weltlicher und himmlischer Mächte – mit minimalen Einschränkungen – frei heißen.

Zu den *Nutzbarkeiten der ieztgesagten Weiß Gott allzeit zu loben* rechnet Spee ein aberwitziges Zahlenverhalten seiner Repräsentationspolitik. Wenn in Spees doppelter Aufzeichnungspraxis buchstäblich nichts verloren gehen kann, dürfen große Zahlen mit kleinen Unendlichkeiten getrost zusammenfallen[4]: Gesetzt, jemand betrachtet 100 mal mit Aufmerksamkeit ein Crucifix, "so hastu schon dasselbig zweyhundertmal in dir lebhafftig abgemahlet."[5] Betrachtet jemand in der Kirche einen Zug von 1000 Leuten, die zur Kommunion gehen, "so hastu schon in

---

1 Spee: *Tugend-Buch*, loc. cit., S. 459.

2 Spee: *Tugend-Buch*, loc. cit., S. 459.

3 Spee: *Tugend-Buch*, loc. cit., S. 459.

4 Zu diesem Spiel der Zahlen vgl. Elmar Locher "Der Bildersaal der Seele", loc. cit.: "Vielmehr, meine ich, geht es in diesen Versuchen Spees darum, sich durch Zahlen der unendlichen Größe Gottes zu versichern, und hierin läßt sich – wie noch zu zeigen sein wird – eine Ähnlichkeit zu gleichzeitig statthabenden Überlegungen zur unendlich großen Zahl nachweisen." (S. 35f.) Und die Unendlichkeit ist für Spee heilig: "Ein kleines wörtlein ist es wan man sagt *Vnendlich*: aber seine bedeutnuß ist nicht außzusprechen, ja auch nit zu begreiffen." (S. 468) Übertragen auf das Bildfeld der Ökonomie ist ein Spiel mit großen Zahlen die Folge: "Dan sage mir doch, was were es, das du dem jenigen einen pfenning zahlest, deme du mehr als hundertmal hundert tausent millionen golts zu geben schuldig werest?" (S. 468)

5 Spee: *Tugend-Buch*, loc. cit., S. 460.

dir zwey tausent communicanten vnd zwey tausent hostien abconterfeiet; vnd so fort von allen anderen dingen. Also das es vnsäglich, wie vber die massen vil gemähl im einen Monat eingenommen werden: vnd was wird geschehen in vill monaten, in einem jahr, ja in villen jahren?"[1] Die Ausdehnung der Zahlen und ihre Unübersehbarkeit wird Programm für das gesamte *Tugend-Buch* und die 2000 Bilder, die 1000 Kommunikanten hinterlassen, fallen numerisch kaum ins Gewicht gegen andere Anschlußtechniken. Ihren numerischen wie raumgreifenden Höhepunkt bildet die Verbuchung sämtlicher Messen auf das Konto der Gläubigen im 28. Capitel *Schöne Weiß wie man täglich aller Messen theilhafftig werden möge, die durch die gantze weite welt geschehen.* Die imaginäre Teilhabe am Weltgottesdienst sei – so Spee – "ein trefflicher schatz", schlägt doch "die zahl der Messen die täglich zwischen 24 stunden durch die gantze weite welt geschehen, sich zum allerwenigsten vber ettlich hundertmal tausend weit erstrecket: in massen du bald nachschlagen vnd vberdencken kanst, wan du die vnzahlbare vile der kirchen, vnd Priester durch alle königreich vnd landen diser vnd der newen welt zu gedächtnuß fassen wilst."[2]

Die hohe Aufzeichnungstreue und die permanente Lektüre Gottes hat zudem den Nebeneffekt, die geistlichen Übungen mit gesteigerter "lust und frewdigkeit zu verrichten": Wenn der Andächtige erst einmal verstanden hat, "daß allemahl, so offt er liset, alle vnd jegliche Syllaben also bald in der Seelen abgedruckt werden, vnd also ewiglich Gott können vorgehalten werden?"[3], wird er mit Herzenslust und Feuereifer bei der Sache sein. Über die Buchstäblichkeit der Silben hinaus darf die Speicherung auch für andere Datenquellen gelten und sie vollständig erfassen. Die akustische Vielfalt einer Messe wird dabei ebenso berücksichtigt wie die Sichtbarkeit katholischer Ceremonialität. Altardecken, Rauchwerk, Lichter und all die anderen Details werden in die Inwendigkeit des *Hertzenssaales* überführt. Unzerstreut und in ewiger Aufmerksamkeit wird Gott zum Paradigma eines Merkens, dem schon aus kryptonarzißtischen Motiven nichts entgehen kann und nichts entgehen darf. Aber auch damit ist es noch nicht genug: Spee veranschlagt über den Anlaß irgendwelcher Sinnesdaten hinaus eine weitere numerische Vervielfältigung durch Automatismen einer selbsttätig verfahrenden Einbildungskraft. Die vergleicht er kurzerhand mit den Ergötzlichkeiten von Comödien und Tragödien, von prächtigen und kunstreichen Aufzügen "von allerhand frembden inventionen", nach deren Vorbild Geistliche "Gott dem Herren, allerhand schöne lüstige Spectacul oder auffzüg in ihrem innerlichen Sinn vnd Seelen mögen anstellen."[4] Dem leistet die Kraft

---

1 Spee: *Tugend-Buch*, loc. cit., S. 460.
2 Spee: *Tugend-Buch*, loc. cit., S. 480.
3 Spee: *Tugend-Buch*, loc. cit., S. 461.
4 Spee: *Tugend-Buch*, loc. cit., S. 462.

der *Fantasey* durch eine wundersame Bildkombinatorik allen nur erdenklichen Vor-
schub:

> Dan weil unsere Fantasey eine solche krafft hat, daß sie auß denen bildnußen, die sie allbereit
> ihr gantzes leben durch eingenommen hat, widerumb durch deren vilfältige vermischung vnd zu-
> sammenfügung, auch zertrennung, veränderung, vermehrung &c newe andere seltzame, manig-
> fältige, vberauß wunderliche vnd herrliche vorbildungen machen kan: vnd weil dan diese newe
> vorbildungen sich auch bald abbilden &c so ist leicht zu ermessen, wie wunderbarliche schöne
> sachen man Gott zu ehren erdencken, vnd in die Seel abreissen könne.[1]

Im Trend der großen Zahlen integriert Spee die so entstandenen Vorbildungen, fügt
aber – entgegen dem Anschein einer vollständigen Freigabe – als Regulativ inhaltliche Vorgaben bei. Dem, was man dergestalt *in die Seel abreissen* kann, dienen die
Passion Christi, die Leiden der Märtyrer, die Chöre der Heiligen, Kirchenmajestä-
ten, Ceremonien, Gottesdienst und Prozessionen als Vorbild. Die Selektion aus
dem Sinnesinput erfolgt bei ihm kontrolliert, mit Hinweisen auf zulässige Quellen
für weiteres Material und kann so Gegenstand auch einer buchtechnischen Vermittlung sein. So werden seine Gläubigen als Tugendübung dazu angehalten, bestimmte Heiligenmartyrien im Modus der Einbildung zu durchlaufen und Spee liefert – neben minutiösen Benutzeranweisungen – die entsprechenden Vorgaben in
Form eines Registers: "*Register allerhand vnderschiedlichen pein, vnd Marter, so
die Heyligen Gottes für den glauben außgestanden haben*".[2] Einige von ihnen integrieren auch den Körper, der dann seufzen, fasten und sich erinnern soll. Nr. 57
besteht in einem *viertelstündlein*, das die komplette Passion Christi zum Inhalt hat.
Von Anfang der Leiden bis zu ihrem Ende soll der Betende die Passion "vberlesen,
oder vberdencken, vnd darzwischen wie ein turteltaub gar offt Seufftzen."[3] Zur
Simulation der Stigmata fordert Nr. 70 auf: "70. S. Birgitta pflegt auch am Freytag
heiß wachs von einem liecht ihr mitten in die hände tröpffen lassen, damit sie also
etwas pein befunde zur ehr der Wunden Christi. Nun muß ich dennoch auch etwas
dergleichen thun."[4] Mit der Verwendung enumerierter Register, die im *Tugend-
Buch* nicht nur Heilige adressieren, abzählen und referenzieren, ist zugleich eine
Option für den Zufall verbunden. Ein Täfelein verbucht Ziffern von 1 bis 144, deren Abfolge in einer Matrix (24 x 6) willkürlich angeordnet ist. Jede dieser Ziffern,
die in keiner erkennbaren Ordnung in der die Matrix eingetragen sind, verweist auf

---

1 Spee: *Tugend-Buch*, loc. cit., S. 462. Spees Bildtheorie der Phantasie und die Frage nach Innovation (damit Mehrwert) scheint hier den analogen Operationen im Umgang mit Lettern zu folgen.
2 Spee: *Tugend-Buch*, loc. cit., S. 99.
3 Spee: *Tugend-Buch*, loc. cit., S. 504.
4 Spee: *Tugend-Buch*, loc. cit., S. 504.

eines der 144 guten Werke, die in einem nachstehenden Register von 1 bis 144 in aufsteigender Folge aufgelistet werden. Die Auswahl aus dem Register erfolgt mit einer Option für den Zufall. Als Generator dienen nämlich Messer oder Schreibfedern, die mit abgewandtem Gesicht von dem Tugendübenden auf die Tafel geschleudert werden: "Da neme er alßdan dises täfflein fur die Hand, vnd mit abgewendtem angesicht treffe er hinzu mit etwan einer feder oder messerlein, vnd welche zahl er alßdan wird angetroffen haben, da nehme er das jenig werck, so mit diser zahl im Register verzeichnet ist, vnd verrichte dasselbige, als welches ihme das gluck hat zugeeignet".[1]

Das Bilderreich Gottes ist ein Reich pastoraler Techniken und ihrer Vermittlung durch die Schrift: Die imaginäre Umsetzung von Einbildungsprogrammen im Wortsinn setzen eine Produktivität frei, deren regelgeleitete Resultate an Gott adressiert und zum höheren Ruhm der großen Zahl immer schon angekommen sein werden. Weil in der Logik dieser Zustellung nichts nichtig und für Spees Datenpolitik irrelevant ist, unterstellt er die noematischen Korrelate seiner Gläubigen einer Aufmerksamkeit, die eben nicht nur im Zählen aufgeht, sondern zugleich subtile Mechanismen der Interzeption und damit Möglichkeiten der Rückkopplung eröffnet.[2] Damit geht, wie Foucault in *Überwachen und Strafen* schreibt, eine Verschiebung des Zielpunktes solcher Interventionen einher: Nicht mehr der Körper in seiner Theatralik steht im Zentrum von Machttechniken, sondern das unauffällige Spiel der Vorstellungen. "Es geht nicht mehr um den Körper in einem Ritual der übermäßigen Schmerzen, in einem Spiel der brandmarkenden Martern; es geht um den Geist oder vielmehr um ein Spiel von Vorstellungen und Zeichen, die diskret, aber mit zwingender Gewißheit aller zirkulieren."[3]

Jörn Jochen Berns stellt die Verpflichtung zur Bildentgegennahme Gottes in Analogie zu anderen Körperautomatismen, mit denen der Jesuit sein Anliegen variiert. Besonders geeignet für die Verschaltung von Numerik, Körperlogik und Gotteslob scheint ihm das Schlagen des Pulses zu sein, und so kommt es zu einer Pulswidmung, bei der man Gott zu einer permanenten Entgegennahme der zu seinem Lob codierten Pulsschläge verpflichten kann. Dieser Fall, bei dem jeder Pulsschlag zum Zeichen eines *Sanctus* erhoben wird, setzt Gott wie im analogen Fall der Bilder zur ständigen Entgegennahme der seinem Lob gewidmeten Zeichen aus. Das Bewußtsein und Gott werden in solchen Signifikationsautomatismen gleichermaßen umgehbar und umgangen. Spee baut derlei Automatismen, die den Körper

---

1 Spee: *Tugend-Buch*, loc. cit., S. 499.

2 Vgl. zur besonderen Rolle dieses Konzeptes der gesteuerten Einbildung als Lektüretechnik im allgemeinen und als Pastoraltechnik im besonderen Verf.: "Der gute Hirte oder die Mikropyhsik der Macht (Friedrich Spee von Langenfeld)". In: *DVjs* 67 (1993). S. 585-606.

3 Foucault: *Überwachen und Strafen*, loc. cit., S. 129.

zum universalen Erinnerungssignifikanten machen, systematisch und minutiös aus:
Die Körperzeichen werden dabei ebenso variiert wie die ihnen zugewiesenen Inhalte. Eine Kombinatorik mit einem ganz eigenartigen Zahlenverhalten ist die Folge
und die Zeit – für jede Pädagogik zwingend – spielt gleich auf mehreren Ebene eine
zentrale Rolle. Der Körper als statisches und dynamisches Zeichensystem wird zu
einem Zeichenreservoir ausgebaut, das es immer wieder immer neu zu besetzen
gilt. Bevor stetige Körperfunktionen codiert und damit zum Zeichen werden können, ist vorab die Ausgangsmenge diskreter Elemente zu bestimmen. Zerlegen und
abzählen des Körperkontinuums gehen seiner Zeichenwerdung voraus. Der barocke Schnitt, die heteroklite Logik und das dadurch eröffnete Reich der Zahlen
sind auch hier unhintergehbar. Wenn Körper über den Anlaß ihrer mnemotechnischen Ortszuschreibung nicht nur zerlegt, sondern in die Dynamik von Bewegung
überführt werden, schnellen damit auch die Zahlen entsprechend hoch: Das fraktale
System des menschlichen Blutkreislaufes wird Spee zum Anlaß dienen, um in der
zunehmenden Verzweigung der Blutgefäße eine minutiöse und sich immer weiter
verästelnde Semiotik des Körpers nachzubuchstabieren und diese in zahlreichen
Spezialvarianten in den Dienst seiner großer Zahl zu stellen. Der barocke Wunden-
kult verfährt analog zu den mnemotechnischen Besetzungen des Körpers: Zerlegt
oder besser als zerlegter taugt der Körper zu Differenzen, denen ein Gedenken eingeschrieben oder inkorporiert wird. Der Körper wird dazu in seine Bestandteile zerlegt, die dann seriell durchlaufen werden: Es erfolgt so eine Dissemination des Körpers, der in und durch die *compassio* restituiert wird.[1]

Die offensichtliche Häresie dieses Gedankens – immerhin werden dabei Gott wie
auch das Bewußtsein partiell ihrer Autonomie beraubt – bedarf einer Rechtfertigung
und Spee findet sie im Rückgriff auf die Autorität griechischer Kirchenväter. Mit
Verweis auf die Heiligen Basilius und Chrysostomos wird mit der titelgebenden
Frage *Ob dise Weiß Gott allzeit zu loben new oder alt sey?* auch die Frage nach der
Legitimität beantwortet. Basilius geht dabei über die Speichertheorie der Speeschen
Fundamente kaum hinaus: Die göttlichen Gedanken und Bilder seien im Verstand
"eingedruckt vnd gleichsam gesiglet", deswegen können sie ein Gotteslob genannt
werden, "SO ALLE ZEIT IN DER SEELEN verbleibet."[2] Anders und genauer der
Hl. Chrysostomus, der mit so artigen Worten zum Gebrauch seiner Gotteslobver-
sion *reitzet*, "das ich nichts füglichers zu meinem intent hette wünschen mögen:

---

1   Zur meditativen Praxis vgl. Martina Eicheldinger: *Friedrich Spee – Seelsorger und poeta doctus.
    Die Tradition des Hohenliedes und Einflüsse der ignatianischen Andacht in seinem Werk*,
    Tübingen 1991, S. 119ff. Analog dazu beschreibt Friedrich Kittler die barocke Besetzbarkeit des
    Körpers in den Termen einer Belagerung nach militärischem Vorbild. Vgl. dazu Kittler: "Rheto-
    rik der Macht und Macht der Rhetorik – Lohensteins AGRIPPINA", loc. cit.
2   Spee: *Tugend-Buch*, loc. cit., S. 463.

Dan er redet also Tomo 6, in Laudatione Sanctorum omnium Martyrum editionis Bellerianae pag.175".[1] Chrysostomus beschreibt das menschliche Gedächtnis für Spees *intent* einigermaßen sachdienlich in der Terminologie der Mnemotechnik und damit als wunderbar ausstaffiertes Haus. Und so wie Besitzer, die ihre Häuser verzieren wollen, die einzelnen Räume "allenthalben mit liebreichen gemählen anstreichen"[2], so verfahre der Gläubige mit den Wänden seines Gemüts. Bemalt mit den "bildnüssen der Martyrer und ihrer kämpff" haben sie den vergänglichen Wanddekorationen irdischer Häuser wieder den Vorteil der Dauer voraus. "So laßet vns dan mahlen dise Heilige Martyrer in vnsere Seel" – wird der Hl. Chrysostomus sagen – und die Imaginierenden auf eine grausame Detaillogik diverser Martyrien einschwören. Womit sich der Kreis zu Spees eigenem Anliegen und seiner Durchsetzung im *Tugend-Buch* wundersam schließt. Denn was Chrysostomus als Details einfordert, ist Gegenstand und Programm von Spees eigenen Martyrien, die das *Mahlen* der Details, von denen Chrysostomus spricht, ebenfalls auf eine Weise umsetzen werden, die den kompletten Körper beansprucht :

> So laßet vns dan mahlen dise Heilige Martyrer in vnsere Seel: vnd etliche zwar in den bratpfannen ligend, oder auff den kohlen; andere in den häfen siedend; andere ins meer versenckt, andere mit eysenen hacken zerrissen, andere mit den rädern zertrennt, andere von hohen felsen gestürtzet, andere für die wilde thier geworffen, vnd dergleichen, nachdem iedem sein kampff beschert gewesen.[3]

Entgegen allen Ausschlußlogiken, die das 25. Kapitel aus dem allgemeinen Tugendübungsprogramm als gelehrte Einlage heraushalten wollen, hat Spee genau diesen Punkt des Kirchenvaters zu seinem Anliegen gemacht. Nur daß Spee für den imaginären Durchlauf vorgegebener Heiligenmartyrien im ersten Teil des *Tugend-Buch* sehr viel genauer und pädagogischer verfährt als sein Gewährsmann. Die vom Kirchenvater angeführten Heiligenviten sind dort integraler Bestandteil der Speeschen Andacht: Immer wieder zum *martyrium in voto* aufgefordert und dazu bestens mit Vorgaben, die in Registerform 144 ausgewählte Heiligenmartern und damit eine Untermenge aus der Spezialsammlung *Martyrologium Romanum*[4] versammelt, überbietet Spee den Kirchenvater in den Modalitäten einer jesuitischen Seelenlenkung und den dazu nötigen Kurzschlußtechniken. Spee hat seine Gläubigen im Umgang mit imaginären Sinnesleistungen geschult und dazu in zentralen Punkten auf die Exerzitien des Ordensgründer Ignatius von Loyola zurückgreifen

---

1 Spee: *Tugend-Buch*, loc. cit., S. 463.
2 Spee: *Tugend-Buch*, loc. cit., S. 463.
3 Spee: *Tugend-Buch*, loc. cit., S. 464.
4 Übersetzt von Spees Ordensbruder Konrad Vetter. Zur Frage nach den Kriterien der Selektion vgl. das Nachwort von van Oorschot (S. 698).

können. Geschult in der Psychotechnik, alle fünf Sinnesleistungen im Imaginären zu simulieren, können die mitgelieferten Ausgangsdaten zum Einsatz gelangen.[1] Das Wissen um die Heiligenviten wandert aus Büchern in den Bildersaal der Seele, um Gott dort einen Spiegel vorzuhalten, gleichzeitig aber auch, um den Gläubigen eben genau dadurch in die Pflicht der christlichen Pastorale zu nehmen.[2] In Engführung mit den Vorgaben wird die Tugendübung so zu einem Akt der Selbstdisziplinierung: Freiwillig werden im Imaginären topische Vorlagen durchlaufen, die entstehenden noematischen Korrelate an Gott adressiert und zugleich durch genau diese Zuschreibung eine oberste Interzeptionsinstanz in Gestalt Gottes eingeklagt. Dem steht nun seinerseits die permanente Überwachung nicht frei, und so bleibt er unablässig in den Spiegel der Tugendübenden gebannt. Und weil das *Tugend-Buch* naturgemäß kein vollständiger Speicher für die Ikonographie möglicher Märtyrerleiden sein kann und weil Spee im Verfolgen großer Zahlen es nicht bei bloßen Untermengen bewenden läßt, verweist Spee für weitere Informationen über die aufgezählten 144 Einzelmartyrien hinaus auf einen Autor, der *weitläuffiger* die entsprechenden Details der Martyrien verzeichnet und zugleich noch im Medium des Bildes präsentiert: "*inmaßen mans weitläuffiger sehen mag in dem büchlein Antonii Gallonii de Martyrum Cruciatibus sampt allda beygefügten figuren.*"[3] Der Anschluß der Gläubigen an das Reich der Leiden trifft ins Zentrum ihres Begehrens. Weil sie in den Übungen des Glaubens für so unersättlich ausgegeben werden, und sie immer "noch mehr vnd mehr" begehren, führt Spee durch das Register des Schmerzes.

> Als ist mir fürgefallen, daß ich dir eine schöne gelegenheit zu solchen glaubens wercken geben wurde, wan ich dir ein gantzes Register allerhand vnterschiedlichen pein, vnd marter, so die heilige Blutzeugen Gottes für den glauben außgestanden haben, alhie zusammen brächte, vnd alßdann dich vnterrichtete, wie du solches Register zu deinem vorhabn ie zuweilen brauchen köndest.[4]

Ein so ausgeziertes Haus, dem sorgsam registrierte Heiligenviten als Information eingeschrieben sind, bereitet Gott ein bequemes Quartier. Aus dem Menschengemüt darf nach den Worten des Kirchenvaters Chrysostomos ein königlicher Pallast

---

1 Vgl. dazu Paul Rabbow: *Seelenführung. Methodik der Exerzitien in der Antike*, München 1954.

2 Eine ausführliche Rekonstruktion des Pastorats unternimmt Foucault in "*Omnes et singulatim. Zu einer Kritik der politischen Vernunft*". In: Joseph Vogl (Hrsg.): *Gemeinschaften. Positionen zu einer Philosophie des Politischen*, Frankfurt/M. 1994. S. 65-93.

3 Spee: *Tugend-Buch*, loc. cit., S. 99. Zum Eingehen solcher Details in die Literatur etwa Lohensteins vgl. Reinhart Meyer-Kalkus: *Wollust und Grausamkeit. Affektenlehre und Affektdarstellung in Lohensteins Dramatik am Beispiel von 'Agrippina'*, Göttingen 1986.

4 Spee: *Tugend-Buch*, loc. cit., S. 97f.

werden, in den die Dreieinigkeit ihren triumphalen Einzug hält: "*Dan wan er der-gleichen gemähl in vnserm gemüth sehen wird, wird er kommen mit dem Vatter, vnd wohnung bei vns machen, sampt dem H. Geist: vnd wird hinfurter vnser ge-müth ein königlicher Pallast sein, darin keine abschewliche gedancken werden ein-gehen können, dieweil die gedächtnuß der HH. Martyrer als ein schönes gemähl* ALLEZEIT IN VNS VERBLEIBEN WIRD; *vnd hefftig glantzen*".[1]

Gott als Benutzer der Heiligenmnemonik macht also aus dem ihm zubereiteten Haus einen veritablen Gedächtnispalast.[2] Herbeizitiert wird er so auch zum Schutz gegen *abschewliche gedancken* und die schlechten Bilder der Sünde. Das Pro-gramm der eingebildeten Körper dient in Spees *Tugend-Buch* der permanenten imaginären Ausschmückung, damit dem Anliegen, die große Zahl entsprechend weiter zu vervielfältigen, und zudem einer pastoralen Maßnahme in Sachen Bilder-schutz. Im Bildersaal taugt die Mnemotechnik des Menschen Gott zur Physiogno-mik ihrer Seele. Für die machttheoretischen Implikationen des Pastorats verweist Foucault auf Mechanismen, die für das Verhältnis von Individualisierung und Ko-difizierung, damit auch für die Mechanismen der Disziplinierung überhaupt zu ver-anschlagen sind: Macht, wie Foucault immer wieder gezeigt hat, ist nicht an Re-pression, Unterdrückung und Zensur gebunden, sondern arbeitet mit jener grund-legenden *Anreizung zu Diskursen*[3], die die Menschen zum Reden, zum *Alles-Re-den* bringt.[4] Damit entsteht eine basale Schaltstelle zwischen Wissen, Macht und den Strategien der Individualisierung. Die Individuen werden mit einem neuen Sy-stem der Aufmerksamkeit überzogen, dessen datentechnische Pointe darin gründet, daß nichts nicht signifikant ist. Nichts ist zu geringfügig, zu unbedeutend, um nicht Gegenstand dieser grundlegenden Aufmerksamkeit werden zu können. "Ein Schatten in einer Träumerei, ein Bild, das nicht schnell genug vertrieben wurde, eine Verschwörung zwischen der Mechanik des Körpers und der Willfährigkeit des Geistes: alles muß gesagt werden."[5]

---

1 Spee: *Tugend-Buch*, loc. cit., S. 464.

2 Dem Trend zur Ausschmückung des göttlichen Palastes entspricht eine Tilgung irdischer Pracht. "3. Wirff ins fewr deine gemähl vnd controfeyen, deine wapen, vnd Stammbücher, deine schöne täppich, du sollest sie nicht haben." (S. 274)

3 Vgl. dazu Michel Foucault: *Sexualität und Wahrheit. Der Wille zum Wissen*, Frankfurt/M. 1983. Zu diesem Machttyp in seiner vermeintlich unscheinbaren Ausrichtung auf Körper, Gesten und Verhaltensweisen vgl. Michel Foucault: *Mikrophysik der Macht. Über Strafjustiz, Psychia-trie und Medizin*, Berlin 1976.

4 Vgl. zur Konzeption der Parrhesia als einer Rede, die alles sagt, Michel Foucault: *Diskurs und Wahrheit. Die Problematisierung der Parrhesia. 6 Vorlesungen, gehalten im Herbst 1983 an der Universität von Berkeley / Kalifornien*, Berlin 1996.

5 Foucault: *Sexualität und Wahrheit*, loc. cit., S. 30.

Aber auch der die Mnemonik der realen Körper kommt in der Heils- und Zeichenökonomie des *Tugend-Buches* nicht zu kurz. Spee bindet ihn fast ohne jeglichen Verlust in das Geschäft eines frommen Bedeutens ein: Die Vorgaben der jeweiligen Zeitstruktur, von Wiederholung und Vertiefung, von Unterbrechungen
und immer weiterer Ausdifferenzierung, stehen ganz im Schlaglicht effizienter Pädagogik. Auch hier stark von der Tradition Loyolas geprägt, kann Spee den realen
Körper am Merken gleich auf mehrere Weisen beteiligen. Zum einen ist da das Regularium der Devotion, der Beteiligung des Andächtigen durch eingeschobene
Seufzer und empathische Redeformen, durch die Körperstellung des Knieens, der
gefalteten Hände oder die taktile Sinnlichkeit des Rosenkranzes. Aber Spee geht
weiter: Ist in anderen Mnemotechniken der Körper Schauplatz oder Gedächtnisort
für die Locierung von Bildern an bestimmten anatomischen Stellen, greift Spee
über eine starre und für Leichen gültige Anatomie hinaus auf den organischen Körper zu. Es ist der Körper selbst, der im Ablauf seiner Frequenzen, im regelmäßigen
Schlagen des Pulses, zur Mnemotechnik werden kann. Der Körper von Spees Tugendübenden muß nicht in Parzellen zerlegt, mit Adreßsystemen versehen und mit
Merkbildern überzogen werden. Stattdessen können am Ort seines Funktionierens
System und Inhalt des Merkens einfach zur Deckung kommen und identisch werden. Der Körper, in seiner Statik wie in seiner Dynamik, ist so Einschreibfläche
christlicher Schmerzensschriften und zudem Medium arbiträr zugewiesener und
immer weiter zuweisbarer Besetzungen. Die Automatik solch frommen Gedenkens
wird von der Zensur gesehen und Gegenstand von Eingriffen. Spee hypostasiert
den agierenden Körper selbst zur Mnemotechnik, umgeht so die Kontrolle durch
das Bewußtsein und die Regularien der Bildinvention. Das mnemotechnische System wird Zeichen (seiner selbst), sein Inhalt damit ambivalent. Es ist nicht nur das
eine *Sanctus*, das über die Mnemonik des Körpers ins Aberwitzige hin multipliziert
und vervielfacht werden soll. Nicht der Zugriff auf ein Wissen im Raum, sondern
seine Zerstreuung in die Zeit ist Spees Vorgabe. Eine Mnemonik braucht es nicht
ob der Komplexität irgendwelcher Inhalte, sondern zum Erinnern einer identischen
und immerwährenden Wiederholung.

Eingeleitet wird die Voraussetzung von Spees Gotteslob durch einen Gang in die
Philosophie: Resultat ist eine Zeichentheorie, die in mehreren Fundamenten niedergelegt ist. Spees Zeichentheorie ist arbiträr, geht also von der Auffassung aus, "daß
man einem ieglichen ding könne, vnserem gefallen nach, eine gewisse bedeutnuß
aufflegen."[1] Analog zur allgemeinen Codiertheorie und Spezialfällen eine Bedeu-
tungszuordnung in der Mnemotechnik taugt alles zum *signum ex institutio, seu ad
placitum.* Es folgen Beispiele: Ein Klopfen des Herrn auf den Tisch etwa kann für

---

1 Spee: *Tugend-Buch*, loc. cit., S. 436.

den Diener zum Zeichen gesetzt werden, das Zimmer zu verlassen, ein Kranz, der vor der Türe hängt, zeigt an, "daß alda wein oder bier feil seye", und ein Glockenschlag kann bedeuten, "das es brenne, oder das man zu predig kommen solle, vnd dergleichen."[1] Die Zuordnung ist zeitüberdauernd und damit wiederholbar. Für alle gewählten Beispiele gilt, daß sie einer verbalen Mitteilung in nichts nachstehen: "eins ist so kräfftig in der bedeutung als das ander."[2] Das Läuten der Brandglocke ruft die Leute genausogut und vielleicht schneller zum Löschen heran, "als wan iemand mit hellen worten schreien wolte, Es brent, es brent, es brennt &c."[3]

Nach Abklärung der Zeichentheorie in den drei vorangestellten Fundamenten folgt ein kurzes Ausruhen, bevor es zu einer neuen Weise des Gotteslobes geht. Spee beginnt mit einer Betrachtung des Herzens und der Hochrechnung möglicher Pulsfrequenzen. "Gleich wie die vnruh in einem vhrwerck, allezeit sich bewegt, vnd schlegt tag vnd nacht ohn vnterlaß", so schlägt auch das Herz, "dan man esse, trincke, schlaffe, oder wache, oder man thue sonsten was man wölle; so höret es doch nie auff zu schlagen, als lang der mensch das leben hat."[4] Bevorzugter Ort der Intervention sind die Pulsadern an beiden Armen. Ihnen bleibt es vorbehalten, manifest zu machen, was im gesamten Körper in der Latenz verbleibt: "dan gleich wie daß hertz schlägt, also schlagen auch alle pulßadern im gantzen leib, vnd seiend ihrer gar vill, wiewol man sie nit alle so außtrücklich fühlen kan, als die an den armen."[5] Unter Rückgriff auf die tägliche Erfahrung und die Lehren der Medizin schreibt Spee die entsprechenden Frequenzen an. Einmal mehr sind große Zahlen mit individuellen Streubreiten die Folge. Bei jungen und hitzigen Leuten ist die Zahl höher als bei anderen, und jeder kann oder soll sich über die individuellen Pulsfrequenzen am besten durch Zählungen am eigenen (Zeichen)Körper selbst informieren.

Wie dan einer selber an ihm probiren, vnd für die lange weil einmahl tags oder nachts ein viertelstündlein lang dran wagen, vnd am Pulß sie abzehlen mag. Ich finde, daß zwischen tag vnd nacht es bey die fünfftzig- sechtzig, sibentzig, achtzigtausend schläg ordinari geben kan, welches gewiß eine grosse zahl ist, vnd wäre ja schad, daß so vill tausend schläg also müssig vnd ohne geistlichen nutzen hingehen solten.[6]

Damit die Herzschläge nicht nutzlos verstreichen und unter den Tisch pastoraler Ökonomie fallen, schließt Spee im nächsten Schritt mit Gott einen regelrechten Zei-

---

1 Spee: *Tugend-Buch*, loc. cit., S. 436.
2 Spee: *Tugend-Buch*, loc. cit., S. 436.
3 Spee: *Tugend-Buch*, loc. cit., S. 437.
4 Spee: *Tugend-Buch*, loc. cit., S. 437f.
5 Spee: *Tugend-Buch*, loc. cit., S. 438.
6 Spee: *Tugend-Buch*, loc. cit., S. 438.

chenpakt: "daß ein ieder solcher schlag, hinfurter so vill bey Gott vnd den heiligen bedeuten vnd heissen solle, als vill bedeuten vnd heissen dise wort der Engelen: *Heilig, Heilig, Heilig ist der Herr Gott Zabaoth!*"[1] Mit dem Moment der Setzung hat auch die Stunde Null der Signifikation geschlagen. Anschreibbar existiert so eine exakte Markierung zwischen dem Stadium vor und nach der Zuordnung. Der Zeichenpakt ist jeden Tag durch ein kurzes Gebet "*O Herr, ich setze wider auff, wie gestern, oder wie du weist, &c.*" zu erneuern, und so sind "alle die schläg deiner Pulßadern, den gantzen tag vnd nacht, lautere kräfftige zeichen deß lobs Gottes."[2] Damit sind die Fundamente der Zeichensetzung eingehalten: "zum ersten die auffsetzung", also der Zeichenpakt, "vnd zum anderen die wissenschaft, vnd behältnuß der auffsetzung".[3] Und genau die wird durch das permanente Gedenken Gottes gewährleistet. Einmal mehr ist ein Zwang die Folge: "vnd derohalben muß er nothewendig den gantzen tag vnd nacht, in deinem leib, so vill tausend vnd tausendmahl das lobgesang *Heyligh, Heilig, Heilig* lesen, vnd anschawen, vnd sich darin belustigen."[4] Möglichen Einwänden kommt Spee auch hier wieder im Schematismus von Frage und Antwort selbst zuvor: Ein erster Einwurf gilt der unterstellten "Automatisierbarkeit einer bestimmten Gebetsform, eben des Gotteslobs"[5]:

"1 *Einwurff*: Wie kan ich aber Gott allezeit auff besagte weiß loben, weil ich doch nit alle zeit die gedancken da bey haben kan?"[6] Spee entkräftet den Einwand code-technisch: Die Gedanken an den Code sind für den jeweiligen Gebrauch überflüssig, es genügt, "daß man darauff gedacht habe, da man die auffsetzung gemacht hat".[7] Die Zeichen behalten so ihre Gültigkeit rückwirkend und bis auf weiteren Widerruf. Als Exempel wird ein Küster ins Feld geführt, dessen Glockengeläut auch unabhängig von seinen eigenen Gedanken den Ruf zur Predigt bedeutet. Analog der Herzschlag: Ein Schweifen unserer Gedanken oder der Zustand des Schlafes ändern am Akt der einmal getroffenen Zuordnung nichts. "Dieses ist die natur der zeichen."[8] Eine Präsenzpflicht der Gedanken im Akt des Zeichengebrauchs, die auch den Signifikationsakt ständig erinnern und damit erneuern würde, wäre zwar optimal, ist aber nur von den Engeln im Himmel, nicht aber von Menschen machbar: Den Einwurf "Were es aber nit besser, wan wir bey iedem schlagen auch die gedancken dabey haben, vnd alle mahl eine frische meinung ma-

---

1 Spee: *Tugend-Buch*, loc. cit., S. 438.
2 Spee: *Tugend-Buch*, loc. cit., S. 438.
3 Spee: *Tugend-Buch*, loc. cit., S. 438.
4 Spee: *Tugend-Buch*, loc. cit., S. 438.
5 Berns: "Vergleichung eines Vhrwercks", loc. cit., S. 107.
6 Spee: *Tugend-Buch*, loc. cit., S. 438.
7 Spee: *Tugend-Buch*, loc. cit., S. 438.
8 Spee: *Tugend-Buch*, loc. cit., S. 438.

chen könden also Gott zu loben?"[1] entkräftet Spee daher mit dem Hinweis auf die Einschränkung, die dem Menschen und seinem natürlichen Regenerationsbedürfnis not tut. Seine Beschreibungssprache bemüht – bei Zahlen naheliegend – die Ökonomie. Zwar ist ein Goldgulden besser als ein schlechter Pfennig, "wer aber die goltgulden nit haben kan, ist mit den pfennigen zufriden, vnd verwirfft sie darumb nit."[2] Der dritte Einwurf gilt dem freien Willen, der Voraussetzung für ein gottgefälliges Werk ist. Die Herzschläge allerdings geschehen ohne menschliches Zutun, ob "wir wöllen oder wöllen nit". Zwar unterstehen die Herzschläge nicht dem Willen, wohl aber der Akt ihrer Bedeutungszuweisung: "so seind doch solche schläg nit ohne zuthun vnseres freyen willens, zeichen des lobs Gottes".[3]

Den Einwänden folgen – Spee verdoppelt auch hier den traktatmäßigen Aufbau seiner Imaginationslehre[4] – die Nutzbarkeiten und die Gleichnisse. Spees Automatismen haben einen Kreuzungspunkt mit der medizinischen Semiotik, der wie eine Häresie wirkt und die ganze Ambivalenz eines Körpers zeigt, der sowohl Zeichen wie Bezeichnung sein soll. In der Abhängigkeit vom Affekt, den der Puls ausdrückt oder bedeutet, würde Gott ausgerechnet in der Rage des Zorns mehr gelobt als in der Stille der Freude. Damit ginge es nicht nur, wie die Kritik fürchtet, um eine Spaltung der Aufmerksamkeit und die Marginalisierung der Andacht; analog zu den arbiträren Zuordnungen in der Kryptographie, bei denen in Liebesgedichten vom Haß und in Gebeten vom Teufel die Rede sein kann, wird eine noch viel schlimmere Variante denkbar: der handlungstheoretische Widerspruch.[5] Rüdiger Campe – der die medizinische Semiotik am Beispiel des Pulses minutiös und damit auch in der Alltagslogik zwischen Essen und Trinken, zwischen Wachen und Schlafen rekonstruiert – verweist auf den Arzt Daniel Sennert: "Groß, schnell, häufig und heftig ist der Puls beim Zorn; groß, selten, langsam ist sein Schlag bei der Freude."[6] Eine Häresie, die durch die Abkopplung oder Abblendung vom Bewußtsein noch verschärft wird. Der Körper wird in die doppelte Pflicht genommen, mnemotechnischer Signifikant *und* mnemotechnisches Signifikat zu sein.[7] Der Körper wird zum Motor einer Mnemotechnik, die nicht mehr wie in der Tradition – wie etwa bei Rosellius gezeigt – auf die Locierung beschränkt bleibt. Das Merksubjekt der Aussage und des Ausgesagten, damit primäre und sekundäre Zeichen, fallen im Körper der Speeschen Exerzitanten zusammen. Spees Automatik umgeht

---

1 Spee: *Tugend-Buch*, loc. cit., S. 438.
2 Spee: *Tugend-Buch*, loc. cit., S. 438.
3 Spee: *Tugend-Buch*, loc. cit., S. 441.
4 Zum Aufbau des gesamten *Tugend-Buches* vgl. Berns "Vergleichung eines Vhrwercks", loc. cit.
5 Vgl. dazu I/5. *Der bewegte Buchraum.*
6 Campe: *Affekt und Ausdruck*, loc. cit., S. 285ff.
7 Zum Zeichenbegriff vgl. Campe *Affekt und Ausdruck*, loc. cit.

durch seine Annexion des Körpers die von Campe gezeigten inneren Bewegungen. Wenn Spee – anders als in den Konzepten der Mnemotechnik, die die Statik bestimmer Körperstellen als Erinnerungsort heranziehen – den Körper in seiner physiologischen Dynamik komplett in den Dienst der Erinnerung stellt, kann es genau zu solchen Kollisionen mit der Affektenlehre kommen. Die Frage nach dem Automatismus wird – u.a. von Spee selbst – aufgenommen und diskutiert. Spee, um mögliche Einwände auch hier vorwegzunehmen, weiß um die Unterschiede der Pulsfrequenzen und handelt von ihnen im Rückgriff auf die Medizin. Jenseits des Affekts und damit fernab möglicher Affektkollisionen funktionalisiert er den Blutkreislauf ganz anders: Sein Argument für die Automatik adressiert nämlich genau nicht Menschen in der Affektlage etwa des Zorns oder der Freude, sondern Menschen, die nicht beten können. Kranke, die zu sagen pflegen: "Jetzt können wir nit betten, oder Gott loben, weil wir kranck seind" oder Menschen im Zustand der Erschöpfung: "O Gott, ich bin so gar matt vnd müd; ich kan nit betten."[1] Es soll zudem für einen solchen gelten, "der den gantzen tag zu lauffen, vnd zu rennen, oder zu arbeiten hat". Die Zustände von Erschöpfung und Beschäftigung aber haben Vorteile, die zahlenmäßig zum Besten des Gotteslobes umschlagen:

> Dan wan man kranck ist, vnd das hertz sehr beangstiget wird: Item, wan man arbeitet, laufft, vnd rennet: item sich matt vnd müd gearbeitet hat; so gehet der pulß vnd hertzen-schlag noch vil geschwinder, vnd starcker als sonsten, vnd also sehet dan Gott sein lobgesang in vnserem geäder vnd hertzen noch vill öffter vnd klarer als sonsten; welches dan ein starcker antrieb, daß man desto dapfferer arbeite zu der ehren Gottes, weil man weist, daß alßdan das hertz vnd pulß-aderen desto öffterer singen werden *Heilig, Heilig, Heilig ist der Gott Sabaoth!*[2]

Der anatomische Blick Gottes vermißt die Frequenzen in den Körpern, übersieht und zählt *klarer als sonsten* eine Wahrheit, die eine unhintergehbare Wahrheit des Blutkreislaufes und damit eine unhintergehbare Wahrheit der Zahlen ist. Als Gleichnis – auch hier wiederholt er den Aufbau seiner Bilderrede – kann eine abgerichtete Nachtigall diese Andachtspraxis veranschaulichen, "Insonderheit weil sie auch also lustig ist, vnd ohne einige müh kan gebraucht werden". Die Pulsadern werden im allegorischen Handstreich zu Nachtigallen erklärt und die Vögel mit dem Lobgesang der Engel traktiert.[3] "Dein hertz vnd pulsadern seiend solche Nachtigal-

---

1 Spee: *Tugend-Buch*, loc. cit., S. 441.
2 Spee: *Tugend-Buch*, loc. cit., S. 442.
3 Titelgebend wird die Nachtigall in Spees Lyrik der "Trvtz-Nachtigal". Dort findet eine weitere Verdopplung statt, wenn die Nachtigal ausgerechnet mit der Inkarnation einer akustischen Wiedergabe – nämlich mit dem Echo – konferiert: Vgl. Das Gedicht *Anders Liebgesang der gespons JESV Darin eine Nachtigal mitt der Echo, oder Widerschall spielet*. Das Echo wird zum Agenten einer buchstäblichen Verdopplung, die bei Spee genau nicht von den Möglichkeiten der Ver-

len; die lehrestu geschwind das schöne lobgesang der Engelen: *Heilig, Heilig, Heilig ist der Gott Sabaoth!* damit sie solches vor Gott allweg singen." Und auch für die Nachtigallen gilt das Prinzip der Multiplikation. Wer würde nicht "in seinen gemächeren durchs gantze hauß solche abgerichte Nachtigalen auffhencken in schöne käbbich, damit sie immer süngen?" Der Vervielfältigung der Vögel entspricht der Menschenkörper durch Vielheit und Verästelung seiner Adern: "fürnemlich weil der Pulßadern im gantzen menschlichen leib etliche hundert sein, wie die Medici außgeben, vnd also wan ein hertzenschlag geschicht, zugleich etliche hundert schläg der Pulßaderen geschehen, welches zu mercken ist."[1]

Das Abzählen der eigenen Körperzeichen im Angesicht des Todes verspricht eine große Zahl, damit Trost. Analog zur Bildbesetzung im Bilder-Saal, die anderen, weil schlechten Bildern erst keinen Platz einräumt, ist es auch hier: Der multiple Zeichenkörper Speescher Exerzitanten vermag mittels Übercodierung den bösen Feind zu bannen, "weil er an ihme so vill zeichen des Gottes lobs alle augenblick sehen muß."[2] Im Bann seiner eigenen arithmetischen Logik rechnet Spee hoch und damit immer weiter: zieht die Einwohner ganzer Länder zum Spiel der Multiplikationen heran. Zwecks Breitenrekrutierung ist der Algorithmus des *Tugend-Buches* durch Übersetzungen und Distribution allgemein zugänglich zu machen. "Wolte Gott, doch alle menschen der gantzen welt dises Stucklein wüsten, oder zum wenigsten in allen landen der welt etliche vill tausent vnd tausent sich gleichsam in diese bruderschafft der Engelen begäben!"[3] Dem frommen Wunsch folgen Details einer Distribution und Details jesuitischer Adressierungspolitik: Sie betreffen Übersetzungen, Neu- und Nachdruck, Verteilung oder Aussprengung. "Man vbersetze dise weiß in allerhand sprachen, vnd lasse sie absonderlich trucken, vnd sprenge sie dann hin vnd wider auß bey allen Bruderschafften zu etwan einem newen jahr oder dergleichen. Damitt, so vill möglich ist, all andechtige fromme hertzen diser Perll genießen mögen.&c."[4] Gott erstickt in der Unendlichkeit des Lobes. Und immer wieder werden die Subjekte dazu angehalten, das Führungsvakuum zu schließen und signifikative Leerstellen erst gar nicht aufkommen zu lassen. Eingebunden in die minutiöse Reglementierung des Tagesablaufes soll die Rhythmik des mnemotechnischen Körpers zu einem unhintergehbaren Verweissystem werden. Egal, ob im Aufwachen, im Moment des Wartens auf den Schlaf, in unausgefüllten

---

stellung und damit einer veränderten Semantik – etwa der Scherzrede, des Äffens und Spottens – Gebrauch macht. Das Echo ist im Gedicht als "trewer WiderSchal" angesprochen, und so bleibt "kein Pünktlein" verschwiegen.

1 Spee: *Tugend-Buch*, loc. cit., S. 442.
2 Spee: *Tugend-Buch*, loc. cit., S. 443.
3 Spee: *Tugend-Buch*, loc. cit., S. 443.
4 Spee: *Tugend-Buch*, loc. cit., S. 443.

Wartesituationen, im Müßiggang, in Gesellschaft bei Tisch *vnd dergleichen*: Das Subjekt wird zum Zählen seiner eigenen Pulsumtriebe angehalten und so mit der eigenen Physiologie kurzgeschlossen: "So greiffe widerumb an den pulß vnd siehe wie das Hertz noch singe *Heilig, Heilig, Heiligh!* jah fahe an zu zehlen, wie offt die ader schlage: vnd also wirstu mit solchem zehlen dir die weil vertreiben, vnd doch mit guten gottseeligen gedancken vmgehen, vnd also Gott offt für augen haben."[1]

Im zweiten Teil des *Tugend-Buches*, der den Werken der Hoffnung gilt, liefert Spee eine Reflexion auf die Wiederholung, auf Zahlen und die Frage, ob man durch die numerische Aufdringlichkeit nicht Gefahr läuft, den Adressaten zu verärgern. Im Gleichnis eines Fürsten, der die Zusage seiner Gnade 27. Mal wiederholt – und der Text schreibt diese Wiederholung minutiös auf und aus – werden etwaige Zweifel an der Sachdienlichkeit von Repetition und Buchstäblichkeit ausgeräumt: Was würden wohl andere Zuhörer denken, wenn sie den Fürsten, "der sonsten in seinen worten nie falliret hette", im Modus der Wiederholung erlebten. Wenn sein fürstliches Wort "nicht drey- oder vier-zehen oder zwäntzigmal, sondern recht Siben vnd zwantzig mahl, mitt eben so vill Syllaben vnd buchstaben, widerholen liesse? wer wolte nicht allein nicht zweifflen an seiner so offt widerholten gnaden, sondern auch gedencken, ob nicht solcher Fürst etwan verruckt were, auß zorn vnd widerwillen, daß man ihme nicht alßbald im anfang mit allem glauben vnd vertrawen gäntzlich beygefallen were?"[2] Und würde die Verwunderung nicht steigen, wenn besagter Fürst in all seine Ämtern und Gerichten die öffentliche und 27-malige Verlesung seines Gnadenbriefes befehlen würde. Doch Spee macht der Verwunderung ein Ende, verweist auf Gott, der im 135. Psalm des Propheten David genau so und damit im Modus der Repetition an den Menschen gehandelt hat. 27-mal wird dort angeschrieben, was niemanden verwundern darf: "*Dann seine barmhertzigkeit weret ewiglich.*"[3]

Gegen Spees Indienstnahme von Körper und Texten, von Wiederholungen und großen Zahlen wirkt Martin Heideggers Taschentuchknoten aus *Sein und Zeit* blaß: Zwar kann er Vieles und Verschiedenartigstes zeigen, doch dieser Universalität des Codes entspricht "eine Enge der Verständlichkeit und des Gebrauchs. Nicht nur, daß es als Zeichen meist nur für den 'Stifter' zuhanden ist, es kann diesem selbst unzugänglich werden, so daß es eines zweiten Zeichens für die mögliche umsichtige Verwendbarkeit des ersten bedarf."[4] Wie also wird die Rezeption des Erinnerungssystems selbst gesteuert? Wie schützt Spee die Zeichenkörper seiner Gläubi-

---

1 Spee: *Tugend-Buch*, loc. cit., S. 444.

2 Spee: *Tugend-Buch*, loc. cit., S. 149.

3 Spee: *Tugend-Buch*, loc. cit., S. 149.

4 Martin Heidegger: *Sein und Zeit, 15., an Hand der Gesamtausgabe durchgesehene Auflage mit den Randbemerkungen aus dem Handexemplar des Autors im Anhang*, Tübingen 1984, S. 81.

gen vor dem Vergessen ihrer eigenen Funktion? Durch weitere Vorschriften, die eben genau das Erinnern erinnern sollen. So kann das Tasten des eigenen Pulses – damit die Rückkopplung an den eigenen Körper – zur Erinnerung des Zeichenpaktes werden.[1]

Die Einbindung in eine Logik des Taktes erfolgt doppelt: Zum einen wird der menschliche Blutkreislauf zum Merksystem einer inneren Uhr ausgebaut, die – so Berns – alle integralen Bauteile einer solchen berücksichtigt. Berns rekonstruiert die techno-/theologischen Hintergründe, die ein solches Verhältnis von Körperästhetik und Mechanisierung der Mnemotechnik durch Horologien ermöglichen. Der Mensch macht sich selbst zum Zeichen, indem er sich *zur Uhr Jesu* erklärt. Aber nicht nur der alltägliche Akt des Aufziehens wird zum Zeichen, die Schläge der Uhr werden in Analogie zum Puls behandelt. Im weiteren Verlauf entsteht ein Zeichensystem mit Variablen: Nicht mehr auf die fixen Punkte, sondern auf die Zahl der Stunde kommt es an. Das Gebet "soll jeweils auf die sich verändernde Zahl der Glockenschläge inhaltlich Bezug nehmen."[2] Zum anderen werden die Gläubigen an die Zeitangaben realer Glockenschläge zur Regulierung ihrer Andacht verwiesen.[3]

Der Puls, auf den Spee immer wieder zurückkommt, ist als variables Zeichensystem unterschiedlich besetzbar; der Adern sind so viele, daß man mit ihrer Hilfe ein gemischtes Doppel spielen kann: Der eine Teil soll in der einmal gesetzten Zuordnung verbleiben und weiter im Takt *Heilig, Heilig, Heilig ist der Gott Sabaoth* klopfen und bedeuten. Dieser Part ist den Adern zugedacht, die *im fleisch verborgen ligen* und deren Interzeption anders denn durch Vivisektion gar nicht möglich wäre, weil sie *nicht können gefühlet werden*.[4] Der andere Teil wird mit zeitlich terminierten Besetzungen versehen; deren Möglichkeiten sind so vielfältig, daß Spee seinen Ausführungen noch zwei Kapitel Veränderungen der *obgesetzten weiß Gott zu loben* nachschicken kann. Veränderung Nummer 1 zerlegt den Körper entlang einer imaginären Längsachse in zwei Hälften.

Weil der pulßadern im gantzen leib gar vill seind, wiewol sie im fleisch verborgen ligen, vnd nicht können gefühlet werden: so laße zwar alle aderen bedeuten vnd schlagen was droben gesagt

---

1 Berns: *Vergleichung eines Vhrwercks*, loc. cit., S. 107.

2 Berns: *Vergleichung eines Vhrwercks*, loc. cit., S. 105.

3 Die Logik der Glocken als Mnemotechnik, damit als tagesbegleitendes Erinnerungssystem beschreibt auch Samuel Dieterich im Kapitel *Die Gedächtniß=Kunst aus den Zahlen*. Tagesübergreifend werden die Glockenschläge variabel mit Gedankenmaterial besetzt. Das Gedenken erreicht seine Merkschüler als Imperativ: "Wenns zwey schläget / so gedencke" (S. 362ff.) usw. Wird die Glocke zum Anlaß eines solchen Gedenkens über den Gottesdienst hinaus, wird auch und gerade der – meist (ab)schweifende – Gedankenumgang in der Kirche zum Gegenstand weiterer Überlegungen in Sachen Konzentrationsschutz. (S. 383)

4 Spee: *Tugend-Buch*, loc. cit., S. 446.

ist, *Heilig, Heilig, Heilig ist der Gott Sabaoth*: Allein der Pulßadern deß lincken arms verändere
durch dise woch alle tag ihre bedeutnuß, vnd setze morgens früh auff, daß ein ieglicher schlag
gemelter ader, alle tag eine newe und newe bedeutnuß habe.[1]

Ein Wochendurchgang soll die Zuordnungen täglich neu regeln. Für den Sonntag
sollen die Adern des linken Armes "das wörtlein *Alleluja*" bedeuten, "so singet die
ader den gantzen tag vnd nacht Gott dem Allmächtigen das *Alleluja*, vnd vnter dessen singen die andere alle *Heilig, Heilig, Heilig* &c." Während die meisten Tage
unkommentiert bestimmte Sätze und Gebetpartikel zugeordnet bekommen (*Miserere
mei Deus, Ave Panis Angelorum, Ave Maria gratia plena*), wird der Montag zum
Tag der Intertextualität erklärt: Der Körper oder genauer sein linker Blutkreislauf
wird mit dem Hohenlied Salomos kurzgeschlossen und kommentiert Kapitel 8/
Vers 6.

Am Montag, Setze auff, das es so vil bedeute als das wortlein *Ach* JESU, JESU &c. so geschicht was JESUS der breutigam von seiner braut im hohen-lied Salomonis am 8 Capitel im 6
versicul begeret, da er sie also anredt: Mein geliebte, setze mich als ein zeichen auff dein hertz,
als ein zeichen auff deinen arm.[2]

Der Körper oder genauer: sein linker Arm trägt automatisch dem Begehren des See-
lenbräutigams Jesu Rechnung und wiederholt dieselbe arbiträre Zeichenpraxis, mit
der das allegorische Brautpaar des Hohenliedes seine Liebe besiegelt und ihr damit
ein unauslöschliches Zeichen setzt. Das Hohelied und seine Allegorese werden so
zur Präfiguration von Spees mnemonischem Körper. Die Bibel spricht dabei explizit von der Unauslöschlichkeit der so be-/gesetzten Liebesmale. Die Besetzung
des Körpers gibt diversen Schmerzensschriften Raum: Spee ist reich an solchen
Blut- und Nägelschriften. "Ich hab dich mit rothen Buchstaben / mit scharpffen
Nägelen in meine Händt und Füß geschrieben. Ich habe dich mit einem Speer gar
tieff in mein Hertz gegraben."[3] "Sein zarter leib war das papier: sein rotes blut ware
die dinten; die nägel, geissel, vns speer, waren die federn; die wunden waren die
buchstaben; die Schribenten waren Juden vnd Heiden."[4] Und mit Bezug auf das
Schuldbuch und den Zeichenkörper des Lammes: "Vnd ich nenne allezeit das
Creutz mein Schuldbuch, darinn mein außgab vnnd einnahm auff dem zarten per-
gamen des vnschuldigen Lämbleins geschrieben stehet mit roter dinten."[5] So oder
ähnlich lautet die einfachste, weil direkteste Form seiner Mnemotechnik des Kör-

---

1 Spee: *Tugend-Buch*, loc. cit., S. 446.
2 Spee: *Tugend-Buch*, loc. cit., S. 446.
3 Spee: *Tugend-Buch*, loc. cit., S. 571.
4 Spee: *Tugend-Buch*, loc. cit., S. 393.
5 Spee: *Tugend-Buch*, loc. cit., S. 384.

pers. Zum Schmerz als Apriori des Merkens und einer Mnemotechnik des Körpers schreibt auch Friedrich Nietzsche in der*Geneaologie der Moral*. Auf die Frage "Wie macht man dem Menschen-Thiere ein Gedächtnis?" antwortet er mit seiner Version der Mnemotechnik: "Dies uralte Problem ist, wie man denken kann, nicht gerade mit zarten Antworten und Mitteln gelöst worden; vielleicht ist sogar nichts furchtbarer und unheimlicher an der ganzen Vorgeschichte des Menschen, als seine Mnemotechnik."[1]

Der Gesamtaufbau des *Tugend-Buches* trägt dem Prinzip von Variabilität und Kontrolle Rechnung. Im Wochenrhythmus werden die Subjekte seiner Seelsorge mit neuen Details ihrer Andacht versorgt, sollen diese dann praktizieren und in der wöchentlichen Beichte davon Rechenschaft ablegen.[2]

Eine Veränderung der Veränderung ist Sache des folgenden 24. Capitels. In der Woche nach der Veränderung empfiehlt Spee Besetzungen, die sich von der Buchstäblichkeit streng vorgebener Sätze lösen. Kein concettistisches Reich entfesselter Ähnlichkeiten wie bei Buno, dafür eine ausgeklügelte Logik möglicher Analogien zwischen Körperfunktion und narrativen Bibelpassagen sind die Folge. Davids Tanz zu Ehren des Bundes, das Frohlocken Mariens in Gott ihrem Heiland und die Freudensprünge Johannes im Mutterleib *da der Heiland zu ihm kommen ist* bilden die Matrix für den Sonntag. "Gedenke dann am Sontag dein hertz solle ein solcher David, Maria vnd Joannes sein, solle seinem Gott zu ehren denselben tag stäts ohn vnterlaß auffspringen, vnd tantzen; vnd wan du den tag durch etliche mahl nach obgesetzter gewonheit deinen pulß greiffest, magstu fühlen wie es immer sich bewege vnd springe; so wirstu dich erfrewen."[3] Die anderen Tage weisen dem Herzschlag alternative Funktionen zu: die des Tremulanten bei der Orgel, einer Trommel, von der König Davids Psalmen immer wieder handeln, den Seuffzern der Seelen im Fegefeuer, dem Klopfen eines Bettlers an der Himmelstür und natürlich – im Gedenken an den Karfreitag – die Hammerschläge, "da sein allerliebstes vnd zartes Kind JESUS ans Creutz angenäglet ist; vnd also disen tag durch, so offt du den pulß anruhrest, erinnere dich auch diser jämmerlichen schläg, vnd begere Gott Vatter wölle sie in deinem hertzen angebildet den gantzen tag vnd nacht allergnä-

---

1 Friedrich Nietzsche: *Zur Genealogie der Moral*. Sämtliche Werke, kritische Studienausgabe in 15 Bänden, hrsg. von Giorgio Colli und Mazzino Montinari. München 1980, Bd.5., S. 295.

2 Was die Jesuiten als Tagesablauf programmieren, wird in der Erfahrungsseelenkunde als ans Subjekt rückgekoppelter Rechenschaftsbericht gefaßt. Zu den Möglichkeiten eines selbstregulativen Prinzips im Umgang mit den Gedanken, nach den Möglichkeiten einer Selbstherrschaft und Selbstkontrolle im Reich der Ideen vgl. paradigmatisch den Beitrag "Herrschaft über die Gedanken" aus den "Beiträgen zur Philosophie des Lebens" von Karl Philipp Moritz. In: *Werke*, Hrsg. von Horst Günther, 3. Band *Erfahrung, Sprache, Denken*, Frankfurt/M. 1981, S. 7-83.

3 Spee: *Tugend-Buch*, loc. cit., S. 447.

digst anhören, vnd sich der welt erbarmen."[1] Für den Samstag behält sich Spee
eine Vermittlungsinstanz vor bzw. schaltet diese ein: Die Besetzung erfolgt auf dem
Umweg über die Unruhe eines Uhrwerkes und ihrer Reliteraliserung: "vnd bedeuten die immerwehrende vnruh, bedrangnüß, hertzenstöß, vnd Seufftzer Mariae, da
sie ihren gecreutzigen Sohn betrawret hat".[2] Doch zwingt die Mnemonik des zum
Zeichen gemachten Körpers nicht nur Gott zur Annahme der mit den Schlägen ver-
bundenen Lobpreisungen, sie dienen auch der Erinnerung des Herzinhabers selbst.
In Wartezeiten und anderen Freiräumen soll der nun eigenhändig seinen Puls fühlen
und sehen, "wie das hertz noch singe Heilig! Heilig! Heiligh!". Das Zählen der
Schläge dient einem Gedankenumgang, der in der Hypotypose, also im *für augen
haben* Gottes, endet.[3]

Aber Spee läßt die Tradition der Bildandachten und ihr mühelos einsehbares
Medium – *thätlich angemalte* Bilder – nicht völlig außer Acht: Ihrer Standardform
widmet er ein eigenes Kapitel im ersten Teil des *Tugend-Buches*. Dort regt Spee
eine Bilderbibel an, deren bildpädagogische Wirkung durch das tridentinische
Konzil abgedeckt und damit sanktioniert ist. Spee äußert sich über Anlage, mediale
Verwirklichung und natürlich die Weise einer Rezeption, die in einer Bildversen-
kung und genau nicht einem intellektuellen Concettismus nebst aufwendigen De-
chiffrierungsleistungen folgen. Die Bilder sollen der Topik christlicher Ikonographie folgen, auf vorgeformte Stereotypen zurückgreifen können und zudem präch-
tig sein. Zusammen mit der Andachtsfunktion wird klar, wie wenig Bunos Programm einer emblematischen Bilderbibel mit der jesuitischen Bildandacht noch zu
tun hat.[4] Spee beginnt das Programm seiner materialisierten Bilder-Bibel mit dem
Hinweis auf einen möglichen Erwerb:

> Bewürb dich vmb ein bilder-buch; es seye nun gleich dein eigen, oder entlehnet; darin das gantze
> leeben, vnd leiden Christi, oder andere historien der heiligen schrifft begriffen seind. Man findet
> reiche döchter, die ihr spielgelt ieweilen an liederlichen sachen vertändelen: da köndestu es wol
> beßer vnd nutzlicher anlegen, vnd bey einem Mahler ein ganztes buch voll schöner bilder, ohne
> viel vnterschieldliche farben, nur mit schwartz, vnd weiß, entwerffen laßen; oder köndest aller-
> hand bilder auffhalten, vnd sie hernacher zusammen binden laßen: oder köndest dergleichen bü-

---

1 Spee: *Tugend-Buch*, loc. cit., S. 449. Vgl. dazu das Gedicht *Ein Trawriges Gespräch so Christus an dem Creutz führet*. Dort verleiht Spee den Werkzeugen der Kreuzigung durch die Figur
   der Prosopopoai eine Stimme, läßt so die Nägel und den Hammer selbst zu Wort kommen.

2 Spee: *Tugend-Buch*, loc. cit., S. 449.

3 Zur Logik der Hypotypose und ihrer "synästhetischen Besetzung" vgl. Verf.: "Der gute Hirte",
   loc. cit. Barthes macht zudem das Moment des *Kinästhetischen* stark.

4 Zu den Details vgl. Eicheldinger: *Friedrich Spee*, loc. cit.

cher eins kauffen, da solche bilder zusammen weren; als Exempel weiß die biblische bilder, so hin vnd wider in truck zufinden seind.[1]

Als Vorbild für derlei Bilderbücher nennt Spee die Bemühungen seines Zeitgenossen Jacques Callot.[2] Nach einem strengen Zeitplan wechseln Bildbetrachtung und anschließende Meditation einander ab, werden aufeinander abgebildet. Die Botschaft der mimetisch gehaltenen Bilder ist direkt zugänglich und Spees Vertrauen in die Anschaulichkeit ungebrochen: "O Herr JESU, ich glaube warhafftig, daß das geschehen sey was dises Bild mitt sich bringt".[3] Die Bilderbotschaft ist so unverstellt, eingängig und jenseits aller Mühe, daß sie selbst Kranken zu empfehlen ist: "Du kanst dise weiß auch brauchen in der kranckheit: vnd die krancken belüstigen sich gern mit bilderen."[4] Nach Spee erlauben derlei Bilder auch eine gemeinsame Betrachtung; dabei sind Verstellungen und Tarnungen auf zwei Ebenen möglich.

> Du kanst dise weiß brauchen auch bey andern, daß sie es nit merken: dan in deme sie vermeinen du habest nur deinen lust mit den bilderen, ist dein hertz bey Gott, vnd mit Gott beschäfftiget: dan in vmbwendung eines ieden blats sagestu nur geschwind im hertzen; das glaube ich, vnd das glaube ich auch, vnd das auch, &c. vnd also fort.[5]

Sie ist aber auch dafür offen, die anderen Bildbetrachtern fast unvermerkt Werke des Glaubens üben zu lassen und sie entgegen einer bewußten Intention für das Gotteslob zu rekrutieren.[6] Man redet, souffliert den Gespielen den Bildinhalt, diese bestätigen das dort abgebildete, und so wird die gemeinsame Bildbetrachtung ein weiterer Anlaß, der ganz im Dienst von Spees großer Zahl aufgeht.

> Du kanst auch einem anderen zugleich gelegenheit geben, daß er mit dir den glauben übe, vnd doch es kaum bemerke. Dan du sagest etwan zu deiner gespielen: Siehe da, wie ein schönes bilder-buch! Last vns besehen &c. Das wird Christus an s Creutz genägelt; da wird er ins grab gelegt; da sthehet er wider auff: glaubestu das solches alles geschehen ist? vnd sie wird antworten: Ja freylich, behüt mich Gott, solte ich das nit glauben. Darauff antworte du: Ja ich glaube es

---

1 Spee: *Tugend-Buch*, loc. cit., S. 72.
2 Callot ist ein Jahr nach Spee geboren und im selben Jahr 1635 gestorben. Literarische Dignität hat er durch E.T.A. Hoffmann erfahren.
3 Spee: *Tugend-Buch*, loc. cit., S. 72.
4 Spee: *Tugend-Buch*, loc. cit., S. 73.
5 Spee: *Tugend-Buch*, loc. cit., S. 73.
6 Verfahren, die Kontrolle durch das Bewußtsein zu umgehen, nehmen auf unterschiedliche Weise an dem Teil, was später das Feld des Unbewußten heißen wird. Zum Einsatz solcher Verfahren in der Pädagogik im allgemeinen und in der Anlage von Bilderbibeln im besonderen vgl. II/3. *Schleichpfade ins Bilderreich Gottes (Johann Buno 1617 -1697)* und II/6. *(Un)Geläufigkeiten.*

auch, sonsten wurden wir vbel stehen. &c. So habt ihr alle beyde ein werck des glaubens geübet.[1]

Immer wieder flankiert eine empathische Rede die Bildbetrachtung: Interjektionen und Tränen, wiederholte Glaubensbekenntnisse und kleine Gebetseinlagen knüpfen ein Band der Empathie zwischen Betrachter und Bild, damit auch zwischen Stimme und Schrift, Bild und Körper. Spees empathische Bildbetrachtung steht der intellektuellen Entzifferungsleistung und damit der mnemotechnischen Aufarbeitungen eines Johann Buno diametral entgegen. Während bei Spee eine Rede des Körpers die Bilder beglaubigt, steht bei Buno ein übercodiertes Schriftsystem, dessen mehrfache Bedeutungsebenen einfach nur Adreßfunktion haben.[2] Findet bei Buno eine Verschränkung von Bild, Text und Buchstabe im Dienst des Wissens statt, soll bei Spee vom integren Bild die Stimme des Gebetes ausgehen. Die Auswendigkeit wird zur Inwendigkeit der Auswendigkeit. Aber auch die empathische Rede ist angeleitet und folgt den Vorgaben einer allmächtigen Rhetorik: Die Stoßseufzer, mit denen die Rede und die Bilderwelten der Andacht immer wieder unterbrochen, damit vertieft werden, sind selbst Teilstücke einer gängigen Affektenmodellierung. Und weil Affektsteuerung eine Sache der Zeit und der Stetigkeit von Übergängen ist, wird diese selbstredend berücksichtigt: "Ich will dich nicht geschwind in einem augenblick berauben: es solle allgemach geschehen, daß es dir nicht nil zu schaffen gebe: dan mit gewalt vnd zu geschwind allen affect auß dem hertzen reissen, ist dir vnmüglich".[3] Barocker Logik folgend können die Stoßseufzer, die *orationes iaculatoriae*, als rhetorisch ausgewiesene Versatzstücke einer empathischen Rede ihrerseits gesammelt werden: Eicheldinger erwähnt neben anderen Seufzeranthologien den *Thesaurus Orationum Jaculatorium* des Jesuiten Antoine de Balinghem aus dem Jahre 1626. Das ist nicht Nichts: Ausgerechnet die Äußerungen einer stoßseufzenden Seele in ihrer scheinbaren Unmittelbarkeit werden Gegenstand eines barocken Aufschreibesystems, können gespeichert und damit auch zitiert werden.[4]

Spee nutzt für seine Tugendpädagogik die alte Wissenschaft namens Mnemotechnik auf vielfältige Weise: So untersteht seine Tugendübung den Vorgaben der Zeit, der Logik der Wiederholung, der Staffelung und eines immer weiter erfolgen-

---

1 Spee: *Tugend-Buch*, loc. cit., S. 73.

2 "Durch Evokation und Steigerung von schrecklichen und schönen Bildern und Bildkomplexen in der Einbildungskraft der Exerzitanten sollen die gewünschten Tugend-Affekte hervorgerufen sowie durch Variation und Repetition habitualisiert werden." Kemper: "Dämonie der Einbildungskraft", loc. cit., S. 49.

3 Spee: *Tugend-Buch*, loc. cit., S. 193.

4 Zur Problematik eines aufgeschriebenen "Achs" bei Schiller: Friedrich Kittler: *Aufschreibesysteme*, loc. cit. Zur Tradition der *orationes iaculatoriae* Eicheldinger: *Friedrich Spee*, loc. cit., S. 26f.

den Ausbaus. Das geistliche Exerzitium wird damit zur Sache eines sorgsam regulierten Tagesablaufs, dessen Regularium die Dauer des Betens ebenso wie die Situierung während des Alltags vorschreibt. Nichts scheint sich der Aufmerksamkeit Spees zu entziehen. Alles ist markiert, besetzt oder eben besetzbar. Jeder Glockenschlag wird zum alternierenden, damit zum variablen Verweissystem auf die topischen Versatzstücke der christlichen Heilslehre. Und die Welt hat nur den *einen* Zweck: universaler Signifikant zu sein für die Signifikate, die Gott als ihm dedizierte Mnemotechnik zugestellt werden. Ein weiterer Rekurs auf die Tradition des Merkens trifft ins Zentrum eines Imaginären, das Spee im Rückgriff auf Ignatius von Loyolas *Geistliche Exerzitien* zum unhintergehbaren Ausgangspunkt seiner Pädagogik macht. Die Genauigkeit seiner Rede, mit der Spee die Gläubigen mit einem eingebildeten Körper ausstattet, um im Modus dieser Einbildung die Qualitäten aller fünf Sinne zu durchlaufen, fußt in seinem pädagogischen Anliegen.[1] Wenn es ihm darum geht, das sinnesphysiologische Apriori für sein Tugendprogramm abzuklären und für die Tugendübenden zu plausibilisieren, wird nichts außer Acht gelassen. Was die Mnemotechnik verstreut an Hinweisen für die imaginäre Sinnesaffizierung erläßt, arbeitet Spee zu einem in sich schlüssigen Programm aus. In der Abfolge von Traktaten, Fundamenten und immer wieder ausgeräumten Einwänden wird das Apriori für die eigene Praxis aufwendig erstellt. Am Ende des Programms steht – und man mag über den Anschluß erstaunen – eine virtuelle Realität. Für virtuelle Realitäten – sie spielen in einem ach so fernen Barock oder in einer medial vermittelten Jetztzeit – ist der Körper unhintergehbar. Das gilt auch und gerade für so avancierte Technologien wie Cyberspace – dessen Innovation ganz schlicht in der (technischen) Implementierung eines kultur- oder zeitübergreifenden Phantasmas besteht. Das physiologische Apriori – von dem moderne Medientheorie so gerne redet – ist genau hier in diesen Kontexten angelegt und in all seiner imaginären Konsequenz durchgespielt.

Einen Schutzwall, wie ihn der Kirchenvater Chrysostomus durch den mnemotechnischen Palast gegen *abschewliche gedancken* errichtet, hat Roland Barthes in *Sade Fourier Loyola* als die *apotropaische* Funktion der Imagination beschrieben.

---

1 Die Kultur innerer Sinne und ihrer Affizierung nimmt der Mnemotechniker Henricus Anhalt in seinem *Send=Schreiben Von der Natürlichen = und Kunst=Memorie, an seine Hoch=Ehrwürden Hn. M. Samuel Dieterich / Der Rupinischen Kirchen Pastoren und Inspectoren* zum Aufhänger seiner Einleitung. Um dabei die Leistungen des adressierten Dieterich einigermaßen hoch zu halten, vernachlässigt er diverse Vorarbeiten und so kann er zum folgenden Schluß kommen: "Denen innerlichen Sinnen aber in ihrer Blödigkeit auffzuhelffen / ist noch fast biß ietzo nichts zulängliches am Tage gekommen." (S. 5) Einmal mehr kommt die Metapher der Optik zu Ehren.

"Sie ist in erster Linie das Vermögen, fremde Bilder abzuweisen."[1] Was Barthes
für den Umgang Loyolas mit den eingebildeten Sinnen konstatiert, ist auch für
Spee, der in der Tradition Loyolas steht, zu veranschlagen. Eine Ökonomie guter
Bilder soll den schlechten Bildern die Materialität der Unterlage entziehen. Aus
Angst vor der Leere, die dem materialen Apriori einer Fehlbelegung gleichkäme,
setzt Spee auf die Kraft genau dieser apotropaischen Funktion. Die Rechnung ist
denkbar einfach: Schutz vor schlechten Bildern kann man eben nur durch Programmierung guter Bilder erreichen. Weil der *horror vacui* der Bilder, das grundlegende Nichts die eigentliche Gefahr benennt, versucht Loyola seinem Exerzitanten
"jene Kultur des Phantasma einzuflößen, die trotz aller Risiken jenem grundlegenden *Nichts* vorzuziehen ist (nichts zu sagen, zu denken, sich vorzustellen, zu fühlen, zu glauben), das das Subjekt des Redens markiert, bevor der Rhetor oder der
Jesuit mit ihrer Technik intervenieren und ihm eine Sprache geben."[2] Das Problem
der Einsehbarkeit uneinsehbarer, weil imaginärer Bildwelten wird durch das Programm einer aktiven Imagination gelöst. Barthes zieht bei und für Loyola eine Differenz zwischen dem Imaginären und der Imagination ein: Das Imaginäre Loyolas
zeichnet Barthes als eine *intellektuelle Chiffre* nach, die – in all ihrer Bilder- und
Detailarmut, in ihre Banalität und Skeletthaftigkeit – ihr generatives Potential auf
eine Nullsumme reduziert. "Das Netz an Bildern, über das er spontan verfügt (oder
das er dem Exerzitanten zur Verfügung stellt), ist fast gleich Null. Die Arbeit der
Exerzitien besteht ja gerade darin, demjenigen Bilder zu geben, der von Geburt an
keine besitzt."[3] Ignatius ersetze damit – so Barthes weiter – "die Beschreibung des
Vorgestellten durch ihre intellektuelle Chiffre".[4] Das *Ich*, das Loyala anspricht, ist
transitiv und imperativ ("sobald ich aufwache, mir ins Gedächtnis rufen", "meinen
Blick zurückhalten", "ohne Licht sein", usw.)". Damit entspreche das *Ich* dem
shifter, wie er von den Linguisten als ideal beschrieben wird und dessen psychologische Leere und reine Sprechexistenz ihm eine Art Irrpfad durch unbestimmte
Personen hindurch sichert."[5]

Dem Bartheschen Nullwert der Imagination liegt eine Diskursökonomie zugrunde: Eben weil für die ignatianische Bereitung des Schauplatzes – der *collocatio*
– ikonographische Topoi benutzt werden, genügt für deren Aufruf ein solch kurzes
Antippen. Mit dem Zitat des Skeletts ist damit auch die Ikonographie im Raum der
Einbildung. Auf der anderen Seite steht bei Loyola eine förmliche Kultur der aktiven Imagination. Barthes beschreibt sie als aktive *ars obligatoria*, mit deren Hilfe

---

1 Roland Barthes: *Sade Fourier Loyola*, Frankfurt/M. 1986, S. 62.
2 Barthes: *Sade Fourier Loyola*, loc. cit., S. 81.
3 Barthes: *Sade Fourier Loyola*, loc. cit., S. 60.
4 Barthes: *Sade Fourier Loyola*, loc. cit., S. 61.
5 Barthes: *Sade Fourier Loyola*, loc. cit., S. 61.

fremde Bilder sorgsam abgewiesen werden. "Als eine an den Willen gebundene Aktivität, als Energie der Rede, als Produktion eines formellen Zeichensystems, kann und muß die Imagination des Ignatius zunächst eine apotropaische Funktion haben."[1] Als Vermögen, fremde Bilder abzuweisen, bildet sie eine *ars obligatoria*, die "weniger das fixiert, was vorgestellt werden soll, als das, was vorzustellen nicht möglich ist – oder das, was nicht vorzustellen unmöglich ist."[2] Spee greift die ignatianische Bildpolitik auf: Seine kontrollierte Besetzung mit guten als Schutz vor schlechten Bildern, also jener Bilderbann durch Bilderflut, übernimmt jene apotropaische Funktion der Bilder, von der auch der herbeizitierte Kirchenvater spricht. Sind Herzenssäle und andere Menschenspeicher erst einmal in ihrer Totalität auf Gotteslob und damit auf jene universale Ökonomie gestellt, "in der alles, vom Zufälligen bis zum Oberflächlichen und Trivialen, wieder hineingenommen werden soll"[3], haben kognitive Negativposten keine Chance. Das Bilderreich Gottes ist geschützt. Barthes geht Loyolas Bildpolitik nach und beschreibt die Exerzitien als Kampf gegen die Zerstreuung der Bilder. Die Imagination dient einer Selektion und anschließend ihrer Konzentration: "es geht darum, alle diese schwebenden Bilder zu verjagen", die wie ein Mückenschwarm die Homöostase des Imaginären bedrohen könnten.[4]

Doch stärker als die Bilderflut fürchtet Loyola ein imaginäres Vakuum. "In Wahrheit aber richten sich die Exerzitien nicht gegen die Proliferation der Bilder, sondern, sehr viel dramatischer, gegen ihre Inexistenz". Barthes beschreibt Loyola als "Psychotherapeut, der versucht, dem abgestumpften, trockenen, leeren Geist des Exerzitanten um jeden Preis Bilder einzugeben".[5] Dieser Preis sei eine Topik, bestehend aus Selektion und variierender Kombination von sorgsam aufgezählten und schematisierten Bildpartikeln. In seiner Rekonstruktion dieses topisches Verfahren spricht Barthes von einer *geregelten Improvisation* und schiebt der strengen Topik die Frage nach, ob das "nicht der Sinn des musikalischen und Freudschen *Phantasierens*" sei.[6] Damit nimmt Barthes, der hier die Rhetorik explizit benennt,

---

1 Barthes: *Sade Fourier Loyola*, loc. cit., S. 61f.
2 Barthes: *Sade Fourier Loyola*, loc. cit., S. 62. Zu einer *ars oblivionalis* im Rückgriff auf Umberto Eco vgl. Lachmann: "Die Unlöschbarkeit der Zeichen: Das semiotische Unglück des Mnemonisten", loc. cit.
3 Barthes: *Sade Fourier Loyola*, loc. cit., S. 62f.
4 Mit zwei zoomorphen Bildern beschreibt Barthes das kognitive Desaster: "es geht darum, alle diese schwebenden Bilder zu verjagen, die in den Geist eindringen 'wie ein wirrer Schwarm von Mücken' (Théophane de Reclus) oder wie 'launenhafte Affen, die von einem Ast zum andern springen' (Ramakrischna)." (S. 81)
5 Barthes: *Sade Fourier Loyola*, loc. cit., S. 81.
6 Barthes: *Sade Fourier Loyola*, loc. cit., S. 74.

eine Ausweitung in die Richtung einer regulierten *inventio* vor. Der Raum der
Meditation, den Barthes auch als Theater beschreibt, sei so beschaffen, "daß der
Exerzitant sich darin selbst darstellt: sein Körper wird es einnehmen."[1] Einen bei
Spee analogen Trend zur Individualisierung und damit zur Verdopplung eines in-
dividuellen Körpers konstatiert Barthes auch für die physiologische Engführung
zwischen Christus und dem Exerzitanten bei Loyola:

> Der Körper, um den es bei Ignatius geht, ist niemals ein begrifflicher: es ist immer *dieser* Kör-
> per: begebe ich mich in ein Jammertal, muß man sich *diese* Haut vorstellen, sie sehen, *diese*
> Glieder unter den Tierkörpern und die Infektion wahrnehmen, die aus diesem mysteriösen Objekt
> kommt, dessen Demonstrativ (*dieser* Körper) die Situation erschöpft, denn es kann immer nur
> bezeichnet, niemals definiert werden.[2]

Spees Programmierung eingebildeter Körper steht in der Tradition von Loyolas Exerzitien, und so muß er wie dieser die Logik imaginärer Sinnesorgane ernst nehmen.[3] Auch dort wird konsequent das Wissen um den Körper mit dem Wissen um
die Seele verquickt. Loyolas exerzierender Körper ist (auch) ein imaginärer Körper
oder genauer: Die Aufforderungen, die an ihn ergehen, erreichen ihn im Status des
Imaginären und damit im Reich regulierter und regulierbarer Vorstellungen. Dazu
isoliert Loyola "die Sinnesorgane streng voneinander, damit die am adressierten Ort
– zum Beispiel der Hölle – ihnen jeweils zugänglichen Daten nacheinander 'einge-
lesen' werden können."[4] Die imaginäre Höllenfahrt in Loyolas fünfter Übung steht
im Zeichen einer sorgsamen Pädagogik und einer minutiösen Hierarchie der Sinne:
Nach dem gewohnten Vorbereitungsgebet, mit dem die Übungen beginnen, erfolgt
der Aufbau des Schauplatzes, die ganz einfach darin besteht, "mit der Schau der
Einbildungskraft die Länge, Breite und Tiefe der Hölle zu sehen."[5] Ist die Hölle
erst einmal dergestalt auf Dreidimensionalität gestellt, werden sämtliche fünf Sinne
durch das Höllenregister gezogen. Der Anklang an die Beschreibungssprache topischer Verfahren im Kontext der *inventio* ist dabei nicht zufällig: Barthes beschreibt
Loyolas Praxis ausdrücklich als Formen der Topik: Als Höhepunkt stellt sich

---

1 Barthes: *Sade Fourier Loyola*, loc. cit., S. 74.

2 Barthes: *Sade Fourier Loyola*, loc. cit., S. 74.

3 Vgl. zu den Details der ignatianischen Andacht (Aufbau, Zeitplan, Logik der *compassio*, Af-
   fektkontrolle durch *gradatio/minutio* u.a.) Eicheldinger: *Friedrich Spee*, loc. cit., Kap.2.: Die
   'Exercitia spiritualia' des Ignatius von Loyola als Vorbild des 'Tugendbuchs'.

4 Bernhard Siegert: "Im Bildersturm. Zur strategischen Funktion heiliger Bilder. Eine Genealogie
   des Phantasmas". In: Arthur Engelbrecht (Hrsg.): *Kunst im Schaltkreis. Variation – Serie –
   Simulation*, Berlin 1990. S. 91.

5 Ignatius von Loyola: *Geistliche Übungen*, 6. Aufl., Freiburg, Basel, Wien 1989, übersetzt von
   Adolf Haas, S. 39.

Loyola eine "freie Topik vor, fast eine Ideenassoziation". Im Rückgriff auf literarische Techniken (Gracians barocke Techniken werden erwähnt) der *agudeza nomi-
nal*, die in einem Aufmerken auf buchstäbliche Operationen mit den Signifikanten
beruht, entsteht so: "eine Art rhetorischer *annominatio*."[1] Operationen über den
Lettern dienen auch hier als erste Quelle der *inventio*. Die Logik von Zerlegen und
Zählen, von Zerteil- und Zählsucht beschreibt Barthes bei Loyola als Neurotisie-
rung. "Sobald ein intellektueller oder imaginärer Gegenstand erscheint, wird er gebrochen, geteilt, gezählt. Das Zählen ist zwanghaft nicht nur, weil es unendlich ist,
sondern vor allem weil es selbst seine Fehler erzeugt." In einer wunderbaren Rückkopplung geraten die Zahlen und das Zählen (des Zählens) der Zahlen aneinander.
Falsches Zählen wird selbst zu einem Fehler, der zur Ausgangliste hinzugefügt
werden muß. Loyola implementiert eine rekursive Zählschleife die – wenn es um
die Zahl der Sünden geht – durch Selbstbezüglichkeit große Zahlen zur Folge hat.

Doch vorab äußert der Meditierende sein Begehren: "das soll hier sein, ein in-
neres Verspüren der Strafe erbitten, welches die Verdammten erleiden, mit dem
Ziel, daß, wenn ich wegen meiner Fehler die Liebe des Ewigen Herrn vergessen
sollte, mir wenigstens die Furcht vor den Strafen dazu verhelfe, nicht in Sünde zu
fallen."[2] Die Engführung mit den Höllenqualen der Verdammten erfolgt bei Loyola
sukzessiv: Auf das Sehen brennender Leiber[3] folgt die Akustik von Weinen, Heu-
len, Schreien bis hin zu Gotteslästerungen. Den Reigen niederer Sinne eröffnet der
Höllengestank von Unrat und Fäulnis, dann muß der Geschmacksinn Bitternisse
"wie Tränen, Traurigkeit und den Wurm des Gewissens" kosten. Der fünfte und
letzte Punkt soll sein: "berühren mit dem Tastsinn, wie nämlich die Feuergluten die
Seelen ergreifen und brennen."[4]

Von genau dieser Technokratie des Imaginären handelt auch der Jesuit Spee. Wie
sehr er dabei auf Affekt und Körperpraxis setzt, zeigt die minutiöse Detaillogik seiner Meditationsanweisungen. Kurzgeschlossen mit Jesus oder den Heiligen taugt

---

1 Barthes: *Sade Fourier Loyola*, loc. cit., S. 70.
2 Loyola: *Geistliche Übungen*, loc. cit., S. 39.
3 Athanasius Kircher wird exakt diese Szene mittels einer Laterna magica technisch implementie-
   ren. Vgl. *Ars magna lucis et umbrae*, loc. cit. Der imaginären Programmierung folgt die Übersetzung in Technik. Kircher bleibt dabei der Logik verborgener Gucklöcher verpflichtet und richtet seine Apparatur so ein, daß die vermittelnde Medialität für den Zuschauer ausgeblendet
   bleibt. Vgl. Emil Wilde, *Geschichte der Optik vom Ursprunge dieser Wissenschaft bis auf die
   gegenwärtige Zeit* (1838ff.), Nachdruck Wiesbaden 1968, 288 ff. Zum Einsatz gelangt die Laterna magica in der Missionierung. Vgl. dazu auch Friedrich Kittler: "Die Laterna magica der Literatur: Schillers und Hoffmanns Medienstrategien". In: *ATHENÄUM. Jahrbuch für Romantik*,
   Hrsg. von Ernst Behler, Jochen Hörisch, Günter Oesterle, 4. Jahrgang 1994. S. 219-237.
4 Loyola: *Geistliche Übungen*, loc. cit., S. 39.

der Leib des Betenden zum imaginären Martyrium. Wichtiger als die Bildpraxis seines protestantischen Kollegen Buno ist für Spee ein Bilderreich Gottes, das seinen Adressaten erst über ein Bilderreich der Einbildungen des Menschen erreicht. Spee setzt auf die Autosuggestionen und imaginären Kurzschlußtechniken, auf Regie und Steuerung der Phantasmen. Und dabei hat er auch von der Mnemonik gelernt: Er betont die Rolle rhythmischer Wiederholungen und setzt ganz auf die Verdopplung eines imaginären Körpers, der die internen Wahrnehmungswelten auf Mehrfachaffizierung, auf Simulation und damit auf Plausibilität stellt. Der imaginäre oder eingebildete Körper wird so genau adressierbar, daß all die von Spee vor- und zugestellten Details mit all den imaginären Sinnen durch- und erlitten werden können. Spee ist genau und überläßt nichts dem Zufall. Die Logik seiner Präsentifikationsstrategie wird daher durch ein Korsett äußerer Regularien gestärkt und durch Eigenaufrufe und Rückkopplungen seiner Betenden verstärkt. Systematisch wird ein Tugendübungsweg nachgezeichnet, der mit der affektiven Beantwortung binärer Fragen beginnt, zu imaginären Disputationen mit Gott ausgebaut wird und im imaginären Nachvollzug vor- und zugestellten Heiligenmartyrien endet. Wenn eine Rede von der religiösen Psychedelik Sinn macht, dann in den Meditationstechniken des Jesuiten. Nachdem Spee seinen Gläubigen erstens ein Gedächtnis und zweitens einen imaginären Körper eingebildet hat, dekliniert er sie durch alle fünf eingebildeten Sinne. Was so beginnt, ist das Diktat der Imagination, das Diktat der Hypotyposen.[1] Zum Testfeld für die imaginäre Aufrüstung dient bei Spee nicht – oder nicht nur – ein Szenario der Hölle, vielmehr verweist er seine Andächtigen neben der Nachfolge imaginärer Martyrien auch an die Lebenswelt und ihren Alltag. Versatzstücke und Regieanweisungen liefert besonders eindringlich das Kapitel *Noch andere werck der Liebe deß nechsten* aus dem 3.Teil des *Tugend-Buches*. Gleich siebenmal wird dort zur Auto-Hypotypose gebeten und die einzelnen Szenarien topisch mit einem Augenappell eröffnet: "Bilde dir für". Die Gegenstände der *Fürbildungen* variieren und integrieren selbstredend auch die anderen Sinne.[2]

---

1 Zur rhetorischen Tradition von Hypotypose und *evidentia* vgl. Heinrich Lausberg. Für die Hypotypose, die er mit Quintilian unter die affektischen Figuren rechnet, beansprucht er als Wirkung das "Gleichzeitigkeitserlebnis des Augenzeugen". Für das organo-logische und damit sinnesphysiologische Apriori verweist er auf die Inokulierung aus den *Schemata dianoeas quae ad rhetores pertinent*: "§n¨ärgeia est imaginatio quae actum incorporeis oculis subicit" (§ 812). Heinrich Lausberg: *Handbuch der literarischen Rhetorik. Eine Grundlegung der Literaturwissenschaft*, Stuttgart 1990 (3), §. 810.

2 Kemper weist darauf hin, daß Spee im Gegensatz zu Loyola seine Übungen "literarisiert" und "häufig zu dramatischen Szenen" ausformt. Vgl. "Dämonie der Einbildungskraft", loc. cit., S. 50. Hier folgt Spee dem Geheiß der Rhetorik, die für das Gelingen der Hypotypose innerhalb vorgegebener Rahmen Klarheit durch Detailtreue beansprucht. Aus distinkten Bildern mit ihrer

Nr.1 phantasiert eine Welt des sozialen Notstands mit Witwen, Waisen und gänzlich Verarmten. Zur Krankenhausphantasie wird Nr.3: "Bilde dir für, du sehest in einem grossen Spitall alle krancken der welt." Schock und Ekel sprechen auch hier nicht nur zum Auge: so wissen die einen vor lauter Schmerz nicht, wo sie bleiben sollen, "schreyen vnd ruffen iämmerlich." Ein peinigendes Register ausgewählter Krankheiten folgt. Neben Zahnweh, dem Schmerz wundgelegener Körperstellen folgen Details eines wenig integren Körpers:

> Andere seiend iämmerlich verwund, gestochen, gehawen, geschossen, gequetschet, halber todt, halber lebendig, man muß ihnen in die wunden mitt allerhand instrumenten hineinfahren, die kuglen außnehmen, mitt scharpffer matery reinigen, das faule außschneiden, die bein mitt einer sägen absagen, vnd der gleichen. Wen wolte nicht grausen allem diesem ellend zuzuschawen.[1]

Wie eine Klammer umschließen die Augenappelle das vorgestellte Spital der Welt. Dem Schauen zu Beginn korrespondiert ein Schauen am Ende, und was zwischen den Klammern geschieht, kann sogleich noch als Schauen mit *grausen* resümiert werden. Nr. 4 spricht – wie in Loyolas fünfter Übung – zum Geruchssinn. Wiederum ist der Ort ein Spital, in dem neben anderen Kranken auch die Opfer von Verbrennungen liegen, "deren brand, wunden vnd kranckheiten oder schaden abschewlig seind, vnd gar vbel riechen. Das ort auch ziemlich vnsauber."[2] Während die rhetorische Pragmatik ihre Hörer zu Augenzeugen macht, vermag die Meditation ein Simulakrum des ganzen Körpers und damit eine Sinnestotalität zu adressieren. Spee folgt mit seiner Meditationspraxis genau den Forderungen der Gedächtniskunst, die immer wieder vom Nutzen afffektiver und in Bewegung versetzter Bilder handelt.[3] Die imaginäre Engführung mit den Heiligen und ihren realen Martern, mit der Lebenswelt und ihren Details sorgt für die Unmöglichkeit eines Vergessens. Die Anschlüsse sind reich und weit gestreut: umfassen die Halluzinatorik

---

inhärenten Logik werden Szenen, Sequenzen mit einer Nähe zur Literatur. Auch Eicheldinger betont die Literarisierung der Imagination: "gleicht das Andachtsgeschehen einem imaginierten Märtyrerdrama", Eicheldinger: *Friedrich Spee*, loc. cit., S. 36. Die Übergänge zu Dramen und Spielen im Dienste der Katechisation sind fließend.

1 Spee: *Tugent=Buch*, loc. cit., S. 356.
2 Spee: *Tugent=Buch*, loc. cit., S. 356.
3 Vgl. zur Theorie der *imagines agentes* Antoine: "Ars memoriae – Rhetorik der Figuren, Rücksicht auf Darstellbarkeit und die Grenzen des Textes", loc. cit., S. 66f. Eicheldinger macht für Spee die Emblematik geltend und betont den emblematischen Aufbau der meisten Kapitel: Albrecht Schönes 'Doppelfunktion des Abbildens und Ausdeutens' sei so in den Prozeß der Andacht integriert. Sie bindet auch den Bildersaal und die Lehre vom *sensus internus* an das Emblem und damit verwandte Gattungen an. Zum *mundus symbolicus*, dem zugrundeliegenden Zeichenmodell und zur Tradition von Welt- und Schriftexegese vgl. Eicheldinger: *Friedrich Spee*, loc. cit., S. 36ff.

des Hautsinnes für die Autosuggestion einer Enthauptung ebenso wie die Plan-
spiele, im Spital der Welt Werke der Nächstenliebe abzuleisten.

> Ich glaube, vnd für disen glauben bin ich bereit meinen kopff darzu geben: Vnd wan du solches
> sagest, so strecke deinen kopff dar vnd bilde dir für, als wan du ietzt für disen Articul vom Ty-
> rannen sollest enthauptet werden.[1]

> 1 Erstlich erwege bey dir ein Ave Maria oder Pater Noster lang, mehr oder weniger, wie
> schmertzlich doch die vorhabende art der Marter gewesen sein müße, also daß du gleichsam sei
> recht schmeckest oder innerlich empfindest.[2]

> Was dincket dich nun, meine Seel, soltu dich woll Gott dem Allmächtigen zu lieb vnd ehren,
> redlich vberwinden können, in dieses vnsauberes Spitall hinein gehen, den vbeln gestanck vber-
> stehen, den abschewlichen krancken dienen, ihre speiß bereiten, ihre bett machen, ihre schaden
> verbinden, ihre leinwath außwaschen, vnd dergleichen verrichten können? Bedencke Dich vnd
> antwortte: versuche ob du dich darzu schicken köntest.[3]

Die Einsehbarkeit des Uneinsehbaren und damit die Antwort auf die gestellte Frage
erfolgt in der Rückkopplung einer wöchentlichen Beichte, zu der sich die Tugendübenden regelmäßig bei ihrem Beichtvater Spee einstellen. "Am Sambstag wan
du beichtest, soltu allezeit rechenschafft geben, wie du dich geübet, vnd obs wol,
oder nit wol abgegangen seye."[4] Dort werden sie auch mit weiterem Tu-
gendübungsmaterial in Form von Zetteln versorgt. Versehen mit der aufgescho-
benen Option eines künftigen Zusammenschlusses ist das *Tugend-Buch* nahe:
"Auff iedem zettel wirstu finden, wie man dise oder jene Werck dieser oder jener
Tugenden vben solle. Wan das jahr umb sein wird, wirstu der zettelen zimlich viel
haben: vnd also hastu dann wan du alle zettel Capittel-weiß außtheilen, vnd zusammen binden wilt, wie ich in disem Buch gethan habe, ein guldenes Tugend-
buch, das ist, einen feinen schatz für dein gantzes leben".[5] Die Einsehbarkeit des
Uneinsehbaren erfolgt nicht durch Zensur oder Unterdrückung, sondern durch die
Generierung eigener Bildwelten und der Berücksichtigung ihrer wundersamen
Arithmetik.

> So ist diese Liste mit Unendlichkeit geschlagen, weil das erlösende Zählen der Fehler selbst die
> Fehler des Zählens hervorruft: so zum Beispiel dient die Untersuchung der ersten Woche vor al-
> lem dazu, die unterlassenen Gebete zu zählen. Kennzeichen der Zwangsneurose ist tatsächlich,

---

1 Spee: *Tugend-Buch*, loc. cit., S. 40.

2 Spee: *Tugend-Buch*, loc. cit., S. 98

3 Spee: *Tugend-Buch*, loc. cit., S. 356.

4 Spee: *Tugend-Buch*, loc. cit., S. 14.

5 Spee: *Tugend-Buch*, loc. cit., S. 14.

eine Maschine aufzustellen, die sich selbst unterhält, eine Art Homeostat des Fehlers, der so konstuiert ist, daß allein sein Funktionieren ihm die Bewegungsenergie gibt.[1]

Eine denkwürdige Gegenrechnung zur jesuitischen Zählsucht macht ein George Garganeck 1735 in seiner *höchstnöthigen Berechnung der Sünden=Schulden* auf.[2] Was bei ihm wie eine Inversion jener apotropaischen Funktion bei Barthes erscheint, dient einmal mehr der Seelsorge: Gott wird als Herr über Pulsschläge wie über das Reich menschlicher Gedanken gefeiert und dieses Reich sogleich in aller Umständlichkeit berechnet:

> Wiewohl, da die Gedancken so flüchtig, jämmerlich und unstät sind, so möchte ich gerne einen Menschen sehen, der in einer Stunde nur sechzigerley Gedancken, die etwa auch nur in so viel Sätzen könnten ausgesprochen werden, gehabt hätte. doch setze also: so könntest du bey dir 13 Millionen verschiedener Gedancken zählen, und wenn du den sehr geheimen Vortheil des Christenthums, nemlich die accurate Bemerckung und Prüfung deiner Gedancken, fleißig geübest hast, so wirst du mir auch bald zugeben, es seyen ihrer so viel böse gewesen.[3]

Die Mathematik der Sünde ist schauderhaft: *Unvernünftiges Geplärre, unnützes und schändliches Lesen, ungereimte oder sündige Vorstellungen* und natürlich die mangelnde Aufmerksamkeit auf eine permanente Andacht treiben die Negativbilanz eindrucksvoll in die Höhe. Unterstellt man – um bei bloßen Wörtern zu bleiben – eine Häufigkeit von zehn unnützen Wörtern pro Stunde, so folgt eine Gesamtsumme von 2279110 leeren Worten, die das Sündenvolumen belasten. Bei all der Aufmerksamkeit auf die eigene Rede, das eigene Verhalten, die eigenen Vorstellungen und all die anderen kognitiven Tätigkeiten muß eines klar sein: Eine Großzügigkeit, wie sie der Mnemotechniker Döbel den Gedanken und ihrer Verbindung in der Rede von der Zollfreiheit bescheinigt hat, kann Garganeck nicht zulassen. "Meynst du Gedancken sind Zollfrey?"[4] – wird er daher rhetorisch fragen – und in aller Drastik die Zollfreiheit der Gedanken und die Logik bestimmer Operationen bestreiten. Was in der Mnemonik von Nutzen ist, verrechnet die christliche Mathematik Garganeck's mit der Sünde. Wen aber nicht die Sünde, sondern nur die Frequenzen und Kapazität menschlicher Kognition interessiert, gerät auf dem Weg einer solchen Formalisierung schnell zur Ausgangsfrage nach dem Verhältnis von Kapazität, Code und interner Repräsentation. Von anderen Ergebnissen und Ein-

---

1 Barthes: *Sade Fourier Loyola*, loc. cit., S. 82.

2 George Garganeck: *Die höchstnöthige Berechnung der Sünden=Schulden, deren Grösse und Mannigfaltigkeit gegen die unendliche Versöhnung und Liebe Gottes in Christo Jesu*, Züllichau 1735.

3 George Garganeck: *Die höchstnöthige Berechnung der Sünden=Schulden*, loc. cit., S. 643.

4 George Garganeck: *Die höchstnöthige Berechnung der Sünden=Schulden*, loc. cit., S. 643.

schätzungen berichten im Rückgriff auf Albrecht von Haller Johann S. Ersch und
Johann G. Gruber:

> In den folgenden, die Vergessenheit betreffenden §. führt Haller auch die fast komisch erschei-
> nenden Berechnungen Hook's, Chladen's und Anderer an, wonach ein Mensch, da 20 Tertien zur
> Erzeugung einer Idee hinreichen, in 100 Jahren 9,467,280,00 Spuren oder Abdrücke von Ideen
> in seinem Gehirne aufsammeln müßte, oder doch, wenn man sie des Schlafes u.s.w. auf ein
> Drittel reducirte, 3,155,766,000 oder in 50 Jahren 1,557,880,000; ferner [...], daß in einem
> Gran Gehirnmark 205,452 Spuren anzutreffen sein müssen!! Vgl. v. Aretin, System. Anleit. z.
> Mnemonik 1810. S.12.[1]

Aber gleichgültig, ob ausschließlich formalisiert oder zudem auf Inhalte geachtet
wird. Nichts ist zu klein oder zu unbedeutend, um der Aufmerksamkeit zu entgehen: Selbst die Schatten der Gedanken – von denen Foucault in anderem und eben
doch nicht anderem Zusammenhang spricht – finden hier Beachtung.[2] Spees imaginäre Bildpolitik folgt dem Programm der *Gouvernementalite* und ihrer von Foucault beschriebenen pastoralen Variante.[3] Neben all den Details der Macht, die Foucault so aufwendig wie plausibel rekonstruiert, ist es das grundlegende Moment einer Tätigkeit, das Moment einer vermeintlich freien Produktion, mit dem die Subjekte an die Macht gebunden werden. In der Mnemotechnik Gottes darf der höhere
Ruhm der Zahlen mit dem höheren Ruhm der Disziplinierung zusammenfallen.
Überwachen und Merken schließen einen Regelkreis der Effizienz.

---

1 Ersch, Gruber: *Allgemeine Encyclopädie der Wissenschaften und Künste in alphabetischer Reihenfolge*, loc. cit., S. 383.
2 Vgl. Foucault: *Sexualität und Wahrheit*, loc. cit., S. 30.
3 Vgl. Michel Foucault: *Was ist Kritik?*, Berlin 1992.

5. DIE GELEHRIGEN KÖRPER DES MERKENS

> Es giebt Leute, welche gleichsam bloß mechanisch den-
> ken, und durch dies Vorstellungsgesetz der Seele ohne
> Willkühr regiert werde. Die kleinste Aehnlichkeit und
> Verwandtschaft leitet sie von einem Begriff auf den andern
> hin, ihre Verbindung ist oft sehr klein und beynahe un-
> merklich. Sie hüpfen fort, und springen über von einem
> Gedanken auf den andern. Ihre Einbildungskraft gaukelt
> wie ein Harlekin, und eine Sammlung ihrer Begriffe ist
> wie das Chaos, *non bene junctarum discordia semina*
> *rerum.*[1]

Im 18. und 19. Jahrhunderts siegt an allen Fronten die Ökonomie. Und weil die
Gedächtniskunst selbst immer schon auch Merkökonomie war oder gewesen sein
wollte, ist der Übergang von barocker Mnemonik zu den Verfahren dieser Zeit kein
radikaler Bruch: Was stattdessen zu finden sein wird, sind Übersetzungen und
Einträge bekannter Phänomene in die Sprache empirischer Psychologien. Dem ist
gut vorgearbeitet, haben sich doch mnemotechnische Verfahren latent in die Köpfe
und in die Alltagssprache geschlichen. "In England muss überhaupt die Mnemonik
stark geübt worden seyn, weil sich eine Spur davon noch in der Umgangs- und
Büchersprache erhalten hat. Man sagt (wie im Latein) anstatt erstens, zweitens, in
the first place, in the second place. Diese Bemerkung macht die Encyclop. britann.
und Beattie in seinen Grundlinien der Psychologie etc. §. 129."[2] Ohne je Gegenstand einer pädagogischen Vermittlung gewesen zu sein, dürfen moderne Differen-
tialpsychologen wie im Fall der *Psychologische Prüfung eines elfjährigen Mäd-*
chens mit besonderer mnemotechnischer Fähigkeit eine Gedächtnisleistung als Be-
schreibungskriterium heranziehen.[3]

Und weil der Mensch immer schon im Zentrum der Merktechnik stand, muß man
die Merkkunst einer psychologischen Ordnung der Dinge anpassen und diese Anpassung auch explizit machen.[4] Davon betroffen ist vor allem der Körper, der zu

---

1 Anon.: "Ueber die Kunst zu vergessen". In: *Hannoverisches Magazin*. 21.Stück, Freytag, den
   14. März 1777, S. 324.
2 Aretin: *Systematische Anleitung*, loc. cit., III. Buch, S. 352.
3 F. Kramer, W. Stern: "Psychologische Prüfung eines elfjährigen Mädchens mit besonderer
   mnemotechnischer Fähigkeit". In: *Zeitschrift für angewandte Psychologie und psychologische*
   Sammelforschung, 1. Band, Leipzig 1908. S. 291-312.
4 Vgl. dazu I/6. *Kombinatorik / Topik*.

einer minutiös funktionierenden Systemstelle ausgebaut wird. Berücksichtigt wird
zum einen jener eingebildete Körper, der nach innen geklappt zum perfekt funktionierenden Simulakrum des realen Körpers wird. Neben den diversen Benutzerin-
dividualitäten, die vor allem Anbindungen an Psychologie und Pädagogik erlauben,
wird auch die Pragmatik des Merkens eine immer größere Rolle spielen. Orientiert
wird sich weniger an der enzyklopädischen Leistung universaler Merkdiagramme,
sondern am Merkalltag der Leute: Pfarrer, die pro Woche je eine Predigt memorieren müssen, geraten dabei ebenso in den Blick wie Berufsgruppen, die im Glanze
einer spontanen Rede sollen stehen dürfen. Kinder und Künstler, Improvisatoren
und Juristen, Mnemopathen und Wahnsinnige, Rechenkünstler und Betriebswirte
sind die neuen Agenten einer alten Auswendigkeit. Und bei all den Reden über
Natur wie Natürlichkeit des Menschen geraten barocke Künstlichkeiten vollends ins
Hintertreffen. Das gilt sowohl für die Wahl der mnemonischen Systeme selbst als
auch für die vielfältigen Möglichkeiten der Transformation in Bilder und Texte. In
mehreren argumentativen Schritten wird versucht, die Exotik barocker Merkspei-
cher zu unterlaufen und gegen Ordnungsstrategien auszuspielen, die in ihrer Konsequenz die Bild- und Satzexzesse barocker Mnemotechnik in hermeneutische Ordnungen übersetzen. Die Alternativen greifen dabei auf eine Begrifflichkeit zurück,
die den Eindruck barocker Schaltungen zugunsten neuer Natürlichkeiten umgehen
wird. Die Toleranzgrenzen für Beziehungsstiftung und mögliche Verknüpfungsleistungen, für die Rhetorik der Bezüge und die Phantastik der Bilder sind enger und
damit rigider geworden. Vor der Zollfreiheit der Gedanken steht – in Adelungs
Formulierung – einmal mehr das Regelwerk einer *aufgeklärten Europäischen Einbildungskraft*.[1] Der Weg einer Kritik, die über die Stationen Concettismus, Kindlichkeit und Wahnsinn läuft und laufen kann, ist hierfür symptomatisch. Am Ende
entfesselter Ähnlichkeiten und entfesselter Bilderreiche sind – ganz unmetaphorisch
– Hysterie und Wahnsinn, Fehlleistung und die Psychopathologien des Alltags zu
verbuchen.

Im Zeichen von Transparenz und Ökonomie soll das Wissen für seinen jeweiligen Adressaten im wörtlichsten aller Sinne transparent werden.[2] Die Mnemotechnik
verabschiedet die Wissenskryptogramme eines Johann Buno, um stattdessen und
vielmehr auf neue Einsichten und Plausibilitäten zu setzen, die allesamt um den
Schauplatz des Menschen zentriert sind. Nicht mehr in epistemischer Latenz, son-

---

1 Vgl. dazu I/3. *Barocke Operatoren.*
2 Das Wissen, das in den Diskussionen um die Reformpädagogik einer Goethezeit aus Vorgaben
   wie Buchstäblichkeit und Auswendigkeit gelöst wird und für die einzelnen Entwicklungsstufen
   des Menschen Transparenz sichern sollte, hatte in der Mnemotechnik diese Transparenz immer
   schon.

dern in epistemischer Manifestation markiert der Mensch das Maß des Merkens.[1] Bunos Diktat des Merkens oder Spees Programm der Tugendmanipulation wird systematisch zu einer Kulturtechnik der Selbstaffizierung ausgebaut. Einen wichtigen Beitrag zur psychologischen Stimmigkeit räumen die Mnemotechniker nicht umsonst der Physiologie möglicher Benutzer ein. Die Individualadressierung der Gedächtniskunst – als entscheidende Differenz zur globalen Adressierung bei den externen Speichern der Schrift – wird sich ihren Weg durch einen minutiösen Einbezug des Sinnesapparats möglicher Benutzer bahnen. Im Zentrum goethezeitlicher Psychotechniken stehen – unhintergehbar – die Individualität der eingebildeten Körper, von der die mnemotechnische Rede immer schon handelt und dabei vor allem die Evidenz des Augensinnes meint. Topisch jener Hinweis, den inneren Sinn streng nach Maßgabe und Analogie des äußeren Sinnes zu behandeln. "Aliae sund opticorum seu perspectivorum regulae, quas licet huic negotio accomodare."[2] Und weil im Imaginären der Merksubjekte aus guten Gründen von Plausiblität und Systemoptimierung die Regeln der Sinnesphysiologie gelten sollen, müssen besagte Regeln eben auch aus-, an- und vorgeschrieben werden. Alsted wird daher von der richtigen Beleuchtung im Imaginären der Memorialarchitekturen handeln und naturgemäß die für die Ophthalmokinetik günstigste Locierung beschreiben.

Wie hoch und in welchen Abständen jene sorgsam generierten *imagines* aufzuhängen sind, wie man sich vor sie stellen und in welchem Blickwinkel man sie betrachten soll, all das sind Fragen, die immer wieder thematisiert werden. Schon Rosselius bemüht das Prinzip der imaginären Optik und fordert neben dem Prinzip der nötigen *claritas* die Locirung nach besonderen, dem Menschen tauglichen Maßen. Für die Entfernung der einzelnen Örter gibt er imaginäre Fußmaße an. Nummer 11 seiner diesbezüglichen Empfehlungen: "Distantia locorum particularium ab inuicem paulo plus aut minus pedum trigenum sit."[3] Die Optik muß auch oder gerade im Status der Imagination Ernst genommen werden. Über optimale Bildanordnungen und die Logik der imaginären Lichtverhältnisse handelt auch Klüber: "Den Figuren und Bildern gebe man eine proportionirte Höhe, damit das Auge sich nicht weder zu sehr erheben, noch zu sehr herablassen müsse. Auch hüte man sich, dass nicht eine Figur die andere decke."[4] Eine Logik eingebildeter Spatien soll also verhindern, daß Deckerinnerungen und Merkpalimpseste entstehen. Was in den Reden und Traktaten der Mnemotechniker – Alsted, Schenckel und viele andere handeln davon – sorgsam vorbereitet wurde, findet in der Beschreibung Christian

---

1 Vgl. dazu II/2. *Auswendigkeiten: Von Kaisern, Kindern und Köpfen.*
2 Alsted: *Systema Mnemonicum Duplex [...]*, loc. cit., S. 98.
3 Rosselius: *Thesaurus artificiosae memoriae*, loc. cit., loc. cit., S. 75.
4 Klüber: *Compendium der Mnemonik*, loc. cit., S. 95f.

August Lebrecht Kästners einen systematischen Höhepunkt. Der Pfarrer zu *Belitz unweit Eulenburg* koppelt die Augensteuerung an die Auswendigkeit und verpflichtet so die Phantastik auf die Gesetze der Anschauung:

> So groß auch die Macht der Phantasie in Veränderung der von dem Gesichtssinn erhaltenen Bilder ist: so sehr binden sie doch bey den Betrachtungen dieser mannichfaltigen Gestalten die Gesetze der Anschauung. Diese Gesetze werden der sinnlichen Wahrnehmung durch die Beschaffenheit des Körpers und der Wahrnehmung des Gesichtssinnes insonderheit, größtentheils durch die Beschaffenheit unseres Auges gegeben.[1]

Die Konsequenzen liegen auf der Hand und betreffen zum einen die Wahl der imaginären Beleuchtung, zum anderen die Wahl der nötigen Bildzwischenräume. "Was der Wahrnehmung durch die äußern Sinne schadet, weil es das gehörige Licht unzureichend macht, ist auch der Wahrnehmung in der Einbildungskraft, nur gedacht, nachtheilig."[2] Wenn das Reich der Sinne mit dem seiner Täuschung zusammenfällt und aus Gründen des psychologischen Stimmigkeit zusammenfallen muß, fordert die Physiologie des menschlichen Auges ihren Tribut: "Du mußt zur Wahrnehmung mit dem Gesichtssinn mäßiges Licht haben".[3] Nach den Gesetzen der Anschauung kann Kästner seinen Imaginierenden ferner folgende Faustregel angeben: "Deine Plätze dürfen nicht mehr und nicht weniger Licht haben, als nöthig ist, einen Gegenstand ohne Mühe deutlich zu erblicken."[4] Aber auch ein Übermaß an Licht ist von einem blendenden Schaden und daher tunlichst zu vermeiden.

Die Angemessenheit der Lichtquelle ist zudem eine Funktion der Anschauungsobjekte. Die Plätze dürfen daher weder zu klein noch zu groß sein: Im ersten Fall "würden die darein gesetzten Dinge zu sehr zusammengepreßt werden müssen, als daß man sie bey der Wiederbetrachtung in der gehörigen Deutlichkeit erblicken und nicht vielmehr die einzelnen Theile in einander fließen und aufhören sollten, kenntlich zu seyn. Das Auge der Phantasie würde nur mit der größten Anstrengung dies verhindern können".[5] Was dann aus der Feder des normalsichtigen und unbebrillten Mnemotechnikers Kästner folgt, ist die Adressierung und Ausdifferenzierung seiner Leser nach der Individualität ihrer möglichen Sehschwächen: "Der Kurz= und Stumpfsichtige muß größere Plätze haben, als der ein weit= und scharfsehendes Auge hat."[6] Und er selbst, der als normalsichtiger Mnemotechniker durchgeht, befindet Plätze unter dem Normmaß einer Quadratelle untauglich: "Das meinige ge-

---

1 Kästner: *Mnemonik oder System der Gedächtniskunst der Alten*, loc. cit., S. 40.
2 Kästner: *Mnemonik oder System der Gedächtniskunst der Alten*, loc. cit., S. 42.
3 Kästner: *Mnemonik oder System der Gedächtniskunst der Alten*, loc. cit., S. 40.
4 Kästner: *Mnemonik oder System der Gedächtniskunst der Alten*, loc. cit., S. 41.
5 Kästner: *Mnemonik oder System der Gedächtniskunst der Alten*, loc. cit., S. 42.
6 Kästner: *Mnemonik oder System der Gedächtniskunst der Alten*, loc. cit., S. 43.

hört unter die mittelmäßigen, und ich habe Plätze, welche kleiner als eine Quadratelle waren, meistentheils schädlich gefunden."[1] Kästners augenärztliche Empfehlungen sind der Höhepunkt einer Technik, die den (eingebildeten) Körper ernst nimmt und nehmen muß, um Plausibilität wie Stimmigkeit des Merkens zu sichern: ein Merken, das genau über Adressen dieses (individuellen) Körpers läuft und damit auch dessen Defizite aufzufangen hat. All das wird zur Voraussetzung für Kästners Logistik der Phantasie:

> Wie die Wahrnehmung des Gesichts, so würde auch die Wahrnehmung in der Einbildungskraft durch zu weite Entfernung der Gegenstände sehr gehindert werden. In einem Augenblicke überhüpfet die Phantasie den weiten Raum zwischen zwey Enden Europens, auch bey dem, der an beyden Extremen wirklich gewesen ist. Nicht so geschwind nimmt sie aber zwey Dinge deutlich hinter einander wahr, die in einer weiten Entfernung liegen, als die einander sehr nahe sind; zumal, wo sie es soll. Diese Einrichtung unserer Natur legt uns das Gesetz auf, die Plätze nicht zu weit voneinander zu entfernen.[2]

Doch in einem Punkt weicht Kästner von allen seinen Vorgängern einigermaßen deutlich ab: Um nämlich die imaginäre Anschauung künftiger Benutzer selbst zu veranschaulichen, wird er ausgerechnet die Stimmigkeit einer anderen und imaginären Kulturtechnik, nämlich die der Literatur einfordern. Christoph Martin Wieland und sein *Oberon* werden zum Testfeld von Lesetechniken, die ohne die Regie von Licht und Ton überhaupt nicht funktionieren würde.

Unter der Voraussetzung, daß "zur Vorstellung eines sichtbaren Dinges (vielleicht zu jeder Vorstellung!)"[3], auch die des gehörigen Lichts gehört, darf bei Kästner die Literatur zum Anschauungsunterricht für seine angehenden Mnemotechniker taugen. "Rezia im Oberon, sah im Traume sich in Rehgestalt von zwanzig Hunden verfolgt; und ein andermal, als ihr wieder von dem künftigen Gefährten ihres Lebens träumte, war zur Erblickung des geliebten Bildes eine Stelle nothwendig, 'wo durch der Büsche Nacht ein heller Mondschein bricht.'"[4] Und damit Kästners Verschaltung von Merken und Lesen im Modus physiologischer Stimmigkeit nicht allein dasteht – und um den Patron aller Goethezeit nicht gänzlich unerwähnt zu lassen – darf eine kleine und sachdienliche Geschichte über die *Wahlverwandtschaften* minutiös belegen, was auch dem Pfarrer zu *Belitz unweit Eulenburg* so sehr am Herzen liegt.

Drei Jahre nach Erscheinen der *Wahlverwandtschaften* (1809) wird der Mediziner und Astronom Franz von Paula Gruithuisen auf Goethes Vorgabe reagieren und

---

1 Kästner: *Mnemonik oder System der Gedächtniskunst der Alten*, loc. cit., S. 43.
2 Kästner: *Mnemonik oder System der Gedächtniskunst der Alten*, loc. cit., S. 44.
3 Kästner: *Mnemonik oder System der Gedächtniskunst der Alten*, loc. cit., S. 40.
4 Kästner: *Mnemonik oder System der Gedächtniskunst der Alten*, loc. cit., S. 40f.

mit dem Text "Ueber Phantasiebilder und Träume in Göthes Wahlverwandtschaften" an die Adresse Goethes bestätigen, wie genau und wie kompatibel deutsche
Klassiker zu den Gesetzen jener Sinne schreiben, die sie bei ihren Lesern im Imaginären manipulieren wollen. Es ist diese von Gruithuisen herausgestellte Genauigkeit, die für das Funktionieren von Lesersuggestionen, von Stimmigkeiten und
Plausibilitäten, damit auch von Wahrscheinlichkeiten unabdingbar ist.

> Den Umstand, daß man das sinnlich Angeschaute ein andermal wieder nur durch den Sinn sich
> vorstellt, hat Göthe trefflich gefaßt. Es wird einem so leicht um's Herz, wenn man statt unna-
> türlicher Zerrbilder auch in Gedichten und prosaischen Schriften die Phantasie auf eine natürliche
> Weise spielen sieht.[1]

An ausgewählten Romanstellen kann Gruithuisen daher den Text der *Wahlverwandtschaften* auf seinen ophthalmologischen Schriftsinn hin befragen. So etwa im
sachdienlichen Gespräch zwischen Eduard und Mittler, in dem Eduard, über Ottilie
redend, seine eigenen Vorstellungsbilder und die Systematik ihrer Verknüpfung in
aller Genauigkeit beschreibt. Gruithuisen bestätigt Eduards Introspektion nachhaltig: Seine Bildmetamorphosen seien "ganz nach der Natur dargestellt" und berück-
sichtigten zudem den steten Wechsel der Bildfolgen. Anders als in der Mnemotechnik, die auf der Basis klarer und eindeutiger Bilddistinktionen funktioniert, ist
Eduards Phantasie somit in der Lage, Bewegungen zu halluzinieren. An die Stelle
mnemonischer Bildergalerien tritt die Dynamik eines nachmaligen Films, der die
Differenzen zwischen Einzelbildern schlicht unterläuft: "Eine stete Verwandlung der
Traumbilder findet statt; Nie ist von einem Bild zum andern ein völliger Sprung zu
beobachten".[2] Aber nicht nur die Stetigkeit in sich stimmiger Bildabfolgen unterzieht Gruithuisen seiner Aufmerksamkeit, er handelt auch von den Möglichkeiten
der Phantasie, heteroklite Gebilde zu erstellen: Die Kombinatorik der Körper, die
etwa der griechischen Sphinx ihre Gestalt leiht, ist von der Logik des Lebenden als
einer Logik der Natur deutlich zu unterscheiden: "Auch Phantasiebilder der
Dichtenden haben für den Naturforschenden nicht selten etwas Zurückstoßendes,
Aengstigendes; z.B. die griechische Sphinx; Kopf und Brust von einem Mädchen,
ein Paar Flügel, der hintere Theil ein Löwe mit Vorder= und Hinterfüßen. – Giebt
es einen solchen Typus in der Natur? –"[3]

---

1 Franz von Paula Gruithuisen: "Ueber Phantasiebilder und Träume in Göthes Wahlverwandtschaften". In: ders.: *Beyträge zur Physiognosie und Eautognosie, für Freunde der Naturforschung
   auf dem Erfahrungswege*, München 1812, S. 58.
2 Gruithuisen: "Ueber Phantasiebilder und Träume in Göthes Wahlverwandtschaften", loc. cit., S.
   60.
3 Gruithuisen: "Ueber Phantasiebilder und Träume in Göthes Wahlverwandtschaften", loc. cit., S.
   60.

Und Gruithuisen war nicht der einzige, dem bei seiner Lektüre der *Wahlverwandtschaften* die Beachtung der Naturgesetze auch im Modus der Imagination aufgefallen ist. Der große Physiologe Johannes Müller wird in seinem Buch *Über die phantastischen Gesichtserscheinungen* von 1826 die Phantasiebilder und Träume einer verliebten Romanprotagonistin namens Ottilie zum Anlaß einer ganz besonderen Freude nehmen: "Wie freute ich mich nun, als ich in den Wahlverwandtschaften widerfand, wie einer der sinnlich kräftigsten Menschen aus reicher Selbstbeobachtung die Lebenswahrheit auch dem kunstreichen Gebilde mitzugeben weiß."[1] Und dann darf in aller Ausführlichkeit Ottilie folgen oder genauer: ihre Bildwelt darf für den Leser wie folgt einsehbar und transparent werden.

Wenn sie sich abends zur Ruhe gelegt und im süßen Gefühl zwischen Wachen und Schlafen lebte, schien es ihr, als wenn sie in einen ganz hellen, doch mild erleuchteten Raum hineinblickte. In diesem sah sie Eduard ganz deutlich, und zwar nicht gekleidet wie sie ihn sonst gesehen, sondern im kriegerischen Anzug, jedesmal in einer andern Stellung, die aber vollkommen natürlich war und nichts Phantastisches hatte, stehend, gehend, liegend, reitend. Die Gestalt, bis aufs kleinste ausgemalt, bewegte sich willig vor ihr, ohne daß sie das mindeste dazu tat, ohne daß sie wollte oder die Einbildungskraft erregte.[2]

Ottilie wird damit auch zum Muster und Vorbild einer imaginierenden Leserin. Es ist das Skandalon einer befleckten, weil befleckbaren Einbildungskraft, das sich an solchen Mustern entzünden und einen topischen Strang in den Diskussionen um fehlgesteuertes Lektüreverhalten und Leseseuche einnehmen wird. Eine weitere Zuspitzung erfährt das Phänomen in der zeitgleichen Diskussion um die Onanie, deren imaginäre Bildfreigabe explizit die Literatur als Argument bemüht. Derrida hat für Rousseau dieses Skandalon einer unkontrollierten Verfügungsgewalt über eingebildete Bilder, das gefährliche Supplement, benannt: "Diese Gefahr ist aber die des Bildes."[3]

Und damit nicht der Eindruck entsteht, nur unbekannte Mediziner und weniger unbekannte Optikspezialisten hätten derlei Stellen ob ihrer physiologischen Stimmigkeit goutieren können, sei – als letzter Beleg – auf jemanden verwiesen, der gemeinhin nicht im Ruch naturwissenschaftlicher Euphorie steht. Wilhelm Dilthey, *Das Erlebnis und die Dichtung*, wird exakt die von Johannes Müller bemühte Stelle nun seinerseits bemühen, an Goethes eigene naturwissenschaftliche Forschungen anschließen und wie folgt kommentieren. Im Anschluß an besagten Ottilientraum

---

1 Johannes Müller: *Über die phantastischen Gesichtserscheinungen. Eingeleitet und herausgegeben von Dr. Martin Müller*, Leipzig 1917 (Sudhoffs Klassiker der Medizin), S. 32.

2 Johann Wolfgang von Goethe: *Die Wahlverwandtschaften*. In: *Hamburger Ausgabe*, München 1981, Bd.6, S. 422f.

3 Derrida: *Grammatologie*, loc. cit., S. 260.

kann Dilthey von den *Wahlverwandtschaften* überhaupt reden, "welche ja ganz von den Darlegungen unserer physiologischen Bedingtheit auch in den höchsten Offenbarungen des Gemütslebens durchdrungen sind".[1]

Das Verhältnis von Affekt und Ausdruck, das Campe für die Umwandlung der literarischen Rede im 17. und 18. Jahrhundert geltend macht, ist Teil der mnemotechnischen Körper-Praxis.[2] In den Semiotechniken des Merkens und des Lesens wird der Körper unhintergehbar. Die mnemotechnische Rede konnte in aller Latenz daher immer schon sein, was die Literatur noch werden wird. Neben der intellektuellen Überhöhung durch den massiven Concettismus treten entfesselte Affekte und psychologische Strategien. Bemüht um einen strategischen Anschluß an die Literatur verweisen die Mnemotechniker immer wieder auf die Poesie, die für die Generierung affektiver, damit merkwirksamer Bilder zuständig sein soll.

Einer, der die Mnemonik von ihren imaginären Umtrieben und Exzessen auf Vernunftmaß bringen will, d.h. mit Philosophie und Psychologie abzugleichen beginnt, ist Johann Christoph Dommerich. Was der Helmstedter Professor für Logik und Metaphysik, zudem Verfasser einer *Deutschen Dichtkunst zum Gebrauch der Schulen*[3], unternimmt, klingt titelgebend nach einem Paradox. *Mnemonik und Heuristik* dürfen in seinem Titel vereint heißen, dessen Und-Verbindung Programm wird. Eine nicht regulierte mnemonische Bildwelt führt an die Abgründe der Seele, die bei Dommerich noch nicht Unbewußtes oder Wahnsinn, sondern schlicht Traum heißt:

> Man verlangt also, der Verstand, die Vernunft sollen nicht mehr untersuchen, ob die Bilder unserer Einbildungskraft wahr oder falsch sind. Wie regelmäßig die Sprache der Einbildungskraft, ohne Leitung und Aufsicht des Verstandes, sey, dis leren uns unsere Träume. Man träumet also, indem man schreibt, und will, andere Leute sollen auch Träumer werden.[4]

Der concettistische Witz hat vernünftigen Regeln zu weichen und als Regulativ soll die Philosophie dienen. Für die Regeln einer Mnemonik, die auch unter Goethezeitprämissen ihre Legitimität haben soll, gilt, daß sie "nicht nur möglich, sondern auch von unstreitiger Gewißheit und Brauchbarkeit seyn" müssen. Zur Manipula-

---

1 Wilhelm Dilthey: *Das Erlebnis und die Dichtung. Lessing. Goethe. Novalis. Hölderlin*, Leipzig 1991, S. 160.

2 Vgl. Campe: *Affekt und Ausdruck*, loc. cit.

3 Johann Christoph Dommerich: *Entwurf einer Deutschen Dichtkunst zum Gebrauch der Schulen abgefasset*, Braunschweig 1758. Lakonisch und genau benennt er, was Männling als Datennotstand aller Poesie beschwört: "Das Gegenteil des poetischen Reichtums wird die Armut der Gedanken genannt." (S. 22)

4 Johann Christoph Dommerich: *Die Mnemonik und Heuristik nach ihren ersten Zügen entworfen*, Halle und Helmstedt 1765, Vorrede.

tion der *memoria* gehören nach Dommerich daher sowohl Kenntnisse des Körpers wie auch der Seele des Menschen: "so muß derjenige, der solche vortragen will, eine gründliche Erkentniß der Seele und des Körpers des Menschen besizen".[1] In das Ressort der Physiologie fiele etwa eine Unordnung des Nervensaftes, als deren Effekt Dommerich "das wunderliche Spiel der verrükten Phantasie" angibt.[2] Davon betroffen sind die *Phantasten*, die *Fanaticos* und die *Visionairs*: eine Liste, die von Goethezeitpsychiatern eindrucksvoll auch um die Kategorie der Enthusiasten bereichert wird. Dommerichs Bezug auf die Psychiatrie ist begründet, versuchen die Fachkollegen doch gerade am pathologischen Bildumgang Kriterien für die Ausdifferenzierung des Wahnsinns abzuleiten. Bei Johann August Eberhard sind Hysteriker und schwache Personen direkt von der Metaphorologie ihrer labilen Speicher betroffen.[3] Bilder, die nur schwach oder lose auf einer Wasseroberfläche haften, sind dem Spiel der Ähnlichkeiten einigermaßen schutzlos ausgeliefert.

> Bey schwachen und hysterischen Personen pflegen die Bilder so lose auf der Oberfläche der Seele zu schwimmen, daß sie durch den geringsten Wind in Bewegung gesetzt, und durch die entfernteste Verwandschaft so von einander geweckt werden, daß solche Personen gar leicht schlafend und wachend in eine Feenwelt sich können versetzt fühlen.[4]

Zeitgleiche Pädagogiken und Seelenlehren sind da präziser: Christian Hinrich Wolke bannt in seiner *Kurzen Erziehungslehre oder Anweisung zur körperlichen, verständlichen und sittlichen Erziehung* das neue Paradigma von Konzentration und Aufmerksamkeit in genau das Bild von der hüpfenden Phantasie, das der Mnemotechniker Kästner gerade noch so positiv zum Nachweis seiner Merktechnik benutzen konnte.[5] Was Wolke in seinem V. Kapitel "Wie wird ein Kind aufmerksam?" versammelt, ist eine fast komplette Semantik dessen, was der Mnemotechnik zum Verhängnis werden soll: Von Unaufmerksamkeit, Flatterhaftigkeit und Zerstreutheit ist da die Rede, von der Gefahr einer *schmetterlingsmäßigen Phantasie* und natürlich von den Möglichkeiten einer Korrektur: "Wie wird es, wenn es schon zur Unaufmerksamkeit, Flatterhaftigkeit und Zerstreutheit verwöhnt ist, gebessert?"[6] Jenseits kognitiver Negativposten sollen die Fäden der Aufmerksamkeit gespannt und

---

1 Dommerich: *Mnemonik und Heuristik*, loc. cit., S. 18.
2 Dommerich: *Mnemonik und Heuristik*, loc. cit., S. 29.
3 Vgl. dazu II/2. *Auswendigkeiten. Von Kaisern, Kindern und Köpfen.*
4 Johann August Eberhard: *Allgemeine Theorie des Denkens und Empfindens* (1786), Reprint Bruxelles 1968, S. 102.
5 Christian Hinrich Wolke: *Kurze Erziehungslehre oder Anweisung zur körperlichen, verständlichen und sittlichen Erziehung anwendbar für Mütter und Lehre in den ersten Jahren der Kinder*, Leipzig 1805.
6 Wolke: *Kurze Erziehungslehre*, loc. cit., S. 56.

gut gesteuerte Gedankenschiffe vordringlichstes Anliegen aller Pädagogik sein. Es sind die neuen Fäden einer Aufmerksamkeit, die von Pädagogik und diversen Psychologien gegen Bilderstürme, tumultarische Erfindungen und andere Unarten kognitiver Ökonomie gespannt werden. Und weil auch die Anknüpfung von Fäden Medien der Vermittlung braucht, wird Christian Hinrich Wolke in seiner *Anweisung für Mütter und Kinderlehrer* von 1805 als Glanzstück seiner Pädagogik ein *Denklehrzimmer* empfehlen, mit dem die Markierung zwischen alter und neuer Pädagogik, zwischen alter und neuer Mnemotechnik gar nicht sinnenfälliger sein könnte: Aus dem Palast schierer Auswendigkeiten und entfesselter Bilder wird ein respektables *Denklehrzimmer*, in dem Goethezeitkinder erste pädagogische Inhalte behutsam von den Wänden lesen dürfen (vgl. Abb. 22).[1] Was Wolke an den Kindern prospektiv als Pädagogenauftrag festmacht, behandelt Johann Christoph Hoffbauer, der große Psychiater und Jurist, als Symptomatik einer Pathologie. "Ist die Aufmerksamkeit zu schwach; so wird der Mensch alles nur so beachten, wie die Sinne und der regellose Zufall nach den Gesetzen der Association der Vorstellungen es ihm zuführt."[2]

Ab einem bestimmten Grad von Bildersturm und mangelnder Aufmerksamkeit, von habitueller Zerstreuung und imaginärem Sinnestaumel ist der Mensch nicht mehr Mensch und damit Gegenstand juristischer Sanktionen, sondern schlicht wahnsinnig, damit Gegenstand nicht mehr der Gerichtsbarkeit, sondern der Psychiatrie. Hoffbauers Typologie der Aufmerksamkeit ist gestaffelt und reicht von den unterschiedlichen Graden einer Klarheit über den Taumel des Genies bis hin zu einer letzten Steigerung: Dann nämlich, wenn die Einbildungen schlicht real und damit über die Wirklichkeit dominant werden. Hoffbauer bringt den Wirklichkeitsverlust in deutliche Nähe zu Formulierungen, mit denen der Jurist Kreß im Zusammenhang seiner Taubstummenarbeit den Personenstand der Defekten referieren läßt: "so wird er in der wirklichen Welt fast immer abwesend seyn."[3] In seinem vielleicht schönsten Aufsatz *Ueber die Neigung Wahnsinniger und ähnlicher Kranken, für sich zu reden, besonders in nosologisch-semiotischer Hinsicht mit beyläufigen Bemerkungen über die Sprache der Taubstummen* braucht Hoffbauer bloß noch eine prämoderne Großstadterfahrung ins Feld zu führen, um die Pathologien mnemotechnischer Selbstaffizierungstechniken in den Termen seiner Psychologie oder Psychopathologie anzuschreiben. Noch vor dem Zeitalter aller technischen Reproduzierbarkeit führt er seine Leser an den Schauplatz London und konfrontiert

---

1 Vgl. zu den Details Christian. Hinrich Wolke: *Anweisung für Mütter und Kinderlehrer*, loc. cit.

2 Johann Christoph Hoffbauer: *Untersuchungen über die Krankheiten der Seele und die verwandten Zustände*, 2 Theile, Halle 1802f., S. 81.

3 Hoffbauer: *Untersuchungen über die Krankheiten der Seele*, loc. cit., S. 82.

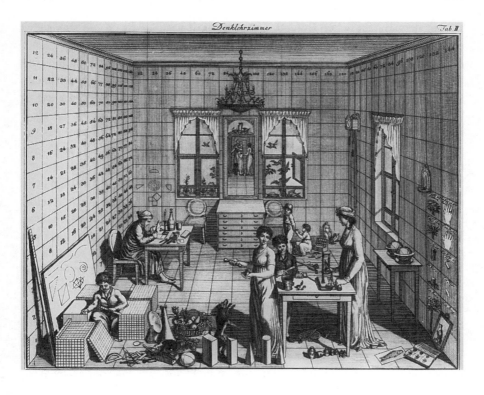

Denklehrzimmer Tab II

Abb. 22

sie mit dem erstaunlichen Befund, daß dort selbst gesunde Leute mit sich selbst sprächen. Was auf den ersten Blick wie eine Ungereimtheit oder gar eine Pathologie aussieht, wird schnell relativiert. Zum einen kann Hoffbauer einen Befund anführen, der auch jeden Normalen beim Selbstgespräch ertappt. Nämlich dann, wenn er versucht, Vokabeln, Gedichte oder Predigten in seine Auswendigkeit zu überführen. "Das gehörte Wort drückt sich dem Gedächtnis tiefer ein, als das bloss der Einbildungskraft durch sichtbare Zeichen vorgestellte."[1] Eben weil das geschriebene Wort nur ein Zeichen von einem Zeichen ist, findet durch die Rede eine merktaugliche Verlebendigung und Vergegenwärtigung statt.

Der Grund, warum in London und "in jeder andern eben so geschäfts- und eben so geräuschvollen Stadt" vor allem verstandesschwache Menschen mit sich selbst reden, liegt für Hoffbauer damit offen zu Tage: "Ohne wirklich ausgesprochene Worte zu Hülfe zu nehmen, würden sie ihre Gedanken leicht verlieren, und von den sinnlichen Eindrücken des Augenblicks fortgerissen werden."[2] So wie sich der Normale beim Auswendiglernen einer Rückkopplung an die eigene Stimme überläßt, benutzt sie der Verstandesschwache als sachdienlichen Reizschutz, um ihm Großstadtgewühl nicht die Kontrolle zu verlieren. Hoffbauers Gedanke ist nicht ganz so skurril, wie er auf den ersten Blick scheint: Was er eröffnet, ist der Schauplatz eines imaginären Selbstbezuges, der, anders als bei Spee, nun genau nicht der Tugend-Übung dient. Der normale Mensch wird zum Schauplatz einer disputierenden Vernunft: "Sind hier oder dort Gründe für und wider mit einander abzuwägen, theilt sich der Mensch gleichsam in Ich und Du; so wird er nicht allein zu sich selbst reden, sondern in eine Unterredung mit sich selbst oder ein Selbstgespräch kommen. Es bedarf kaum einer Bemerkung, dass nur hier der psychologisch-natürliche Ort eines Selbstgesprächs seyn kann."[3]

Doch zurück zu Dommerich und seiner zögerlichen Reformulierung der Mnemotechnik auf psycho-physiologischer Grundlage. In einem vierten Kapitel *Von den einzelnen Vollkommenheiten des Gedächtnisses* wird er in der alten Einschreibmetaphorik von Wachs und Metall handeln, eine gewisse Hurtigkeit der *memoria* als Qualität einfordern und als Beleg für Gedächtnisstärke die Unablenkbarkeit der Gedanken etwa in einer Menschenmenge anführen. Und weil Dommerich die Sache der Innovation auf seine Fahne schreibt, muß auch er noch einmal von der alten Mechanik barocker Bezugnahmen handeln: Barocke Concettismen sind naturgemäß

---

1 Johann Christoph Hoffbauer: "Ueber die Neigung Wahnsinniger und ähnlicher Kranken, für sich zu reden, besonders in nosologisch-semiotischer Hinsicht mit beyläufigen Bemerkungen über die Sprache der Taubstummen". In: Johann Christoph Hoffbauer, Johann Christian Reil: *Beyträge zur Beförderung einer Kurmethode auf psychischem Wege*, Halle 1808, S. 517.

2 Hoffbauer: *Ueber die Neigung*, loc. cit., S. 528.

3 Hoffbauer: *Ueber die Neigung*, loc. cit., S. 519.

unzulässig, und ihr Resulat heißt ihm Spitzfindigkeit oder Subtilität, die er entsprechend im Kapitel *Von der Vergessenheit und den Gedächtnißfehlern* abhandelt. Aber schlimmer noch als Spitzfindigkeiten gilt ihm für seine Gedanken über die Heuristik, die noch einmal die Geschichte der Topik und die Frage nach der Möglichkeit alter und neuer Wahrheiten aufrollt, jenes Phänomen, "daß mancher oft ohne Meditation auf diesen oder jenen neuen Satz gekommen ist."[1] Konsequent wird der Ausfall von Meditation und zulässiger Ordnung zum Zeichen einer "tumultarischen Erfindung".[2] Festgeschrieben werden die (Un)Zulässigkeiten der Vorstellungsabläufe in Konzepten wie der Ideenflucht. Mit Kriterien der Quantität wie der Qualität werden die Psychiater und Psychologen der Moderne versuchen, Psychopathologien ihrer Patienten zu operationalisieren. Als Differenzkriterien können dabei, neben der Berücsichtigung der Lebenswelt, die Pragmatiken alter Aufschreibesysteme dienen. Hugo Liepmann, der 1904 die Ideenflucht begrifflich bestimmen und psychologisch analysieren will, greift dabei auf Rede- und Schrifttechniken zurück.

Was ich also im Folgenden als geordneten Gedankengang analysiere, ist nicht etwas, was jederzeit im Leben der Gesunden realisiert ist. Es findet sich am vollkommensten in planmässig entworfener Rede, in systematischer Gedankenentwicklung, etwa in einem Vortrage, Predigt, einem Aufsatz, oder in den Überlegungen dazu, in Diskussionen ernster Art. Annähernd aber auch sonst in der Regulierung unserer täglichen Angelegenheiten, im dienstlichen Verkehr. Weniger streng, wie wir sahen, im gesellschaftlichen, leichteren Verkehr, und am wenigsten, wenn wir uns halb dämmernd gehen lassen.[3]

Daß Dommerich in Sachen Mnemotechnik kritisch und in Sachen Johann Buno ablehnend ist, versteht sich von selbst. "Er will, wir sollen behalten, daß die Söhne des Noah, Sem, Ham und Japhet geheissen usw."[4] wird es bei Dommerich – wie dann eben auch bei Krünitz – heißen und stattdessen das Regulativ der Behutsamkeit eingefordert. In solchen Querverweisen etabliert die Buno-Schelte das Reich ihrer eigenen Intertextualität. Der Frage nach Heuristik und Erfindungswissenschaft, die Dommerich titelgebend mit der Mnemonik zusammenspannt, widmet Christian August Lebrecht Kästner eine eigene Publikation. Kästners Topik versteht sich als *Versuch einer Ehrenrettung der Topik* im Zeitalter nun nicht mehr ba-

---

1 Dommerich: *Mnemonik und Heuristik*, loc. cit., S. 108.
2 Dommerich: *Mnemonik und Heuristik*, loc. cit., S. 108.
3 Hugo Liepmann: *Über Ideenflucht, Begriffsbestimmung und psychologische Analyse*, Halle a.d.S. 1904, S. 20. Den umgekehrten Weg über die Normalität irgendwelcher Vorstellungsabfolgen beschreitet – pars pro toto – Georg Elias Müller: *Zur Analyse der Gedächtnistätigkeit und des Vorstellungsverlaufes*, 3 Teile, Leipzig 1911-17.
4 Dommerich: *Mnemonik und Heuristik*, loc. cit., S. 60f.

rocker Gelehrsamkeit, sondern aufgeklärter Menschentechniken.[1] Eine erste Definition liegt noch im Trend:

> Unter der Topik [...] verstehen wir nichts anders, als eine Wissenschaft gewisser allgemeiner Verhältnißbezeichnungen an den Dingen, mit den Regeln, die sich auf sie beziehen, welche zum Zweck hat, das Auffinden anderer Begriffe zu erleichtern.[2]

Die Leistung künstlicher Bezugnahmen erfolge auch dann, wenn die Bauteile potentieller Bezüge "noch nicht in der Seele mit einander verbunden worden sind". Damit in der Mechanik seiner Erfindungsmethoden – er nennt *Ars Lulliana* und Topik – nicht "viel unnütze Dinge mit unterlaufen sollen", tut ein Filter namens Beurteilungskraft not.[3] Dem folgt, nach der Rekonstruktion der Tradition, der Frage nach ihrem Wert – unter namentlicher Nennung von Johann Heinrich Zopf – und der Abwehr möglicher Angriffe, seine eigene *Theorie der Topik*. Die mutet einigermaßen barock an, führt sie einmal mehr durchnumerierte Raster mitsamt ihrer Anwendung vor. Doch ein genauer Blick entdeckt Veränderungen: Die Willkür des Anagramms fällt aus, und stattdessen betreibt man Namensforschung und Etymologie. Das Wissen um die Sprache respektiert den Signifikanten in seiner Integrität und bringt ihm nicht mehr um die Identität seines Wortleibes. Man fragt nicht danach, was passiert, wenn die Lettern in Permutation geraten würden, sondern vielmehr danach, wie sich das Wort als ganzes zu anderen verhält, wie seine Synonyme, Homonyme und Paranyme lauten oder genauer: was die Gemeinörter 1. NAME, 2. ETYMOLOGIE, 3. SYNONYMIE, 4. HOMONYMIE, 5. DEFINITION u.a. an Heuristik zulassen. Eine semantische Einordnung in den Haushalt der Sprache und die historische Verortung sind dabei wichtiger als die barocken Operationen über den Ausgangsmengen abgezählter Lettern. Aus der Wahrscheinlichkeit von Lettern wird so ein Wissen von der Sprache: Foucault hat es in seiner *Ordnung der Dinge* nachgezeichnet und die Sprache dabei neben die anderen Positivitäten – Arbeit und Leben – gestellt. Aus der Kombinatorik barocker Letternoperationen wird eine Wissenschaft von der Sprachgeschichte, die nur dort, wo es

---

1 Christian August L. Kästner: *Versuch einer Ehrenrettung der Topik*. In: Heinrich G. Tschirner: Memorabilien für das Studium und die Amtsführung des Predigers, 2. Band. 2. Stück Leipzig 1812. In diesem Trend liegen auch seine *Briefe über die Mnemonik. Noch ein Versuch die Ehre einer Verkannten zu retten*, Sulzbach 1828.

2 Christian August L. Kästner: *Topik oder Erfindungswissenschaft, aufs Neue erläutert und in ihrer vielfachen Anwendung auf die Bildung des menschlichen Geistes und auf den mündlichen Vortrag gerichtet*, Leipzig 1816, S. 2.

3 Vgl. zur Produktivkraft solcher Vefahren für die moderne Literatur und der Frage nach möglichen Filtern John Neubauer: *Symbolismus und symbolische Logik. Die Idee der ars combinatoria in der Entwicklung der modernen Dichtung*, München 1978.

nichts zu verstehen gibt, auf die barocken Operationen zurückgreifen soll.[1] Es folgen bei Kästner bekannte Frag=Umstände wie Ursache, Zweck, Eigenschaften,
Identität und Differenz, das Verhältnis von Teil und Ganzem. Nummer 21. seiner
Liste und nach 19. ANTECEDENTIA und 20. CONSEQUENTIA ruft noch einmal
als CONCOMITANTIA den alten Fragevers auf: "Concomitanti werden alle Dinge
genannt, die mit etwas Anderem verbunden sind, ohne Eigenschaften und Beschaf-
fenheiten zu seyn. Sie werden in dem bekannten Vers begriffen: Quis? Quid?
[...]"[2] Nummer 22 benennt die Übereinstimmung. Aus ihrer Tätigkeit wird die
Rhetorik ihren Nutzen ziehen, denn "so entstehen Metaphern, Allegorien, Parabeln".[3] Sein erläuterndes Beispiel ist wundersam, fragt es doch nach der Übereinkunft zwischen einem *Elephanten* und einer *Ofengabel*:

> Was scheinet weniger mit einander übereinzukommen, als ein Elephant und eine Ofengabel?
> Und doch findet sich eine Aehnlichkeit zwischen beyden: So wie die Ofengabel nicht einem un-
> geschickten Einheizer anvertraut werden muß, damit der Ofen nicht zu Grunde gerichtet werde;
> eben so muß der Elephant keinem ungeschickten Führer überlassen werden, damit er nicht Scha-
> den anrichte.[4]

Die *Praxis der Topik* – so Kästners zweiter Teil – ist vielfältig: Sie dient der Generierung neuen Wissens ebenso wie dem Merken alten Wissens, soll der Erkenntnis,
der Überzeugung, dem Vortrag, dem Behalten und dem Witzvermögen von Nutzen
sein. Doch anders als barocke Topiker es beschreiben, scheint die Geläufigkeit der
Topik selbst geläufig, und damit eine Selbstverständlichkeit geworden zu sein.
Nach einer Internalisierung topischer Regeln sind sie den Menschen auf wundersame Weise präsent. "Doch selten ist es nöthig, die topischen Regeln ausdrücklich
anzuführen. Es ist genug, wenn sie [...] vor Augen schweben."[5] Was so internalisiert und damit geläufig ist, bedarf keines expliziten Aufrufes mehr; vielmehr ist es
seinem Benutzer *ungerufen zur Hand* und steht damit einmal mehr unter Umgehung
bewußter Thematisierung zur Verfügung. Was vor Augen schwebt und ungerufen
zur Hand sein darf, hat man bei Hermann Ebbinghaus und seinen Assoziationsex-
perimenten gesehen.[6]
 Als Zwischenschritt für eine Geschichte der Geläufigkeit sei noch auf Markus
Herz und seinen *Versuch über den Schwindel* von 1791 verwiesen. Der Mediziner,
dessen Befunde über kognitives Fehlverhalten von vielen Theoretikern der Vorstel-

---

1 Vgl. dazu Foucaults *Ordnung der Dinge*, loc. cit.
2 Kästner: *Topik oder Erfindungswissenschaft*, loc. cit., S. 73.
3 Kästner: *Topik oder Erfindungswissenschaft*, loc. cit., S. 75.
4 Kästner: *Topik oder Erfindungswissenschaft*, loc. cit., S. 75.
5 Kästner: *Topik oder Erfindungswissenschaft*, loc. cit., S. 113.
6 Vgl. I/6. *Kombinatorik / Topik*.

lung immer wieder zitiert werden, treibt die Annäherung von Datenverarbeitung und Mensch am entschiedensten voran. Dazu wird in einem ersten Schritt dem Menschen ein anthropologisches Fundament zugeschrieben ("Das ganze Wesen der menschlichen Seele besteht in Vorstellungen"[1]) und in einem zweiten Schritt genau dieses Fundament nach den Kriterien jener allgemeinen Datenverarbeitung behandelt, die Kittler zur Grundlage von Bemessung und Relationierung historischer Systeme des Wissens herangezogen hat[2]: Wenn Zeitkriterien wie Schnelligkeit, Verweildauer sowie Unterbrechungen von Vorstellungen und psychologische Konzepte wie Konzentration, Aufmerksamkeit, Zerstreuung bis hin zur *Schnellkraft* über die Vorstellungen in ihrer Transitivität wie in ihrer Intransitivität entscheiden, ist das Wesen des Menschen formalisierbar. Gelöst von allen Inhalten kann Herz daher die Geläufigkeit von Vorstellungen als Funktion ihrer Verarbeitungsgeschwindigkeit angeben: "Aehnliche Vorstellungen durchläuft die Seele schnell, abstehende langsam."[3]

Doch wozu unternimmt Kästner all den Aufwand, um eine internalisierte Topik erstens als internalisiert und zweitens eben als Topik zu beschreiben? Wem, wo und warum soll die Frage nach dem *Quis, Quid usw.* überhaupt (noch) dienen? Als Einsatzgebiet neben der Auffindung von Beweisgründen und Entlarvung wie Analyse der Fehlschlüsse (*fallacia*) empfiehlt Kästner seine Topik vor allem für eine Palette möglicher Vorträge. Neben dem *erklärenden* wird es vor allem der *hermeneutische* Vortrag sein, der zur Apotheose der alten Topik wird: "Der hermeneutische Vortrag beschäftigt sich mit Darlegung der Vorstellungen, die ein Andrer mit gewissen Worten und Ausdrücken verbindet. Ihn lehrt die Wissenschaft, welche man Hermeneutik nennt."[4]

Unterzieht man nun einen Text oder eine Rede der *hermeneutischen Zergliederungskunst* und der Logik ihrer Einteilungen, "so zeigt sich gar bald, daß die Benennungen der vorzüglichsten Theile aus der Topik genommen sind."[5] Was im Barock eine Technik sein konnte, um das Zahlenverhalten des Wissens gegen unendlich laufen zu lassen, wird bei Kästner eingesetzt, um Texte auf ihre Wahrscheinlichkeit zurückzuführen. Damit tragen Dommerich wie Kästner zur Selbstaffirmation kulturell eingespielter Kognitionsweisen oder – kybernetisch gesprochen – zur

---

1 Marcus Herz: *Versuch über den Schwindel*, Berlin 1791 (2), S. 37.

2 Vgl. dazu I/2. *Johann Christoph Männlings Daten.*

3 Herz: *Versuch über den Schwindel*, loc. cit., S. 68.

4 Kästner: *Topik oder Erfindungswissenschaft*, loc. cit., S. 126.

5 Kästner: *Topik oder Erfindungswissenschaft*, loc. cit., S. 127. Für die Hochschätzung der Topik verweist Kästner u.a. auf Johann Heinrich Zopf.

Amplifikation eines kulturellen Systems bei.[1] Speicherung und Generierung, Innovation und Tradition, Chaos und Ordnung geraten aneinander, und so können in einer denk- oder merkwürdigen Verkehrung der Argumente Topik und Mnemonik mitsamt den datentechnischen Besetzungen beider Felder zusammenfallen. Es geht um die Auswendigkeit einer literarischen Textstelle:

> Ja man kann sogar die topischen Gemeinörter zu Ordnungsbildern machen, und sich an ihrer Aufeinanderfolge eine andre unbekanntere merken, wenn man bey jedem an einen besonderen Gegenstand denkt; welches geschieht, wenn man von der zu merkenden Sache das sich vorstellt, was der topische Titel nennt. So würde ich mir z.B. Curtius, als den ersten Gegenstand, dadurch merken, daß ich dächte: ich habe hier den Namen selbst; Schnitzelbank, als den fünften Gegenstand, daß ich dächte: wie würdest du wohl Schnitzelbank definiren (Definition ist der fünfte Gemeinort)?[2]

Die Ordnung einer Toposabhandlung wird zum mnemonischen Raum für eine literarische Auswendigkeit und Kästner wird auf seinen Amtskollegen Gräffe verwiesen, der die Topoi "zu Gedächtnißfächern bey Katechisationen" empfiehlt. Wenn die Topik zur Matrix der Auswendigkeit wird, hat die Superimposition der Ordnungen Concettismus wie Bildphantastik kassiert. Die Dinge, die zu merken sind, und die Wort- und Bildtransformationen, die dieses Merken leisten sollen, begegnen sich nicht mehr in den kontingenten *Heterotopien* mnemotechnischer Systeme, sondern nach Maßgabe von Denkordnungssystemen.[3] Statt Wissenskryptogrammen und Bildexzessen einen Platz einzuräumen, wird eine sachdienliche Frage – *wie würdest du wohl Schnitzelbank definiren* – zum höheren Ruhm topischer Verfahren gestellt.

Wenn zwischen Merkinhalt und Merksystem willkürliche Systemlogiken der Gedächtniskünste und keine verbindlichen Ordnungssysteme herrschen, ist der Vorwurf der Verschwendung die Konsequenz. Die Kritiker der Mnemotechnik haben in unterschiedlichen Terminologien immer wieder davon gehandelt. Was die Masse der Systeme konstitutiv umgeht und genau damit einen kaum nachvollziehbaren semantischen Mehrwert einspielt, ist in der Mnemotechnik selbst vereinzelt thematisch geworden. Wie anhand der Doppelcodierungsstrategien bei Rosselius und Schenckel gezeigt, soll dort eine stimmige und daher nützliche Ordnung auf ein zu merkendes Wissen treffen können, um so der Verschwendung keine Chance zu lassen. Um Natürlichkeit, Psychologie und Plausibilität besorgt, kann Kästner aber auch mit historischen Varianten jenseits aller Mechanik aufwarten. Fündig wird er

---

1 Vgl. dazu Roland Barthes: "Die alte Rhetorik". In: *Das semiologische Abenteuer*, Frankfurt/M. 1988. S. 15-101.
2 Kästner: *Topik oder Erfindungswissenschaft*, loc. cit., S. 176.
3 Vgl. dazu noch einmal Foucault: "Andere Räume", loc. cit.

in einer Wissenschaft namens Analogik und ihrer Empfehlung "sich an dem Orte, wo man sich befindet, umzusehen, ob man Aehnlichkeiten zwischen dem Gegenstande der Rede und den Dingen, die man vor sich erblickt, entdecke"[1]. Ein Verfahren, das aus der Feder des barocken Jesuiten Pomey stammt und deswegen einigermaßen geeignet ist, die Tradition natürlicher Inventionsquellen ins Zeitalter kombinatorischer Reproduzierbarkeiten rückzuverlängern. Kästner, der für die Historie der Mnemotechnik ebenso wie für eine revidierte Topik unter Goethezeitprämissen steht, betont bei diesem Verfahren ausdrücklich den Nutzen für und die Nähe zur Poesie.[2]

Und genau davon – nämlich vom Verhältnis Mnemotechnik und Literatur – wird in aller Ausführlichkeit auch der Kryptograph Johann Ludwig Klüber handeln. Sein Rückgriff auf ein *System der Erinnerungswissenschaft aus dem siebenzehnten Jahrhundert von Thomas Schenckel und Martin Sommer* bemüht einen Text, von dem auch Stanislaus in seiner Mnemotechnikbibliographie berichtet. Klübers Neuedition ist ein Glücksfall, prallen dort – im Original *aus dem siebenzehnten Jahrhundert* und in Klübers Kommentaren – zwei Merkwelten in aller wünschenswerten Schärfe aufeinander. Was so stattfindet, ist der Eintrag und die Übersetzung barocker Auswendigkeit in die Terme einer goethezeitlichen Psychologie. Die Strategien der Psychologisierung und mit ihnen eine neue Ordnung der Dinge werden in Klübers Kommentaren und Bemerkungen manifest. Was für die Auswendigkeit nicht mehr reicht – und genau das wird ablesbar – ist das pure Diktat des Merkens: Stattdessen oder vielmehr muß vor allem daran gearbeitet werden, daß die Mnemotechnik ihren Benutzern plausibel, wahrscheinlich und nicht anbefohlen gilt. Klüber wird nichts unversucht lassen, um das Funktionieren barocker Auswendigkeit in die Sprache jener neuen Disziplinen zu kleiden, die das Funktionieren der Seele zu ihrem Inhalt hat.

Was seine Übersetzung leistet, ist eine doppelte Arbeit gegen das Vergessen einer bedrohten Kulturtechnik. Die Mnemonik von Schenckel und Sommer unterlag im Barock angeblich größter Geheimhaltung und war daher zum Teil chiffriert.[3] Klüber, nebenbei Verfasser einer Kryptographiegeschichte, mußte also vor seiner eigentlichen Übersetzung das Werk erst einmal dechiffrieren. Zur bewußt eingeschränkten Distributionslogik und dem Einsatz von Chiffren nimmt der Text selbst Stellung, vergleicht seine Vorsicht mit der Vorsicht Gottes, der einiges ins Dunkel

---

1 Kästner: *Topik oder Erfindungswissenschaft*, loc. cit., S. 6.

2 Selbst die Kanzelberedsamkeit Gräffes darf "den Reitz der Poesie, und die Unterstützung des Zusammenhangs" als die zentralen Stützen aller Rede benennen. *Neuestes Katechetisches Magazin*, loc. cit., S. 85.

3 Zur Dramaturgie dieses Merkkrimis und seinen Details vgl. auch Aretin: *Systematische Anleitung*, loc. cit.

gehüllt und damit offenbarbar hielt, den Weisen, die mittels Fabeln arbeiteten und den *borstenvollen Erdaufwühlern*, denen solche Wissensperlen eben nicht zukommen.[1] Klüber, der große Geheimschrifthistoriograph, beschreibt den vermeintlichen Verlust mnemotechnischer Fertigkeiten als die Ausschlußlogik von Merkdiskursen, die über ein Machtwissen verfügen.

> Diese kleine Schrift war schon bei ihrem ersten Entstehen, vor beinahe zwei Jahrhunderten, eine höchstmerkwürdige, seltsame, ja sogar geheim gehaltene Erscheinung. Kein Wunder also, wenn die Kunst selbst, die sie lehren soll, in unseren Tagen zu den verlorenen vielleicht nur in einigen Klöstern durch Tradition aufbewahrten, das Buch aber zu den seltensten gezählt ward. Bloss als Manuscript für seine Zuhörer, liess es der Verfasser drucken, und diese erhielten es, wie die Kunst selbst, anders nicht, als gegen das Versprechen der Geheimhaltung und strengsten Verschwiegenheit.[2]

Das paradoxe Verhältnis von Merkkunst und offiziellem Wissen führt ins Zentrum des Ausschlusses. Klüber beschreibt die Mnemonisten um Schenckel und seinen Schüler Sommer als mnemotechnischen Geheimbund, deren Teilnehmer auf bestimmte Verhaltensregeln eingeschworen werden. Neben Verschwiegenheit, die dem System den Status einer kontrollierten und kontrollierbaren Latenz sichern soll, "müssen sie sich, als dessen Zuhörer, durch das ihnen gegebene Losungszeichen gegenseitig legitimiren. Wer dieses zu thun nicht vermag, dem darf man durchaus nicht trauen."[3] Und weil das System selbst wenigstens partiell chiffriert ist, ist Klüber natürlich der rechte Mann am rechten Ort. Weswegen ein entsprechender Hinweis auf seine eigene kryptographische Tätigkeit nicht fehlen darf, begegnen sich doch am Ort seiner Neuedition des barocken Textes zwei Logiken des Ausschlusses: "Einiges Nachsinnen und Uebung in der Dechiffrirkunst, half zu Enthüllung des Geheimnisses."[4] Klüber schwelgt selbst in einer Mnemotechnikeuphorie, die er anderen – etwa dem Freiherrn von Aretin – so ausdrücklich bescheinigt: "Unstreitig ist die Mnemonik eine, die Menschenbildung und alle Geschäftsverhältnisse befördernde Erfindung. Nicht nur pädagogisch, sondern auch in allen Verhältnissen des menschlichen Lebens ist sie von grosser Wichtigkeit. Daher

---

1 Klüber: *Compendium der Mnemonik*, loc. cit., S. 98.
2 Klüber: *Compendium der Mnemonik*, loc. cit., S. 4. Als Agenten einer Mnemotechnikrenaissance rühmt Klüber ausdrücklich den Freiherrn von Aretin, seines Zeichens "kurfürstl. Oberhofbibliothekär, und der kurfürstl. Academie der Wissenschaften Vice-Präsident" mit seinen zahlreichen Schriften über die Gedächtniskunst. Als solche wären zu nennen: Johann C. Freyherr von Aretin: *Denkschrift über den wahren Nutzen der Mnemonik oder Erinnerungswissenschaft*, München 1804 und ders: *Kurzgefasste Theorie der Mnemonik*, Nürnberg u. Sulzbach 1806.
3 Klüber: *Compendium der Mnemonik*, loc. cit., S. 26.
4 Klüber: *Compendium der Mnemonik*, loc. cit., S. 16.

. sollten selbst Erwachsene die Mühe nicht scheuen, einen Theil ihrer Musse darauf zu wenden."[1] Den Eintrag der Merkkunst in die Register des Alltags und einer Pragmatik des bürgerlichen Lebens unternimmt mit analoger Euphorie der Pastor Gräffe. Neben ihrer Rolle als Musenhort wird er sie vor allem "als Gehülfinn bei allen Geschäften des bürgerlichen Lebens" beschwören. Ferner gilt, daß wer gut merkt, "für die Geschäfte des bürgerlichen Lebens brauchbarer" heißen darf.[2] Klübers Vorsatz zielt daher weniger auf die Historiographie der Gedächtniskunst als vielmehr auf deren Systemoptimierung: Dazu will er der Standpunkt einer älteren Mnemonik mit dem Standpunkt eines modernen Verfahrens vergleichen "von welchem wir hoffen dürfen, mit einer weit einfachern und fasslichen Methode beglückt zu werden."[3]

Topisch ist auch seine Rede über die Bilder und ihre Verstrickung: Mit deren Freigabe an die mnemotechnischen Benutzer droht einmal mehr die Gefahr, daß Unschicklichkeit und Verschwendung in den Bildinnenräumen hausen. Es ist schlicht die Crux des Merkens, daß die *imagines* und ihre Verknüpfungen so nahe am Abgrund der Schicklichkeit stehen. Auffallend, affektiv, abenteuerlich, grotesk, ridikül und gar monströs sollen sie sein, aber bei all dem ein bestimmtes Maß nicht überschreiten dürfen. Die Mnemotechniker Lamprecht Schenckel und Martin Sommer geben für ihre Bild-*inventio* das Kriterium der Vollkommenheit an die Benutzerhand: "Ausserdem kann man die Bilder eintheilen in vollkommene, wodurch seltene, abentheuerliche und auffallende Sachen bezeichnet werden, so dass oft Contraste und Zerrbilder (Caricaturen) entstehen [...], z.B. Daniel unter den Löwen, Jonas im Wallfische, die Handlung der Judith, der Esther, des Tobias, Josephs u.s.w."[4] Die Beispielsliste knüpft damit noch einmal an Bunos Bilderreich an, das in der Zuschreibung der beiden Mnemotechniker unter die Rubrik der Vollkommenheit fällt. Dagegen setzen sie die unvollkommenen Bilder ab, "die auf gewöhnliche und alltägliche Sachen sich beziehen, folglich wenig Interesse für uns haben."[5]

Meteorologische Alltäglichkeiten, der Regen oder das Wehen des Windes oder eben der Auf- und Untergang der Sonne sind ob ihrer Alltäglichkeit die Aufmerk-

---

1 Klüber: *Compendium der Mnemonik*, loc. cit., S. 17.

2 Gräffe: *Neuestes Katechetisches Magazin*, loc. cit., S. 5. Und er wird das mit derselben Selbstverständlichkeit sagen wie das die nachmaligen Theoretiker defekter Gedächtnisse Paul Ranschburg, August Forel, Karl Boldt u.a. tun werden. Zur Anpassung an die neuen Anforderungen und damit über bloße Diagnosen hinaus vgl. Alfred Leopold Müller: *Neue Gedächtnisgesetze. Ihre Anwendung in Lehre und Leben*, Leipzig 1922.

3 Klüber: *Compendium der Mnemonik*, loc. cit., S. 5.

4 Klüber: *Compendium der Mnemonik*, loc. cit., S. 29.

5 Klüber: *Compendium der Mnemonik*, loc. cit., S. 29.

samkeit und damit die mnemotechnische Indienstnahme versagt. Den Bildwelten des Alltags sprechen sie jegliche Merktauglichkeit ab. Stattdessen setzen sie auf die Vollkommenheit der Bilder und damit – in der Systemlogik der Mnemotechnik und in ihrer eigenen Terminologie – auf *Contraste und Zerrbilder (Caricaturen)*. Aber woher soll man die Fülle vollkommener Bilder nehmen oder durch welche Techniken soll man sie erstellen? "Antwort: solche Bilder entstehen auf der Stelle, wenn man irgend eine merkwürdige Sache durch Dichtung hinzufügt."[1] Das System aus dem 17. Jahrhundert bleibt die Details der Dichtung nicht schuldig: In einem Minimalverfahren wird ablesbar, was sich hinter der Hinzufügung (um nicht mathematisch Addition oder rhetorisch *amplificatio* zu schreiben) *durch Dichtung* verbirgt: "Zum Beispiel: der Wind weht – ein unvollkommenes Bild – aber so heftig, dass Bäume ausgerissen werden, Häuser einstürzen etc. – dann ist das Bild vollkommen; es regnet – unvollkommen, aber so heftig, dass alle Dörfer überschwemmt werden, und man trockenen Fusses nirgend gehen kann – jetzt ein vollkommenes Bild; die Sonne geht auf – unvollkommen – aber sehr gross, roth oder grünlicht – nun vollkommen. Auf diese Weise kann man nie in Verlegenheit gerathen, das zu erlangen, was man sucht."[2] Damit scheint auch die Frage nach Verarbeitungskapazitäten gelöst und Schenckel versichert, daß man schon nach sechsmonatiger Übung "mit Bildern in Gedanken eben so fertig schreiben könne, als durch Buchstaben mit der Feder."[3] Und ein solches Tempo ist auch nötig, will man etwa dem Gang einer durchschnittlich schnell gesprochenen Rede folgen.

Aber eben auch die vollkommenen Bilder haben – jenseits aller Anschaulichkeit – Grenzen. Für die Rhetorik der Bilder gibt es einen Imperativ der Schicklichkeit, und so gilt auch hier, wie Schenckel und Sommer am Beispiel der imaginären Kreuzigungsszene fordern, daß man das Decorum beachten soll. Unschicklich, undarstellbar und unzustellbar "wäre es, wenn man Christus am Kreutze so vorstellen wollte, dass Maria auf seiner rechten, Iohannes auf der linken Hand, Maria Magdalena auf seinem Kopf stünde."[4] Neben solcher Akrobatik geht es einmal mehr um den Aspekt der Bewegung, um die *imagines agentes*, sowie um eine Plausibilisierung der inwendigen Bilder durch interne Kriterien der Stimmigkeit, etwa der Größenanpassung.

> Müssige Bilder sind nicht passend; sie erregen das Gedächtniss nicht genug. Zum Beispiel, locire ich ein Pferd, so muss es strampfen; ein Wolf muss Schaafe fressen. [...] Ist die Sache lebendig, aber klein, wie eine Milbe, ein Floh u.d., so muss man ihr ein grösseres Bild geben,

---

1 Klüber: *Compendium der Mnemonik*, loc. cit., S. 30.
2 Klüber: *Compendium der Mnemonik*, loc. cit., S. 30.
3 Klüber: *Compendium der Mnemonik*, loc. cit., S. ??.
4 Klüber: *Compendium der Mnemonik*, loc. cit., S. 31.

doch mit Beibehaltung der Figur, z.B. einen Floh setze man in die Grösse einer Taube, eine Milbe so gross wie ein Schaaf. [...] Die Bilder müssen, in ihrer Ausdehnung, mit den Plätzen in Verhältniss stehen, folglich nicht zu gross seyn.[1]

Doch die Anreizung zu Bildergenerierung wird, neben der Rede über Schicklichkeit und Decorum, auch noch um eine ökonomische Variante ergänzt. Klüber, in seiner Vermittlerrolle zwischen dem barocken Original und seiner eigenen Zeit, wirbt immer wieder für die Akzeptanz mnemonischer Künstlichkeiten. In seiner Vorrede trägt er die Mnemonik daher behutsam in die Beschreibungssprache Kantischer Psychologeme ein und nimmt sie vor dem Vorwurf bloßer Mechanik in Schutz: "Sie setzt das technische, symbolische und logische Gedächtniss zugleich in Thätigkeit. Sie fordert kein bloss mechanisches Memoriren, sondern ein ingeniöses und judiciöses."[2] Aber selbst für den Kryptographen Klüber, der um die (Ver)Stellbarkeiten der Sprache nicht nur weiß, sondern diese auch praktiziert, gibt es eine Obergrenze des Zumutbaren. Eine der referierten Bildfindungsstrategien gerät so aufwendig, daß sie den Kommentar "Sehr gekünstelt! A.d.U." erhält.[3] Es geht in diesem Beispiel um die Auswendigkeit von unbekannten Wörtern, damit um Buchstäblichkeit. Bei einem der empfohlenen Verfahren soll versucht werden, das unbekannte Wort zu teilen und an die gewonnenen Teile Bildpartikel anzuschließen. Dabei kann man auch tatsächliche Buchstaben und Silben, die sich der Bildfindung entziehen, selbst zum Bild nehmen. Klüber verweist in einer Anmerkung des Übersetzers auf die Analogie zum Rebus und anderen Operationen über Buchstaben oder Silben. Als Beispiele für das, was formal zwischen Buchstaben und Bildern möglich sein soll, kann er auf Transformationen zurückgreifen, die auch schon andere Mnemotechniker beschäftigt haben: Döbels Umsetzung des Philosophen Alabandensis und Minks Umsetzung des Kaisers Vespasian.

Ein Beispiel: ich soll den Namen des Philosophen Alabandensis durch Bilderschrift darstellen. Hier locire ich in den Bilderplatz: 1) eine *ala*, einen Flügel von Federvieh; 2) ein Band, *ligamen*; 3) einen *ensis*, ein Schwerd.
[...]
Es ist dieselbe Operazion, welche bei den sogenannten *Rebus* statt hat, die man jetzt vielfältig auf Galanteriewaaren findet. Ich will Vespasianus schreiben. Ich setze einen Mann, der von einer *vespa* (Wespe) geplagt wird. Dieses kann hinreichend sein, an das ganze Wort zu erinnern. Will

1 Klüber: *Compendium der Mnemonik*, loc. cit., S. 93.
2 Klüber: *Compendium der Mnemonik*, loc.. cit., S. 20. Kästner zieht in seiner *Mnemonik oder System der Gedächtniskunst der Alten* für seine Bildpolitik noch das Begehrungsvermögen hinzu: "Hier spricht die Gedächtnißkunst das Begehrungsvermögen um Hülfe an.", loc. cit., S. 64. Vgl. dazu II/1. *Auf den Gipfeln des Merkens*.
3 Klüber: *Compendium der Mnemonik*, loc. cit., S. 46. Das Kürzel *A.d.U.* steht für *Anmerkung des Uebersetzers*.

man aber mehr haben, so setze man noch hinzu: die Sylbe *si* mit Buchstaben, und das Bild einer alter *anus*, eines alten Frauenzimmers.[1]

Schenckel und Sommer sind großzügig, was die Operationen an der zu merkenden Ausgangsmenge angeht, und so eröffnen sie ein Reich imaginärer Kombinatorik. Silben dürfen eingeschoben, unterschlagen, verschoben und verstellt werden. Wer Merkbilder finden will, muß Buchstaben permutieren und *Metagrammatik* betreiben. "Durch Versetzung, und zwar rückwärts, entsteht aus *amor*, *Roma*, aus *aura*, *arva*; oder metagrammatisch, aus *pudipudicus*, *cupidus*."[2] Klüber gibt sich bei all den Möglichkeiten vom Anagramm bis zur Metagrammatik denkbar skeptisch: "Indessen möchte durch Combinationen dieser Art, dem Gedächtnis selten ein wesentlicher Vortheil zuwachsen. A. d. U.".[3] Die Operationen über Buchstaben sind vielfältig, erfolgen in Echtzeit und gleichsam in der Luft: "man müsse dieses gleichsam in der Luft thun, welches so geschwind nicht von statten gehen werde; als wenn man jedes nichtverstandene Wort aufschreiben, und die Theilung schriftlich versuchen dürfte."[4] Methode 2 im Behalten unbekannter Wörter besteht aus partieller Zerlegung. Im Rückgriff auf die *imagines agentes* soll dabei der Anfangsbuchstabe des zu merkenden Wortes mit einer Handlung verbunden werden, die die Restlettern abdeckt und "in dessen Namen jene Buchstaben gleich Anfangs vorkommen". Das Beispiel gerät Klüber zum Verdikt.

Wäre z.B. das Wort Samos auszudrücken; so ist die Figur des ersten Buchstaben Oliverius r), der eine *matulam* (Nachtgeschirr) ausgiesst oder zerbricht; die Sylbe *ma* nimmt man von *matula* s); man verbindet damit die Figur des ersten Buchstaben (s), und es kommt (die Bilderschrift rückwärts gelesen) Samos heraus.

---

r) Der Anfangs- und Endbuchstabe diese Wortes macht rückwärts *so*. A.d.U.

s) Die Sylbe *ma* wird hier aus dem dritten und vierten Buchstaben des Wortes *Samos* rückwärts gebildet. Sehr gekünstelt! A.d.U.[5]

Im Wortsinn buchstäblich geht es bei Methode 3 zu, die überhaupt als *einfachste, sicherste und vorzüglichste* im Umgang mit unbekannten Wörtern gilt. Alle Rede von Gedankenschrift und Gedankenlesen dürfen jenseits der Metaphern wahr werden. Was sich in einer Figurierungstechnik namens Mnemonik der Figurierung entzieht, wird eben buchstäblich eingeschrieben: "man setzt die nichtverstandenen Wörter, in Gedanken, mit sehr grossen (lateinischen, theils mit teutschen) Buchsta-

---

1 Klüber: *Compendium der Mnemonik*, loc. cit., S. 44.
2 Klüber: *Compendium der Mnemonik*, loc. cit., S. 45.
3 Klüber: *Compendium der Mnemonik*, loc. cit., S. 45.
4 Klüber: *Compendium der Mnemonik*, loc. cit., S. 45.
5 Klüber: *Compendium der Mnemonik*, loc. cit., S. 46.

ben von hervorstechender Farbe in die Plätze; dann erblickt und lieset man sie in Gedanken, indem man die einzelnen Plätze durchlauft."[1] Was Klüber selbstredend zum Anlaß nimmt, um die Techniken der Textmarkierung (rote und grüne Tinten, ein- und mehrfaches Unterstreichen) für das wörtliche Memorieren zu betonen.[2]

Skepsis stellt sich ein vor der Frage nach der Praktikabilität solcher Systeme. Was bei gedruckten oder geschriebenen Texten kaum ein Problem ist – die Frage nach der Zeit – wird im Echtzeitbetrieb der Rede akut. Die Lösung des davoneilenden Redeverlaufs wird durch (merk)hermeneutische Regeln bewältigt: Verkürzung der Merkinhalte, Einbezug von Wertigkeiten und der Einsatz von Vergessensplätzen, an denen man sich wie beim Taschentuchknoten Heideggers merken soll, daß man an dieser Stelle etwas vergessen hat. Neben der Stimmigkeit, die durch interne Größenanpassungen der *imagines* erreicht werden soll, darf natürlich auch die Affektensteuerung nicht fehlen. "Man lege den Bildern hässliche, lächerliche, abentheuerliche, nur nicht unsittliche Handlungen bei. Solche reitzen mehr."[3] Und um den *double-bind* dieses Satzes noch vollends auf den Punkt zu bringen, erfolgt der Hinweis auf die mnemotechnisch relevante Affektenhygiene: "25) Völlige Ruhe des Geistes und Affectlosigkeit muss vorwalten. 26) Auch ist Nüchternheit nothwendig."[4] Reize dich mit den Stimuli von Affektbildern, aber verbleibe im Rahmen der Schicklichkeit. Bleibe affektlos, aber arbeite mit dem Affektenpotential der Bilder. Oder um es auf die Kürzestform aller Goethezeitpädagogik zu bringen: Sei kreativ! Sanktion und Regelverstoß, der Verbleib im System und sein Überschreiten liegen denkbar nahe.

Doch die Bildbedrohung läuft nicht nur über die moralische Schicklichkeit und ökonomische Ungeschicktheit einzelner *imagines*, sie betrifft auch deren Vielzahl und die Geschwindigkeit ihrer Abfolge. Gerade wenn mnemotechnische Bilderfindung in der geforderten Echtzeit etwa eines Redeverlaufes funktionieren soll, ist ein Bildersturm unausweichlich. Sind die Anforderungen an die Geschwindigkeit auch hoch, ist der Mensch doch gut gerüstet, um auf Beschleunigung und Tempo zu reagieren.

---

1 Um für die nötige Plausibilisierung bei Nachteinsätzen zu sorgen, denen das Schreibzeug so entfernt wie irgendwelche Lichtquellen ist, verweisen die Mnemoniker auf den Einsatz imaginärer Leuchtbuchstaben, damit die *vortrefflichsten Gedanken* nicht dem Schreibnotstand oder der Dunkelheit zum Opfer fallen. Vgl. Kästner: *Mnemonik oder System der Gedächtniskunst der Alten*, loc. cit., S. 142.

2 Vgl. dazu II/1. *Auf den Gipfeln des Merkens*.

3 Klüber: *Compendium der Mnemonik*, loc. cit., S. 94.

4 Klüber: *Compendium der Mnemonik*, loc. cit., S. 97.

Wessen Geist vermag, die stets geschäftige Phantasie zu verhindern, den geistigsten Begriffen Figürlichkeit beyzumischen und einen Raum unterzulegen? Die Geschwindigkeit des Blitzes ist nichts gegen die Schnelligkeit, mit der uninteressante Gegenstände Interesse erhalten, unser Begehren oder unser Verabscheuen beschäftigen. Eine Bandschleife lag lange vor unsern Augen werthlos da; jetzt erfahren wir, daß sie unter der Geliebten Hand entstand, oder wir schlossen es jetzt erst aus gewissen Thatsachen, mit der Schnelligkeit des elektrischen Funkens und die Schleife ergreifen, an Mund und Herz drücken ist eins.[1]

Affektbesetzung, Figurierung und all die Strategien des Interesses wird Kästner mit der *Schnelligkeit des elektrischen Funkens* an die Geschwindigkeitsparadigmen moderner Nachrichtenübertragungsmedien anschließen und dabei über die Schwierigkeiten nachdenken, unter solchen Prämissen den vorgestellten Bildtyp jeweils eigens zu klassifizieren: "Daß die Classifikation der Bilder besser hätte seyn können, glaube ich gern; sie ist aber schwerer zu machen, weil man sie der Phantasie, die man oft und lange in dieser Art sich überläßt, oder vielmehr dem freyen Dichtungsvermögen, das man lange Zeit hindurch zum bessern Behalten zu Hülfe ruft, ablauschen muß."[2]. Wenn nach Maßgabe von Strom- oder Nervenschaltkreisen gedacht und gemerkt wird, hat das selbstbewußte und wohl orientierte Abschreiten geometrisch aufgebauter Merkarchitekturen und damit die Topographie von Gedächtnispalästen ein Ende. Mit der Ausrichtung an der Elektrizität ist damit mehr als nur ein neues Geschwindigkeitsparadigma erreicht. Durch die neue Metaphorologie, die in der klassischen Moderne ihren systematischen Höhepunkt erfährt, wird die Souveränität des Menschen mit den Daten dieser Welt kassiert. Dem selbstbewußten Schalten und Walten, dem vom Benutzer geleisteten Abschreiten und Aufsuchen von Wissen stehen Automatismen und sich selbst prozessierende Logiken zur Seite. Wenn ein Modell neuronaler Netze die Räume und Merkarchitekturen verdrängt, bleiben Bewußtsein und kontrollierte Steuerung außen vor.

Die Benutzer der Gedächtniskünste laufen also Gefahr, von ihren Bildfluten ertränkt zu werden. Für diese Bedrohung führen die Kritiker der Mnemotechnik zudem ein systematisches Argument heran: Der Merkdisziplin wird vorgeworfen, daß ihre Gedächtnisspeicher durch Verdopplung und Anhäufung der Merkinhalte hoffnungslos überlastet seien, damit Überlagerungseffekte auf dem beschränkten Speicherplatz, also Superimposition, Überblendung und Überlagerung den unterlegten Ordnungen den Garaus machten. Aus den wohleingerichteten Tafeln wird ein Palimpsest, der Philosophen- oder Pädagogentraum von der *tabula rasa* scheint nicht mehr herstellbar und die Verwirrung irgendwelcher Gedächtniskünstler ist daher

---

1 Christian August Lebrecht Kästner: *Erläuterungen über meine Mnemonik, oder das von mir herausgegebene System der Gedächtnißkunst der Alten*, Leipzig 1804, S. 20f.

2 Kästner: *Erläuterungen über meine Mnemonik*, loc. cit., S. 19f.

nur konsequent. Aretin faßt die Kritik vor allem der Kirche an künstlichen Ge-
dächtniswelten zusammen: Die Mnemotechnik sei so sehr mit "Ueberladung und
Verwirrung verbunden", daß "bey Einigen der starken Anstrengung wegen Wahnsinn zu befürchten" sei.[1] Eine Gefahr, die von zahlreichen mnemotechnischen Irr-
läufern nachhaltig wie eindrucksvoll bestätigt wird. Aretin erwähnt in diesem Zusammenhang die gerichtliche Klage gegen einen Professor der Mnemotechnik über
die "zu befürchtende Geistesverwirrung seines Schülers".[2]

Mit dem analogen Fall von unkontrollierbaren Bildwelten, die ebenfalls weniger
die Schicklichkeit von Einzelbildern, sondern die Logik ganzer Bildsequenzen betrifft, argumentiert auch Walter Benjamin im *Ursprung des deutschen Trauerspiels*:
Dort liefert er nämlich die literarhistorische Version dieser Problematik am Beispiel
des barocken Literaten Johann Christian Hallmann und damit auf dem Feld sprachlicher Bilder. Analog zur Mnemotechnikschelte beschreibt Benjamin den Bildumgang Hallmanns in einer pathologischen Begrifflichkeit, die, von der Goethezeit-
psychologie konzeptuell vorbereitet, durch die moderne Psychologie ihre operative
wie terminologische Fixierung erhält. "Stellenweise scheint dies Bilderwesen kaum
mehr regiert und das Dichten in Gedankenflucht auszuarten."[3] Es sind Regelverstöße gegen eine Gedächtnisökomomie, die den hypertrophen Bildwelten bei Hallmann, Buno, Schenckel und Sommer den Vorwurf ihrer pathologischen Nähe ein-
tragen. Als Konsequenz dieser Präfiguration von Psychopathologien in irgendwelchen Kulturtechniken brauchen die Psychiater die Strukturhomologien, und damit
eben das Barock nur noch beim Namen nennen. Und genau das wird auch immer
wieder passieren.

Um Bilderflut wie Hypersemiosen seiner halluzinierenden oder von irgendwelchen Wahnsystemem befallenen Irren auf den Punkt zu bringen, erreicht die Adres-
satenschar die Kunde vom Barock ins Rüstzeug eines veritablen Superlatives.
Nachzulesen ist der metaphorische Re-Import in einer *Festschrift zum 75-jährigen
Jubiläum der Gesellschaft practischer Aerzte zu Riga von der städtischen Irrenheil-
und Pflegeanstalt Rothenberg* von 1897. Festschriftschreiber und Psychiater Theodor Tiling berichtet dort von der schwierigen Symptomatologie seiner bilderstür-
menden Irren, damit von der verstellten Lesbarkeit von Normalität und Wahn.

---

1 Aretin: *Systematische Anleitung*, loc. cit., III. Buch, S. 227.
2 Aretin: *Systematische Anleitung*, loc. cit., IV. Buch, S. 21. Zum Fall einer Mnemopathologie,
  bei der die subjektive Kontrolle über die Folien der Mnemonik versagt, vgl. noch einmal Lachmann: "Die Unlöschbarkeit der Zeichen: Das semiotische Unglück des Mnemonisten", loc. cit.
  Vgl. ferner diess.: "Gedächtnis und Weltverlust – Borges' *memorioso* – mit Anspielungen auf
  Lurijas *Mnemonisten*". In: Lachmann, Haverkamp (Hrsg.): *Memoria – Vergessen und Erinnern*,
  loc. cit. S. 492-519.
3 Benjamin: *Ursprung des deutschen Trauerspiels*, loc. cit., S. 375.

"Diese Patienten bieten also ein sehr wechselndes Bild dar. Zeitweilig behaupten sie die barocksten Dinge und dann wieder sprechen und denken sie wie gesunde Menschen."[1] Und W. Kürbitz aus der Königl. Sächs. Heil- und Pflegeanstalt Sonnenstein wird die Verworrenheiten auf den Bereich des Bildes ausdehnen und das, was zwischen Schrift und Sprache, zwischen Text und Bild im Reich der Pathologie möglich ist, ebenfalls – wie auch Fritz Mohr in seiner Arbeit über die *Zeichnungen von Geisteskranken und ihre diagnostische Verwertbarkeit*[2] – an das Barock zurückbinden: Seine *Zeichnungen geisteskranker Personen in ihrer psychologischen Bedeutung und differentialdiagnostischen Verwertbarkeit* zitieren eine Veröffentlichung von Robert Sommer über *Kriminalpsychologie und strafrechtliche Psychopathologie auf naturwissenschaftlicher Grundlage* (1904), die Manierismus und barocke Phantasie als Begrifflichkeit zur Differentialdiagnose herangezogen hat:

> Bekannt ist sodann der Fall eines Schwachsinnigen, der uns von *Sommer* mitgeteilt ist. Nicht nur die Schrift war maniriert und ließ verworrene Wahnideen erkennen, sondern es trugen auch die Zeichnungen des Mannes dieselben pathologischen Züge an sich: Schwachsinn mit barocker Phantasie, wie es *Sommer* nannte.[3]

Wenn Benjamin die Gedankenflucht benutzt, um einen Barockliteraten zu beschreiben, und Tilings Festrede eine Literaturepochenbezeichnung benutzt, um die kognitiven Leistungen zeitgenössischer Irrer zu beschreiben, steht hinter der Möglichkeit beider Redeweisen ein weites Feld humanwissenschaftlicher Forschung und namentlich diverse Spielarten der Psychologie.[4] Und die bleiben für Konzepte wie Gedanken- oder Ideenflucht die nötige Theorie nicht schuldig. E. Storch, der mit einer eigenen Arbeit zum Thema auf die basale Studie von Hugo Liepmann *Über Ideenflucht* titelgebend reagiert, stellt erneut und einmal mehr die alles entscheidende Frage, die auch seinen Vorgänger beschäftigt hat: *Was heisst Zusammenhang im Denken?* Storch wird bei seinem eigenen Versuch benennen und konzep-

---

1 Theodor Tiling: *Ueber die Entwickelung der Wahnideen und der Hallucinationen aus dem normalen Geistesleben*. In: *Festschrift zum 75-jährigen Jubiläum der Gesellschaft practischer Aerzte zu Riga von der städtischen Irrenheil- und Pflegeanstalt Rothenberg*, Riga 1897, S. 37.

2 Vgl. Mohr: "Über Zeichnungen von Geisteskranken und ihre diagnostische Verwertbarkeit", loc. cit., S. 125.

3 W. Kürbitz: "Die Zeichnungen geisteskranker Personen in ihrer psychologischen Bedeutung und differentialdiagnostischen Verwertbarkeit". In: *Zeitschrift für die gesamte Neurologie und Psychiatrie*, Bd. 13 (1912), Berlin, S. 154.

4 Zur Engführung von pathologischer und ästhetischer Beschreibungssprache unter daseinsanalytischer Perspektive vgl. Ludwig Binswanger: *Drei Formen missglückten Daseins. Verstiegenheit Verschrobenheit Manieriertheit*, Tübingen 1956. Zum Verhältnis von Manierismus und Sprachdefekt vgl. auch bei Emil Kraepelin: *Über Sprachstörungen im Traume*, Leipzig 1916.

tualisieren, was etwa in der Buno-Schelte immer schon mit verhandelt wurde. Einmal mehr geht es um eine Typologie möglicher Assoziationsarten, die nach ihrem Wert und nach der Kategorialität ihrer Verknüpfungen hin befragt werden. "Ist es aber vielleicht der Wert der Assoziationsarten, der die beiden Zusammenhänge unterscheidet? Herrschen vielleicht niedere, minderwertige Associationen bei der Ideenflucht, etwa die des Gleichklanges, des räumlichen und zeitlichen Nebeneinander, während im geordneten Denken die begrifflichen Assoziationen vorwiegen?"[1]

Aber ganz gleich, ob man Liepmanns Möglichkeit folgt, ideenflüchtige gegen logische Gedankengänge auszuspielen, oder mit Storch gegen eine direkte Lesbarkeit der Ideenflucht plädiert und stattdessen einigermaßen komplizierte neurophysiologische Erklärungen auf der Basis *doppelsinniger Leitungen* für das Phänomen der Ideenflucht bemüht: In beiden Fällen geht es neben und mit der Typologie immer auch darum, den Grenzverlauf zwischen normalen und pathologischen Gedankengängen an-, auf- und festzuschreiben. Individualisierung und Kodifizierung von Denkverläufen arbeiten auch hier Hand in Hand. Und es versteht sich nachgerade von selbst, daß ein bevorzugter Ort solcher Datenerhebungen das psychologische Experiment sein wird. Neben der experimentellen Erforschung des Gedächtnisses werden die Assoziationen zum Hauptbetätigungsfeld experimenteller Psychologen. Gustav Aschaffenburg, neben C. G. Jung einer ihrer prominentesten Forscher, kann im Zuge solch strukturhomologer Befunde den III. Theil seiner *Experimentellen Studien über Associationen* unter den barock anmutenden Titel "Die Ideenflucht" stellen.[2]

Den Vorwurf, die einmal installierten Bildwelten nicht löschen zu können, was für Speicherplatzverschwendung oder – dramatischer noch – für Mnemopathologien den Raum eröffnet, hat die Pragmatik der Mnemotechnik längst systemintern mit Errichtung einer eigenen Löschdisziplin reagiert, der *Amnemonistik* oder *Lethognomik*.[3] Das Supplement des Übersetzers Klüber wird genau am Punkt der Wiederverwendbarkeit beginnen und nach der Möglichkeit fragen, ob man "von den angefüllten Plätzen die Bilderschrift wieder abnehmen" und neu besetzen kann. Denn – so fragt er rhetorisch weiter – "wer möchte alle Predigten, alle gerichtlichen Relationen, die er gehört oder gehalten, und Alles, was man zu bloss vorüberge-

---

1 E. Storch: "Über Ideenflucht. Kritische Betrachtungen zu der H. Liepmannschen Arbeit 'Über Ideenflucht, Begriffsbestimmung und psychologische Analyse'". In: *Monatsschrift für Psychologie und Neurologie*, Bd. 17, Basel, S. 39.

2 Vgl. Gustav Aschaffenburg: "Experimentelle Studien über Associationen". In: *Psychologische Arbeiten*, 1. Band, Leipzig 1896. S. 209-299.

3 Aretin widmet der Geschichte der Vergessungskunst ein eigenes Kapitel. Vgl. *Systematische Anleitung*, loc. cit., III. Buch, S. 422. Kästner spricht in seinen *Briefen zur Mnemonik. Noch ein Versuch die Ehre einer Verkannten zu retten*, loc. cit., von *Amnestik*.

henden Zwecken memorirt hat, Zeitlebens im Gedächtnis behalten?"[1] Das Vergessen wird gerade wegen der aufwendigen Vorbedingungen des Merkens akut. "Sommer läßt sich auf die gedachte Frage nicht ein", weil er, so vermutet Klüber, "der natürlichen Vergesslichkeit zu sehr traute!" Aber "nur Sommer, nicht Schenckel, hat die Kunst, zu vergessen, mit Stillschweigen übergangen"[2], und so darf in aller Umständlichkeit nachgeliefert werden, was eine auf- und ausschreibwütige Zeit in Sachen Datenlöschung nun ihrerseits bereit hält.

Aus dem Jahre 1610 ergehen folgende Empfehlungen an eine Goethezeit, die so sehr mit der Neuordnung der Dinge beschäftigt ist. "Auf achtfache Art kann man die angefüllten Plätze ihres Vorraths entledigen, und zu neuem Gebrauche geschickt machen."[3] Im Zugzwang seiner Merkarchitektur kommt es bei Schenckel zu Szenarien der Wohnwelt, die per Autosuggestion mnemonisches Löschen garantieren: Methode 4, als eine der geschwindesten und wirksamsten Manieren angepriesen, beruht auf einer gedanklichen Teilrenovierung. Das Anbringen von Tüchern und Tapeten an den Zimmerwänden erlaubt eine Neubelegung mit Plätzen und Bildern, ohne daß die überklebten Bilder auf der nackten Wand dabei hinderlich wären. Methode 6 gerät zum buchstäblichen Bildersturm.[4] Man denke sich die Bilder von Papier und nur leicht angeheftet, öffne Türen und Fenster, "läßt einen heftigen Sturmwind entstehen", der die *imagines* in alle Winde verweht. Das Löschen wird zur Funktion des Wetters. Schonender geht mit dem Merkhaus Methode 7 um. Sie beruht auf einem Großreinemachen der Gedächtnisstätten durch eine besenbewehrte Magd. Zum Hausfriedensbruch dagegen wird Methode 8, die einen Merkkrieg durch die Truppen des Vergessens inszeniert:

7) Man lässt die Magd die Zimmer auskehren; sie räumt die ihr unsichtbaren Bilder hinweg, oder thut solche als Sachen von Werth auf die Seite, damit sie nicht von dem Staube leiden. 8) Ein Wütherich, begleitet von einem Trupp bewaffneter Leute, hat sich der Häuser und Zimmer bemächtigt, viele Bilder getödet, viele durchbohrt, andere haben, aus Furcht , durch die Thüren sich geflüchtet, oder zu den Fenstern sich herabgestürzt, und wer hereintritt, findet keine mehr.[5]

Weniger geschwind und – für Schenckel – vor allem weit weniger spektakulär sind die Methoden 1 bis 3. "1) Man lässt die Bilder im Laufe der Zeit von selbst ver-

---

1 Klüber: *Compendium der Mnemonik*, loc. cit., S. 71.
2 Klüber: *Compendium der Mnemonik*, loc. cit., S. 72.
3 Klüber: *Compendium der Mnemonik*, loc. cit., S. 72.
4 Zur Vertauschbarkeit von Plausibilisierung und Inhalten sei auf Kästner verwiesen, der ausgerechnet mit den Visualisierungsstrategien mnemonischer Bildtechnik Daten und Fakten historischer Bilderstürme verwalten läßt. Vgl. Kästner: *Erläuterungen über meine Mnemonik*, loc. cit., S. 11.
5 Klüber: *Compendium der Mnemonik*, loc. cit., S. 73.

schwinden. 2) Man zieht die Aufmerksamkeit von ihnen ab, unterlässt Wiederholung, und verdrängt sie, dafern sie sich von freien Stücken präsentiren. 3) Man
verbindet beide, so eben gedachte Arten miteinander."[1] Was bei Freud als eine der
Basisoperationen seines Unbewußten wird gelten dürfen, diktieren Mnemotechniker von 1601 als sehr bewußte Technik im Umgang mit ihrem Speicherhaushalt.
Mit unterlassener Wiederholung, mit Aufmerksamkeitsentzug und aktiver Verdrän-
gung sollen sich mnemotechnische Benutzer die Köpfe leer räumen. Womit – vor-
ausblickend sei es gesagt – die Gedächtnishygiene der Moderne, in deren Namen
Ludwig Volkmann und Robert Sommer auftreten, einigermaßen genau beschrieben
wäre. Das Löschen wird selbst zu einer imaginären Leistung, das Schenckel bewußt auf das Konto der Benutzeraktivitäten bucht.

Im Modus eines Vorstellungsmandats erreicht die Benutzer eine Regieanweisung, die das Löschen gleich achtmal variiert. Die Logik der vorgegebenen Eva-
kuationsmethoden erfolgt in Abhängigkeit von der *individuellen Phantasie* der Da-
tenlöschwilligen. Wenn das natürliche *fading* der Bilder nicht selbst für eine neue
Leere sorgt, empfiehlt Schenckel Methode 4. Von den drei zuletzt genannten
schreibt er, daß sie zwar den Anschein der Kurzweiligkeit hätten, aber doch von
großen Mnemotechnikern empfohlen wurden. Und so können sie "nach individueller Beschaffenheit der Phantasie, allerdings nützlich seyn." Als Kunst des Vergessens wird die *Lethognomik* Teil mnemonischer Bestrebungen und trägt zu einer
psychologischen Plausibilisierung, zu (Selbst)Suggerierung merktechnischer Stimmigkeiten und Wahrscheinlichkeiten bei. Jenseits von Löschmandaten und Deklara-
tionen der Leerheit oder dem bloßen Wirken von Überlagerungsautomatismen soll
der Benutzer durch *Auslöschungs-Manier* und *Evacuations-Methode* von der Leere
überzeugt sein, sich selbst diese Überzeugung plausibel machen. Neben all den
Überlegungen zu Kapazität und Code, zu Kompression und Darstellung von Daten
schiebt sich über die *memoria* eine ganz andere Rede, die nicht von Standards,
sondern von "Eigentümlichkeiten" in merkstrategischer Absicht zu reden vorgibt.

Klüber handelt die für das Aufschreibesystem 1800 zentrale *Lethognomik* in einem Supplement des Übersetzers ab. Als eigenen und mediengeschichtlich exakten
Beitrag steuert Klüber den Einsatz der Schiefertafel bei: "Könnte man die angefüllten Plätze von ihrem unnütz gewordenen Vorrath reinigen, die alte, unbrauchbar
gewordene Bilderschrift, wie von einer schwarzen, mit Kreide geschriebenen Tafel, gleichsam mit einem Schwamm wegwischen, und so das Gedächtnis seines
Ueberflusses entladen"?[2] Ihn führt das neue Schreibzeug, das zeitgleich seinen

---

1 Klüber: *Compendium der Mnemonik*, loc. cit., S. 72.

2 Klüber: *Compendium der Mnemonik*, loc. cit., S. 71. Zur Begrifflichkeit des Aufschreibesystems von 1800 und seiner Manifestation in den Löschspeichern der Schiefertafeln vgl. Kittler:

Siegeszug durch die Schulen Europas antritt, konsequent auf die Idee eines transitorischen Merkens. Als Alternative zur statischen Endspeicherung in überlieferten Mnemoniken (oder eben in Schrift) könnte man, so phantasiert Klüber, für vorübergehende Gegenstände "ein eigenes Transito-Lager halten, in welchem Besen und Schwamm das einzige, aber unentbehrliche Hausgeräthe wären."[1] Klübers Besenkammer wird zum Integral eines Aufschreibesystems, das, um merken zu können, auch vergessen muß. Hallbauer, Meier und nicht zuletzt Gesprächspartner B in Novalis *Dialogen* hätten ihre Freude daran gehabt.

Doch so speicherschonend das Recycling alter Gedächtnisplätze auch ist, krankt es in den Augen der Mnemoniker an einem grundsätzlichen – und für die Theoriebildungen des 20. Jahrhunderts sehr folgenreichen – Problem: Es kann einen bereits vollzogenen Löschvorgang nicht mehr annullieren, das eigene Vergessen nicht vergessen. In genialer Konsequenz stattet Schenckel sein System daher mit einer Rückversicherung aus, die selbst noch seine achtfache Evakuationsmethode rückgängig und d.h. vergessen macht. Methode 4, die auf besagtem Tapetenwechsel beruht, stellt es ganz einfach ins Belieben der Benutzer. "Dieses hat noch den Vortheil, dass die auf den Wänden selbst angehefteten, obwohl verdeckten Bilder, dennoch bleiben, und man sie nach Gefallen als ausgelöscht, oder nicht ausgelöscht ansehen kann."[2] Wenn ein bloßer Perspektivenwechsel zwischen Löschen und Löschen des Löschens entscheidet, ist die Mnemonik idiotensicher und vor Benutzerfehlern geschützt. Ein Maß an Datensicherheit, das noch nicht einmal die Löschbefehle moderner Computerbetriebssyteme garantieren: Bei denen kommt es, trotz Rückfragen vom Typ *Are you sure? Y/N* und Recoverprogrammen für den Fall, daß man sich fälschlicherweise eben sicher war, zum Alptraum. Etwa dann, wenn ein universaler Löschbefehl DELETE ALL (oder in mnemotechnischer Abkürzung *DEL *.**) kompromißlos seinem Wortlaut folgt und vollstreckt, was er auch verheißt. Hat man die Maschine zu allem Verderben auch noch zwischenzeitig vom Netz genommen, haben die Truppen des Vergessens endgültig, weil unwiederbringlich gesiegt. Schenckels Tapetenpalimpseste sind gegen solche Unbilden ein wahrer Wunderblock: Avant la lettre und in Zimmergröße herrscht seine Gewalt selbst noch im Jenseits des Merkens.[3]

Aufschreibesysteme, loc. cit. Ferner Heinrich Bosse "'Die Schüler müßen selbst schreiben lernen' oder Die Einrichtung der Schiefertafel". In: Dietrich Boneke, Norbert Hopster (Hrsg.): *Schreiben – Schreiben lernen. Rolf Sanner zum 65. Geburtstag*, Tübingen 1985. S. 164-199.

1 Klüber: *Compendium der Mnemonik*, loc. cit., S. 71f.
2 Klüber: *Compendium der Mnemonik*, loc. cit., S. 72.
3 Döbel benennt dafür ein altes Vorbild aus der Lebenswelt, das Anschreibenlassen: "Wenn die Bauern im Kruge sehr gesoffen / und der Krüger die Wand mit Oerthern alle hat vollgeschrieben / kan er keine neue Oerthe drauf zeichnen / er habe denn zuvor die alten ausgelöscht. Aber per

Und selbst ein kleines, aber kalkuliertes Vergessen kann sachdienlich in das mnemotechnische System integriert werden. Gesetzt, man käme mit der Geschwindigkeit einer Rede auch nach Anwendungen aller sachdienlichen Verkürzungslogiken nicht mit, sollen mentale Leerstellen im Wortsinne Abhilfe schaffen. Als Operatoren eines nachträglichen Einfallens werden sie zum psychologischen Apriori für einen sachdienlichen Merkaufschub:

> Spricht er sehr geschwind, und besitzt man noch nicht hinlängliche Fertigkeit, so lasse man 2 oder 5 Plätze leer, und sage sich selbst, dass dieses oder jenes auf diesen Platz hätte gesetzt werden sollen. Kommt man nachher, wenn man in Gedanken eines Wiederholung anstellt, an die leeren Plätze; so wird eben diese Leere und vorstehende Lection dazu verhelfen, dass das dahin Gehörige uns eben sowohl beifalle, als das, was durch Bilder aufgezeichnet war.[1]

Bei all den Strategien, die für die Plausibilität und Stimmigkeit kognitiver Operationen sorgen sollen und damit Merken wie Löschen auf die Basis psychologischer Wahrscheinlichkeit stellen, bleibt für Klüber ein Desiderat; ein wichtiger Gedächtnisvorteil, so moniert er, sei bisher noch nicht genügend berücksichtigt worden. Er holt das nach und spielt die Struktur des Auffälligen und des Eigentümlichen in der Ausdifferenzierung nach sämtlichen Sinnen ein: Verbleiben Schenckel und Sommer im Bereich des imaginären Bildes, darf Klüber die Szenarien der Merkwelt ergänzen, freigeben und mit der Systemlogik der Mnemotechnik noch einmal das Prinzip arbiträrer Merkzeichengebung in seiner beispiellosen Vielfalt vorführen.

Supplement des Uebersetzers.

Ein wichtiger Gedächtnissvortheil ist übergangen. Oft nimmt man sich vor, eine gewisse Vorstellung an einem bestimmten Orte, oder zu einer gewissen Zeit zurückzurufen. Der Knoten im Schnupftuche oder das Papierblättchen in der Tabakdose versagt hier nicht selten seinen Dienst. Man vergisst den Knoten sammt dem eingeknüpften Gedanken, oder doch den letzten; und das Papierblätthcen wird unsichtbar, oder man gebraucht die Dose nicht, wo und wann es geschehen sollte, oder man vergisst, sie mitzunehmen.

Man hefte also die Vorstellung an die auffallendste Sache, die uns an dem Orte, oder zu der Zeit zuverlässig in die Augen, Ohren oder andere Sinne fallen wird, z.B. an die grosse, kupferichte Nase der Person, der ich etwas sagen, oder an die ich eine Frage richten will; an ihren üblen Mundgeruch; an den grossen Brillantring, den sie trägt; an das Hauptgemälde, oder den interessantesten Kupferstich, Kronleuchter, die prächtigste Wanduhr in dem Zimmer; an das Glockenspiel oder Geläute der Flötenuhr, welches zu einer bestimmten Zeit sich hören lässt; an den Wohlgeruch des Pot Pourri, an das parfümirte Schnupftuch, an die Hitze, den Frost, an das Ue-

---

hanc artem kannstu ein Ding lange behalten / oder bald wieder vergessen / wie du nur selber wilst." Döbel: *Collegium Mnemonicum*, loc. cit., Vor.

1 Klüber: *Compendium der Mnemonik*, loc. cit., S. 55.

belbehagen, welches man zu der bestimmten Zeit, oder an dem Orte empfinden wird, an die stammelnde Sprache, oder das Blinzeln des Cajus, u.s.w.[1]

Merken wird bei Klüber zu einer Psychotechnik, in deren Zentrum der Körper und eine nach allen Merkmalen des Auffälligen zu observierende Lebenswelt steht. Die Verfahrensgrammatiken zur Erzeugung von Bildern und merktauglichen Texten, all das, was bei Buno, Mink und Döbel im Vordergrund stand, wird im *Supplement des Uebersetzers* um den Anschluß an die Lebenswelt ergänzt.

Schenckel bleibt die Nutzanwendung all der Auswendigkeit nicht schuldig, und so umreißt er endlich mögliche Arbeitsfelder: Räthe sollen ihre *Official-Angelegenheiten und Vorträge* mnemotechnisch aufarbeiten, einem Präsidenten dient sie zu schnellen Schlußfolgerungen, und auch für Medizinstudenten, Rechtsbeflissene, Advokaten, Theologen und Prediger soll sie durchaus von Nutzen sein. Wenn Schenckel den Einsatz für Diplomaten empfiehlt, wird eines der zentralen Phantasmen der Mnemotechnik ablesbar: "Ein Gesandter kann ebenfalls die ihm übertragenen Geschäfte, nebst den ihm nöthigen oder nützlichen Kenntnissen, mnemonisch lociren. Hülfe der Kunst kann er, bei mündlichen, zumal weitläuftigen und verwickelten Verhandlungen, nicht nur sicher und mit Leichtigkeit arbeiten, sondern auch glänzen und Aufsehen erregen."[2]

Klüber, in seiner Rede über alte und neue Mnemotechniken, bringt unter der Hand auch Veränderungen in der Arbeitswelt und damit Berufsprofile zur Sprache, die entgegen der Geläufigkeit Schenckelscher Diplomaten nicht mehr um die alten Systeme der Rede zentriert zu sein brauchen. "Der Verfasser sagt von Gesandten manches Andere, welches auf die moderne Diplomatie nicht mehr anwendbar ist. Sein Gesandter soll unter andern die Rhetorik und Dialektik wohl inne haben. Das forderte man, als man zur Haupteigenschaft eines Gesandten machte: *ut sit bonus orator*. A.d.U."[3] Hinter Spontaneität und freier Rede steht – als die Bedingung der Möglichkeit – eine Schule genau jener mentalen Geläufigkeit, die mittels Mnemotechnik auf den Weg gebracht werden soll. Um das Gedächtnissystem einzurichten und seine Geläufigkeit zu internalisieren, wird auf traditionelle Pädagogik und damit auf Wiederholung gesetzt. "Jeden Tag überdenke man die Plätze, nach der vorgeschriebenen Form."[4]

---

1 Klüber: *Compendium der Mnemonik*, loc. cit., S. 83f.
2 Klüber: *Compendium der Mnemonik*, loc. cit., S. 91f.
3 Klüber: *Compendium der Mnemonik*, loc. cit., S. 92.
4 Klüber: *Compendium der Mnemonik*, loc. cit., S. 99. Vom ängstlichen Kleben an der Wortwörtlichkeit des Manuskripts und den buchstäblichen Verwirrungen zwischen Wort und Kontext berichtet im Rahmen seiner Kirchenberedsamkeit auch Müllern: "Minimé vero puerilem illorum superstitionem probamus, qui verbulum non audent proferre, quod non annotaverunt, unde ne-

Und nicht nur Gesandte sollen zum Glänzen gebracht werden durch die vermeintliche Spontaneität ihrer Gedanken. Wenn ausgerechnet Schlagfertigkeit, dieser Inbegriff einer nicht speicherbaren, weil immer aufs Neue zu produzierenden Fähigkeit, auf der Mnemonik beruhen soll, ist das Verhältnis von Spontaneität und Archivierung in ihr Gegenteil verkehrt. Die Auswendigkeit simuliert Effekte, die ihrerseits im Glanze stehen, eben genau ohne die Peripherie von Speichern auszukommen. Die Auswendigkeit soll den Eindruck der Auswendigkeit kassieren. Das Paradox aller Improvisations(merk)künste ist das zentrale Paradox der Goethezeit. Nur wer sich vom Kleben am Wortlaut, an Topiken oder Wissensmatrizen löst, darf im Glanze gefeierter Spontaneität und Kreativität stehen. Der mnemotechnische Blick entlarvt damit die Allmählichkeit – ob bei der Verfertigung der Gedanken beim Reden oder wo auch immer – als einen Prätext. Im Rahmen von Klübers *Referirkunst* werden ausgerechnet die Rechtsgelehrten von allen Vorgaben freigesprochen. "Der gebildete Rechtsgelehrte handelt frei in Auffindung, Stellung und Vortrag seines zweckmäsig vorbereiteten Stoffes. Darum hier keine Topik, keine schulgerechte Form, kein logisch-rhetorisches Baugerüst."[1] Worum es bei solchen Prätentionen geht, ist natürlich auch und immer wieder Kunst: Freiherr von Aretin entlarvt einen Mythos von Improvisation, die scheinbar keine Speicher braucht, weil sie selbst nichts anderes als Speicher ist. Und so kommt es in seiner *Systematischen Anleitung zur Theorie und Praxis der Mnemonik* zur paradoxen Anschrift dessen, was seinen Ruhm aus der Spontaneität von Unaufschreibbarkeiten bezog, zu einem regelrechten Programm der Improvisation. Dieses besteht

a) in der so viel möglich allseitigen Ausführung des aufgegebenen Stoffes,
b) in der geschickten Einwebung von Gemeinplätzen in denselben. Jenes geschieht vermöge eines gewissen Typus, den man sich am leichtesten nach mnemonischen Regeln einprägt; dieses aber durch einen hinlänglichen Vorrath von locis communibus, den man sich ebenfalls am besten durch Mnemonik verschaft. Es ist dieses der Fall eben so beim dichterischen, wie beim musikalischen Improvisiren. Wer in beiden Gattungen Proben hat ablegen sehen, wird mir hierin beystimmen.[2]

Den Verdacht, daß die Improvisatori mit mentalen Wissensmatrizen arbeiten und die Leute täuschen, äußerte bereits ein Mnemoniker namens Frey im 17. Jahrhundert. "Weil alles in der Welt aus Aehnlichkeiten und Unähnlichkeiten besteht", wird ihm die Verknüpfung zwischen aufgegebenem Thema und seinen Improvisationen

---

cessario timor & perturbatio in memoria oritur. Et periculum accedit, si in uno verbo impingant, ut in universo Orationis contextu facilé errent." Müllern: *Orator ecclesiasticus*, loc. cit. S. 85..

1 Klüber: *Lehrbegriff der Referirkunst*, loc. cit., S. 19.
2 Aretin: *Systematische Anleitung*, loc. cit., II. Buch, S. 78.

denkbar einfach. Und so kann in einer Merkwelt von Ähnlichkeiten und Unähnlichkeiten der Vers *Arma virumque cano, Trojae qui primus ab oris* "jedem Redner, Prediger und Improvisatoren Stoff genug an Handen geben, um über jedes aufgegebene Thema zu peroriren."[1]

Und weil das Jenseits von freier Rede auch Stockung heißt, braucht Johann Philipp Lang als Gefahr wider dieselbe die alten Theorien und ihre neueren Sachbearbeiter nur beim Namen zu nennen, um den Anschluß an die Gedächtniskunst auch im Zeitalter einer geächteten Auswendigkeit zu gewährleisten.[2] Um Stammeln, Stottern, Steckenbleiben, Verstummen oder andere Details nachmaliger Sprachpathologien zum höheren Ruhm seiner Kanzelberedsamkeit zu vermeiden, dürfen Aufrufe auch zurück ins Barock ergehen: "Bekanntlich bemühten sich im Anfange des siebzehnten Jahrhunderts zwey Männer, Lamprecht Schenckel, Lehrer an mehreren gelehrten Schulen in den Niederlanden, und nach ihm sein Freund und Zögling, Martin Sommer, Rechtscandidat aus Schlesien, die Gedächtnißkunst der Alten unter ihren Zeitgenossen wieder herzustellen."[3] Ein Unterfangen, das durch "die höchst lichtvolle und mit Anmerkungen begleitete Uebersetzung von Hrn. Hofrath und Prof Klüber in Erlangen, ein Nahme, der zu meiner Zeit daselbst von allen die Rechte studierenden Jünglingen mit den Ausdrücken der ehrerbietigsten Liebe genannt wurde"[4] auch für das Jahr 1805 Geltung haben soll. Und selbstredend gedenkt Lang seines Amtskollegen C. A. L. Kästner (*Pfarrer zu Behlitz bey Eulenburg*) sowiwe des Münchner Oberhofbibliothekars und Vicepräsidenten der Akademie der Wissenschaften, Freiherr von Aretin, mit seiner unlängst erschienenen *Denkschrift über den wahren Nutzen der Mnemonik oder Erinnerungswissenschaft*; als Einsatzorte führt Aretin dort so unterschiedliche Dinge wie die Echtzeitrede vor Gericht und in bestimmten Künsten an. Die juristische Rede wird in doppelter Hinsicht für die Mnemotechnik relevant werden: Zum einen in der Pragmatik der Gerichtsrede, deren Unumkehrbarkeit mit eklatanten Folgen für den Ge-

---

1 Aretin: *Systematische Anleitung*, loc. cit., III. Buch, S. 308. Zum Verbund aus Wissen, Mathematik und Selbstbezug im Dienst der Improvisation handelt titelgebend einer der größten im Improvisationsgeschäft: Maximilian Leopold Langenschwarz. Vgl. seine *Arithmetik der Sprache, oder: Der Redner durch sich selbst. Psychologisch=rhetorisches Lehrgebäude*, Leipzig 1834. Einen guten Einblick in die Praxis der Improvisation gibt Franz Xaver Gabelsberger (Hrsg.): *Erste Improvisation von Langenschwarz in München. Im Königlichen Hoftheater an der Residenz am 19. July 1830. Stenographisch aufgenommen und herausgegeben von F.X. Gabelsberger, k.q. Sekretär und geheimen Canzelisten*, München 1830.

2 Johann Philipp Lang: *Wider die Gefahr in öffentlichen Kanzelvorträgen zu stocken, oder gänzlich zu verstummen. Ein Versuch in Briefen, als Beytrag zur Theorie der Kanzelberedsamkeit*, Frankfurt am Main 1805.

3 Lang: *Wider die Gefahr in öffentlichen Kanzelvorträgen zu stocken*, loc. cit., S. 80.

4 Lang: *Wider die Gefahr in öffentlichen Kanzelvorträgen zu stocken*, loc. cit., S. 81.

richtsverlauf verbunden sein kann. "Der Redner durfte, wenn die ihm eingeräumte Zeit verflossen war, nicht wieder anfangen, noch eine Ergänzung von neuem hinzufügen. Uns so lief der Client Gefahr, wegen eines Gedächtnißfehlers, den sein Vertheidiger begangen hatte, als der Schuldige verurtheilt zu werden."[1] Zum anderen und immer dann, wenn es um die Glaubwürdigkeit von Zeugenaussagen in der Offizialität vor Gericht, bei Befragungen und anderen Varianten offizialer Merkdiskurse geht, steht die private Mnemotechnik der Menschen zur Disposition. Sie allein oder genauer ihre Rekonstruktion allein kann der Wahrheit eine Chance geben. Wenn zudem ihr Einsatz Sache eines nicht justiziablen Unbewußten heißen kann, wird die Mnemotechnikforschung auch für Juristen unabdingbar.[2] Kaum ausdifferenziert und nur durch ein Komma getrennt, dürfen in seiner Liste potentieller Mnemotechnikbenutzer *Advokaten, Improvisatoren* eine legitime Untermenge heißen. Einmal mehr benennt Lang eine sachdienliche Affektlosigkeit als Grunddisposition für das Merken: "Wem nähmlich mnemonische Beschäftigungen gelingen sollen, der muß vor allen Dingen darauf sehen, daß er ruhig, affectlos und heiter sey."[3] Lang bezieht zudem Stellung zu der Frage, wie weit die Engführung mit den Signifikanten oder – wie Lang schreibt – die *buchstäbliche Pünktlichkeit* denn gehen sollte.[4] Zu Wort kommt dabei der "Herr Doctor Niemeyer, einer der verehrungswürdigsten und competentesten Richter"[5] für derlei Detailfragen. In seinem Handbuch für Religionslehrer plädiert Niemeyer gegen eine übertriebene Buchstäblichkeit mit einer leichten Option für situative Zufälligkeiten. Statt ängstlicher und totaler Auswendigkeit soll ein souveräner und variabler Umgang mit Textlücken stehen dürfen. "Die Genauigkeit im Memorieren muß nie so weit gehen, sich ängstlich an jedes Wort des Conceptes zu binden, vielmehr gleich mit dem Einstudieren der Predigt, die Uebung, an die Stelle des fehlenden Worts ein anderes, oder des entfallenen Perioden einen andern in den Zusammenhang passenden zu stellen, verbunden werden."[6] Solche Flexibilität wird ergänzt durch die Empfehlungen zu kleinen Handgreiflichkeiten am Text. Die Materialität von Anstreichungen und ver-

1 Gräffe, *Neuestes katechetisches Magazin*, loc. cit., S. 104.

2 Zur juristisch relevanten Rede über unbewußte Gedächtnisleistungen, zwischen Latenz und Manifestation im Merken vgl. vgl. Hans Gross: "Mnemotechnik im Unterbewusstsein". In: *Archiv für Kriminal-Anthropologie und Kriminalistik*, Hrsg. Hans Gross, 29. Bd., 1908. Für die Nutzanwendung im juristischen Kontext vgl. ders: *Criminalpsychologie*, Graz 1898.

3 Lang: *Wider die Gefahr in öffentlichen Kanzelvorträgen zu stocken*, loc. cit., S. 56

4 Anklänge an Formulierungen Lacans wie die von der *Funktion des Geschriebenen*, der *Sexualität in den Engführungen des Signifikanten* oder vom *Drängen des Buchstabens im Unbewussten oder die Vernunft seit Freud* liegen auf der Hand.

5 Lang: *Wider die Gefahr in öffentlichen Kanzelvorträgen zu stocken*, loc. cit., S. 64.

6 Lang: *Wider die Gefahr in öffentlichen Kanzelvorträgen zu stocken*, loc. cit., S. 64.

schiedenfarbigen Tinten, die in solchen Zusammenhängen topisch genannt wird, verbleibt nicht auf dem Papier, sondern hat Konsequenzen für die Seele: "Denn werden diese Merkmale nicht übertrieben gehäuft, so gehen Sie mit ihrer warnenden Bedeutung in die Seele über, und fordern sie auf, ihre Vorsicht auf der Bahn der Ideenfolge zu verdoppeln."[1] Langs Kollege Kästner, auf dessen sachdienliche Schriften verwiesen wird, weiß noch von einen anderen Nutzen jenseits aller Rede- und Predigtpragmatik zu berichten:

> Sehr nützlich für die Mnemonik ist übrigens ein gewisses dem Geist sehr vortheilhaftes Spiel, da man aus mehrern aufgegebenen Worten eine Geschichte zusammensetzt, auf welche Art ein vortreflicher, vor einigen Jahren herausgekommener Roman entstanden ist. Je bekannter man mit Fabeln, Mythologie, Geschichte ist: desto besser geht die Mnemonik von Statten. Deswegen wünschte ich die Jugend bey Zeiten mit dem Inhalt der alten Schriftsteller mehr, als mit den Eigenheiten ihrer Sprache in vertraute Bekanntschaft gesetzt.[2]

Wenn Poesie oder Literatur aus dem Geist der Auswendigkeit beginnt, endet der Wahnsinn des Merkens im Glück der Schrift. Aus der Merkkunst, die sich der Poesie bedient, wird eine Spontaneität, die Poesie *ist*. Doch muß es nicht immer gleich Kunst sein, wozu die Mnemonik taugt. Ein Herr Uppendorf bringt mnemonische Methoden, "wie man in kürzester Zeit Truppen- und Volkszählungen vornehmen könne"[3], ins Gespräch und für Weber-Rumpe wird sie gar zur *Erlöserin* von geplagten Post- und Eisenbahnbediensteten. "Dem Postwesen nahe verwandt ist der Bahndienst, für welchen, namentlich was den inneren Betrieb, den Bureaudienst anlangt, in Ueberfülle Gelegenheit gegeben ist, von den Hilfsmitteln der Mnemonik Gebrauch zu machen"[4]: Etwa im Kampf gegen *Zahlentyrannen* im Tarifbereich, bei der Zolldeklaration, für eine bessere Beherrschung moderner Telegraphencodes und natürlich beim auswendigen Sortieren von Briefhekatomben nach ihrem postalischen Verteilerschlüssel. Und natürlich darf auch das Gedächtnis des Körpers nicht fehlen. Die Morse-Codes werden sich in die Motorik ihrer Telegraphisten so eingeschrieben haben, daß "Studies in the Physiology and Psycho-

---

1 Lang: *Wider die Gefahr in öffentlichen Kanzelvorträgen zu stocken*, loc. cit., S. 69.

2 Kästner: *Erläuterungen über meine Mnemonik*, loc. cit., S. 77.

3 Uppendorf, zit. nach Aretin: *Systematische Anleitung*, loc. cit., III. Buch, S. 413.

4 Weber-Rumpe: *Mnemonistische Unterrichts=Briefe für das Selbststudium der Gedächtnißkunst (Schnell-Lern-Methode)*, Breslau o.J., S. 139. Frederick W. Taylors *Grundsätze wissenschaftlicher Betriebsführung (The Principles of Scientific Management)*, München, Berlin 1913, operieren mit mnemotechnischen Systemen für Produktpaletten und Gerätetypen. Zur emphatischen Aufnahme des Taylorismus sei noch einmal an den bereits angeführten Text von Robert Musil *Psychotechnik und ihre Anwendung im Bundesheere* erinnert. Weniger systematisch als im Taylorismus ist ein Beispiel aus der Chemie: M. Wiese und seine *Mnemotechnik der Maximaldosen der Pharmacopoea Austrica* (Wien 1902).

logy of the Telegraphic Language" erste und experimentell gesicherte Resulate liefern über Individualität und Ökonomie ihrer *dispatcher*. Was William Lowe Bryan, der amerikanische Psychologieprofessor zusammen mit seinem *graduate student* Noble Harter, einem langjährigen *railroad telegrapher* und "expert in that branch of telegraphy", 1897 experimentell zu Tage fördert, ist damit auch eine neue Bestimmung von Individualität und Stil.

> Every operator develops a distinctive style of sending so that he can be recognized readily by those who work with him constantly. Mr. S., a dispatcher of much experience, works daily with forty or fifty men and states that, after hearing four or five words, he can readily recognize the sender, or be sure that he is not one of his men. Where two or more operators work in the same office they sometimes change before the appointed time, or work for each other without permission. When a train is reported, however, in such cases, the dispatcher often asks where the other operator is. Operators who feel secure in the seclusion of their offices have sometimes been detected in making improper and impertinent remarks on the the line, by their style of sending. Two instances were noted where men were discharged for offenses detected in this manner. Young operators have a peculiar way of grouping the letters of words, which gives the impression of some one walking unsteadily as when partially intoxicated. Many dispatchers claim that they can generally recognize a woman by her style of sending.[1]

Weil Verstellungen oder Ungeläufigkeiten der Zeichen Zeit und diese Zeit Geld kostet, reagieren die amerikanischen Telegraphenbüros mit einem einzigartigen Sondertarif, der im Namen der Geläufigkeit ein Differenzkriterium zwischen natürlichen und künstlichen Sprachen errichtet. Über den kulturellen Zeichenhaushalt und damit über die Wahrscheinlichkeit der Signifikanten entscheidet ganz nüchtern, was Lacan den annihilierendsten aller Signifikanten genannt hat: das Geld. "Words in cipher cannot be received so rapidly or so accurately as ordinary language. The telegraphic companies recognize this fact by charging very high rates for combinations of letters forming other than ordinary English words."[2] Und lange bevor Telegrammstil und Telegraphencodes ihren Einfluß auf einen nachmaligen Expressionismus nehmen werden, kann der amerikanische Psychologieprofessor zusammen mit seinem *graduate student* Harter genau das liefern, was für das 17. Jahrhundert im allgemeinen und für die Mnemotechnikkünste eines Johann Buno im besonderen leider nicht vorliegt. Bryan gestattet den direkten Einblick in die amerikanische Merkwelt um 1897:

---

1 William Lowe Bryan, Noble Harter: "Studies in the Physiology and Psychology of the Telegraphic Language". In: *Psychological Review*, Vol. IV. 1897, S. 34f.

2 Bryan, Harter: "Studies in the Physiology and Psychology of the Telegraphic Language", loc. cit., S. 30.

The telegraphic language becomes so thoroughly assimilated that thinking apparently resolves itself into the telegraphic short hand used in conversation. This telegraphic short hand is an abbreviated code in which the vowels and many consonants are thrown out. One thinks in telegraphic term. An odd expression or an unusual message attracts the operator's attention, while he is directly engaged with some other work.[1]

Was im Kontext des Wissens Geläufigkeit heißt und im Fall von Telegraphencodes unmittelbar Auswirkungen auf Ökonomie und Kognition hat, wird der Freiherr von Aretin, bezogen auf den Körper, Überwindung der Schwerkraft nennen. Um das Argument vorzubereiten, unterstellt Aretin ein Modell von Spuren und Bahnungen, bei dem durch Arbeit, Übung und Pädagogik das Gedächtnis sich und damit die Topik seiner Inhalte selbst optimiert. Wer wiederholt, vertieft die Spur der Spur: Vertiefte Spuren wiederum werden leichter durchlaufen als weniger ausgetretene – Argumente, die man in den Nervenlehren der Moderne wieder finden wird. Aretins Rede von Geläufigkeit, von Übung und Bewegungsfertigkeit im Rahmen der Gedächtniskunst ruft – ganz unscheinbar – jene Paradigmen auf, die einen anderen Theoretiker zwischen Schwerkraft und Innovation, zwischen Trägheit und Kreativität, zwischen Sündenfall und Paradies bewegt haben: Heinrich von Kleists Paradigmen aus dem Marionettentheater durchziehen – nicht nur – Aretins Rede vom Merken: Es sei Sache der Übung und Geläufigkeit, Bewegungen zu verfestigen, "weil dadurch das physische Gesetz der Trägheitskraft überwunden wird, wie z.B. die Hand des Bildners, der Arm des Fechters, der Fuss des Tänzers beweisen."[2] Was im Kontext des Wissens Geläufigkeit, Einschleichung oder gar Unbewußtes heißt, ist für den Körper die Überwindung der Schwerkraft.

---

1 Bryan, Harter: "Studies in the Physiology and Psychology of the Telegraphic Language", loc. cit., S. 32. Wer sich aus beruflichen Gründen in die oder in eine bestimmte Engführung der Signifikanten begibt, kann sich die Auswirkungen in solchen Experimenten nachhaltig bestätigen lassen. Breitenwirksam und damit weit über bestimmte Berufsbilder hinaus wird die Geläufigkeit der Schrift im Umfeld der Schreibmaschine diskutiert. Vgl. etwa Richard Herbertz: "Zur Psychologie des Maschinenschreibens". In: *Zeitschrift für angewandte Psychologie und psychologische Sammelforschung*, Bd. 2 (1909), Leipzig. S. 551-561.

2 Aretin: *Kurzgefasste Theorie der Mnemonik*, loc. cit., S. 17. Vgl. dazu Paul de Man: "Ästhetische Formalisierung: Kleists *Über das Marionettentheater*". In: *Allegorien des Lesens*, Frankfurt/M. 1984. S. 205-233.

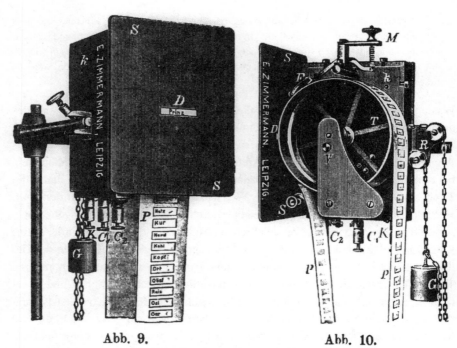

Abb. 9.   Abb. 10.

Gedächtnisapparat (Typus II) nach Wirth.

Abb. 23

6. (Un)Geläufigkeiten

> Die Gleichmässigkeit des Ganges wird im Groben dadurch bedingt, dass die Kette sich über einen Kegel windet, dessen Verjüngung wesentlich genauer als bei gewöhnlichen Uhren den verschiedenen Graden der Federspannung angepasst ist; die feinere Regulirung erfolgt, wie beim HIPP'schen Chronoskop, durch eine federnde Lamelle. Die Einkoppelung der Zeiger, welche dort durch die Anziehung des magnetischen Ankers geschieht, wird hier durch ein System von Hebeln bedingt, das in einem an der Aussenseite befestigten Taster endet. Das Hauptrad, welches sich in 5 Secunden einmal umdreht, hat 500 Zähne; die Einköppelung erfolgt somit exact genug, um die Zeit auf 0,01 Secunden anzuzeigen.[1]

Die Mnemotechnik sucht und produziert Merkherausforderungen, um an ihnen die eigene Perfektion zu demonstrieren. Immer wieder wird sie sich an Künstlichkeiten abarbeiten, an Wissensinhalten, die nicht oder nur schwer zu kontextualisieren sind. Als solcher Inhalt gilt gemeinhin die Welt der Zahlen, und so stehen die Versuche, Merkwelten über Ziffern zu etablieren, im Bewährungszentrum eines mnemonischen Kanons: Diese reichen von großaufgemachten Geschichtsentwürfen, die dann lediglich Regentschaften und Schlachten verbuchen, über die mnemonische Geographie, die sich in Berghöhen, Meerestiefen und topographischen Entfernungen erschöpft, bis hin zur Kombinatorik von Schachzügen. Besonders beliebt ist bei den Mnemonikern die Ludolph'sche Zahl pi: Bis auf 707 Stellen reicht ihre mnemotechnische Beherrschung in Weber-Rumpes zu Recht so genannter *Gedächtnis= Meisterschaft*.[2] Zur Auswendigkeit der Logarithmen kommt noch die Matrix aller Produkte von 99 mal 99, und die endet in der Technik *Quadrat= und Kubikwurzeln mnemonisch im Kopfe zu ziehen*. Neben den anonymen Beamtenscharen an Postschaltern und in Telegraphenbüros wird auch die Mnemonik im 19. Jahrhundert ihre Merkhelden haben dürfen. Einer von ihnen ist jener Zacharias Dase, der 1852 als mnemonischer Rechenkünstler vom preußischen König Fried-

---

1 Theodor Ziehen: "Ueber Messungen der Associationsgeschwindigkeit bei Geisteskranken, namentlich bei circulärem Irresein." In: *Neurologisches Centralblatt*, Nr.7 (1896), S. 292.
2 Hugo Weber-Rumpe: *Gedächtnis=Meisterschaft. Unterrichtsbriefe für das Selbststudium der Schnell=Lern=Methode*, Breslau o.J.

rich Wilhelm IV. eine Anstellung mit einem jährlichen Festgehalt von 250 Talern
erhält. Nach Varietéschaustellungen und einer Arbeit für C. G. J. Jacobi über die
Primzahlverteilung der ersten drei Millionen, stellt Dase seine Merkrechentätigkeit
in den Dienst des preußischen Staates: In Personalunion rechnet er, was im statistischen Büro, im metereologischen Institut und im Generalstab anfällt.[1] Daneben
darf sie – wie es 1911 bei Josef Fiedler titelgebend heißt – *zur Unterhaltung für
Gesellschaften, Salon und Bühne* dienen und natürlich auch in spektakulären
Schaustellungen ihr Können unter Beweis stellen.[2] Legendär wie jener Korse, der
die Historiographie der Mnemotechnik als Beispiel durchzieht, wird auch das Auftreten Hermann Kothes, der – so Weber-Rumpe – "auch als Novellist geschätzt
war".[3]

Hugo Weber-Rumpe hat vielleicht wie kein anderer den Trend und die neuen Anforderungen seiner Zeit erkannt: In Schnell-Lern-Methoden und für das Selbststudium von Fremdsprachen, bürgerlichen Gesetzbüchern, französischen Genusregeln
und selbst Adelsgenealogien spricht er der These vom Untergang der Gedächtniskunst einigermaßen Hohn. Mit Verfahren, die einem Buno zur Ehre gereichten,
wagt er sich an etwas, das er die Vermittlung *literarischer Daten* nennt.[4] Weil Daten
(nicht nur deutscher Dichtung) eben zur Allgemeinbildung gehören, bietet deren
Auswendigkeit ein *sehr dankbares Feld* für seine Künste. "Neben dem Lesen ihrer
Werke, selbstverständlich den ungleich wichtigeren Teil, spielt hier aber doch auch
das Wissen, welche Werke sie geschaffen haben, eine große Rolle." Eingeführt
wird ein Zahlencode und die Empfehlung, "wo die klangähnlichen Ersatzwörter nur
leise an den Titel anklingen, wollen Sie beide recht aufmerksam betrachten und
vergleichen." Was dann folgt, sind barocke Techniken im Zeitalter moderner Psychologien und am Beispiel ausgerechnet deutscher Klassik:

> *Goethe*, 1749-1832 (*r*agendes – *W*under, *r*ector o*m*nium), geb. 28. August, gest. 22. März
> (8,28-3,22): *Ah*nherr deutscher *Minne*).
> Seine bedeutendsten Werke: Götz von Berlichingen 1773 (ergötzt *famos*), Prometheus 1773
> (Feuer *vom* Himmel), Werthers Leiden 1774 (litt *furchtbar*), Clavigo 1774 (Klavier=*Virtuos*),
> Stella 1776 (Stellen=*Verpachtung*), Egmont 1775-87 (eckige Mond*phasen* – *ja freilich* !), Iphi-
> genie 1779-86 (Genius, seine *Fackel hebend*), Tasso 1780-89 (Tasse *halb Chokolade*), Wilhelm
> Meisters Lehrjahre 1777-96) zwischen Meister und Lehrling *effektvolle Gebräuche*), Hermann
> und Dorothea 1797 (haben sich *gefunden*), Wahlverwandtschaften 1808 (*ziehen an*). Westöstli-

---

1 Vgl. *Maß, Zahl und Gewicht: Mathematik als Schlüssel zu Weltverständnis und Weltbeherr-*
   schung. Ausstellungskataloge der Herzog-August-Bibliothek; Nr.60, Weinheim 1989.
2 Josef Fiedler: *Mnemotechnik. Kurze, leicht faßliche Einleitung, das Gedächnis zu stärken; mit*
   einigen Beispielen zur Unterhaltung für Gesellschaften, Salon und Bühne, Wien 1911.
3 Weber-Rumpe: *Mnemonistische Unterrichts=Briefe*, loc. cit., S. 3.
4 Weber-Rumpe: *Mnemonistische Unterrichts=Briefe*, loc. cit., S. 6.

cher Diwan 1813 (*Diwan*), Wahrheit und Dichtung 1809-31 (die Wahrheit *liegt* in der *Mitte*), des Epimenides Erwachen 1814 (aus *Träumen*), Wilhelm Meisters Wanderjahre 1897-21 (Wandern, *Luft, Natur*), Faust 1775-1831 (*Faust mit* Gretchen).

Er*götz*licheren als Metall=Wert hat das *Klavier* nicht! *Stelle* es in die *Ecke*, wenn nicht *Genie* seine Tasten *meistern* lernt. Sei auch nicht ein solcher *Tor*, die *Verwandtschaft* als Zuhörer zu *wählen*, die auf dem *Diwan* in *Wahrheit* doch nur schläft und erst, wenn du nicht mehr spielst, erwacht. Meist *wandert* es ja dich als *Faust*pfand zum Pfandleiher.[1]

Und wenn Mnemotechniker neuerer Zeiten auf Individualität setzen, sind – ob für die Merkbarkeit von Zolldeklarationen oder Daten deutscher Dichtung – große Zahlen die Folge. Weber-Rumpe wird 1885 sein *Mnemonisches Zahl=Wörterbuch. Mit Berücksichtigung der neuen deutschen Rechtschreibung* veröffentlichen, und darin die Techniken einer externen Wissenrepräsentation mit denen einer internen Auswendigkeit verschalten. Ein Minimalcode bildet die Zahlen auf das Alphabet ab (1 - t,d, 2 - n, 3 - m usw.), und dann dürfen auf 230 Seiten für die Merkcodierung der Zahlen von 0 bis 999 numerisch angeordnet circa 40000 Wörter folgen, die dem Code entsprechen und ihn semantisch variieren. Die Differenz zwischen einer Zahl aus 1000 (dem Signifikat) und der 40000 Einträge starken Merksignifikanten-liste heißt schlicht Mehrfachbelegung. Aber warum und wem soll es von Nutzen sein, für die Auswendigkeit *einer* Zahl ein so große Mengen von Wörtern zu Auswahl zu haben? Warum benutzt er keinen statischen Code, der wie in den Pasiegraphien im Verhältnis eins zu eins abbildet? Ein Kollege namens Carl Otto Reventlow, mit seinem *Leitfaden der Mnemotechnik für Schulen*, einem *Mnemotechnischen Commentar zu allen Lehrbüchern der Geographie* und nicht zuletzt einem *Lehrbuch der Mnemotechnik nach einem durchaus neuen auf das Positive aller Disciplinen anwendbaren Systeme* selbst ein Vielschreiber in Sachen Gedächtniskunst, wird die gewünschte Auskunft geben.[2] Carl Otto Reventlow startet 1844 mit einem Text, zu dem sich Weber-Rumpe wie eine nachträgliche Parallelaktion liest und der das Zahlenverhalten schon in seinem Titel beim Namen nennt: *Wörterbuch*

---

1 Weber-Rumpe: *Mnemonistische Unterrichts=Briefe*, loc. cit., S. 6f.

2 Wie Mink variiert Reventlow seinen Herausgebernamen. Carl Otto: *Leitfaden der Mnemotechnik für Schulen von Carl Otto, Verfasser des von ihm unter dem Namen C.O.Reventlow herausgegeben Lehr- und Wörterbuchs der Mnemotechnik. Ungefähr 3000 mnemotechnisch bearbeitete Daten aus der Geschichte und Geographie enthaltend*, Stuttgart u. Tübingen 1846. Otto-Reventlow: *Mnemotechnischer Commentar zu allen Lehrbüchern der Geographie oder Anweisung, sich die wichtigsten geographischen Zahlen in wenigen Stunden einzuprägen. Mit besonderer Rücksicht auf Dr. Otto Hübner's statistische Tafel*, Frankfurt/M. 1869 Carl Otto Reventlow: *Lehrbuch der Mnemotechnik nach einem durchaus neuen auf das Positive aller Disciplinen anwendbaren Systeme*, Stuttgart u. Tübingen 1843.

der Mnemotechnik nach eignem Systeme. Mehr als 120 000 Substitutionen für die Zahlen 000, 00, 0 und 1 - 999 enthaltend.[1]

Seinem eigentlichen Argument geht eine herbe, aber extrem kenntnisreiche und systematische Abrechnung mit der alten Gedächtniskunst und einigen ihrer Vetreter vorweg, wobei namentlich der Freiherr von Aretin denkbar schlecht wegkommt. Mit ihm gerät naturgemäß die Tradition überhaupt so kenntnisreich unter Beschuß, daß Reventlow an anderer Stelle neuere Mnemotechniken als Kombinatorik bereits vorhandener Systeme rekonstruiert. Eine *Mnemonik oder praktische Gedächtniskunst zum Selbstunterricht* (1811) des Gregor von Feinaigle wird ihm zum Anlaß, die Logiken des Merkens noch einmal ins Barock rückzuverlängern. Einmal mehr darf dabei u.a. auch Winkelmann eine Rolle spielen. Reventlows Beispiel – das Datum *Julius Cäsar 58 a. Chr.* – endet in einem mathematisch sehr genauen Rückverweis ins Barock:

> Nach seinem Schema ist 5 = l, 8 = b,r; von Julius Cäsar schneidet man nun eine Sylbe (wie Grey) ab und verbindet damit eine oder mehrere andere Sylben, durch welche die Jahreszahl 58 ausgedrückt ist, so dass aus dem Ganzen ein Etwas bezeichnendes Wort entsteht (abweichend von Grey, dem blosse Zusammenstellungen von Artikulationen genügen). Julius Cäsar 58 wäre nun = Judenleib. Bei zweizifferigen Zahlen geht diess doch noch so ziemlich, obgleich fast immer sehr baroke Sachen herauskommen; bei dreizifferigen ist es aber fast unmöglich.[2]

Nach den Concettismen möglicher Bild- und Vertextungsstrategien und mit einem hohen Aufwand an Beispielen, die von der Neuordnung der Merkunst handeln und polemisch noch einmal die Intertextualität besonders unstimmiger Belege zur These heranziehen[3], kann endlich unter Ausschluß *baroker Sachen* sein eigenes System und damit auch dessen psychologische Begründung angeschrieben werden. Am besten merkbar ist, "was man mit seiner Individualität verschmolzen hat".[4] Und genau diese Individualität gilt es durch das Überangebot seines System und der Variationsfähigkeit seines Codes zu bedienen. Wie bei Weber-Rumpe wird das Alphabet der Buchstaben auf das Alphabet der Grundzahlen 0 bis 9 abgebildet und dann auf 500 Seiten die Mehrfachcodierung aus- und angeschrieben. "Nehmen wir

---

1 Carl Otto Reventlow: *Wörterbuch der Mnemotechnik nach eignem Systeme. Mehr als 120 000 Substitutionen für die Zahlen 000, 00, 0 und 1 - 999 enthaltend*, Stuttgart u. Tübingen 1844.

2 Reventlow: *Lehrbuch der Mnemotechnik*, loc. cit., S. 54f.

3 Mit schönen Beispielen, die zur These verleiten, mnemotechnische Paradigmen seien – im Gegensatz zu rhetorischen – nicht zitierbar: "Ein Trompeter wird durch eine Welle aus einem Kaffeehaus unter den Linden ausgespült!" (IX)

4 Reventlow: *Wörterbuch der Mnemotechnik*, loc. cit., S. XII.

beispielsweise die Zahl 149. Für diesselbe finden sich erstens Seite 66 mehrere Hundert Substitutionen".[1]

Doch Reventlows Individualität, der man so umständlich begegnen muß, ist nicht nur behauptet. Um sie zu demonstrieren, schreitet Reventlow in seinem *Lehrbuch der Mnemotechnik* zu einem hypothetischen Gedankenexperiment, das sich wie die Inversion aller barocken Inventionstechniken zu lesen gibt: Gesetzt, man müßte sich eine Reihe von zehn Namen oder Begriffen auswendig merken, dann wäre dafür ein bereits vorhandenes Regularium von Begriffscombinationen zuständig. "Wären z.B. zehn Namen gegeben, würde man zuerst das medium zwischen dem ersten und zweiten oder Beziehungen suchen; dann zwischen dem zweiten und dritten, dritten und vierten, vierten und fünften u.s.w.". Gesetzt ferner, daß der zuständige Spielraum der Reflexion frei sein soll, ist der Gedankengang *gewissermassen vorgeschrieben*, ohne gerade *bindend* zu sein. "Je nach der Verschiedenheit der Ziele die zwei Individuen, von denselben Grundgedanken ausgehend, im Auge haben, werden auch die Wege verschieden seyn, die sie, um zum Ziele zu gelangen, einschlagen." Was folgt ist ein (hypothetisches) Beispiel, bei dem drei (fiktiven) Personen der Begriff *Elektromagnetismus* vorgegeben wird und dann die denkmöglichen Assoziationsketten aufgeschrieben werden:

Der Gedankengang der ersten wird etwa folgender seyn;
Elektromagnetismus – Wagner – Frankfurt – Frankfurter Attentat – Flüchtlinge – Schweiz – Herwegh – Pückler Muskau – Mehemed Ali – Ibrahim Pascha – Napier – Engländer – Chinesen – Englischer Friede – Missionäre – Propaganda – Mezzofanti – Vaticaner Bibliothek – Angelo Majo – Pergamentrollen – Herculanum und Pompeji – Vesuv – Aetna – Erdbeben – Lissabon – Don Pedro – Brasilien u. s. w.

Der Gedankengang der zweiten etwa folgender:
Elektromagnetismus – Wagner – Donaueschingen – Fürstenberg – Böhmen – Oesterreich – Metternich – Johannisberg – Rhein – Dampfschifffahrt – Fulton – Amerika – Auswanderer – Württemberg – Tübinger Landtag – Tübinger Schloss – Belagerung durch Fronsberg – Christoph – Flucht – Tyrol – Paris u. s. w.

Der Gedankengang der Dritten endlich etwa folgender:
Elektromagnetismus – H.C. Oersted – A.S. Oersted – Dänische Stände – Algreen Ussing – Orla Lehmann – Lorenzen – Holsteinische Stände – Dänische Sprache – Rask – Isländische Grammatik – Island – Jomsvikinga Saga – Usedom – Pommern – Schweden – Darlekarlien – Gustav Wasa – Gustav III. – Eiserne Kiste – Upsala – Silberner Codex u. s. w..[2]

---

1 Reventlow: *Wörterbuch der Mnemotechnik*, loc. cit., S. XVI.
2 Reventlow: *Lehrbuch der Mnemotechnik*, loc. cit., S. 214f.

Weil in den Köpfen nicht nur fiktiver Gedankengangproduzenten die Variationen asymptotisch auf Unendlichkeit gestellt sind und das Auseinanderdriften der Assoziationsketten schon mit dem ersten Kettenglied beginnt, muß eine Mnemotechnik auf der Basis individueller Gedankenverschmelzung reagieren. Unendliche Variationen der Codes sind die Voraussetzung, daß die Merkreiche so individuell werden können wie die Assoziationsketten ihrer potentiellen Benutzer. Reventlow tut das, indem er an die Stelle starrer Merkmittel, die selbst eine kleine Auswendigkeit vor der Auswendigkeit sind, eine Verfahrensgrammatik individueller Neubildung an die Hand gibt. In einem Wortlaut, der auf die alte Diskussion um die problematische Nähe oder die uneinholbare Willkür in der Beziehungsstiftung eingeht, wird er sagen können, daß Unsinn oder eben jene barocke Ordnung der Dinge, die der Psychiater Tiling seinen Patienten attestieren konnte, auch für die mnemotechnischen Ausläufer im Zeitalter eines Elektromagnetismus steht. Seine Logik des Codes benennt noch einmal, wovon alle Codiertheorien dieser Welt immer schon auszugehen hatten. Die Unwahrscheinlichkeit steigt als Effekt des Systems. Was bei *zweizifferigen* Zahlen noch geht, *obgleich fast immer sehr baroke Sachen herauskommen*, ist bei *dreizifferigen fast unmöglich.*[1]

Treffender als mit den Forschungen Oersteds kann man die allmähliche Verschaltung der Gedanken beim freien Assoziieren unter den Bedingungen moderner Nachrichtenmedien gar nicht starten. Reventlow gesteht, daß seine Musterketten einigermaßen dem Aufruhen, was in der Psychiatrie schlicht geregelter oder geordneter Gedankenverlauf heißen und selbstredend Gegenstand experimenteller Untersuchungen wird[2], und er gesteht weiter, erstens wie mühselig und zweitens wie überflüssig derlei Einschränkungen sind: "In der That ist das auch höchst überflüssig, sogenannt naheliegende Beziehungen urgiren zu wollen, denn andere thun denselben, ja oft einen noch besseren Dienst, wie Jedermann sich durch Versuche überzeugen kann. Nur Anfänger und Pedanten werden hier ängstlich zu Werke gehen, und eben dadurch gehemmt werden."[3] Für Reventlow gilt, daß assoziativer Unsinn eben kein Unsinn ist, sondern merktauglich.

Zum Topos der mnemotechnischen Bewährung gehört der Versuch, vorhandene Ordnungen auszuhebeln, vorhandene Kontexte zu zerstreuen, vorhandene Reihenfolgen zu verkehren und damit die Auswendigkeit unter verschärften, weil unwahrscheinlichen Bedingungen vorzuführen. Immer wieder werden oder müssen sich ihre Verfahren zum Ausweis eines wahlfreien Zugriffs (*random access*) an natürlichen Vorgaben und Reihenfolgen vergreifen, werden die Partikel der Materialität

---

1 Reventlow: *Lehrbuch der Mnemotechnik*, loc. cit., S. 55.
2 Pars pro toto Otto Selz: *Über die Gesetze des geordneten Denkverlaufs*, loc. cit.
3 Reventlow: *Lehrbuch der Mnemotechnik*, loc. cit., S. 215.

eines recht unmetaphorischen Schnittes unterzogen. Doch dieser Schnitt dient nicht – wie etwa bei Harsdörffer – dem verbesserten Zugriff durch die Ordnung alphabetischer Register. Die Rede vom Schnitt wird zur technischen Voraussetzung, um Ordnungszusammenhänge künstlich zu disseminieren, um dann das zerstreute Wissen dennoch in die Auswendigkeit zu überführen. Was dabei zählt, ist der Aspekt des wahlfreien Zugreifens auf Informationen ohne die Vorgaben natürlicher Ordungen und Kontexte. Am *random access* soll sich die mnemotechnische Wissensverwaltung bewähren dürfen. Analog zu einer solchen Bewährung funktionieren bestimmte Verfahren in den Wissenschaften vom Menschen. Eben weil der Unsinn angeblich so saubere Abfrageresultate liefert, richtet sich das Forschungsinteresse verstärkt auf ihn. Das betrifft neben der Psychopathologie auch den Bereich von Sinnesdefiziten und damit die Defektensemiotik. Weil Blinde und Taubstumme in den Stand der Natürlichkeit kognitiver Operationen versetzt sind, ist das Interesse an ihnen und damit an einem möglichst reinen Aufbau ihrer Kognition entsprechend hoch.

Gerade dieser Bewährungsaspekt wird Paradigmen ausbilden, die sich auch am Band der Sprache oder Band irgendwelcher Genealogien immer wieder versuchen und damit vergehen: Mnemotechnische Erkenntnistheorie setzt – immer schon – auf Verkehrung und Unsinn. Pastor Gräffe wird im Namen der Erkenntnistheorie eine der ersten Unsinnsilben in das Feld des Wissens und der Unwahrscheinlichkeit einführen oder auf den Plan der Auswendigkeit rufen: *CAPACLI*, dieser *string* aus 7 Lettern aus dem Jahre 1801, soll die These widerlegen, die vorherige Affektion durch einen gegenwärtigen und tatsächlich gegebenen Referenten sei die Voraussetzung aller nachmaligen Gedächtniseffekte. Lose und unwahrscheinliche Lettern begleiten die Mnemotechnik auf vielen ihrer Wege. So in der Glockenlotterie Weber-Rumpes, bei der Schillers "Lied von der Glocke" zum Gegenstand brachialer Schnitte und nachträglicher Restitutionen wird. Dazu soll das Gedicht Wort für Wort zuerst auf einem langen Papierband imaginiert werden, dieses Band Wort für Wort zerschnitten, das Resultat – 2016 Zettelchen – in eine Lotterietrommel gesteckt und tüchtig umgerührt werden. "Jetzt sollte nun Jemand diese Zettel ziehen, und sich die Worte in der so durch den Zufall gegebenen Reihenfolge einprägen! Es ist außer allen Zweifel, daß kein menschliches Gedächtniß *ohne Mnemonik* dazu ausreichen würde!"[1] Das Verfahren wiederholt Merkapotheosen, die im Barock üblich waren. In Ergänzung zur Winkelmannschen Cäsarologie empfiehlt Anhalt eine Herrschertombola, die Weber-Rumpe nur noch auf Schiller zu applizieren braucht.

---

[1] Weber-Rumpe: *Mnemonistische Unterrichts=Briefe*, loc. cit., S. 19.

Man kan auch die Imperatores auf kleine Zettel schreiben / darnach in einen Hut werffen / wohl durch einander rütteln / und einen heraus greiffen / und dessen Vitam erzehlen.[1]

Man schreibet einen Nahmen / (oder was man sonst zu versetzen willens ist) mit grossen Buchstaben auf ein Papier und zerschneidet solche alle voneinander / so / daß alle Buchstaben loß seyen / und verlegt werden können / wie es entweder die Noth erfordert oder unser Vorhaben an die Hand giebet.[2]

Im Scherenschnitt endet die Integrität des Mediums. Wiederaufleben wird diese Tradition der Gedächtniskünste in den Labors einer Experimentalpsychologie, die mit solchen Verfahren sinnfällige Ordnungen verwirrt, um im Unsinn Ergebnisse zu testen, die schon deswegen nicht auf Geläufigkeit und Kontext fußen, weil man ihnen durch Schnitt und Neuanordnung, durch Selektion und Kombination jegliche Wahrscheinlichkeit ausgetrieben hat. Wo eine Mnemotechnik im Glanze und im höheren Ruhm ihrer eigenen Künstlichkeit künstlich erzeugten Unsinn in Sinn überführt, wird die exakte Inversion dieser Figur zur Voraussetzung psychometrischer Verfahren. Die Techniken, mit denen der Unsinn – der nachmals unsere Normalität begründen und heißen wird – erzeugt wird, sind barock: Das Anliegen allerdings überhaupt nicht. Im Residuum der Mnemotechnik – und damit im Umgang mit unverstandenen Wörtern – sollen oder dürfen all die Operationen über dem Alphabet legitim sein, die bei Adelung so sehr aus dem Reich seiner *aufgeklärten europäischen Einbildungskraft* ausscherten. Wenn Karl Brodmann die selbst schon topischen Versuche zur Gedächtnisforschung von Müller und Schumann referiert, dürfen Sinn und Unsinn, Norm und Abweichung, Ordnung, Unordnung und selbst noch eine verschärfte Ordnung das Band der Sprache zerschneiden. Die Unsinnssilbenreihen kanonischer Gedächtnisforschungsexperimente unterliegen dem Gesetz purer Wahrscheinlichkeit oder eben dem Gesetz barocker Inventionsquellen.

Die Herstellung der normalen und verschärft normalen Silbenreihen wird dort folgendermaßen beschrieben (M. u. S., S.99): 'Von den 17 Anfangskonsonanten b, d, f, g, h, j, k, l, m, n, p, r, s, t, w, z, sch war ein jeder auf einen kleinen Zettel (ein weißes Pappstück) geschrieben. Diese Zettel wurden durcheinander gemischt und in einen Kasten gelegt, in welchem sie dem Blick des Versuchsleiters entzogen waren. Ebenso werden in einen zweiten Kasten Zettel mit den 11 (12) Vokallauten und in einen dritten solche mit den 12 Endkonsonanten f, k, l, m, n, p, r, s, t, z, ch, sch gelegt. Behufs Anfertigung einer zwölfsilbigen Reihe wurde nun aus dem Kasten der Anfangskonsonanten, der Vokallaute und der Endkonsonanten je ein Zettel blindlings genommen, und die auf diesen Zetteln stehenden Buchstaben wurden zur ersten Silbe kombiniert. Die auf den drei nächstergriffenen Zetteln stehenden Buchstaben bilden die zweite Silbe usw. Die

---

1 Dieterich: *Cornu-Copiae Dispositionum Homileticarum*, loc. cit., S. 357.
2 Johann Hofmann: *Lehr=mässige Anweisung / Zu der Teutschen Verß= und Ticht=Kunst*, loc. cit., S. 126.

Buchstaben, welche zur Bildung einer Silbe gedient hatten, wurden natürlich solange nicht in die entsprechenden Kästen zurückgelegt, bis der Aufbau der ganzen Silbenreihe beendet war.'[1]

Brodmann braucht die Mnemotechnik nur noch beim Namen zu nennen und gegen die Gesetze der völligen Streuung und totalen Buchstabenverteilung auszuspielen: "Mnemotechnische Kunstgriffe zur Erleichterung der Einprägung", so wird er sagen, seien bei den "Versuchspersonen sicherlich auszuschließen gewesen; niemals ließ sich eine Bevorzugung solcher Silben feststellen, welche einen Sinn ergaben, es war sogar auffällig, daß gerade Silben, die sich durch bestimmte Eigenschaften dem Bewußtsein mehr aufdrängten als andere, häufig gar nicht behalten worden, also offenbar auch nicht besonders beachtet waren."[2]

Und wie durch die Hintertüre stehen am Ende solcher Durchläufe, die Probanden mit ihrer Reaktion auf Signifikanten verrechnen, Auf- und Angeschriebenheiten, Inventare, die schon allein deswegen nichts unverbucht oder unaufgeschrieben sein lassen, weil schlechthin alles zum Symptom wird. Mit dem geistigen Inventar, das – nach einem Titel Josef Berzes – in einem Verhältnis zur Zurechnungs- und Geschäftsfähigkeit steht, steht und fällt eben auch die Sache des Menschen.[3] Und genau wegen dieser Sachdienlichkeit, die ein Dispositiv der Normalität ist, werden die Beziehungsknüpfungen in allen nur möglichen Varianten vermessen, aufgeschrieben und statistisch ausgewertet. Minutiöse Typologien von Assoziationen holen theoretisch nach, was bei Buno oder Mink schlicht Praxis war.

Aber was ist eine Typologie möglicher Assoziationen? Über genau diese Fragen streiten sich die Forscher und häufen Vorschläge auf Vorschläge, um das Reich der Denkbarkeiten zu definieren. Und natürlich werden dabei auch die Rhetorik, die Mastertropes von Metapher und Metonymie, Ähnlichkeit und Kontrast, räumliche Koexistenz und zeitliche Folge ihre Rolle spielen. Gustav Aschaffenburg, nachdem seine *Experimentellen Studien über Associationen* eines der ausdifferenziertesten Systeme vorgestellt und gegen alternative Ansätze aus so berühmten Federn wie Münsterbergs, Ziehens, Wundts und Kraepelins abgegrenzt haben [4], denkt dann

---

1 Karl Brodmann: "Experimenteller und klinischer Beitrag zur Psychopathologie der polyneuritischen Psychose. B. Experimenteller Teil." In: *Journal für Psychologie und Neurologie*, Band III, Leipzig 1904, S. 4.

2 Brodmann: *Experimenteller und klinischer Beitrag*, loc. cit., S. 7.

3 Josef Berze: *Über das Verhältnis des geistigen Inventars zur Zurechnungs- und Geschäftsfähigkeit (Juristisch-psychiatrische Grenzfragen. Zwanglose Abhandlungen. VI. Band, Heft 5/6)*, Halle a. S. 1908.

4 Hugo Münsterberg, Erfinder von Begriff und Sache der Psychotechnik, hat für seine *Studien zur Assoziationslehre. Beiträge zur experimentellen Psychologie*, Heft IV (1892) über 50 000 Einzelassoziationen verarbeitet. Die Bemessung der Reaktionszeit erfolgt im Tausendstelsekunden-

aber doch auch pragmatisch. Und als ob ihn der Ruf jenes düsteren Franziskaners Romedius Knoll ereilt hätte, der im Zuge seiner Taubstummenseelsorge mit Recht Normalität an Datenerhebung und Datenerhebung an ein System kleiner Registrierungs- und Aufzeichnungstechniken bindet, gibt Aschaffenburg seinem Text zur minutiöser Erfassung eine veritable Zählkarte mit auf den Weg (vgl. Abb. 24).[1] Und es sei hier ein letztes Mal an die unscheinbaren Handgreiflichkeiten der Schrift erinnert, die Foucault uns zu lesen gelehrt hat; die Karteikarte etwa mit ihrer deutlichen Perspektivierung auf die Humanwissenschaften: "Aufkommen der Karteikarte und Konstituierung der Humanwissenschaften: noch eine Erfindung, die von den Historikern wenig gefeiert wird."[2]

Doch schon die Typologie soll nicht für alle Menschen gleichermaßen gelten. Die Diagnostik differenziert die Zielgruppen aus und so entstehen mentale Physiognomien: Paranoiker assoziieren wie Paranoiker, Kinder wie Kinder, alte Menschen wie alte Menschen. Dafür steht eine Palette von Forschungen und Namen. Ziehen wird neben den Gedankenverläufen von Paranoikern im allgemeinen *Messungen der Associationsgeschwindigkeit bei Geisteskranken, namentlich bei circulärem Irresein*[3] im besonderen anstellen und in zwei aufwendigen Bänden *Die Ideenassoziation des Kindes* erforschen[4], Balint und Ranschburg werden experimentelle Untersuchungen *Ueber quantitave und qualitative Veränderungen geistiger Vorgänge im hohen Greisenalter*[5] anstellen. Forschungen, an deren Ende Standards, und mit den Standards Normalitäten stehen. Solche Experimente betreffen selbstredend nicht nur Assoziationen und das Feld der Sprache.[6] In den Blick gerät dabei immer wieder das Zeitverhalten, und so werden Apparaturen und Maschinerien die

---

Bereich und zudem unter Ausnutzung besonderer Faktoren wie Ermüdung, Erschöpfung, Drogen, Alkohol u.a.

1 Gustav Aschaffenburg: "Experimentelle Studien über Associationen". In: *Psychologische Arbeiten*, 1. Band, Leipzig 1896.

2 Foucault: *Überwachen und Strafen*, loc. cit., S. 363.

3 Theodor Ziehen: "Ueber Messungen der Associationsgeschwindigkeit bei Geisteskranken, namentlich bei circulärem Irresein", loc. cit.

4 Theodor Ziehen: *Die Ideenassoziation des Kindes*, 2 Bände, Berlin 1899/1900.

5 Emerich Bálint und Paul Ranschburg: "Ueber quantitave und qualitative Veränderungen geistiger Vorgänge im hohen Greisenalter. Experimentelle Untersuchungen". In: *Allgemeine Zeitschrift für Psychiatrie*, Bd. 57.

6 Zum Einspielen etwa eines Bildkanons im Bereich des Pressewesens vgl. Gerhart von Graevenitz,: "Memoria und Realismus – Erzählende Literatur in der deutschen 'Bildungspresse' des 19. Jahrhunderts". In: Lachmann, Haverkamp (Hrsg.): *Memoria – Vergessen und Erinnern*, loc. cit. S. 283-304. Zum Versuch, ein eingespieltes Kollektivbildgedächtnis wieder auszuheben, vgl. Otto Pötzl: "Experimentell erregte Traumbilder in ihren Beziehungen zum indirekten Sehen". In: *Zeitschrift für die gesamte Neurologie und Psychiatrie*, Bd.37 (1917), Berlin. S. 278-349.

Zähl-Karte.

Name: .... Alter: .... Jahre. Diagnose: ....

Datum des Versuches: .... Registrirender: ....

-Versuch. Besondere Versuchsbedingungen: ....

Methode: ....

	σ	Zahl	%	σ	Zahl	%

I. Unmittelbare Associationen: ....

A. Reizworte dem Sinne nach richtig aufgefasst: ....

  a. Innere Associationen: ....

    1. Associationen nach Co- und Subordination: ....

    2. Associationen nach prädicativer Beziehung: ....

    3. Causalabhängige Associationen: ....

  b. Aeussere Associationen: ....

    1. Associationen nach räumlicher u. zeitlicher Coexistenz: ....

    2. Identitäten: ....

    3. Sprachliche Reminiscenzen: ....

B. Reizworte dem Sinne nach nicht aufgefasst:

  c. Reizworte nur durch den Klang wirkend: ....

    1. Wortergänzungen: ....

    2. Klang- und Reimassociationen: ....

      α) sinnvolle: ....

      β) sinnlose: ....

  d. Reizworte nur reactionsauslösend wirkend: ....

    1. Wiederholung des Reizwortes: ....

    2. Wiederholung früherer Reactionen ohne Sinn: ....

    3. Associationen auf vorher vorgekommene Worte: ....

    4. Associationen ohne erkennbaren Zusammenhang: ....

II. Mittelbare Associationen: ....

	σ	Zahl	σ	Zahl	σ	%

Innere Associationen: ....

Aeußere Associationen: ....

Nicht sinngemäße Associationen: ....

Mittelbare Associationen: ....

Zahl der Reactionen und wahrscheinliche Dauer: ....

Verschiedene Worte in der Serie: ....

Neue Worte in der Serie: ....

Wechsel des Vorstellungskreises: ....

Dauer der Wortergänzungen und Klang-associationen:

Mittelbare Associationen: ....

Folgende Worte kamen als Associationen mehrfach vor: ....

Besondere Bemerkungen: ....

Abb. 24

Bemeßbarkeit mentaler Leistungen als Zahlen anschreiben. Auch hier ist die Palette der Sachbearbeiter eindrucksvoll: Neben Paul Ranschburg und Spezialstudien, die der Frage nach *psychischen Zeitmessungen bei Geisteskranken*[1] gilt, ist vor allem die Prominenz der Psychometrie vertreten: Hugo Münsterberg, der in seinen *Studien zur Associationslehre*[2] eigene Meßverfahren entwickeln wird, fehlt ebenso wenig wie jener Vetter Darwins, Sir Francis Galton, dem die Menschheit nicht nur die Daktyloskopie verdankt. Um das Selbstverständnis der von ihm mitbegründeten Psychometrie eben als Selbstverständnis zu nennen, muß er sagen, was so zu sagen eigentlich überflüssig ist: "Psychometry, it is hardly necessary to say, means the art of imposing measurement and number upon operations of the mind, as in the practice of determining the reaction-time of different persons."[3] Und selbst C.G. Jung wird vor dem großen Wurf seiner Archetypenlehre als stellvertretender Sekundararzt Eugen Bleulers ausgiebigst das Alltagsgeschäft diagnostischer Assoziationsstudien betreiben.[4]

Die so gewonnenen Zahlen eröffnen ein Reich der Statistik: Für Assoziationstypen wie für deren Geschwindigkeit werden Mittelwerte erstellt und diese gegeneinander verrechnet. Féré forscht unter der besonderen Berücksichtigung der Geschlechter und kann die Differenz als Zahlen im Mikro-Sekundenbereich anschreiben: Für Männer liegt die Geschwindigkeit einer Standardnormalassoziation bei 700 ms, wohingegen Frauen 830 ms benötigen. Der Umgang mit Unsinnssilben, mit dem Einspielen künstlicher und dem Ausspielen natürlicher Geläufigkeiten stellt die Frage nach Übung und Internalisierung, nach bewußter Steuerung und unbewußter Automatisierung neu. Emil Kraepelin wird nach dem *Einfluß der Übung auf die Dauer von Assoziationen*[5] fragen, und natürlich wird immer wieder und in unterschiedlichen Varianten das Problem ventiliert, wer denn eigentlich das Subjekt solcher Geläufigkeiten und wie es zu bestimmen sei. Narziß Ach jedenfalls wird in experimentellen Untersuchungen den Nachweis führen, daß man sogar einmal bereits unterlaufene Geläufigkeiten durch die Steuerung des Willens ihrerseits unterlaufen kann. Mit permutierten Silbenreihen und dem Hippschen Chronoskop will er

---

1 E. Roemer: "Zur Frage der psychischen Zeitmessungen bei Geisteskranken". In: *Zeitschrift für Psychologie und Physiologie de Sinnesorgane*, 12. Band, Leipzig 1896. S. 131-143.

2 Hugo Münsterberg: *Studien zur Associationslehre. Beiträge zur experimentellen Psychologie*, Heft 4, 1892.

3 Francis Galton: "Psychometric Experiments". In: *Brain: A Journal of Neurology*. Vol. II. April 1879 to January 1880, Reprint New York 1955, S. 149.

4 Zu den *Diagnostischen Assoziationsstudien*, die von Jung herausgegen werden, sowie der physiognomischen Lektüre der dort versammelten Einzelbeiträge vgl. I/6. *Topik / Kombinatorik*.

5 Emil Kraepelin: "Über den Einfluß der Übung auf die Dauer von Assoziationen". In: Petersburger Medizinische Wochenschrift 1889.

einen Nachweis führen, der dem Willen auch im Reich der Kombinatorik seinen Platz einräumt: "Künstlich gesetzte Gewohnheiten sollen nach diesem Verfahren durch das Eingreifen des Willens durchbrochen werden."[1] In den Experimenten müssen Topiken und Wissensmatrizen verdrängt oder unbewußt werden, damit aus der Wahrscheinlichkeit von Bildern, Buchstaben, Silben, Wörtern, Sätzen und Texten die Wahrscheinlichkeit des Menschen werden kann.

---

1 Narziß Ach: *Über den Willensakt und das Temperament. Eine experimentelle Untersuchung*, Leipzig 1910, S. 19.

ABBILDUNGSVERZEICHNIS

Abb. 16: Johann Buno: *Bilder=Bibel, darinn die Bücher Altes und Neues Testaments durch alle Capitel In annemliche Bilder kürtzlich gebracht / und also fürgestellet sind / daß zugleich mit dem Innhalt / auch der Numerus / und das wievielste ein jeder Capitel in seiner Ordnung sey / leichtlich und mit lusten gefasset / und fest behalten werden kan [...]*, Hamburg 1680.

Abb. 17: Johann Buno: *Bilder=Bibel, darinn die Bücher Altes und Neues Testaments durch alle Capitel In annemliche Bilder kürtzlich gebracht / und also fürgestellet sind / daß zugleich mit dem Innhalt / auch der Numerus / und das wievielste ein jeder Capitel in seiner Ordnung sey / leichtlich und mit lusten gefasset / und fest behalten werden kan [...]*, Hamburg 1680.

Abb. 18: Johann Buno: *Bilder=Bibel [...]*, Hamburg 1680.

Abb. 19: Johann Buno: *Bilder=Bibel [...]*, Hamburg 1680.

Abb. 20: Johann Buno: *Bilder=Bibel [...]*, Hamburg 1680.

Abb. 21: Franziscus M. van Helmont: *Kurtzer Entwurff des Eigentlichen Natur-Alphabets der Heiligen Sprache: Nach dessen Anleitung man auch Taubgebohrne verstehend und redend machen kan*, Sultzbach 1667, Tafel 34.

Abb. 22: Christian Hinrich Wolke: *Anweisung für Mütter und Kinderlehrer, die es sind oder werden können, zur Mittheilung der allerersten Sprachkenntnisse und Begriffe, von der Geburt des Kindes bis zur Zeit des Lesenlernens; von C.H. Wolke. In Verbindung mit dessen Erziehungslehre zum Gebrauche für die erste Kindheit*, Leipzig 1805.

Abb. 23: Paul Ranschburg: *Das kranke Gedächtnis. Ergebnisse und Methoden der experimentellen Erforschung der alltäglichen Falschleistungen und der Pathologie des Gedächtnisses*, Leipzig 1911, S. 119.

Abb. 24: Gustav Aschaffenburg: "Experimentelle Studien über Associationen". In: *Psychologische Arbeiten*, 1.Band, Leipzig 1896, S. 209-299. (Anhang).

LITERATURVERZEICHNIS

Aall, Anathon: "Zur Psychologie der Wiedererzählung. Eine experimentelle Untersuchung". In: *Zeitschrift für angewandte Psychologie und psychologische Sammelforschung*, Bd. 7 (1913), Leipzig, S. 185-210.

Ach, Narziß: *Über den Willensakt und das Temperament. Eine experimentelle Untersuchung*, Leipzig 1910.

Adelung, Johann Christoph: *Über den deutschen Styl*, Erster Teil, Berlin 1785.

Adelung, Johann Christoph: *Umständliches Lehrgebäude der Deutschen Sprache, zur Erläuterung der Deutschen Sprachlehre für Schulen*, 1.Band, Leipzig 1782.

Adler, Jeremy, Ernst, Urich: *Text als Figur. Visuelle Poesie von der Antike bis zur Moderne*, Weinheim 1988 (2).

Aepinus, Sebastian: *Biblische Sinnbilder darinnen die Mosaischen Geschicht in nachdencklichen Bildern also vorgestellet / daß zugleich das Capitel darauß erkant werden könne; Nebst der Erzehlung der Geschicht und Außlegung der schwersten Sachen*, Frankfurt 1668.

Alsted, Johann Heinrich: *Artium Liberalium, Ac Facultatum Omnium Systema Mnemonicum [...]*, Frankfurt o.J.

Alsted, Johann Heinrich: *Systema Mnemonicum Duplex [...]*, Frankfurt 1610.

Anhalt, Henricus: *Send=Schreiben Von der Natürlichen= und Kunst=Memorie, An seine Hoch=Ehrwürden Hn. M. Samuel Dieterich / Der Rupinischen Kirchen Pastoren und Inspectoren*, Franckfurth und Leipzig 1696.

Anon.: "Ueber die Kunst zu vergessen". In: *Hannoverisches Magazin*. 21.Stück, Freytag, den 14. März 1777.

Anon.: *Neues Buchstabier= und Lesebüchlein, woraus man Anfängern, sonderlich in den Landschulen, das Buchstabieren, Lesen, Denken und Sprechen erleichtern, sie, zum nützlichen Gebrauch anderer Bücher, vorbereiten und zuletzt auch im Schreiben üben kann*, Braunschweig 1782.

Antoine, Jean-Philippe: "Ars memoriae - Rhetorik der Figuren, Rücksicht auf Darstellbarkeit und die Grenzen des Textes". In: Anselm Haverkamp / Renate Lachmann (Hrsg.): *Gedächtniskunst: Raum - Bild - Schrift. Studien zur Mnemotechnik*, Frankfurt/M. 1991.

Aretin, Johann C. Freiherr von: *Systematische Anleitung zur Theorie und Praxis der Mnemonik, nebst den Grundlinien zur Geschichte und Kritik dieser Wissenschaft*, Sulzbach 1810.

Aretin, Johann C. Freyherr von: *Denkschrift über den wahren Nutzen der Mnemonik oder Erinnerungswissenschaft*, München 1804.

Aretin, Johann C. Freyherr von: *Kurzgefasste Theorie der Mnemonik*, Nürnberg u. Sulzbach 1806.

Aschaffenburg, Gustav: "Experimentelle Studien über Associationen". In: *Psychologische Arbeiten*, 1.Band, Leipzig 1896, S. 209-299.

Aschoff, Volker: "Aus der Geschichte der Telegraphen-Codes". In: *Rheinisch-Westfälische Akademie der Wissenschaften, Vorträge*, Opladen 1981, S. 7-35.

Assmann, Jan: "Zur Ästhetik des Geheimnisses. Kryptographie als Kalligraphie im alten Ägypten". In: Susi Kotzinger, Gabriele Rippl (Hrsg.): *Zeichen zwischen Klartext und Arabeske. Konferenz des Konstanzer Graduiertenkollegs 'Theorie der Literatur'. Veranstaltet im Oktober 1992*, Wien, Amsterdam 1994, S. 175-186.

Assmann, Jan: "Die Katastrophe des Vergessens. Das Deuteronomium als Paradigma kultureller Mnemotechnik". In: Aleida Assmann, Dietrich Harth (Hrsg.): *Mnemosyne. Formen und Funktionen der kulturellen Erinnerung*, Frankfurt/M. 1991, S. 337-355.

Auerbach, Siegmund: "Traumatische Neurose und Sprachstörung". In: *Monatsschrift für Psychiatrie und Neurologie*, XVII (1905), S. 84-92.

Bálint, Emerich / Ranschburg, Paul: "Ueber quantitave und qualitative Veränderungen geistiger Vorgänge im hohen Greisenalter. Experimentelle Untersuchungen". In: *Allgemeine Zeitschrift für Psychiatrie*, Bd. 57.

Ballet, Gilbert: *Die innerliche Sprache und die verschiedenen Formen der Aphasie. Autorisierte Uebersetzung von Dr. Paul Bongers*, Leipzig u. Wien 1890.

Baricelli, Giulio Cesare: *Thesauriolus secretorum: Das ist / Bewärtes Schatz=Kämmerlein allerley Geheymnüssen / darinnen nicht allein auß der Philosophia, sondern auch fürtrefflichsten Medicorum, und anderer Gelärten Schrifften die Eygenschafft fast aller Sachen / so in der Natur zu finden / kürtzlich tractiert werden*, Frankfurt 1620.

Barthes, Roland: "Die alte Rhetorik". In: *Das semiologische Abenteuer*, Frankfurt/M. 1988, S. 15-101.

Barthes, Roland: *Sade Fourier Loyola*. Frankfurt/M. 1986.

Basedow, Johann Bernhard: *Elementarwerk (1785)*. Kritische Bearbeitung in drei Bänden, hrsg. von Theodor Fritzsch, Leipzig 1909.

Baudrillard, Jean: *Agonie des Realen*, Berlin 1978.

Baumeister, Friedrich Christian: *Denkungswissenschaft*, Wittenberg und Lübben 1765.

Becher, Johann J.: *Character, Pro Notitia Linguarum Universali*, o.O. 1661.

Beetz, Manfred: *Rhetorische Logik. Prämissen der deutschen Lyrik im Übergang vom 17. zum 18. Jahrhundert*, Tübingen 1980.

Benjamin, Walter: *Gesammelte Schriften*, Hrsg. von Rolf Tiedemann, Hermann Schweppenhäuser, Frankfurt/M. 1990.

Bergk, Johann Adam: *Die Kunst zu denken ein Seitenstück zur Kunst, Bücher zu lesen*, Leipzig 1802.

Bergk, Johann Adam: *Die Kunst, Bücher zu lesen. Nebst Bemerkungen über Schriften und Schriftsteller*, Jena 1799.

Bergmann, Michael: *Deutsches Aerarium Poeticum oder Poetische Schatzkammer / in sich haltende Poetische Nahmen / RedensArthen und Beschreibungen / so wohl Geist= als Weltlicher Sachen / Gedicht und Handlungen; Zu Verfertigung eines zierlichen und saubern Reims / auff allerhand fürfallende Begebenheiten [...]*, 1675, Nachdruck Hildesheim New York 1973.

Bernhardi, August F.: *Sprachlehre*, Berlin 1801-1803, Nachdruck Hildesheim 1973.

Berns, Jörg Jochen: "'Vergleichung eines Vhrwercks, vnd eines frommen andächtigen Menschens.' Zum Verhältnis von Mystik und Mechanik bei Spee". In: Italo Michele Battafarano (Hrsg.): *Friedrich von Spee. Dichter, Theologe und Bekämpfer der Hexenprozesse*, Trient 1988, S. 101-206.

Bertin, Jacques: *Graphische Darstellungen und die graphische Weiterverarbeitung von Information*, Berlin, New York 1982.

Berze, Josef: *Über das Verhältnis des geistigen Inventars zur Zurechnungs- und Geschäftsfähigkeit (Juristisch-psychiatrische Grenzfragen. Zwanglose Abhandlungen. VI. Band, Heft 5/6)*, Halle a. S. 1908.

Binet, A., Courtier, J.: "Sur la vitesse de mouvements graphiques". In: *Revue philosophique de la France et de l'étranger*, Nr.6 (1893), S. 664-671.

Binswanger, Ludwig: "Diagnostische Assoziationsstudien. Über das Verhalten des psychogalvanischen Phänomens beim Assoziationsexperiment". In: *Journal für Psychologie und Neurologie*, Band X und XI, 1907f.

Bleuler, Eugen: *Das autistisch=undisziplinierte Denken in der Medizin und seine Überwindung*, Berlin 1921 (2).

Boldt, Karl: "Studien über Merkdefekte". In: *Monatsschrift für Psychiatrie und Neurologie*, Bd. XVII. Heft 2, Berlin 1905, S. 97-115.

Bolten, Johann Christian: *Gedancken von psychologischen Curen*, Halle 1751.

Bolzoni, Lina: "The Play of Images. The Art of Memory from Its Origins to the Seventeenth Century". In: Pietro Corsi (Hrsg.): *The Enchanted Loom. Chapters in the History of Neuroscience*, New York, Oxford 1991, S. 16-26.

Borges, Jorge Luis: *Die Bibliothek von Babel*. In: Gesammelte Werke, Band 3/I, Erzählungen 1935-1944, München, Wien 1981.

Borgstedt, Thomas: *Reichsidee und Liebesethik. Eine Rekonstruktion des Lohensteinschen Arminiusromans*, Tübingen 1992.

Bosse, Heinrich: "'Die Schüler müßen selbst schreiben lernen' oder Die Einrichtung der Schiefertafel". In: Dietrich Boneke, Norbert Hopster (Hrsg.): *Schreiben - Schreiben lernen. Rolf Sanner zum 65. Geburtstag*, Tübingen 1985, S. 164-199.

Bosse, Heinrich: "Der geschärfte Befehl zum Selbstdenken. Ein Erlaß des Ministers v. Fürst an die preußischen Universitäten im Mai 1770". In: *Diskursanalysen 2. Institution Universität*. Hrsg. von Friedrich A. Kittler, Manfred Schneider, Samuel Weber, Opladen 1990, S. 30-62.

Brauneck, Manfred: Deutsche Literatur des 17. Jahrhunderts - Revision eines Epochenbildes. Ein Forschungsbericht 1945-1970. In: DVjs 45 (1971), Sonderheft Forschungsreferate, S. 378-468.

Brodmann, Karl: "Experimenteller und klinischer Beitrag zur Psychopathologie der polyneuritischen Psychose. B. Experimenteller Teil." In: *Journal für Psychologie und Neurologie*, Band III, Leipzig 1904, S. 1-48.

Bryan, William Lowe, Harter, Noble: "Studies in the Physiology and Psychology of the Telegraphic Language". In: *Psychological Review*, Vol. IV. 1897, S. 27-53.

Buchler, Johann: *Thesaurus Phrasium Poeticarum*, Amsterdam 1636.

Bücking, Johann Jacob: *Anweisung zur geheimen Korrespondenz*, Wolfenbüttel 1804.

Bund deutscher Taubstummenlehrer: *Handbuch des Taubstummenwesens*, Osterwieck am Harz 1929.

Buno, Johann : *Neues und also eingerichtetes A B C = und Lesebüchlein / daß Vermittels der darinnen begriffenen Anleitung / nicht nur Junge / sondern auch erwachsene innerhalb 6. Tagen / zu fertigem Lesen so wol Deutscher als Lateinischer / groß= und kleiner Schriften durch lustige Mährlein und Spiele können gebraucht werden [...]*, Danzig 1650.

Buno, Johann: *Memoriale Codicis Justianei, Authenticarum Seu Novellarum & Feudorum, Quo Istorum Librorum Tituli Omnes ac Singuli, itemque; Leges a J. Gothofredo collectae, emblematibus & imaginibus ita efficta exhibentur, ut una cum Titulorum Materiis eorum quoa; Numeri memoria facile accipi, probe teneri ac promptu & sine cunctatione reddi queant*, Hamburg 1674.

Buno, Johann: *Memoriale Juris Civilis Romani, Quo Tituli Omnes Et Praecipuae Leges, Quae in quinquaginta Digeatorum seu Pandectarum libris sunt, emblematibus & imaginibus ita efficta exhibentur, ut, una cum Titulorum Materiis, eorum etiam Numeri memoriae imprimi, contineri ac reddi; [...]*, Hamburg 1673.

Buno, Johann: *Neue Lateinische Grammatica In Fabeln und Bildern Den eußerlichen Sinnen vorgestellet / und also eingerichtet / daß durch solches Mittel dieselbe / benebens etlich tausend darinnen enthaltenen Vocabulis, in kurtzer Zeit mit der Schülerlust und Ergetzung kan erlernet werden [...]*, Danzig 1651.

Buno, Johann: *Tabularum Mnemonicarum Historiam Universam Cum profanam tum Ecclesiasticum. Simulacris & Hieroglyphicis Figuris Delineantium Clavis elaborata*, Regiomonti Borussorum 1647.

Buno, Johannes: *Bilder=Bibel, darinn die Bücher Altes und Neues Testaments durch alle Capitel In annemliche Bilder kürtzlich gebracht / und also fürgestellet sind / daß zugleich mit dem Innhalt / auch der Numerus / und das wievielste ein jeder Capitel in seiner Ordnung sey / leichtlich und mit lusten gefasset / und fest behalten werden kan [...]*, Hamburg 1680.

Buno, Johannes: *Uralter Fußsteig Der Fabular und Bilder=Grammatic, Darauf zu sehen I. Der Grammatic=Krieg / zwischen dem Nomine und Verbo: II. Der Proceß / Welchen der Buchstabe S als Kläger eines Theils / für den verordneten Richtern / den Vocalibus angestränget [...]*, Dantzig 1650.

Burmann, Gotthold Wilhelm: *Gedichte ohne den Buchstaben R. Neueste nochmals genau durchgesehene, und mit einigen neuen Stücken vermehrte Ausgabe*, Berlin 1796.

Butschky, Samuel von: *Wohl-Gebauter Rosen-Thal [...]*, Nürnberg 1679.

Campe, Rüdiger: *Affekt und Ausdruck. Zur Umwandlung der literarischen Rede im 17. und 18. Jahrhundert*, Tübingen 1990.

Campe, Rüdiger: "Der Befehl und die Sprache des Souveräns im Schauspiel des 17. Jahrhunderts. Nero bei Busenello, Racine und Lohenstein". In: Armin Adam, Martin Stingelin: *Übertragung und Gesetz. Gründungsmythen, Kriegstheater und Unterwerfungstechiken von Institutionen*, Berlin 1995, S. 55-71.

Otto, Carl: *Leitfaden der Mnemotechnik für Schulen von Carl Otto, Verfasser des von ihm unter dem Namen C.O.Reventlow herausgegeben Lehr- und Wörterbuchs der Mnemotechnik. Ungefähr 3000 mnemotechnisch bearbeitete Daten aus der Geschichte und Geographie enthaltend*, Stuttgart u. Tübingen 1846.

Cholevius, Leo: *Die bedeutendsten deutschen Romane des siebzehnten Jahrhunderts. Ein Beitrag zur Geschichte der deutschen Literatur*, Nachdruck 1866, Darmstadt 1965.

Comenius, Johann Amos: *Orbis sensualium pictus*, Nürnberg 1658.

Croll, Oswald: *Tractat Von den innerlichen Signaturen / oder Zeichen aller Dinge. Oder von der wahren und lebendigen Anatomia der grossen und kleinen Welt*, Franckfurt am Mayn 1629.

Czech, Franz Herrmann: *Grundzüge des psychischen Lebens gehör= und sprachloser Menschen im Naturzustande, oder Darstellung des Seelenzustandes der ungebildeten Taubstummen, geschildert am Allerhöchsten Geburtsfeste Sr. k.k. Majestät Franz I., bey Gelegenheit der Einweihung der Taubstummen=Institus=Kirche zu Wien, den 12. Februar 1826, und allen Freunden der Menschenwohlfahrt zur Beherzigung gewidmet*, Wien 1830 (4).

Czech, Franz Herrmann: *Versinnlichte Denk- und Sprachlehre, mit Anwendung auf die Religions= und Sittenlehre und auf das Leben*, Wien 1836.

Deleuze, Gilles: *Die Falte. Leibniz und der Barock*, Frankfurt/M. 1995.

Derrida, Jacques: "Freud und der Schauplatz der Schrift". In: ders.: *Die Schrift und die Differenz*, Frankfurt/M. 1985 (2), S. 302-350.

Derrida, Jacques: *Grammatologie*, Frankfurt/M. 1974.

Derrida, Jacques: "Signatur Ereignis Kontext". In: *Randgänge der Philosophie*, Frankfurt/M., Berlin, Wien 1976, S. 125-155.

Dieterich, Samuel: *Cornu-Copiae Dispositionum Homileticarum, Das ist: Ein voller Vorrath Von dritthalb hundert neuen / Teutschen anmuthigen und erbaulichen Geistl. Abtheilungen der gewöhnlichen Evangelien / Episteln / Passionen [...]*, Stockholm und Hamburg 1702.

Dieterle R. u.a. (Hrsg.): *Universale Bildung im Barock. Der Gelehrte Athanasius Kircher*, Rastatt 1981.

Dilthey, Wilhelm: "Ideen über eine beschreibende und zergliedernde Psychologie". In: ders.: *Gesammelte Schriften*, V. Band, Stuttgart 1968, S. 139-237.

Dilthey, Wilhelm: *Das Erlebnis und die Dichtung. Lessing. Goethe. Novalis. Hölderlin*, Leipzig 1991.

Döbel, Johann H.: *Collegium Mnemonicum, Oder: Gantz neu eröffnete Geheimnisse Der Gedächtniß-Kunst / Darinn / Vermöge der in Kupfer gestochenen Gedächtniß=Stube / Der unvergleichliche Vortheil angewiesen wird / Die H. Bibel/ Jurisprudenz, Chronologie, Oratorie, &c. Nebst denen Mathematischen und andern Wissenschafften gleichsam spielend in kurtzer Zeit dem Gedächtniß zu imprimiren [...]*, Hamburg 1707.

Döblin, Alfred: *Gedächtnisstörungen bei der Korsakoffschen Psychose*, Berlin 1905.

Döblin, Alfred: *Hamlet oder Die lange Nacht nimmt ein Ende*, Berlin 1956.

Dommerich, Johann Christoph : *Die Mnemonik und Heuristik nach ihren ersten Zügen entworfen*, Halle und Helmstedt 1765.

Dommerich, Johann Christoph: *Entwurf einer Deutschen Dichtkunst zum Gebrauch der Schulen abgefasset*, Braunschweig 1758.

Ebbinghaus, Hermann: *Grundzüge der Psychologie*, 1.Band, Leipzig 1919 (4).

Ebbinghaus, Hermann: *Über das Gedächtnis. Untersuchungen zur experimentellen Psychologie*, Leipzig 1885.

Ebbinghaus, Hermann: "Über erklärende und beschreibende Psychologie". In: *Zeitschrift für Psychologie und Physiologie der Sinnesorgane*, 9 (1896), S. 161-205).

Eberhard, Johann August: *Allgemeine Theorie des Denkens und Empfindens* (1786), Reprint Bruxelles 1968.

Eckart, Wolfgang Uwe: "Zur Funktion der Abbildung als Medium der Wissenschaftsvermittlung in der medizinischen Literatur des 17. Jahrhunderts". In: *Berichte zur Wissenschaftsgeschichte*, Bd.3, Wiesbaden 1980, S. 35-53.

Eicheldinger, Martina: *Friedrich Spee - Seelsorger und poeta doctus. Die Tradition des Hohenliedes und Einflüsse der ignatianischen Andacht in seinem Werk*, Tübingen 1991.

Engelen, Paul: *Gedächtniswissenschaft und die Steigerung der Gedächtniskraft*, München 1920.

Ernst, Ulrich: *Permutation als Prinzip in der Lyrik*, MS 1992.

Ernst, Ulrich: "Lesen als Rezeptionsakt. Textpräsentation und Textverständnis in der manieristischen Barocklyrik". In: LiLi 57/58 (1985), S. 67-94.

Ersch, Johann S. / Gruber Johann G.: *Allgemeine Encyclopädie der Wissenschaften und Künste in alphabetischer Reihenfolge*, Leipzig 1818ff.

Faulhaber, Johann: *Himlische gehaime Magia Oder Newe Cabalistische Kunst / und Wunderrechnung / Vom Gog und Magog. Darauß die Weisen / Verständigen und Gelerten / so diser*

Göttlichen Kunst genugsam erfahren / heimlich observieren und fleissig außrechnen mögen / die Beschafenheit deß grossen Christenfeindts Gog und Magogs, Nürnberg 1613.

Feinaigle, Gregor von: *Mnemonik oder praktische Gedächtniskunst zum Selbstunterricht nach den Vorlesungen des Herrn von Feinaigle*, Frankfurt am Main 1811.

Fiedler, Josef: *Mnemotechnik. Kurze, leicht faßliche Einleitung, das Gedächnis zu stärken; mit einigen Beispielen zur Unterhaltung für Gesellschaften, Salon und Bühne*, Wien 1911.

Flechsig, Paul E.: *Gehirn und Seele. Rede, gehalten am 31. October 1894 in der Universitätskirche zu Leipzig*, Leipzig 1896 (2., verbesserte, mit Anmerkungen und fünf Tafeln versehene Ausgabe).

Flechsig, Paul E.: "Ueber die Associationscentren des menschlichen Gehirns. Mit anatomischen Demonstrationen". In: *Dritter internationaler Congress für Psychologie in München vom 4. bis 7. August 1896*, München 1897, S. 49-68.

Forel, August: *Das Gedächtniss und seine Abnormitäten. Rathhausvortrag gehalten am 11. Dezember 1884*, Zürich 1885.

Forel, August: *Die Gehirnhygiene der Schüler. Vortrag, gehalten in der Vereinsversammlung am 20. März 1908* (Schriften des Vereins für Schulreform), Wien 1908.

Forel, August: *Hygiene der Nerven und des Geistes im gesunden und kranken Zustande*, Stuttgart 1903.

Foucault, Michel: *Archäologie des Wissens*, Frankfurt/M. 1981.

Foucault, Michel: "Andere Räume". In: *Aisthesis. Wahrnehmung heute oder Perspektiven einer anderen Ästhetik*, Hrsg. von Karlheinz Barck, Peter Gente, Heidi Paris, Stefan Richter, Leipzig 1991 (2), S. 34-46.

Foucault, Michel: "*Omnes et singulatim*. Zu einer Kritik der politischen Vernunft". In: Joseph Vogl (Hrsg.): *Gemeinschaften. Positionen zu einer Philosophie des Politischen*, Frankfurt/M. 1994, S. 65-93.

Foucault, Michel: *Die Ordnung der Dinge. Eine Archäologie der Humanwissenschaften*, Frankfurt/M. 1990 (9).

Foucault, Michel: *Sexualität und Wahrheit. Der Wille zum Wissen*, Frankfurt/M. 1983.

Foucault, Michel: *Überwachen und Strafen. Die Geburt des Gefängnisses*, Frankfurt/M. 1977.

Foucault, Michel: *Wahnsinn und Gesellschaft. Eine Geschichte des Wahns im Zeitalter der Vernunft*, Frankfurt/M. 1973.

Foucault, Michel: "Das Leben der infamen Menschen". In: *Tumult*, 4 1982, S. 41-57.

Foucault, Michel: *Was ist Kritik ?*, Berlin 1992.

Foucault, Michel: *Diskurs und Wahrheit. Die Problematisierung der Parrhesia. 6 Vorlesungen, gehalten im Herbst 1983 an der Universität von Berkeley / Kalifornien*, Berlin 1996.

Francisci, Erasmus: *Lustige Schau=Bühne von allerhand Curiositäten*, Nürnberg 1669.

Francisci, Erasmus: *Der höllische Proteus [...]*, Nürnberg 1690.

Freud, Sigmund: *Studienausgabe in zehn Bänden und einem Ergänzungsband*, Frankfurt/M. 1982.

Freud, Sigmund: *Zur Auffassung der Aphasien. Eine kritische Studie*. Hrsg. von Paul Vogel. Bearbeitet von Ingeborg Meyer-Palmedo, Frankfurt/M. 1992.

Friderici, Johann Baltasar: *Cryptographia oder Geheime schrifft= münd= und würckliche Correspondenz / welche lehrmäßig vorstellet eine hoch=schätzbare Kunst verborgene Schrifften zu machen und auffzulösen [...] wie man durch Versetzung der Buchstaben [...] seine Meinung gewissen Personen / ganz verborgener Weise kan zu verstehen geben*, Hamburg 1684.

Friedrich, Peter: "Elias Canetti über Nutzen und Nachteil der Historie fürs Überleben". In: Friedrich Balke, Eric Méchoulan, Benno Wagner (Hrsg.): *Zeit des Ereignisses - Ende der Geschichte*, München 1992, S. 25-40.

Otto Funke: *Zum Weltsprachenproblem in England im 17. Jahrhundert. G. Dalgarno's 'Ars Signorum' (1661) und J. Wilkins' 'Essay Towards a Real Character and a Philosophical Language' (1668)*, Heidelberg 1929.

Gabelsberger, Franz Xaver (Hrsg.): *Erste Improvisation von Langenschwarz in München. Im Königlichen Hoftheater an der Residenz am 19. July 1830. Stenographisch aufgenommen und herausgegeben von F.X. Gabelsberger, k.q. Sekretär und geheimen Canzelisten*, München 1830.

Galton, Francis: "Psychometric Experiments". In: *Brain: A Journal of Neurology*. Vol. II. April 1879 to January 1880, Reprint New York 1955, S. 149-162.

Garganeck, George: *Die höchstnöthige Berechnung der Sünden=Schulden, deren Grösse und Mannigfaltigkeit gegen die unendliche Versöhnung und Liebe Gottes in Christo Jesu*, Züllichau 1735.

Giese, Fritz: *Handbuch psychotechnischer Eignungsprüfungen. Zweite erweiterte und veränderte Auflage der 'Eignungsprüfungen an Erwachsenen'*, Halle a. S. 1925.

Goethe, Johann Wolfgang: *Die Wahlverwandtschaften*. In: *Hamburger Ausgabe*, München 1981, Bd.6.

Gombrich, Ernst H.: *Aby Warburg. Eine intellektuelle Biographie*, Frankfurt/M. 1981.

Graevenitz, Gerhart v.: "Memoria und Realismus - Erzählende Literatur in der deutschen 'Bildungspresse' des 19. Jahrhunderts". *Memoria - Vergessen und Erinnern.* (Poetik und Hermeneutik XV), Hrsg. Anselm Haverkamp und Renate Lachmann, München 1993, S. 283-304.

Graevenitz, Gerhart v.: *Mythos. Zur Geschichte einer Denkgewohnheit*, Stuttgart 1977.

Gräffe, Johann Friedrich Christoph: *Neuestes Katechetisches Magazin zur Beförderung des katechetischen Studiums*, 4. Band, Göttingen 1801.

Graham, Ronald A., Knuth, Donald E., Patashnik, Oren: *Concrete Mathematics. A Foundation for Computer Science*, Reading, Massachusetts u.a. 1989.

Grimm, Gunter E.: *Literatur und Gelehrtentum in Deutschland. Untersuchungen zum Wandel ihres Verhältnisses vom Humanismus bis zur Frühaufklärung*, Tübingen 1983.

Gross, Hans: "Mnemotechnik im Unterbewusstsein". In: *Archiv für Kriminal-Anthropologie und Kriminalistik*, Hrsg. Hans Gross, 29. Bd., 1908.

Gross, Hans: *Criminalpsychologie*, Graz 1898.

Gruithuisen, Franz von Paula: "Ueber Phantasiebilder und Träume in Göthes Wahlverwandtschaften". In: ders.: *Beyträge zur Physiognosie und Eautognosie, für Freunde der Naturforschung auf dem Erfahrungswege*, München 1812, S. 58-61.

Hallbauer, Friedrich Andreas: *Anweisung zur Verbesserten Teutschen Oratorie. Nebst einer Vorrede von Den Mängeln Der Schul=Oratorie*, Jena 1728 (2).

Hallbauer, Friedrich Andreas: *Sammlung Teutscher auserlesener sinnreicher Inscriptionen nebst einer Vorrede darinne von den teutschen Inscriptionen überhaupt eine historische Nachricht ertheilet wird*, Jena 1725.

Happel, Eberhard G.: *Thesaurus Exoticorum Oder eine mit Außländischen Raritäten und Geschichten Wohlversehene Schatz=Kammer [...]*, Hamburg 1688.

Harsdörffer, Georg Philipp / Schwenter, Daniel: *Deliciae Mathematicae Et Physicae. Die Mathematischen und Philosophischen Erquickstunden. Die Mathematischen und Philosophischen*

Erquickstunden. Darinnen Sechshundertdreyundsechzig Schöne, Liebliche und Annehmliche Kunststücklein, Auffgaben und Fragen, auß der Rechenkunst, Landtmessen, Perspectiv, Naturkündigung und andern Wissenschafften genommen [...], 3 Theile, Nürnberg 1636ff.

Georg Philipp Harsdörffer: *Poetischer Trichter / Die Teutsche Dicht= und Reimkunst / ohne Behuf der lateinischen Sprache / in VI. Stunden einzugiessen* (1647ff.), Reprint Darmstadt 1669

Harsdörffer, Georg Philipp: *Frauenzimmer Gesprächsspiele*, Hrsg. von Irmgard Böttcher, VIII Teile, Tübingen 1968ff.

Harsdörfer [sic!], Georg Philipp: *Der Teutsche Secretarius. Das ist: Allen Cantzleyen / Studir- und Schreibstuben nutzliches / fast nothwendiges / und zum drittenmal vermehrtes Titular- und Formularbuch*, Nürnberg 1656, Reprint Hildesheim New York 1971.

Hartmann, Philipp Carl: *Der Geist des Menschen in seinen Verhältnissen zum physischen Leben, oder Grundzüge zu einer Physiologie des Denkens. Für Ärzte, Philosophen und Menschen im höheren Sinne des Wortes*, Wien 1820.

Hasse, Paul: *Die Überbürdung unserer Jugend auf den höheren Lehranstalten etc.*, Braunschweig 1880.

Haverkamp, Anselm: "Auswendigkeit. Das Gedächtnis der Rhetorik". In: *Gedächtniskunst. Raum - Bild - Schrift. Studien zur Mnemotechnik.* Hrsg. von Anselm Haverkamp und Renate Lachmann, Frankfurt/M. 1991, S. 25-52.

Haverkamp, Anselm: "Die Gerechtigkeit der Texte - *Memoria*: eine 'anthropologische Konstante' im Erkenntnisinteresse der Literaturwissenschaften?" In: *Memoria - Vergessen und Erinnern.* (Poetik und Hermeneutik XV), Hrsg. Anselm Haverkamp und Renate Lachmann, München 1993, S. 17-27.

Hawley, Edwin H.: *Mnemotechny for the Million; Or How to remember Chronology, Necrology, Latitude & Longitude, Heights, Distances, Specific Gravities, &c. &c. On the Basis of F.F. Gouraud*, Painesville, Ohio 1858.

Hebekus, Uwe: "Topik / Inventio". In: Miltos Pechlivanos u.a. (Hrsg.): *Einführung in die Literaturwissenschaft*, Stuttgart, Weimar 1995, S. 82-96.

Heidegger, Gotthard: *Mythoscopia Romantica oder Discours von den so benanten Romans* (1698), Reprint Bad Homburg 1969.

Heidegger, Martin: *Sein und Zeit, 15., an Hand der Gesamtausgabe durchgesehene Auflage mit den Randbemerkungen aus dem Handexemplar des Autors im Anhang*, Tübingen 1984.

Heidel, Wolfgang Ernst: *Johannis Trithemii Steganographia vindicata, reservata et illustrata*, Mainz 1676.

Heilbrun, Adam, Stacks, Barbara: "Was heißt 'virtuelle Realität'? Ein Interview mit Jaron Lanier. In: Manfred Waffender (Hrsg.): *Cyberspace. Ausflüge in virtuelle Wirklichkeiten*, Reinbek bei Hamburg 1991, S. 67-87.

Heinicke, Samuel: "Ueber die Denkart der Taubstummen, und die Mißhandlungen, welchen sie durch unsinnige Kuren und Lehrarten ausgesetzt sind" (1780). In: ders.: *Gesammelte Schriften*, Hrsg. von Georg und Paul Schumann, Leipzig 1912, S. 85-104.

Helmont, Franziscus M. van: *Kurtzer Entwurff des Eigentlichen Natur-Alphabets der Heiligen Sprache: Nach dessen Anleitung man auch Taubgebohrne verstehend und redend machen kan*, Sultzbach 1667.

Helmont, Johann Baptist van: *Aufgang der Artzney-Kunst* (1683), Christian Knorr von Rosenroth, Reprint München 1971.

Hemeling, Johann: *Arithmetisch= unnd Geometrisch= Nach Poetischer Ahrt entworffener Auffgaben / Ersten / Andres / Dritt= und Letztes Dutzend*, Hannover 1652.

Hemeling, Johann: *Arithmetische Letter= und BuchstabWechslung. Das ist: Kurtze Anleitung / welcher massen Anagrammata / Letter= oder Buchstabwechsele zu machen / und durch Reime zu erklähren*, Hannover 1653.

Henneberg: "Referat über eine Bilderprüfungsmethode". In: *Allgemeine Zeitschrift für Psychiatrie und psychisch-gerichtliche Medizin*, Bd. 64, Berlin.

Henning, Hans: "Doppelassoziation und Tatbestandsermittlung". In: *Archiv für Kriminalanthropologie und Kriminalistik*, 59. Band (1914), S. 74-83.

Herbart, Johann Friedrich: *Psychologische Untersuchung über die Stärke einer Vorstellung als Function ihrer Dauer betrachtet* (1812). In: *Sämtliche Werke in 19 Bänden*, Neudruck der Ausgabe Langensalza 1887, Aalen 1964, Bd.3

Herbertz, Richard : "Zur Psychologie des Maschinenschreibens". In: *Zeitschrift für angewandte Psychologie und psychologische Sammelforschung*, Bd. 2 (1909), Leipzig, S. 551-561.

Herz, Marcus: *Versuch über den Schwindel*, Berlin 1791 (2).

Hess, Günter: "Die Kunst der Imagination. Jacob Bidermanns Epigramme im ikonographischen System der Gegenreformation". In: Wolfgang Harms (Hrsg.): *Text und Bild, Bild und Text. DFG-Symposion 1988*, Stuttgart 1990.

Hilscher, Karl: "Die Schwachsinnigenpädagogik zur Zeit des Neuhumanismus". In: *Zeitschrift für Kinderforschung. Organ des deutschen Vereins zur Fürsorge für jugendliche Psychopathen e.V.* 46. Band (1937) München, S. 297-305.

Hocke, Gustav René: *Manierismus in der Literatur. Sprach-Alchimie und esoterische Kombinationskunst*, Reinbek bei Hamburg 1959.

Hoffbauer, Johann Christoph: "Ueber die Neigung Wahnsinniger und ähnlicher Kranken, für sich zu reden, besonders in nosologisch-semiotischer Hinsicht mit beyläufigen Bemerkungen über die Sprache der Taubstummen." In: Johann Christoph Hoffbauer, Johann Christian Reil: *Beyträge zur Beförderung einer Kurmethode auf psychischem Wege*, Halle 1808, S. 515-549.

Hoffbauer, Johann Christoph: *Die Psychologie in ihren Hauptanwendungen auf die Rechtspflege nach den allgemeinen Gesichtspunkten der Gesetzgebung oder die sogenannte gerichtliche Arzneywissenschaft nach ihrem psychologischen Theile*, Halle 1808.

Hoffbauer, Johann Christoph: *Untersuchungen über die Krankheiten der Seele und die verwandten Zustände*, 2 Theile, Halle 1802f.

Hoffmann, Christoph: "'Heilige Empfängnis' im Kino. Zu Robert Musils 'Die Verwirrungen des Zöglings Törleß' (1906)". In: In: Herta Wolf, Michael Wetzel (Hrsg.): *Der Entzug der Bilder. Visuelle Realitäten*, München 1994, S. 193-211.

Hofmann, Johann: *Lehr=mässige Anweisung / Zu der Teutschen Verß= und Ticht=Kunst / wie dieselbige Der studierenden Jugend Durch leichte Regeln / mit gutem Vortheil / Grund=mässig beyzubringen sey*, Nürnberg 1702.

Hoppe, J.: *Das Auswendiglernen und Auswendighersagen in physio-psychologischer, pädagogischer und sprachlicher Hinsicht. Mit Berücksichtigung der Taubstummen*, Hamburg u. Leipzig 1883.

Horster, Patrick: *Kryptologie*, Mannheim, Wien, Zürich 1985 (Reihe Informatik; 47).

Hübner, Johann: *Neu=vermehrtes Poetisches Hand=Buch, Das ist, Eine kurtzgefaste Anleitung zur Deutschen Poesie, Nebst Einem vollständigen Reim=Register* (1712), Nachdruck Bern 1969.

Hugo, Hermann: *Pia desideria libri III* (1632). Nachdruck Hildesheim / New York 1971.

Jakobson, Roman: *Kindersprache, Aphasie und allgemeine Lautgesetze*, Frankfurt/M. 1969.

Jean Paul: *Selina, oder über die Unsterblichkeit der Seele*. In: *Jean Paul's sämmtliche Werke*, 33. Band, Berlin 1842.

Jung, Carl Gustav (Hrsg.): *Diagnostische Assoziationsstudien. Beiträge zur experimentellen Psychopathologie*, 2 Bände, 1915 (3., unveränderter Abdruck).

Junge, Alfred: *Die Vorgeschichte der Stenographie in Deutschland während des 17. und 18. Jahrhunderts*, Leipzig 1890.

Kaeding, F. W.: *Häufigkeitswörterbuch der deutschen Sprache. Festgestellt durch einen Arbeitsausschuß der deutschen Stenographiesysteme*, Steglitz bei Berlin 1893.

Kant, Immanuel: *Aus Sömmering. Über das Organ der Seele*. In: *Werkausgabe in XII Bänden*, Hrsg. Wilhelm Weischedel, Bd. XI, *Schriften zur Anthropologie, Geschichtsphilosophie, Politik und Pädagogik 1*, Frankfurt/M. 1991 (9)

Kant, Immanuel : *Anthropologie in pragmatischer Hinsicht*. In: *Werkausgabe in XII Bänden*, Hrsg. Wilhelm Weischedel, Bd. XII, *Schriften zur Anthropologie, Geschichtsphilosophie, Politik und Pädagogik 2*, Frankfurt/M. 1991.

Kästner, Christian August Lebrecht: "Versuch einer Ehrenrettung der Topik". In: Heinrich G. Tschirner: Memorabilien für das Studium und die Amtsführung des Predigers, 2. Band. 2. Stück Leipzig 1812.

Kästner, Christian August Lebrecht: *Briefe über die Mnemonik. Noch ein Versuch die Ehre einer Verkannten zu retten*, Sulzbach 1828.

Kästner, Christian August Lebrecht: *Erläuterungen über meine Mnemonik, oder das von mir herausgegebene System der Gedächtnißkunst der Alten*, Leipzig 1804.

Kästner, Christian August Lebrecht: *Mnemonik oder System der Gedächtnißkunst der Alten*, Leipzig 1804.

Kästner, Christian August Lebrecht: *Topik oder Erfindungswissenschaft, aufs Neue erläutert und in ihrer vielfachen Anwendung auf die Bildung des menschlichen Geistes und auf den mündlichen Vortrag gerichtet*, Leipzig 1816.

Keckermann, Bartholomäus: *Systema Rhetoricae [...]*, Hannover 1608.

Kemmerich, Dieterich H.: *Neu=eröffnete Academie der Wissenschaften [...]*, *Zweyte Eröffnung*, Leipzig 1721.

Kemp, Cornelia: *Angewandte Emblematik in süddeutschen Barockkirchen*, München, Berlin 1981.

Kemper, Hans-Georg: "Dämonie der Einbildungskraft. Das Werk Friedrich von Spees (1591-1635) zwischen Christusmystik und Hexenwahn". In: J. Kolkenbrock-Netz, G. Plumpe, H.J. Schrimpf (Hrsg.): *Wege der Literaturwissenschaft*, Bonn 1985, S. 45-64.

Keßler, Frantz: *Unterschiedliche bißhero mehreren Theils Secreta Oder Verborgene geheime Künste. Deren die Erste genant / Ortforschung / dadurch einer dem andern durch die freye Lufft hindurch über Wasser und Land / von sichtbahren zu sichtlichen Orten / alle Heimligkeiten offenbahren / und in kurtzer Zeit zuerkennen geben mag*, Oppenheim 1616.

Kiermeier-Debre, Joseph, Vogel, Fritz Franz (Hrsg.): *Poetisches Abracadabra. Neuestes ABC- und Lesebuechlein*. Zusammengestellt und mit einem Nachwort versehen von Joseph Kiermeier-Debre und Fritz Franz Vogel, München 1992.

Kircher, Athanasius: *Ars magnesia [...]*, Herbipolis 1631.

Kircher, Athanasius: *Ars magna lucis et umbrae [...]*, Rom 1646.

Kircher, Athanasius: *Ars Magna Sciendi, In XII Libros Digesta, Qua Nova & Universali Methodo Per Artificiosum Combinationum contextum de omni re proposita plurimis & prope infini-*

tis rationibus disputari, omniumque summaria quaedam cognitio comparari potest, Amstelodami 1669.

Kircher, Athanasius: *Lingua Aegyptiaca Restituta [...]*, Rom 1643.

Kircher, Athanasius: *Musurgia Universalis sive Ars Magna Consoni ET Dissoni [...]*, Rom 1650.

Kircher, Athanasius: *Oedipus Pamphilius [...]*, Rom 1650.

Kircher, Athanasius: *Oedipus Aegyptiacus [...]*, Rom 1652.

Kircher, Athanasius: *Polygraphia Nova Et Universalis Ex Combinatoria Arte Detecta*, Rom 1663.

Kittler, Friedrich: "Die Laterna magica der Literatur: Schillers und Hoffmanns Medienstrategien".
In: *ATHENÄUM. Jahrbuch für Romantik*, Hrsg. von Ernst Behler, Jochen Hörisch, Günter
Oesterle, 4. Jahrgang 1994, S. 219-237.

Kittler, Friedrich: *Die Nacht der Substanz*, Bern 1989.

Kittler, Friedrich A.: "Rhetorik der Macht und Macht der Rhetorik - Lohensteins AGRIPPINA".
In: Hans-Georg Pott (Hrsg.): *Johann Christian Günther (mit einem Beitrag zu Lohensteins
'Agrippina')*, Paderborn u.a. 1988, S. 38-52.

Kittler, Friedrich A.: *Aufschreibesysteme 1800/1900*, München 1985.

Kittler, Friedrich: "Im Telegrammstil". In: Hans Ulrich Gumbrecht und K. Ludwig Pfeiffer
(Hrsg.): *Stil. Geschichten und Funktionen eines kulturwissenschaftlichen Diskurselements*,
Frankfurt/M. 1986, S. 358-370.

Kittler, Friedrich: "Über romantische Datenverarbeitung". In: Ernst Behler, Jochen Hörisch
(Hrsg.): *Die Aktualität der Frühromantik*, München u.a. 1987, S. 127-140.

Kittler, Friedrich: "Vergessen". In: Ulrich Nassen (Hrsg.): *Texthermeneutik. Aktualität, Geschichte, Kritik*, München u.a. 1979, S. 195-221.

Kittler, Friedrich: "Geschichte der Kommunikationsmedien". In: Jörg Huber, Alois Martin Müller
(Hrsg.): *Raum und Verfahren. Interventionen 2.*, Basel, Frankfurt/M., Zürich 1993, S. 169-
188.

Kittler, Friedrich: "Vom Take Off der Operatoren". In: *Draculas Vermächtnis. Technische Schriften*, Leipzig 1993, S. 149-160.

Kittler, Friedrich: "Signal - Rausch - Abstand". In: *Draculas Vermächtnis. Technische Schriften*,
Leipzig 1993, S. 161-181.

Klein / Wertheimer: "Psychologische Tatbestandsdiagnostik". In: *Archiv für Kriminalanthropologie und Kriminalistik*, 22. Band (1905).

Kleist, Heinrich von: "Über das Marionettentheater". In: *Werke und Briefe in vier Bänden*, Hrsg.
von Siegfried Streller, Bd.3, S. 473-480.

Kleist, Heinrich von: "Über die allmähliche Verfertigung der Gedanken beim Reden. An R[ühle] v.
L[ilienstern]". In: *Werke und Briefe in vier Bänden*, Hrsg. von Siegfried Streller, Bd.3, S.
453-459.

Klüber, Johann Ludwig: *Compendium der Mnemonik oder Erinnerungswissenschaft aus dem Anfange des siebenzehnten Iahrhunderts von Lamprecht Schenckel und Martin Sommer. Aus
dem Lateinischen mit Vorrede und Anmerkungen von D. Johann Ludwig Klüber*, Erlangen
1804.

Klüber, Johann Ludwig: *Lehrbegriff der Referirkunst*, Tübingen 1808.

Knoll, Romedius: *Katholische Normalschule für die Taubstummen, die Kinder, und andere Einfäl-
tigen, zum gründlichen sowohl als leichten Unterricht in dem Christenthume, durch vierzig
Kupferstiche; nebst einem dreyfachen Anhange, besonders der Anweisung zur praktischen
Beicht*, Augsburg 1788.

Kolke, Inge: *Zitate und Zeichen des Barock (Philipp von Zesen)*, unveröffentlichte Magisterarbeit, Freiburg i.Br. 1989.

Köppen, M., Kutzinski A.: *Systematische Beobachtungen über die Wiedergabe kleiner Erzählungen durch Geisteskranke. Ein Beitrag zu den Methoden der Intelligenzprüfungen*, Berlin 1910.

Köppen, M.: "Ueber Erkrankung des Gehirns nach Trauma". In: *Archiv für Psychiatrie und Nervenkrankheiten*, 33. Band (1900), Berlin.

Kortum, Carl Arnold: *Anfangsgründe der Entzifferungskunst deutscher Zifferschriften*, Duisburg 1782.

Kothe, Hermann: *Mnemonik der griechischen Sprache. Praktische Anleitung für angehende Schüler im Griechischen, sich die nothwendigsten Vocabeln und Wurzelwörter dieser Sprache (ungefähr drittehalb tausend) in wenigen Tagen fest einzuprägen*, Kassel 1853.

Kraepelin, Emil: "Über den Einfluß der Übung auf die Dauer von Assoziationen". In: *Petersburger Medizinische Wochenschrift* 1889.

Krämer, Sybille: *Symbolische Maschinen. Die Idee der Formalisierung in geschichtlichem Abriß*, Darmstadt 1989.

Kreß, Johann Paul: *Kurtze juristische Betrachtung von dem Recht der Taub= und Stumm gebohrnen Absonderlich Was es mit selbigen in der Criminal Juris-Prudenz, und Peinlichen Bestraffung vor eine Beschaffenheit habe / Bey einen Sich in dem Herzogthum Magdeburg eräugneten sonderlichen Fall*, Wolfenbüttel o.J.

Krünitz, Johann Georg: *Oeconomische Encyclopädie, oder allgemeines System der Staats= Stadt= Haus= und Landwirthschaft, in alphabetischer Reihenfolge*, Berlin 1779, 16. Theil.

Kühlmann, Wilhelm: *Gelehrtenrepublik und Fürstenstaat. Entwicklung und Kritik des deutschen Späthumanismus in der Literatur des Barockzeitalters*, Tübingen 1982.

Kunze, Horst: *Über das Registermachen*, München-Pullach 1964.

Künzel, Werner: *Der Oedipus Aegyptiacus des Athanasius Kircher*, Berlin 1989.

Kürbitz, W.: "Die Zeichnungen geisteskranker Personen in ihrer psychologischen Bedeutung und differentialdiagnostischen Verwertbarkeit". In: *Zeitschrift für die gesamte Neurologie und Psychiatrie*, Bd. 13 (1912), Berlin.

Kußmaul, Adolf: *Die Störungen der Sprache. Versuch einer Pathologie der Sprache*, Leipzig 1881 (2).

Kvačala, Johannes: *Die pädagogische Reform des Comenius in Deutschland bis zum Ausgange des XVII. Jahrhunderts*, 2. Band, Berlin 1904.

Lacan, Jacques: *Das Ich in der Theorie Freuds und in der Technik der Psychoanalyse*, Olten 1980.

Lachmann, Renate: "Zu Dostoevskijs *Slaboe serdce*: Steckt der Schlüssel zum Text im Text?" In: *Wiener Slawistischer Almanach*, 21 (1988), S. 239-266.

Lachmann, Renate: "Polnische Barockrhetorik: Die problematische Ähnlichkeit und Maciej Sarbiewskis Traktat *De acuto et arguto* (1619/1623) im Kontext concettistischer Theorien". In: diess.: *Die Zerstörung der schönen Rede. Rhetorische Tradition und Konzepte des Poetischen*, München 1994, S. 101-134.

Lachmann, Renate: "Die Unlöschbarkeit der Zeichen: Das semiotische Unglück des Mnemonisten". In: *Gedächtniskunst: Raum - Bild - Schrift. Studien zur Mnemotechnik*, Anselm Haverkamp, Renate Lachmann (Hrsg.), Frankfurt/M. 1991, S. 111-141.

Lachmann, Renate: "Text als Mnemotechnik - Panorama einer Diskussion, II. In: diess. (Hrsg.): *Gedächtniskunst. Raum - Bild - Schrift. Studien zur Mnemotechnik*, Frankfurt/M. 1991, S. 16-21.

Lachmann, Renate: *Gedächtnis und Literatur. Intertextualität in der russischen Moderne*, Frankfurt/M. 1990.

Lachmann, Renate: "Gedächtnis und Weltverlust - Borges' *memorioso* - mit Anspielungen auf Lurijas *Mnemonisten*". In: *Vergessen und Erinnern* (Poetik und Hermeneutik XV), Hrsg. von Renate Lachmann und Anselm Haverkamp, München 1993, S. 492-519.

Lang, Johann Philipp: *Wider die Gefahr in öffentlichen Kanzelvorträgen zu stocken, oder gänzlich zu verstummen. Ein Versuch in Briefen, als Beytrag zur Theorie der Kanzelberedsamkeit*, Frankfurt am Main 1805.

Lange, Klaus-Peter: *Theoretiker des literarischen Manierismus. Tesauros und Pellegrinis Lehre von der "Acutezza" oder von der Macht der Sprache*, München 1968.

Lange, Richard: *Wie steigern wir die Leistungen im Deutschen? Gespräche über den Betrieb und die Methode des deutschen Unterrichts in der Volksschule*, Leipzig 1910 (3).

Langenschwarz, Maximilian Leopold: *Die Arithmetik der Sprache, oder: Der Redner durch sich selbst. Psychologisch=rhetorisches Lehrgebäude*, Leipzig 1834.

Lausberg, Heinrich : *Handbuch der literarischen Rhetorik. Eine Grundlegung der Literaturwissenschaft*, Stuttgart 1990 (3).

Lehmann, Christoph: *Florilegium Politicum: Politischer Blumen Garten / Darinn Auserlesene Sententz / Lehren / Regulten und Sprüchwörter Auß Theologis, Jurisconsultis, Politicis, Historicis, Philosophis, Poeten, und eigener Erfahrung unter 286. Tituln / zu sonderm nutzen und Lust Hohen und Niedern im Reden / Rahten und Schreiben / das gut zubrauchen und das bös zu meiden. In locos communes zusammen getragen*, Lübeck 1639.

Leibniz: *Dissertatio de Arte Combinatoria* (1666). In: G.W. Leibniz: *Mathematische Schriften*, Hrsg. C.I. Gerhardt, Band V: *Die mathematischen Abhandlungen*, Reprint Hildesheim 1962.

Leinkauf, Thomas: *Mundus combinatus. Studien zur Struktur der barocken Universalwissenschaft am Beispiel Athanasius Kirchers SJ (1602-1680)*, Berlin 1993.

Liepmann, Hugo: "Apparate als Hilfsmittel der Diagnostik in der Psychopathologie". In: Martin Mendelsohn (Hrsg.): *Der Ausbau im diagnostischen Apparat der Medizin*, Wiesbaden 1901, S. 217-227.

Liepmann, Hugo: *Über Ideenflucht, Begriffsbestimmung und psychologische Analyse*, Halle a.d.S. 1904.

Lindner, Johann Gotthelf: *Anweisung zur guten Schreibart überhaupt und zur Beredsamkeit insonderheit* (1755), Reprint Kronberg Ts. 1974.

Lipmann, Otto, Wertheimer, Max: "Tatbestandsdiagnostische Kombinationsversuche". In: *Zeitschrift für angewandte Psychologie und psychologische Sammelforschung*, Band I, Leipzig, S. 119-128.

Lobkowitz, Juan Caramuel de: *Apparatus philosophicus, quatuor libris distinctus*, Köln 1665.

Locher, Elmar: "*Das Spital unheylsamer Narren.* Zur Wahnsucht bei Garzoni und Harsdörffer" und "Zur Dimension der "Kurtzweil" in Johann Beers *Narrenspital*-Erzählung". In: "Curiositas und "Memoria" im deutschen Barock (= Der Prokurist, Nr.4, September 1990), S. 175-220.

Locher, Elmar: "Der Bildersaal der Seele bei Friedrich von Spee oder der Versuch der unendlich großen Zahl". In: ders.: *'Curiositas' und 'Memoria' im deutschen Barock*, Wien 1990, S. 35-62.

Locher, Elmar: "Fürwitz und Fürwitzkritik in den *Greweln der Verwüstung menschlichen Geschlechts*". In: ders.: *'Curiositas' und 'Memoria' im deutschen Barock*, Wien 1990, S. 9-34.

Loewenfeld, Leopold: *Die psychischen Zwangserscheinungen. Auf klinischer Grundlage dargestellt*, Wiesbaden 1904.

Lohenstein, Daniel Casper von: *Grossmüthiger Feldherr Arminius*, Hrsg. von E.M. Szarota, Faksimiledruck, I.Theil nach der Ausgabe von 1689, II.Theil nach der Ausgabe von 1670, Hildesheim, New York 1973.

Loyola, Ignatius von: *Geistliche Übungen*, 6. Aufl., Freiburg, Basel, Wien 1989, übersetzt von Adolf Haas.

Luhmann, Niklas: "Theoriesubstitution in der Erziehungswissenschaft: Von der Philanthropie zum Neuhumanismus". In: ders.: *Gesellschaftsstruktur und Semantik. Studien zur Wissenssoziologie der modernen Gesellschaft*, Bd. 2, Frankfurt/M. 1993, S. 105-194.

Luhmann, Niklas: "Individuum, Individualität, Individualismus". In: ders.: *Gesellschaftsstruktur und Semantik. Studien zur Wissenssoziologie der modernen Gesellschaft*, Bd.3, Frankfurt/M. 1993, S. 149-258.

Man, Paul de: "Ästhetische Formalisierung: Kleists *Über das Marionettentheater*". In: *Allegorien des Lesen*, Frankfurt/M. 1984, S. 205-233.

Mandelbrot, Benoît B.: *Die fraktale Geometrie der Natur*, Basel 1987.

Männling, Johann Christoph: *Arminius enucleatus. Das ist: Des unvergleichlichen Daniel Caspari von Lohenstein / Herrliche Realia, Köstliche Similia, Vortreffliche Historien / Merkwürdige Sentenzien, und sonderbare Reden. Als Köstliche Perlen und Edelgesteine aus dessen deutschen Taciti oder Arminii*, Leipzig 1708.

Männling, Johann Christoph: *Außerlesenster Curiositäten Merck=würdiger Traum=Tempel Nebst seinen Denck=würdigen Neben=Zimmern Vonn allerhand Sonderbahren Träumen*, Franckfuhrt und Leipzig 1714.

Männling, Johann Christoph: *Denckwürdige Curiositäten Derer / So wohl Inn= als Ausländischer Abergläubischen Albertäten Als Der weiten Welt Allgemeinen Bößens.[...] Aus denen Curiositatibus Exoticis erbaulichen Historien / angenehmen Erzehlungen / täglichen Begebenheiten / und nützlichen Schrifften*, Franckfurth und Leipzig 1713.

Männling, Johann Christoph: *Der Europaeische Helicon, Oder Musen=Berg [...]*, Stettin 1704.

Männling, Johann Christoph: *Expediter Redner oder deutliche Anweisung zur galanten Deutschen Wohlredenheit Nebst darstellenden deutlichen Praeceptis und Regeln auserlesenen Exempeln und Curieusen Realien Der Jugend zum Gebrauch und den Alten zum Vergnügen vorgestellet* (1718), Reprint Kronberg/Ts. 1974.

Männling, Johann Christoph: *Lohensteinius sententiosus, Das ist: Des vortrefflichen Daniel Caspari von Lohenstein / Sonderbahre Geschichte / curieuse Sachen / Sinn-reiche Reden / durchdringende Worte / accurate Sentenzien, Hauptkluge Staats- und Lebens-Regeln / und andere befindliche Merckwürdigkeiten / Aus dessen sowohl Poetischen Schrifften und Tragoedien, als auch Lob-Reden / und andern ihm zustehenden gelehrten Büchern / Wie aus einem verborgenem Schatze zusammen colliget / Und der gelehrten Welt zur Vergnügung / der Jugend zum nützlichen Gebrauch Nebst einem vollkommenen Register ans Tage-Licht gestellet*, Breßlau 1710.

Marées, Heinrich Ludwig de: *Anleitung zur Lektüre*, Hamburg 1806.

Martin, Gregor Christian: *Redner=Schatz Oder Oratorisches Lexicon Worinn Ein auserlesen= und prächtiger Vorrath Aller Arten Klug und Nachdrücklicher Hoch=Teutscher Reden Mehrent-*

heils aus denen Auctoren und Schrifften So nach dem Vorbericht befindlich Ausgezogen, ge-sammlet, eingetragen und beygefüget, Frankfurt/ Leipzig 1700.

Martino, Alberto: *Daniel Caspar von Lohenstein. Geschichte seiner Rezeption. Band 1: 1661-1800*, Tübingen 1978.

Maß, Zahl und Gewicht: *Mathematik als Schlüssel zu Weltverständnis und Weltbeherrschung*. Ausstellungskataloge der Herzog-August-Bibliothek; Nr.60, Weinheim 1989.

Mauchart, Immanuel David: *Allgemeines Repertorium für empirische Psychologie und verwandte Wissenschaften*, Nürnberg 1792f.

Mauersberger, Carl T.: *Beitrag zur Kunst des Zahlenmerkens. Eine vorläufige Antwort auf die Überbürdungsfrage*, Glauchau 1882.

Medizinal-Abteilung des Königlich Preussischen Kriegsministeriums (Hrsg.): *Ueber die Feststel-lung regelwidriger Geisteszustände bei Heerespflichtigen und Heeresangehörigen. Beratungs-ergebnisse aus der Sitzung des Wissenschaftlichen Senats bei der Kaiser Wilhelms-Akademie für das militärärztliche Bildungswesen am 17. Februar 1905"* (Veröffentlichungen aus dem Gebiete des Militär-Sanitätswesens), Berlin 1905.

Meier, Georg Friedrich: *Anfangsgründe aller schönen Wissenschaften* (1754/55), Reprint Hildes-heim 1956.

Meisner, Daniel: *Sciographia Cosmica. Das ist Newes Emblematisches Büchlein, darinnen in acht Centuriis die Vornembsten Statt Vestung, Schlosser der gantzen Welt, gleichsam adumbrirt und in Kupfer gestochen [...]*, Nürnberg 1637.

Meister, Leonhard: *Ueber die Einbildungskraft*, Bern 1778.

Menke, Bettine: *Die Rhetorik der Stimme und die Stummheit der Texte. Geräusche und Rauschen in und nach der Romantik*, Habilitationsschrift Frankfurt/Oder 1996.

Mette, Alexander: *Über Beziehungen zwischen Spracheigentümlichkeiten Schizophrener und dich-terischer Produktion*, Dessau 1928.

Meumann, Ernst: *Ökonomie und Technik des Gedächtnisses. Experimentelle Untersuchungen über das Merken und Behalten*, Leipzig 1918 (4).

Meyer, Robert M.: "Künstliche Sprachen". In: *Zeitschrift für indogermanische Sprach- und Alter-tumskunde*, 12. Band, Strassburg 1901, S. 33-39.

Meyer-Kalkus, Reinhart: *Wollust und Grausamkeit. Affektenlehre und Affektdarstellung in Lohen-steins Dramatik am Beispiel von 'Agrippina'*, Göttingen 1986.

Mink von Weinsheun, Stanislaus (id est: Johann Justus Winkelmann): *Proteus. Das ist: Eine un-glaubliche Lutznützliche Lehrart / in kurzer Zeit ohne Müh Deutsch= und Lateinische Vers zumachen / auch einen Französischen und Lateinischen Brief zuschreiben [...]*, Oldenburg 1657.

Mink von Weinsheun, Stanislaus: *Caesarologia. Cum figuris aeneis*, o. O. 1659.

Mink von Weunsheim, Stanislaus: *Relatio Novissima Ex Parnasso De Arte Reminiscentiae. Das ist: Neue wahrhafte Zeitung aus dem Parnassus Von der Gedechtniß=Kunst*, o.O. 1618.

Mink von Weinsheun, Stanislaus: *Logica Memorativa, cujus beneficio Compendium Logicae Pe-ripateticae brevissimi temporis spacio memoriae mandari potest. Ante hac nunquam visa, jam primum Novitiis Studiosis fideliter communicata*, Halle 1659.

Mohr, Fritz: "Über Zeichnungen von Geisteskranken und ihre diagnostische Verwertbarkeit". In: *Journal für Psychologie und Neurologie*. Band VIII, Heft 3. u. 4, Leipzig 1906-1907, S. 125f.

Montet, Ch. de: "Assoziationsversuche an einem kriminellen Fall". In: *Monatsschrift für Kriminalpsychologie und Strafrechtsreform*, 6. Jahrgang, Heidelberg 1910, S. 37-47.

Morhof, Daniel Georg: *Polyhistor sive de notitia auctorum et rerum commentarii*, Lübeck 1688.

Moritz, Karl Philipp: "Beiträge zur Philosophie des Lebens". In: Werke, Hrsg. von Horst Günther, 3. Band *Erfahrung, Sprache, Denken*, Frankfurt/M. 1981, S. 7-83.

Moritz, Karl Philipp: Gnothi Sauton oder Magazin zur Erfahrungsseelenkunde. In: ders.: Die Schriften in dreißig Bänden, Hrsg. von P. und U. Nettelbeck, Nördlingen 1986, Bd. 1.-10.

Müller, Georg Elias, Pilzecker, Alfons: *Experimentelle Beiträge zur Lehre vom Gedächtnis*, Leipzig 1900.

Müller, Johannes: *Über die phantastischen Gesichtserscheinungen. Eingeleitet und herausgegeben von Dr. Martin Müller*, Leipzig 1917 (Sudhoffs Klassiker der Medizin).

Müllern, Henricus: *Orator ecclesiasticus, sistens, praeter Methodum concionandi, complures alias materias Theologicas, item Comment. in Psalm. VI, XVI, & XXII*, Rostochii 1659.

Münsterberg, Hugo: *Studien zur Assoziationslehre. Beiträge zur experimentellen Psychologie*, Heft IV (1892).

Münsterberg, Hugo: *Psychotechnik*, Leipzig 1920 (2).

Musil, Robert: "Psychotechnik und ihre Anwendung im Bundesheere". In: In: *Militärwissenschaftliche und technische Mitteilungen*, 6.Heft (1922), Wien, S. 244-265.

Nathan, Ernst W.: "Über die sogenannten sinnlosen Reaktionen beim Assoziationsversuch". In: *Klinik für psychische und nervöse Krankheiten*. Hrsg. von Robert Sommer, V. Band. 1. Heft. Halle a.S. 1910, S. 77-82.

Neubauer, John: *Symbolismus und symbolische Logik. Die Idee der ars combinatoria in der Entwicklung der modernen Dichtung*, München 1978.

Neumark, Georg: *Poetische Tafeln / oder Grundliche Anweisung zur Teutschen Verskunst aus den vornehmsten Authorn in funfzehen Tafeln zusammen gefasset / mit Anmerkungen [...]*, Jena 1667. Reprint, hrsg. von Joachim Dyck, Frankfurt/M. 1971.

Niemeyer, August Hermann: *Grundsätze der Erziehung und des Unterrichts für Eltern, Hauslehrer und Erzieher*, Halle 1806 (4).

Niethammer, Friedrich Immanuel: *Über Pasigraphik und Ideographik*, Nürnberg 1808.

Nietzsche, Friedrich: *Zur Genealogie der Moral*. Sämtliche Werke, kritische Studienausgabe in 15 Bänden, hrsg. von Giorgio Colli und Mazzino Montinari. München 1980, Bd.5.

Nohl, Klemens: *Wie kann der Überbürdung der Jugend mit Erfolg entgegengetreten werden?*, Neuwied 1882.

Novalis: *Dialogen und Monolog*. In: *Novalis Werke*. Hrsg. von Gerhard Schulz, München 1981 (2., neubearbeitete Aufl.).

Omeis, Magnus Daniel: *Gründliche Anleitung zur Teutschen accuraten Reim= und Dichtkunst [...]*, Altdorf 1704.

Oppenheim, Hermann: *Die traumatischen Neurosen nach den in der Nervenklinik der Charité in den letzten 5 Jahren gesammelten Erfahrungen*, Berlin 1889.

Oppenheim, Hermann: *Nervenleiden und Erziehung*, Berlin 1907 (2).

Otto-Reventlow: *Mnemotechnischer Commentar zu allen Lehrbüchern der Geographie oder Anweisung, sich die wichtigsten geographischen Zahlen in wenigen Stunden einzuprägen. Mit besonderer Rücksicht auf Dr. Otto Hübner's statistische Tafel*, Frankfurt/M. 1869

Pappenheim, M.: "Über die Kombination allgemeiner Gedächtnisschwäche und amnestischer Aphasie nach leichtem zerebralen Insult. (II. Experimenteller Teil)". In: *Journal für Psychologie und Neurologie*, Bd.X, Heft 1/2, 1907, S. 55-82.

Pegeus, Quirinus [id est: Georg Philipp Harsdörffer]: *Ars Apophthegmatica, Das ist: Kunstquellen Denckwürdiger Lehrsprüche und Ergötzlicher Hofreden; Wie solche Nachsinnig zu suchen / erfreulich zu finden / anständig zu gebrauchen und schicklich zu beantworten: in Drey Tausend Exempeln / aus Hebräischen / Syrischen / Arabischen / Persischen / Griechischen / Lateinischen / Spanischen / Italiänischen / Frantzösischen / Engländischen / Nieder= und Hochteutschen Scribenten / angewiesen / und mit Dreissig Schertz=Schreiben als einer besonderen Beylage vermehrt*, Nürnberg 1662.

Perec, Georges: La disparition, Paris 1969.

Peucer, Daniel: *Erläuterte Anfangs=Gründe der Teutschen Oratorie in kurzen Regeln und deutlichen Exempeln vor Anfänger entworfen*, Dresden 1765 (4).

Pick, A.: "Die agrammatischen Sprachstörungen, 1". In: *Monographien aus dem Gesamtgebiet der Neurologie und Psychiatrie*, VII (1915).

Platner, Ernst: *Anthropologie für Aerzte und Weltweise*, 1. Theil, Leipzig 1772.

Poppelreuter, Walter: "Nachweis der Unzweckmässigkeit die gebräuchlichen Assoziationsexperimente mit sinnlosen Silben nach der Erlernungs- und Trefferverfahren zur exakten Gewinnung elementarer Reproduktionsgesetze zu verwenden". In: *Zeitschrift für Psychologie und Physiologie der Sinnesorgane*, 61. Band, Leipzig 1912.

Pötzl, Otto: "Experimentell erregte Traumbilder in ihren Beziehungen zum indirekten Sehen". In: *Zeitschrift für die gesamte Neurologie und Psychiatrie*, Bd.37 (1917), Berlin, S. 278-349.

Praetorius, Johann: *Anleitung zu den Curiösen Wissenschaften [...]*, Leipzig 1717.

Rabbow, Paul: *Seelenführung. Methodik der Exerzitien in der Antike*, München 1954.

Rahn, Thomas: "Traum und Gedächtnis. Memoriale Affizierungspotentiale und Ordnungsgrade der Traumgenera in der Frühen Neuzeit". In: Jörn Jochen Berns, Wolfgang Neuber (Hrsg.): *Ars memorativa. Zur kulturgeschichtlichen Bedeutung der Gedächtniskunst 1400-1750*, Tübingen 1993, S. 331-350.

Ranschburg, Paul: "Apparat und Methode zur Untersuchung des (optischen) Gedächtnisses für medicinisch- und pädagogisch-psychologische Zwecke." In: *Monatsschrift für Psychiatrie und Neurologie*, Bd. X, Heft 5, Basel 1901.

Ranschburg, Paul: "Beitrag zu einem Kanon des Wortgedächtnisses als Grundlage der Untersuchungen pathologischer Fälle". In: *Klinik für psychische und nervöse Krankheiten*. Hrsg. von Robert Sommer, III. Band., Halle a. S. 1908, S. 97-126.

Ranschburg, Paul: "Über Art und Wert klinischer Gedächtnismessungen bei nervösen und psychischen Krankheiten". In: Klinik für psychische und nervöse Krankheiten. Hrsg. Robert Sommer, V. Band, 2. Heft, Halle/Saale 1910.

Ranschburg, Paul: "Über die Möglichkeit der Feststellung des geistigen Kanons der Normalmenschen". In: *Comptes rendus du XVI. congrès international de médecine, Sekt. XII.*, Budapest 1910, S. 80-91.

Ranschburg, Paul: "Über die Wechselwirkungen gleichzeitiger Reize im Nervensystem und in der Seele. Experimentelle und kritische Studien über ein qualitatives Grundgesetz des psychophysischen Organismus". In: *Zeitschrift für Psychologie*, Bd.66, Leipzig 1913.

Ranschburg, Paul: *Das kranke Gedächtnis. Ergebnisse und Methoden der experimentellen Erforschung der alltäglichen Falschleistungen und der Pathologie des Gedächtnisses*, Leipzig 1911.

Raue, Johann: *Kurtzer Bericht / welcher massen die von M. Johanne Bunone angelegte Grammatica, Damit Er in Fabeln und Maehrlein die Regulas und Exempla der Jugend innerhalb 2 Monathen mit grosser Lust / vollkoemmlich / und auch zugleich fest einbilden kan / Recht und wol gegruendet sey*, Danzig 1649.

Reichmann, Eberhard: *Die Herrschaft der Zahl. Quantitatives Denken in der deutschen Aufklärung*, Stuttgart 1968.

Reil, Johann Christian: *Rhapsodieen über die Anwendungen der psychischen Curmethode auf Geisteszerrüttungen*, Halle 1803.

Reventlow, Carl Otto: *Lehrbuch der Mnemotechnik nach einem durchaus neuen auf das Positive aller Disciplinen anwendbaren Systeme*, Stuttgart u. Tübingen 1843.

Reventlow, Carl Otto: *Wörterbuch der Mnemotechnik nach eignem Systeme. Mehr als 120 000 Substitutionen für die Zahlen 000, 00, 0 und 1 - 999 enthaltend*, Stuttgart u. Tübingen 1844.

Ribot, Théodule: *Das Gedächtniss und seine Störungen*, Leipzig 1882.

Ribot, Théodule: *Die Schöpferkraft der Phantasie (L'imagination créatrice)*, Bonn 1902.

Richter, Daniel: *Thesaurus Oratorius Novus. Oder Ein neuer Versuch / wie man zu der Rednerkunst / nach dem Ingenio dieses Seculi gelangen / und zugleich eine Rede auf unzehlich viel Arten verändern könne*, Nürnberg 1660.

Rieger, Stefan: "Der gute Hirte oder die Mikropyhsik der Macht (Friedrich Spee von Langenfeld)". In: *DVjs* 67 (1993), S. 585-606.

Rieger, Stefan: "Die Polizei der Zeichen. Vom Nutzen und Nachteil der Arabeske für den Klartext". In: Susi Kotzinger, Gabriele Rippl (Hrsg.): *Zeichen zwischen Klartext und Arabeske. Konferenz des Konstanzer Graduiertenkollegs 'Theorie der Literatur'. Veranstaltet im Oktober 1992*, Wien, Amsterdam 1994, S. 143-160.

Rieger, Stefan: "Literatur - Kryptographie - Physiognomik. Die Lektüren des Körpers und die Decodierung der Seele bei Johann Kaspar Lavater". In: Manfred Schneider, Rüdiger Campe (Hrsg.): *Geschichten der Physiognomik. Text - Bild - Wissen*, Freiburg i. Br. 1996, S. 387-409.

Rieger, Stefan: "Autorfunktion und Buchmarkt". In: Miltos Pechlivanos u.a. (Hrsg.): *Einführung in die Literaturwissenschaft*, Stuttgart, Weimar 1995, S. 147-163.

Rieger, Stefan: "Memoria und Oblivio. Die Aufzeichnung des Menschen". In: Miltos Pechlivanos u.a. (Hrsg.): *Einführung in die Literaturwissenschaft*, Stuttgart, Weimar 1995, S. 378-392.

Rieger, Stefan: "Unter Sprechzwang. Verstehen zwischen Otologie und Ontologie". In: Herta Wolf, Michael Wetzel (Hrsg.): *Der Entzug der Bilder. Visuelle Realitäten*, München 1994, S. 161-182.

Rinckart, Martin: *Circulorum Memoriae Decas. Zehenfachen Biblischer und Kirchen= Historischer Local= und Gedenck=Rinck / oder Gedenck=Circul: Wie die vornehmsten / der gantzen H. Göttlichen Schrifft / und Christlichen Kirchen Sachen und Personen: die heiligen Ertzväter; Pharaones; Heerführer; Richter; Könige; Monarchen; Helden; Hohepriester; Propheten; Aposteln; Patres; Bischoffe; Päpste; Keyser; Chur= und Fürsten zu Sachsen: Imgleichen dero Häupt= und neben=Symbola; vornehmste Concilia; Certamina; Streit=Schrifften/ und Aca-*

demien, &c. Nach ihren Büchern / Capiteln / Thaten und Zeiten / 1. Kürtzlich / 2. Ordentlich / und 3. Leichtlich ins Gedächtnis zu bringen, Leipzig 1629.

Rodenwaldt, Ernst: "Aufnahmen des geistigen Inventars Gesunder als Massstab für Defektprüfungen bei Kranken". In: *Monatsschrift für Psychiatrie und Neurologie*. Bd. XVII, Ergänzungsband, Berlin 1905, S. 17-84.

Roemer, E.: "Zur Frage der psychischen Zeitmessungen bei Geisteskranken". In: *Zeitschrift für Psychologie und Physiologie de Sinnesorgane*, 12. Band, Leipzig 1896.

Rohr, Julius Bernhard von: *Unterricht Von der Kunst der Menschen Gemüther zu erforschen, Darinnen gezeiget, In wie weit man aus eines Reden, Actionen und anderer Leute Urtheilen, eines Menschen Neigungen erforschen könne*, 3. vermehrte Auflage, Leipzig 1721.

Rosselius, Cosmas: *Thesaurus artificiosae memoriae. Concianatoribus, Philosophis, Medicis, Juristis, Oratoribus, Procuratoribus, caeterisq; bonarum litterarum amatoribus: Negotiatoribus in super, aliisq; similibus, tenacem, ac firmam rerum Memoriam cupientibus, perutilis*, Venedig 1579.

Rothe, Karl Cornelius: *Das Stottern und die assoziative Aphasie und ihre heilpädagogische Behandlung*, Wien 1925.

Samuel Dieterich in Henr. Anhalt: *Send=Schreiben Von der Natürlichen = und Kunst=Memorie, an seine Hoch=Ehrwürden Hn. M. Samuel Dieterich / Der Rupinischen Kirchen Pastoren und Inspectoren*, Franckfurth und Leipzig 1696.

Schäfer, Armin: *Biopolitik des Wissens. Hanns Henny Jahnns literarisches Archiv des Menschen*, Würzburg 1996.

Schäffner, Wolfgang: *Die Ordnung des Wahns. Zur Poetologie psychiatrischen Wissens bei Alfred Döblin*, München 1995.

Schaller, Klaus: *Die Pädagogik des Johann Amos Comenius und die Anfänge des pädagogischen Realismus im 17. Jahrhundert*, Heidelberg 1962.

Scheibel, Gottfried Ephraim: *Die unerkannten Sünden der Poeten. [...]* (1734), Nachdruck München 1981.

Scherer, Wolfgang: *Klavier-Spiele. Die Psychotechnik der Klaviere im 18. und 19. Jahrhundert*, München 1989.

Schiebel, Johann Georg: *Neu=erbauter Schausaal [...]*, Nürnberg 1684.

Schmidt-Biggemann, Wilhelm: *Topica universalis. Eine Modellgeschichte humanistischer und barocker Wissenschaft*, Hamburg 1983.

Schneider, Manfred: "Remember me! Mediengeschichte eines Imperativs". In: Gerburg Treusch-Dieter, Wolfgang Pircher, Herbert Hrachovec (Hrsg.): *Denkzettel Antike. Texte zum kulturellen Vergessen*, Berlin 1989, S. 2-15.

Schneider, Manfred: *Liebe und Betrug. Die Sprachen des Verlangens*, München 1993.

Schneider, Manfred: "Der Mensch als Quelle". In: Peter Fuchs, Andreas Göbel (Hrsg.): *Der Mensch - das Medium der Gesellschaft?* Frankfurt/M. 1994, S. 297-322.

Schöne, Albrecht: *Emblematik und Drama im Zeitalter des Barock*, München 1964.

Schott, Kaspar: *Magia Universalis Naturae ET Artis. Opus Quadripartitum*, Würzburg 1657.

Schott, Kaspar: *Schola Steganographica, In Classes Octo Distributa [...]*, Nürnberg 1665.

Schott, Kaspar: *Technica Curiosa, sive mirabilis artis*. Nachdruck der Ausgabe Nürnberg 1664, Hildesheim, New York 1977.

Schottelius, Justus Georg: *Ausführliche Arbeit Von der Teutschen HauptSprache* (1663), Hrsg. von Wolfgang Hecht, Reprint Tübingen 1967.

Schottelius, Justus Georg: *Der schreckliche Sprachkrieg. Horrendum Bellum Grammaticale* (1673), Hrsg. von Friedrich Kittler, Stefan Rieger, Leipzig 1991.

Schröter, Christian: *Gründliche Anweisung zur deutschen Oratorie nach dem hohen und sinnreichen Stylo der unvergleichlichen Redner unsers Vaterlandes / besonders des vortrefflichen Herrn von Lohensteins in seinem Großmüthigen Herrmann und anderen herrlichen Schrifften* (1704), Reprint Kronberg Ts. 1974.

Schultze, Ernst / Rühs, Carl: "Intelligenzprüfung von Rekruten und älteren Mannschaften". In: *Deutsche Medizinische Wochenschrift*, Nr. 31 (1906), Stuttgart.

Schumann, Friedrich: "Die Erkennung der Buchstaben und Worten bei momentaner Beleuchtung". In: ders. (Hrsg.): Bericht über den I. Kongreß für experimentelle Psychologie in Gießen vom 18. - 21. April 1904, Leipzig 1904.

Schupp, Johann Balthasar: *Der ungeschickte Redner an ihm selbst.* In: ders.: *Schriften*, o.O. 1663.

Schwenter, Daniel: *Steganologia & Steganographia Nova. Geheime Magische / Natürliche Red und Schreibkunst*, Nürnberg 1620.

Seitter, Walter: "Zur Genealogie hiesiger Modernität: Der Humanismus der Polizeiwissenschaft des 17. Jahrhunderts". In: Thomas Hübel (Hrsg.): *Glückliches Babel. Beiträge zur Postmoderne-Diskussion [...]*, Wien 1991, S. 79-91.

Selenus, Gustavus (d.i. Herzog August der Jüngere von Braunschweig und Lüneburg): *Cryptomenytices et Cryptographia Libri IX*, Lüneburg 1624.

Selenus, Gustavus: *Das Schach= oder König=Spiel, In vier unterschiedene Bücher / mit besonderm fleiß / gründ= und ordentlich abgefasset*, Lipsiae 1616.

Selz, Otto: *Über die Gesetze des geordneten Denkverlaufs. Eine experimentelle Untersuchung*, Stuttgart 1913.

Semon, Richard: *Die Mneme als erhaltendes Prinzip im Wechsel des organischen Geschehens*, Leipzig 1904.

Semon, Richard: *Die mnemischen Empfindungen. Erste Fortsetzung der Mneme*, Leipzig 1909.

Semon, Richard: "Assoziation als Teilerscheinung der mnemischen Grundgesetzlichkeit". In: *Journal für Psychologie und Neurologie*, Bd.17 (1911), Ergänzungsheft, S. 364-368.

Shannon, Claude E.: "A Mathematical Theory of Communication". In: *Bell System Technical Journal*, v. 27, 1948, S. 379-423 u. S. 623-656.

Siegert, Bernhard: "Im Bildersturm. Zur strategischen Funktion heiliger Bilder. Eine Genealogie des Phantasmas". In: Arthur Engelbrecht (Hrsg.): *Kunst im Schaltkreis. Variation - Serie - Simulation*, Berlin (West) 1990, S. 85-95.

Siegert, Bernhard: "Netzwerke der Regimentalität. Harsdörfers 'Teutscher Secretarius' und die Schicklichkeit der Briefe im 17. Jahrhundert". In: *Modern Language Notes*, German Issue, Vol. 9 (April 1990), S. 536-562.

Sieveke, Franz Günter: "Topik im Dienst poetischer Erfindung. Zum Verhältnis rhetorischer Konstanten und ihrer funktionsbedingten Auswahl oder Erweiterung (Omeis - Richter - Harsdörffer)". In: In: *Jahrbuch für Internationale Germanistik* , VIII - Heft 2 (1976), S. 17-48.

Solbrig, David: *Allgemeine Schrift, Das ist: Eine Art durch Ziffern zu schreiben, Vermittelst derer Alle Nationen bey welchen nur einige Weise zu schreiben im Gebrauch ist, ohne Wissenschaft der Sprachen, von allen Dingen ihre Meynungen einander mittheilen können*, Saltzwedel 1726.

Solbrig, Johann David: *Bericht / wie er mit der Information zwey tauber und stummer Personen in seiner Gemeine verfahren, denen er durch GOttes Gnade Den Verstand des gantzen Catechismi beygebracht*, Saltzwedel 1727.

Sommer, Robert: *Experimental-psychologische Apparate und Methoden. Die Ausstellung bei dem 1. Kongreß für experimentelle Psychologie Gießen 18. - 21. April 1904*, Leipzig 1904.

Sommer, Robert: *Kriminalpsychologie und strafrechtliche Psychopathologie auf naturwissenschaftlicher Grundlage*, Leipzig 1904.

Sommer, Robert: *Lehrbuch der psychopathologischen Untersuchungs-Methoden*, Berlin und Wien 1899.

Sömmering, Samuel Thomas: *Über das Organ der Seele*, Nachdruck des Ausgabe Koenigsberg 1796, Amsterdam 1966.

Sömmering, Samuel Thomas: *Vom Baue des menschlichen Körpers*, Frankfurt/M. 1800 (2), 5.Theil.

Spee, Friedrich: *Trvtz-Nachtigal. Kritische Ausgabe nach der Trierer Handschrift*, Hrsg. Theo G. M. van Oorschot, Stuttgart 1985.

Spee, Friedrich: *Sämtliche Schriften, Historisch-kritische Ausgabe in drei Bänden*, Zweiter Band, Güldenes Tugend-Buch.

Starobinski, Jean: *Wörter unter Wörtern. Die Anagramme von Ferdinand de Saussure*, Frankfurt/M., Berlin, Wien 1980.

Steinbrink, Bern: "Bilderspuren. Aufzeichnungs- und Grafikformate der Photo-CD". In: *c't* Heft 4 (1993).

Stiebritz, Johann Friedrich: *Als der Wohlgebohrne, Hochgelahrte und Hocherfahrne Herr* Herr D. Friedrich Hoffmann, *Sr. Königl. Maiestät in Preußen Hochbetrauter Geheimder=Rath und Leib=Medicus [...] d. 3. Martii M DCC XXXX . Das Ein und Achzigte Geburts=Fest in göttlichem Vergnügen feyerlich beginge: Wolte seinen gehorsamsten Glücks=Wunsch abstatten, und zugleich die Frage: Ob ein hohes Alter, welches mit einem merklichen Abgang des Gedächtnißes verknüpfet, den Zustand der Seele nach diesem Leben unvollkommner mache? aus den Gründen der Vernunft und Schrift erörtern [...]*, Halle 1740.

Stieler, Kaspar: *Der Teutschen Sprache Stammbaum und Fortwachs oder Teutscher Sprachschatz*, Hrsg. von Martin Bircher, Friedhelm Kemp, 3 Teile, München 1968.

Storch, E.: "Über Ideenflucht. Kritische Betrachtungen zu der H. Liepmannschen Arbeit 'Über Ideenflucht, Begriffsbestimmung und psychologische Analyse'". In: *Monatsschrift für Psychologie und Neurologie*, Bd. 17, Basel, S. 38-56.

Stötzer, Ursula: *Deutsche Redekunst im 17. und 18. Jahrhundert*, Halle/Saale 1962.

Stransky, Erwin: "Unilaterales Gedankenecho. Ein Beitrag zur Lehre von den Hallunizinationen". In: *Neurologisches Zentralblatt*, 30 (21), 1911, S. 1230-1238.

Stransky, Erwin: *Über Sprachverwirrtheit. Beiträge zur Kenntnis derselben bei Geisteskranken und Geistesgesunden*, Halle a. S. 1905.

Strasser, Gerhard F.: "Die kryptographische Sammlung Herzog Augusts: Vom Quellenmaterial für seine "Cryptomenytices" zu einem Schwerpunkt in seiner Bibliothek". In: *Wolfenbütteler Beiträge* 5 (1982), S. 83-121.

Strasser, Gerhard F.: *Lingua Universalis. Kryptologie und Theorie der Universalsprachen im 16. und 17. Jahrhundert*, Wiesbaden 1988 (Wolfenbütteler Forschungen, Bd.38).

Taylor, Frederick W.: *Grundsätze wissenschaftlicher Betriebsführung (The Principles of Scientific Management)*, München, Berlin 1911.

Tesauro, Emmanuele: *Il Cannochiale Aristotelico* (1670). Nachdruck Bad Homburg u.a. 1968.

Thieme, Karl T.: *Ueber die Hindernisse des Selbstdenkens in Deutschland. Eine gekrönte Preisschrift*, Leipzig 1788.

Thomasius, Christian: *Außübung der Vernunfft=Lehre [...]*, Halle 1691.

Tiling, Theodor: *Ueber die Entwickelung der Wahnideen und der Hallucinationen aus dem normalen Geistesleben. In: Festschrift zum 75-jährigen Jubiläum der Gesellschaft practischer Aerzte zu Riga von der städtischen Irrenheil- und Pflegeanstalt Rothenberg*, Riga 1897.

Treuer, Gotthilf: *Deutscher Dädalus / Oder Poetisches Lexicon, Begreiffend ein Vollständig=Poetisches Wörter=Buch in 1300. Tituln [...]*, Berlin 1675.

Tscherning, Andreas: *Unvorgreiffliches Bedencken über etliche mißbräuche in der deutschen Schreib= und Sprachkunst / insonderheit von der edlen Poeterey. Wie auch Kurtzer Entwurf oder Abrieß einer deutschen Schatzkammer / Von schönen und zierlichen Poetischen redens=artehn / umbschreibunge / und denen dingen / so einem getichte sonderbaren glantz und anmuth geben können*, Lübeck 1659.

Tworek, Paul: *Leben und Werke des Johann Christoph Männling. Ein Beitrag zur Literaturgeschichte des schlesischen Hochbarock*, Diss. Breslau 1938.

Uhse, Erdmann: *Wohlinformirter Redner, worinnen die Oratorischen Kunst-Griffe vom kleinesten bis zum grösten, durch Kurtze Fragen Und ausführliche Antwort vorgetragen werden* (1709), Reprint Kronberg/Ts. 1974.

Uken, Melchias: *Geheimschreibkunst in Versen dadurch ein jeder, der auch die lateinische Sprache und Dichtkunst nicht versteht, allein durch Hülfe seiner Muttersprache einen lateinischen oder deutschen Brief, und zwar in einem Elegiaschen Gedichte schreiben und einem Abwesenden die geheimen Gedanken seines Herzens ohne allen Verdacht eines darunter verborgenen Geheimnisses offenbaren kann welches Kunststück in Zeit von einer halben Stunde ein jedes zu erlernen fähig ist*, Ulm 1759.

Urbantschitsch, Victor: *Über Hörübungen bei Taubstummheit und bei Ertaubung im späteren Lebensalter*, Wien 1895.

Viehweg, Theodor: *Topik und Jurisprudenz. Ein Beitrag zur rechtswissenschaftlichen Grundlagenforschung*, München 1974 (5., durchgesehene und erweiterte Auflage).

Vigenere, Blaise de: *Traicté Des Chiffres, Ou Secretes Manieres D'Escrire*, Paris 1586.

Volkmann, Ludwig: "Ars memorativa". In: *Jahrbuch der Kunsthistorischen Sammlungen in Wien*, 3a, Neue Folge 3 (1929), S. 111-200.

Waffenschmidt, W.G.: *Zur mechanischen Sprachübersetzung. Ein Programmierungsversuch aus dem Jahre 1661. J.J. Becher. Allgemeine Verschlüsselung der Sprachen, Veröffentlichungen der Wirtschaftshochschule Mannheim* (Reihe 1: Abhandlungen. Band 10), Stuttgart 1962.

Weber, Johann Adam: *Hundert Quellen Der von allerhand Materien handelnden Unterredungs=Kunst. Darinnen So wol nützlich=curiose / als zu des Lesers sonderbarer Belustigung gereichende Exempel enthalten*, Nürnberg 1676.

Weber-Rumpe, Hugo: *Gedächtnis=Meisterschaft. Unterrichtsbriefe für das Selbststudium der Schnell=Lern=Methode*, Breslau o.J.

Weber-Rumpe, Hugo: *Mnemonistische Unterrichts=Briefe für das Selbststudium der Gedächtnißkunst (Schnell-Lern-Methode)*, Breslau o.J..

Weinberger, J. M.: *Versuch einer allgemein anwendbaren Mimik in Beziehung auf die methodischen Geberdenzeichen der Taubstummen*, Wien 1806.

Weise, Christian: *Politischer Redner, das ist kurtze und eigentliche Nachricht, wie ein sorgfältiger Hofmeister seine Untergebenen zu der Wohlredenheit anführen soll* (1683), Reprint Kronberg/Ts. 1974.

Welzig, Werner: "Einige Aspekte barocker Romanregister". In: Albrecht Schöne (Hrsg.): *Stadt - Schule - Universität - Buchwesen und die deutsche Literatur im 17. Jhd.*, München 1976, S. 562-570.

Werner, Hans: *Geschichte des Taubstummenproblems bis ins 17. Jahrhundert*, Jena 1932.

Wiedemann, Conrad: "Topik als Vorschule der Interpretation. Überlegungen zur Funktion von Toposkatalogen". In: Dieter Breuer, Helmut Schanze (Hrsg.): *Topik. Beiträge zur interdisziplinären Diskussion*, München 1981, S. 233-255.

Wiese, M.: *Mnemotechnik der Maximaldosen der Pharmacopoea Austrica*, Wien 1902.

Wilde, Emil: *Geschichte der Optik vom Ursprunge dieser Wissenschaft bis auf die gegenwärtige Zeit* (1838ff.), Nachdruck Wiesbaden 1968.

Windfuhr, Manfred: *Die barocke Bildlichkeit und ihre Kritiker. Stilhaltungen in der deutschen Literatur des 17. und 18. Jahrhunderts*, Stuttgart 1966.

Wirth, Niklaus: *Algorithmen und Datenstrukturen*, Stuttgart 1983 (3).

Wölfli, Adolf: *Von der Wiege bis zum Graab. Oder, Durch arbeiten und schwitzen, leiden, und Drangsal bettend zum Fluch. Schriften 1908-1912*, Band 1, Frankfurt/M. 1985.

Wolke, Christian Hinrich: *Erklärung wie die wechselseitige Gedanken-Mitteilung aller cultivierten Völker des Erdkreises oder Die Pasigraphie möglich und ausüblich sei, ohne Erlernung irgend einer neuen besonderen oder einer allgemeinen Wort- Schrift- oder Zeichen-Sprache*, Dessau 1797.

Wolke, Christian Hinrich: *Anleit zur deutschen Gesamtsprache oder zur Erkennung und Berichtigung einiger (zu wenigst 20) tausend Sprachfehler in der hochdeutschen Mundart; nebst dem Mittel, die zahllosen, - in jedem Jahre den Deutschschreibenden 10 000 Jahre Arbeit oder die Unkosten von 5 000 000 verursachenden - Schreibfehler zu vermeiden*, Dresden 1812.

Wolke, Christian Hinrich: *Anweisung für Mütter und Kinderlehrer, die es sind oder werden können, zur Mittheilung der allerersten Sprachkenntnisse und Begriffe, von der Geburt des Kindes bis zur Zeit des Lesenlernens; von C.H. Wolke. In Verbindung mit dessen Erziehungslehre zum Gebrauche für die erste Kindheit*, Leipzig 1805.

Wolke, Christian Hinrich: *Anweisung wie Kinder und Stumme one Zeitverlust und auf naturgemäße Weise zum Verstehen und Sprechen zum Lesen und Schreiben oder zu Sprachkenntnissen und Begriffen zu bringen sind, mit Hülfsmitteln für Taubstumme, Schwerhörige und Blinde nebst einigen Sprach-Aufsätzen*, Leipzig 1804.

Wolke, Christian Hinrich: *Kurze Erziehungslehre oder Anweisung zur körperlichen, verständlichen und sittlichen Erziehung anwendbar für Mütter und Lehre in den ersten Jahren der Kinder*, Leipzig 1805.

Wundt, Wilhelm: "Sind die Mittelglieder einer mittelbaren Assoziation bewußt oder unbewußt?". In: *Philosophische Studien*, Band X, Leipzig 1892, S. 326-328.

Yates, Francis A.: *The art of memory*, London 1966.

Zacher, Hans J.: *Die Hauptschriften zur Dyadik von G.W. Leibniz. Ein Beitrag zur Geschichte des binären Zahlensystems*, Frankfurt/M. 1973.

Zeh, Wilhelm: *Die Amnesien als Ordnungsstörungen*, Stuttgart 1961. (Sammlung psychiatrischer und neurologischer Einzeldarstellungen).

Zesen, Philipp von: *Assenat; Das ist Derselben / und des Josefs Heilige Stahts= Lieb= und Lebens-geschicht* (1670). *Sämtliche Werke*, Hrsg. von Ferdinand van Ingen, Berlin, New York 1980ff. Bd. VII.

Zesen, Philipp von: *Simson / eine Helden= und Liebes-Geschicht* (1679). *Sämtliche Werke*, Hrsg. von Ferdinand van Ingen, Berlin, New York 1980ff., Bd. VIII.

Ziehen, Theodor: "Ueber Messungen der Associationsgeschwindigkeit bei Geisteskranken, namentlich bei circulärem Irresein". In: *Neurologisches Centralblatt*, Nr.7 (1896).

Ziehen, Theodor: "Ueber Messungen der Associationsgeschwindigkeit bei Geisteskranken, namentlich bei circulärem Irresein." In: *Neurologisches Centralblatt*, Nr.7 (1896), S. 290-307.

Ziehen, Theodor: "Ueber Störungen des Vorstellungsablaufes bei Paranoia". In: *Archiv für Psychiatrie und Nervenkrankheiten*, 24. Band, Berlin 1892, S. 112-154.

Ziehen, Theodor: *Die Ideenassoziation des Kindes*, 2 Bände, Berlin 1899/1900.

Zopf, Johann Heinrich: *Logica Enucleata, Oder Erleichterte Vernunft=Lehre, Darinnen der Kern Der alten un neuen Logic, Wie auch der Hermeneutik, Methodologie und Disputir=Kunst begriffen*, Halle 1740 (3).

Personenregister